普通高校会计与财务系列规划教材 •••

会计信息系统

A C C O U N T I N G I N F O R M A T I O N S Y S T E M

张继德 编著

清華大學出版社
北京

内 容 简 介

本书在详细介绍了信息技术发展与会计信息系统、会计信息系统的分析设计与实施、会计信息化三流合一等相关知识基础上，系统阐述包括系统管理、账务处理与总账、采购与付款、销售与收款、存货核算与管理、人力资源等其他业务核算与管理、报表处理、会计信息系统等财务一体化的会计信息系统，并诠释了内部控制与审计、会计信息化目前的大数据等最新发展。最后归纳了涵盖合并报表、全面预算、合并账簿、共享服务等内容的面向集团企业（面向决策）会计信息系统的模块概述、应用场景和初始准备。本书理论与实务相结合，旨在向信息时代会计相关专业人员提供一种基本原理、路径、技术和方法，具有较强的实用性、先进性、系统性与可读性。本书可以供高等财经院校会计、财务管理、注册会计师专门化、审计、经济信息管理等相关专业人员使用，使其能够学习、适应乃至领导会计信息化变革。

图书在版编目（CIP）数据

会计信息系统/张继德编著. —北京：清华大学出版社, 2019（2024.2重印）
（普通高校会计与财务系列规划教材）
ISBN 978-7-302-50103-9

Ⅰ. ①会… Ⅱ. ①张… Ⅲ. ①会计信息－财务管理系统－高等学校－教材 Ⅳ. ①F232

中国版本图书馆 CIP 数据核字(2019)第 106252 号

责任编辑：左玉冰
封面设计：汉风唐韵
责任校对：宋玉莲
责任印制：丛怀宇
出版发行：清华大学出版社
网　址：https://www.tup.com.cn，https://www.wqxuetang.com
地　址：北京清华大学学研大厦 A 座　邮　编：100084
社 总 机：010-83470000　邮　购：010-62786544
投稿与读者服务：010-62776969，c-service@tup.tsinghua.edu.cn
质 量 反 馈：010-62772015，zhiliang@tup.tsinghua.edu.cn
课 件 下 载：https://www.tup.com.cn，010-83470332
印 装 者：天津鑫丰华印务有限公司
经　销：全国新华书店
开　本：185mm×260mm　**印　张：**29.25　**字　数：**687 千字
版　次：2019 年 3 月第 1 版　**印　次：**2024 年 2 月第 4 次印刷
定　价：75.00 元

产品编号：070725-03

总序

人才培养是大学的本质职能，而本科教育是大学的根和本。党的十八大以来，围绕培养什么人、怎样培养人、为谁培养人这一根本问题，我国坚持把立德树人作为根本任务，积极推进教育改革，形成更高水平的人才培养体系。

教材建设是人才培养中重要的一环。根据教学需要编写高质量教材，是人才培养质量的重要保证。北京工商大学会计与财务学科一直提倡和鼓励学术水平高、教学经验丰富的教师积极编写教材，并根据时代变化不断更新。我们于 1998 年推出了北京工商大学会计系列教材（以下简称“系列教材”）第 1 版。结合 2001 年我国《企业会计制度》的实施，于 2002 年推出了系列教材第 2 版。随着 2006 年新会计、审计准则体系的颁布，我们于 2006 年推出了系列教材第 3 版。自 2006 年修订以后，我国在会计准则、审计准则和内部控制规范建设等方面发生了很多重大变化，高等教育改革对人才培养质量也提出了新的要求。根据这些法规制度的变化，以及提高人才培养质量的内在要求，我们于 2013 年后陆续推出了系列教材第 4 版。

时代总是在不断变化之中。一方面，在培养德智体美劳全面发展的社会主义建设者和接班人这一目标指引下，要把立德树人融入思想道德教育、文化知识教育、社会实践教育各环节，贯穿高等教育各领域，并且学科体系、教学体系、教材体系、管理体系要围绕这个目标来设计；另一方面，经济的发展也不断推动会计的变革，会计准则、审计准则持续趋同、不断深化，中国特色的管理会计体系、内部控制体系逐步建立，这都迫切需要重新打造一套全新的教材。

本系列教材的特点主要体现在以下三个方面。

（1）紧跟时代步伐，反映最新理论和实践成果。通过紧密结合会计准则、审计准则、内部控制、管理会计、税法等领域的变化，吸收会计领域中新理论、新法规、新方法，系列教材既密切联系中国实际，又反映国际发展变化；既立足于当前，又着眼于未来。

（2）重视素质教育，注重学生创新和应用能力培养。坚持将立德树人、培养社会主义核心价值观融入教材体系；注重专业理论素质的培养，在阐述现行法律、法规及实务做法的基础上，注意从理论上进行解释，通过完善“案例讨论和分析”及“小组讨论”部分，引导学生从本质上认识和理解问题，使系列教材既便于学生知识和技能的掌握，又重视学生基本素质和能力的培养。

（3）坚持需求导向，开发立体式教辅资源。通过配套更加完善的教辅资源，如教学大纲、PPT 课件、学习指导书、习题库、辅助阅读资料等，为教师教学和学生学习提供全方位服务，使系列教材既便于教师讲授，又有利于学生独立学习；既有利于学生能力的培养，也兼顾学生参加注册会计师考试的客观需要。

本系列教材是北京工商大学会计学、财务管理国家级一流专业和工商管理高精尖学科建设的重要成果。北京工商大学会计与财务学科师资力量雄厚、专业建设成绩显著、学科建设优势特色明显。本学科现拥有财政部会计名家 3 人，全国会计领军人才 8 人，财政部企业会计准则、管理会计、内部控制咨询专家 4 人；拥有会计学和财务管理两个国家级一流专业建设点和国家级特色专业；学科建设方面依托会计准则研究中心、投资者保护研究中心、管理会计创新与发展研究中心、企业集团研究中心、国有资产管理协同创新中心，在会计准则、投资者保护、管理会计、企业集团财务管理、国企改革等方面取得了一系列丰硕的成果。

通过本系列教材的编写，我们试图充分反映北京工商大学会计系和财务系教师在教学与科研方面取得的成果，以更好地满足广大教师和学生的需求。尽管如此，还会存在许多不足，恳请大家提批评和改进意见，以使本系列教材进一步完善。

北京工商大学编写组

2021 年 1 月

前言

本书旨在向即将跨入信息时代的专业会计人员提供一种基本原理、路径、技术和方法，使其能够学习、适应乃至领导会计信息化变革。

随着“互联网+”、云计算、大数据技术等现代信息技术翻天覆地地发展，企业管理信息化日新月异，信息技术助推企业管理快速发展的同时，也给传统的会计、会计工作、会计人员带来了前所未有的机遇和挑战。高等学校作为为社会提供高端人才的主要基地，担负着不断优化课程体系结构、充实教学内容以及丰富教学手段的责任。作为财经类会计学、财务管理相关领域的学生，既要掌握会计理论知识，又要具备在信息技术环境下确认、计量、报告，以及资金管理等方面的技能。

为了使教学内容更进一步切合企业实际，也为了推进会计信息系统在企业实务中的应用，本书紧紧围绕会计信息系统的体系结构和基本原理，以会计信息系统的分析、设计、使用、维护为主线，由层次单一企业财务业务一体化向集团企业面向决策信息系统递进，逐步深入，同时辅以财务管理软件的具体操作应用，旨在使读者通过对企业采购与付款、销售与收款、存货核算等模块的分析与设计，掌握单一企业财务业务一体化系统各模块及其整体的数据处理原理和业务流程；通过对合并报表、全面预算、合并账簿、共享服务与企业报表等模块的分析与设计，掌握集团企业面向决策系统数据处理原理和业务流程，使读者能够更好地理解、应用不同企业层级、不同阶段的信息系统。

本书在内容和结构上努力凸显以下特点。

（1）理论与实务相结合。本书从会计人员和潜在从业人员的需要出发，既阐述会计信息系统的内部结构，也介绍目前多数企业使用的主流软件的一般使用方法，使读者在了解会计信息系统理论体系的同时，又能掌握相关软件的使用方法。

（2）实用性。本书系统地介绍了会计信息系统的基本概念、理论框架、各子系统的结构、使用方法、会计信息系统建设与管理等问题，使读者对会计信息系统有一个全面完整的了解。为了使读者能够更好地结合企业实际学习本书的内容，能够使读者将理论与实际更好地结合起来，每章都有学习提要与目标，每章末都有本章小结、关键词汇、小组讨论，以及本章推荐阅读资料等内容，具有很强的应用性。

（3）先进性。本书坚持贴近企业应用实际、会计信息系统的最新发展这一基本宗旨，在各相关章节增加了近年来会计信息系统的最新发展成果；突出强调了企业会计信息系统提供企业管理信息的能力和加强会计事前、事中控制能力；同时注重当代国际、国内先进管理思想及其相应管理信息系统的介绍，为消除信息孤岛、建立企业管理信息系统奠定坚实的基础。

（4）系统性。本书的内容、层次安排强调系统性。从内容上，本书系统阐述了信息时代的发展与会计信息系统的概念框架，会计信息系统的开发、计划、设计、实施、运行与维护，会计信息化三流合一，账务处理与总账子系统，采购与付款子系统，销售与收款子系统，存货核算与管理子系统，其他业务核算与管理子系统，会计报表处理子系统，会计信息系统内部控制与审计，会计信息化发展——大数据技术等内容，具有系统性。从层次安排上，传统会计信息系统教材注重单一企业的系统管理、账簿、核算体系、报表系统、固定资产、工资管理等模块的设计和操作，本书在全面阐述财务业务一体化会计信息系统各模块内容的基础上，加入面向决策集团企业的合并报表、全面预算、合并账簿、共享服务与企业报表等模块的分析与设计。

本书主要供高等财经院校会计、财务管理、注册会计师专门化、审计、经济信息管理等有关专业教学使用，也可以作为会计、财务人员以及采购、仓库保管、制造和销售等有关业务人员会计信息系统应用培训教材、业务学习资料和参考用书。

本书的编写得到了北京工商大学商学院老师们的协助和指导，院党委书记毛新述教授、信息化专家吴辉副教授等，首都经济贸易大学王海林教授、王凡林教授，重庆理工大学程平教授对本书的初稿进行了评审并提出了许多有建设性的意见，在此深表谢意！感谢用友网络科技股份有限公司牟芹芹女士提供的部分案例资料。

准确、实用、完整是会计信息系统教材编写的出发点和目标，但由于信息化环境下的会计信息系统是一个发展较为迅速的学科，其理论框架和方法体系还处在不断完善和优化的阶段，因此在本书的编写过程中尽管作者做了不少的努力，但由于学识和研究等限制，其不足、缺陷在所难免，我们诚挚地希望读者批评指正，以便再版时修订完善。

但愿本书的出版对读者掌握会计信息系统相关知识真正有所帮助！

张继德

2019 年 1 月于北京

目　录

第一篇　会计信息系统基础

第二篇 面向企业会计信息系统

第三篇 面向集团企业的会计信息系统

第一篇

会计信息系统基础

第1章

信息技术发展与会计信息系统

学习提要与目标

本章从企业宏观环境和微观环境的发展来阐述信息技术的发展与变革，以及技术的变迁对信息系统提供的环境支持；并提出对信息和信息系统的再认识，介绍了会计信息系统的概念、框架、结构与功能，同时简述了会计信息系统与ERP系统、SCM和CRM的关系。

通过本章的学习，应能够：

- 理解会计信息系统的概念；明确开展会计信息化工作的基本目的是充分利用现代电子技术和信息技术进行企业财会信息的处理，为加强企业管理、提高企业经济效益和效率服务。
- 了解计算机会计信息系统和手工会计信息系统的区别与联系。
- 了解财务业务一体化会计信息系统的基本结构。
- 了解网络系统软硬件的基本知识。

1.1 信息技术的发展

以计算机技术为代表的现代信息技术、纳米技术和生物技术推动人类进入21世纪，现在我们处于一个信息无处不在的时代，信息技术成为推动社会进步的主导技术，信息产业成为经济发展的主导产业，信息社会已经形成。

回顾人类社会发展的漫长历史，我们发现，推动社会飞速发展的真正力量是近几个世纪才出现的科学技术发明。15世纪航海技术的发明使人类发现了新大陆，从此掀开人类现代文明的序幕；18世纪蒸汽技术的发明实现了人类社会的工业化革命；而进入20世纪中后期，信息技术特别是互联网（internet）技术的飞速发展及其广泛应用，使人类正在从工业经济时代跨入一个崭新的信息经济时代。信息技术发展不仅会动摇整个社会的技术基础，而且将使社会赖以存在的经济环境发生着深刻的变化，并彻底改变社会发展的运行方式，使人类进入数字化时代。信息技术正在改变一切，数字网络高度发达，社会运行的主要方式将由物理空间移位到数字化网络空间，网络浪潮将快速地把人类推进信息文明的社会。

信息技术的发展导致企业宏观环境和微观环境发生极大变化。

1.1.1 宏观环境

1. 市场全球化

信息时代的市场是一个高度开放的市场，在这种市场中，现代企业已经成为一个自我约束、自我适应、自我学习和自我发展的社会经济互助型组织；政府不再对企业进行行政干预或者计划调节，市场已经成为企业真正的导航器；经济活动打破了地域的限制日益区域化乃至全球化；同时，市场交易项目日益繁多，包括产品、信息在内的几乎一切项目都可以进入市场进行交易。

2. 需求多元化

市场需求趋于多元化，市场高度细分化。这主要是由于在当今社会“流行”现象已难持久，“差别化欲望”已经明显替代了“同化欲望”，人们更趋向于与众不同，这种个性化促进了市场需求的多元化。

3. 风险扩大化

经济风险进一步扩大，这主要表现在以下几个方面。

（1）知识和技术创新的不断加快，使企业产品和设备的寿命周期大大缩短，企业随时面临被市场淘汰的可能。

（2）随着资本流动化趋势的加快，企业与银行间传统的密切关系发生动摇，并开始独立地进入金融市场。面对各种复杂的金融业务和金融创新工具，企业的融资和投资环境更加复杂，风险进一步加大。

（3）信息技术的高度发展在为企业带来信息资源高度共享的同时，也使企业更充分地暴露在竞争对手面前，加剧了企业所面临的风险。

4. 有效期缩短

信息经济时代有效期缩短主要表现在以下两个方面。

（1）企业竞争优势丧失加快。在信息经济时代，现代信息技术的高度发展带来了信息资源的高度共享，经济信息已经不再是少数人所拥有的“秘密”。借助现代信息技术，人们能以极低的成本，及时、准确地收集到所需信息。在这种条件下，获取良好经济机会的竞争将空前激烈，不仅经济时代机会从发现到被利用的时间缩短，而且即使企业拥有某项竞争优势，也可能会因大批竞争者的迅速涌入而立即丧失。

（2）企业经济机会有效期缩短。由于信息经济时代创新的速度不断加快，产品和服务的更新换代周期将进一步缩短，现有产品很快就有可能会被质量、性能更优越的产品取代，从而使企业已占有的经济机会很快就被竞争对手抢走，这就导致了企业已占有的经济机会的有效期进一步缩短。

5. 资本市场发达

在信息经济时代，通过网络的连接，全世界的资本市场已经形成一个紧密的整体。在这种情况下，每一位投资者不仅面对国内的资本市场，而且可以从广大的国际资本市场选择融资者；同时，除了传统的有形的资本市场，资本市场更朝着无形化——网上资金市场的方向发展，从而为企业以极低的成本获得所需资金创造了条件。此外，随着资本市场的高度发展，金融创新手段不断翻新，金融衍生工具层出不穷，不但为企业跨国界融资提供了巨大的便利，也为企业规避某种金融风险提供了可能。

6. 市场要素流动

在信息经济时代，市场要素更趋流动性。这主要表现在以下两个方面。

（1）劳动力的流动化。信息时代的竞争是人才的竞争，谁拥有掌握先进知识的人才，谁就有可能在竞争中占据优势。可见，在信息经济时代，对人才的竞争将会空前激烈，这种竞争加速了劳动力要素的流动。

（2）资本的流动化。在信息经济时代，资本市场的高度发展不仅使企业与银行间传统的密切关系发生动摇，同时，企业相互之间因新的商业机会而进行资本组合的机会也大大增加；信息经济时代全球经济的一体化不仅使大企业，而且使广大的中小企业也开始在国际市场上寻求良好的投资机会，从而加速了资本的流动化。

1.1.2　微观环境

1. 生产方式变革

在信息经济时代，计算机和网络技术的快速发展及其在企业生产中的广泛应用，引发了企业内部生产运作模式的一系列变革，许多新的生产方式应运而生，如柔性生产（FMS）、准时生产（JIT）、敏捷制造（AM）等，从而实现了对企业生产、设计、制造、销售和管理的全方位优化，增强了生产的柔性、敏捷性、适应性，大大提高了企业对市场变化的应变能力。

2. 经营管理变革

信息经济时代企业经营管理的重点发生着变化，主要表现在以下两个方面。

（1）在生产经营方面，企业的更多精力将被投放在人员培训、研发、市场活动、供应链管理、客户关系管理、内部经济考核等信息活动方面。这些信息活动在企业产品价值所占的比重大增，几乎所有的产品都将由劳动或者资本密集型向信息技术密集型转变。

（2）注重对企业信息技术等无形资产的管理。信息技术等无形资产在企业生产经营中的价值是极为重要和显而易见的，它既可以成为有形资产增值的杠杆，又可以通过技术创新、品牌战略等手段转化为直接生产力，并起到有形资产所起不到的作用。

3. 组织结构变革

在工业经济时代，企业广泛采用的是一种金字塔形的组织结构，这种模式是建立在严格专业化分工的基础之上的。随着生产的复杂化和分工的细化，组织规模日益扩大，中间管理层变得越来越大，这不但造成了组织运行成本的不断增加，而且由于信息处理手段落后，易造成信息的遗漏和失真。在信息经济时代，信息技术的高度发展使企业各部门、各环节的信息交流可以直接进行，中间管理层的许多职能都将为企业的信息系统所取代，从而使中间管理层的作用大大降低，企业的组织结构正经历着一场“横行网状革命”。

4. 信息管理变革

在信息经济时代，计算机、网络、数据库等信息技术的高度发展为实现企业信息管理的集成化打下了坚实的基础。建立在此基础上的企业管理信息系统不但使企业内部各部门之间以及企业和外部之间的信息交流变得十分便捷，而且有利于企业从战略的高度对其自身的资源进行重新配置。因此，采购管理、生产管理、销售管理、财务管理、人力资源管理等从手工管理转向信息化管理，使管理的广度、深度、精准度发生了深刻的变化，从而提高企业的效益并保持其长久竞争力。

5. 信用体系建立

现代经济中，个人和企业信用制度逐渐建立并被社会认可和接受，尤其是个人信用制度的建立，为税收、消费、金融提供了良好的基础保证，也为企业运营管理奠定了很好的基础。

6. 网上银行兴起

信息技术的发展使网上银行通过信息技术建立了银行与客户之间安全、方便和友好的连接，银行业务在网络上得以延伸。网上银行依托信息技术行业的迅猛发展，利用互联网，将银行业务渗透到了经济的每一个角落。网上银行的建立和网上支付与在线服务的提供，加快了电子商务的步伐，为网络经济的发展提供了基础条件。

1.2 现代信息技术的发展

1.2.1 计算机硬件技术发展

按元器件种类和特性，计算机硬件的发展可以分为电子管、晶体管、集成电路、大规模集成电路四代，目前正向第五代发展。

1946 年世界上第一台电子数字式计算机 ENIAC 诞生，开创了计算机技术的新时代。历经 70 多年的发展，计算机随着微电子学的发展，其性能价格比发生了巨大变化。以计算机硬件采用不同的电子技术为标准，按元器件种类和特性，计算机硬件的发展可以分为电子管、晶体管、集成电路、大规模集成电路四代，目前正向第五代发展。

第一代计算机的元器件采用电子管。它的特点是体积庞大，价格昂贵，运算速度慢，能耗大，系统的可靠性、稳定性差。第一代计算机主要用于军事工业和国防科研，与之配套的软件技术是以计算机指令体系为基础的手编语言。

第二代计算机的元器件采用晶体管。它的体积比第一代有所缩小，运算速度加快，系统的可靠性、稳定性和性能价格比等有所优化。计算机的应用领域迅速向科学计算机和数据处理领域扩展，与之相对应的软件技术主要有汇编语言和某些高级算法语言。

第三代计算机称为集成电路计算机。随着电子技术的发展，集成电路代替了分离式元件，半导体存储器代替了磁芯体存储器，并采用微程序控制技术。这一切使计算机的性能价格比大大优化。软件技术也有了很大发展，数据文件系统的问世和高级语言的日趋成熟使计算机不再只是专业人员才能拥有的贵族化设备，计算机应用领域得到了蓬勃发展。

第四代计算机是大规模和超大规模集成电路计算机。由于微电子计算中集成电路突飞猛进地发展，基于大规模和超大规模集成电路的电子计算机的性能价格比有了本质上的突破。特别是微机和便携式电脑的产生以及相应的软件和网络通信技术的发展，使计算机应用真正走向社会的各个角落，包括家庭和个人，最终使人类社会进入信息时代。

几年来，世界各国正在加紧研究第五代计算机，即以知识库为基础，采用智能接口，进行逻辑推理，完成判断和决策任务的第五代计算机。

按照硬件应用环境，计算机系统经历了“单用户、带有终端的分时系统（没有通信功能）、主机系统、网络系统、局域网系统、互联网系统”等阶段。

硬件的发展，核心技术是芯片技术，芯片技术的核心指标是集成度，集成电路的集成度是指单块芯片上所容纳的元件数目，目前增长迅速；微电子技术，平均两年升级 1 次；包括磁盘、硬盘和光盘等外存技术，RISC（硬件精简指令系统）、并行处理和多 CPU 技术，多媒体技术，虚拟外存和虚拟内存技术，容错技术发展迅速。

目前硬件的发展方向有两个。

（1）体积越来越小，性能越来越强。

（2）体系结构按照“冯氏计算机→智能计算机→网络神经计算机”演进。

1.2.2 计算机软件技术发展

计算机软件技术的发展经历了“三个阶段”“四次革命”。

1. 三个阶段

三个阶段是指软件的概念经历了三个阶段：20 世纪四五十年代，软件就是程序；20 世纪 60 年代，软件就是程序系统（程序+文档→测试→开发小组）；20 世纪 70 年代至今，软件就是软件工程（软件开发技术+软件工程管理）。

2. 四次革命

四次革命是指计算机的编译系统——计算机语言经历了四次革命：手编语言到汇编语言、汇编语言到算法语言、算法语言到非过程化语言、非过程化语言到 CASE 工具的出现。

（1）手编语言。手编语言是计算机硬件能够识别的,不用翻译直接供机器使用的程序设计语言,也被称为机器语言。手编语言是最底层的计算机语言，它的语言成分是基于计算机的指令体系。手编语言的运算对象和运算符均以二进制代码表示，因此每条程序语句均是二进制的符号，计算机硬件可以直接识别。程序员编写程序时不仅要记忆和理解每条指令的含义，按照应用系统的处理逻辑来编写二进制代码的程序，而且所有运算对象存储地址的分配和访问均需程序员在每个应用程序中写明，所以编程工作十分艰辛且难以掌握；另外，由于不同的机器具有不同的指令体系，也就有不同的手编语言，语言的不通用性使人望而生畏。

（2）汇编语言。用符号代替 0，1 数码，依赖于机器指令系统，包括处理逻辑，程序员需要给处理对象分配地址。

（3）算法语言。处理逻辑完全脱离机器指令系统，处理对象的地址分配也是自动的，程序的结构只有三种：顺序、循环、分支。

（4）非过程化语言。非过程化语言即第四代语言，支持事件驱动、图形化，支持面向对象。

（5）CASE（计算机辅助软件工程）。随着软件技术的高速发展，各种具有图形化、非过程化、面向对象化、事件驱动等特点的开发工具纷纷出台，特别是微软公司推出的 Windows 系统为具有上述特点的开发工具提供了良好的操作环境，这些开发工具和各种数据库管理系统通过各种接口协议，共同构成了开发管理信息系统的计算机辅助软件开发环境。

1.2.3 网络技术发展

21 世纪，计算机网络成了全球信息产业的基石，高速发展的计算机网络互连为大范围的信息交流和资源共享营造了前所未有的良好环境。计算机网络的广泛使用改变了传统意义上的时空概念，对于社会各个领域包括人们的日常生活产生了变革性的影响。计算机网络的发展经历了三个阶段，具体表现如下。

1. 具有通信功能的单机系统

具有通信功能的单机系统是将一台计算机通过通信线路与若干台终端直接相连，该系统可以将远距离的信息通过通信线路传递到计算机中进行处理，实现了计算机技术与通信技术的结合。此类网络主要用于军事部门、工业部门和商业部门。

2. 具有通信功能的多机系统

为了减轻单机网络系统中计算机的负担，在计算机和通信线路之间设置通信控制处理机（CCP）专门负责通信控制，此时承担信息处理的计算机为主机。此外，在终端聚集处设置集中器，并用低速线路将各终端集中到集中器上，再通过高速通信线路与计算机相连。由于通信控制处理机和集中器一般由计算机来承担，故该结构称为具有通信功能的多机系统。

3. 计算机—计算机网络

计算机网络是由若干台计算机相连的系统，实现了计算机与计算机之间的通信和共享资源的目标。主机间通过通信线路直接互联，此时主机将承担对共享资源的管理和处理，为网络资源的拥有者，而通信控制处理器负责网络主机间的通信控制，它们共同组成资源共享的计算机网络互联系统。把众多的计算机网络通过某种通信介质，特别是信息高速公路连接在一起的计算机网络系统统称为互联网络系统，它使计算机网络的范围、覆盖面积和功能不断扩大，今天已经形成了环球的网络，并朝全球智能化网络方向发展。

（1）计算机网络内涵。计算机网络是利用通信设备将具有独立功能、地理位置不同的计算机系统（如单台计算机、外部设备等）连接起来，在网络软件（如网络操作系统）的管理下能按一定的协议进行信息交换以达到信息共享和资源共享的计算机群体。

（2）计算机网络的组成。计算机网络系统要完成数据处理和数据通信两大功能，因此结构上必然分为两部分：负责数据处理的计算机和终端、负责通信处理的通信控制处理机与通信线路。典型的计算机网络从逻辑上分为资源子网和通信子网两部分，分别完成数据处理和数据通信功能。计算机网络组成如图 1-1 所示。

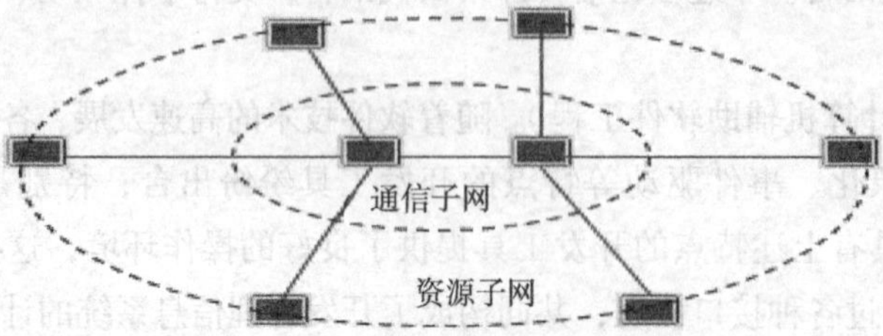

图 1-1　计算机网络组成

（3）计算机网络的分类。按照使用的传输技术和覆盖范围，计算机网络可以分为局域网、广域网、城域网。

信息时代的变迁不仅对人类的生活、学习、工作产生了深刻的影响，而且为企业的经营管理创新提供了机遇。会计作为企业经营管理的重要组成部分，信息技术引起的变革浪潮对其产生了强烈的冲击。信息时代的来临使会计面临的环境发生了巨大变化，会计必须不断适应网络信息时代的要求，不断利用新的工具和方法进行创新，才能真正满足社会的需要。

1.2.4　数据管理技术发展

计算机数据处理的应用领域存在大量的数据需要存储、处理和调用，因此，在计算机应用科学中产生了数据管理的研究。计算机数据管理经历了两个阶段，具体表现如下。

（1）面向文件的处理方式。面向文件处理方式的数据组织称为文件系统，其主要特点是一个应用程序对应一个物理数据文件，而不能共享相同的数据，因此数据冗余度大，浪费存储空间，并且数据格式也不尽相同。由于在不同数据文件中，相同的数据存储实行各自管理，给数据的修改和维护带来了困难，极易造成数据的不一致。

（2）面向数据的处理方式。面向数据处理方式的数据组织称为数据库系统，它的主要特点是一个数据结构可供多个应用程序共享。自 1979 年甲骨文公司（Oracle）推出第一个商品化的 SQL 关系型数据库（RDBMS）始，数据库技术日益完善。

数据库管理系统 DBMS 包括关系型数据库、面向对象数据库和多维数据库等。

1.2.5　系统集成技术发展

系统是为了实现某一目标而形成的一组元素的有机组合。集成是元素的组合过程。系统集成是为了实现某种应用目标，在开放环境下，根据使用需求，把来自不同厂家的基本标准化产品进行组装（硬件、工具软件、应用软件、网络），形成一种新的具有高使用价值的系统。集成包括三个阶段：物理集成、信息集成和应用集成。

（1）物理集成：包括硬件、网络、软件的互联，互操作，物理集成是系统集成的基础。

（2）信息集成：使信息加工对象实现规范化和体系化。信息集成是系统集成成败的关键。

（3）应用集成：运用软件工程方法开发应用软件或购买应用软件，应用集成是系统集成的目标。

1.2.6　多媒体技术发展

1. 多媒体技术的概念

把文字、声音、图形、影像等单媒体和计算机硬件以及网络技术融合在一起形成的信息传播的媒介，常被称为第三媒体（第一媒体——书报系统；第二媒体——有线、无线）。多媒体信息指用多媒体技术传播的信息。多媒体体系指能够产生、存储、传播多媒体信息的系统。

2. 多媒体技术的特征

（1）必须由计算机控制：信息有数字化、交互性、海量性、共享性等特点。

（2）必须是集成系统：采用集成化的方法产生、存储、传播信息。

1.3 对信息的再认识

数据、信息、知识等词汇由来已久，在很长一段时间里，人们并不明确区分数据、信息、知识的概念。随着信息时代的到来，人们开始重新认识数据、信息、知识的本质。

1.3.1 数据

1. 数据的定义

数据（data）是反映客观事物的性质、形态、结构和特征的符号，并能对客观事物的属性进行描述，如 200 平方米、红色灯都是数据。数据可以是具体的数字、字符，也可以是文字或图形。

2. 会计数据

在会计工作中，会计数据是指从不同来源、渠道获得的，记录在“单、证、账、表”上的各种原始会计资料。会计数据的来源广泛：既有企业内部生产经营活动产生的资料，也有企业外部与企业相关的各种经济活动产生的各种资料。数量繁多：会计数据的数量多，不仅是指每个会计期间需要处理的数据量大，更重要的是会计数据是一种随着企业生产经营活动的持续进行，而源源不断产生并需要进行处理的数据。由于会计业务处理的特点，会计数据具有连续性、系统性和周期性等特点。

1.3.2 信息

1. 信息的定义

在信息技术应用领域，一般认为，信息是经过加工的、具有一定含义的、对决策有价值的数据。由此可以看出，信息是数据加工的结果，它可以用文字、数字、图形等形式，对客观事物的性质、形式、结构和特征等方面进行反映，帮助人们了解客观事物的本质。例如，200 平方米是项数据，但这一数据除了数字上的意义，并不表示任何内容；而“会计科办公室的总面积是 200 平方米”对接收者是有意义的。接收者知道“200 平方米”是表示客观实体会计科办公室的面积这一属性值。因此，“会计科办公室的总面积是 200 平方米”不仅有数据，更重要的是给数据以解释，从而使接收者得到了会计科办公室面积的信息。

由此可见，数据和信息是密不可分的。如果将数据看作原料，信息就是通过信息系统加工数据得到的产品，而且在信息系统的帮助下，还可以利用信息技术对信息作进一步的加工处理，得到不同抽象层次的信息来辅助完成不同层次的决策，如图 1-2 所示。

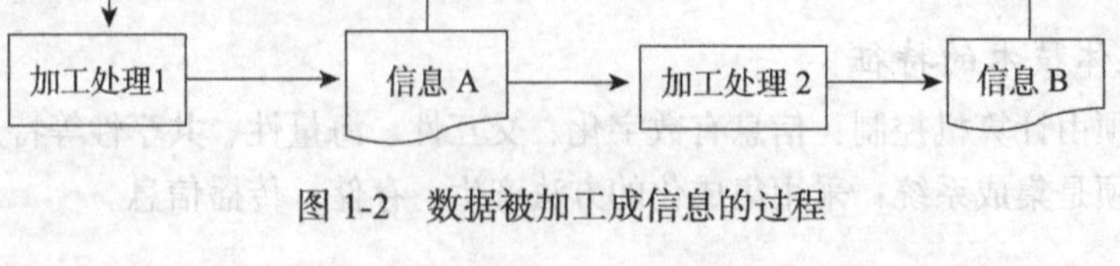

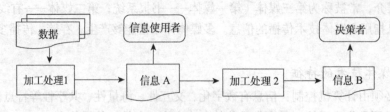

图 1-2　数据被加工成信息的过程

信息必然是数据，但数据未必是信息，信息只是数据的一个子集。

2. 信息的特征

在信息社会，信息是组织的重要资源，它具有如下特征。

（1）共享性。一方面，同一内容的信息可以在同一时间被多人使用；另一方面，同一内容的信息可以多次使用，信息不会因为被使用而贬值或废弃，可以通过传递和扩散的方式达到共享。

（2）可传递性。信息是物质存在方式的直接或间接显示，它依附于一定的媒体（声、光、磁、语言、表情、文字、符号、数据、图像等）进行呈现、传递和扩散。信息是内容，信息的媒体是形式。而信息技术极大地扩展了信息的扩散范围，提高了信息的传递速度，使信息可以很容易地跨越地理界限，摆脱厂房、机器等有形要素，在全球网络上以数字化的形式迅速传播。

（3）可编码性。可编码性即信息可以用有标准意义的符号（如数字、字母等）表示。信息社会中会有更多的信息以数字形式表示，信息的生成、处理、存储、传递等是数字化的，因此信息易于识别、接收、转换、存储，从而也易于处理。特别是多媒体技术出现以后，计算机已经能够利用二进制数字表达相当多的信息形式。

（4）效益性。效益性即信息是具有价值和成本的组织资源。信息的价值表现在：一方面，信息的利用会给组织带来价值；另一方面，信息的使用会增加组织其他资源的价值。在信息社会，信息的这种增值能力将表现得更为突出，但是信息使用价值的发挥含有一定的主观成分，它与利用次数、时间、使用者的能力有关。

（5）可增值性。信息不但对组织其他资源有增值作用，而且信息本身也可以增值。当大量零散、片面、互不关联的信息经过信息系统过滤处理成为相关信息的有序集合时，信息本身就会增值。这也是信息咨询业得以蓬勃发展的原因之一。此外，一种信息在生产和传播过程中，有不断丰富的可能性，因而可以不断增值。

（6）可集成性。可集成性即不同的信息之间可以进行广泛的联系和系统的综合，并由此得出全新的信息关系和内容。具体表现在：同样一条信息与不同的信息进行联系，可以得到不同的解释，而且产生多种用途；信息的综合并不是对信息的简单堆砌，而是通过人与信息系统协同工作，使不同实体的各方面信息有机地结合在一起，创造出新的信息。

（7）层次性。该特性是与组织决策的层次联系在一起的。对于信息社会的组织来说，不论是哪个组织单元（如工作小组或某个员工），利用信息的决策一般都可以有三个层次：战略层决策、技术层决策和事物层决策。不同层次的决策对信息的来源、抽象程度、数量等特性的要求不同。

3. 会计信息

会计信息是反映组织财务状况和经营成果的信息。它是对反映组织运作的数据，按照一定的要求或需要，进行加工、计算、分类、汇总而形成的有用的信息产品，如原始凭证经过数据处理系统加工处理后变成总账、明细账等。尽管数据和信息存在差别，但在实际工作中，二者经常不加区别地使用，这是因为数据和信息并无严格的界限。在会计处理过程中，经过加工处理后的会计信息往往又成为后续处理的数据。例如，会计人员对原始凭证进行分析加工，用会计语言表述为具有会计信息特征的记账凭证；而记账凭证是登记账簿的依据（数据原料），经过登记账簿加工后，生成总账和明细账等会计核算信息；同理，总账和明细账所反映的会计信息又进一步加工生成会计报表等综合信息；会计报表所反映的综合信息又进一步加工生成财务分析、投资分析等管理信息。

1.3.3 知识

知识（knowledge）是以各种方式将一个或多个信息关联在一起的信息结构，是对客观世界规律性的总结。随着人们对信息认识的逐渐加深，有关知识的概念以及知识与信息的关系问题正在引发越来越多的讨论和思考。从信息技术应用的角度来看，知识是对同类信息的积累，是为有助于实现某种特定的目的而抽象化和一般化的信息。因此，信息是知识的原料，而知识是对信息更高一级的抽象，这种抽象可以在信息系统环境中通过寻找各信息之间的联系来完成。由此可以看出，知识的产生需要自由地获取信息。

1.3.4 三者关系

数据、信息和知识相互联系、相互作用：数据是信息的原料，信息又是知识的原料；而信息是数据加工的产品，知识又是信息更高一级的抽象。在信息社会，越来越多的组织在经营和决策过程中利用信息系统，将数据加工成信息，将信息转换成知识，并用知识指导行动，努力实现其经营目标。它们之间的关系如图 1-3 所示。

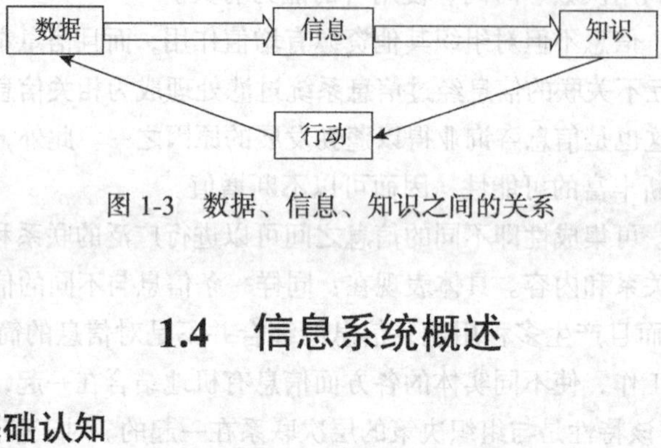

图 1-3 数据、信息、知识之间的关系

1.4 信息系统概述

1.4.1 系统的基础认知

1. 系统的概念

随着科学技术的进步和社会活动的日益复杂，人类所要处理和解决的问题难度越来越大，这些问题又都表现出整体性和系统性的特征。因此，人们在一切领域中普遍用“系统”来处理问题，“系统”成为常用的术语。

系统（system）是由一些相互联系、相互作用的若干要素，为了实现某一目标而组成的具有一定功能的有机整体。

2. 系统的特点

系统不仅是实际的组织结构和概念结构，而且还反映出它们之间的活动、行为以及为达到特定目标而相互产生的作用和制约。一般来说，系统具有以下特性。

（1）独立性。每个系统都是一个相互独立的部分，它与周围环境具有明确的界限，但又受到周围环境的制约和影响。

（2）整体性。一个系统由两个或两个以上的要素组成，所有要素的集合构成了一个有机的整体。在这个整体中，各个要素不但具有自己的目标，而且为实现整体的目标充当必要的角色，缺一不可。

（3）目的性。任何一个系统的产生和发展都具有很强的目的性，这种目的性在某些系统中又体现出多重性。目的是一个系统的主导，它决定系统要素的组成和结构。

（4）关联性。关联性即一个系统中各要素间存在密切的联系，这种联系决定了整个系统的机制在一定时期内处于相对稳定的状态；但随着系统目标的改变以及环境的发展，系统也会发生相应的变更。

（5）层次性。一个系统必然被包含在一个更大的系统内，这个更大的系统常被称为"环境"；一个系统内部的要素本身也可能是一个个小的系统，这些小的系统常常被称为这个系统的子系统（subsystem），由此形成了系统的层次性。

3. 系统的分类

系统根据其自动化的程度，可以分为人工系统、自动系统和基于计算机的系统。

（1）人工系统。大部分工作是由人工完成的系统称为人工系统，如手工会计系统等。

（2）自动系统。大部分工作是由机器自动完成的系统称为自动系统，如室内恒温系统、数控机床系统等。

（3）基于计算机的系统。大部分工作是由计算机自动完成的系统称为基于计算机的系统，如机器人系统、会计信息系统等。

4. 系统的基本构成及相互关系的分析

系统的基本构成大致可以分为三部分，即系统、系统内部的子系统、系统的周围环境。这是系统的三个基本要素。

它们之间的关系是：每个系统都有它的特定目标和功能，这是区别各个系统的主要标志。为了完成系统的特定目标，每个系统都有它确定的功能结构，这些功能结构各自完成系统的一部分工作。各功能结构之间相互影响、相互作用、相互联系、协同工作以实现系统的整体目标。任何系统都处于特定的环境中，系统必然与外部环境发生各种各样的联系，受到环境变化的制约和影响。即使是所谓的"封闭系统"也只是采用各种措施，将环境的影响降至最低限度而已。对系统研究的一个重要方面就是研究环境对系统的影响，这点对会计信息系统的研究尤为重要。

1.4.2　信息系统的内涵和功能

1. 信息系统的内涵

信息系统（information system）是以信息基础设施为基本运行环境，由人、信息技术设备、运行规程组成的，以信息为处理对象，进行信息的收集、传递、存储、加工，辅助组织进行各项决策的人机结合的系统，即基于计算机的系统。

2. 信息系统的功能

信息系统的功能可以归纳为以下五个方面。

（1）数据的收集和输入。数据的收集和输入功能是指将待处理的原始数据集中起来，转化为信息系统所需要的形式，输入到系统中。在衡量一个信息系统的性能时，以下内容十分重要：收集数据的手段是否完善，准确性和及时性如何，具有哪些校验功能，输入手段是否方便易用，数据收集和输入的组织是否严密等。

（2）信息的存储。数据进入信息系统后，经过加工或整理，得到对管理者有用的信息。信息系统负责把信息按照一定的方法存储、保管起来。

（3）信息的传输。为了让信息的使用者方便地使用信息，信息系统应能够迅速、准确地将信息传送到各个使用部门。

（4）信息的加工。信息系统对进入系统的数据进行加工处理，包括查询、计算、排序、归并等。

（5）信息的检索和分析。信息的检索和分析功能是指按照使用者的需求查询信息，利用一些模型和方法，如预测模型、决策模型、模拟模型、知识推理模型等，生成针对性较强的、能满足用户需求的决策信息。

1.4.3 信息系统的分类

随着计算机技术和网络技术等信息技术的发展，信息系统不断发展，出现了各种分支，目前主要有以下几种类型。

1. 电子数据处理系统

传统的电子数据处理系统（electronic data processing system, EDPS）是信息系统各分支中唯一较少涉及经济管理问题，而且以计算机应用技术、通信技术和数据处理技术为主的系统，一般不做任何预测、规划、调节和控制。例如，会计数据处理系统、状态报告系统等都是传统的电子数据处理系统。电子数据处理系统是其他类型的信息系统的基础，它能够向其他类型的信息系统提供数据。

2. 管理信息系统

管理信息系统（management information system, MIS）是在电子数据处理系统的基础上逐步发展起来的信息系统。它利用电子数据处理系统的数据和大量定量化的科学管理方法，实现对生产、经营和财务过程的预测、管理、调节、规划和控制。管理信息系统是以支持例行的高度结构化（可程序化）的管理问题为主的信息系统。很多组织将管理信息系统的概念应用于组织中的具体职能领域，形成各种职能性子系统。

（1）人力资源（human resources, HR）管理信息系统。在信息社会，组织间竞争的关键因素之一就是人才，因此，为了有效地进行人力资源管理，将信息技术与人力资源管理有机融合，构建人力资源管理信息系统，进行薪酬管理、福利管理、人事信息管理等。

（2）供应链管理（supply chain management, SCM）信息系统。20 世纪 80 年代，市场中供需双方的关系出现了根本转变，客户在买卖关系中占据了主导地位。组织的生存与发展不再仅仅取决于供应链中各组织、部门本身，更重要的是取决于用户，所以人们将信息技术与供应链管理理论有机融合，构建供应链管理信息系统，进行供应商评估管理、采购管理、销售渠道管理、库存管理、销售管理等。

（3）制造管理（manufacturing management, MM）信息系统。在信息社会，随着技术的进步和竞争的加快，制造业面临巨大的挑战。人们将信息技术和先进的管理思想（如 JIT/AM 的管理思想）有机融合，构建制造管理信息系统，支持主生产计划、重复生产排成、物料需求计划、订单管理等，如制造资源计划（MRPⅡ）就是典型的制造管理信息系统。

（4）客户关系管理（customer relation management, CRM）信息系统。在信息社会，随着市场竞争的加快，加强客户关系管理对组织愈发重要。人们将信息技术与客户关系管理理论有机融合，构建了客户关系管理信息系统，进行服务管理、客户管理、机会管理、客户关怀管理等，实现实时挖掘潜在客户、实时跟踪现实客户、实时维护重点客户。

（5）会计信息系统（accounting information system, AIS）。会计信息系统是组织管理信息系统中最重要的子系统之一。随着技术的进步和会计理论的不断完善，将信息技术与会计理论有机融合，构建了会计信息系统。该信息系统能够从各个职能子系统中获取信息，动态反映组织的财务状况和经营成果，控制经营活动，并为管理和决策提供信息。

上述各种职能性信息子系统今天在很多组织中都能够找到，组织中任何一个特定应用领域需要进行信息化管理，组织就会建立相应的信息系统。随着组织管理的不断变革，管理信息系统不断完善和扩充，其目的是将物流、资金流、信息流有机融合，合理配置组织资源，提高组织的竞争力和市场应变能力。值得注意的是，一个组织中的各种智能性信息子系统并不是独立存在的，而是共享组织中的通用信息系统资源，并通过信息传递与会计信息系统保持密切的联系。

3. 决策支持系统

决策支持系统（decision support system, DSS）是在管理信息系统基础上发展起来的信息系统。它改善和加强了管理信息系统的决策支持能力，更加强调管理决策中的人工作用，支持面向决策者，处理半结构化（不可完全程序化）的管理决策问题。决策支持系统的研究方向以不确定性的、多方案综合比较的、智能性的并充分考虑人（决策者）的因素以支持其决策的方法为主，如投资决策信息系统、生产决策信息系统等。

4. 专家系统

专家系统（expert system, ES）是将某一项领域的专家在长期实践中积累起来的经验和知识，特别是他们在处理该领域问题时所用的事实和决策准则编成计算机程序，供决策人员使用，从而改进决策质量的系统。它属于人工智能的范畴，是一个很有发展潜力的新领域，如中医专家系统、围棋专家系统等。

5. 总裁信息系统

总裁信息系统（executive information system, EIS）为一个组织中的最高层管理者的特殊需求服务，是在专家系统的支持下，从管理信息系统中提取各种信息，为最高层管理者提供综合信息的信息系统。

6. 办公自动化系统

办公自动化（office automation, OA）系统是20世纪80年代随着计算机技术、网络技术等的发展而产生的多功能综合信息系统。其目的是提高办公室工作人员的工作效率，如文字处理系统、电子邮件系统等。

7. 国际电子商贸系统

国际电子商贸系统（international electronic business processing system, IEBPS）是20世纪90年代随着国际互联网和电子数据交换技术的发展而产生和发展起来的信息系统。它的主要特点是借助现代通信和网络技术，将原来各个国家、各个部门和各个单位的商贸管理信息系统连成一体，形成国际化信息系统。

上述信息系统的划分只是一个粗略分类，实际上各系统既相互独立又相互渗透；同时，各系统本身也随着科学进步和发展，功能不断完善和丰富，以满足社会的需要。

1.5 会计信息系统

信息技术引起的变革浪潮在20世纪70年代彻底冲击了工业界，80年代又洗涤了服务业，而到了90年代，会计界接受其洗礼。信息时代的来临使会计面临的环境发生了巨大变化，会计必须适应网络信息时代的要求，不断利用新的工具和方法进行创新，才能真正适应社会的需要。

1.5.1 会计信息系统的产生与发展

管理水平的提高和科学技术的进步对会计理论、会计方法和会计数据处理技术提出了更高的要求，使会计信息系统由简单到复杂、由落后到先进、由手工到机械、由机械到计算机，其历程是不断发展、不断完善的过程。从数据处理技术来看，会计信息系统的发展可以分为三个阶段。

1. 手工会计信息系统阶段

手工会计信息系统阶段是指财会人员以纸、笔、算盘等为工具，实现对会计数据的记录、计算、分类、汇总，并编制会计报表。这一阶段历史漫长，直至今日，仍有很多组织停留在手工阶段。

2. 机械会计信息系统阶段

19世纪末20世纪初，随着科学管理理论与实务的发展和应用，会计更加受到重视，出现了相应的改进，对会计数据处理提出了更高的要求，因而不得不用机械化核算代替手工操作。财会人员借助穿孔机、卡片分类机、机械式计算机、机械制表机等机械设备，实现会计信息的记录、计算、分类、汇总和编制报表。这一阶段在计算机出现后很快结束，国外只有少数大型组织在会计中运用过机械装置，而我国几乎没有经历这一阶段。

3. 基于计算机的会计信息系统阶段

第二次世界大战后，资本主义社会竞争日益激烈，单靠垄断已难以维持资本家的高额利润，不得不转向通过加强管理来增加产量，提高质量，降低成本，提高竞争力。特别是日本、德国等战败国，政治和经济都处于劣势，其他无可依靠，只有加强内部管理。此时会计成为加强内部管理的重要手段，出现了重大变革，对会计数据处理提出了更高的要求，计算机的产生为会计数据处理带来了根本性的变革。采用计算机进行会计信息处理后，会计数据的主要处理过程全部由计算机系统自动完成，如数据检验、分类、记账、编制会计报表等，并能准确、高效地完成任务。

基于计算机的会计信息系统的发展可以细分为以下几个阶段。

（1）电子数据处理（EDP）阶段。本阶段也称为面向事务处理阶段，是会计信息系统的初级阶段。当时，以计算机为代表的信息技术处于初级阶段，会计信息系统的主要目标是用计算机替代手工操作，实现会计核算工作的自动化或半自动化，以提高会计工作效率为主。

（2）会计管理信息系统阶段。本阶段也称为面向会计管理阶段。此时，计算机技术有了突飞猛进的发展，特别是数据库技术、网络技术在会计信息系统中得到了广泛的应用。会计信息系统的主要目标是综合处理发生在组织各业务环境中的各种会计信息，并为组织管理部门提供有关管理和决策辅助信息。

（3）基于互联网的会计信息系统阶段。20 世纪末，互联网在全球 IT 领域掀起了第二次产业浪潮，其发展一日千里。Intranet 作为组织内部网络，将网络技术应用于组织内部；Extranet 作为组织间网络，将网络及组织网络技术应用于组织间；Internet 作为国际互联网，将散布在全球各地的计算机和网络相互连接，形成全球最大的网络系统。同时，基于网络资源共享的电子商务正在全球各地刮起一阵旋风，它不仅打破了国界、距离与时间的限制，而且改变了组织经营模式和生产方式，使经营、管理和服务变得及时而迅速。为了使我国财会工作能够适应新的网络环境的需求，国内会计学术界、实务界以及会计软件公司都作出了积极反应，特别是会计软件公司纷纷行动起来，相继研制和推出互联网或电子商务时代的会计信息系统，简称为基于互联网的会计信息系统。

当今，一方面会计信息系统的功能越来越强大；另一方面会计信息系统与组织管理信息系统的融合越来越紧密。特别是企业资源计划（ERP）管理思想和系统的提出，要求财务业务一体化管理，即当经济业务发生时，由业务单据驱动，根据会计分录模板，由系统自动生成会计凭证并审核后记账。这样就实现了财务账和实物账的同步生成，使财会人员从繁杂的劳动中解放出来，不断完善会计信息系统的控制功能，在会计（控制）信息系统的支持下，将控制职能延伸到业务前端，从核算角色转变为管理决策角色，并在会计决策系统的支持下辅助决策。

1.5.2　会计信息系统概述

1. 会计信息系统的内涵

会计信息系统是在技术进步、管理变革和会计理论不断发展与完善的基础上逐步发展的，因此，在不同时期，会计信息系统的内涵不尽相同。

国外较早提出会计信息系统概念的组织是美国会计学会（AAA）。1996 年，美国会计学会出版的《论会计基本理论》（*A Statement of Basic Accounting Theory*）一书中明确提出会计是一个信息系统，并指出“会计是为便于信息使用者有根据地判断和决策而鉴别、计量和传输信息的过程”。所谓信息系统，就是指从数据的收集、存储到传输使用的整体。会计信息系统是对会计数据进行收集、处理与报告，使用会计信息的管理信息系统。会计信息系统的观点从西方传入我国并被我国学者接受大约在20世纪80年代。中国人民大学教授王京新是最早研究会计信息系统的学者之一，他将信息技术与会计有机融合，在1986年撰写了《会计信息系统的分析与设计》一书，对会计信息系统的定义、分析和设计提出了有价值的观点。

美国学者鲍德纳在2002年撰写的《会计信息系统》(*Accounting Information System*)一书中给出了会计信息系统较权威的定义：会计信息系统是基于计算机的，将会计数据转换为信息的系统。但是我们更广泛地使用“会计信息系统”这一概念，使其包括交易处理循环、信息技术的使用以及信息系统的开发。

我们对会计信息系统的理解是：会计信息系统是一个面向价值信息的信息系统，是从对其组织中的价值运动进行反映和监督的角度提出信息需求的信息系统，即利用信息技术对会计信息进行采集、存储和处理，完成会计核算任务，并能提供为进行会计管理、分析、决策使用的辅助信息的系统。在信息社会，会计工作中常规的可以程序化的任务将由会计信息系统处理，同时会计信息系统还将辅助会计人员完成其他管理与决策任务。

2. 会计信息系统的特点

会计信息系统除了具有一般信息系统的基本特点之外，还因会计工作的特殊性具有以下几个特点。

(1) 数据来源广泛，数据量大。

(2) 数据的结构和数据处理的流程较复杂。

(3) 数据的真实性、可靠性要求高。

(4) 数据处理的环节多，很多处理步骤具有周期性。

(5) 数据的加工处理有严格的制度规定，并要求留有明确的审计线索。

(6) 信息输出种类多、数量大，格式上有严格的要求。

(7) 数据处理过程的安全性、保密性有严格的规定。

3. 会计信息系统的目标

会计信息系统是为组织服务的，是会计工作中必不可少的组成部分，因此，会计信息系统的目标应服从于组织、信息系统、会计三者的目标。

组织的目标是通过提供客户满意的服务，获取更多的利润；信息系统的目标是向信息系统使用者（用户）提供决策有用的信息；会计的目标是提高组织的经济效益以获取更多的利润。由此，会计信息系统的目标可以确定为向组织内外部的决策者提供需要的会计信息及对会计信息利用有重要影响的其他非会计信息。它确定了会计信息用户可以得到的信息内容和质量。当然，具体到不同的决策者，由于需要不同，希望获取的会计信息也会各不相同。在此目标下，会计信息系统的基本功能应是利用各种会计规则和方法，加工来自组织各项业务活动的数据，产生和反映会计信息（其中多数是价值信息），以辅助人们利用会计信息进行决策。其中，会计规则和方法是由会计人员根据信息用户的需求综合制定的，它们并不是一成不变的，而是随着外界情况的变化不断调整的。在会计信息系统中，会计规则由会计人员确定，会计方法也由会计人员提出，并与信息管理人员合作将这些规则和方法转化为机器系统中的程序。当组织出现了新的业务活动或拥有新的资源需要管理时，会计人员应从会计工作的角度确定相应的解决办法和处理规则，并尽可能地将其转化为机器系统可以处理的内容。

1.5.3 会计信息系统构成

1. 硬件资源

硬件资源是指会计信息系统进行会计数据输入、处理、存储、输出和传输的各种电子设备。主要包括：

（1）输入设备，如键盘、光电扫描仪、条形码扫描仪等。

（2）数据处理设备，如计算机主机等。

（3）存储设备，如磁盘机、光盘机等。

（4）输出设备，如打印机、显示器等。

（5）各种网络设备，如网卡、集线器、中继器、网桥、网关、路由器、服务器等。

要使会计信息系统能够有效运作，必须根据会计信息系统的目标配置硬件资源，并建立相应的硬件平台。

2. 软件资源

软件资源是保证会计信息系统能够正常运行的核心和灵魂。软件资源又分为系统软件和会计软件。

系统软件主要包括：

（1）操作系统，即对计算机资源进行管理的系统软件，如 Windows NT。

（2）数据库管理系统，即对数据进行管理的系统，如甲骨文数据库管理系统等。

会计软件是专门用于会计核算和会计管理的软件，是会计信息系统的一个重要组成部分。没有会计软件的信息系统不能称为会计信息系统，拥有会计软件是会计信息系统和其他信息系统的主要区别。目前会计软件非常多，国内会计软件有上百种，如用友公司、金蝶公司、安易公司、浪潮公司等都推出了不同版本的会计软件；国外会计软件在中国销售的也非常多，如甲骨文公司、JDE 公司、D&B 公司、SAP 公司等也推出了不同版本的会计软件。

3. 信息资源

数据文件是一种非常重要的信息资源，是用来存储会计信息系统中数据和信息的磁性文件。数据文件主要包括以下三类。

（1）基础数据文件，如组织的会计科目、人员档案、客户档案、组织机构档案等。

（2）经过会计信息系统加工后生成的文件，如总账文件、应收账款文件等。

（3）临时文件，在信息系统运行过程中存放临时信息的文件。

会计规范也是一种非常重要的信息资源，它是指保证会计信息系统正常运行的各种制度和控制程序，如硬件管理制度、数据管理制度、会计人员岗位责任制度、内部控制制度、会计制度等。会计规范可以保存在数据文件中，也可以保存在纸质文件中。

4. 会计人员

会计人员与会计信息系统之间有着密切的联系。会计人员既是会计信息系统的组成要素，又是会计信息系统的管理者，由其确定会计信息系统采用什么样的会计模式，并与信息系统管理者一起制定会计信息系统的运行规程，而会计信息系统应该是服务于会计人员的，帮助会计人员更有效地处理有关信息，并向用户提供满足需要的高质量的会计信息。

5. 工作方式

1）数据处理方式

计算机会计信息系统的数据处理工具是电子计算机。在计算机会计信息系统中所有会计数据统一由计算机集中化、自动化地进行处理。一般来说，系统规模越大、复杂性越高，数据的处理越集中。在数据处理过程中，除数据的输入和必要的操作控制外，系统在程序的统一调度下由计算机快速自动地完成数据处理。

在计算机会计信息系统中所有会计数据以文件的形式组织和存放，其存放介质为硬盘或软盘等磁性介质。这些数据文件代替了手工系统中的凭证、账簿、报表及其他会计数据资料。查看这些资料必须通过程序，将数据显示在显示器或打印成文字资料。磁介质记录的信息复制方便、查找迅速，但也有修改难以保留痕迹的问题，需要采取措施保留必要的修改痕迹。

2）数据处理流程

计算机会计信息系统的数据处理流程与手工系统的数据处理流程有相似之处，但具体的处理环节和内容又有其自己的特点。在计算机会计信息系统中，日常会计数据的处理表现为：人工采集、进行标准化处理并输入计算机；由计算机集中、自动地进行处理；计算机根据使用者的需要自动输出各种会计信息。除输入过程外，数据的计算、处理的过程中几乎没有发生错误的可能性。因此在计算机会计信息系统中没有必要采用平行登记的方式，来源于记账凭证中的数据不再重复处理，统一记录于分类账中集中处理。

3）人员构成和工作组织体制

在计算机会计信息系统中，除了专业会计人员外，还需要计算机操作人员和维护人员共同进行工作，所有系统内的工作人员都应具有相当的会计和计算机知识。由于许多会计核算工作由计算机自动完成，所以，会计工作组织形式将发生较大变化，通常按照数据处理的处理阶段分工组织。

4）系统的内部控制

在计算机会计信息系统中，原来手工系统内部控制制度的基本原则，如必须有明确的职责分工，账、钱、物分管等仍然是系统内部控制的基本原则，但具体的控制环节和控制方法则有所不同。由于计算机会计信息系统控制的具体方式为组织管理控制与计算机程序控制相结合，控制的要求更为严格，控制的内容更为广泛。与此同时，由于计算机会计信息系统以计算机网络为基本工作平台，因此在计算机会计信息系统中增加了计算机硬件、系统软件和应用软件等，同时也带来了由于这些部分的引入而产生的控制问题，研究计算机网络环境下的会计信息系统内部控制问题成为计算机会计信息系统使用的重要课题。

1.5.4 会计信息系统结构分类

会计信息系统是一个人机结合的系统，它由硬件资源、软件资源、数据文件、会计规范和会计人员等基本要素组成。然而，并非将这些要素任意堆砌就能构建会计信息系统，而必须对关键要素进行有机集成。因此，会计信息系统的应用体系结构就是指硬件资源、软件资源、数据文件等集成后的应用结构。

随着以计算机网络为代表的信息技术的发展，国内外信息系统应用体系结构也不断发展和变迁，从主机/多终端、文件服务器、客户机/服务器到浏览器/服务器，模式不断变化。目前，客户机/服务器模式在企业应用较多，但浏览器/服务器模式具有更多的优点，已经成为主流趋势。

1. 主机/多终端模式

主机/多终端模式又称为集中式。这种模式，系统所有的程序都在主机中运行，所有数据都存放于主机内，用户通过本地或远程终端访问主机。终端仅由键盘、显示器及与主机通信的设施组成。在计算机发展的早期，由于计算机价格昂贵，专业人员缺乏，这种模式曾在比较长的一段时期内被广泛应用。

由于集中式所采用的主机价格比微机和工作站昂贵得多，当微机和工作站性能越来越强，且价格越来越低时，能否用一群微机代替作为主机的大型机，将其任务分布到各个节点上，已成为软件开发工作重点考虑的问题。

2. 文件服务器模式

文件服务器模式（File/Server，F/S）是指在局域网中，数据是集中存放的，而所有的应用处理和数据处理却是分散于用户使用的微机一端。数据集中存放于文件服务器上，该服务器仅负责从服务器硬盘上查询所需要的数据文件，并通过网络发送给微机用户。用户的微机上有数据库管理系统，负责处理从服务器传来的数据文件，处理完的结构又以数据文件的方式通过网络存放于服务器上。

在文件服务器模式下，当企业日益发展，部门间相互传输的数据量日益增大时，局域网负担会过重。为了减轻网络传输的负荷，人们自然也会想到有无必要经网络传输全部数据文件。因为事实上，很多查询仅是有限几个数据或是几条记录，在网上传送整个文件是没有必要的。这就要求服务器一方具有处理能力，仅将处理的结果经网络传送。因而文件服务器不仅可以存放文件，还应有处理能力。

3. 客户机/服务器结构

（1）基本工作原理。随着网络技术、数据库技术等的发展，20 世纪 90 年代一种新的分布式结构——客户机/服务器结构受到越来越多的企业的欢迎。这种结构的硬件环境与文件服务器结构的硬件环境基本相同，都是通过选择一台或多台处理能力较强的计算机作为服务器，并在数据库中存放共享数据，根据业务处理和管理的需要设置若干工作站，并把应用系统全部放在各个工作站上，构建一个局域网环境，但会计管理软件的分布结构及数据库对共享数据管理的结构却是不同的。客户机/服务器结构不仅在服务器上存放了共享信息资源及其数据库管理系统（DBMS），而且将部分会计管理软件（对数据库中共享数据的增、删、改等操作）也放在服务器上；在客户终端也存放部分会计管理软件，主要是会计管理软件中对共享数据操作以外的其他操作部分（如输入/输出界面操作等）。当客户发出请求时，客户端会计管理软件对其进行处理，并将请求传送到服务器端；服务器端对其进行处理并将结果传送到工作站；客户端会计管理软件完成显示、打印或对结果数据的进一步处理工作。客户机/服务器结构的工作原理如图 1-4 所示。

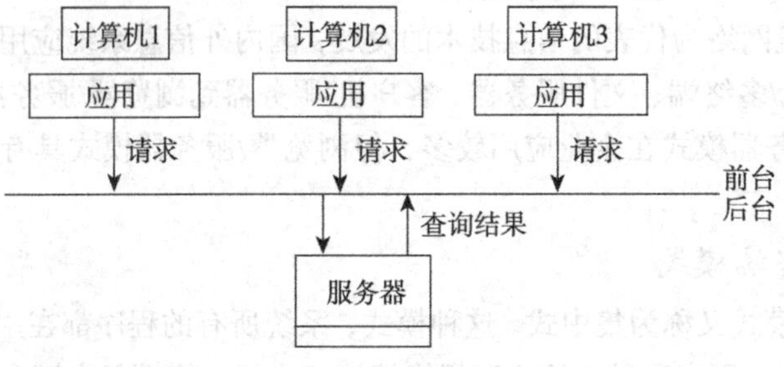

图 1-4　客户机/服务器结构的工作原理

（2）客户机/服务器结构的主要优点。

第一，提高了系统的安全性、可靠性。对共享的数据进行集中管理，增强了数据的安全性、可靠性、一致性控制，增强了系统的稳定性。

第二，提高了系统的运行效率。在网络通信上只传递请求服务和结果数据的信息，大大减轻了通信线路的负荷，提高了系统的运行效率。

第三，提高了系统的开放性。客户端与服务器端可以选择不同的平台。例如，在客户端可以选择 Windows 环境下的各种软件工具，如 VB，VC 等，而在服务器端可以选择各种 DBMS，如 Access，Oracle 等。

（3）客户机/服务器结构主要缺点。随着应用的深入，人们发现客户/服务器结构也有不少致命的缺点。

首先，处理问题复杂。在实施二层客户机/服务器结构（只有客户端和服务器端）时，如何在客户机和服务器之间合理分工，以提高整体性能、降低网络传输负荷，是一个十分复杂的问题。如果会计管理软件中大量处理程序留在客户端，在处理复杂应用时，客户端仍显臃肿，当访问数据量增大和业务复杂时，客户端往往就会变成“瓶颈”。如果放太多的应用在服务器上，则会影响响应速度，当大量用户访问时，易造成网络“瓶颈”。

其次，维护成本很高。在二层客户机/服务器结构模式下，当客户机很多时，系统的维护和升级就显得相当复杂。维护人员需要维护、升级所有客户机上的会计管理软件，维护成本很高。

再次，应用局限性大。在二层客户机/服务器结构模式下，客户端配置复杂。客户软件随服务器软件的不同而不同，访问不同的服务器需要不同的客户软件。随着功能的扩展，客户端变得越来越复杂，系统的维护管理也越来越复杂，广泛应用的局限性大，限制了大企业、大集团的数据实时传递和共享的程度。

最后，灵活性和扩展性差。由于用户界面与业务处理是做在一起的，其中有一方发生改变，客户端会计软件就需要重做。另外，该结构不支持 Internet。

4. 浏览器/服务器结构

为了改进结构，不断完善 IT 环境，在二层客户机/服务器结构的基础上，又研制出三层客户机/服务器结构，较好地克服了二层客户/服务器结构的缺点。随后研究人员在客户端采用了 Internet 浏览器，后台增加 Internet 服务器，推出浏览器/服务器结构，成为 IT 环境的主流。在迈进 21 世纪之际，德国 SAP、美国甲骨文、英国 Sun System、中国用友软件公司等都推出了基于浏览器/服务器结构的会计管理软件，联想集团、斯达集团、申银万国等应用了基于浏览器/服务器结构的会计管理软件。

1）浏览器/服务器结构的工作原理

浏览器/服务器结构是目前世界范围内应用最广的 IT 结构，是配合 Internet/Intranet 建设的最佳方案，最大限度地方便了用户部署和维护大型软件系统，从而大大降低了用户目标系统的总体拥有成本（TCO），其工作原理如图 1-5 所示。

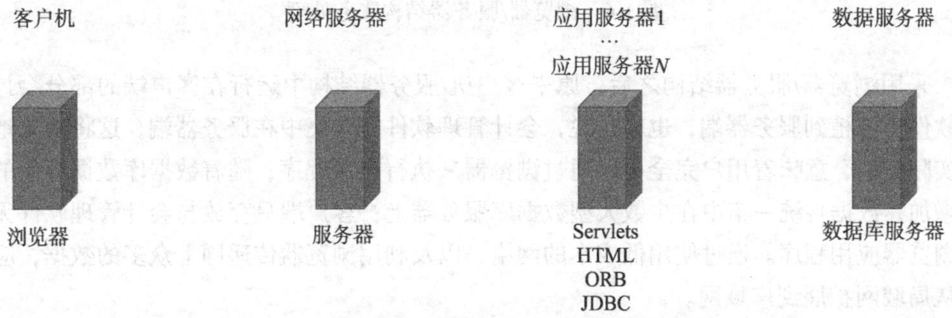

图 1-5　浏览器/服务器结构工作原理

由此可以看到，浏览器/服务器结构从逻辑上讲分为四个层次：客户机、网络服务器、应用服务器、数据库服务器。

第一，客户端。客户端主要负责人机交互，包括一些与数据和应用有关的图形及界面运算。客户端一般由微机担任，客户可以在千里之外通过网络在客户机上完成各项任务。

第二，网络服务器。网络服务器主要负责对客户端应用的集中管理。

第三，应用服务器。应用服务器主要负责会计管理软件中逻辑结构和数据关系等事务处理。应用服务器又可以根据其处理的具体业务不同而分为多个。

第四，数据库服务器。数据库服务器主要负责数据的存储和组织、分布式管理、备份和同步等。

下面以一个简化的账务处理系统为例说明浏览器/服务器结构的特点，如图 1-6 所示。

某公司财会人员在离总部很远的其他城市登录网络，通过客户端发出请求，如凭证处理；网络/应用服务器通过对数据服务器中的凭证数据进行读取、更新、删除等，完成获取凭证、增加凭证、删除凭证等业务任务。

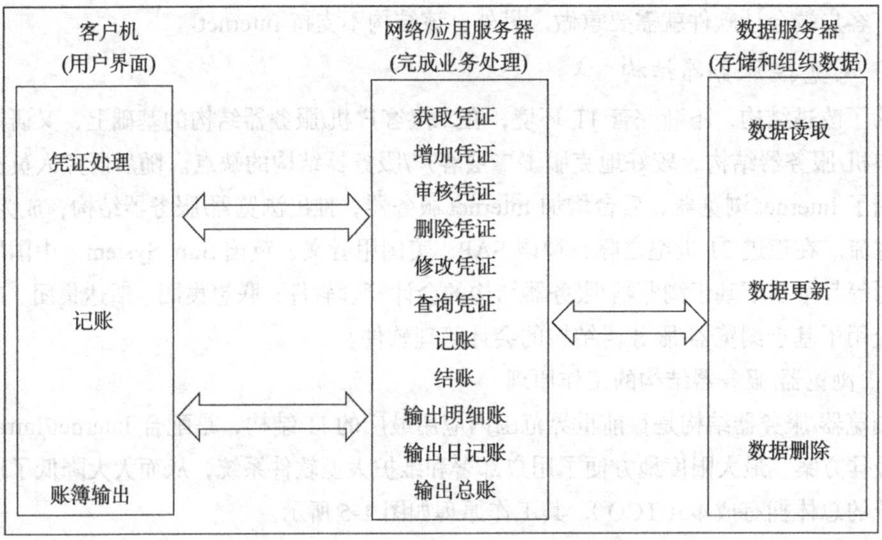

图 1-6　浏览器/服务器结构账务处理

采用浏览器/服务器结构之后，原来客户机/服务器结构中运行在客户端的部分会计管理软件将移植到服务器端，也就是说，会计管理软件完全集中在服务器端，这将永久地简化实际应用，意味着用户完全可以通过浏览器来执行应用程序；随着数据库数据容量的逐渐增加，数据将统一集中在少数大型数据库服务器上；客户端只存放与会计管理软件无关的浏览器应用程序。通过使用低成本的网络，以及利用浏览器传递网上众多的数据，应用将从局域网扩展到广域网。

2）浏览器/服务器结构的优点

浏览器/服务器结构与客户机/服务器结构相比，其主要优点如下。

第一，实施速度加快。

第二，维护成本降低。

第三，点对点实时通信。

第四，数据集中存储。

3）浏览器/服务器结构是支持协同商务集中管理的基础

通过对浏览器/服务器结构的工作原理和突出优点进行分析可以看出，浏览器/服务器结构支持 Internet、Intranet 和 Extranet，支持点对点的通信，保证了核心企业与客户和供应商之间实时获取数据、传递数据，并将企业的全部数据集中存储在总部数据库服务器中，实现信息共享。对于大企业、企业集团来说，无论组织成员在何处，当经济业务发生时，业务人员和财会人员在客户端利用会计管理直接将业务信息输入统一数据库中，可以做到控制数据、共享数据，做到“数出一门，信息集中”，有力地支持了事中实时控制对数据共享的需求；各级管理者无论在何处，都可以从同一数据库中实时获取数据，自动生产出“信息产品”支持决策，控制组织成员的经济活动，做到“集中于咫尺之内，监控于天涯之外”。此外，浏览器/服务器结构实施速度快、易部署和维护成本低等优点保证了企业所有成员的低成本投入，因此，浏览器/服务器结构是支持协同商务集中管理的基础。

1.6　会计信息系统应用方案

1.6.1　财务应用方案

财务应用方案适用于只希望使用会计信息系统解决企业会计核算与资金管理的企业。在这一方案中，系统构成为：总账、应收管理、应付管理、报表。其扩展子系统为：工资管理、固定资产管理、资金管理和财务分析。

在这一方案中对往来业务一般有两种基本的处理方法。对于往来业务不多，只需要进行简单的往来管理和核算的企业，可以使用总账系统提供的往来管理功能进行往来业务的处理。对于往来业务频繁，需要进行详细和严格的往来管理的企业则可以使用应收、应付子系统与总账系统集成运行来满足往来管理和核算的需要。

1.6.2　行政事业单位解决方案

行政事业单位会计核算与财务管理的核心是预算的制定和预算执行情况的统计分析。因此这一方案中总账、财务分析与报表子系统是其核心子系统，其扩展系统为工资管理和固定资产管理子系统。

在这一解决方案中，财政预算和执行情况统计分析由财务分析子系统进行处理。在总账系统中进行会计核算，并根据财务分析子系统中制定的预算进行资金控制。

1.6.3　工业企业会计信息系统的功能结构和应用方案

前面讨论了会计信息系统的基本功能结构，即会计信息系统包括哪些子系统，各子系统的基本功能，以及它们之间的相互关系。然而，不同的单位由于其所处的行业不同，会计核算和管理需求不同，因此，其会计信息系统的功能结构和应用方案也不尽相同。下面结合工业企业的流程和管理需求，阐述其会计信息系统的功能结构和应用方案。

1. 工业企业流程和管理需求分析

当人类进入信息社会，信息技术的滚滚浪潮打破了国界、距离与时间的限制，不仅改变了人们的生活方式、工作方式、学习方式，而且也改变了企业的经营模式和生存方式，使经营、管理和服务变得及时而迅速。然而，仍有很多企业沿用工业时代的流程，其财务与业务、管理相分离，财务只是事后核算，无法正确、实时、动态地反映企业经营活动的信息，无法为管理提供实时、动态的信息。其结果是企业处于信息孤岛状态，各个流程也处于不协调和无效的状态，就像一辆出了毛病的汽车，马达轰鸣着，缓慢、费力地前行。因此，在研究工业企业会计信息系统的功能结构时，应该应用流程再造的思想，认真分析和研究满足企业管理所需的流程，并利用信息技术构造会计信息系统，保证物流、资金流、信息流的有效集成，提高企业的运作效率。

对于工业企业来讲，还要特别强调流程管理，业务流程的供应链管理、会计流程的价值管理以及管理流程的决策与评价，直接影响到企业对市场的敏感性和快速反应能力、成本和质量控制能力以及企业的核心竞争力。

一般来讲，工业企业的基本运作流程如图 1-7 所示。从图 1-7 中可以看到，工业企业的基本运作包括三大流程。

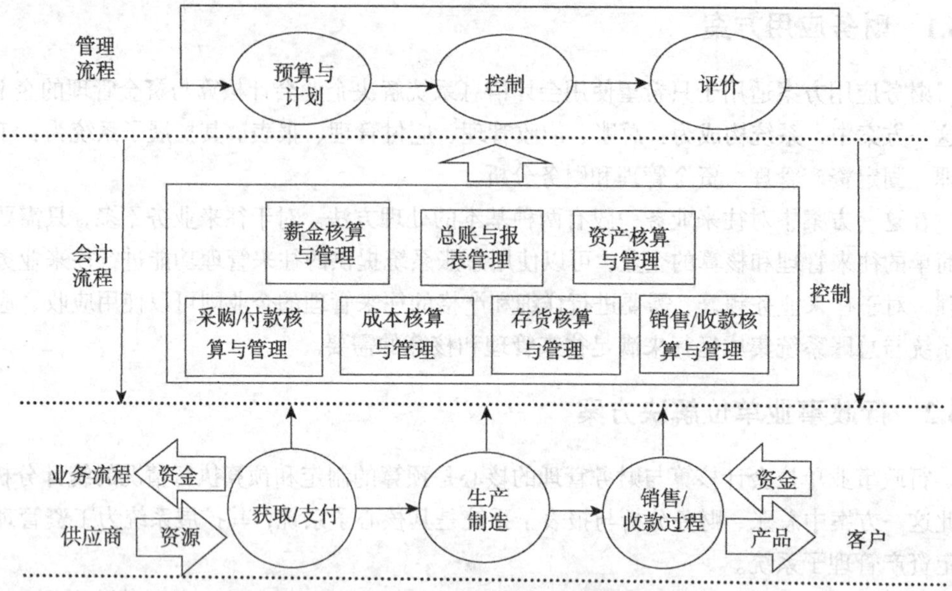

图 1-7　工业企业的基本运作流程

（1）业务流程。企业通过开发和提供满足客户需要的产品与服务来创造价值，而产品和服务是通过一系列的业务流程，即获取/支付流程、生产制造流程、销售/收款流程来提供的。

（2）会计流程。企业业务流程的信息需要在会计流程中进行反映，因此，会计流程必须包括采购/付款核算与管理、存货核算与管理、成本核算与管理、销售/收款核算与管理、薪金核算与管理、资产核算与管理、总账与报表管理等流程。与此同时，会计流程还需要通过报表流程向管理流程提供信息，起到桥梁的作用。

（3）管理流程。管理流程是以会计流程产生的信息为依据，对业务流程进行计划、控制、评价等一系列活动，从而使企业在经营计划的指导下有效运作，并正确评价企业创造的价值。

由此可以看出，这三个流程相互联系、相互作用，特别是会计流程在整个流程中起到了重要的作用。如果会计信息系统的设计能够支持会计流程的有效运作，即实时采集生产经营活动的信息，就能保证物流、资金流、信息流的有效集成，提高企业的运作效率和经营效益，提升企业的竞争力和市场应变能力。

2. 工业企业会计信息系统的功能结构

通过上述分析可以看出，工业企业会计信息系统可以按照业务流程的循环过程来设计：总账与报表子系统、采购/付款子系统、存货管理子系统、销售/收款子系统、工资子系统、固定资产子系统、成本子系统、管理决策与报告子系统、资金管理子系统等。其功能结构如图 1-8 所示。

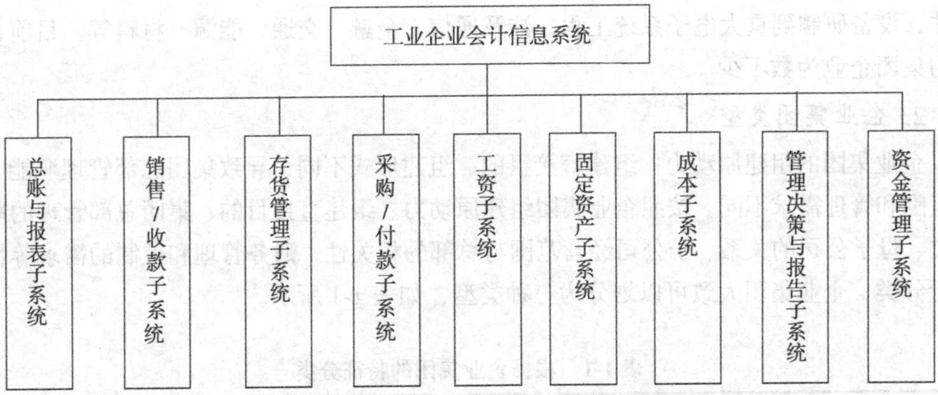

图 1-8 工业企业会计信息系统功能结构

3. 工业企业会计信息系统应用方案

除了解工业企业会计信息系统的功能结构外，我们还应该了解各个功能模块或者子系统之间的相互关系和数据传递方式，即应用方案的设计。工业企业会计信息系统的典型应用方案如图 1-9 所示。

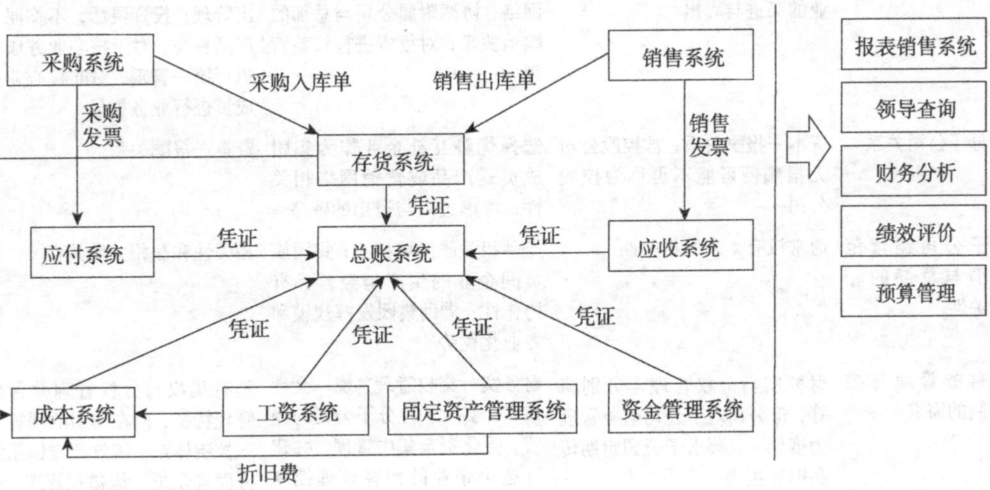

图 1-9 工业企业会计信息系统的典型应用方案

1.6.4 企业集团会计信息系统的功能结构设计

1. 企业集团概况

当今，抓紧实施大公司、大集团战略，加大对企业集团的政府扶持力度，培育一批有实力的企业集团参与国际市场竞争，已经成为我国经济工作的重点内容之一。随着市场经济的发展，企业集团日益呈现出资产规模大、资本链条长、管理跨度宽、地域分布广的发展态势。例如，中国电子科技集团公司是我国电子信息产业的一个全国性的综合型科研生产经营联合体，所属单位分布在北京、上海等 18 个省市区的主要城市，其业务从基础元器件、设备研制到重大电子系统工程，涉及通信、金融、交通、能源、材料等。目前，这样的集团企业为数不少。

2. 企业集团类型

企业集团的组建原动力、组建直接目的、组建形式不同，导致集团总部管理职能、管理范围和管理需求不同。按照企业集团组建原动力、组建直接目的、集团总部管理的职能定位、母子公司的关系、子公司经营范围与总部的相关性、财务管理和控制的需求等特征进行分类，企业集团大致可以划分为三种类型，如表 1-1 所示。

表 1-1 根据企业集团的特征分类

类型 / 特征	控股型企业集团	产业型企业集团	管理型企业集团
组件的原动力	资本实力与资本的衍生能力。借助资本来控制资源	产品优势。借助企业集团来发挥产品的市场优势	管理优势。通过输出管理，发挥集团优势
组建的直接目的	资本的保值与增值	对外表现为产品的市场占有，对内表现为产供销一体化，节约交易成本	市场占有较高的收益回报，兼有生产经营与资本经营相结合的属性
总部职能定位	资本投资的规划，确定被控企业的买进与卖出	规划产品的开发、生产与营销网络；协调附属公司与总部的购销关系；对投资进行权益管理	规划产品并兼顾投资收益；输出管理；投资灵活，不拘泥于产品种类；对于核心业务成员进行统一管理，对非核心业务成员进行业务指导
母子公司关系	资本—报酬关系，被控股公司无报酬便可能不再称为控股公司	选择优势互补企业作为集团成员；产品或营销网络相关性；考虑进入与退出的壁垒	资本—报酬关系
子公司经营范围与总部的相关性	通常没有太多的相关性	产品相关或区域相关；集团成员间企业的生产与经营具有协作性；借助集团发挥规模和专业化优势	相关性和非相关性共存
财务管理与控制的需求	财务实行分权管理、分别核算，母公司对子公司财务管理力度低，只要求子公司定期传递财务报表	财务实行集权管理，统一会计核算，实时掌控分子公司的经营，强化资金集中管理，并建立整个企业的预算管理控制体系和业绩评价体系	具有集权与分权管理并存的管理特征，但在集团的预算管理控制体系、绩效评级体系等方面实现统一构建和管理

3. 不同类型企业集团会计信息系统的功能设计分析

通过上述分析可以看出，不同类型的企业集团的组建目的、管理和控制的要求不同，导致了集团总部与下属成员会计信息系统的功能结构设计不同。但是，考虑到整个集团管理财务的特点，在设计整个集团会计信息系统时，应该统一规范集团与成员单位管理交集的子系统或功能模块。一般来讲，不同类型的企业集团在会计信息系统功能设计上其功能交集基本体现在以下方面，如表 1-2 所示。

（1）控股型企业集团。这种类型的企业集团分权管理比较明显，投资总部只关心各子公司的财务状况、当前经营业绩和经营前景，对具体经营过程不太关注，往往采用报表监控的方式对子公司进行管理，注重对子公司的业绩评价和前景预测。因此，控股型企业集团总部和下属成员的会计信息系统的功能结构有很大的不同。集团总部与分子公司进行会计信息系统设计时，报表子系统是集团和成员共有的功能子系统，应该统一规划；其他子系统可以根据集团或者成员单位的管理需求分别规划。

（2）产业型企业集团。这种类型的企业集团对财务集中管理的要求比较高，往往对整个集团下属成员实行分散经营、集中管理。因此，要求整个集团在设计会计信息系统时，企业集团总部的系统功能结构尽量与分子公司一致，只有个别子系统可以根据业务需求进行选择。产业型企业集团会计信息系统从功能上讲，集团与成员单位的交集是最大的，应该共同涵盖会计信息系统的大多数功能模块或子系统，做到集团与成员单位信息共享，单据在成员单位之间实时协同，预算体系和指标统一制定与共享，资金集中管理，集团能够利用信息评价整个集团成员的绩效等。

（3）管理型企业集团。这种类型的企业集团往往总部体现管理，成员单位体现运营，因此，在进行会计信息系统结构设计时必须统一规划，只将反映业务核算和管理的子系统从集团会计信息系统中去除，但各种管理功能整个集团保持一致。例如，如果集团没有仓库，不直接采购原材料，就可以将采购、存货核算与管理子系统从集团会计信息系统中去除。

表 1-2　不同企业集团功能交集

会计信息功能系统主要功能	成本核算 存货核算 采购核算	总账 应收 应付 固定资产 成本管理	预算管理 集中采购 销售管理 责任管理 资产管理	财务分析 绩效评价 人力资源 资金集中管理	合并报表
控股型企业集团				√	√
产业型企业集团	√	√	√	√	√
管理型企业集团		√	√	√	√

通过上述分析和讨论，我们了解了会计信息系统的发展、基本构成、应用体系结构、功能结构等内容。接下来本书将以工业企业会计信息系统的功能结构为主线，阐述会计信息系统分析和设计的基本方法，并通过对各个子系统的分析和设计，使读者能够深入了解会计信息系统中各个子系统的流程、功能特点和工作原理，为会计信息系统的设计、规划、实施、应用打下良好的基础。

1.7　会计信息系统的发展

1.7.1　企业资源计划

1. 企业资源计划（ERP）的内涵

企业资源计划（enterprise resource planning，ERP）这个名词虽然大家早已不再陌生，但是当人们提起 ERP 时往往对其涵盖的范围和表现形式并没有清楚的认识。实际上，对应于管理界、信息界、企业界不同的表达要求，ERP 分别具有特定的内涵和外延。一般来说，对 ERP 的定义可以分别从管理思想、软件产品、管理信息系统三个层次给出定义。

（1）ERP 是一种管理思想。ERP 是 20 世纪 90 年代中期由美国著名的计算机技术咨询和评估集团加特纳（Garter Group Inc.）提出的一整套企业管理系统体系标准，其实质是在 MRPⅡ基础上进一步发展而成的面向供应链的管理思想。

（2）ERP 是一种软件产品。ERP 是综合应用了客户机/服务器体系、关系数据库结构、面向对象技术、图形用户界面、第四代语言（4GL）、网络通信等信息产业成果，以 ERP 管理思想为灵魂的软件产品。可以说，ERP 是当今管理软件的代表。

（3）ERP 是一个管理信息系统。ERP 集企业管理理念、业务流程、基础数据、人力物力、计算机硬件和软件于一体，实现跨越地区、部门、公司整合实时信息的企业管理信息系统。

不管对 ERP 的定义如何进行描述，ERP 系统作为一种具有特定功能的、高度集中的信息系统，其核心思想始终没有脱离三个方面：企业（enterprise）、资源（resource）、计划（planning）。其中，企业是进行各种经济活动的主体；资源是企业进行各项经济活动需要借助的劳动、资金、物料等；计划指企业进行经济活动前拟定的、用于指导企业具体经济活动过程的制度安排，包括活动目标、活动步骤、活动预算等诸多方面。ERP 系统通过对物料资源、人力资源、资金资源和信息资源等企业资源的合理计划安排，实现对企业资源的合理配置。ERP 系统软件应该立足于这一核心思想，借助信息技术，设计出能满足企业资源配置要求的功能模块，帮助企业完成从企业资源计划制订到计划的执行、监控和评价的全过程。

2. *ERP 系统的产生和发展*

ERP 是一个庞大的管理系统，我们沿着 ERP 发展的五个主要阶段开始阐述。

（1）20 世纪 40 年代，为解决库存控制问题，人们提出了订货点法，即安全库存法，又叫最优采购批量订货点法。如图 1-10 所示。

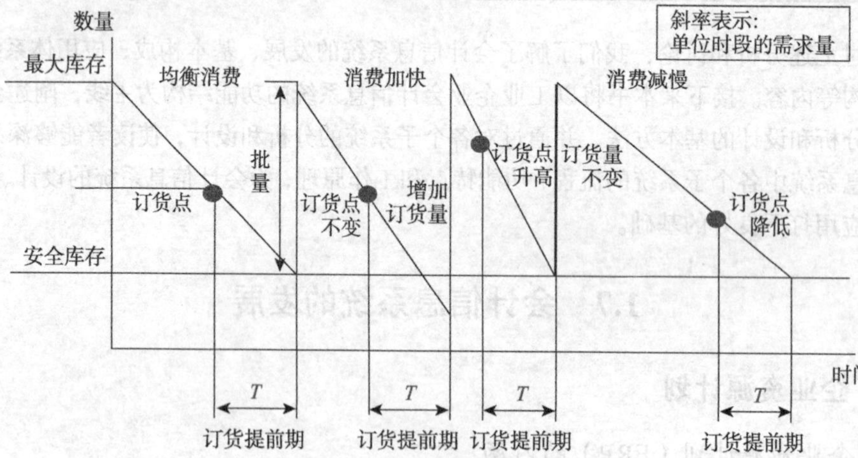

图 1-10　订货点法示意图

（2）60 年代的时段式 MRP。订货点法具有局限性——到了订货点，如果没有新订单，继续订货极易造成库存积压和资金占用。随着计算机系统的发展，短时间内对大量数据进行复杂运算成为可能，人们为解决订货点法的缺陷，提出了 MRP 理论。MRP（material requirements planning），即物料需求计划，此阶段又称为基本 MRP 阶段。

1957 年，美国生产与库存控制协会（APICS），开始了物料需求计划的研究；1960 年，MRP 委员会主席 Joseph Orlicky 等人开发了一套以库存控制为核心的软件。20 世纪 70 年代，MRP 成为一项成熟的企业管理新技术、新方法和新软件。物料需求计划（MRP）逻辑流程如图 1-11 所示。

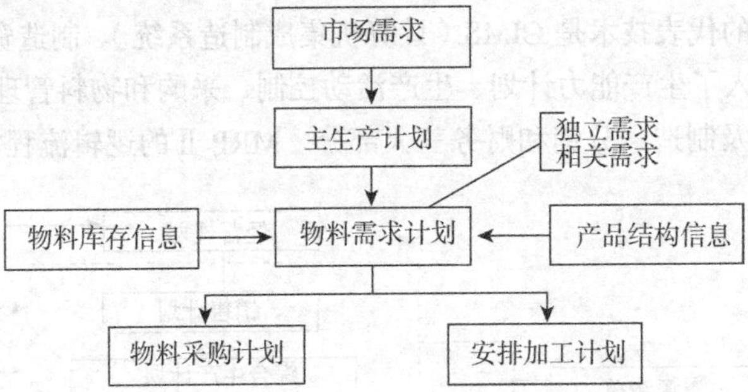

图 1-11　物料需求计划（MRP）逻辑流程

物料需求计划（MRP）优点：MRP 系统可以使原料在正确的时间到达生产线（既不提前也不落后）。缺点：没有考虑车间是否有足够的加工能力来生产出产品。

（3）70 年代的闭环 MRP：随着人们认识的加深及计算机系统的进一步普及，MRP 的理论范畴也得到了发展，为加强采购、库存、生产、销售的管理，发展了生产能力需求计划、车间作业计划以及采购作业计划理论，推出一种生产计划与控制系统——闭环 MRP（closed-loop MRP）。在这两个，出现了丰田生产方式（看板管理）、TQC（全面质量管理）、JIT（准时制生产）以及数控机床等支撑技术。闭环 MRP 逻辑流程如图 1-12 所示。

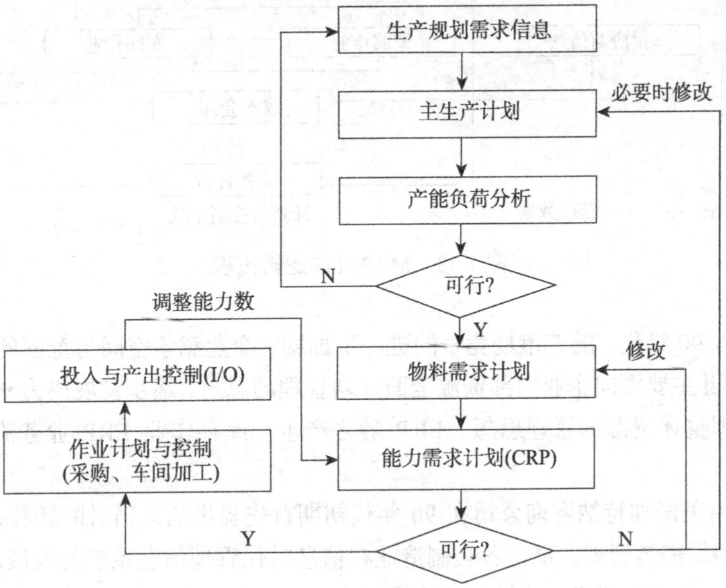

图 1-12　闭环 MRP 逻辑流程

闭环 MRP 在加工能力管理、工艺路线管理和生产管理等方面，内容都有较大变化。效果：延期交货现象减少 55%～80%，较小并稳定的库存水平，较高的用户服务水平。缺点：没有将资金核算集成在一起，资金流与物流的核算不能协同进行。

（4）80 年代的 MRPⅡ。随着计算机网络技术的发展，企业内部信息得到充分共享，MRP 的各子系统也得到了统一，形成了一个集采购、库存、生产、销售、财务管理、工程技术等为一体的集成的生产管理系统，发展了 MRPⅡ理论，作为一种企业经营生产管理信息系统。这一阶段的代表技术是 CIMS（计算机集成制造系统）。制造资源计划（MRP Ⅱ）与 MRP 相比，加入了生产能力计划、生产活动控制、采购和物料管理计划、物料需求和生产能力模拟，涉及制造、分销和财务三大部分。MRP Ⅱ的逻辑流程如图 1-13 所示。

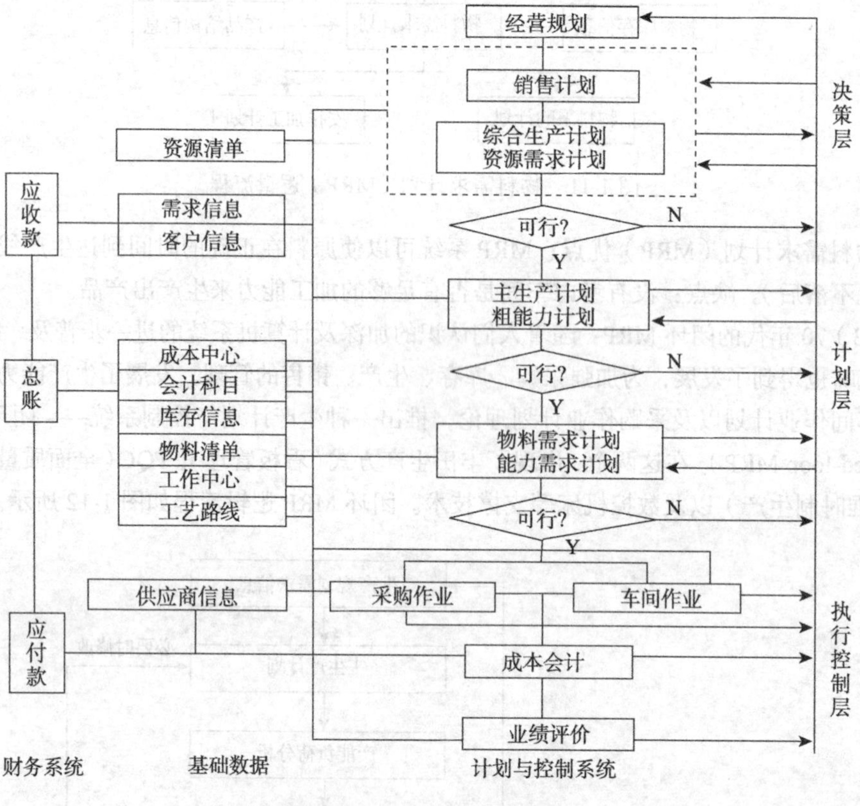

图 1-13　MRP Ⅱ的逻辑流程

（5）进入 90 年代，随着市场竞争的进一步加剧，企业竞争空间与范围的进一步扩大，80 年代 MRPⅡ主要面向企业内部资源全面计划管理的思想，逐步发展成为 90 年代怎样有效利用和管理整体资源的管理思想，ERP 随之产生。库存作业 ERP 业务流程如图 1-14 所示。

ERP 是由美国加特纳咨询公司在 90 年代初期首先提出的，当时的解释是根据计算机技术的发展和供需链管理，推论各类制造业在信息时代管理信息系统的发展趋势和变革。理论基础包括：物流后勤学、哈佛大学教授 M. Porter 的价值链、美国国防部提出的 21 世纪

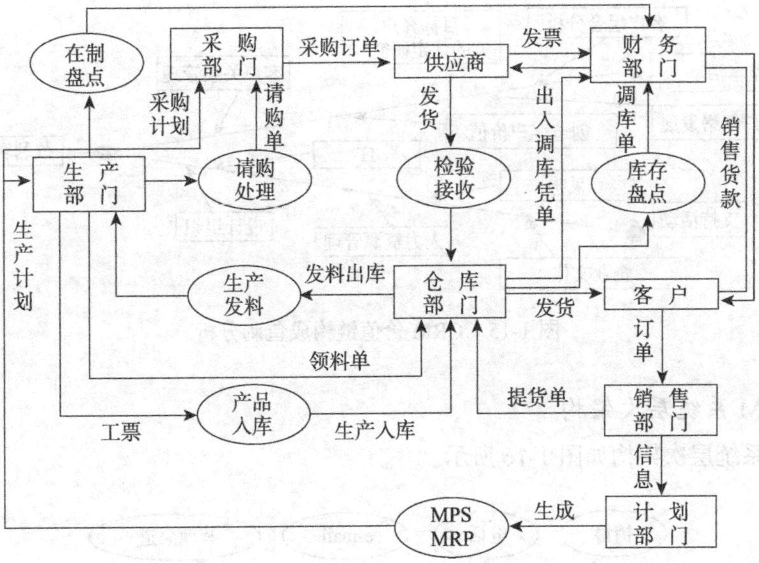

图 1-14　库存作业 ERP 业务流程

制造业战略——敏捷制造、麻省理工学院（MIT）在 JIT 基础上提出的精益生产方式、哈默教授的企业业务流程重组（BPR）、戴明和米兰教授的全面质量管理（TQM）、美籍以色列专家 E.格德拉特的约束理论（TOC）等。

ERP 的管理核心发生转变，要求“在正确的时间，制造和销售客户需求的合适产品”“在最佳的时间和地点，获得资源的最大增值和企业最大效益”。ERP 强调：人、财、物、供、产、销全面结合、全面受控；实时反馈、动态协调；以销定产、以产求供；效益最佳、成本最低；流程式管理、扁平化结构；体现最先进的管理思想和理念。

1.7.2　客户关系管理

1. 客户关系管理（CRM）的内涵

客户关系管理（customer relationship management，CRM），通过对业务流程的重组来整合用户信息资源，以更有效的方法来管理客户关系，在企业内部实现信息和资源的共享，从而降低企业运营成本（尤其是销售成本），为客户提供更经济、快捷、周到的产品和服务，保持和吸引更多的客户，以求最终达到企业利润最大化的目的。

2. 基本活动与支持活动分析

CRM 价值链构成鱼刺分析，如图 1-15 所示。

1）CRM 的基本活动

CRM 的基本活动包括： 客户组合分析、深入了解目标客户、关系网络的发展、创造和传递客户价值、管理客户关系。

2）CRM 的支持活动

CRM 的支持活动包括：企业文化、采购、人力资源管理、信息技术、组织结构和组织行为等。

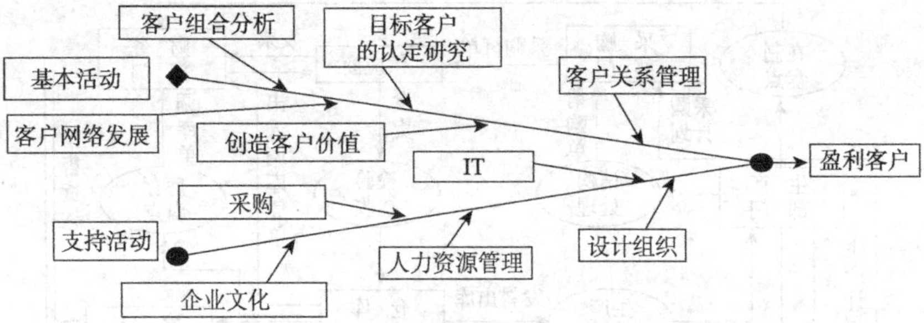

图 1-15　CRM 价值链构成鱼刺分析

3. CRM 系统层次架构

CRM 系统层次架构如图 1-16 所示。

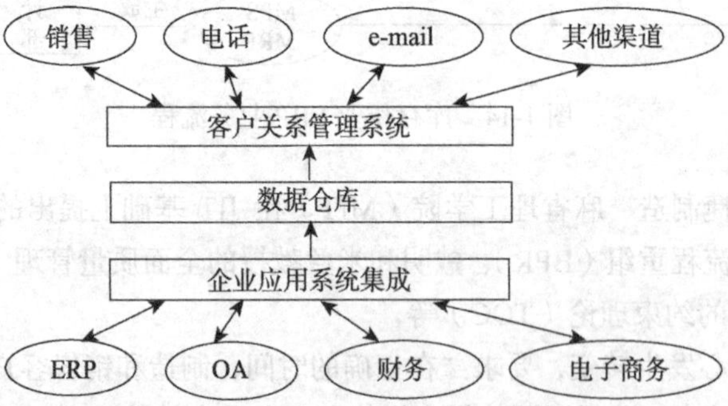

图 1-16　CRM 系统层次架构

其中，CRO 内部结构如图 1-17 所示。

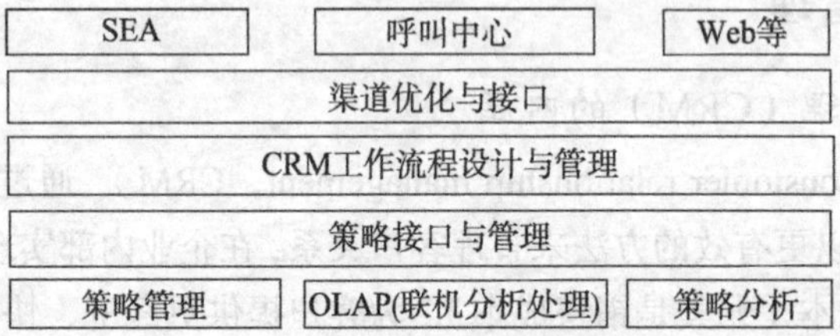

图 1-17　CRO 内部结构

1.7.3　供应链管理

1. 供应链管理（SCM）的内涵

供应链管理（supply chain management, SCM）是围绕核心企业，通过信息流、物流和资金流，从采购原材料开始，制成中间产品以及最终产品，最后由销售网络把产品送到消费者手中，将供应商、制造商、分销商、零售商直到最终用户连成一个整体的功能网链结构模式。

2. 供应链管理系统架构

供应链管理系统架构如图 1-18 所示。

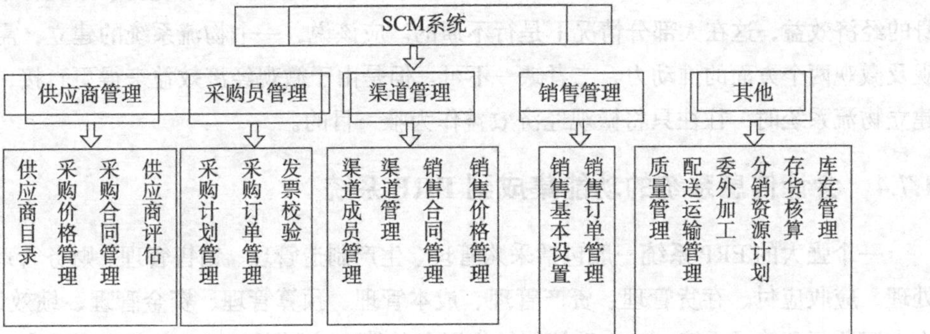

图 1-18 供应链管理系统架构

从图 1-18 可以看出，供应链管理涉及所有的相关企业、组织和部门，目的在于加强业务联系，实现规划、控制、协调和平衡，取得较好的效率和效益。

3. 供应链管理的关键

（1）以客户为中心，以市场需求拉动为原动力。

（2）强调企业应专注于核心业务，建立核心竞争力，在供应链上明确定位，将非核心业务外包。

（3）各企业紧密合作，共担风险，共享利益。

（4）对工作流程、实物流程、信息流程和资金流程进行设计、执行、修正和不断改进。

（5）利用信息系统优化供应链的运作。

（6）缩短产品完成时间，使生产尽量贴近实时需求。

（7）减少采购、库存、运输等环节的成本。

4. 供应链管理的目标

供应链管理系统是社会经济系统的一个部分，其目标是获得宏观和微观两个经济效益。

1）宏观经济效益

物流的宏观经济效益是指一个物流系统的建立对社会经济效益的影响，其直接表现形式是如果将这一物流系统作为一个子系统来看待，就是其对整个社会流通及全部国民经济效益的影响。物流系统本身虽已很庞大，但它不过是更大系统中的一部分，因此，必须寓于更大系统之中。如果一个物流的建立，破坏了母系统的功能及效益，那么，这一物流系统尽管功能理想，也是不成功的，因为它未能实现其根本目的。物流不但会对宏观的经济效益产生影响，而且还会对社会其他方面产生影响。物流的建立，必须考虑社会的整体利益。

2）微观经济效益

物流的微观经济效益是指该系统本身在运行后所获得的企业效益。其直接表现形式是这一物流通过组织“物”的流动，实现本身所耗与所得之比。当这一系统基本稳定运行，投入的劳动稳定之后，这一效益主要表现在利润上。在市场经济条件下，企业是独立的经济实体。一个物流的建立，如果只将自己作为子系统，完全从母系统要求出发，不考虑本身的经济效益，这在大部分情况下是行不通的。应该说，一个物流系统的建立，需要有宏观及微观两个方面的推动力，二者缺一不可。但是由于微观经济效益来得更直接，因而在建立物流系统时，往往只将微观经济效益作为唯一目的。

1.7.4　会计信息系统的功能集成到 ERP 系统

一个强大的 ERP 系统一般包括采购管理、生产制造管理、销售管理、财务管理（账务处理、应收应付、存货管理、资产管理、成本管理、预算管理、资金管理、绩效评级）、人力资源管理等子系统。ERP 系统能够把财务的管理控制真正与业务紧密联系在一起，从而使计划、预算、监控、分析的触角延伸到企业各个职能部门的最末端，为企业的运作提供决策支持。

从功能上看，会计信息系统的主要功能都集成到 ERP 系统中，会计信息系统是 ERP 系统的重要组成部分。今天任何一个 ERP 软件都包括会计子系统。

从信息集成角度来看，在 ERP 系统中强调会计信息与业务信息的集成，实现物流、资金流和信息流的集成，并从价值反映和管理的角度实现会计管理的职能。

本章小结

企业经历了宏观环境的变迁，从市场的全球化到要素流动化，全球经济一体化加速了资金技术等要素的流动。从企业微观环境变迁来看，主要在生产方式、经营管理、组织结构、信息管理、信用体系建立和网上银行六个方面实现了变革与发展。而技术的发展和进步更是促成了计算机网络及数据管理技术的发展。本章对数据、信息与知识的再定义及关系进行了总结，介绍了系统的概念与分类，信息系统的定义、功能与分类，随后详细介绍了会计信息系统的产生与发展、定义与目标、基本构成以及应用体系的结构。根据会计信息系统的功能，将其分为财务系统、购销系统、管理决策与报告系统，并对企业集团会计信息系统功能结构的设计进行详细分类介绍。现阶段的任何一个 ERP 系统都包括会计信息系统，会计信息系统作为核心的企业管理系统具有举足轻重的地位，在 ERP 系统中强调了会计信息与业务信息的集成，以实现物流、资金流和信息流的集成，并从价值反映和管理的角度实现会计管理的职能。

关键词汇

数据（date）

信息（information）

信息系统（information system）

企业资源计划（enterprise resource planning，ERP）
会计信息系统（accounting information system，AIS）
电子数据处理系统（electronic data processing system，EDPS）
管理信息系统（management information system，MIS）
决策支持系统（decision support system，DSS）
物料需求计划（material requirements planning，MRP）
制造资源计划（manufacturing resource planning，MRP Ⅱ）
客户关系管理（customer relationship management，CRM）
供应链管理（supply chain management，SCM）
需求计划（demand planning，DP）
订单满足（order promising，OP）
商业战略计划（strategic network optimization，SNO）
供应商管理（supplier management，SM）
库存管理（inventory management，IM）
分销计划（production and distribution planning，PDP）
生产排程（production scheduling，PS）
运输计划（transportation planning，TP）
运输执行（transportation execution，TE）

小组讨论

1. 什么是系统，结合你所在的学校阐述学校系统的基本功能。

2. 行政事业单位包括政府部门、学校等，它们主要靠国家财政拨款来开展工作，本身不创造价值或不以创造价值为目的，不需要进行成本、材料核算和管理，但需要按照部门或科研项目管理各种费用，控制支出。

要求：

（1）构建行政事业单位会计信息系统，并画出结构图。

（2）描述结构图中每个子系统的功能。

（3）描述应用方案。

本章推荐阅读资料

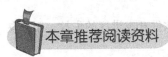

扫描此码　深度阅读

第 2 章

会计信息系统分析、设计与实施

学习提要与目标

建设企业会计信息系统是一项耗资不菲、技术复杂的系统工程。它既需要软件和硬件设备的大量投资，又需要人力、物力、智力的投入，需要做长期艰苦的工作。会计信息系统的分析与设计是对会计信息系统总体可行性的研究，前期的开发、计划与分析对信息系统建设的成败有举足轻重的作用，应该受到单位领导的高度重视。会计信息系统的实施过程更是复杂，需要大量智力和物力的投入，应严格按照前期要求进行开发，对开发人员要求较高。系统的优化与改善同后期的运行与维护密不可分，是一项持续改进、永无止境的工作。

通过本章的学习，应能够：

- 掌握软件危机的内涵、表现及产生原因，掌握软件工程的要素及主要的模型。
- 掌握会计信息系统的分析内容、步骤及成果。
- 了解会计信息系统的设计，包括概要设计和详细设计。

2.1 软件工程概要

2.1.1 软件危机和软件工程

1. 软件危机

1）软件危机的内涵

人们发现，开发软件投入大量的人力、物力、财力以后，有时结局却不是很如意。在计算机软件开发、使用、维护过程中遇到的难以回避、很难解决的问题，称为软件危机。

2）软件危机的表现

软件危机主要表现在以下方面：软件开发成本的失控、软件开发进度的失控、用户友好性失控、软件开发质量失控、软件的适用性失控等。

3）危机产生的原因

软件危机产生的根本原因是软件面临的问题空间很复杂。软件技术涉及面很广，包括信息技术的全部。人们对软件所面对的软件项目（系统）的复杂性估计不足。软件工程的需求很难测试其正确性和完整性。

产生软件危机的另一个重要原因是，计算机硬件体系结构的发展速度滞后于软件应用层面的拓展速度。目前计算机硬件的体系结构仍属于冯·诺依曼体系，该体系的基本特征是：顺序执行程序指令；按地址访问线性的存储空间；数据和指令在计算机内采用统一的表示形式，只能完成四则运算和部分双值逻辑运算。冯·诺依曼体系计算机的初衷是为数值计算服务，然而随着计算机应用领域的扩大，所面临的问题90%以上是非数值计算。正是因为把以科学计算为基础的冯氏计算机应用在非数值计算的数据处理中（会计信息系统属于此类处理），所以也把危机转嫁到软件上。

当然，产生软件危机还有很多其他原因，如系统开发者与用户沟通不够，对用户习惯、想法、行为规范等了解不够；管理软件涉及很多管理体制、结构、思想和社会环境等社会因素；管理软件是一个人机会话系统，在维护、使用阶段人的行为规范影响其使用水平；为赶进度采取一些权宜之计；对软件本身质量体系认识不清，有关理论技术研究不够深入；虽有质量体系，不能坚持实行。

4）危机解决途径

软件危机解决途径：首先，解决软件危机的理想办法是计算机硬件体系结构的智能化，支持神经网络化；其次，引入软件工程的有关理论和方法学来研究如何尽量克服软件危机。

2. 软件工程

1）软件工程内涵

软件工程是指软件工程项目在开发、维护中使用工程科学实施和管理的概念、方法、模式和技术。具体地讲，把信息系统开发视为有良好组织、严密管理各类人员协同作战的过程，遵循软件系统的开发模式、方法、规范来支持软件的开发、维护，此时软件不再是个人发挥技艺的产品。

2）软件工程目标

软件工程要达到几个主要目标：完备的软件功能，实用、先进的软件性能，结构合理，较低的开发成本，软件容易移植，较低的维护费用，能按时完成各阶段开发任务，及时交付使用。

3）软件工程要素

根据软件工程的定义，软件工程包括三个要素：模型、方法、工具。

（1）模型。模型就是过程，指将软件工程方法和工具综合起来以及时地、合理地、快速地实现最高目标而设计的软件开发过程、步骤及每个步骤当中应完成的任务，包括开发阶段、开发顺序、要求交付的文档，为保证质量和协调需求变化所需要完成哪些管理及各个阶段应完成的子目标，它还反映了软件在整个生命周期中如何划分阶段，如何采用工具验收管理的一种过程管理。

（2）方法。软件工程中的方法指的是软件开发中提供如何做的技术。

（3）工具。工具为软件工程中具体的方法和技术提供了半自动的支撑环境。软件工具用于辅助开发方法的实施，使开发过程中的具体工作能够自动或至少是半自动地完成。

开发方法和开发工具之间有着密切的联系，方法是主导，工具是辅助。

2.1.2 信息系统开发模型

软件工程中最常使用的开发模型包括生命周期模型、快速原型模型。

1. 生命周期模型

生命周期。从系统工程观点来看，任何一个系统本身的发展都是分阶段的，都有系统的开始和系统的终止。一个新的系统是在现行的或旧的系统上发展起来的，我们把由系统的开始到系统的终止称为生命周期。系统的开始：现实环境，对现行系统有彻底改造的需求，分析人员对系统进行调研、可行性分析时，就标志着系统的开始。系统的终止：当新的系统进入运行时，老的系统就终止了。

1）生命周期模型的内涵

从一个系统的提出，到投入使用直到终止可以划分为几个独立阶段，各阶段都有它的独立目标和独立成果，各个阶段之间是有联系的，前一个阶段是后一个阶段的基础，后一个阶段是前一个阶段的继续。用这样一个划分阶段的模式研究、开发软件的过程称为软件生命周期模型。生命周期模型包括系统分析→系统设计→编程→测试→维护→评审等阶段。每个阶段有独立的文档、系统分析、评审目标。

2）生命周期模型的优点

生命周期模型有很多优点，主要优点是把一个庞大、复杂的系统求解过程划分为几个独立的阶段，大大降低了复杂性，使每个子过程能用软件工程的方法实施，具有可操作性。开发阶段清晰，便于评审、审计、跟踪、管理和控制。

2. 快速原型模型

1）快速原型模型产生的背景

生命周期模型开发周期长，每个阶段必须写文档；前阶段的错误，不能立即纠正，影响后面的系统开发，错误犯得越早，纠错代价越高。产生这些缺点的原因是：第一阶段是建立系统的逻辑模型，该模型具有模糊性、不稳定性，不可及时验证，所以，早期的错误、失误对后期产品产生坏影响是不可避免的。为了解决此问题，人们延长系统分析阶段，引入快速原型法。

2）快速原型模型的内涵

原型起源于工程科学，指的是第一个产品，或称为测试品、样品，特点是可供使用。信息系统的原型是系统的一个早期版本，它含有最终产品的最主要特征，包括 I/O（输入/输出）界面、功能及某些重要的约束条件。

快速原型开发模型是 20 世纪 80 年代随着计算机技术的发展，提出的一种新的相对于生命周期模型而言的另一种系统开发模型，它强调系统设计者与最终用户之间自始至终通力合作，用较短的时间完成系统问题的定义，采用适当的原型开发工具快速地完成一个可使用的系统，交付用户试用，提出修改意见，再采用迭代法或增量法反复修改、完善产品的功能，形成最终产品。

3）快速原型模型的开发步骤

快速原型模型开发是一个反复的过程，它包括如图 2-1 所示步骤。

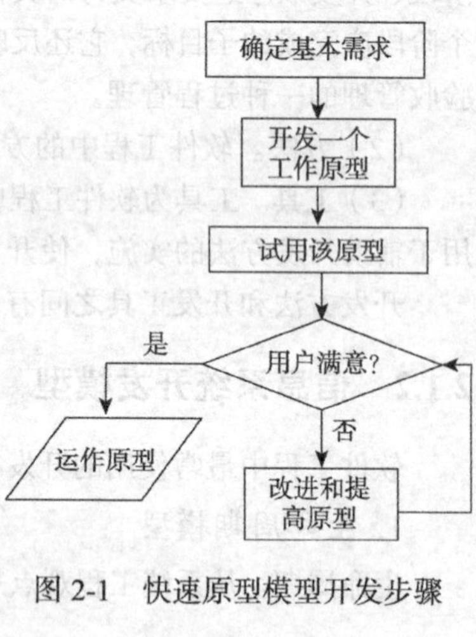

图 2-1　快速原型模型开发步骤

4）快速原型模型评价

和生命周期模型相比，快速原型模型具有以下特点：用户参与了系统开发的所有阶段，从而使用户的需求得到了及时的、较好的满足，原型模型开发的系统实用性强；用户可以及早接触和使用未来系统的原型，有利于今后的使用和维护；快速原型模型，缩短开发时间，开发费用减少；快速原型模型采用增量开发法，系统结构较差，性能较差。

快速原型模型以用户为中心，加强了用户的参与和决策，能够快速构造系统的原型。这种方法对开发工具要求较高，对于中小型的信息系统开发效果较好，大型、复杂的系统在原型复制上有相当大的困难。

2.1.3 信息系统开发方法

1. 信息系统开发方式

1）用户自行开发

用户自行开发是指由用户依靠自己的力量独立完成系统开发的各项任务。第四代开发工具的不断发展使应用程序的编写越来越容易，用户自行开发在技术上变得更加可行。

2）外包开发

外包开发是由用户外包给富有开发经验的机构或专业开发人员，按照用户的需求承担系统开发的任务。采用这种开发方式，关键是选择好外包单位，最好是对本行业的业务比较熟悉的、有成功经验的开发单位。这种开发方式从用户的角度讲比较省事，开发的技术水平较高，但必须配备精通业务的人员参加，经常检查、协调。缺点是开发费用较高，系统维护比较困难。

3）购买现成软件包

所谓应用软件包是预先编制好的、能完成一定功能的、供出售或出租的成套软件系统。为了避免重复劳动，提高系统开发的经济效益，可以利用现成的软件包开发管理信息系统，可以购买现成的应用软件包或开发平台。购买现成软件包的优点是能缩短开发时间，节省开发费用，技术水平比较高，系统可以得到较好的维护。缺点是功能比较简单，通用软件的专用性比较差，想要买到完全适合本企业需要的会计软件并不容易，需要有较强的鉴别能力。

2. 信息系统开发具体方法

1）信息系统开发方法种类

开发方法是指在分析、设计、编程、测试等阶段所涉及的具体技术，常用的信息系统开发方法包括：结构化分析方法（structured analysls）、实体关联法（E-R）、信息模型法（S-D）、Jackson 方法：ODS（操作数据存储）、信息隐蔽法（parnas）、面向对象方法（OO）等。其中，结构化分析方法更为常用。

2）结构化分析方法

结构化分析方法是一种“自顶向下，逐步求精”地对系统进行分解和抽象的方法。软件工程所面对的问题是结构的复杂性，而人的理解力、记忆力的限制，不可能一下子触及问题的所有方面以及全部细节，为了降低理解的复杂性，最常用的方法是把大问题分解成若干小问题，使问题空间呈现树形层次结构，使小问题具有较低的复杂性，实现了对它们的可理解性，称为“分解”。抽象分为两种：在分解过程中，上层结构关注的是宏观、总体的功能，称为战略抽象；但随着分解的不断进行，分解逐步细化，在中层和低层节点上，逐步关注系统的细节问题，称为战术抽象。结构化分析方法就是对复杂系统进行的一种分析方法，它有较强的可操作性和规范的描述方法。

3. 数据流程图

1）数据流程图（DFD）内涵

采用结构化分析的思想，即采用自顶向下、逐步求精地对系统进行分解和抽象的方法与数据流程图的工具，对系统的逻辑模型进行分解、抽象和描述的方法，称为数据流程图（DFD）方法。

2）数据流程图（DFD）特点

自顶向下、逐步求精来完成各层流程图的分析； 采用功能分析相对应的手段来实现系统的不断分解和抽象，即 DFD 方法分解、抽象的核心是处理过程的分解和抽象；反映系统信息流即各个分解模块间的信息传递机制。

3）数据流程图（DFD）内容

数据流程图（DFD）包括：一套数据流程图（DFD），一套流程图（DFD）元素的数据字典，有关处理的说明。

4）数据流程图（DFD）组成要素

数据流程图是一种很典型的结构化分析工具，它能有效地表达功能的层次性和信息关联性。数据流程图包括以下要素。

第一，处理。处理又称加工，是对输入数据流及有关存储文件的操作，反映了对数据内容的加工。每个加工应有一个标示名字，为了便于分解和理解，应给每个加工编号；每个加工表示一个功能，功能有粗有细，对粗功能可按功能内容继续分解。

第二，数据流。反映了数据的流入流出。数据可以从起点流向加工，从处理流向文件，从处理流向处理，从处理流向终点。

第三，文件。文件代表存储。

第四，实体。实体代表起点或者终点。

5）数据流程图画法

数据流程图画法要点包括：自顶向下，逐步求精，由外向里，恰当地命名，处理框的编号要规范。

4. 数据字典

1）数据字典内涵

数据字典是描述和说明数据流程图（DFD）中各个元素的词条集合。

2）数据字典作用

数据流程图主要描述了系统分解和抽象，强调了处理功能的分解和数据流分解的框架结构，但没有详细说明数据流、数据存储等的具体处理逻辑。数据字典用来进一步说明 DFD 方法，反映了系统的数据结构和程序结构的规则，起到维护数据结构和程序结构的作用。

3）数据字典具体内容

数据字典具体内容包括：数据流条目，包括数据流名称、别名、组成、注释等；文件条目，包括文件名、文件别名，组成的数据项、注释及文件主键、副键、索引文件等；数据项条目，包括数据项名、数据项别名、类型、长度、取值范围，该数据项是否允许空值、初始值、约束条件、注释等。常用符号：+，“与”；{}，“重复”；[|]，“或”；[ ]，“可选”；=，“定义为”。

5. 处理说明

（1）处理说明内涵。处理说明是具体描述每个处理功能的处理逻辑。

（2）处理说明作用。描述逻辑模型，只表示了处理功能，没有具体处理逻辑。

（3）如何描述。描述方法包括：结构化语言，介于自然语言和形式化语言之间；判定表，把处理条件和处理动作用表格表达，是结构化语言的补充。可以清楚地理解不同条件有不同处理动作的处理逻辑，易于检查错误、遗漏、冗余、重复；判定树，用一棵层次树——横向层次树表达不同条件下完成的不同动作，因为嵌套层次多，用判定树表达一目了然。

2.1.4 信息系统开发工具

顾名思义，信息系统开发工具是帮助人们开发软件的工具。它能使开发过程中的工作自动或至少是半自动地完成，是在软件开发各个阶段帮助开发者提高工作质量和效率的一类新型软件。

1. 软件开发工具基本功能

软件开发工具的种类繁多，一些能对软件开发提供比较全面的支持，而另外一些只能对软件开发过程的某一方面或某一环节提供支持。软件开发工具的基本功能可以归纳为以下几个方面。

（1）提供描述软件状况及其开发过程的概念模式，协助开发人员认识软件工作的环境与要求，管理软件开发的过程。

（2）提供存储和管理有关信息的机制与手段。软件开发过程中涉及众多信息，结构复杂。开发工具要提供方便、有效地处理这些信息的手段和相应的人机界面。

（3）帮助使用者编制、生成和修改各种文档。开发过程中文字、表格、图形等资料的编写任务非常繁重，开发者期望得到开发工具的帮助。

（4）帮助使用者编写程序代码，使用户能在较短的时间内生成所需要的代码段落，进行测试和修改。

（5）对历史信息进行跨生命周期的管理，即管理有关系统运行与版本更新的信息，以便充分利用信息与资源。

2. 软件开发工具类别

软件开发工具按支持工作阶段的不同，可分为需求分析工具、设计工具、编码工具、测试工具、运行维护工具和项目管理工具。

1）需求分析工具

需求分析工具是在系统分析阶段用来严格定义需求规格的工具，能将应用系统的逻辑模型清晰地表达出来。由于系统分析是系统开发过程中最困难的工作，其成功与否往往是决定系统开发成败的关键。需求分析工具对分析结果进行一致性和完整性检查，发现并排除错误。系统分析阶段的工具主要包括数据流程图绘制与分析工具、图形化的 E-R（实体—关系）图编辑和数据字典的生成工具、面向对象的模型与分析工具以及快速原型构造工具。

2）设计工具

设计工具是用来进行系统设计的，系统设计说明书是用来描述设计结果的，然后要检查说明书中是否有错误，最后找出并排除这些错误。系统结构图的设计工具属于系统概念设计的主要工具，而详细设计的工具主要有程序设计语言支持工具、数据库设计工具及图形界面设计工具等。

3）编码工具

在程序设计阶段，编码工具可以为程序员提供各种便利的编程作业环境。

编码阶段的工具主要包括各种文本编辑器、常规的编译程序、连接程序、调试跟踪程序以及一些程序自动生成工具等。例如，用程序编制的开发工具有可视化编程工具、数据库系统开发工具和语言、管理信息系统应用生成工具等。可视化编程工具的典型代表有 VB（visual basic）、Delphi，它们是 Windows 环境中最快的 Windows 应用程序生成工具；常用的数据库管理系统主要面向关系型数据库。

4）测试工具

软件测试是软件质量的保证，是为了发现错误而执行程序的过程。测试工具能支持整个测试过程，包括测试用例的选择、测试程序与测试数据的生成、测试的执行及测试结果的评价等。测试阶段的工具有静态分析器、动态覆盖率测试器、测试用例生成器、测试报告生成器、测试程序自动生成器及环境模拟器等。

5）运行维护工具

运行维护的目的不仅是保证系统的正常运行，使系统适应新的变化，更重要的是发现和解决性能障碍。运行维护工具主要包括方便程序阅读和理解的程序分析器、源程序到程序流程图的自动转换工具、文档生成工具及系统日常运行管理和实时监控程序等。

6）项目管理工具

软件项目管理贯穿于系统开发生命周期的全过程，包括对项目开发人员的组织与管理，以及在开发过程中各种标准、规范的实施，如项目开发人员和成本估算、项目开发计划、项目开发资源配置、软件质量保证、版本控制、风险分析及项目状态报告和跟踪等内容。

目前支持项目管理的常用工具有软件成本与人员估算建模及测算工具、软件质量分析与评价工具，以及项目文档制作工具、报表生成工具等。

2.2 会计信息系统分析

2.2.1 会计信息系统可行性分析

1. 会计信息系统可行性分析的目的

会计信息系统可行性分析的目的是用最小的代价在尽可能短的时间内确定问题是否

能够解决。

2. 会计信息系统可行性分析的内容

可行性分析需要建立在初步调查的基础上，它的任务是明确是否有必要开发系统，以及是否有可能开发出新系统。可行性分析应从以下方面进行。

（1）经济可行性。

（2）操作环境可行性。

（3）技术可行性。

（4）人员可行性。

3. 会计信息系统可行性分析的步骤

1）准备工作

（1）人力资源和组织准备。可以成立三个小组：领导小组、环境保障组、开发小组。

（2）技术准备。用户应向开发小组提交一份初步的用户需求报告，内容包括对现有系统（无论是手工的还是 IT 环境下的）的评估，建立新系统的构想。

2）初步调查

（1）原系统的目标、功能、处理程序、处理方法、业务量、系统优缺点、需要解决问题、需求的迫切性等。

（2）原系统的运行机制，包括组织结构、人员组成、与外单位的联系方式等。

（3）新系统的改造目标，包括对原有系统的改进和增加新的需求。

（4）为开发新系统能提供的各种条件，包括人力、物力、财力以及技术改造和管理体制的变革等。

3）进行可行性分析

在初步调研基础上，明确了老系统存在的问题、改造目标和具备的各种条件，即可提出解决方案，并从技术上、经济上、环境上进行可行性分析和研究，最后将分析结果写成可行性分析报告，待评审。

4. 可行性分析报告编写

可行性分析报告的编写有如下三方面内容：首先，说明在人员、技术、经济和环境等方面实现该软件开发项目的可行性；其次，评述为了合理地达到开发目标而可能选择的各种方案；最后，说明并论证所选定的方案。

2.2.2 会计信息系统需求分析

1. 需求分析的内涵

信息系统项目的需求指用户要求信息系统必须满足的功能、性能和约束条件，包括功能结构图、可靠性和安全性的约束条件，开发费用、开发周期、实施周期等限制，其中功能需求是最基本的，它还隐含了对数据的需求和加工的要求。需求分析的内容包括功能模块图，信息结构和信息量的需求分析，输入/输出的需求分析，业务环境对系统的约束和限制。

2. 需求分析的意义

需求分析是生命周期模型中关键性的一步，只有通过需求分析才能对系统功能和结构的总体概念有明确的认识，从而奠定系统开发的基础。需求分析是整个信息系统开发和建设的基础，如果需求分析错误，问题空间定义也会发生错误，有时会导致整个系统失败。

3. 需求分析的任务

这一阶段的主要任务是“理解”和“表达”。定义问题空间，对问题空间进行可行性分析，解决要做什么和能做什么的问题，称为系统的逻辑模型。通过分析来理解用户的需求，而通过某种准确方式来表达新系统的逻辑模型。

4. 需求分析应满足的条件

需求分析应满足的条件包括以下几方面。

（1）需求分析的完备性，所有的需求都要加以适当说明。

（2）需求分析的一致性，没有逻辑上的矛盾。

（3）数据之间非冗余。

（4）可理解性，使用户和开发者用一个共同的方式来解释与理解。

（5）可维护性，文档便于阅读、修改。

（6）正确性（准确性），尽量准确地表达需求。

5. 需求分析活动

需求分析应该包括下列活动。

（1）绘制实体关系图。绘制系统实体关系图是用于定义系统与系统外部实体间的界限和接口的简单模型，但同时它也明确了通过接口的信息流和物资流。

（2）创建开发原型。当开发人员或用户对需求不能确定时，开发出一个用户接口原型，能够使许多概念和可能发生的事更为直观明了。用户通过对原型的评价，能够使参与者更好地相互理解所要解决的问题。

（3）分析可行性。在允许的成本、性能要求下，分析每项需求实施的可行性，明确每项需求与现实相联系的风险。

（4）确定需求及其优先级。应用分析方法来确定使用实例、产品特性或单项需求实现的优先级别。以优先级为基础确定产品版本将包括哪些特性或哪类需求。

（5）为需求建立模型。需求的图形分析模型是系统需求规格说明极好的补充说明。这样的模型包括数据流图、实体关系图、状态变换图、对话框图、对象类及交互作用图。

（6）编写数据字典。创建数据字典是对系统用到的所有数据项和结构进行定义，以确保开发人员使用统一的数据定义。分析和设计工具通常包括数据字典组件。

（7）应用质量功能调配。质量功能调配是一种高级系统技术，它将产品特性、属性与对用户的重要性联系起来。它将需求分为三类：最低需求，必须满足的需求；期望需求，不是必须要求但是能够给客户带来惊喜，但若未实现也不会受到责备的需求；理想需求，即对于此类系统项目而言最完美、最全面的需求。

6. 需求分析的步骤

（1）对现有系统进行详细调查和描述。其包括对会计信息系统的组织结构、信息流程、信息量、信息处理步骤和结果、资源利用状况、管理方式以及系统的内外部环境等进行调查和描述。

可以绘制业务处理流程图，填写信息需求一览表，再现系统人员对系统的识别。

（2）确认老系统的物理模型。系统能做什么；相应业务有哪些，做业务流程图。确认系统的逻辑模型：利用逆向工程方法识别系统的主要功能。查找老系统的问题：功能上的缺陷；业务流程上的缺陷，业务处理冗余，信息处理冗余，信息处理“瓶颈”，安全性等。

（3）确立新系统全新的逻辑模型。系统分析的最终目标就是在详细了解用户的需求和现状后，将现系统的逻辑模型转换并改造为未来信息系统的逻辑模型。

描述逻辑模型的方法很多，如结构化分析方法、面向对象方法、面向数据结构方法等。

7. 提出新系统逻辑模型

模型是参照某个对象系统的特征或关系，采用形式化的方法和语言概括或近似地表达出来的一种结构。逻辑模型又称概念模型（conception model），是用来描述系统本质（系统问题空间定义），表达了系统要做什么，能做什么，而与怎么做无关的模型。物理模型又称技术模型，不仅描述了系统要做什么，能做什么，而且描述了如何从物理上实现。逻辑模型是从用户角度理解，而且应该用用户熟悉且能理解的方法来表达；物理模型是从系统设计角度描述的，反映了系统是如何实现的。逻辑模型是基础，物理模型是其基础上的一个现实系统。

8. 规格说明书及其作用

规格说明书是系统分析人员和用户共同对系统要求的理解，并用某种共识的标准方法来表达的书面报告，是用户需求的一种明确、规范化的表达。

规格说明书主要包括：用户初步需求，目标分析，信息需求分析，功能结构分析，系统结构和配置分析（硬件、软件、网络），实施计划（组织结构、人员培训、资金、进度等）。

规格说明书的作用：第一，作为系统分析人员和用户之间的工作合同，为双方相互了解的格式描述；第二，反映了问题空间的结构，是 IT 设计人员工作的基础；第三，系统测试、验收的技术依据。

9. 需求分析的评审

在需求分析的最后一步，应该对功能的正确性、完整性和清晰性等给予评价，以保证需求分析的准确性。评审的主要内容如下。

（1）审查需求文档。对需求文档进行正式审查是保证软件质量很有效的方法。组织一个由不同代表组成的小组，对需求规格说明书及相关模型进行仔细的检查。

（2）依据需求编写测试用例。根据用户需求所要求的产品特性写出黑盒功能测试用例。客户通过使用测试用例以确认是否达到了期望的要求。还要确保所有测试结果与测试用例相一致，同时，要使用测试用例来验证需求模型的正确性。

（3）编写用户手册。在需求开发早期即可起草一份用户手册，用它作为需求规格说明的参考，辅助需求分析。好的用户手册要用浅显易懂的语言描述出所有对用户可见的功能。而辅助需求如质量属性、性能需求及对用户不可见的功能则在需求规格说明书中予以说明。

（4）确定合格的标准。让用户描述什么样的产品才算满足他们的要求和适合他们使用的产品，将合格的测试建立在使用情境描述或使用实例的基础之上。

2.3 会计信息系统设计

在规格说明书通过评审后得到信息系统的逻辑模型，它详细描述了信息系统要做什么。系统设计阶段就是根据系统分析阶段所确定的新系统的逻辑模型和功能要求，在用户提供的环境条件下，提供怎么做的方案，即建立问题空间求解的过程，也即建立新系统的物理模型。系统设计工作由概要设计和详细设计两部分组成。

2.3.1 概要设计

概要设计是系统开发人员根据需求说明书，运用结构化程序设计思想，将系统自上而下逐层分解成多个系统模块，直到分解成每一个模块只具有单一的功能，能用一个或几个程序实现的树形结构为止。从整体上讲，上层功能包括下层功能，下层功能是上层功能的体现，上层功能抽象下层具体功能。功能模块的分解过程就是一个由抽象到具体、由复杂到简单的逐步具体化过程。结构化系统设计方法是把系统逻辑模型转换成结构图的重要工具，并按模块设计要求，自顶向下形成模块的层次结构图。系统中模块的层次关系和联系可以由结构图清楚地反映出来。

概要设计阶段在最后编制概要设计说明书之前，还要定义各模块的数据传递关系，设计系统的编码方案、文件存储策略、输入输出格式，以及硬件和系统配置。

1. 概要设计内容

信息系统概要设计包括：制定各种设计规范，建立系统总体结构，建立各个模块间处理模式，建立数据结构，设计代码，输入/输出（I/O）设计，系统安全可靠性设计。

1）制定各种设计规范

设计规范是信息系统开发人员应该共同遵守的标准，以便协调组内人员和组间人员之间的工作。

内容包括：再次明确实现的条件、确认需求；根据目标确认实现的方法；规定所有设计文档的编制标准，包括文档种类、格式、详细程度、图形画法等；规定代码体系设计方法，设计标准；规定各种命名规则。

2）建立系统的总体结构

系统总体结构指对信息系统进行子系统和模块划分。子系统是信息系统某些功能系统的集合。模块是更小的功能集合。公共模块是具有单一功能、可共享调用的模块。

3）建立模块间的处理方法

首先，确定各模块为满足功能需求所必需的算法设计。

其次，确定各模块为满足性能需求所必需的算法设计。

4）数据结构的设计

设计数据结构主要指设计表结构和代码结构。数据结构设计，包括每个数据结构所包含的数据项及其属性，每个数据结构的主键、外部键、索引文件和逻辑视图等。

5）代码设计

（1）代码设计内涵。代码是代表事物或概念的一种符号（如字母、数字或它们的组合）。在信息系统中设计代码起分类、排序、识别、校对、检索、检验的作用，代码是人和机器的共同语言。会计信息的代码是会计信息系统的一大特点，如会计科目、部门、职工、产成品、原材料、固定资产、主要的客户供应商等都常采用适当设计的代码来表示，甚至记账方向和部分较规范常用的摘要也要用代码表示。

（2）代码类型。从代码的结构性来划分，主要有以下几种代码。

数字型编码，包括连续的数字型编码（员工编号 001，002，003）；分离的数字型编码（分公司编号：1-99，100-199）；组合的数字型编码（分公司+员工：10001，10002，10003）。

字母型编码（A-会计部，H-人力资源部）。

混合型编码（A001-会计部员工，H-001 人力资源部员工）。

层次型编码（图书书目编码系统，主要分类.次要分类，F.b01）。

（3）代码设计原则。为了建立一套完整的会计编码体系，编码设计必须遵循下列原则。

第一，唯一性（校验码）。

第二，可扩展性。

第三，规范性。

第四，可靠性（校验位的设计）。

第五，易用、易记性。

（4）代码设计的步骤。

第一步：调查、分析需编码化的对象，如客户、供应商、存货等。

第二步：研究编码对象的特征，如数量、规模、区域、重要性等。

第三步：编制编码设计说明书。

6）输入/输出（I/O）设计

输入/输出的内容、格式、界面等是会计信息系统的外包装，它反映了会计信息系统人机交互环境的特征。

（1）输入设计。

输入设计的内容：输入方式，输入设备，输入界面（人机交互的门槛，系统数据编辑、检查、查询、统计条件设计）。

设计原则：满足用户对输入格式、内容的需求；界面要友好，包括界面简洁、易学、易用；能够提高输入速度；对代码项的录入能提供在线帮助；提示信息的汉字语意要明确，防止二义性；编辑界面提供的数据应具有完整性、安全性、一致性，防止垃圾数据进入；除固定格式查询外，系统还应提供随机查询、组合查询、模糊查询、固定查询、正反向跟踪查询等灵活的查询条件的输入界面设置。

（2）输出设计。输出设计反映外部特征。

输出设计内容：输出方式，输出设备，输出界面（人机交互的出口，为使用人员提供结果）。

设计原则：满足用户对输出内容及格式的需求；输出手段要灵活多样；对输出信息有

安全保密控制；除固定格式报告外，还应灵活反映随机报告等。

7）系统可靠性设计

软件及所有设计文档中的错误应尽量减少；软件系统在运行时，系统应有可靠性保护。

2. 概要设计方法

概要设计的方法包括结构化设计方法（SD）、面向对象设计方法（OOD），目前最为流行的还是 SD。结构化设计主要内容是子系统、模块的划分。

（1）子系统、模块的划分原则

第一，独立性和单一性。要求所有的处理用一个简单的动词描述；能使模块被单独地编程、修改，有利于项目开发时人员合作。

第二，高内聚低耦合。

模块的联系叫耦合度，模块内部元素间的联系叫聚合度。

耦合度大小对系统性能的影响：耦合度大导致接口的复杂性更大；可造成模块间错误的传递；系统的可理解性、可测试性差。

耦合的种类：完全无关（最好）；数据耦合（两模块间有数据进行交换）；控制耦合（两模块间有数据进行交换，且数据是控制信息）；公共环境耦合（两个模块共同依赖一个环境，包括全程量、共享通信区、某个物理设备等）；内容耦合（一个模块反映另一个模块内部数据等，两个模块代码重复，不通过正式通道就可以进入另一个模块）等。

在一个模块内部，元素间的联系叫内聚。

内聚种类：顺序内聚（一个模块间的处理元素与某些功能密切相关，且是顺序进行的）；功能内聚（首先是顺序内聚，且完成一个单一功能）；不良内聚；逻辑内聚（若一个模块完成一组任务，且在逻辑上是同一类）；偶然内聚（有些模块内有同样的语句，应做成模块，共享调用）；过程内聚（有些模块内有同样的语句，应做成一个过程）；通信内聚。

3. 概要设计评审

（1）可追溯性评审：包括子系统和模块追溯到某一需求、功能。

（2）接口评审：模块内外部接口是否合理、清晰，是否满足高内聚、低耦合的要求，每个模块的作用范围是否在作用范围之内。

（3）评价风险：确认系统设计在现有技术和条件下是否能按计划完成。

（4）实用性：系统分析需求、解决分析、解决方法是否实用。

（5）其他：设计文档，设计可测试性，设计过程，进行评估，是否具有合理性和可行性，是否和用户充分交流。

4. 概要设计说明书

概要设计说明书又称系统设计说明书，此处的系统是指程序系统。编制说明书的目的是说明对程序系统的设计考虑，以及程序系统的基本处理方式。

编制概要设计说明书的内容如下。

1）引言

此部分包括编写目的、背景、定义、参考资料等方面的介绍。

2）概要设计

（1）需求规定：说明对本系统主要的输入输出项目、处理的功能性能要求。

（2）运行环境：简要地说明对本系统的运行环境的规定。

（3）基本设计概念和处理流程：说明本系统的基本设计概念和处理流程，尽量使用图表的形式。

（4）结构：用一览表及框图的形式说明本系统的系统元素的划分，扼要说明每个系统元素的标识符和功能，分层次地给出各元素之间的控制与被控制关系。

（5）功能需求与程序的关系：说明各项功能需求的实现同各块程序的分配关系（表 2-1）。

表 2-1 功能需求与程序关系矩阵

	程序 1	程序 2	…	程序 *m*
功能需求 1	√			
功能需求 2		√		
…				
功能需求 *n*		√		√

（6）人工处理过程：对本软件系统的工作过程中不得不包括的人工处理过程进行说明。

（7）尚未解决的问题：对在概要设计过程中尚未解决，而设计者认为在系统完成之前必须解决的各个问题进行说明。

3）接口设计

用户接口：对将向用户提供的命令和它们的语法结构，软件的回答信息进行说明。

外部接口：对包括硬件与软件、本系统与各支持软件之间的接口关系在内的本系统同外界的所有接口的安排进行说明。

内部接口：对本系统内各个系统元素之间的接口的安排进行说明。

4）运行设计

运行模块组合：对由于系统施加不同的外界运行控制时所引起的各种不同模块组合进行说明。

运行控制：对每一种外界的运行控制的方式方法和操作步骤进行说明。

运行时间：对每种运行模块组合将占用各种资源的时间进行说明。

5）系统论据结构设计

逻辑结构设计要点：对本系统内所使用的每个数据结构的名称、标识符以及它们之中每个数据项、记录、文款和系的标识、定义、长度及它们之间的层次的或表格的相互关系进行说明。

物理结构设计要点：对本系统内所使用的每个数据结构中的每个数据项的存储要求进行说明。

数据结构与程序的关系：对各个数据结构与程序访问这些数据结构的形式进行说明（表 2-2）。

6）系统出错处理设计

出错信息：对每种可能的出错或故障情况出现时，系统输出信息的形式、含义及处理方法采用一览表的方式进行说明。

表 2-2　数据结构与程序关系

	程序 1	程序 2	…	程序 m
数据结构 1	√			
数据结构 2	√	√		
…				
数据结构 n		√		√

补救措施：对故障出现后可能采取的变通措施进行说明，包括：后备技术说明准备采用的后备技术；降效技术说明准备采用的降效技术；恢复及再启用技术说明将使用的恢复再启动技术，使软件从故障点恢复执行或使软件从头开始重新运行的方法。

系统维护设计：对为了系统维护的方便而在程序内部设计中作出的安排进行说明，包括在程序中专门安排用于系统的检查与维护的检测点和专用模块。

2.3.2　详细设计

详细设计的目的在于对拟开发的系统进行详细的说明，满足系统分析时所明确的系统需求，并与概念设计保持一致。

1. 详细设计内容

在详细设计阶段要对概要设计中划分的每个模块进行详细的定义和说明，其主要内容有：每个模块处理方法、步骤、数据字典和数据说明书。

2. 书写详细的设计文档

详细设计文档是需求人员总体设计人员与开发人员的沟通工具，包含整体设计对模块设计的规范，体现设计上的一些决策，包括与其他模块整体设计的关系操作的处理流程，对业务规则的设计考虑等。

3. 对详细设计进行评审

在软件详细设计阶段结束后必须进行详细设计评审，以评价软件验证与确认计划中所规定的验证与确认方法的合适性与完整性。

4. 详细设计说明书

编制详细设计说明书的目的是说明一个软件系统各个层次中的每一个程序的设计考虑，对于比较简单、层次很少的软件系统不必单独编写，有关内容合并入概要设计说明书。编制详细设计说明书的内容如下。

1）引言

此部分包括编写目的、背景、定义和参考资料等内容。

2）程序系统的结构

用一系列图表列出本程序系统内的每个程序的名称、标识符和它们之间的层次结构关系。

3）程序 1 设计说明

逐个给出各个层次中每个程序的设计考虑，主要包括：程序描述，功能，性能，输入项，输出项，算法，流程逻辑，接口，存储分配，注释设计，限制条件，测试计划，尚未解决的问题。

4）程序 2 设计说明

用类似程序 1 设计说明的方式，说明第 2 个程序乃至第 *N* 个程序的设计考虑。

详细设计定义每个模块的内部特征，即定义每个模块内部的执行过程。详细设计为编码工作制定了详细的框架、步骤和做法。

详细设计的方法和内容专业性、技术性强，一般会计人员不必掌握。

5. 测试

1）目标

寻找代码设计和系统设计的错误，而不是为了说明无错。

2）成果

《测试报告》作为测试成果，其包括以下内容。

（1）测试数据设计。

（2）测试结果。

（3）测试结果的分析。

3）测试内容、步骤

（1）单元测试：按需求分析报告所列示的功能对每个模块进行测试。

（2）综合测试：集成测试：按功能把几个模块连接起来综合测试，重点是接口测试。

（3）验收测试：按需求分析由用户对目标进行测试。

4）测试数据的设计方法

（1）重要性（目标）：把软件系统中隐藏的错误尽量地找出来。

（2）方法：黑盒法、白盒法。

黑盒测试法主要内容如下。

① 定义：把软件系统看成一个黑匣子，关注的是有什么样的输入，有什么样的输出，测试人员不需要考虑和了解系统内部特征与处理逻辑，只考虑规格说明书反映的功能是否满足。

② 测试重点。

a.. 系统是否正确接受输入，同时能否产生正确的输出结果。

b. 系统是否有不正确和遗漏的功能。

c. 系统是否有数据结构错误和对外部数据进行访问的错误。

d. 系统是否有初始化和非法中止错误。

③ 常用方法：等价分类法、边缘值方法、因果图方法、错误推测法。

白盒测试法主要内容如下。

① 原则：已经知道系统内部工作原理，以此查找系统的错误，关键是测试数据方案，尽可能穷尽等价类，以处理逻辑来设计测试数据。

② 测试方案。

a. 语句覆盖：执行足够的测试用例，使测试对每个语句均执行一遍。

b. 判定覆盖：执行足够的测试用例，使程序中每个判定均获得真的或假的值。

c. 条件覆盖：执行足够的测试用例，使判定中每个条件均获得各种可能的结果。

d. 条件组合覆盖。

e. 判定/条件覆盖。

6. 系统的运行、维护

（1）目标：通过必要的维护活动，使系统长久地满足用户需求（运行），相对硬件系统而言，它的需求是动态的。

（2）维护类型。

① 改正性维护：纠错维护，特别是边界值。

② 适应性维护：软件环境变化（增删改）。

③ 完整性维护：功能扩充。

④ 预防性维护：未来有可能扩充、改变的功能。

（3）维护方法：生命周期小循环

7. 系统的评估

（1）目标：从系统完成的目标情况、取得的效益、用户满意度评价优劣。

（2）用户满意度：评价、报告。

（3）效益：包括直接效益和间接效益。直接效益指节约人、财、物，间接效益指管理上台阶。

2.4 会计信息系统实施

会计信息系统实施阶段的主要目标是在完成系统分析和设计之后，将新系统方案转换成可执行的实际系统。系统实施的主要工作包括物理系统的实施、程序设计、系统测试、人员培训、数据准备与录入、系统转换、文档资料的建立等。

2.4.1 物理系统实施

计算机系统和通信网络系统设备的订购、机房的准备和设备的安装调试等一系列活动的总和构成了物理系统的实施。系统的设计要求，计算机系统的性价比、可扩充性、售后服务和技术支持等方面内容都是购置计算机系统时需要考虑的。网络系统的实施主要是通信设备的安装、电缆线的铺设及网络性能的调试等工作。

2.4.2 程序设计

程序设计即程序编写阶段，系统开发人员根据详细设计说明书自上而下地将每一模块用指定的程序设计语言编写成源程序代码，并进行测试，保证运行的正确性，同时编制程序说明书，程序设计由程序编制和程序测试两个阶段组成。

1. 程序编制

系统开发人员在编制程序过程中要遵循结构化程序设计原则，他们除了要编写源程序代码，还要附以程序框图和程序说明书。一般而言，通常由多个程序员共同开发一个系统，因此相互之间的配合很重要。为保证编程的进度基本一致，必须由具备一定水平和经验的人员负责总的协调工作。此外，还要确保程序代码易于理解、维护和增强。

2. 程序测试

系统开发人员所编制的程序为保证运行的正确，总要经过反复的测试。程序的测试过程就是发现并改正错误的过程，直到系统开发人员确信全部程序无错，并满足系统设计的各项要求为止。程序测试是一项非常艰苦的工作，其工作量等同甚至超过编制过程的工作量。程序测试通常包括模块测试和总体测试。

模块测试主要侧重于语法检查和逻辑检查，它是在单个模块的代码编写完成后进行的。一般而言，计算机能自行检测出语法错误，并给出错误提示信息。逻辑检查主要是检查程序在完成某个功能时，运算的方法及逻辑处理是否正确。总体测试在单体测试的基础上进行。为保证数据传送及调用关系的正确性，总体测试更侧重于测试系统中各模块及组成的子系统之间接口关系的正确性和系统逻辑关系的正确性。

2.4.3　系统测试

系统测试在程序设计结束后进行。它是将整个系统的全部软硬件装配在一起形成完整的软硬件系统，然后通过实际数据或模拟数据验证系统的各项功能及所达到的性能指标，从而判断其是否达到了系统设计的要求。

1. 系统测试内容

系统测试包括以下内容。

（1）系统需求说明书中的系统目标和功能是否实现。

（2）系统对各项业务的处理结果是否正确，能否对特殊类型的业务进行处理。

（3）系统与用户的界面是否友好，各项输出的内容和格式是否符合要求。

（4）系统运行效率如何。

（5）系统的内容控制制度是否完善。

（6）系统容错纠错能力如何，有无对各种异常情况的应变措施。

（7）系统的文档资料是否齐全，系统的可维护性如何。

2. 系统测试人员

进行系统测试时最好邀请有关方面的专家从各个角度对系统的质量进行评价和考核。参加系统测试的人员应包括：系统分析与设计人员、程序人员、系统使用人员、会计主管人员。系统测试是系统投入运行前的最后一个环节，系统测试人员的水平直接影响到测试工作的质量。为了使测试工作真正起到对系统的审查和控制作用，要认真确定参加测试的人员。

3. 系统测试分类

（1）a 测试：a 测试是在一个受控环境下进行的测试。它是用户到软件开发的场所并在软件开发人员的指导下进行的，开发人员负责记录测试发现的问题。

（2）b 测试：b 测试是由软件的多个用户在实际使用环境下进行的测试。由于 b 测试时开发者通常不在测试现场，所以，它是在开发者无法控制的环境下进行的软件现场应用。在 b 测试中，由用户记下遇到的所有问题，定期向开发者报告。

4. 系统测试计划

对整个程序系统的组装测试和确认测试就是系统测试。进行系统测试时，应该提供一个对该系统的测试计划，包括对每项测试活动的内容、进度安排、设计考虑、测试数据的整理方法及评价准则。

5. 系统测试报告

对系统测试工作的书面总结和对系统的正式评价即是系统测试报告。报告中要对系统功能、各项性能指标、存在的问题和改进意见进行详细描述，对系统能否投入实际使用提出意见。

2.4.4 人员培训

会计信息系统的操作、维护、运行是由企业各层次人员参与的，为了确保所开发的会计信息系统正常运行并充分发挥作用，必须对企业各层次人员开展有针对性的培训。

2.4.5 数据准备与录入

系统的运行以数据为基础，所以，数据准备和录入是系统实施过程中一项非常重要的工作。按照新系统对数据格式和内容的要求统一进行收集、分类和编码即是数据准备，而数据录入则是将整理好的数据输入系统中。

为了保证录入数据的正确，首先数据准备要正确。进行数据准备应该注意以下几方面的内容：基础数据的统计工作要严格科学化，计量方法和工具、数据采集渠道和程序都应该固定，各类统计和数据采集报表要标准化、规范化，变动数据在系统切换时一定要使它们保持最新状态。

2.4.6 系统转换

系统开发完成后新老系统之间的转换即是系统转换。系统转换有四种方式，即直接转换方式、并行转换方式、阶段转换方式和试点转换方式。

1. 直接转换方式

直接转换方式指在某一时刻，旧系统终止使用，新系统投入运行。这种方式虽然最简单、最省钱，但风险性大。一般只有在旧的系统完全不能满足需要或新系统不太复杂时采用此方法，一些比较重要的大型系统不宜采用此种转换方式。

2. 并行转换方式

并行转换方式指在新系统投入运行时，旧系统并不停止运行，而是与新系统同时运行一段时间，新旧系统并存的时间一般为 3 ~ 5 个月。新旧系统并行，可保证系统安全可靠、无风险运行，避免了尚未认识新系统之前的惊慌与不安。但是，并行运行需要双倍费用，费用太高。在银行、财务和一些企业的核心系统中经常使用这种转换方式。

3. 阶段转换方式

阶段转换方式是对由多个部分构成的系统分多个步骤进行转换，每次用部分新系统代替旧系统中的某些部分，平衡后再进行下次转换，直到整个系统转换完成。它实际上是以上两种转换方式的结合。阶段转换方式的最大问题表现在接口的增加上，这类接口往往是十分复杂的。阶段转换方式更适合在较大的系统中使用，而直接转换和并行转换在系统较小时更方便。

4. 试点转换方式

试点转换方式是指先在一个试点安装运行新系统，若试点成功，可采取上述三种转换方法中的一种继续逐渐推广新系统。这种转换方式时间短、费用低，通过试点的成功转换，可大大增强系统用户或管理者对新系统的信心。

无论一个系统采用哪种转换方式，都应保持系统的完整性。在实际的系统转换工作中，用得较多的是并行转换方式，因为这种方式安全，技术上也简单。也有不少的系统是将四种转换方式配合起来使用的，如在阶段方式中的一些部分采用直接式，另外一些部分则采用并行式。

2.4.7 文档资料的建立

信息系统的开发一般需要在人力和自动化资源等方面做重大的投资。我们需要在开发的每一阶段编制一定的文档资料，以便于运行和维护这些资源，并保证项目开发的成功。这些文档资料连同计算机程序及数据一起，构成计算机系统软件。

1. 文档资料的作用

具体来说，文档资料可以起到以下作用：作为系统开发人员在一定阶段内的工作成果和结束标志；向管理人员提供软件开发过程中的进展和情况，使之能够判断是否已达到原定目标，还将继续耗用资源的种类和数量；记录了开发过程中的技术信息，便于协调以后的软件开发、使用和修改；提供对软件的有关运行、维护和培训的信息，便于管理人员、开发人员、操作人员和用户之间相互了解彼此的工作；向潜在用户报道软件的功能和性能，使他们能判定该软件能否服务于自己的需要。

2. 文档资料的范围

计算机系统文档资料有两类：开发性文档和使用性文档。

开发性文档是指和信息系统的开发及维护有密切关系的文档资料，如数据流图、模块结构图等。为使文档和所描述的信息系统保持一致，这些文档应该注意更新。只有这样，这些文档才能使信息系统具有可维护性。开发性文档应在信息系统开发过程中同步生成，并随着信息系统的修改进行及时修正。

使用性文档是指用户手册、操作手册等用于指导对信息系统的操作使用的说明性资料。使用者借助于这些使用性文档，能够了解信息系统，正确、有效地调用信息系统的各种功能，从而使信息系统发挥作用。在信息系统交付用户时应同时提供使用性文档。

3. 文档资料的使用者

文档资料的使用者，主要包括以下五类。

（1）管理人员：可行性研究报告、项目开发设计书、开发进度月报、项目开发总结报告。

（2）开发人员：可行性研究报告、项目开发设计书、软件需求说明书、数据要求说明书、概要设计说明书、详细设计说明书、数据库设计说明书、测试设计、测试分析报告。

（3）维护人员：设计说明书、测试分析报告。

（4）用户：用户手册、操作手册。

（5）供应者与用户之间签订的合同规定了一个系统开发用户应该得到的文件种类。

2.4.8 会计信息系统试运行

一般而言，系统开始投入运行时，都有一个新系统的试运行或新旧系统的并行阶段。财政部相关的文件规定，会计信息系统必须经过至少3个月的并行时间。基于成本方面和旧系统使用会影响新系统的推广使用方面的考虑，并行阶段的时间不宜过长。

1. 试运行阶段应该注意的事项

试运行阶段是一个以用户方为主、开发方为辅的系统管理阶段。用户方和开发方应该特别关注新旧系统的转换时间、转换方式、并行时间、新旧系统的维护、新系统的验证、新旧系统数据的一致性、推广的速度、热线支持与问题响应处理等问题。除此之外，还应该注意处理好以下事项。

（1）用户方的系统管理者应与其他技术平台的管理者共同认真研究运行方案的合理性，多考虑几套应急方案，以确保试运行的进行。

（2）完成试运行工作需要选取合适的试点，并采取由点到面的方法逐步扩大试点范围。

（3）组成由各类人员参加的试运行工作组，现场及时解决问题，并做好详细记录。

2. 如何保证试运行效果

可采用下述方法来保证系统试运行效果。

（1）采用定期汇报试运行结果的方式，由各试点单位及对应的试点工作组定期全面反映本阶段试点的运行情况。

（2）采用及时汇报试运行中所遇问题的方式，由各试点单位及对应的试点工作组及时反映本试点范围内所遇到的需要解决的问题。

（3）由主要业务部门领导挂帅、各方人员参加组成一个强有力的试点工作小组，全面负责解决试点运行出现的问题。

2.4.9 会计信息系统维护

系统维护工作是指在试运行和正式运行过程中，系统维护人员要对系统进行不断的修改、补充和日常保养，使得系统运行稳定并不断完善。系统运行和维护阶段是系统开发生命周期的最后一个阶段，必须从思想上重视系统维护工作。

1. 会计信息系统维护的原因

会计信息系统维护源于以下五个方面原因。

（1）会计软件开发后期的测试阶段未能发现的缺陷，在软件交付使用后会逐渐暴露出来。

（2）会计软件用户环境的改变，可能使适应原有环境的软件无法在新环境下有效工作。

（3）用户知识技能水平的提高使其对原有软件的用户界面不太满意，要求改善。

（4）由于使用单位的管理信息系统的建立或完善，要求会计软件作为一个系统与其他子系统有良好的接口，以便协同工作。

（5）单位经营状况发生改变，需要对会计软件改造设计，完善功能。

2. 运行和维护应该关注的事项

在系统运行正常后，系统移交给用户方，用户方将逐步独立承担系统的维护工作。系统移交包括系统产品、技术和文档资料的全部移交。为保证系统全面移交后能够顺利地正常运行，用户方应重点关注以下五个事项。

（1）新系统正常运行后，必须了解其运行情况并及时解决运行中发现的问题。

（2）了解新的业务需求，设计或完善原有系统，以满足业务的变化。

（3）制定一套系统日常维护制度，规范系统日常维护工作。

（4）系统维护人员应对系统设计思想、数据结构、体系结构有全面的了解。

（5）定期收集系统的运行报告，及时了解和掌握业务政策与操作办法的改变，据此提出系统改进与完善的目标及计划，并负责组织实施。

3. 系统维护的内容

系统维护的内容主要包括以下五个方面。

（1）修改和补充系统开发过程中未发现的问题。

（2）修改内容，以适应单位的内外部政策、制度变化引起的变动。

（3）扩充系统的功能或随着计算机技术的发展对系统运行环境进行升级。

（4）对系统及运行环境进行日常维护。

（5）恢复系统及系统中数据由于意外事故而造成的损坏。

4. 系统维护的类型

信息系统维护分为以下四种类型。

（1）修正性维护。修正性维护就是发现程序在运行使用过程中暴露出来的错误，并进行诊断和改正。

（2）适应性维护。用户系统为了适应系统的运行环境变化而进行的维护工作即适应性维护。

（3）完善性维护。完善性维护是指用户为了扩充会计信息系统的功能、提高原有性能而进行的修改。

（4）预防性维护。预防性维护就是指用户系统运行未出现问题，但是为了给未来的改进奠定更好的基础而进行的系统维护工作。

5. 提高系统的可维护性

一般而言，软件易阅读、易发现和纠正错误、易修改和扩充等特征都属于软件的“可维护性”。软件的可维护性能越好越可以简化和减轻软件的维护工作。提高软件的可维护性是支配软件工程方法论所有步骤的关键目标。决定软件可维护性的因素主要就是软件的可理解性、可测试性和可修改性。

系统开发人员可以通过不同的方法来提高软件的“可维护性”，如从系统设计的可维护性方面加以改进，从程序设计的可维护性方面加以改进，从文档资料方面加以改进。

2.4.10 系统评价

系统评价的依据是系统日常运行记录和现场实际监测数据，其目的是通过对新系统运行过程和绩效的审查，来检查新系统是否达到了预期目的，是否充分地利用了系统内各种资源，系统的管理工作是否完善，以及指出系统改进和扩展的方向等。评价的结果可以作为系统维护、更新以及进一步开发的依据。

1. 系统评价的主要指标

目前，系统评价只能就部分评价内容列出可度量的指标，不少内容还只能用定性方法作出描述性的评价。其指标体系一般有以下几种。

（1）经济指标。经济指标包括系统费用、系统收益、投资回收期和系统运行维护预算等。

（2）性能指标。性能指标包括系统的平均无故障时间、联机作业影响时间、作业处理速度、系统利用率、操作方便性、安全保密性、可靠性、可扩充性等。

（3）应用指标。应用指标包括企业领导、管理人员、业务人员对系统的满意度，管理业务覆盖面，对生产过程的管理深度，对企业领导的决策参考作用等。

2. 系统评价方法

应用较多的系统评价方法主要包括以下四种。

（1）结果观察法：完全通过观察系统的效果并进行评价。

（2）模拟法：通过对人工或计算机作定性的模拟计算来估计实际的效果。

（3）对比法：通过与基本相同的系统进行比较而得出大概的结果。

（4）专家打分法：同行专家评审打分，再加权平均。

3. 系统评价报告

系统评价后，根据评价结果写出系统评价报告。评价报告一般包括系统运行的一般情况、系统的使用效果、系统的性能、系统的经济效益、系统存在的问题及改进意见五个方面的内容，其中，系统的技术性能评价和经济效益评价是整个系统评价的主要内容。

本章小结

会计信息系统的建立是企业的一项重要财务活动。会计信息系统的开发如同企业产品的生产，必须经过设计、授权和控制过程。会计人员应该关注会计信息系统开发过程的完整性。

会计信息系统的开发要选用适合企业软件及硬件的开发方法、开发工具及开发方式。企业会计信息系统的发展规划，是对近几年企业会计信息系统建设工作所要达到的目标，以及如何有效、分步骤实施这个目标而制定的规划，它是建设会计信息系统的总体可行性研究。成功的系统开发项目建立在充分准确的需求基础之上，因此系统分析需要遵循一定的准则，以满足系统使用者的要求。系统的设计、运行与维护是最为复杂的部分，必须按照一定的规律和准则，采用科学合理的方法才能达到事半功倍的效果，对系统建设过程，应给予高度重视。

关键词汇

软件危机（software crisis，SC）
模型（pattern）
方法（technique）
工具（tool）
软件外包（software and service outsourcing，SSO）
数据流程图（data flow diagram，DFD）
总体设计（overall design，OD）
详细设计（detailed design，DD）
需求分析（requirement analysis，RA）
系统开发（system development，SD）
系统设计（system design，SD）
系统维护（system maintenance，SM）
生命周期法（life cycle approach，LCA）
快速原型法（rapid prototyping method，RPM）

小组讨论

为了保证会计信息系统建设的成功，你觉得在系统实施的各个环节如项目组织机构、项目准备、项目建设、系统切换、项目控制和运行支持方面应建立哪些控制点，以使各个环节能够切实发挥作用？

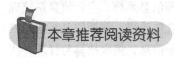

本章推荐阅读资料

扫描此码　深度阅读

第3章

会计信息化三流合一

学习提要与目标

企业存在的目的就是提供满足人们需要的商品和服务，实现企业价值。企业从事日常经营活动，包括获取/支付、转换、销售/收款等业务流程。企业想持续经营，必须进行计划、执行、控制、评价等管理活动。管理的核心是决策，决策过程需要企业经营过程的数据和信息，这些信息通过产生、维护、报告环节提供给管理系统。因此，有了信息系统才使企业的经营活动、管理活动、信息活动融为一体。

信息技术在我国已经得到了广泛使用，尤其在企业管理信息化方面发展迅速。会计信息化大大提高了企业财务工作效率，使用计算机推进企业会计信息化已是普遍的共识。只有当企业的业务流、管理流与信息流融为一体时，组织完成其目标即给客户提供价值的可能性才会大大增加。

同时，要了解、掌握会计信息系统的功能结构以及大数据的有关内容。

通过本章的学习，应能够：

- 理解业务活动、管理活动和信息活动的关系。
- 了解信息化对业务流程、管理流程和信息流程的影响。
- 掌握会计信息系统的功能结构。
- 掌握大数据资源利用内容。

3.1 信息化对业务流程、管理流程和信息处理流程的整合

开展信息化，就是建立和实施现代信息技术环境下的管理信息系统。会计信息系统成为企业管理信息系统（MIS）的子系统，是事件驱动模式的信息系统。管理信息系统的核心是集成，集成业务处理和信息处理，集成财务信息和非财务信息，集成核算与管理，使信息系统由部门级系统升级为企业级系统。

3.1.1 业务流程、管理流程、信息处理流程关系分析

1. 企业业务流程

企业通过开发和提供满足客户需要的商品与服务来创造价值。商品和服务是企业通过一系列的业务流程来提供的。我们把企业的业务流程分为获取/支付流程、转换流程和销售/收款流程三种类型。

获取/支付流程由获取、支付和维持组织所需要的商品与服务的一系列活动组成；转换

流程由企业将获取的资源转换成客户需要的商品和服务的所有活动组成；销售/收款流程的目标是向客户销售和交付商品及服务，并收取货款，它由一系列与交付商品和服务给客户并收取款项的有关活动组成。

这些流程之间是相互依赖、相互影响、相互关联的，它们之间的关系如图 3-1 所示。

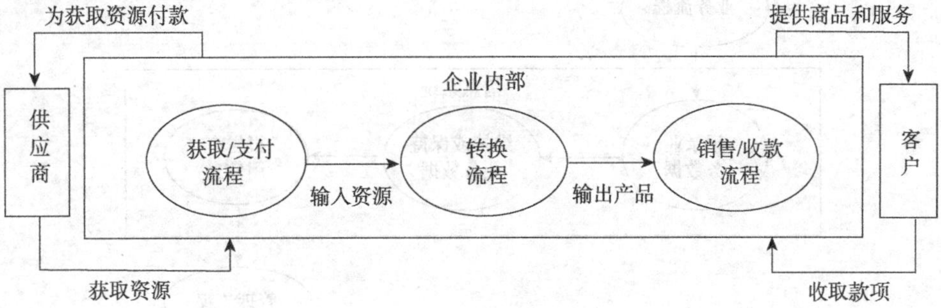

图 3-1　各业务流程之间的关系

2. 企业管理流程

管理活动可以大致分为计划、执行、控制和评价（图 3-2），而管理流程则由上述各种具体的管理活动组成。计划需要企业的领导定义业务目标，优化业务流程，并提供实现目标所需的蓝图；然后管理人员将业务流程分成较小的业务活动，指派员工去完成每一项活动，并激励员工做好指派的工作，从而执行计划；控制则通过复查来实行，复查是为了验证某项业务活动或整个业务流程的执行结果是否与管理人员所期望的结果一致。复查的结果不是改变预期就是改变业务活动或业务流程的执行，以便使实际的执行结果与预期保持一致；通常，管理人员要定期评价运营成果来考察业务流程是否正在实现组织的目标。评价的结果可用于修正计划、目标或期望值。

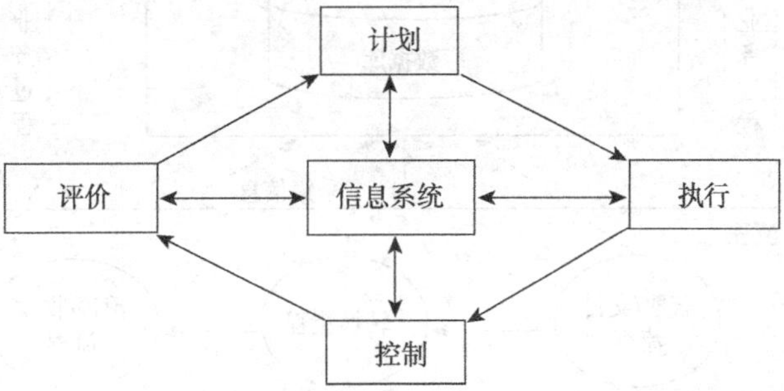

图 3-2　管理活动流程

3. 信息系统和信息处理流程

管理的中心是决策。管理人员在计划、执行、控制、评价企业的流程中作出多项决策。而正确的决策需要及时、相关的信息。对此，可以开发和应用信息系统，以便向管理人员提供信息。信息系统获取企业及其活动的数据，存储和维护这些数据，并编制对管理有意义的报告。信息系统的上述活动称为信息处理流程（图 3-3），它可以大致分成三类：记录与业务活动相关的数据，维护或保持与企业相关的和最新的数据，报告对执行、控制和评价业务流程有用的信息。

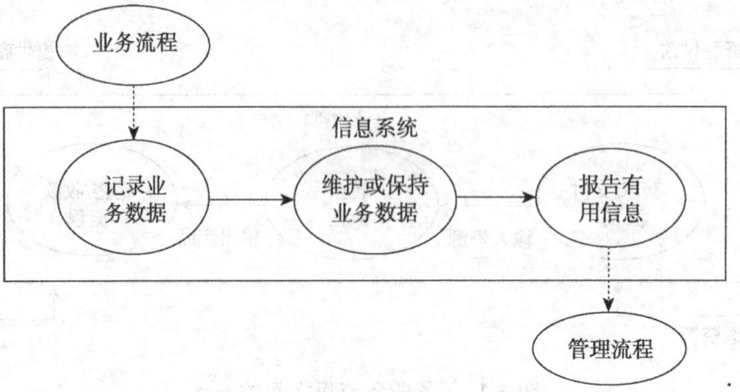

图 3-3　信息系统和信息处理流程

4. 业务流程、管理流程与信息处理流程之间的关系

业务流程、管理流程与信息处理流程之间的关系如图 3-4 所示。

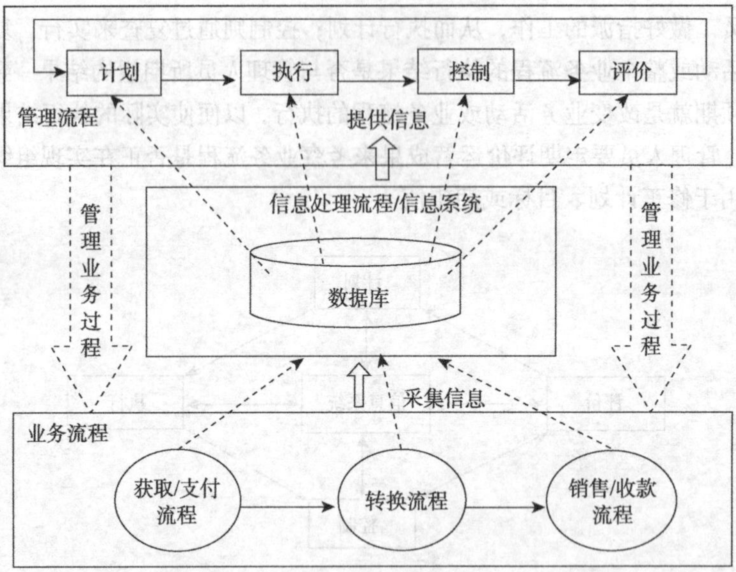

图 3-4　业务流程、管理流程与信息处理流程之间的关系

从图 3-4 可以看出，三类流程相互依存、联系紧密，当组织的业务和管理流程变化时，信息处理流程也必须跟着变化才能使业务信息及时反馈给管理者，管理者再通过管理流程对业务活动进行管理。而当业务流程、信息处理流程和管理流程融为一体时，组织完成其目标即给客户提供价值的可能性会大大增加；而当它们不能紧密合作时，组织会处于一种

不协调和无效的状况。

3.1.2　管理流程是一种信息管理流程

管理流程是一种信息管理流程。例如，财务风险管理流程，简单地说，财务风险管理流程是指企业财务风险管理有关部门为实现财务风险管理目标而进行的一系列活动。从信息处理角度来看，财务风险管理流程可以抽象为主要由三类活动或子流程组成，如图 3-5 所示，而由信息系统支持的财务风险管理流程属于信息（处理）流程。从信息处理角度来看，财务风险管理流程包括如下几种活动或环节。

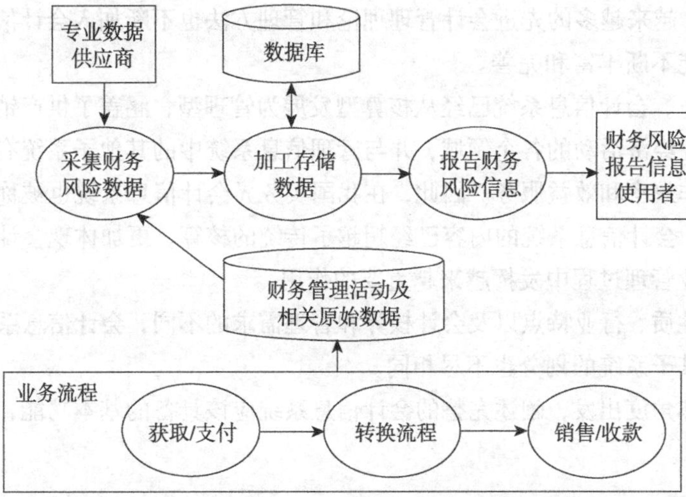

图 3-5　财务风险管理流程

1. 数据采集

财务风险数据采集包括内部数据采集和外部数据采集。内部数据是指企业从各个业务信息系统中抽取的、与财务风险相关的数据，外部数据是指通过专业供应商所获得的数据。

2. 财务风险数据加工与存储

数据加工与存储是将收集到的财务风险原始数据进行加工、分类、计算、汇总、传递，并将加工、分类、计算、汇总、传递结果存储，进行长期保存。

3. 报告财务风险信息

有效的财务风险管理是指在正确的时间将正确的信息传递给合适的人。先进的企业级财务风险信息系统一般采用 B/S 结构（browser structure），操作人员通过 IE（internet explorer）方式实现远程登录，就可以在最短的时间内获得所有相关的财务风险信息。

从数据处理的角度来看，财务风险管理流程中各项活动都体现为对信息的某种作用，并构成一个有序的数据处理和信息生成的过程，这一过程可以分为若干部分，每一部分都有各自的处理任务，所有部分相互联系、相互配合，服从于一个统一目标，形成一个管理活动的有机整体——财务风险管理信息系统。

3.2 会计信息系统的功能结构

会计信息系统的功能结构主要描述会计信息系统（会计管理软件）到底是由哪几个子系统组成的，以及每个子系统的基本功能。

会计信息系统是随着信息技术革命和会计学科的发展逐步发展与完善的。早期的会计信息系统包含的子系统非常少，主要是工资核算、总账、报表等子系统。每个子系统功能相对比较简单，主要是帮助财会人员完成记账、算账、报账等基本核算业务。随着信息技术革命和会计学科的发展，越来越多的信息技术应用于会计信息系统；同时，随着会计改革的不断深入，越来越多的先进会计管理理论和管理方法也不断加入会计信息系统，使会计信息系统功能不断丰富和完善。

到目前为止，会计信息系统已经从核算型发展为管理型，涵盖了供产销、人财物以及决策分析等企业经济活动的各个领域，并与管理信息系统中的其他子系统有机融合，共同为提高组织运作效率和效益服务。因此，在我国实务界会计信息系统也被称为财务及企业管理信息系统，会计信息系统的内容已经超越了传统的核算，更加体现会计和财务管理的特征，并在企业管理过程中发挥越来越重要的作用。

由于企业性质、行业特点以及会计核算和管理需求的不同，会计信息系统所包含的内容不尽相同，其子系统的划分也不尽相同。

下面从总体角度出发，阐述完整的会计信息系统应该具备的基本功能，其基本功能结构如图 3-6 所示。

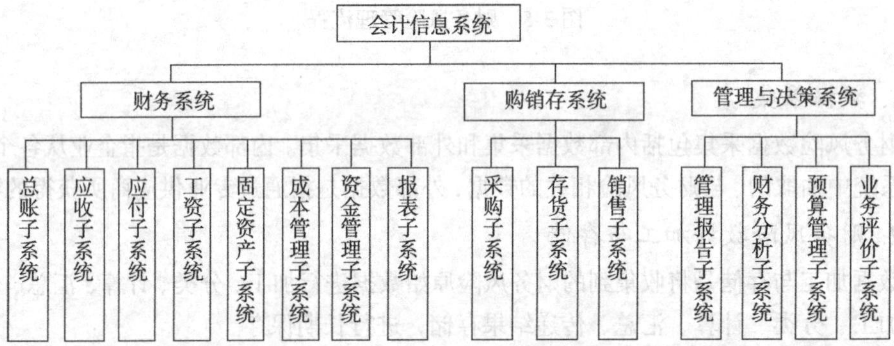

图 3-6 会计信息系统基本功能结构

从图 3-6 可以看出，会计信息系统由三大系统组成，即财务系统、购销存系统、管理与决策系统，每个系统又进一步分解为若干子系统。

3.2.1 财务系统

财务系统主要包括总账子系统、工资子系统、固定资产子系统、应收子系统、应付子系统、成本管理子系统、报表子系统、资金管理子系统等。

1. 总账子系统

总账子系统是以凭证为原始数据，通过凭证输入和处理，完成记账和结账、银行对账、账簿查询和打印输出，以及系统服务和数据管理等工作。

近年来，随着用户对会计信息系统的需求不断提高和软件开发公司对总账子系统的不断完善，许多商品化总账子系统还增加了个人往来款核算和管理、部门核算和管理、项目核算和管理及现金等功能。

2. 工资子系统

工资子系统是以职工个人的原始数据为基础，实现职工工资的计算，工资费用的汇总和分配，计算个人所得税，查询、统计和打印各种工资表等功能。工资子系统实现对企业人力资源的部分管理。

3. 固定资产子系统

固定资产子系统主要是对设备进行管理，即存储和管理固定资产卡片，灵活地进行增加、删除、修改、查询、打印、统计与汇总；进行固定资产的变动核算，输入固定资产增减变动或项目内容变化的原始凭证后，自动登记固定资产明细账，更新固定资产卡片；完成计提折旧和分配，产生“折旧计提及分配明细表”“固定资产综合指标统计表”等，费用分配转账凭证可自动转入账务处理等子系统，可灵活地查询、统计和打印各种账表。

4. 应收子系统

应收子系统完成对各种应收账款的登记、核销工作；动态反映各客户信息及应收账款信息；进行账龄分析和坏账估计；提供详细的客户和产品的统计分析，帮助财会人员有效地管理应收账款。

5. 应付子系统

应付子系统完成对各种应付账款的登记、核销以及应付账款的分析、预测工作；及时分析各种流动负债的数额及偿还流动负债所需的资金；提供详细的客户和产品的统计分析，帮助财会人员有效地管理应付款项。

6. 成本管理子系统

成本管理子系统是根据成本核算的要求，通过用户对成本核算对象的定义，对成本核算方法的选择，以及对各种费用分配方法的选择，自动对从其他系统传递的数据或用户手工录入的数据进行汇总计算，输出用户需要的成本核算结果或其他统计资料。

随着企业成本管理意识的增强，很多商品化成本子系统还增加了成本分析和成本预算功能，以满足会计核算的事前预测、事中控制和事后分析的需要。成本分析功能包括：对分批核算的产品进行追踪分析，计算部门的内部利润，与历史数据对比分析，分析计划成本与实际成本的差异。成本预算功能包括：运用移动平均、年度平均增长率对部门总成本和任意产量的产品成本进行预测，满足企业经营决策的需要。

7. 报表子系统

报表子系统主要根据会计核算数据（如账务处理子系统产生的总账及明细账等数据）完成各种会计报表的编制与汇总工作；生成各种内部报表、外部报表及汇总报表；根据报表数据生成各种分析表和分析图等。

随着网络技术的发展，报表子系统能够利用现代网络通信技术，为产业型、集团型用户实现远程报表的汇总、数据传输、检索查询和分析处理等功能，既可用于主管单位又可用于基层单位，支持多级单位逐级上报、汇总的应用。

8. 资金管理子系统

随着市场经济的不断发展，资金管理越来越受到企业采购管理者的重视，为了满足资金管理的需求，目前有些商品化软件提供了资金管理子系统。资金管理子系统实现工业企业或商业企业、事业单位等对资金管理的需求；以银行提供的单据、企业内部单据、凭证等为依据，记录资金业务以及其他涉及资金管理方面的业务；处理对内、对外的收款、付款、转账等业务；提供逐笔计息管理功能，实现每笔资金的管理；提供积数计息管理功能，实现往来存货资金的管理；提供各单据的动态查询情况以及各类统计分析报表。

3.2.2 购销存系统

对工业企业而言，购销存系统包括采购子系统、存货子系统、销售子系统；对商业企业而言，还应包括符合商业特点的商业进销存系统。

1. 采购子系统

采购子系统是根据企业采购业务管理和采购成本核算的实际需要，制订采购计划，对采购订单、采购到货以及入库状况进行全程管理，为采购部门和财务部门提供准确、及时的信息，辅助管理决策。

很多商品化会计软件将采购子系统和应付子系统合并为一个子系统——采购与应付子系统，以更好地实现采购与应付业务的无缝连接。

2. 存货子系统

存货子系统主要针对企业存货的收发存业务进行核算，掌握存货的耗用情况，及时、准确地把各类存货成本归集到各成本项目和成本对象上，为企业的成本核算提供基础数据；记录动态存货资金的增减变动，提供存货资金周转和占用的分析，为降低库存、减少资金积压、加速资金周转提供决策依据。

3. 销售子系统

销售子系统是以销售业务为主线，兼顾辅助业务管理，实现销售业务管理与核算一体化。销售子系统一般与存货中的产品核算相联系，实现对销售收入、销售成本、销售费用、销售税金、销售利润的核算；生成产成品收发结存汇总表等表格；生成产品销售明细账等账簿；自动编制机制凭证供总账子系统使用。

4. 商业进销存系统

商业进销存系统是以商品销售业务为主线，将商品采购业务、存货核算业务、销售业务有机地结合在一起，实现进销存核算和管理一体化的子系统。

3.2.3 管理与决策系统

随着会计管理理论的不断发展及其在企业会计实务中的不断应用，人们越来越意识到会计管理的重要性，对会计信息系统提出了更高的要求，要求它不仅能够满足会计核算的需要，还应该满足会计管理的需要，即在经济活动的全过程进行事前预测、事中控制、事后分析，为企业管理和决策提供支持。因此，应将信息技术与管理会计方法有机融合，增加管理与决策子系统，不断丰富和完善会计信息系统。

管理与决策子系统可以归纳为三个层级的功能：经营监控层、报告与分析层、业绩评价层。

1. 经营监控层

为了更好地发挥财会人员的控制功能，要应用各种先进的管理工具，如全面预算管理和责任中心管理等，因此，在会计信息系统中增加了预算管理和责任中心管理子系统。

2. 报告与分析层

各级管理者为了动态了解业务进展情况，分析业务发展趋势，每天都要查看各类管理信息，因此，在会计信息系统中增加了管理报告子系统。

3. 业绩评价层

业绩评价的目标是实施企业战略，业绩评价的核心是将企业实际的结果与其计划目标相比较，因此，会计信息系统增加杜邦分析、经济增加值分析、平衡计分卡等功能模块，为企业提供综合、全面的业绩评价信息。

此外，会计决策支持子系统也将纳入会计信息系统。决策支持子系统是利用现代计算机技术、通信技术和决策分析方法，通过建立数据库和决策模型，向企业的决策者提供及时、可靠的财务、业务等信息，帮助决策者对未来经营方向和目标进行量化分析与论证，从而对企业生产经营活动作出科学的决策。

3.3　大数据资源利用的影响

目前，很多企业使用的 AIS 往往主要涉及与本企业直接相关的业务和数据，无法获取本行业以及其他相关行业企业的相关数据信息，不能做到很好地把握行业与市场的整体状况，这在数据资源越来越成为企业核心竞争力的今天是非常不利的。基于云会计环境构建的 AIS，可以通过系统获取各种大数据资源，然后通过相应的大数据处理技术挖掘出对企业有价值的信息，有效地支撑企业的经营管理和财务决策。尽管大数据资源从数量上来看十分庞大，但不必担心获取不到其中对企业有价值的信息，用户可以通过基于云会计构建的 AIS 只运用与自身相关的或是感兴趣的数据，这就是大数据资源的知识辅助功能，可以有效提高数据的价值，避开无关的数据垃圾，从而为用户节约时间、提升效率、抢占市场先机。

本书给出了大数据时代基于云会计的 AIS 实现框架，如图 3-7 所示。

在图 3-7 中，用户可通过统一访问门户（Portal）访问云会计平台，身份验证通过后，用户可使用内外部业务系统。用户通过内部业务系统和风险控制系统构建的 AIS 内部云，可以完成企业的各项内部经济业务，其产生的财务信息与风险控制系统产生的企业风控信息都会存储到企业的大数据资源库中。企业的 AIS 内部云可以通过云会计平台，与银行、会计师事务所、税务、工商、财政和交易所等相关机构和部门的业务系统形成的外部云接口，以及与价值链上下游企业之间实现业务一体化协同。企业的内部云和外部云产生的大

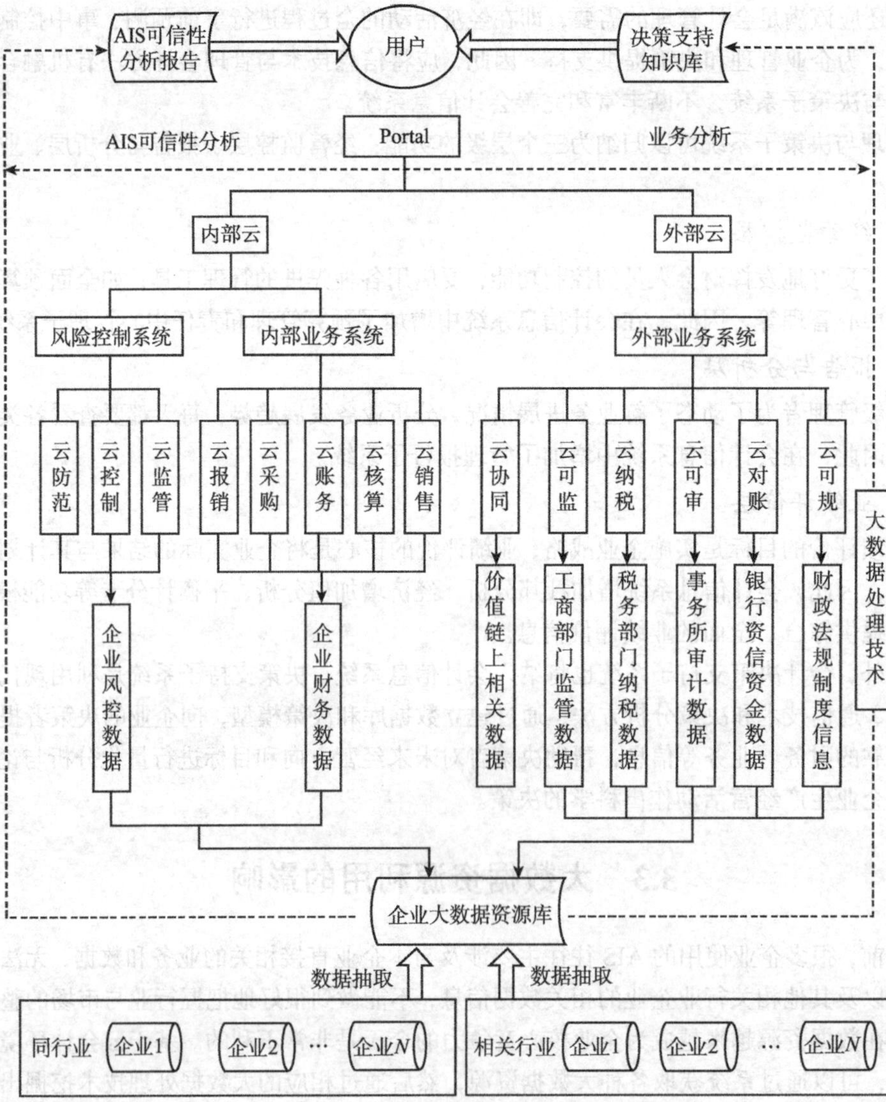

图 3-7　大数据时代基于云会计的 AIS 实现框架

数据，以及来自相同和相关行业的大数据会被抽取并存储到企业的大数据资源库中，通过大数据相关技术处理后与企业的业务知识融合形成企业的决策支持知识库，从而为企业的管理者提供科学合理的决策支撑。此外，基于企业的大数据资源库，通过对云会计平台构建的 AIS 进行实时可信性分析，并形成相应的可信性分析报告，可以让企业“信任”所使用的 AIS。

本章小结

本章首先对业务流、管理流和信息处理流之间的关系进行分析，三类流程相互依存，联系紧密，当组织的业务和管理流程变化时，信息处理流程也必须随之变化才能使业务信息及时反馈给管理者，管理者再通过管理流程对业务活动进行管理。需要重点掌握的是管理流程，管理流程也是一种信息处理流程，以财务管理流程为例，从信息处理的角度来看，主要包括数据采集、财务风险数据加工与存储、报告财务风险信息三个环节。

关键词汇

业务流（operation flow，OF）
管理流（management flow，MF）
信息流（information flow，IF）
采购（purchase）
转换（transform）
销售（sale）
产生（produce）
维护（maintenance）
报告（report）
计划（plan）
执行（implement）
控制（control）
评价（evaluate）

小组讨论

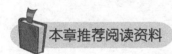

1.“三流合一”的实现对企业管理的效率提升体现在哪些方面？
2. 信息系统是如何实现业务流、资金流和信息处理流三流合一的？

本章推荐阅读资料

扫描此码　深度阅读

第二篇

面向企业会计信息系统

面向企业会计信息系统即财务业务一体化的会计信息系统。

根据 R. Nolane 模型，信息系统的发展经历了开始阶段、扩展阶段、控制阶段、综合阶段和数据管理阶段。开始阶段，企业开始引进计算机，个别人或某个部门如财务部门、设备管理部门等已使用的部门取得了一些成就，开始横向扩展，一个部门扩展到其他的部门，就进入扩展阶段，此时一个企业内部有许多独立的系统，互不相连，信息共享性差，从而造成了支出增加，因此要对各个部门建立的计算机系统进行控制，对各部门系统开发进行成本—效益分析，控制数据冗余。经过控制阶段的全面分析后，对分割的系统进行综合，利用 DB 技术和网络技术，逐步改造原有的系统，开发一个对中、上层进行支持的系统，这就是综合阶段。通过数据管理阶段，对业务过程、会计处理过程和信息过程等集成，达到对信息有效利用、充分共享，进行实时财务控制，实行成本控制。此时会计信息系统进入数据管理阶段。

从实践角度来看，企业开展会计信息系统，也是从简单到复杂逐步进行的，首先在一个部门，如财务部门使用，可以用于工资核算，待比较成熟后才开始开发财务业务一体化的会计信息系统。

财务业务一体化的会计信息系统，实现了采购、制造、销售、回收各环节，财务管理、工资管理和人力资源管理等各职能，业务流、资金流和信息处理流三流的整合与集成，真正实现了会计信息系统从部门级到企业级、从核算到管理的转变。

第4章 系统管理

学习提要与目标

系统管理是在财务业务一体化应用模式下，会计信息系统为各个子系统集成运行提供的一个公共管理平台。不同商品化的会计信息系统的管理模块设计方式和功能结构差别较大，但所有软件系统管理模块的工作原理、功能和基本的使用方法是基本相同的。本章从为会计信息系统集成运行提供公共管理平台的目的出发，介绍系统管理模块的工作原理、功能结构和基本使用方法。

通过本章的学习，应能够：

- 掌握系统管理在会计信息系统中的地位和作用、工作原理、基础信息设置对系统运行的意义。
- 掌握系统管理的主要工作内容，包括账套管理、年度账管理、操作员及权限设置、基础档案设置顺序等有关内容。
- 理解手工环境和计算机环境下企业建账、权限管理、数据安全管理、基础信息设置等方面存在的差别。

4.1 系统管理概述

财务业务一体化信息系统由多个子系统组成，各个子系统服务于企业的不同层面，为不同的管理需要服务。子系统本身具有相对独立的功能，彼此之间又具有紧密的联系，它们共用一个数据库，拥有公共的基础信息、相同的账套和年度账，为实现企业财务业务一体化管理提供了基础条件。为了对会计信息系统中各个子系统的运行提供良好的服务，需要一个管理各个子系统的公共任务和数据的管理平台。因此，在财务业务一体化的会计信息系统中设置系统管理子系统。会计信息系统中所有子系统的运行都必须以此为基础。

系统管理子系统具体包括以下几个方面功能。

4.1.1 账套管理

每一个独立核算的单位都有一套完整的账簿体系，把这样一套完整的账簿体系建立在计算机系统中就称为一个账套。账套实质上是一组相互关联的数据。每一个单位都可以为其自身和每一个独立核算的下级单位建立一个核算账套。各账套数据之间相互独立，互不影响，使资源得以最大限度的利用。目前常用的会计信息系统软件都可以建立999套账套，以满足企业多种会计核算和业务处理使用。

账套管理功能一般包括建立账套、修改账套、删除账套、引入、输出账套等。

4.1.2 年度账管理

年度账与账套是两个不同的概念，一个账套中包含了相应核算单位所有的财务数据，把这些财务数据按年度进行划分，称为年度账。

年度账可以作为系统操作和管理的基本单位，因此设置年度账主要是考虑到财务数据管理上的方便性。

年度账管理包括年度账的建立、引入、输出和结转上年数据，清空年度数据。

4.1.3 操作权限的集中管理

为了保证系统严密的内部控制，系统管理提供了操作员及操作权限的集中管理功能。通过对系统操作分工和权限的管理，一方面可以避免与系统使用无关的人员进入系统；另一方面可以对系统所包含的各个子系统的操作进行协调，以保证职责严明、各负其责，流程顺畅。

操作权限的集中管理包括定义操作者角色、设定系统用户和设置功能权限。

4.1.4 设立统一安全机制

对企业而言，系统运行安全、数据存储安全是必需的，为此，每个应用系统都无一例外地提供了强有力的安全保障机制。企业要设立的安全机制包括：对整个系统运行过程的监控机制、数据的备份和恢复、清除系统运行过程中的异常任务等。

4.1.5 系统管理子系统使用权限

鉴于系统管理子系统在整个会计信息系统中的地位和重要性，对系统管理子系统的使用，系统予以严格控制。系统只允许两种身份注册进入系统管理：系统管理员和账套主管。

1. 以系统管理员身份注册系统管理

系统管理员负责整个应用系统的总体控制和维护工作，可以管理该系统中所有的账套。包括账套的建立、引入和输出，设置操作员和权限，监控系统运行过程，清除异常任务等。

系统管理员是系统中权限最高的操作员，其要对系统数据安全和运行安全负责。

2. 以账套主管身份注册系统管理

账套主管负责某一个或一些账套的维护工作。主要包括对所管理的账套进行修改、对年度账的管理（包括创建、清空、引入、输出以及各子系统的年末结转），以及该账套操作员权限的设置。

账套主管需要由系统管理员指定，因此首先必须以系统管理员的身份注册系统管理，建立账套和指定相应的账套主管之后，才能以账套主管的身份注册系统管理。

4.2　账套的建立和管理

4.2.1　建立账套

在会计信息系统的使用中建立账套和对账套进行严格管理是会计信息系统有效、安全运行的基础，它是一项严肃而安全的工作，需要由专人负责、认真完成。对于绝大多数通用软件而言，这项工作完成的好坏对于能否有效地完成单位会计核算和业务处理具有特别重要的意义。

1. 建立账套意义

（1）手工系统中，进行会计核算时需要建立一套账簿，以便对企业发生的各种经营活动进行记录。在会计信息系统中，建立账簿体系的工作由建立账套功能来实现。在会计信息系统中建立账套本质上是为每一个独立核算单位准备一套数据库文件以便记录经济活动的各种数据。

（2）建账的过程也是将通用软件与单位的实际业务相结合的过程，建账过程包括建立企业的单位基本信息、核算方法、编码规则等。

（3）一个通用软件能否有效地完成单位的会计核算和业务处理工作与这些参数的设置是否合理具有密切的关系。这些参数设置完毕、系统投入使用后一般不可以修改。

2. 建立账套的基本流程

建立账套的工作需要按一定的程序进行。建立账套的基本流程如图 4-1 所示。

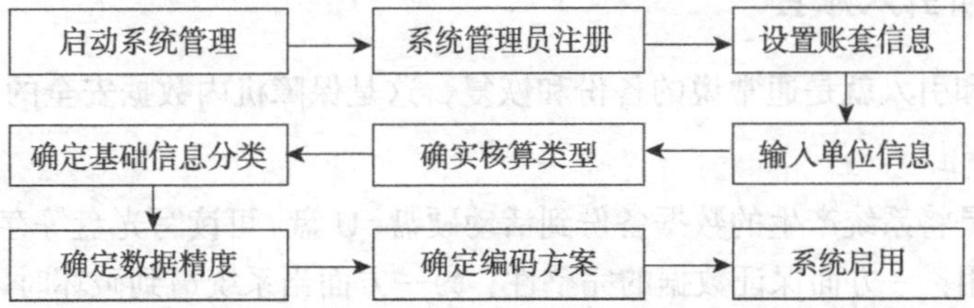

图 4-1　建立账套的基本流程

3. 建立账套的设置内容

建立账套时，需要向系统提供表征企业特征的信息，具体包括以下几方面。

（1）账套基本信息。账套基本信息包括账套号、账套名称、账套路径及账套启用日期、企业的会计期间设置等。

账套号：账套号一般是系统规定长度的一组数字，账套号不允许重复。

账套名称：账套名称一般用来描述账套的基本特性，可以输入核算单位简称或用该账套的用途命名。账套号与账套名称是一一对应关系，共同来代表特定的核算账套。

账套路径：用来指明账套数据文件在计算机系统中的存放位置，为方便用户，应用系统中一般预设一个存储位置，称其为默认路径。默认路径允许用户修改，但除非有特殊需要，一般不要修改。

账套启用日期：用于规定该企业用计算机进行业务处理的起点，一般要指定年、月、日。启用日期在初始设置时设定，一旦启用不可更改。

（2）核算单位基本信息。核算单位基本信息包括企业名称、简称、地址、邮政编码、法人、通信方式等。在以上信息中，单位全称是必需项，因为发票打印时要使用企业全称。

（3）账套核算信息。账套核算信息包括记账本位币、企业类型、行业性质、账套主管、编码规则、数据精度等。

记账本位币：通常系统默认为人民币。

企业类型：是区分不同企业业务类型的必要信息，选择不同的企业类型，系统在业务处理范围上有所不同。

行业性质：表明企业所执行的会计制度。

编码规则：是指对企业关键核算对象进行分类时，规定编码的级次及各级编码的长度。以便于用户进行分级核算、统计和管理。编码规则的设置取决于核算单位经济业务的复杂程度、核算与统计要求。一般来说编码的级次越多，提供的分类信息越丰富。

数据精度：是指定义数据的保留小数位数。

以上账套参数确定后，系统会自动建立一套符合用户特征要求的账簿体系。

4.2.2 修改账套

账套建立完成后，如果发现有些参数有误需要修改，或者希望查看建账时所设定的信息，可以执行账套修改功能。只有账套主管有权修改账套，即便如此，有些系统已使用的关键信息仍无法修改，如账套号、启用会计日期。

4.2.3 输出和引入账套

账套输出和引入就是通常说的备份和恢复，这是保障机内数据安全的重要操作。

1. 账套输出

账套输出是将系统产生的数据备份到活动硬盘、U 盘、可读写光盘等存储介质的操作。账套输出的作用：一方面保证数据的完整性；另一方面当系统遭到破坏时，利用备份数据尽快恢复。输出账套时应注意：每次备份注明时间，备份账套文件要妥善保管，备份文件长期存放要使用可擦重写光盘。

2. 账套删除

企业初始建账时错误很多或某些情况下无须再保留企业账套，可以将机内账套删除。账套删除会一次将该账套下的所有数据彻底清除，因此执行此操作时应格外慎重，为数据安全起见，系统一般提供账套删除前的强制备份，并且只授权于系统管理员。

3. 账套引入

引入账套功能是指将系统外某账套数据引入本系统中。在会计信息系统环境中，系统及数据安全性是企业首要关注的，无论是什么计算机故障或病毒侵犯，都会使系统数据受损，这时利用账套引入功能，恢复备份数据，可以将损失降到最小。另外，这一功能为集团企业财务管理提供了方便。子公司的数据定期引入母公司系统中，以便进行有关账套数据的分析和合并工作。

4.2.4 年度账数据管理

在系统管理软件中，用户可以建立多个账套，每个账套中可以放多个年度的会计数据。由于系统自动保存了多个会计年度的历史数据，利用历史数据进行查询和比较分析就比较方便。但是，机内保存的历史数据太多也会占据较大的存储空间，为了使用户可以自由地管理多个会计年度的数据，系统设置了年度账管理功能。

年度账管理主要包括：建立年度账、年度账的引入和输出、结转上年数据、清空年度数据。对年度账的操作只能由账套主管进行。

4.3 操作员安全管理

为避免无关人员非法进入会计信息系统，也为了避免相关人员越权非法操作，会计信息系统的每一个子系统进入之前都要对操作员进行权限检查。因此，在会计信息系统使用前需要明确规定系统每一个操作员的岗位分工和操作权限。

不同的会计信息系统软件，操作权限的确定方法不同，使用较多的有两种：一种以每一菜单项作为一个操作权限；另一种是将操作权限按使用模块分为总账、应收、存货管理等，每一模块下又分为若干权重，如系统设置、凭证输入、凭证审核等。内部控制设计严格的软件，不仅对操作的内容，如输入凭证划分权限，而且可以对使用的具体科目、有权操作的金额划分权限。对于大型企业这种权限控制是非常必要的。

4.3.1 工作权限划分原则

操作员的权限划分必须依据会计的有关法规和会计信息系统内部控制的需要来进行。一般来说，会计信息系统操作员的工作权限划分应满足以下基本要求。

（1）不相容的职权必须分隔。例如，记账凭证的制单和审核不能是同一个人。

（2）不相容的岗位必须分隔。例如，出纳不能兼任记账凭证的输入。

（3）不同的处理层次一般应该分隔。例如，凭证的输入和记账、结账等工作一般应分隔。

（4）需要重点保证数据安全的工作应与其他工作分隔。例如，支票管理功能应由专人负责。

（5）其他制度特别规定需要分隔的应该分隔。例如，系统的开发、维护人员不应进行日常业务处理工作。

4.3.2 操作员及权限管理

操作员是指有权登录并使用系统的人。操作员管理包括：操作员的增加、修改和删除，由系统管理员全权管理。

系统中有两种角色，即系统管理员和账套主管。两者都有权设置操作员权限，所不同的是，系统管理员可以指定或者取消某一操作员为一个账套的主管，也可以对各个账套的操作员进行授权。而账套主管的权限局限于他所管辖的账套，在该账套内，账套主管默认拥有全部操作权限，可以针对本账套的操作员进行权限设置。

4.3.3 系统运行安全管理

在会计信息系统中，不单通过设置操作员和权限对系统的使用进行事前的控制，还通过系统运行监控功能对系统的运行进行事中的监控和事后查证与分析。除此之外，系统还提供了一些特殊功能以保障系统正常、安全地运行。这些功能称为系统安全管理。

系统安全管理包括系统运行监控、注销当前操作员、清除系统运行异常等内容。

4.4 基础信息设置

在会计信息系统中，每一个账套都是由若干子系统构成的，这些子系统共享公用的基础信息，基础信息是系统运行的基石，是运行会计信息系统的前提条件。

4.4.1 设置方式

国内软件有两种基础信息设置方式：渐进式设置和集中式设置。

1. 渐进式设置

建账时只对最基本的编码规则进行设置，基础信息的具体内容可以在系统使用过程中逐步进行设置。考虑到系统中的每个子系统在单位实际应用中都有可能单独运行，因此基础信息可在一个基础信息设置模块中集中设置，也可以在各个子系统中分别设置。后一种方式用户使用比较灵活，但必须保证各个子系统设置的同一性质的内容保持一致并共享。

2. 集中式设置

一次完成全部基础信息设置后，启用系统，系统启用后基础信息只能添加同类信息而不能修改和删除已设定的基础信息。这种方式设置较为严格，用户事先必须做好充分准备，保证设置一次成功完成，对于缺乏使用经验的用户来说，使用不够方便。

4.4.2 设置内容

会计信息系统需要设置的基础信息包括：与企业管理相关的设置，如企业职能部门、职员档案信息等；与往来单位相关的信息设置，如客户分类/客户档案、供应商分类/供应商档案等，基本核算信息的设置，如外币、会计科目、结算方式、银行账号等。如果还需要管理与企业购销活动相关的信息，如用应付款系统记录采购发票信息，则还需要设置计量单位、存货分类及存货档案等。

1. 部门档案

部门是指某使用单位下辖的具有分别进行财务核算或业务管理要求的单元体，不一定与企业实际的职能部门相对应。部门档案用于设置部门相关信息，包括部门编码、名称、负责人、部门属性等。其中部门属性主要用于描述部门特征，如该部门属于企业管理部门还是生产车间。

2. 职员档案

这里的职员是指企业的各个职能部门中参与企业的业务活动，且需要对其进行核算和业绩考核的人员，如企业采购管理员、库房管理人员等。职员档案用于设置职员相关信息，包括职员编码、职员名称、所属部门、职员属性等。其中职员属性用来描述该职员是属于企业管理人员还是业务人员。

除固定资产系统和成本管理系统外，其他系统均可能用到职员档案信息。

3. 客户分类/供应商分类

客户分类/供应商分类是按照客户/供应商的某种属性或特征，将客户/供应商进行分类管理。

建立起客户/供应商分类后，必须将客户和供应商设置在最末级的客户/供应商分类之下。如果在建账时选择了客户/供应商分类，就必须先建立客户/供应商分类档案，再增加具体的客户/供应商档案；若对客户/供应商没有分类管理的需求，可以直接建立客户/供应商档案。

4. 客户/供应商档案

客户/供应商档案主要用于设置往来客户/供应商的档案信息，便于对客户/供应商及业务数据进行统计和分析。客户/供应商档案中包含的信息非常丰富，不仅要反映客户/供应商基本情况，如客户/供应商编码、客户/供应商名称、客户/供应商简称、所属分类和地区，还要包括与信用相关的信息，如信用等级、信用额度等，以及与收付款结算相关的税号、开户银行、银行账号等信息。

客户/供应商基础信息一般用于总账、应收/应付及供销存模块中。

4.4.3 设置顺序

由于企业基础数据之间存在前后承接关系（如必须在设置客户分类的基础上再设置客户档案），因此，基础档案的设置应遵从一定的顺序，如图4-2所示。明确了基础数据之间的关联，可以使基础档案的设置顺利进行。

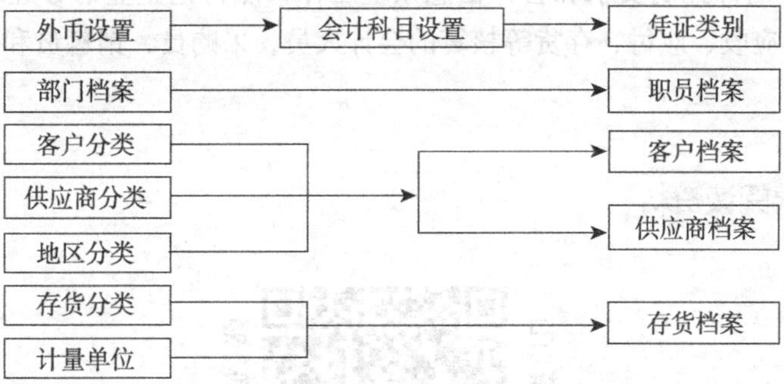

图4-2 基础档案设置的顺序

设置基础信息之前应首先确定基础信息的分类编码方案，基础信息的设置必须遵循分类编码方案中的级次和各级编码长度的设置原则。以会计科目编码为例，如果在确定编码方案时，设置会计科目编码规则为4-2-2-2-2，意味着企业会计科目编码分5级，一级会计科目为 4 位；二级会计科目为 2 位；三级会计科目为 2 位；四级会计科目为 2 位；五级会计科目为 2 位。那么在建立会计科目时，就需要遵从以上设置原则。

本章小结

系统管理是会计信息系统中最基础的部分，它对系统中所有子系统的公共任务进行统一管理，包括账套管理、年度账管理、操作员及权限管理、系统安全运行管理等几个方面。基础档案设置是会计信息系统运行的基础，基础档案设置应遵从一定的顺序，满足编码方案的需要。理解本章内容是学好会计信息系统的基础，是系统应用的良好开端。

本章的重点是账套管理、操作员及权限管理的作用及其使用方法。其中账套管理中有关参数设置和操作员及权限的设定是本章的难点。

关键词汇

系统管理（system management，SM）
账套（accounting mode，AM）
年度账（annual accounts，AA）
权限（authority rights，AR）
权限管理（rights management，RM）
基础信息（basic information，BI）

小组讨论

系统管理子系统一个基本的功能是设置操作员和对操作员的权限进行管理。这是会计信息系统加强内部控制、贯彻岗位责任制的重要功能。

请根据会计内部控制要求和会计信息系统工作特点讨论企业财务经理，负责进行工资、固定资产、应收、应付、存货等核算的会计人员，采购员，销售员和仓库保管员等的工作权限。

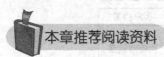

本章推荐阅读资料

扫描此码　深度阅读

第5章 账务处理与总账子系统

学习提要与目标

账务处理子系统是会计信息系统重要的子系统。凡是企业进行财务管理和会计核算所需的会计信息，都是由账务处理子系统对发生的经济活动的数据进行处理后取得的。账务处理子系统要涉及整个会计核算中的记账、算账、报账过程，以及会计数据处理中的凭证、账簿，因此账务处理和总账子系统是会计信息系统的基础和核心，是整个会计信息系统最基本和最重要的内容。

通过本章的学习，应能够：

- 掌握账务处理子系统的工作原理和数据流程。
- 了解账务系统初始化及日常操作，要求能够处理日常的会计核算业务。
- 理解辅助核算方法。
- 了解会计信息系统内部控制的具体体现。

5.1 账务处理概述

5.1.1 账务处理的基本概念

账务处理是指从价值管理视角出发，主要运用货币形式的信息计量，借助专门的会计核算方法，对各会计主体的经济业务进行核算、控制，产生一系列财务信息和其他经济信息，从而为企业内部和外部信息使用者提供服务以创造价值。

从信息系统的角度来看，账务处理工作是由会计信息系统的子系统——总账子系统完成的，总账子系统的基本功能是通过采集数据、加工和存储数据、报告财务信息，实现对企业经营活动的核算和控制，保证会计信息的真实、准确和有效。

5.1.2 账务处理的基本特征

账务处理与企业中其他工作相比，具有以下基本特征。

1. 规范性强

账务处理采用全球通用的复式记账法进行记账，所以必须满足以下基本会计处理原则：有借必有贷，借贷必相等；资产=负债+所有者权益；总账余额或发生额必须等于其下属明细账余额或发生额之和。

2. 综合性强

会计信息系统中的其他子系统是局部反映产供销过程中某个经营环节或者某类经济业务的。例如，材料核算子系统主要反映采购、库存、应付账款核算这一经营环节，销售子系统主要反映销售、应收账款核算这一经营环节等，这些子系统不仅采用货币作为计量单位，而且还广泛使用实物数量指标。而总账子系统则是以货币作为主要计量单位，综合、全面、系统地反映企业产供销的所有方面。因此，总账子系统产生的信息具有很强的综合性和概括性。

3. 集成性要求高

账务处理的基础是原始凭证，而原始凭证又来自采购、销售等经营活动，这就要求总账子系统与会计信息系统的其他子系统保持高度的集成性，不仅能够从其他子系统中获取信息，而且能够和其他子系统有机地结合在一起，才能形成完整的会计信息系统。总账子系统是整个会计信息系统的核心。

4. 正确性要求高

由于总账子系统所产生的账表是提供给内外部信息使用者的，因此必须保证账务处理数据的正确性，保证结果的真实性。正确的报表来自正确的账簿，正确的账簿取决于正确的凭证。所以，只有从凭证开始，对账务处理的各个环节加以控制，才能防止有意无意的差错发生。

5.2 账务系统处理的工作原理、流程分析和功能结构

会计信息系统的基本功能是将会计记账凭证经过一定的数据处理加工过程形成会计账簿，无论是采用手工处理方式还是采用计算机处理方式，都必须完成这一基本功能。但是，在会计信息系统条件下数据处理的具体方法和手工处理方法还是不同的，因而数据加工处理的流程也会有很大不同。

5.2.1 账务系统手工处理方式及流程分析

1. 账务系统的手工处理方式

在手工条件下，会计核算具有一整套科学的方法体系。主要包括：设置会计科目及账户、复式记账、填制与审核凭证、设置与登记账簿、成本核算、财产清查、编制会计报表，这些会计方法是相互联系、紧密结合的。其中前四个方法既是账务系统处理业务的基础，也是记账、算账的一种方法。

2. 账务系统手工处理流程分析

为了减轻财务工作人员的工作量以及及时正确地处理会计业务，不同规模、业务量和业务属性的企业可能会采取不同的账务处理流程，亦称其为账务处理程序，概括起来主要有五种处理形式：记账凭证核算形式、科目汇总表核算形式、汇总记账凭证核算形式、日记总账核算形式、多栏式日记账核算形式。不同的账务处理形式有不同的流程，其差别主要体现在登记总账的方法和依据不同，科目汇总表核算形式是最为常见的，其中业务流程

如图 5-1 所示，其核算形式概括起来有如下六个步骤。

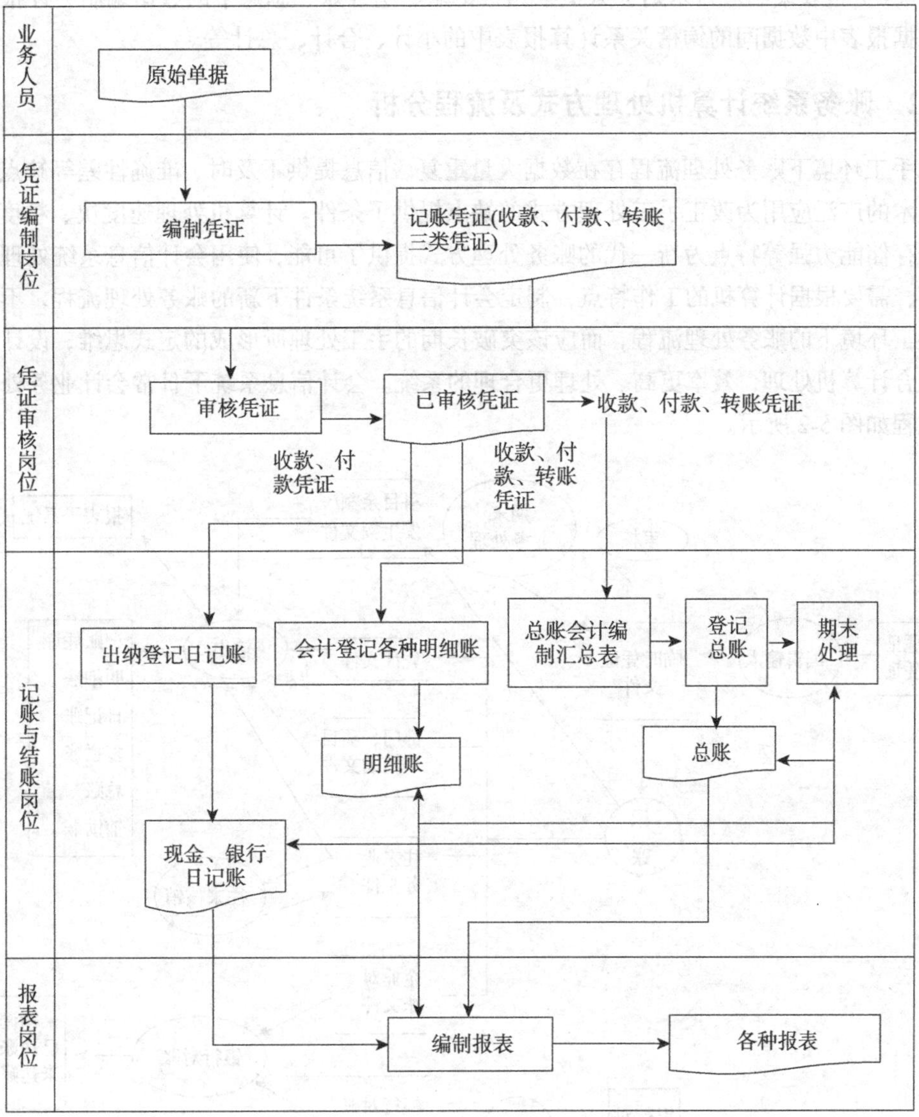

图 5-1　手工账务系统业务流程

（1）根据原始凭证编制记账凭证。财会人员将原始凭证收集、整理、汇总，并根据原始凭证编制记账凭证（包括收款凭证、付款凭证、转账凭证）。

（2）出纳根据收款凭证和付款凭证登记现金日记账和银行存款日记账。

（3）登记各种明细账。一般来说，企业根据业务量的大小设置各个会计岗位，分别由多个财会人员登记多本明细账。

（4）编制科目汇总表并登记总账。总账会计根据记账凭证定期汇总编制科目汇总表，根据科目汇总表登记总分类账。

（5）月末处理。每月月末，财会人员要进行结账，并将日记账与总账核对，明细账与总账核对，保证账账相符。

（6）报表编制。月末财会人员根据日记账、明细账、总账中的数据编制会计报表，并根据报表中数据间的钩稽关系计算报表中的小计、合计、总计等。

5.2.2 账务系统计算机处理方式及流程分析

手工环境下账务处理流程存在数据大量重复、信息提供不及时、准确性差等缺点，信息技术的广泛应用为改正手工处理方式的缺点提供了条件。计算机处理速度快、精度高、数据存储能力强等特点为新一代的账务处理方式提供了可能，使用会计信息系统处理会计业务，需要根据计算机的工作特点，制定会计信息系统条件下新的账务处理流程，不能照搬手工环境下的账务处理流程，而应该突破长期的手工处理所形成的定式思维，设计出更加适合计算机处理，效率更高、处理更合理的系统。会计信息系统下日常会计业务处理基本流程如图 5-2 所示。

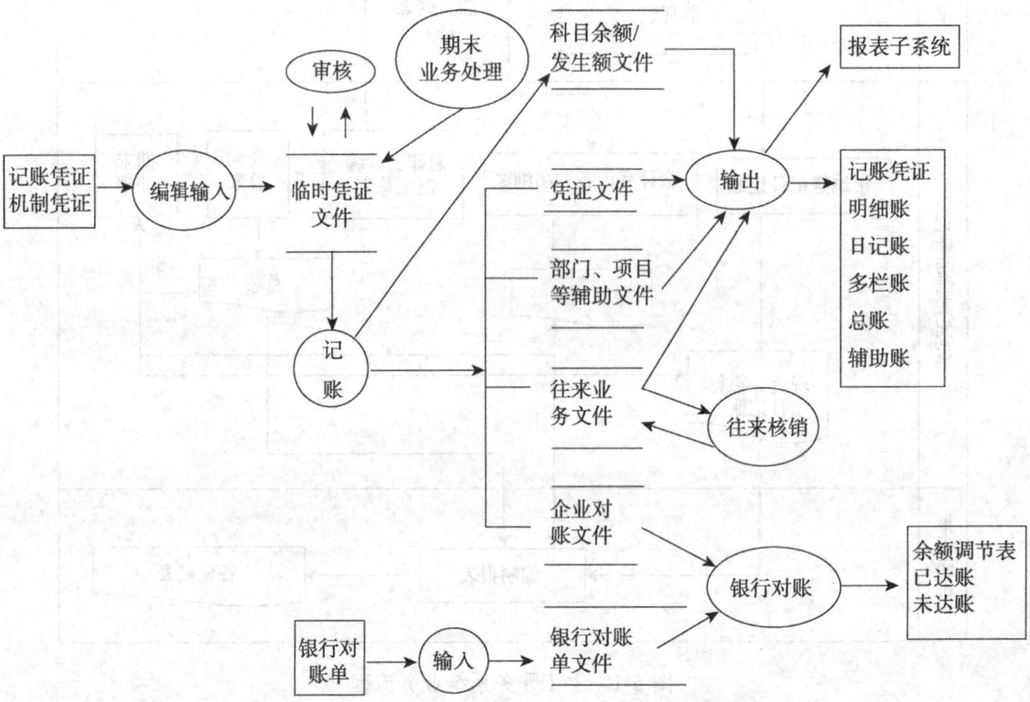

图 5-2　会计信息系统下日常会计业务处理基本流程

1. 会计信息系统下账务系统中会计业务处理的基本流程

（1）编辑输入记账凭证或机制凭证。记账凭证是指手工输入会计信息系统的会计凭证，在单独使用账务系统时，记账凭证是输入计算机中的主要凭证，此类凭证在输入时要注意审核其正确性。机制凭证是指由会计信息系统生成的两种凭证：一种是对于某些具有规律性，且每月都发生的期末结转业务，由会计信息系统根据设置自动生成其记账凭证；另一种是由会计信息系统中其他子系统生成的记账凭证。

（2）对输入的记账凭证进行审核。审核是很重要的，无论是手工输入记账凭证还是机制凭证，都需要再次进行审核，以确保其正确性。

（3）人工操作下，由会计信息系统自动完成记账工作。在会计信息系统下记账已不具有手工条件下将记账凭证分门别类计入账簿的含义。在会计信息系统中记账操作，是指分别更新记账凭证文件，科目余额及发生额文件，部门、项目、往来业务等辅助文件，并删除临时凭证文件中已记账的凭证。记账的另一个目的是保证会计数据的安全和正确，对于已经记账的会计数据只能使用留有痕迹的修改方法。所以记账操作在会计信息系统条件下成为对记账凭证错误的修改是否留有痕迹的分界。

（4）人工操作下，由会计信息系统自动完成结账工作。当进行结账时，会计信息系统将自动进行总账与明细账、总账与各种辅助账的核对，同时结束本月业务处理。

（5）人工操作下，由会计信息系统自动进行银行对账。银行对账是根据银行对账单文件和企业对账文件中的银行业务进行对账，同时生成银行余额调节表及已达账项和未达账项。

（6）人工操作下，查询与生成报表。会计信息系统根据各种数据文件自动、实时生成日记账、明细账和总账，以及各级管理者所需的会计报表和内部分析表。

（7）在会计信息系统账务系统第一次投入使用时，也有类似手工的建账工作，这一工作是通过对系统的初始设置来完成的。

2. 对“银行对账”部分进一步展开

将“银行对账”部分进一步细化，得到银行对账底层数据流程，如图 5-3 所示。银行对账流程具体解释如下。

（1）当企业接收到银行提供的对账单后，录入账单，且保存在银行对账单文件中；而当企业与银行联网时，企业通过网络获取银行对账单并直接保存在银行对账单文件中。

（2）会计信息系统环境下，通过“对账”处理自动将银行对账单文件和企业银行账文件中的记录进行核对。

（3）通过“输出对账结果”，计算机自动输出“余额调节表”“已达账项”“未达账项”。

（4）若需要清除无用已达账项时，通过“删除已达账项”来处理。

（5）当发现异常的未达账项时，由相关问题处理人员和银行进行协商解决。

5.2.3　手工与会计信息系统财务处理流程的异同

1. 手工与会计信息系统财务处理流程的相同之处

无论是在会计信息系统环境下还是在手工环境下，账务处理过程都是经历了从凭证到账簿、再从账簿到报表的过程，且最终产生的结果都是账簿和报表。

2. 手工与会计信息系统财务处理流程的相异之处

会计信息系统环境和手工环境存在很大差异，尤其是在关键环节的处理上存在很多的不同点，主要表现在如下几个方面。

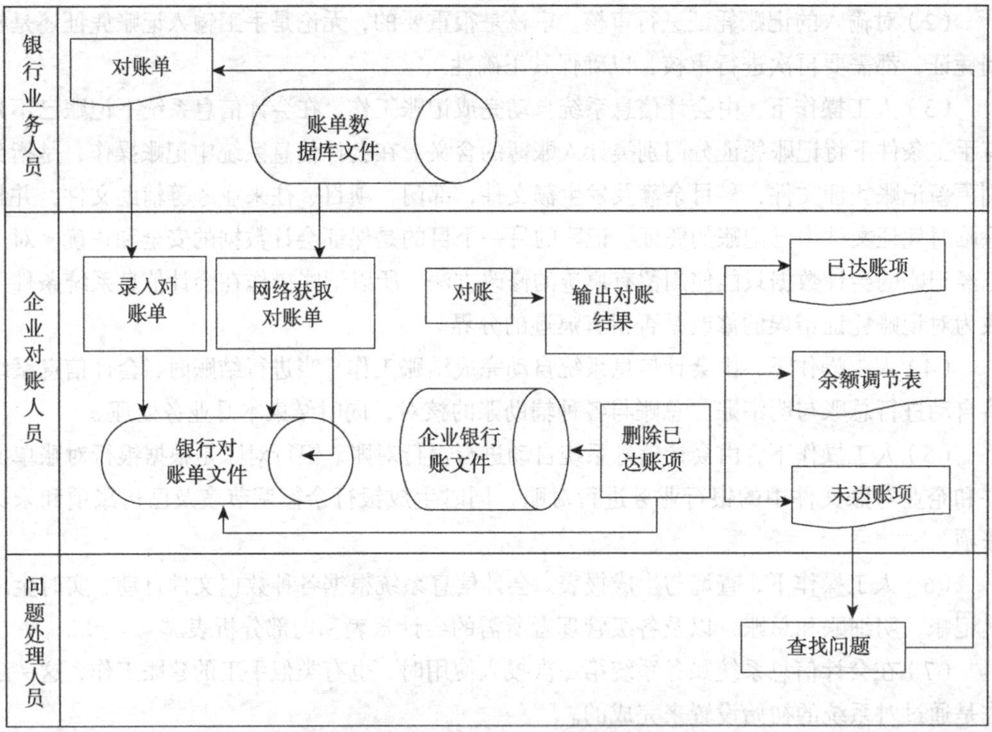

图 5-3　会计信息系统环境下银行对账底层数据流程

（1）数据处理的范围不同。在手工环境下，原始会计凭证是会计业务处理流程的起点，而在会计信息系统环境下，原始凭证、记账凭证和机制凭证都可以作为会计业务处理流程的起点。在手工环境下，财会人员编制并上报会计报表标志着会计业务处理流程的终点，而在会计信息系统环境下，系统自动输出账簿和固定报表意味着会计业务处理流程的终点，其中各种格式的内外部报表的编制和输出是由单独的报表子系统来完成的。

（2）数据处理方式不同。在手工环境下，不同的财会人员在特定的会计核算组织程序下依据不同的记账凭证登记不同账簿，由此完成数据处理。而在会计信息系统环境下，数据的运算整理和记账过程都是由会计信息系统自动完成的。如此一来，不但减轻了企业财会人员的记账工作量，而且还能保证记账的正确性。

（3）数据的存储方式不同。在手工方式下，会计数据存储在凭证、日记账、明细账、总账等纸张中，而在会计信息系统环境下，会计数据以电子形式存储在磁盘或者光盘中，在需要的时候，通过打印机输出。

（4）对账方式不同。在手工环境下，按照复式记账的原则，总分类账、日记账、明细账必须采用平行登记的方法，根据每张记账凭证登记明细账和汇总数据登记总分类账，然后财会人员定期将总分类账、日记账、明细账中的数据进行核对。当明细账和总账数据不相符时，说明必然有一方或者双方发生了记账错误。从一定意义上可以说，这是手工环境下一种行之有效的查错方法。在会计信息系统环境下，由于总账子系统采用预先编制好的记账程序自动、准确、高速地完成记账过程，明细账与汇总数据同时产生。只要预先编制好的程序正确，计算错误完全可以避免，这样就没有必要进行总分类账、日记账、明细分类账合计。

（5）会计资料的查询统计等使用方式不同。在手工环境下，财会人员为编制一张急需的数据统计表，或查找急需的会计数据，要付出很多努力；而在会计信息系统环境下，由于计算机具有高速数据处理能力，财会人员只需通过选择各种查询功能，就可以用最快的速度完成数据的查询统计。

5.2.4 通用账务系统基本的功能结构

从前文介绍中我们可以推断，凭证管理、期末处理、出纳管理、账簿输出是总账子系统的必备功能。然而，构成一个完整的总账子系统还必须满足系统初始设置、系统服务等要求，随着会计管理理论和实务的发展，总账子系统又进一步拓展了辅助核算和管理功能，如往来核算和管理、部门核算和管理、项目核算和管理等。

在通常情况下，一个完整的通用账务系统的主要功能结构如图5-4所示，具体解释如下所述。

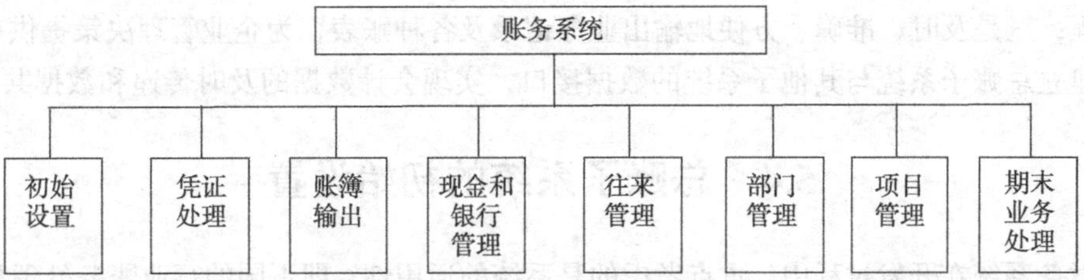

图5-4 通用账务系统的主要功能结构

（1）初始设置。此模块主要包括科目、凭证类别、初始余额录入、结算方式、部门、客户、供应商、初始银行未达账、初始未核销往来账等的设置。

（2）凭证处理。此模块包括凭证的录入、审核、查询和修改。

（3）账簿输出。此模块包括查询和打印各种已记账凭证、总账、日记账、明细账和各种汇总表。

（4）期末业务处理。此模块主要完成期末结转业务记账凭证的自动编制和期末结账工作，包括月末的“月结”和年末的“年结”工作。

（5）现金和银行管理。此模块主要是支票管理和根据输入的银行对账单及机内有关数据自动完成银行对账工作，并自动编制余额调节表。

（6）往来管理、部门管理、项目管理等辅助核算项目的管理。往来管理模块主要包括个人往来和单位往来的核算与管理等功能模块；部门管理模块主要包括部门总账、部门明细账、部门收支分析等功能模块；项目管理模块主要包括项目总账、项目明细账、项目统计表等功能模块。

5.3 总账子系统的总体设计

5.3.1 总账子系统的定义和确认范围

总账子系统是以凭证为原始数据，通过对凭证的输入和处理，完成记账、结账、银行对账、账证表的查询和打印、系统服务和系统管理等账务处理工作。总账子系统是会计信息系统的核心。

总账子系统包含所有经济业务的会计核算，如采购业务核算、销售业务核算、存货业务核算等，但是如果某单位的某些经济业务比较复杂，如存货核算、销售核算，那么有关存货、销售业务的详细核算和管理则放在相应的子系统中进行，其总括核算内容仍然放在总账子系统中进行。

5.3.2 总账子系统的任务

一般来说，总账子系统的任务主要包括以下几个方面：一是及时、准确、全面地采集和录入各种会计凭证，保证进入计算机的会计数据正确和完整；二是高效、正确地完成记账过程；三是及时、准确、方便地输出业务记录及各种账表，为企业管理决策提供支持；四是建立总账子系统与其他子系统的数据接口，实现会计数据的及时传递和数据共享。

5.4 总账子系统的初始设置

财务系统在开发过程中，重点考虑的是系统的通用性，即不同的行业账务处理和财务管理的一般性，为了满足各单位的具体情况，系统提供了初始设置功能。总账系统的初始设置是应用总账系统的基础工作，是结合企业的实际情况，将一个通用的总账系统改造为适合本企业核算要求的“专用总账系统”的过程。

5.4.1 初始化设置概述

账务系统的初始设置类似手工方式下确定会计科目和账户，设计记账凭证，制定记账规则，结转期初余额等初始建账工作。会计信息系统账务系统的初始设置一般由账套主管或者账套主管指定的专人进行。初始设置工作在系统投入使用时进行，以后一般不再重新设置或修改，如需修改应在年末结账后进行。

5.4.2 账套设置

设置账套模块的功能是建立核算单位，即在系统中为本企业建立一套核算账套。总账子系统中的核算账套实际上是相互关联的账务数据构成的数据文件。一个单位一般只有一个账套。具体设置账套时，根据系统的提示对账套进行参数的定义。定义的内容主要包括账套（账套号、账套名称、单位名称、企业性质等）、会计科目编码方案（各级科目的编码位长、位数）、启用日期、记账本位币、会计主管姓名等。

（1）账套。核算单位是会计核算的主体，具有独立完整的账簿体系。在进行初始化工作时，一般由用户自定义核算单位的名称，以便在显示和打印账簿、报表时使用。一个财务软件允许同时为 999 个核算单位记账，且每个核算单位都有一套独立完整的账簿体系。核算单位的一套独立完整的账簿体系称为账套。

（2）编码方案。为了便于对经济业务数据进行分级核算、统计和管理，系统提供对存货、往来核算单位、会计科目、外币核算等定义编码方案的功能。

（3）启用日期。启用日期是指由原会计信息处理系统到新会计信息处理系统的交接日期，即新设置的账套被启用的时间。规定启用日期就是为了便于确定会计信息系统环境下账务与业务处理的起点，保证证、账、表数据的连续性。

5.4.3 会计科目设置

会计科目设置是指将单位会计核算中使用的科目逐一地按要求描述给系统，并将科目设置的结果保存在相关的文件中，从而实现对会计科目的管理。会计科目不仅是会计信息系统进行会计数据处理的依据，而且是通用账务系统与具体单位的具体业务相联系的纽带。因此科目设置的好坏对系统应用至关重要。

会计科目设置的主要内容包括会计科目的代码、名称，会计科目的性质、类型，对应账户的格式。另外多数账务系统软件，科目所需要的辅助核算的要求一般也在科目设置功能中进行标示。

1. 科目设置的内容

1）科目代码

根据我国现行的会计制度，为保证会计数据口径一致，财政部对一级会计科目的代码和名称作了统一的规定，对其他各级会计科目的名称只作了原则性规定和说明。在进行科目编码设计时，一级科目代码应该使用财政部统一规定的代码，其他各级科目代码应该按照使用单位的实际情况，在满足核算和管理要求的基础上自行设置。但这种设置还应该符合前面所设的会计科目编码规则。通常对会计科目进行编码采用分组的顺序码。

由于账务系统运行时会计信息系统只以科目代码来识别账户，所以科目编码非常重要，除上面所说的原则外，编码还需要注意以下问题。

（1）科目编码应该输入全码，即从一级科目至本级科目的各级代码组合而成的代码组。

（2）科目代码必须具有唯一性，即每个会计科目有且只有一个代码来代表。

（3）科目代码要在满足核算和管理要求的前提下，适合计算机识别和分类处理。

（4）科目代码应简单明了，便于操作员记忆和使用。

（5）科目代码既要反映科目简单的同属和逻辑关系，也要尽量减少位数，以免增加输入和运算的工作量，增加出错的可能性。

（6）考虑到单位业务的扩展和管理要求的不断提高，科目代码还应具有一定扩展性，以便需要时能够灵活对科目进行增删。

按照上述编码方案，科目编码设置如表 5-1 所示。

表 5-1　科目编码设置

科目编码	科目名称
1002	银行存款
100201	银行存款——工商北京行
10020101	银行存款——工商北京行——人民币户
10020102	银行存款——工商北京行——美元户
10020103	银行存款——工商北京行——牡丹卡
100202	银行存款——建行北京行

2）科目名称

科目名称指的是会计科目的名称。设置时可以是汉字也可以西文字符，但是不允许为空。一级科目名称应与会计制度规定的正式名称一致，明细科目的名称在软件允许的长度范围内应尽量与其上级科目体现一种归属关系。

3）科目的类型

科目类型指会计制度中规定的科目类型，包括资产、负债、所有者权益、成本、损益等类型。

4）账页格式

定义该科目在账簿打印时的默认打印格式。通常系统会提供金额式、外币金额式、数量金额式、外币数量式四种账页格式。

5）辅助核算的设置

通用账务系统一般都是提供了多种辅助核算（也称辅助账类）功能。开设辅助核算账簿可以起到较好的管理作用，可以对科目结构起到较好的优化作用，并可大量减少科目数目。当然开设辅助核算账簿也会增加初始设置的工作量。这些辅助核算包括部门核算、个人往来核算、客户往来核算、供应商往来核算、项目核算等。

6）其他核算

其他核算用以说明本科目是否有其他核算要求。

2. 科目设置时应该注意的问题

（1）会计科目的建立应先建上级科目，再建立下级科目。

（2）一个科目可同时设置两种辅助核算，如管理费用既想核算各部门的使用情况也想了解各项目的使用情况，那么可以同时设置部门核算和项目核算。

（3）辅助核算必须设在末级科目上，但为了查询或出账方便，也可以在末级科目和上级科目设辅助核算。但若只在上级科目设辅助核算，其末级科目没有设辅助核算，系统将不承认，也就是说当上级科目设有某辅助核算，其末级科目中必须设有该辅助核算类，否则在上级所设辅助核算是无效的。

（4）手工会计进行账务处理时设有多栏账。手工多栏账的每一个栏目设为该科目下的一个明细科目。为了尽量符合会计人员的工作习惯，在会计信息系统账务系统中多栏账在打印时实现，用于查看或打印某指定上级科目的多栏明细账，多栏账所涉及的明细科目应由用户选取，如果不选，系统会列示所有下属明细科目。

（5）财务系统所有科目由用户根据本单位的实际情况及业务特点进行设置，设置时用户可以任意修改或增删科目（增加和删减科目应逐级进行）。年度结账后可以对科目进行适当调整，并应调整相应的科目余额。除此之外，科目设置完成系统投入日常使用后，通常只允许增加少量同级科目，而不能在最低级科目下再增加下级科目。在使用过程中，允许对科目某些项目进行修改（允许修改的项目很少），不允许删除任何已使用的会计科目。

5.4.4　凭证类别设置

在手工条件下，由于各单位业务量的大小有较大差距，使用的记账凭证类别往往不同。有些单位使用一类记账凭证，所有的凭证进行统一编号；有些单位为了单独反映货币资金的收付情况，往往对货币资金的收付业务编制专用记账凭证，每类凭证单独编号，形成收款凭证、付款凭证、转账凭证三类凭证为了适应不同单位的不同需要，通用软件的账务处理系统一般都设有记账凭证定义功能，以便用户根据需要进行设置。

凭证类别的设置通常需要设置类别和类别名称，类别和类别名称不得重复。软件为了防止凭证用错或者输入错误，在设置凭证类别的同时还允许用户对各类凭证中借贷方必须出现或不能出现的会计科目进行设置。例如，收款凭证，借方必须是现金或者银行存款；付款凭证，贷方必须是现金或者银行存款等。对于不划分凭证类别的单位则可以不设置。凭证类别设置屏幕格式如图 5-5 所示。记账凭证类别设置完毕即可进入日常使用，但本年内通常不能修改或者删除。

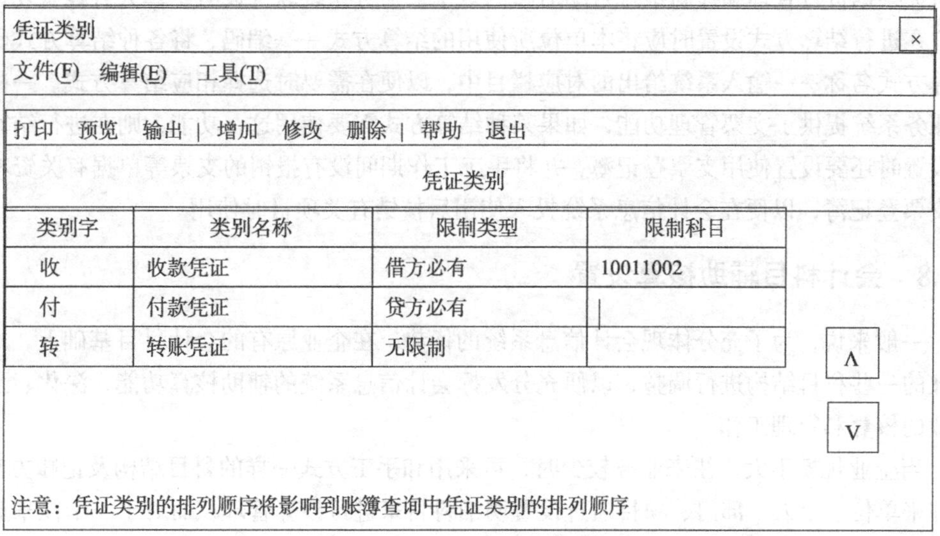

图 5-5　凭证类别设置屏幕格式

5.4.5　初始数据录入

为了保证会计数据连续完整，并与手工账簿记录衔接，账务系统第一次投入使用前还需要将各种基础数据录入系统。这些基础数据主要是最低一级明细科目的年初余额和系统启用前各月的发生额，其上级科目的余额和发生额由系统自动进行汇总。一般情况下，资产、费用类科目余额在借方，负债、所有者权益、收入、利润类科目余额在贷方。如果是数量金额类科目还应输入相应的数量和单价，如果是外币类科目还应输入相应的外币金额。

期初数据的输入通常是在屏幕上显示科目表，由用户逐个输入各明细科目的期初数据。在输入期初数据时，如果某一科目设置了辅助核算类别，则应输入辅助核算类别的明细初始余额，其上级科目的余额由系统自动汇总。数据录入完毕后，通常系统将自动对数据进行校验。

5.4.6 人员权限设置

人员权限设置模块的功能是实现对财会人员财务分工的设置和管理，并将人员权限设置结果保存在人员权限文件中。一般来说，一个单位的财务主管应遵循会计准则和单位内部控制制度，对单位财会人员进行岗位分工，给不同岗位的财会人员特定的权限，即严格规定各类人员应该做的工作。因此，在会计信息系统中，只有财务主管具有最高的权限，只有他才能使用权限设置功能模块，行使人员权限设置功能，即对每个财会人员授权可以进行哪些操作、撤销哪些操作。

5.4.7 结算方式设置

任何单位的会计业务中都有银行结算业务，这类业务需要经常与银行对账。为了便于对有关票据进行管理和提高银行自动对账的效率，财务系统软件设有结算方式设置功能。用户在进行结算方式设置时应将本单位所使用的结算方式一一编码，将各种结算方式码和结算方式名称一一输入系统给出的对应栏目中，以便在需要时选择相应结算方式。一些通用账务系统提供了支票管理功能，如果某种结算方式需要使用这一功能，则在进行结算方式设置时还要设置使用支票登记簿，并将手工工作期间没有报销的支票等单据有关资料输入支票登记簿，以便在会计信息系统投入使用后核销有关项目时使用。

5.4.8 会计科目辅助核算设置

一般来说，为了充分体现会计信息系统的优势，在企业原有的会计科目基础上，应对以往的一些科目结构进行调整，以便充分发挥会计信息系统的辅助核算功能，深化、强化企业的核算和管理工作。

当企业规模不大、往来业务较少时，可采用和手工方式一样的科目结构及记账方法，即往来单位、个人、部门、项目通过设置明细科目来进行核算管理；而对于一个往来业务频繁，清欠、清理工作量大，核算要求较严格的企业来说，应该采用账务处理子系统提供的辅助核算功能进行管理，即将这些明细科目的上级科目设为末级科目，并设为辅助核算科目，然后将这些明细科目设为相应的辅助核算目录。一个科目设置了辅助核算后，它所发生的每一笔业务将会登记在辅助总账和辅助明细账上。各辅助核算说明如下。

1. 个人往来辅助项

账务系统对个人往来业务的处理提供了两种不同的解决方案。

一种是模仿手工的处理方法。采用这种方法有关会计科目的设置与手工处理科目设置相同，即在其他应收、其他应付科目下按费用类别设置二级科目，在二级科目下按往来的个人或单位设置明细科目。

另一种是辅助核算方式。辅助核算方式即利用系统的辅助核算功能将有关科目设成个人往来类。一般来说，个人往来业务清理工作量较大的单位，如出差工作多且差旅费借支也较多的单位可将“其他应收款——差旅费借支”等科目设成个人往来辅助核算，以便使用账务系统提供的个人往来管理功能加强个人往来业务的核算和管理。

2. 客户和供应商往来核算

在只使用总账子系统的单位，与个人往来类似，客户和供应商往来核算也可用两种方法进行。

如果在总账子系统处理客户和供应商往来业务，则与个人往来类似，需要设置客户分类及档案和供应商分类及档案以及在期初数据录入客户、供应商的期初未结清的明细数据。以便进行每一客户和供应商的明细核算。具体设置方法可参见采购、销售等章节。

3. 部门辅助核算

部门辅助核算通常适用于收入和费用类科目。为了加强管理，企业对各种收支类科目除了需要按类别进行核算外，还需按部门进行核算，如管理费用科目下，首先要按类别分成管理人员工资、办公费、差旅费、业务招待费等项目进行核算，然后还需对每个费用项目在不同部门的发生情况进行核算，这便是通常所说的“交叉立体”核算，这种核算要求在手工条件下是很难实现的，但在会计信息系统条件下，利用系统提供的部门核算辅助功能，却是轻而易举的事情。

4. 项目核算

项目核算指围绕一个专门的对象，将与该对象有关的所有收入、支出进行专项归集而设置的功能。

当科目体系中有项目核算类科目时，需要在项目目录功能中作进一步的设置。

5.4.9　其他有关设置

1. 外汇汇率设置

在发生外币业务时要折算成本位币（人民币）记账，因此需要输入对应外币的汇率。外汇汇率管理设置功能即用于输入各种外币的记账汇率。汇率管理通常需要设置外币币名、固定汇率和浮动汇率等，以便于输入涉及外币的凭证时，将外币金额折算成人民币记账。

2. 常用凭证设置

常用凭证设置是为提高填制凭证的效率而设置的功能，所谓“常用凭证”实际上是设置一个凭证的模板，在此模板中将日常发生频繁的业务凭证的摘要、对应科目预先进行定义，在填制记账凭证时使用相应的操作键调出凭证模板，填入各科目的发生额，即可以快速形成一张记账凭证。

3. 常用摘要设置

许多账务系统软件都设有常用摘要库，用户可以将经常使用的摘要建立到摘要库中，以便在输入记账凭证时快速输入业务摘要。摘要库通常包括两个主要内容：摘要码和摘要内容。在输入记账凭证摘要时可以使用摘要码快速输入摘要内容。

5.5 财务系统日常业务管理

财务系统日常业务管理主要包括凭证的输入、审核、修改、查询打印、汇总和记账等工作。其中，记账凭证的处理是账务系统日常业务处理过程中手工业务处理和会计信息系统业务处理的连接点，也是会计信息系统账务系统最基本、最主要的数据来源。所以，凭证处理是账务处理的关键环节。由于各单位日常会计工作中需要处理的凭证数量很多，大量凭证需要依靠手工方式通过键盘输入会计信息系统，如何快速、正确地输入凭证是凭证处理的重点。

5.5.1 凭证录入、审核和修改

1. 凭证录入

凭证录入模块是总账子系统中凭证处理模式下的一个重要的子模块，它的功能是将记账凭证的格式显示在屏幕上，财会人员通过键盘输入一张会计凭证。在录入过程中对会计科目等进行正确性检查；当凭证录入完成之后存盘时对金额进行检查。如果检查凭证正确无误，则将凭证保存在凭证文件中；否则，拒绝保存，等待财会人员修改凭证。

1）记账凭证的类型

在会计信息系统中，记账凭证是最基础、最重要的会计数据，是据以登记账簿的依据。按照来源可以分为以下三种。

（1）手工凭证。手工凭证是指根据原始凭证编制的手工录入到计算机中的记账凭证。

（2）机制凭证。机制凭证是指已经实现会计信息系统处理的其他业务子系统对原始凭证进行处理后编制的记账凭证。

（3）派生凭证。派生凭证是指账务系统根据系统机内已有的数据产生的记账凭证。派生凭证也是一种计算机自动生成的凭证。

2）记账凭证的基本内容

尽管记账凭证的来源不同，格式也有很多种，但它们的基本内容或者说本质上是相似的，都包括日期、凭证类别和凭证号、摘要、科目、金额、附件张数、各种签章等。

3）凭证的录入

凭证的录入主要指手工凭证的录入及在凭证录入的过程中辅助核算数据的录入。

为了输入方便，通用账务系统一般都提供了一定的输入格式。手工方式下，记账凭证的种类和格式不同，但本质上其内容和格式基本一致。为了系统设计和使用方便，大部分通用账务系统都根据需要输入的内容设置了标准格式的记账凭证，如图 5-6 所示。

增加　修改　审核取消　查询打印　汇总　记账　存盘　退出

记账凭证

付款 字 0005　　20××年××月××日　　附单据数：

摘要	科目	借方金额	贷方金额
合计			

填制：　　审核：　　出纳：　　制单：

图 5-6　通用财务系统标准格式记账凭证

根据现行制度的规定，为了保证录入质量和提高录入凭证的速度，各种通用账务系统软件在凭证录入时，都提供了大量的方便输入的功能。这些功能按照凭证录入的顺序说明如下。

（1）日期。输入凭证填制日期时，系统通常将进入系统的当天作为默认日期，用户可以根据需要对日期进行修改。对于日期的修改，有些通用商品软件规定为：用户可以根据需要对日期进行修改，但不能修改到本月最后一次记账日期之前。这样做的目的是尽量保证会计业务的连续性和账簿的序时连续性，但是也有一些通用软件规定只要是本月记账凭证就可以。用户在使用通用商品软件时应注意有关规定，以免发生数据处理错误。

（2）类别。如果用户在凭证类别设置时设置的是分类记账凭证，则需要在此输入已定义过的凭证类别编码，通常可以使用系统提供的帮助键参照录入。

（3）编号。记账凭证的编号是由系统采用按月分类连续编号的方式自动完成的，输入时按回车键可以自动输入。

（4）附件。当前凭证的附件张数。

（5）摘要。摘要是凭证录入过程中工作量最大的环节，输入时可以采用全拼、简拼、五笔、自然码等用户熟悉的汉字输入方法逐字输入，也可以使用系统提供摘要库功能，设置好一些常用摘要，需要时利用系统提供的帮助键选择录入。

（6）会计科目。输入会计科目时一般只需输入科目代码，系统自动列出科目名称。会计科目必须是经过设定的最低一级明细科目。为了保证输入的正确性，系统对输入的会计科目进行必要的检验，如果输入的科目代码不是初始化科目设置中所设置的科目代码，系统将认为是非法科目而不予接受，并要求重新输入。

（7）金额。录入金额时应注意金额的方向。每一科目不允许借贷双方都有金额，也不允许双方都为零。金额可以是红字，红字金额用负数表示。系统对于输入的金额将进行平衡检验，借方金额合计与贷方金额合计不相等的凭证系统不予接受，并要求改正，直至相等为止。

4）辅助核算数据的录入

对于设有辅助核算的会计科目，输入时系统在相应位置开设窗口，提示输入相应内容。不同的辅助核算数据有不同的输入要求。

当录入部门核算、个人往来核算、项目核算数据时，系统将弹出录入辅助数据窗口，要求用户输入部门、个人往来、项目等的编码或名称，用户也可以使用功能键调出目录表选择输入有关内容。一般录入的内容应该是事先在部门目录、往来个人目录、项目目录中设置过的。如果输入的是一个事先没有经过设置的内容，系统将提示是一个非法内容。经过检查，如果确实需要新增加一个部门或一个往来个人等，则可以在凭证录入界面调用参照窗口，使用编辑功能将有关资料追加到相应目录中。

5）常用凭证的使用

如果在系统初始化时已经定义了常用凭证模板，则在录入凭证时就可以调用所定义的模板。调用的方式是按系统规定调出相应业务的凭证模板，输入日期和本次业务的金额即可完成一张凭证的录入工作。

2. 凭证的审核

根据会计信息系统管理工作的规定，输入会计信息系统内的记账凭证必须进行审核。审核/取消模块的功能主要是对录入的记账凭证进行正确性、合法性、有效性审核，对审核无误的凭证作标记以示审核通过，如果审核员想取消审核，也要运用该模块。

1）凭证审核的目的和功能

只有输入准确无误的记账凭证，才能保证以后处理结果的正确性。但在凭证输入的过程中，一般只能对凭证的某类错误进行检测，如借贷不平衡、输入不存在的科目编码等，而像“串户”、借贷反向以及借贷金额的同增减错误就无法发现。对记账凭证进行审核的目的主要有两个：一是发现凭证在输入过程中无法发现的错误；二是为记账提供一个标记。只有经过审核的凭证才能记账。

2）凭证审核的办法

（1）静态屏幕审核法。此法是指会计信息系统自动依次将未审核的凭证显示在屏幕上，审核人员通过目测等方式对已输入的凭证进行检查。若审核人员认为凭证错误或者有异议，应交给填制人员修改后，再次复核；若审核人员认为没有错误可按签章键，这样审核人员的姓名就被记在凭证上，表示已经审核通过。这种方法受操作员熟练程度的影响较大，而且长时间的目测会引起眼睛疲劳，效率低下。

（2）二次输入校验法。二次输入是将同一凭证输入两次，通过会计信息系统比较两次输入的凭证是否相同，从而检查输入错误的一种审核方法。重复输入时输入人员最好由不同的操作员担任，因为同一个人容易犯同一种错误。采用这种方法可以检查出多输或者漏输的凭证、数据不一致的凭证等。这种方法查错效率较高，但是输入时间花费较多。

注意：凭证的审核模块应该具备控制功能。无论是审核签字还是取消审核，审核人和制单人不能是同一人；凭证一经审核，就不能修改、删除，只有取消审核后才可以；取消审核只能由审核人自己完成。

3. 凭证的修改

在输入凭证的过程中，尽管系统提供了多种控制手段，但错误凭证是难免的。为了更正错误，账务系统提供记账凭证修改功能。记账凭证的修改应由具有凭证权限的操作员进行。

根据会计制度的审计对修改错误凭证的要求，账务系统对不同的记账凭证提供了不同的修改方法。一般有以下三种。

(1) 已输入会计信息系统，但没有进行审核的记账凭证发现错误，可以直接利用修改功能进行修改。这种修改可以不留痕迹。

(2) 已输入会计信息系统，并已进行了审核，但是还没有记账的记账凭证发现错误，应该在凭证审核功能中由审核人取消审核，然后再进行修改，这种修改也可以不留痕迹。

(3) 已经输入会计信息系统，并已记账的记账凭证发现错误，则不能利用凭证修改功能进行修改。根据有关制度规定，这种错误凭证的修改必须留有痕迹。因此，只能采用红字冲销或蓝字部分补充登记的方法进行修改。对于涉及银行存款科目的错误凭证，错误类型是会计科目和记账方向正确，只是金额错误，根据会计制度规定可以采用红字部分冲销或蓝字部分补充登记的方法进行修正。但是为了适应会计信息系统自动进行银行对账需要，最好采用全冲全补的方法进行修改。

5.5.2 记账

在手工会计下，记账就是将凭证上的数据抄写到各种账簿的过程，工作量非常大，而在账务处理系统中，记账是由系统自动进行的，记账处理过程也与手工记账不同。

1. 记账原理

在会计信息系统中，并不存在手工意义上的账簿，所有的账簿数据是在查询或打印账簿数据时由系统按会计科目进行数据分类排序而自动生成的。在会计信息系统中为了保证会计数据的正确输入，凭证首先存放在一个临时凭证库中，供用户进行充分的检查并对输入的错误进行修改。凭证审核签章操作或取消签章操作实际上都是对这个临时凭证库中的数据的操作。根据会计工作的要求，已记账的凭证作为正式会计记录修改必须留有痕迹。为了满足会计工作的这一要求，在会计信息系统中的记账操作实际上是将临时凭证数据库中经过审核的凭证转移到另外一个稳定的凭证数据库中，该数据库中的数据不能进行修改和删除，这个数据库中的数据如果有错误必须通过红字冲销或蓝字部分补充登记的方法，进行留有痕迹的修改，从而保证正式的会计记录的正确和可靠。

2. 记账过程

系统记账一般都遵循以下过程。

(1) 选择记账凭证。开始记账时，系统首先要求用户选择要记账的凭证范围。凭证范围由月份、凭证类别、凭证编号决定，系统一般以给出凭证编号的最大范围作为默认值。一般月份不能为空，类别如果为空 (有些商品软件规定类别设为系统配符 “*”)，系统自动将各类已审核的记账凭证全部进行记账。

(2) 系统自动检验记账凭证。虽然记账凭证在输入和审核时已经经过多次检验，但为了保证会计数据的正确，系统在登记机内账簿时仍将对记账凭证进行一次平衡校验和会计科目等有关内容的检验，并进行数据保护。

（3）正式记账。做完以上工作，系统自动将选定的记账凭证登记到机内账簿中（包括部门核算、往来核算和项目核算的辅助账簿），并进行汇总工作，计算出各个科目最新的本月发生额、累计发生额和最新的当前余额，将其保存在系统中，完成记账工作并将已记账的凭证张数显示给用户。

从上述记账过程可以看出进行记账工作需要注意以下问题。

（1）未经审核的记账不能记账。

（2）有不平衡凭证或错误凭证时，系统停止记账。这种情况较为特殊，通常在系统投入日常使用后，违反规定修改初始设置时容易发生。

（3）记账过程决不允许无故中断系统运行或关机。

5.6 出 纳 管 理

出纳管理是财会核算管理中最基本、最重要的工作之一。在手工条件下，按照内部控制制度的要求，一般单独设立出纳进行现金和银行存款的核算与管理工作。在总账子系统中，为了辅助出纳的工作，也设置了相应的出纳管理功能，主要包括输出日记账与资金日报、支票管理、初始余额条件表、获取银行对账单、输出对账结果、核销已达账项。

5.6.1 支票管理

在手工条件下，企业出纳员通常建有支票领用登记簿，用来登记支票领用情况，此为总账子系统特为企业出纳员提供支票管理功能，以供其详细登记支票领用人、领用日期、支票用途、是否报销等情况。

1. 领用支票

当有人领用支票时，出纳使用领用支票功能输入银行科目编码，此时便可以在会计信息系统上登记支票领用日期、领用部门、领用人、支票号等，并将结果保存在相应的数据文件中，如图 5-7 所示。

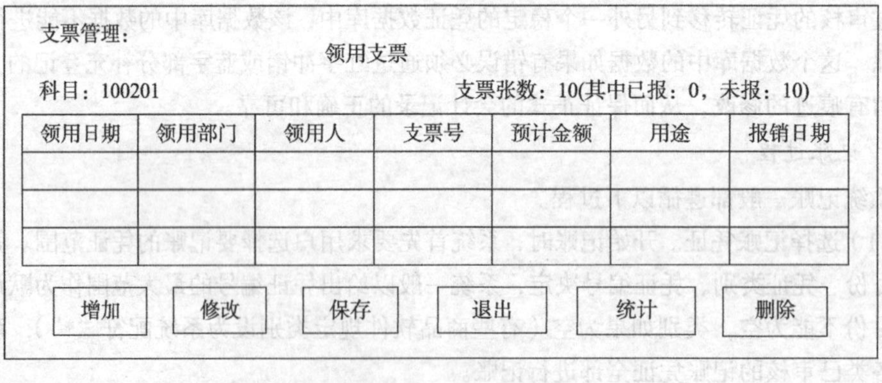

图 5-7　领用支票

2. 修改支票

当支票填写错误时，使用“修改”功能对支票进行修改。

3. 统计支票

统计模块的功能是会计信息系统自动按领用人或部门进行统计，并实时生成统计分析表。

4. 删除支票

删除模块的功能是根据出纳输入的需要删除已报销支票的起止日期，自动从相应的数据文件中删除此期间内的已报销支票。

5.6.2 银行对账

银行对账是各单位出纳员最重要的日常工作。为了避免银行存款账目发生错误，正确掌握银行存款的实际余额，同时减轻出纳人员的烦琐劳动，通用账务系统设置了银行对账功能。银行对账功能用于将银行对账单和账务系统内的银行存款日记账相互进行核对，产生银行存款余额调节表。银行对账的功能有：录入初始未达账、录入银行对账单、对账、查询打印未达账、查询打印银行存款余额调节表等子功能。

1. 录入初始未达账

录入初始未达账是系统初始设置的一个重要内容。它的作用是将系统启用前手工业务处理时的未达账项（手工最后一次对账时的银行存款调节表中的内容）和银行所记账的余额输入会计信息系统账务系统中（企业银行存款的初始余额在初始设置中已录入系统），以保证数据的连续和完整。输入时，如果该账套有多个银行对账科目，则首先选择对账科目，录入初始余额，然后按屏幕显示的格式逐项录入。录入结算单号时应与填制记账凭证时输入的位长相同，因为这是会计信息系统自动对账的重要依据。

2. 录入银行对账单

录入银行对账单是日常银行对账业务的开始。应按屏幕显示格式逐项逐笔录入。不允许将几笔业务的发生额相加，作为一笔业务输入系统。

3. 银行对账

所谓的银行对账，是指系统对某一对账科目的银行存款日记账和银行对账单每笔业务进行核对，对于核对上的项目系统自动加注核对标记，未核对上的项目作为未达账，据以编制银行存款余额调节表。

在会计信息系统账务系统中，银行对账方式通常分为自动对账和手工对账，手工对账一般作为自动对账的补充。

1）自动对账

自动对账模块的功能是由会计信息系统自动在“企业银行账文件”和“银行对账单文件”中寻找完全相同的经济业务进行核对或勾销。所谓完全相同的经济业务，是指经济业务发生的时间、内容、摘要、结算方式、结算号、金额等都相同的经济业务。由于同一笔经济业务在银行和单位分别由不同的人记载，经济业务发生的时间、摘要等不可能完全相同，因此，比较经济业务是否相同的依据是：支票号+金额，即“企业银行账文件”和“银行对账单文件”中支票号和金额完全相同的记录；结算方式+结算号+金额，即“企业银行账文件”和“银行对账单文件”中结算方式、结算号、金额都相同的记录。

2）手工辅助对账

手工辅助对账模块是对“自动对账”模块的补充，对于使用完自动对账后不符合自动对账依据而没有勾销的已达账项（被视为未达账项），由财会人员从“企业银行账文件”或“银行对账单文件”中挑选出来一笔，会计信息系统自动从对应的文件中挑选出金额相同的多笔，财会人员根据自身的判断在对账屏幕上进行手工勾销，即输入两清标记。为了保证对账更加彻底、正确，可以用手工辅助对账模块来进行调整。

4. 核销已达账项与输出对账结果

1）核销已达账项

本功能将核对正确并确认无误的已达账从“企业银行账文件”和“银行对账单文件”中删除。对一般用户来说，在银行对账正确后，如果想将已达账删除并只保留未达账，可以使用本功能。

2）输出对账结果

对账完毕，系统将自动生成“单位未达账项”“银行未达账项”“已达账项”，检查余额是否相等并编制“银行存款余额调节表”。用户可以通过显示器或打印机输出这些结果。为了彻底消除虚假未达账，还应对余额调节表作进一步的检查。这种检查只能靠人工目测来完成。检查完毕通常应该将银行存款余额调节表打印出来，作为会计档案保存。

5.7 账务系统期末处理

每个会计期末，都需要处理转账与结账业务。在会计信息系统环境下，只要设计和使用了账表输出功能，系统就能实时生成账表。

5.7.1 期末的摊、提、结转业务

对于期末的摊、提、结转业务的处理，系统都要求用户事先设置好正确的转账凭证模板，需要时调用设置好的凭证模板，由会计信息系统自动生成转账凭证。使用转账凭证模板生成转账凭证功能，需要注意以下几个问题。

（1）转账凭证中各科目的数据都是从账簿中提取经处理后生成的，为了保证数据的完整、正确，在调用转账凭证模板生成转账凭证前，必须将本月发生的各种具体业务登记入账。

（2）期末的摊、提、结转业务具有严格的处理顺序，其基本的处理顺序是工资、折旧费用的计提→其他待摊、预提费用的摊提→辅助生产成本的结转→制造费用的结转→生产成本的结转→库存商品结转→销售成本、费用、收入结转。结转顺序如果发生错误，即使所有的转账凭证模板设置都正确，转账凭证的数据也可能是错误的。为了避免结转顺序发生错误，转账凭证模板提供了转账序号，进行期末的摊、提、结转业务处理时，通过指定转账顺序号就可以分期、分批完成转账和记账工作。

（3）结账生成的记账凭证将存于未记账凭证库，这些凭证还需要进行审核和记账操作才能计入账簿。对这些凭证的审核主要是审核结账是否正确。对于错误的结转凭证，系统一般不能提供修改功能，修改这些凭证的错误只能通过修改设置来进行。

5.7.2　自动转账凭证的设置

转账凭证设置主要需要完成以下两个工作。

1. 登记转账凭证模板

登记转账凭证模板主要需要设置的项目有以下几个。

（1）转账序号：用于标示每一个转账凭证模板。由于期末的结转账业务按特定结转顺序进行结转，在账务系统中结转顺序由指定结转顺序号的方式来控制。因此，结转顺序号与转账凭证模板必须一一对应。

（2）转账摘要：由转账凭证模板生成的转账凭证中的摘要。

（3）凭证类别：由转账模板生成记账凭证类别，以便系统生成转账凭证后对生成的记账凭证进行编号。

需要注意的是，这里的转账序号是转账凭证模板的序号而不是转账凭证的编号。转账凭证的编号是在调用自动转账凭证编制功能编制转账凭证时，由系统根据机内当月转账凭证的个数自动生成的。

2. 设置转账凭证模板

每登记一个转账凭证模板都需要对模板中的各个会计分录进行设置，这种设置主要包括：科目编码、借贷方向和金额的取数公式，取数公式实际上是告诉计算机如何从系统内获取转账凭证所需要的数据。如果涉及的科目是部门核算类或者项目核算类，且需要按部门或项目结转，则还应设置指定部门或项目；如果不指定，则系统默认为结转所有的部门或项目。设置自动转账凭证模板的界面如图 5-8 所示。

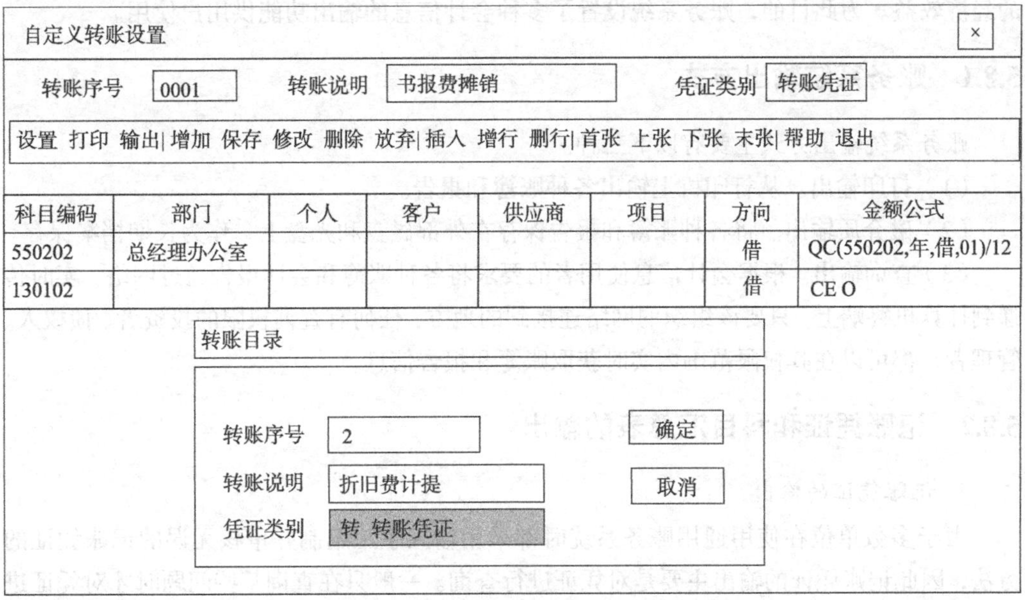

图 5-8　设置自动转账凭证模板的界面

3. 试算平衡和对账

会计信息系统账务系统试算平衡功能就是将系统中所有科目的数据按会计平衡公式进行平衡检验。对账是对各个账户的数据进行检验，以检查对应账户是否平衡。

4. 结账

在会计信息系统中，结账工作由计算机自动完成，因此，结账转变为自动结账。自动结账功能是由结账模块实现的。

1）保存结账前状态

保存结账前状态，防止结账过程被中断，一旦因断电或其他原因造成结账过程中断，可以自动恢复到结账前状态。

2）结账前必要的检查工作

（1）上月未结账，则本月不能结账。

（2）本月还有未记账凭证时，则本月不能结账。

（3）检查正确，计算本月各账户发生额合计，计算本月各账户期末余额并将余额结转至下月月初。

（4）如果是结 12 月的账，则必须产生下年度的空白账簿文件，并结转年度余额。

（5）做结账标志。

结账是一种批处理，只允许每月结账日使用一次。

5.8 账务系统报表输出

会计核算的基本目的是对内、对外提供企业的各种财务信息，以加强管理，提高企业的经济效益。为此目的，账务系统设置了多种会计信息的输出功能供用户使用。

5.8.1 账务系统输出方式

账务系统输出方式主要有以下三种。

（1）打印输出。从打印机上输出各种账簿和报告。

（2）磁介质输出。将各种账簿和报告保存在外部磁盘和光盘上，作为长期档案保存。

（3）查询输出。根据会计信息使用者的要求将各种账簿和会计报告通过网络，实时传递到计算机终端上。只要该组织的网络连接到的地方，任何有查询权限的投资者、债权人、管理者，都可以在其权限范围内实时获取账簿和报告信息。

5.8.2 记账凭证和科目汇总表的输出

1. 记账凭证的输出

由于多数单位在使用通用账务系统时都采用输入手工编制并审核无误的记账凭证的方法，因此记账凭证的输出主要是对凭证进行查询。一般只在查询某些问题时才对凭证进行少量的打印。这种打印一般采用完全打印方式输出。通常打印功能与查询功能连在一起，对查询的内容需要打印时只要操作对应的功能键即可。

对于直接在会计信息系统上根据原始凭证编制记账凭证的单位，按现行制度规定所有的凭证就必须全部打印了。需要注意的是，作为会计档案保存的记账凭证应该是审核后的记账凭证，因此记账凭证应审核后或记账后再进行打印。

2. 科目汇总表的输出

为了提供某一科目某一时间范围的发生额和余额，系统提供了凭证汇总功能。凭证汇总同样需要输入汇总条件和汇总凭证范围。运行凭证汇总功能，系统自动进行凭证汇总，并将产生的科目汇总表显示在屏幕上。需要打印时，操作对应的功能键系统即可将结果打印输出。科目汇总同样对已记账凭证和未记账凭证两种凭证进行汇总。

5.8.3 账簿输出

账簿输出分日报单输出、日记账输出、明细账输出、总账输出和辅助账输出，每种输出均有查询和打印两种输出方式。查询输出方法与凭证查询使用方法类似，使用时用户需要输入查询条件。系统根据用户输入的条件在屏幕上显示需要的账簿内容。需要打印时，用户可以操作对应功能键系统即将用户需要的账簿内容打印出来。

账簿输出格式由科目设置中的账类所决定，可以输出三栏式、数量金额式、复币式、多栏式等用户需要的各种账簿，也可以输出各种日报单。与手工不同的是，会计信息系统账务系统可以输出任何一级会计科目的对应账簿。

5.8.4 辅助核算信息输出

系统设置辅助核算功能的目的之一是提供更多的管理信息，不同的辅助核算提供的管理信息不同。

1. 部门信息

会计信息系统账务系统中，如果用户进行了准确的部门核算与管理设置，系统就可以自动生成部门核算与管理的数据。

1）部门核算信息

系统可通过屏幕显示或打印的部门核算账主要有如下两种形式。

（1）部门总账。系统可根据用户指定的部门核算科目和会计期间，输出该部门核算科目在指定期间内各部门的期初余额、借贷方发生额及期末余额；也可以根据用户指定的部门和会计期间，输出该部门在指定期间内对应各个部门核算科目的期初余额、借贷方发生额及期末余额。

（2）部门明细账。系统可以根据用户指定的部门核算科目和会计期间，输出该部门核算科目在指定期间内分部门的明细账；也可以根据用户指定的部门和会计期间，输出该部门在指定期间内对应各个部门核算科目的明细账；还可以通过指定部门核算科目及部门和会计期间，输出该科目、该部门下指定期间内的明细账。

2）部门管理信息

部门核算不仅为财务会计部门深入核算企业内部各部门的收入情况及各项费用的开支情况提供了方便，而且通过部门核算产生的核算数据，为企业及部门对部门业务的管理和各项费用的控制与管理提供信息。

2. 个人往来信息

用户在完成了个人往来核算和管理所需的设置之后，在进行日常业务时，若遇到个人往来业务，系统会自动提示用户输入往来个人的代码或姓名及其所在的部门代码或名称；记账时，系统就自动生成了个人往来核算与管理的数据。

1）个人往来核算信息

（1）个人往来明细账。系统可提供用户指定的部门和会计期间内的部门个人往来明细账；也可以根据用户指定科目和会计期间，输出个人科目明细账。

（2）个人往来余额表。系统可以输出指定会计期间内某科目某部门下所有人的发生额及余额表；指定会计期间内某部门个人往来的各往来科目的发生额及余额表；指定会计期间内某个人往来核算科目下所有人的发生额及余额表。

2）个人往来管理信息

（1）个人往来账龄分析：对个人往来款余额的时间分布情况进行账龄分析，以便财务人员及时了解个人往来款项的资金占用情况，及时催收或支付款项。

（2）个人往来催款单：系统一般都提供打印指定的个人往来的往来款项催款单的功能，以便用户及时清理个人借款。

3. 项目核算与管理

用户在完成了项目核算和管理所需的设置后，在进行日常业务时，若遇到项目核算业务，系统会自动提示用户输入项目名称，记账时，系统就自动生成了项目核算与管理数据。

1）项目核算信息

（1）项目账输出。通过项目核算功能，主要可形成并输出项目总账、某科目的项目明细账和某项目的项目明细账。

（2）核对项目账。这是系统提供的进行项目账自动对账的功能。通过该功能，系统将检查核对项目账间是否相符，项目明细账与总账是否相符，并输出核对结果。

2）项目管理信息

项目管理是核算型软件向管理型软件过渡的又一典型功能之一。这里的项目管理实际是为某项业务的分项管理提供管理信息资料。项目管理主要包括如下内容。

（1）项目统计表。项目统计表即反映各项目在各个应对科目下的期初余额、借贷方发生额及期末余额的汇总报表，通过此汇总表可以为管理者提供各项目的进展情况及各项目的开支情况，以便于对项目进行管理和控制。该功能可以统计所有项目在所有对应科目下的余额和发生额情况，也可以根据用户的选择输出部分项目在其对应的部分项目核算科目下的余额及发生额的情况。

（2）项目执行计划报告。项目执行计划报告是各项目的实际执行情况与计划数据的对比报表。它可以为管理者提供各项目完成计划的执行情况。项目执行计划报告主要有两种数据方式：一种是各项目在对应科目下的实际发生额与计划发生额的对比数据；另一种是各项目在对应科目下的余额与计划的比较数据。用户在具体使用时自由选择。

5.9 总账子系统的改进——财务业务一体化策略

当今很多总账子系统的入口主要内容就是会计凭证，财会人员的主要工作是根据业务单据编制记账凭证，并将其录入系统中，记账、生成财务报表等工作都由计算机完成。这种方式大大加快了会计信息的处理速度，提高了财务和会计部门的工作效率，但是，并没有充分发挥网络的优势，实现事前计划、事中控制、事后分析。财务业务一体化策略或集成策略越来越受到人们的关注。

5.9.1 从价值链管理的视角剖析传统会计核算模式的缺陷

价值链概念是 1995 年由哈佛商学院迈克尔·波特在其所著的《竞争优势》中首次提出的，即“每一个企业都是在设计、生产、销售、发送和辅助其产品的过程中进行种种活动的集合体。所有这些活动都可以用价值链表示出来”。价值链理论的精髓是企业系统的整合与分解（吴海平和宣国良，2003）。价值链管理是一种集成的管理思想和方法，它通过价值分析消除不增值环节，优化流程，最终实现整个价值链的增值。

从价值链管理的角度看，传统会计核算模式下，会计子系统和业务子系统各自独立运行，二者在信息传递中不仅存在一些非增值的环节，而且缺乏有效的协调，这从客观上会降低会计信息质量，如图 5-9 所示。

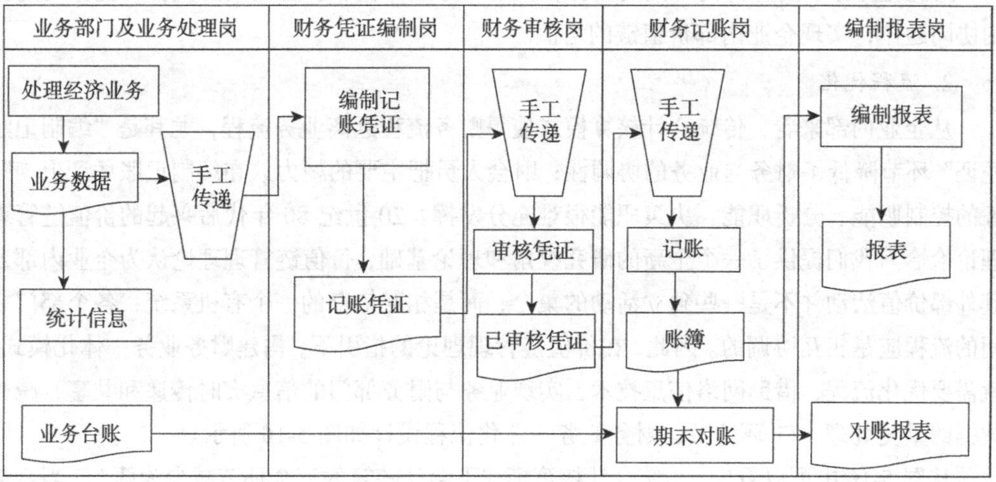

图 5-9 传统会计核算模式

从图 5-9 中可以看出，传统的会计核算模式下，手工传递、记账和编制记账凭证是影响会计信息质量的关键环节。手工传递业务单据以及记账凭证会降低会计信息的生成速度，阻碍会计信息的及时生成；记账环节由若干人根据记账凭证登记总账、明细账、日记账，人的精力有限性使转抄错误在所难免，而账账不符会降低会计信息的可靠性。随着信息技术的广泛应用，会计信息化理论研究和实践取得了重大突破，部分消除了“手工传递”和“记账”不增值环节，但借用信息技术，无纸化传递单据和凭证，运用计算机替代手工环节的理论研究和实践探讨尚不完善，事实上，“编制记账凭证”不增值环节已经成为提高会计信息质量的“瓶颈”。

（1）“编制记账凭证”环节从客观上影响会计信息的可靠性。

（2）“编制记账凭证”环节降低了会计信息的相关性。

综上所述，从价值链管理的视角出发对传统会计核算模式的分析发现，传统的会计核算模式中“编制记账凭证”环节是不增值环节，是导致财务与业务不协同的环节，是制约提高会计信息质量的关键环节。只要上述环节不消除，会计在企业中就仍将是事后核算信息、事后提供信息的被动角色，会计部门为企业创造价值的潜力就得不到充分发挥。

5.9.2 消除“编制记账凭证”的策略：财务业务一体化核算模式的思考

我们认为，应用价值链管理理论构建财务业务一体化模式，应该从观念创新、流程优化和动态会计平台 IT 模型设计三个方面进行。

1. 观念创新

提高会计信息质量是一个综合的系统性问题，需要通过多方共同协作，才能达到提高会计信息质量的目标。要构建财务一体化模式应该应用价值链管理理论进行观念创新，即提倡协同运作观念。从企业外部来看，要构建以核心企业为主题的价值链，通过信息流，协调上游企业、下游企业和核心企业的商务管理，实现整个价值链的增值。从企业内部来看，要优化业务和财务部门之间的流程，构建财务业务流程；通过信息流协调业务与财务的协同运作，实现企业内部价值链的增值。

2. 流程优化

从企业内部来看，传统会计核算模式使得财务流程远离业务流程，尤其是“编制记账凭证”环节降低了财务与业务的协调性；财会人员把主要的精力放在编制记账凭证上，财务的控制职能、分析职能、决策职能很难充分发挥。20 世纪 80 年代后兴起的价值链管理理论恰恰为我们提供了一个全新的研究视角和理论基础，价值链管理理论认为企业内部及其外部价值活动并不是一些独立活动的集合，而是相互依存的一个有机系统，各个部门之间的流程应是相互协调的。因此，在价值链管理理论的指引下，构建财务业务一体化模式，就需要优化流程，借助网络信息技术，实现业务与财务部门的信息实时传递和共享，减少数据的重复处理。IT 环境下，财务业务一体化流程设计如图 5-10 所示。

从图 5-10 中可以看出，传统会计核算模式下会计核算的五个环节减少为两个。当经济业务发生时，业务部门将经过确认的单据保存在业务单据数据库文件中，此时，通过财务业务一体化 IT 模型将业务信息自动转换为记账凭证，并保存在记账凭证数据文件中；当企业需要从财务和业务视角生成相应的报表时，通过生成报表系统从共享数据文件中实时获取数据，自动生成相应的报表。这样，不仅能提高企业内部流程的运作效率，而且能够增强会计信息的可靠性和相关性，并为管理和控制提供质量较高的实时数据。

3. 动态会计平台 IT 模型的设计原理

通过上述分析可知，要构建财务业务一体化模式，除了观念创新、优化流程外，还需要借助信息技术设计动态会计平台 IT 模型，即自动将业务单据转换成记账凭证的 IT 模型，这样才能保证财务和业务信息的一致性与可靠性。动态会计平台 IT 模型如图 5-11 所示。

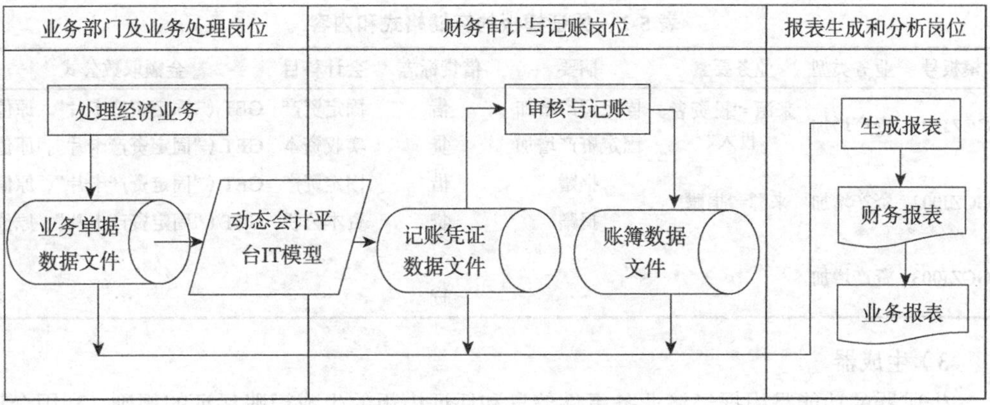

图 5-10　财务业务一体化流程设计

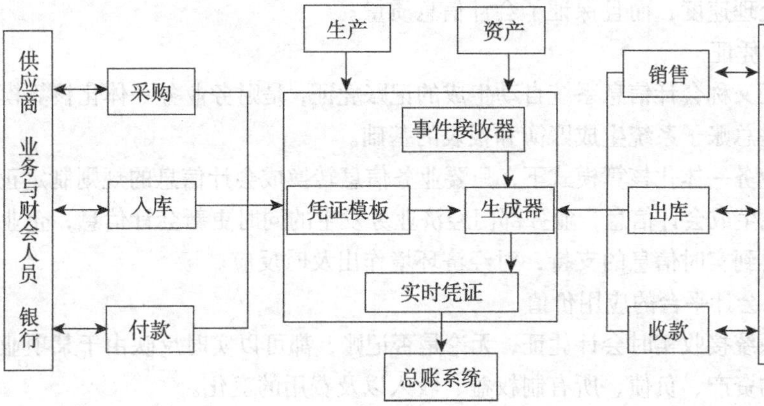

图 5-11　动态会计平台 IT 模型

该模型的基本要素主要包括事件接收器、凭证模板、生成器和实时凭证等。

1）事件接收器

事件接收器的功能是当一项经济业务（事件）发生时，该事件通过相应的业务模块驱动事件接收器接收事件信息。事件信息包括以下五个基本特征：发生了何事，涉及哪些资源；何时发生；涉及何人，充当何种角色；事件发生的地点；事件发生时为什么出错，风险是什么。可以看出接收信息的五个特征已经基本上能够概括企业所发生的业务事件，所采集的信息不仅能满足企业对外报告的需要，而且还能满足企业各个部门的需要。

2）凭证模板

凭证模板是实现自动生成凭证的桥梁。凭证模板是企业财务人员根据企业的经济业务，严格按照现行会计制度、准则和法规的要求设计的，反映将每种经济业务转换成相应会计借贷科目、借贷金额的规则。凭证模板被保存在数据库中，一般来讲，财务管理人员根据企业的经济业务在财务上的核算需要设计若干个凭证模板，每一经济业务事件对应一个凭证明细；凭证模板设计得越多，经济业务转换成记账凭证的自动化程度就越高。会计人员转抄错误和计算错误的概率就越小，会计信息的准确度就越高。

凭证模板的存储格式和内容如表 5-2 所示。

表 5-2　凭证模板的存储格式和内容

模板号	业务类型	业务要素	摘要	借贷标志	会计科目	金额取数公式
GCZJ001	资产增加	来源="投资者投入"	固定资产增加	借	固定资产	GET（"固定资产卡片"，原值）
			固定资产增加	贷	实收资本	GET（"固定资产卡片"，原值）
GCZJ002	资产增加	来源="捐赠"	捐赠	借	固定资产	GET（"固定资产卡片"，原值）
			捐赠	贷	资本公积	GET（"固定资产卡片"，原值）
GCZJ003	资产增加	…	…	…	…	…
			…	贷	…	…

3）生成器

生成器的功能是根据经济业务事件信息和凭证模板的生成记账凭证的规则，利用会计信息系统，自动生成实时凭证，并传递到总账系统。这不仅保证了实时将业务信息转换为财务信息的处理速度，而且保证了会计信息质量。

4）实时凭证

实时凭证又称会计信息系统自动生成的记账凭证，是财务业务一体化核算模式下的输出结果，也是总账子系统生成账簿和报表的基础。

在财务业务一体化核算模式下，只要业务信息转换成会计信息的规则制定正确，就能实时、高效地生成会计信息，业务部门经济业务发生的同时更新会计信息，企业在决策和控制中能够得到实时信息的支持，对经济环境作出及时反应。

5）动态会计平台的应用价值

当总账系统接收实时会计凭证，无论是否记账，都可以实时反映由于某项业务事件的发生而引起的资产、负债、所有制权益、收入以及费用的变化。

主营业务不再需要财务人员编制记账凭证和录入记账凭证，简化了会计处理流程，减少了会计凭证编制的工作量，大大提高了会计信息的准确性和及时性。

财务与业务实现一体化，财务人员可以利用信息进行事中实时控制，并为企业各个部门管理者、投资人、债权人、政府部门提供实时、动态的信息。

会计由事后核算转变为实时核算、事中控制、事后分析，为领导进行科学、及时、合理的决策提供有效支持。

本章小结

账务处理系统是会计信息系统的核心子系统。它不仅改变了会计数据的处理方式，而且由于计算机数据处理的特点，部分地改变了传统会计的业务流程。会计信息系统账务系统中的记账、结账概念与手工账务系统中的记账、结账概念已经有了很大区别。账务系统的初始化设置工作是将一个通用商品化软件与一个具体单位具体的会计核算和管理衔接、前期手工业务向计算机会计业务处理过渡的桥梁。初始化设置主要包括：账套设置、会计科目设置、凭证类别设置、初始数据录入、人员权限设置、结算方式设置、会计科目辅助核算设置等。账务系统的日常业务处理包括：凭证录入、修改、审核、记账、出纳管理、支票管理、银行对账等。凭证的输入与审核是会计日常业务处理中最重要的一个环节，因为只有保证输入账务系统的每张凭证是正确的，才能保证账务系统输出的各种账簿及报表是正确的。特别值得一提的是，账务系统的辅助核算功能，只要进行合理的设置，就可以提供管理所需的各种“交叉立体”信息。账簿的输出在账务系统中也变得灵活多样，系统可以随时输出各个科目在某个时期的发生额及各科目的余额，也可以输出按部门、项目等统计、汇总的数据。本章特别提出了对总账系统的改进，从价值管理的角度剖析了传统会计核算模式的缺陷，以及财务业务一体化的有关思考。

关键词汇

流程分析（process analysis，PA）
初始设置（initial setting，IS）
日常业务处理（daily operation，DS）
辅助核算（assistant accounting，AA）
财务业务一体化（financial business integration，FBI）
动态会计（dynamic accounting，DA）
报表输出（report output，QO）
人员权限（personnel authority，PA）
出纳管理（cashier management，CM）
银行对账（bank reconciliation，BR）
功能结构（functional structure，FS）
凭证类别（document category，DC）
结算方式（settlement method，SM）

小组讨论

1. 会计信息系统中的账务处理子系统解决了手工会计哪些难题，提供了哪些传统手工会计不能及时提供的信息？
2. 在初始设置时，应注意哪些问题？

本章推荐阅读资料

扫描此码　深度阅读

第 6 章

采购与付款子系统

学习提要与目标

无论对工业企业还是商业企业，采购环节都是企业价值实现的开始，采购成本的大小对企业最终的利润有直接影响，同时由于买卖双方在购销业务中取得物资与支付货款在时间上的不一致，还会产生应付账款与预付账款，对应付账款或预付账款的管理对企业来说也是至关重要的。因此，采购和应付业务的管理或核算必然是企业会计信息系统的重要组成部分。

本章从采购与应付业务核算和管理的要求和业务流程分析入手，阐述了系统内部结构及系统输入和输出处理应具备的功能。

通过本章的学习，应能够：

- 掌握采购与付款核算和管理的特点。
- 掌握采购与付款业务模式与业务流程。
- 掌握采购与付款子系统的数据编码设计、数据文件设计以及功能结构设计。
- 掌握采购与付款子系统的初始设置、报表输入与输出以及数据分析。

6.1 采购与付款子系统概述

采购是采购部门根据企业的生产计划、库存情况和管理需要而确定的物料需求计划，通过市场采购、加工定制等各种渠道，取得企业生产经营活动需要的各种物资的经济活动。通常，企业的采购是从订单开始的，订单是根据产品的市场销售状况或客户的需求和库存情况产生的，采购订单是从供应商处订货和企业验收货物的一种依据，同时通过采购订单可以跟踪整个采购过程的业务流程。

由于计算机及网络技术在企业管理中的应用，企业内部各种信息的共享程度越来越深，这种产生采购订单的采购管理模式，已经得到许多企业的认同和采用。本章将重点介绍在订单产生之后，企业是如何对采购活动进行管理和核算的。采购活动的最后环节是资金结算，企业可以通过现付、预付和应付的方式进行现金结算。在采用预付和应付的方式进行结算时，还需要根据企业的资金状况和供应商给予的信用条件，选择合适的结算方式、结算时间、结算金额、结算对象等，从而加强对应付账款和预付账款的管理，提高资金的使用效率，防止企业资产的流失。

因此，采购与付款子系统追求的目标为：密切供应商关系，保障供给，降低采购成本，预测采购资金需求；正确管理与核算供应商的往来款项，包括应付款项和预付款项。

6.2　采购与付款业务模式及业务流程分析

6.2.1　采购与付款核算和管理的特点

采购与付款的管理，主要包括：采购量的控制、采购成本的控制、资金流的控制以及物流的控制。企业为了增强市场竞争力，减少经营的风险，把库存降到最低，以减少占用的资金和库存的存储成本。资金流的控制，主要注意要正确地选择结算方式、结算时间，正确确定结算金额以及注意应付和预付账款的管理，定期与供应商对账。

采购和付款业务核算与管理具有以下特点。

1. 数据存储量大

企业为了满足生产需求，采购大量的物资、材料。商业企业为了销售也要采购大量的商品。这些存货品种规格繁多，有的多达几万种，对每一项采购业务都要进行详细、全面的反映；此外，每一个供应商信息、每一笔应付款业务等也需要完整保存。因此，采购和付款核算与管理需要存储和处理大量数据。

2. 数据变化频繁

要保证生产或销售的顺利进行，必须经常进行存货的采购活动；要保障采购质量，必须动态了解供应商的报价、存货的品种和质量等信息；当确认发票时，需要动态获取订单、发票、验收报告，并经过审核后方可确认；无论在确认发票还是付款后，都要进行大量的会计核算和账务处理，保证财务信息的正确反映。因此，采购与付款子系统的数据输入频率和处理频率都相当高，数据变化相当频繁。

3. 管理要求高

采购与付款业务流程不仅要正确反映采购订货、验收入库、采购发票以及付款等经济活动，而且还要严格进行采购管理。因为过多的库存会使企业产生一系列不良影响。因此，采购与付款流程必须提供丰富的管理信息，杜绝因管理不善所导致的生产缺料或物料过盛问题。

4. 与其他子系统联系广泛

采购与付款流程要为存货子系统提供货到与检验合格的信息，与存货子系统联合使用可以追踪存货的出库信息，把握存货的畅滞信息，从而减少盲目采购，避免存货挤压，并且可以将采购结算成本自动记录到存货成本账中，便于财务部门及时掌握存货采购成本；要为总账子系统提供各种账务处理信息，正确反映存货的价值变化，流动负债的增减变化，以及先进流出等信息。这种数据关联关系如图 6-1 所示。

6.2.2　采购与付款业务模式

采购活动从采购订货到资金结算的全过程，经历了一个非常复杂的业务流程。在这个流程中，不仅涉及的部门多、岗位多，而且处理的信息量大，不同部门的信息之间传递关系复杂。采购活动比较常见的业务模式如下。

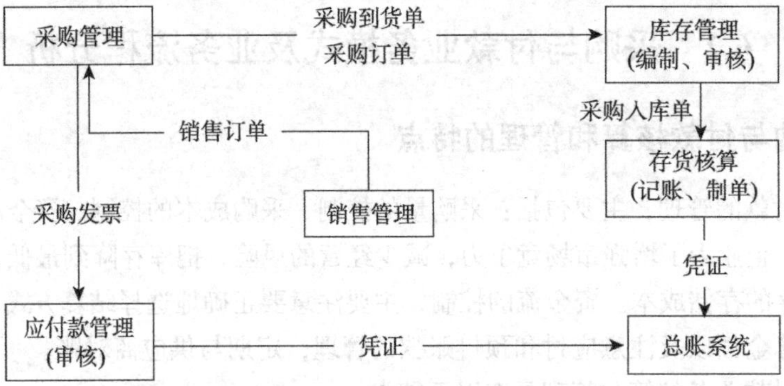

图 6-1　采购、付款与其他子系统的关系

采购业务人员在与供货单位签订采购合同或协议后，用会计信息系统建立采购订单档案，向供货商发出采购订单。

供货商将所订货物送达企业后，采购业务员对收到的货物进行清点，确认供应商所送货物的品种、数量、价格等信息，填制采购到货单，并以入库通知单的形式传递到仓库作为保管员收货的依据。在计算机系统中，也可以直接根据采购订单生成到货单。采购到货是采购订货和采购入库的中间环节，因此，在业务量较少的企业中，可以省略到货单。

经过仓库的质检和验收，填写采购入库单，如果采购管理子系统与库存管理子系统集成运行，则采购入库单应在库存管理中产生。

收到供应商发票后，将采购发票输入系统中，以便进行采购结算、成本确定和相关的账务处理工作。采购发票也可以根据订单或入库单来生成。

根据采购入库单确定存货成本并进行存货核算，根据采购发票等票据进行应付账款核算。

根据发票记录的金额对到期的应付账款付款。

6.2.3　采购与付款业务流程

采购活动的主要步骤如图 6-2 所示。

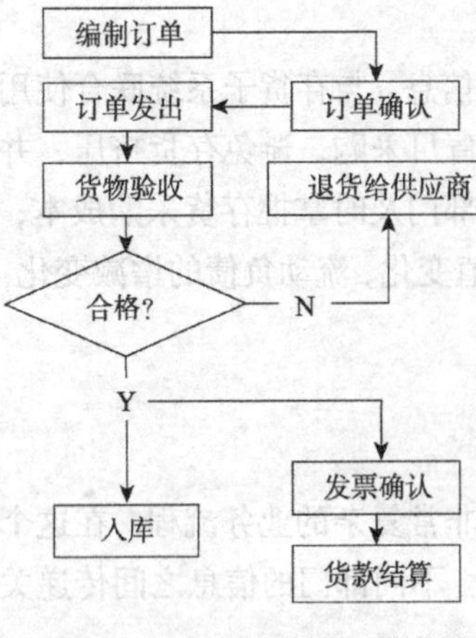

图 6-2　采购活动的主要步骤

1. 采购订货业务

采购订货是指企业根据采购需求，与供货单位之间签订采购合同、购销协议。在系统中可以直接输入采购订单，如果采购管理系统与销售管理系统、生产管理系统或存货管理系统相联系的话，可以根据销售情况、生产情况和库存情况自动生成采购订单，并通过采购订单与采购入库单的对比，随时掌握采购订货业务的执行情况。

2. 采购入库业务

采购入库是指货物到达后，通过清点、验收进入仓库的工作环节。在此环节产生的业务单据是采购入库单，采购入库单可以直接输入，也可通过采购订单或采购发票来生成，如果采购入库单是根据采购发票生成的，采购入库单上的单价就是采购发票上的单价。系统可依据采购入库单数据，对采购入库业务作各种统计分析。

在采购活动中，还存在一个暂估入库的问题，即在本月存货已经到达，但采购发票尚未收到，需要对货物进行暂估入库。待发票到达后，再根据该入库单与发票进行采购结算处理。

3. 采购发票处理业务

从供应商处获取发票后，需要在系统中编制采购发票，采购发票可直接输入，也可通过采购订单或采购入库单来生成。编制好的采购发票需要经过审核才能成为正式的单据存入系统，审核工作通常是在应付子系统中完成。系统可依据采购发票对采购业务进行统计分析和形成对供应商的往来账，并生成记账凭证传到总账系统。

根据上述业务模式，可以看出，采购与付款子系统的业务流程如图 6-3 所示。

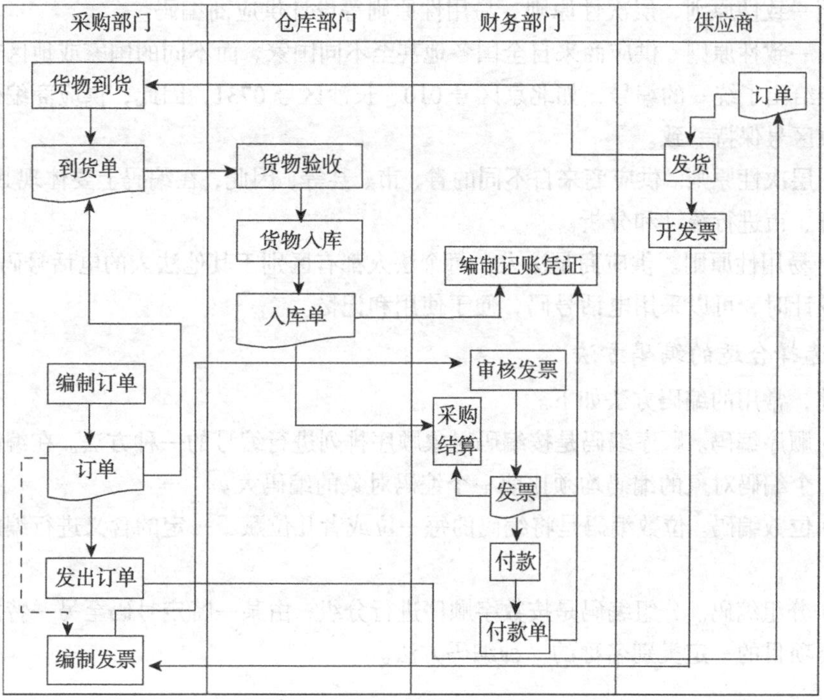

图 6-3　采购与付款子系统的业务流程

4. 采购结算业务

采购结算是指将采购入库单与采购发票进行核对的工作。通过“采购结算”，系统将把采购发票上的材料或商品单价确认为采购入库单上的材料或商品的单价，为存货系统核算存货成本打下基础，同时能够反映票到货未到或货到票未到存货的明细情况。

5. 付款业务

取得发票后要对到期的款项付款，在此环节需要录入采购付款单，通过采购发票与付款单的核销，更新与供应商的往来账，同时把采购发票业务与采购付款业务联系在一起，并生成记账凭证传到总账系统。

6.3 采购与付款子系统总体结构设计

6.3.1 采购与付款子系统的数据编码设计

采购与付款子系统涉及大量数据编码设计问题，如存货编码、存货类别编码、仓库编码、供应商编码等，因此，数据编码设计的好与坏，直接影响到系统运行的效率和数据的正确性。数据编码设计是任何一家企业建立信息系统时必须做的基础工作，有些企业存货品种多、仓库多、供应商多，其编码工作需要持续几个月的时间，因此，必须认真研究编码设计问题。本章主要针对供应商编码的设计进行讨论。

1. 制定编码的原则

按照一致性原则、层次性原则、易用性原则等设计供应商编码。

（1）一致性原则。供应商来自全国各地甚至不同国家，而不同的国家或地区在行政管理上已经给出了统一的编号，如北京区号 010、长沙区号 0731，因此，供应商编码应该与国家行政区号保持一致。

（2）层次性原则。供应商来自不同的省、市、县等，因此，在编码上要体现其层次性，便于按省、市进行统计和分析。

（3）易用性原则。供应商是法人，每个法人都有区别于其他法人的电话号码，因此，在编码设计时，可以采用电话号码，便于使用和记忆。

2. 选择合适的编码方法

目前，常用的编码方法如下。

（1）顺序编码。顺序编码是按编码对象顺序排列进行编号的一种方法。在编制顺序码时，每一个编码对象的编码均须比前一个编码对象的编码大。

（2）位数编码。位数编码是将编码的每一位或者几位赋予一定的含义进行编码的一种方法。

（3）分组编码。分组编码是按数字顺序进行分组，由某一特定号码至另一特定号码代表某一类项目的一定类别名称的一种编码方法。

6.3.2 采购与付款子系统的数据文件设计

在采购与付款流程中使用的主要数据文件如下：请购单文件、采购发票文件、采购订单文件（采购合同文件）、供应商档案文件、采购价格文件（定期根据供应商提供的信息进行更新）、入库单文件（与存货子系统共享）、临时凭证文件（与总账子系统共享）。

下面对主要数据文件进行讨论。

1. 供应商档案文件

（1）供应商档案文件的作用。供应商档案文件用于存储所有供应商的固定信息，文件中每一个记录对应一个供应商，根据此文件可以查阅供应商的各种信息。该文件的建立主要是为企业的采购核算和管理、存货核算和管理、应付账款核算和管理服务，并保证在添置采购入库单、采购发票和进行采购结算、应付款结算和有关供应单位统计时提供一致的供应商信息，提高数据处理速度，减少工作差错。

（2）供应商档案文件的数据结构设计如表 6-1 所示。

表 6-1　供应商档案文件的数据结构设计

序号	项目	说　明
1	供应商编码	编码必须唯一
2	供应商名称	汉字或英文字母
3	供应商地址	汉字、数字或英文字母
4	邮政编码	供应商通信地址所在的邮政编码
5	供应商电话	数字
6	开户银行	供应商所在开户银行名称
7	银行账号	供应商在其开户银行中的账号
8	纳税编码	供应商的工商登记税号
9	法人	供应商企业法人代表的姓名
10	e-mail 地址	供应商的电子邮件地址
11	信用等级	供应商的信用等级
12	信用额度	供应商提供的赊购额度
13	信用期限	作为结算供应商超期应付账款的计算依据，其度量单位为“天”
14	付款条件	用于采购单据中付款条件的缺省值
15	发展日期	与供应商建立供货关系的日期
16	停用日期	供应商停止供货关系的具体日期
17	交货评价	对供应商交货是否及时的评价指标值
18	服务评价	对供应商服务质量的评价指标值
19	质量评价	对供应商提供货物质量的评价标准值

（3）存储策略。供应商档案文件作为查询用的目录文件，可以采用一年一个文件。

（4）存储方式。供应商档案文件按供应商编码建立索引文件。

2. 采购订单文件

（1）采购订单文件的作用。采购订单文件是用来存储企业确认的各种采购订单的数据文件，该文件是整个流程的核心和基础文件。

（2）采购订单文件的数据结构设计如表 6-2 所示。

（3）存储策略。采购订单文件中一张采购订单只能和一个供应商签订采购业务，一张采购订单又可以同时包含不同内容的采购业务。因此，既可将采购订单文件设计为一个文件，也可将采购订单文件分成两个相互联系的文件，即采购订单固定信息文件和采购订单变动信息文件，两个文件用一个关键字——订单号连接。

（4）存储方式。可以采用一年一个文件。

表 6-2　采购订单文件的数据结构设计

序号	项目	说　明
1	日期	订单日期
2	订单号	每张采购订单有唯一的编号，该编号由计算机自动产生
3	供应商编码	与供应商档案一致
4	付款条件	是指企业为了鼓励客户偿还货款而允诺在一定期限内给予的折扣优待。这种折扣条件通常可表示为“5/10，2/20，*N*/30”
5	订货部门	与部门档案文件中的部门一致
6	运费	如运输费等
7	业务员	业务员姓名
8	计划周期	采购计划周期，如月、季、年等
9	运费方式	如铁路、公路等
10	送货地址	企业指定的送货地点
11	存货编码	与存货档案文件等
12	订单数量	
13	订单单价	
14	税率	
15	已收数量	入库数量
16	存货质检状态	具体取值：合格，不合格
17	发票处理状态	具体取值：处理，不处理
18	付款状况	具体取值：已付，未付
19	付款到期日	每一订单的具体付款到期日
20	制单人	制单人姓名
21	审核人	审核人姓名

6.3.3　采购与付款子系统的功能结构

可以根据上文中采购与付款子系统的业务流程分析得出其功能结构图。采购与付款子系统主要包括初试设置、采购与入库管理、发票管理、采购结算与付款管理、期末结账、账表输出与统计分析、系统服务等功能模块，如图 6-4 所示。

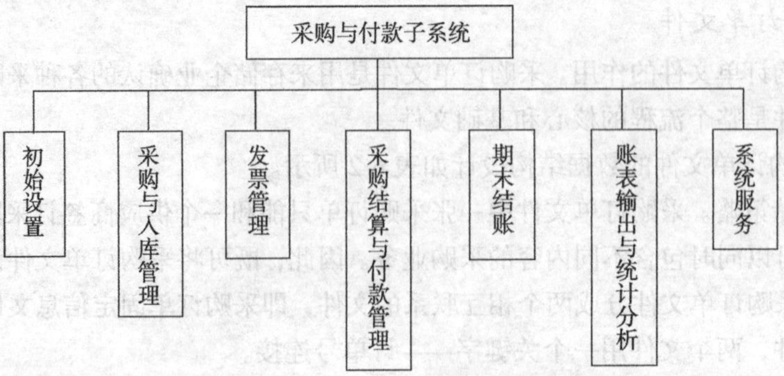

图 6-4　采购与付款子系统功能结构

6.4　采购与付款子系统的初始设置

初始设置工作做得完善、正确和全面是保证系统有效和正确使用的前提。那么采购与付款子系统初始设置模块应该包括哪些功能呢？为了使该子系统既可单独使用，又可与其他系统集成使用，一般来说要提供比较全面的初始设置功能，主要包括初始建账、供应商档案设置、采购部门和采购人员档案设置、采购类型设置、结算方式设置、付款条件设置、期初数据设置等。

6.4.1　初始建账

此系统初始建账的作用与其他系统是一样的，为系统今后日常数据处理的需要，建立各种数据文件的结构。因此，初始建账非常重要，一旦设置错误，将影响系统的日常处理。而且，设置时要考虑到企业将来的业务发展，如初始建账时，要设置供应商、存货等代码位数，设置的参数在初始建账中一旦确定，今后日常处理中将无法修改。

6.4.2　供应商档案设置

此功能设置有关供应商的档案信息，以便对供应商进行管理。这些信息包括供应商代码、供应商名称、电话、地址、付款条件、信用情况等，其中前两项是最重要的。一般来说供应商代码一经设置并使用，应该既不允许删除也不允许修改，只允许增加新的供应商单位。

6.4.3　采购部门和采购人员档案设置

采购部门和采购人员档案设置是对涉及采购业务的企业各部门和负责采购业务的个人进行编码，以便在采购业务中明确责任单位和责任人，并可按采购部门和人员对采购业务进行统计分析。为了保证数据的一致性，采购部门和采购人员的编码一旦设定并被使用，应该既不允许删除也不允许修改。除编码以外的其他内容应该允许修改，同时要注意此系统中的部门与人员编码和其他系统应该是一致的。

6.4.4　采购类型设置

如果企业需要按采购类型进行统计，就应该设置采购类型。在填制采购订单或采购入库单等单据时，会涉及采购类型栏目。不同企业的采购类型是不同的，如医药企业的采购类型可以分为原材料采购、药品采购、低值易耗品采购、包装物采购等。

6.4.5　结算方式设置

企业支付货款的结算方式主要有现金、支票、汇兑、银行汇票、商业汇票、银行本票、托收承付和委托收款等。由于不同的结算方式管理要求不同，如对支票等需要登记支票号以便加强对支票的管理和进行银行对账。因此需要设置结算方式，并依据结算方式设置对应的会计科目，以便系统能够根据结算方式自动生成相应的记账凭证。

6.4.6 付款条件设置

供应商采用赊销方式进行销售是为了促使客户及时支付货款，当客户能够在一定的期限内付款时，供应商可以给客户一定的折扣。付款条件通常表示为 5/10，2/20，N/30，它的意思是客户在 10 天内偿还货款，可以得到 5%的折扣，只付原价的 95%的货款；在 20 天内偿还货款，可得到 2%的折扣，只付原价 98%的货款；在 30 天内偿还货款，则需按照全额支付货款；在 30 天以后偿还货款，则不仅要按全额支付货款，还可能要支付延期付款利息或违约金。为了处理这种业务需要进行付款条件的设置，付款条件主要设置折扣有效期限、对应折扣率和应付账款的到期天数。

6.4.7 期初数据设置

通过期初数据设置，可将启用系统前的所有采购与付款业务的数据录入系统中，作为期初建账的数据，从而保证数据的连续性和完整性，是采购、应付账款的手工核算向计算机核算和管理转化的基础。

采购业务的期初数据包括以下几种。

1. 期初暂估入库单

在启用采购管理系统时，货到票未到，对于这类存货需要暂估单价，输入采购期初入库单，以便在取得发票后进行采购结算。

2. 期初在途存货

在启用采购管理时，已取得供货单位的采购发票，但货物没有入库，对于这类货款应通过录入发票来反映在途货款的数量、金额，以便在货物入库填制入库单后进行采购结算。

3. 期初受托代销商品

在启用采购管理时，将没有与供应商单位结算完的受托代销入库单，输入系统以便在受托代销商品销售后，能够进行受托代销结算。

应付业务的期初数据是指在启用应付款管理系统时，尚未结算完的采购发票、其他应付单、预付单据以及应付票据等。在第二年度以后的各个年度的年初，系统自动将上年度未处理完全的单据转成为下一年度的期初余额，还可以进行期初余额的调整。

6.5 采购与入库管理

6.5.1 采购订单管理

采购订单是企业与供应商之间签订的一种协议或者经济合同，主要包括采购什么货物、采购多少、由谁供货，什么时间到货、到货地点、运输方式、价格、运费等。采购订单是经济活动中的重要组成部分，因此采购订单管理是企业采购管理中尤为重要的部分。

1. 如何编制采购订单

编制采购订单的方法有以下三种。

（1）录入采购订单。当企业与供货单位签订采购意向协议时，可以将采购协议输入计算机，并打印出来报采购主管审批或经由供货单位确认。

（2）根据请购单编制。当企业通过请购方式产生请购单时，可以根据请购单编制采购订单。在编制采购订单时，通过使用系统提供的“调请购单”功能，从请购单文件中获取所需的请购单，并将有关数据填入采购订单。

（3）根据供应商排名选择供应商。执行“查询排名”命令，系统自动从供应商排名文件中按照排名顺序将供应商的物品及相应的报价信息显示在屏幕上，供采购订单签订人选择合理的供应商，并将选择的结果填入临时采购订单中。

2. 审核采购订单

采购订单编制后，必须由采购订单审核岗位对订单进行审核，审核通过方可进入采购订单文件，作为正式的采购订单。

6.5.2 采购入库处理

采购入库处理模块的功能是当采购的存货到达企业时，用户在计算机上填制、修改、审核、打印和处理采购入库单，完成采购入库工作。

1. 采购入库单的类型

采购入库单是根据采购到货签收的实收数量填制的单据。该单据按进出仓库方向划分为入库单、退货单；按业务类型划分为普通业务入库单、受托代销入库单。

2. 采购入库单录入方式

采购入库单可以直接录入，也可以由采购订单或采购发票自动生成。

3. 采购入库单的入口

很多企业的采购和付款子系统、存货子系统既可以独立使用也可以集成使用。为了满足独立使用和集成使用的需要，一般来说在采购与付款子系统中设计采购入库模块，同时在存货子系统中也设计采购入库模块。但是，当采购与付款子系统、存货子系统等集成使用时，为了保持数据的一致性，采购入库单入口应注意以下两点。

（1）如果采购入库单在采购与付款子系统中的采购入库模块录入，并将结果保存在入库单文件中，那么在存货子系统中只允许修改和审核入库单。

（2）如果采购入库单在存货子系统中录入，那么此时没有必要录入采购入库单。

6.6 采购发票、采购结算与付款管理

6.6.1 采购发票管理

采购发票编制模块的功能是支持用户在计算机上输入和审核采购发票，并将结果保存在发票文件中。采购发票按发票类型分为专用发票、普通发票、运费发票。采购发票按业

务性质分为蓝字发票、红字发票。

对采购发票进行实时控制的基本原理是：系统自动从采购订单文件中提取数据，从控制准则文件中获取控制准则，对采购发票进行对比，并将结果显示在屏幕上。采购发票实时控制原理如图 6-5 所示。

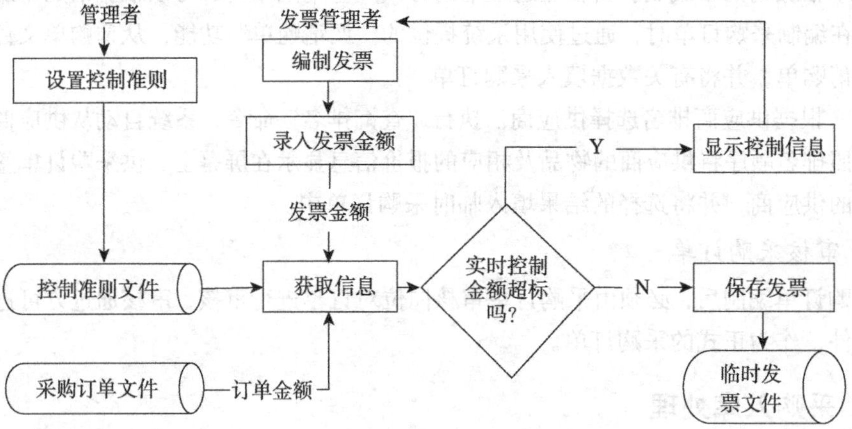

图 6-5　采购发票实时控制原理

6.6.2　采购结算

采购结算也叫采购报账，在手工环境下，采购业务员拿着经主管领导审批过的采购发票和仓库确认的入库单到财务部门，由财务人员确认采购成本。在会计信息系统下，由于各子系统之间实现数据共享，因此，系统提供“自动采购结算”和“人工辅助采购结算”两种功能来自动确认采购成本。

1. 自动采购结算

自动采购结算模块的功能是系统根据采购订单号自动从采购订单文件、存货子系统的入库单文件中选择出与正在录入的发票相关的数据进行核对，即将发票中的单价与采购订单文件中的订货单价和暂估入库单价相核对，将发票中的数量与入库单文件中的收货数量相核对。如果核对结果完全相符，则生成结算表，并在入库单文件、采购发票文件、采购订单文件中做采购结算标志。如果不完全相符，则提示采用手工辅助采购结算。

2. 人工辅助采购核算

人工辅助采购核算模块的功能是计算机根据采购订单号自动从采购订单文件、存货子系统中的入库单文件中选择出与正在录入的发票相关的数据进行核对。当发现暂估入库货物的暂估单价与发票单价不相符时，将反映该笔先入库后报销的采购入库业务的入库单、采购发票以及采购订单数据显示在屏幕上。

如果发票单价超出订货单价和暂估入库单价，及时查明原因。如果认为原因合理，审核人员发出“审核通过”命令，系统自动根据该张入库单生成一张红字入库单，并根据采购发票结算出存货成本，生成一张蓝字入库单，自动传入存货子系统；同时在入库单文件、采购发票文件、采购订单文件中做采购结算标志，生成采购结算表，并将其转换为记账凭证，传递到总账子系统。

6.6.3　付款管理

付款管理模块的功能是从采购发票文件中筛选出特定付款到期日未付款发票，用户根据企业情况选择将要付款的发票，系统自动生成准备付款通知书，供出纳使用。

6.7　账表输出和统计分析

采购与付款子系统的账表输出和统计分析模块的功能包括查询采购、入库、付款等业务的各种账表，并从打印机、屏幕输出。与此同时，还支持用户对采购与付款等业务进行统计分析。其主要功能包括账表输出采购执行表、采购明细表、入库明细表、采购结算明细表、在途明细表、采购综合统计表等；进行存货价格分析、供应商价格分析、采购类别结构分析、采购资金比重分析、采购货龄综合分析等；账表输出应付账款明细表、总账、供应商余额表、应付账款账龄统计分析、付款综合分析等。

6.7.1　采购与付款子系统账表输出方法

用户选定要输出的报表，会计信息系统自动将与该报表有关的项目显示在屏幕上供用户选择，从而由用户决定报表由哪些项目组成。报表格式设计之后，每次使用报表时输入查询条件，如日期项目，即用户输入日期以选择某会计期间的数据；供应商项目，即用户输入供应商以选择与某供应商有关的数据；业务员项目，即用户输入某业务员以选择与某业务员有关的数据，等等。如果对某项目不输入任何条件，会计信息系统默认为不对该项作为条件进行筛选。随后，会计信息系统会根据用户输入的查询条件，把满足一定条件的数据筛选出来显示输出。用户只要双击该数据行，会计信息系统就会将该行对应的数据显示出来，实现自动由账表数据直接查询单据的追踪功能。当需要查看各种报表时，不仅可以在屏幕上看到所需的报表，还可以通过执行打印命令，将各种报表从打印机上输出。此外，如果需要保存报表，通过执行保存命令，可以将当前的报表格式和过滤筛选出的数据保存在计算机中。

6.7.2　采购与付款子系统主要报表及分析

1. 采购订单执行表及分析

（1）采购订单执行明细表和统计表。选择明细表或统计表，输入查询条件，如图 6-6 所示。

起始日期：2013-1-1	截止日期：2013-5-31
业务员：________	供应商：________

图 6-6　查询条件（一）

（2）分析。采购订单执行明细表提供所有订单的各种货物的执行情况详细信息，利用该列表可以查询某采购员订单的执行情况；采购订单执行统计表提供所有订单的各种货物的执行情况汇总信息，利用该列表可以查询某采购员订单的汇总执行情况。通过两张表对采购员的业绩进行分析。

2. 暂估明细表

输入查询条件，系统自动从入库单文件中选择没有采购结算标志（货到票未到）并且满足查询条件的入库单，并将结果显示在屏幕上或打印输出。

暂估明细表提供了货到票未到的明细信息，利用该列表可以查询某仓库暂估入库的情况，或者在该期间所有暂估入库情况。

3. 在途明细表

输入查询条件，系统自动从发票文件中选择没有采购结算标志（票到货未到）并且满足查询条件的发票，并将结果显示在屏幕上或打印输出。

在途明细表提供了票到货未到的明细信息，利用该列表可以查询某供应商哪些货物未到，某仓库哪些货物未到，或者在该期间所有票到货未到的明细信息。

4. 采购综合统计表

输入查询条件，如图 6-7 所示。

- 存货编码：
- 供应商：
- 日期：××年××月××日到××年××月××日
- 采购类型：
- 部门：
- 业务员：
- 其他：

图 6-7　查询条件（二）

利用该采购综合统计表功能，用户可以查询到某日为止向某供应商采购各种货物的入库情况；可以查询某业务员到某日为止采购的所有货物的入库、结算情况；还可以查询某存货的采购入库、结算情况。

5. 应付账款统计分析

（1）定义账龄分析时间段。用户可以根据需要定义付款到期日的统计时间段。

（2）对某一供应商进行账龄分析。当用户输入某一供应商编码时，系统自动从发票文件中筛选出结算方式为“应付账款”、“供应商编码”等于用户输入的供应商编码、“应付账款”不等于“已付金额”的记录，并按用户定义的付款到期日时间段将账龄分析表显示在屏幕上。

通过阅读应付账款账龄分析表，可以了解企业欠某一供应商的货款情况，哪项货款拖欠最久，哪项货款必须在什么时间偿还等。

（3）对所有供应商进行账龄分析。当用户选择所有供应商时，系统自动从发票文件中筛选出结算方式为“应付账款”、“应付金额”不等于“已付金额”的所有供应商记录，按供应商和用户定义的付款到期日时间段将账龄分析表显示在屏幕上。

通过阅读应付账款账龄分析表，可以了解企业欠款总额是多少，欠哪个供应商的货款最多，每个时间段付款总额为多少。

本章小结

本章首先分析了采购与付款业务核算和管理的基本内容，其中核算内容包括：材料采购或商品采购的采购成本、采购过程中产生的税金、采购过程中产生的往来款项以及采购过程支付的各种款项；管理内容包括：采购量的控制、采购成本的控制和采购过程中资金流的控制。为了完成上述核算和管理的要求，采购与付款子系统应具备初始设置功能、日常业务处理功能、账表输出功能以及转账处理功能。在此基础上，进一步分析采购与付款子系统的业务处理流程和数据流程，并根据数据流程图指出采购与付款子系统应设计的主要数据文件及其基本内容。最后从操作层面介绍采购与付款子系统初始设置的内容、日常业务数据（包括采购订单、采购发票、付款单）的输入方法、系统能够提供的输出信息以及采购与付款子系统在数据输入环节、记账凭证的生成环节、采购结算业务、应付账款的核销业务等方面采用的处理方法。

关键词汇

流程分析（process analysis，PA）
数据编码设计（data coding design，DCD）
数据文件设计（data file design，DFD）
功能结构设计（functional structure design，FSD）
初始设置（initial setting，IS）
采购订单（purchase order，PO）
采购发票（purchase invoice，PI）
采购结算（procurement settlement，PS）
付款单（payment order，PO）
账表输出（account output，AO）
采购入库（purchase storage，PS）
付款管理（payment management，PM）
采购类型（purchase type，PT）

小组讨论

某公司是一家空调的批发公司，它的主要销售渠道是大商场，顾客在商场付款购买空调后，公司在两三天后再为顾客进行安装，但在顾客付款购买空调的同时，此公司在商场的信息员就将此信息发回公司，公司依据此信息作各种工作安排。公司的主要供应商有三个，假设是日立、三菱和美的，美的供应商的结算方式是先付款后交货，其他两个供应商可以先付款，也可以后付款，采购发票随货同时到达。公司销售空调的品种达 50 种左右，在空调热卖的季节中，公司的采购业务极其繁忙。

要求：

1. 如果公司为了把库存减到最少，公司应该采取何种方式利用销售信息？同时又如何与供应商协作？对供应商提什么样的要求？

2. 用你所学的计算机硬件知识说明一下，为了达到上述的目的，企业该如何在硬件上构建系统？

3. 如果供应商与企业都用计算机进行记账，如何对账最方便？

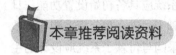

本章推荐阅读资料

扫描此码　深度阅读

第 7 章

销售与收款子系统

学习提要与目标

销售是企业价值实现的重要环节，是企业会计信息系统的重要组成部分。本章从对销售与收款业务核算和管理的要求及业务流程分析入手，阐述了系统内部结构及系统输入处理和输出应该具备的功能。

通过本章的学习，应能够：

- 了解销售与收款子系统的数据特点。
- 掌握销售与收款子系统的业务处理流程的基本要点。
- 掌握主要数据文件的结构、作用和特点。
- 了解销售与收款子系统初始设置内容。
- 理解销售、收款业务与财务的一体化策略。
- 掌握统计分析方法。

7.1 销售与收款子系统概述

销售是企业生产经营活动的最后一个环节。企业通过出售产品或者提供劳务取得收入，补偿已消耗的生产资料、支付的工资和其他费用以及缴纳的税金等，获取利润，维持企业持续的资金运动，保证企业的再生产，实现企业价值。同时，在市场经济条件下，企业只有以销售为龙头，灵活组织生产才能有强大的生命力，这就需要对企业的销售数据进行科学分析，为企业经营管理者提供合理、可靠的决策依据。因此，销售核算和管理是企业会计工作的重要内容。

7.1.1 销售与收款子系统的目标

销售与收款子系统核算和管理的基本目标是：能够完成事前、事中、事后管理，形成销售业务处理、计划、核算、监督、分析的功能体系，以完成销售业务的核算与管理，提高企业的经济效益。具体而言，应包括以下几点。

（1）规范业务流程，全面收集销售信息。

（2）实行动态管理，有效控制销售—发货—收款三个环节。

（3）实行价格管理和信息管理，防范经营风险。

（4）能够进行多角度销售分析，提供销售决策支持信息。

7.1.2　销售与收款子系统的主要功能

销售与收款子系统应具备以下基本功能。

（1）通过销售订单的输入、确认等环节，完成销售的订货业务。

（2）通过输入发货单，或根据销售订单由系统自动生成发货单，通知仓库给客户发货。

（3）通过输入销售出库单，或根据发货单由系统自动生成销售出库单，完成销售的出库业务，更新现有库存量，并确认出库的成本。同时通过销售订单与实际出库单的对比，动态掌握销售订单的执行情况。

（4）通过输入销售发票，或根据销售订单、销售出库单由系统自动生成销售发票，完成销售的开票业务，同时根据销售发票确认销售价格，以便财务部门及时进行销售收入的核算。

（5）根据各种条件（如供应商、产品等）对销售出库情况、销售开票情况和销售订货情况进行查询。

（6）通过输入、审核各种收款单，处理各种销售活动产生的收款业务，以随时掌握销售业务的收款情况。

（7）通过销售发票与销售收款的对比，形成与客户的往来账。

（8）对应收账款进行账龄分析，及时催收应收账款。

（9）将对出库、开发票、收款等环节核算的各种会计凭证，传递给总账系统。

7.1.3　销售与收款的核算

不同类型的企业销售活动不完全相同，其会计核算也有区别。具有代表性的两类企业是工业企业和商业企业。以下将以工业企业为主，辅以商业企业对本部分内容进行阐释。

1. 销售收入的核算

销售收入是企业因向客户提供商品或服务而获得的收入。企业应该在发出商品、提供劳务，同时收到价款或索取价款的凭据时，确认销售收入。

2. 销售费用的核算

销售过程中发生的费用包括运输费、装卸费、包装费、保费险、展览费、广告费等，在“销售费用”科目中核算。

3. 销售成本的核算

企业在确认销售收入的同时，确认销售成本。工业企业和商业企业销售成本核算的差别较大。工业企业的销售成本通过产成品结转，而产成品可以采用计划成本或实际成本两种不同的方法计算；商业企业的销售成本也有进价核算和售价核算两种不同的方式。这些成本核算方法在会计处理上有较大区别。销售成本通过“主营业务成本”科目核算。

4. 销售过程中税金的核算

企业在确认销售收入的同时确认相应的税金及附加。包括城市维护建设税、资源税和教育费附加，这些税费在“税金及附加”科目中核算。除上述税费外，增值税也是销售过程中一项非常重要的税种，在“应交税费——应交增值税——销项税”中核算。

5. 应收账款的核算

在市场经济条件下，企业为了充分利用商业信用扩大销售，除了通常的缴款付货方式外，还采用了灵活的销售方式，包括先交货后收款、先交货后分期付款、委托其他单位代销、预收货款后交货等。这些交易方式都会形成企业间的债权债务关系。这些债权债务关系在“应收账款”科目下核算。有些预收货款交易较多的单位设置“应收账款”和“预收账款”科目分别进行核算。

另外，采用备抵法进行坏账处理的企业，坏账准备的提取金额是根据应收账款的期末余额按规定百分比计提的。因此，应收账款的核算还应包括坏账准备的计提和对发生的坏账的处理。

7.1.4 销售和收款的管理

销售是企业价值实现的关键步骤。在市场经济条件下，企业的生产应以销售为目的，以销定产应是企业组织生产的基本原则。因此，销售管理是企业管理工作的重要方面。企业的销售管理主要包括以下内容。

（1）进行合理的销售价格管理，实现企业价值不断增长的目标。

（2）充分掌握库存产品情况以便及时满足客户的购买需求。

（3）提供翔实的各类产品的销售信息以便生产管理部门合理组织生产。

（4）按时完成与客户的结算和及时催收欠款，并根据历史数据进行账龄分析以提供客户的信用资料，同时对应收账款进行坏账处理，包括计提坏账准备的处理、坏账发生后的处理、坏账收回后的处理等。

（5）及时提供销售部门和销售人员的销售收入和同期应收账款的增减统计数据，以便量化销售人员业绩，合理确定销售人员报酬和奖励政策。

7.1.5 销售和收款子系统小结

针对不同企业的特点，销售核算和管理系统有不同的构成方式。

对于商业企业，由于商品的采购、保管和销售是一个联系紧密的有机整体，为了业务处理和核算方便，通常将购、销、存业务处理、核算和管理功能集成在一个子系统中，形成商业购销存子系统。由于在商业企业中，商品的采购和销售都普遍采用延期付款或分期付款的方式进行结算，所以，由此产生的应收和应付账款的处理也在这个系统中完成。

由于工业企业的经济活动中存在生产环节，对于产成品需要进行复杂的成本核算。工业企业的购、销、存之间，无论是业务处理还是数据的联系都比较松散，购、销、存业务一般需要相对独立地进行处理。因此，对于工业企业往往将每一环节作为一个独立的子系统进行设计，各子系统可以独立运行也可以集成运行，使系统的组合更加灵活。另外，在市场经济条件下，工业企业在销售活动中也较多采用延期付款或分期付款等方式，因此销售和应收账款间存在因果关系。为了用户使用方便，一般将销售和应收账款的处理集成在一个子系统中，从而形成销售和收款子系统。

本章主要以工业企业的销售和收款子系统作为分析对象。

7.2 销售与收款业务模式及业务流程分析

销售与收款子系统是企业会计信息系统中一个关键且复杂的子系统。要想灵活地使用销售与收款子系统完成企业的销售业务处理及相应的会计核算和资金结算工作，以销售业务处理的流程为线索掌握系统的内部结构是关键。

7.2.1 销售与收款核算和管理的特点

企业的销售活动一般比较频繁，涉及的部门较多；销售方式又灵活多样，实时性要求高，所以销售管理是一项频繁而又复杂的管理活动。同时，销售系统业务处理过程中需要经常查询、共享总账、存货管理子系统中的数据，这些因素决定了销售与收款核算和管理系统具有以下主要特点。

（1）日常数据处理频繁，数据量大。

（2）数据的真实性、准确性要求高。

（3）数据的实时性要求高。

（4）数据处理复杂且可靠性要求高。

（5）信息加工的深度要求较高，应具备一定的统计功能，为销售分析预测提供基础数据。

（6）具备资料、档案管理的特点。

（7）与其他子系统的数据交换多。

在进行销售业务和货款结算业务的处理时，需要随时调取存货子系统的库存数据和发出产成品的价格以便计算销售成本和处理销售业务，并应在销售完成时根据有关凭证及时更新库存数据。每笔销售业务完成后都需要生成记账凭证，传送到总账子系统中，以便进行账务处理。因此，销售系统每一笔业务的处理都要与存货等账务系统进行密切、实时的数据交换。这种关联关系如图 7-1 所示。

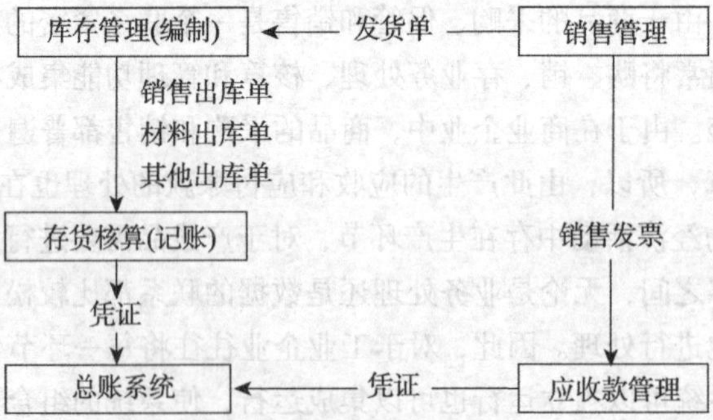

图 7-1 销售和收款与其他子系统的关系

7.2.2 销售与收款业务模式

工业企业常见的销售模式有两种：一种是先发货后开票模式；另一种是开票直接发货

模式。

1. 先发货后开票模式

(1)销售部门根据客户提出的需求或销售合同填制销售订单，并进行审核。

(2)销售部门根据销售订单填制销售发货单，作为仓库出库及销售部门填制销售发票的依据。

(3)仓库管理部门根据销售发货单编制销售出库单，发货给客户。在计算机系统中，销售出库单也可以根据发货单自动生成。如果库存管理系统与销售管理系统集成运行，则销售出库单通常在库存管理系统中生成。

(4)销售部门在销售管理系统中根据发货单生成销售发票。

(5)根据销售出库单进行销售成本核算，根据销售发票进行应收账款核算。

(6)对于到期的应收账款及时催收，收到款项时应及时作收款核算。

2. 开票直接发货模式

开票直接发货模式与先发货后开票模式的不同是：首先根据销售订单填制销售发票，然后根据审核后的发票自动生成相应的发货单、销售出库单，进行销售成本和应收账款核算。

7.2.3 销售与收款业务流程

在销售和收款子系统中，产品销售业务大体分为销售报价、销售合同签订、销售开票、商品发货和财务结算几个基本环节，涉及面众多，除客户外还涉及销售部、信用审核部、仓储部、发运部、开单部、财会部等。

销售和收款业务流程如下。

(1)客户通过电话、邮件或上门洽谈表达购货意向，销售业务员根据商品价格政策给客户提供销售报价，双方进行协商，洽谈销售合同。销售部门据以填制销货通知单，引发其他销售作业步骤。

(2)销售部门请求信用审核部门审核客户信用状况(若不在已有客户名单内，需考虑将客户信息添加至客户名单中)，并根据每个客户已授权的信用额度进行赊销审批，通过审核后正式签订销售合同。企业根据销售合同安排生产。

(3)销售部门将经过批准的多联式销货通知单及其他销售交易资料分送仓储、发运和开单等部门。

(4)发运部门根据已批准的销货通知单，安排从仓储部门提货、包装和发运货物，并把发运汇总资料转送开单部门。

(5)开单部门核对销货通知单与发运汇总单据，依据销售合同、企业的产品价格目录资料开出销售发票和提货单给客户(列明销售物品品种、数量、价格、运费、税金项目、销售折扣和付款方式等)，然后把发票的副联转送财会部门。客户以销售发票为凭据办理销售结算；客户持提货单可到仓库提取商品。

(6)财会部门编制会计凭证。记录销售过程，严格区分赊销和现销业务，并按销售发票编制转账凭证或现金、银行存款收款凭证，再据以登记销售明细账、应收账款明细账及现金、银行存款日记账，反映现金、应收账款及销售情况。

（7）财会部门确认、计量并记录销售成本。根据存货计价方式和所销售商品数量，计算销售商品成本，编制转账凭证，再据以登记销售成本明细账和库存明细账。

（8）仓储部门依据相关部门转来的销售资料登记商品账簿，反映库存发出的数量情况。

（9）办理和记录销货退回业务。对于客户的退货事件，企业需要开具红字销售发票冲减原来已经确认的销售业务，财务部根据红字发票退还客户货款，并冲减已确认的销售收入、销售税金及销售成本。仓库部门确认收回所退商品，并用红字登记库存账。

（10）坏账管理。根据企业应收账款状况和提取坏账准备的相关制度，及时准确提取坏账准备。对于确实无法回收的货款，获取货款无法收回的确凿证据，经审批后，注销这类坏账。对坏账计提、发生与收回编制会计凭证。

7.3　销售与收款子系统功能结构设计

7.3.1　销售与收款子系统的数据编码设计

销售与收款子系统使用了若干档案文件，本章主要以客户和产品档案文件中的客户代码为例分析数据代码设计方法。

1. 客户代码设计

销售与收款子系统最主要的编码是客户代码。该子系统中有关应收账款的所有数据处理都是围绕客户这个中心环节设计的，有关销售、收款的所有数据处理都与客户密切相关，必须在日常核算的原始数据正式录入计算机前，将有关客户的固定信息存入计算机，包括客户代码、名称、简称、行政区域、邮政编码、电话、传真、地址、联系人、纳税登记号等。为了使用计算机快速、方便地管理客户数据，必须对客户进行代码设计。客户代码是对每一个客户单位进行编码。编码的原则是客户代码与客户单位一一对应，即每一客户单位对应唯一的代码。

2. 产品代码设计

销售预收款子系统使用的另一个基本代码是产品代码。销售与收款子系统中有关销售的所有数据处理是围绕产品（商品）这个中心环节展开的，为了使会计信息系统更好地统计每个产品（商品）的销售情况，必须为每个产品（或商品）统一编码。产品代码的设计要考虑到整个会计信息系统代码设计的系统性，存货子系统、成本子系统和销售与收款子系统都涉及产品代码问题，因此产品代码在整个系统设计中要做到统一。从软件的通用性角度来讲，通常系统为用户提供一个产品（或商品）库，在系统初始化时，用户可将本单位的产品（或商品）名称、代码以及其他一些相关信息录入产品库。

7.3.2　销售与收款子系统的数据文件设计

根据销售与收款子系统中数据文件的作用不同，可将该系统主要数据文件划分为主数据文件和辅助数据文件两类。

1. 主数据文件

主数据文件，用于存放销售及货款结算业务的各种数据，包括客户档案文件、销售报价单文件、销售合同文件、销售发票文件、销售文件、应收预收账款文件以及收款单文件等。

在销售与收款子系统中，主数据文件的结构与企业的业务特征、核算与管理的要求密切相关，不同企业、不同软件的主数据文件结构也会有所不同，在此给出的数据文件结构内容主要是一般文件结构中所使用到的基本信息。

（1）客户档案文件。客户档案文件用于存储所有客户的固定信息，以及所欠账款综合动态信息，以便加强货款催收工作，提高销售管理。文件中每个记录对应一个客户，根据此文件可以输出欠款客户信息表、客户信誉信息表、催款单、客户代码表、客户应收账款汇总表等。

客户档案文件是客户基本信息的唯一入口，其结构如表 7-1 所示。

表 7-1　客户档案文件结构

字段名称	类型	宽度	小数位
客户代码	C	15	
客户名称	C	30	
客户简码	C	5	
行业类型	C	2	
联系人	C	10	
联系地址	C	50	
电话	C	15	
传真	C	15	
e-mail 地址	C	20	
发货地址	C	50	
开户银行	C	20	
银行账号	C	20	
纳税人登记号	C	10	
注册资本	N	20	2
偿债能力级别	C	5	
信用级别	C	5	
信用额度	N	12	2
价格级别	C	10	
价格折扣率	N	5	2
客户付款条件	C	20	
应收累计金额	N	20	2
已收累计金额	N	20	2
期初应收账款余额	N	20	2
期末应收账款余额	N	20	2
本期应收账款	N	20	2
本期收回账款	N	20	2

（2）销售报价单文件。销售报价单文件记录企业向客户提供的货品及其规格、价格、结算方式等信息。企业可以针对不同客户、不同商品、不同批量给出不同的报价、折扣率。

在销售报价过程中，存在针对同一客户在一张报价单上给出多种商品报价的现象，因此，可以将销售报价单文件拆分成两个文件：一个文件用于保存报价单的固定信息，处于单据的表头位置；另一个文件用于保存报价单的变动信息，处于单据的表体位置，如表 7-2 所示。

表 7-2　销售报价单文件结构

报价单固定信息文件：			
字段名称	类型	宽度	小数位
报价单号	C	15	
销售方式	C	10	
单据日期	D	8	
客户代码	C	15	
部门代码	C	10	
职员代码	C	10	
客户付款条件	C	20	
报价单变动信息文件：			
字段名称	类型	宽度	小数位
报价单号	C	15	
产品（商品）代码	C	15	
税率	N	8	2
销售数量	N	10	2
销售报价	N	8	2
销售金额	N	15	2

（3）销售合同文件。销售合同文件指的是企业传统意义上的销售合同中关于货物的明细内容，也可以是一种订货的口头协议，是反映购销双方确认的客户订单需求的单据。该文件用于存储所有签署合同的固定信息，以及合同执行过程中的综合动态信息。签署销售合同时，同一合同上可以记录多种商品的销售信息，因此可将销售合同文件拆分成两个文件：一个文件用于保存销售合同的固定信息，处于单据的上半部分的表头位置；另一个文件用于保存销售合同的变动信息，处于单据的下半部分的表体位置，如表 7-3 所示。这样进行文件结构设计，目的是便于随时了解合同执行情况，提高销售管理水平。

上述两个文件可以通过“合同编号”进行链接，固定信息文件以“合同编号”作为索引关键字建立索引文件；变动信息文件以“合同编号”+“产品代码”作为索引建立索引文件。

（4）销售发票文件。销售发票是在销售开票过程中向用户开具的原始销售单据，可以是增值税专用发票、普通发票等。销售发票是确认和计量销售收入、应交销售税金、应收账款的依据，销售发票管理是销售管理的重要环节。

由于许多时候向同一客户开具的一张销售发票可以包含多种商品的销售信息，因此，与销售报价单和销售合同相对应，销售发票文件可以拆分成固定信息和变动信息两个文件，如表 7-4 所示。

表 7-3　销售合同文件结构

销售合同固定信息文件结构：			
字段名称	类型	宽度	小数位
合同编号	C	15	
销售方式	C	10	
签订日期	D	8	
付款期限	D	8	
客户代码	C	30	
客户付款条件	C	20	
部门代码	C	10	
销售人员代码	C	10	
交货地点	C	50	
交货日期	D	8	
违约责任	M	100	

销售合同变动信息文件结构：			
字段名称	类型	宽度	小数位
合同编号	C	15	
产品（商品）代码	C	15	
增值税税率	N	8	2
计量单位	C	8	
销售单价	N	15	2
销售数量	N	10	2
销售税金	N	15	2
合同金额	N	15	2

表 7-4　销售发票文件结构

销售发票固定信息文件结构：			
字段名称	类型	宽度	小数点
发票号	C	15	
合同编号	C	15	
开票日期	D	8	
预计收款时间	D	8	
销售方式	C	10	
计税方式	C	10	
结算方式	C	10	
结算号	C	10	
运输单号	C	10	
出库单号	C	10	
客户代码	C	15	
客户付款条件	C	20	

续表

字段名称	类型	宽度	小数点
销售发票固定信息文件结构：			
部门代码	C	10	
销售人员代码	C	10	
仓库代码	C	10	
发货地址	C	50	
开户银行	C	20	
银行账号	C	2	
纳税人登记号	C	10	
制单人	C	10	
审核标志	L	1	
转账标志	L	1	
核销标志	L	1	
销售发票变动信息文件结构：			
字段名称	类型	宽度	小数位
发票号			
产品（商品）代码			
计量单位			
增值税税率			2
销售单价			2
销售数量			2
销售金额			2
销项税额			2
代垫运费			2
收款合计			2

（5）销售文件。销售文件系统是根据销售发票文件记账生成的数据文件，该文件用来存储每笔销售业务的详细数据，有关销售的统计分析数据均可由该数据文件加工处理生成。销售文件结构如表 7-5 所示。

（6）应收、预收账款文件。该文件用于存储每笔赊销业务形成的应收账款及预收账款信息。该信息由销售发票文件记账以及销售发票文件与收款单文件核销后生成。该文件是生成应收账款对账单的重要数据来源。利用该文件可以生成销售发票信息列表、客户欠款发票列表、逾期未收款明细表、应收账款账龄分析表等。应收、预收账款文件结构如表 7-6 所示。

（7）收款单文件。收款单文件用于存储企业收到客户款项时填制的收款单，收款单记录企业所收到的客户款项，每张收款凭证为一个记录，以提供生成应收账款明细账所需的收款信息，客户款项类型包括应收款、预收款、其他费用等。收款单文件结构如表 7-7 所示。

表 7-5　销售文件结构

字段名称	类型	宽度	小数位
产品（商品）代码	C	15	
产品名称	C	15	
规格型号	C	15	
销售日期	D	8	
合同编号	C	15	
销售发票号	C	15	
客户代码	C	15	
摘要	C	30	
销售部门代码	C	10	
销售人员代码	C	10	
销售方式	C	10	
结算方式	C	10	
销售单价	N	15	2
销售数量	N	10	2
销售收入	N	15	2
销售税金	N	15	2
适用税率	N	10	2
实收金额	N	15	2
销售成本	N	15	2
销售费用	N	15	2
销售利润	N	15	2
销售收入累计	N	15	2
销售成本累计	N	15	2
销售费用累计	N	15	2
销售税金累计	N	15	2
销售利润累计	N	15	2

表 7-6　应收、预收账款文件结构

字段名称	类型	宽度	小数位
客户代码	C	15	
客户名称	C	30	
发票号	C	10	
业务发生日期	D	8	
结算单号	C	10	
摘要	C	30	
预计收款时间	D	8	
应收金额	N	15	2
已收金额	N	15	2
应收余额	N	15	2
应收或预收标志	C	1	
核销标志	L	1	

表 7-7　收款单文件结构

字段名称	类型	宽度	小数位
收款单号	C	15	
收款日期	D	8	
销售发票号	C	15	
客户代码	C	15	
客户账号	C	20	
本单位账号	C	20	
交款单位	C	30	
交款单位账号	C	20	
付款类型	C	8	
结算方式	C	20	
进账单号	C	10	
运输单号	C	10	
结算单号	C	10	
是否拒付	L	1	
拒付金额	N	15	2
收款总计	N	15	2
收回货款	N	15	2
尚欠金额	N	15	2
代垫费用	N	15	2
审核标志	L	1	
转账标志	L	1	
核销标志	L	1	

2. 辅助数据文件

辅助数据文件主要用来存放销售管理和进行统计分析所需要的辅助信息。辅助数据文件的结构设置应比较灵活以满足不同用户的需要。销售与收款子系统中存放价格政策、结算方式、销售方式、付款条件和税率等基础设置数据的文件，其内容与数据处理方式的设计密切相关，因此这些数据文件从结构到库存记录一般都是事先设计好的，供用户在初始设置时进行选择。同时为了增加系统通用性和灵活性，这些数据文件中的一些内容也可以允许用户进行修改，如系统可以默认增值税的税率是 17%，用户可以将其修改为其他数值。

7.3.3　销售与收款子系统的功能结构设计

销售与收款子系统由基础设置、销售与收款日常业务处理、自动转账、销售核算及结账、统计与分析输出和系统维护六部分组成。销售与收款子系统功能结构如图 7-2 所示。

下面介绍各模块的基本功能。

1. 基础设置

销售与收款子系统基础设置的主要作用是建立各类档案、各种初始设置及初始余额等

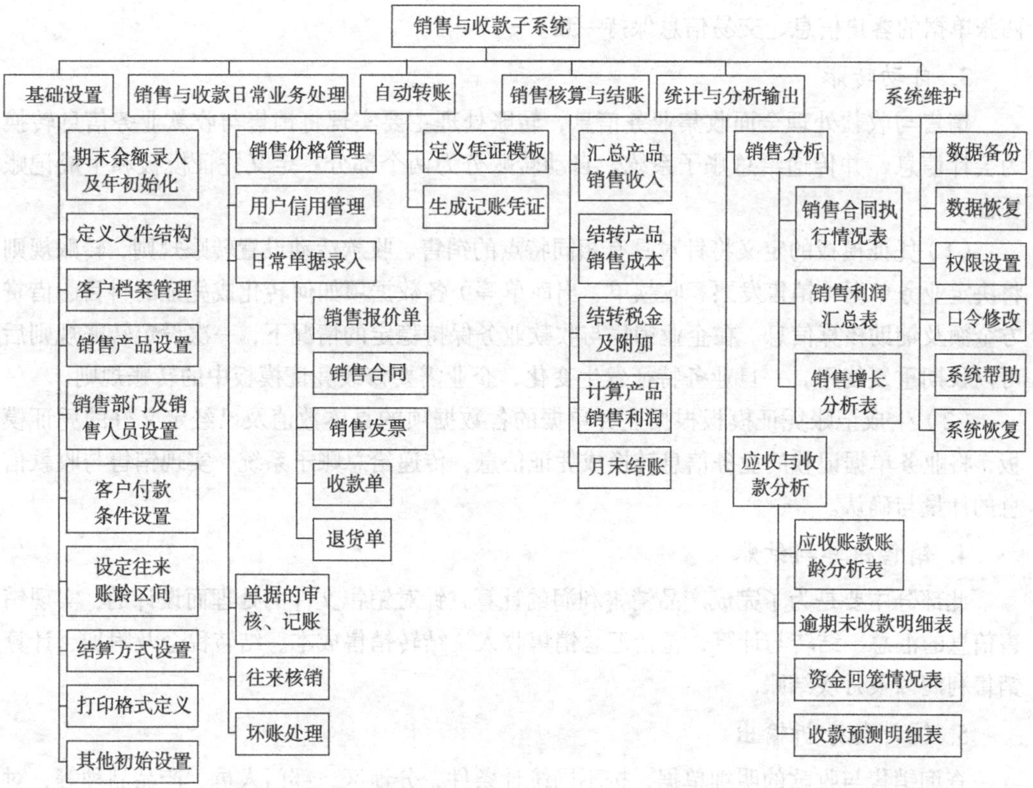

图 7-2 销售与收款子系统功能结构

数据的录入，如销售部门及人员档案、销售产品档案、客户档案等。基本档案的建立不仅有利于方便、快速地录入，更重要的是可以根据各类档案进行统计分析；另外，会计信息系统的各子系统都将使用相同的基本档案，这为各个子系统之间数据的共享与传递奠定了基础。各种初始设置包括数据文件结构的用户定义、打印格式的自定义、转账流程（如凭证模板）的用户自定义、账龄分析的时间段定义、税种税率设置等，同时还要完成应收账款的余额录入，特别是上年未核销的往来账余额录入等。部分初始信息的设置使用还将协助企业实现业务环节的相关控制与监督。如其他初始设置模块中的客户付款条件设置将用于发票处理环节，赊销类业务信用期限到期后，系统将自动提供应收预警信息，促进企业加快款项回收。

2. 销售与收款日常业务处理

此部分主要用于规范销售与收款活动日常处理流程，具体体现在编制录入和审核各种单据、记账、往来核销以及坏账处理，销售价格管理和客户信用管理贯穿整个销售与收款的日常单据处理流程。

日常单据的录入包括报价单、销售合同、销售发票、收款单和退款单等的录入。由于销售与收款活动的各个环节之间存在继承性，各种单据之间必须遵循一定的因果关系。该功能模块将根据销售类型的不同，约束各单据的处理程序，界定同一单据内部不同数据项之间、不同单据的数据项之间的计算关系。例如，同一笔业务的收款单参照销售发票生成，两张单据的客户信息、交易信息保持一致。

3. 自动转账

销售与收款处理全面收集业务信息，转账处理主要实现将销售与收款业务信息转换为会计信息，并传递给总账子系统。自动转账分为两个部分：定义凭证模板和生成记账凭证。

（1）凭证模板的定义将针对具有相同特点的销售、收款活动设置转账规则，转账规则将决定业务单据（销售发票、收款单、出库单等）各数据项如何转化成凭证的科目、借贷方金额及辅助核算信息。在企业销售与收款业务保持稳定的情况下，一次设定转账规则后可以长期重复使用。一旦业务特征发生变化，企业需要修改凭证模板中的转账规则。

（2）生成记账凭证模板根据业务单据的各数据项的具体数值及已经定义好的凭证模板，将业务单据记载的业务信息转换成凭证信息，传递给总账子系统，实现销售与收款信息的计量与确认。

4. 销售核算与结账

此部分主要是为了完成产品销售利润的计算，针对销售文件的处理而设计的，实现销售信息的汇总、结转与计算，包括汇总销售收入、结转销售成本、结转税金及附加、计算销售利润以及月底结账。

5. 统计与分析输出

查询销售与收款的明细单据，按不同统计条件，分地区、部门人员、产品品种等，对一段时间内的销售与收款业务进行汇总统计。此外，根据企业常用的销售与收款分析方法，提供内部管理及分析报表。销售分析通常包括销售合同执行情况分析、销售增长分析、销售利润分析、部门与职员业绩分析等。应收与收款分析通常包括应收账款账龄分析、未来期间收款预测、资金回笼情况分析、逾期未收款分析及应收账款核销明细表分析等。不同企业可能采用不同的统计与分析方法，相关报表将为企业日常管理和决策提供支持信息。此外，该模块还可查询客户信息、合同及发票信息等。

6. 系统维护

该模块提供系统服务功能，包括数据备份、数据恢复、系统帮助、权限设置、口令修改、系统恢复等功能。

7.4 销售与收款子系统的初始设置

销售与收款子系统的初始设置是为用户在计算机上处理自己企业的销售业务准备一个适宜的运行环境，并在企业的经济业务处理发生变化时对已有的设置进行修改，以便适应企业的这种变化。

7.4.1 初始建账

初始建账设置的作用是为系统建立各种已清空的数据文件和对系统需要的客户代码等代码设置设定编码规则。如果销售与收款子系统和账务、存货管理子系统等集成运行，则这些子系统所在的路径也在这一功能中进行设置。由于这一功能将清空所有的数据库，所以该功能只在系统首次使用时调用一次。

7.4.2 文件结构定义

为增加系统的通用性和灵活性，将系统所用的文件字段分为两部分：一部分是系统运行所必需的，为固定字段；另一部分是用户根据本单位的实际情况自行定义的，为自定义字段。例如，客户档案文件中"客户代码""客户名称"为固定字段，"开户银行"为自定义字段。用户在文件结构定义模块中对各个文件中的用户自定义字段进行定义。

7.4.3 客户设置

客户设置主要是指客户档案管理。客户档案记录往来客户的基本信息，用于对客户资料进行管理，存入"客户档案文件"；录入业务单据时，直接参照客户档案，获取相关信息；进行统计分析时，可以将客户档案作为查询或统计条件。客户档案包括客户基本信息、客户联系信息、客户信用信息等。

1. 客户基本信息

客户基本信息主要包括客户代码、客户名称、税号、开户银行、银行账号等。

2. 客户联系信息

客户联系信息主要包括联系人、联系电话、联系地址、邮政编码、e-mail 地址、发货地址、发货方式等。

3. 客户信用信息

客户信用信息具体内容如下。

（1）价格折扣率。客户在一般情况下可以享受的购货折扣率，用于销售报价、销售合同签订、开具销售发票等环节。

（2）价格级别。同一产品可能有多种对外销售价格，不同客户群体适用不同价格级别。价格级别将用于对客户进行产品报价等环节。

（3）信用等级。按照企业自行设定的信用等级分级方法，对客户进行信用评价，给出客户所适合的信用等级。

（4）信用额度。根据客户的信用等级，确定客户可以使用的信用额度，在销售订货和开票环节进行信用期限与信用额度的检查。

（5）客户付款条件。客户付款条件由现金折扣比率和最长信用期间构成。企业针对当前的销售业务，确定客户在不同期间的付款可以获取的现金折扣比率及最长信用期间，系统将根据所选客户自动输出其对应的付款条件。现金折扣是企业为了鼓励客户尽早支付货款而允诺在一定期限内给予的折扣优待。

（6）最后交易日期。即客户最后一笔业务的交易日期，系统自动维护最后交易日期。

（7）最后交易金额。即客户最后一笔业务的交易金额，系统自动维护最后交易金额。

（8）最后收款日期。即客户最后一笔收款业务的日期，系统自动维护最后收款日期。

（9）最后收款金额。即客户最后一笔收款业务的收款金额，系统自动维护最后收款金额。

4. 客户应收款信息

客户信用及应收款信息如表7-8所示。应收账款余额是指该客户当前的应收账款余额。每笔应收或收款业务发生时，系统将自动维护档案中的应收余额信息。

表7-8 客户信用及应收款信息

价格折扣率：	最后收款日期：
价格级别：	最后收款金额：
信用等级：	应收累计金额：
信用额度：	已收累计金额：
客户付款条件：	应收账款余额：
最后交易日期：	本期应收账款：
最后交易金额：	本期收回账款：

7.4.4 销售产品设置

在初始化模块中，用户要完成对销售产品的代码规则的制定、存储产品信息的数据库资料文件的录入工作。这些信息包括产品代码、产品名称、产品种类、主要负责销售该产品的销售部门等。

7.4.5 销售部门、人员设置

在初始设置中，用户要完成对销售部门及销售人员的数据信息的录入工作。销售部门数据信息包括销售部门编码、部门名称、主营业务等，销售人员数据信息包括人员编码、人员名称、所属部门等。

7.4.6 客户付款条件设置

客户付款条件将决定客户在某段期间内付款所能获取的现金折扣，同时将决定每笔销售业务的最后付款日期。客户付款条件用于录入销售合同、销售发票等环节。

企业根据自身信用政策，设置客户的付款条件。可以设置多个条件，不同客户适用不同的付款条件，同一客户不同时期也可以采用不同的付款条件。

7.4.7 交易方式设置

交易方式设置主要是对销售、退货等销售过程中可能出现的各种情况进行设置。该设置的本质是设置每种交易方式的记账凭证模板。因此交易方式设置包括该交易方式适用的交易类型，如用于生成销售发票还是退货单，也包括对应记账凭证的类型、凭证摘要及对应科目等，以便在处理销售业务的同时自动生成有关记账凭证。为了灵活方便地处理销售过程中产生的各种费用，一般将销售过程中经常产生的运杂费、包装费等设置成非存货销售方式，并设置相应的凭证类型、凭证摘要及对应科目，以便系统自动生成记账凭证。

7.4.8 往来账龄区间设置

往来账龄区间设置指由企业定义应收账款时间间隔，目的是进行账龄分析时，统计应收账款在不同时间段的余额。统计的结果是应收账款余额归属于上述不同的时间段，便于企业清楚地掌握在不同期间内所发生的应收款情况。往来账龄区间的设置如表7-9所示。

表7-9 往来账龄区间的设置

序号	起始天数/天	终止天数/天	说明
1	1	30	一个月
2	31	90	一个季度
3	91	180	半年
4	181	365	一年
5	366	1 095	三年
6	1 096		三年以上

7.4.9 结算方式设置

企业销售货款的结算方式主要有现金、支票、汇兑、银行汇票、商业汇票、银行本票、托收承付和委托收款等。结算方式用于收款环节，不同结算方式的管理要求不同，如对支票等需要登记支票号，以便加强对支票的管理和进行银行对账。此外，结算方式将用于转账处理中，结算方式不同，收款信息转化为会计凭证对应的会计科目也可能不同，因此在设置每种结算方式时需要设置对应的会计科目，以便系统自动生成相应的记账凭证。

7.4.10 其他期初数据设置

1. 税种、税率定义

将销售所涉及的税种、税率输入税率库中。

2. 公式定义

将费用分摊、销售利润等计算公式按系统给出的一套计算语言的语法规则，自定义计算公式。

3. 打印格式定义

将输出的各种账表的打印格式画出，并给出取数公式。

4. 凭证模板的定义

根据各类销售方式和结算方式，设置生成转账凭证的凭证模板。凭证模板也可放在自动转账模块中进行定义。

7.5 销售与收款业务管理

销售与收款业务管理是指对销售活动的各个环节进行核算与管理，主要包括日常单据录入、单据审核、记账、往来核销和坏账处理等，覆盖了销售报价、订货、开票、发货、收款等环节。日常处理的单据主要是销售报价单、销售合同、销售发票、收款单及销售退货单等日常发生的原始单据，每类单据处理流程基本类似，主要包括单据的输入、修改、审核和记账。销售价格管理和客户信用管理将贯穿整个销售与收款的日常单据处理流程。

7.5.1 销售价格管理

销售价格是销售管理中的敏感因素，销售价格的高低并非与销售收入严格成正比。提高销售价格，尽管在销售数量一定的前提下将增加销售收入，但是销售价格的上涨将抑制销售数量增长，甚至导致销售数量下降；降低销售价格则产生相反的效果。因此，必须充分分析市场环境，在销售价格和市场份额之间进行权衡，制定合理的价格政策，用价格政策指导销售过程，实现销售收入的最佳业绩。

1. 设置价格级别

同一商品可能存在不同的价格，不同价格适用于不同的客户，因此，需要对商品价格进行分级管理。价格的分级管理如表 7-10 所示。

表 7-10　价格的分级管理

价格级别编码	价格级别名称	价格算法	备注
0001	批发价		适合批发类客户
0002	零售价		适合零售类客户
0003	海外价		适合国外客户

2. 商品价格管理

根据所设定的价格级别，确定不同商品不同级别的具体价格，如表 7-11 所示。

表 7-11　商品价格管理

商品代码	商品名称	规格型号	参考成本	批发价	零售价	海外价

3. 客户折扣率管理

企业在价格政策中，可能设定多种销售价格，还可能针对不同客户给予不同的折扣率。客户折扣率管理如表 7-12 所示。

表 7-12　客户折扣率管理

客户代码	客户名称	商品代码	商品名称	折扣率

4. 批量折扣率管理

企业提供批量折扣，鼓励客户批量购买。不同商品可采用不同的批量折扣率，同时不同客户也可采用不同的批量折扣率。批量折扣率管理如表 7-13 所示。

表 7-13　批量折扣率管理

客户代码	客户名称	商品代码	商品名称	销售数量	折扣率

7.5.2　客户信用管理

在基础设置模块中，已经设置了客户所适用的信用政策，具体包括信用额度和客户付款条件。

1. 信用控制环节

用户可以选择在销售活动的一些环节实施信用检查。可选作信用控制的单据包括销售合同、销售发票、销售出库单，用户可以同时选择多个信用控制单据。在进行相关业务处理时，系统将提供信用控制时点。

选择信用控制的时点有单据保存和单据审核。一般而言，只允许选择一个信用控制的时点。

2. 信用额度控制

当在信用控制环节出现超出信用额度事件时，系统一般提供两种信用控制方式：一是提示超信用；二是超信用审批。如果采用第一种方式，则在业务处理过程中，系统将给出超信用提示，但不控制后续环节的开展；如果采用第二种方式，则系统将控制后续环节的开展，等待专人审批，审批通过后方可继续后续处理环节。

此外，登录系统时，系统将提供客户的超信用额度预警。信用额度预警单如表 7-14 所示。

表 7-14　信用额度预警单

客户代码	客户名称	信用额度	应收账款	信用余额	余额百分比

3. 信用期间管理

根据客户付款条件所规定的信用期间，开出销售发票后，如果信用期间已经结束，而客户仍然没有付款结算，则登录系统时，系统将提供单据信用期间过期预警，生成逾期未收款清单。

7.5.3 日常单据的输入

销售和收款子系统的数据输入可分为三类：一是基础设置时输入的初始原始数据；二是其他子系统转入的数据；三是日常业务处理的原始数据，主要是销售报价单、销售合同、销售发票及收款单等日常发生的原始单据的输入。本部分讨论的日常单据录入主要是针对第三类。在输入过程中，凡是可以使用系统提供的菜单选择输入功能的项目，均可使用选择输入，以减少和避免输入错误。与发生的销售业务相互关联的凭证数据可根据预先定义的凭证模板由系统自动生成，以防止数据重复输入。

7.5.4 单据的审核、记账

1. 审核

为确保输入的信息正确无误，必须加强往来账户和商品的管理，避免串户和分户现象发生，销售报价单、销售合同、销售发票、收款单、退货单须经过审核，未经审核的销售发票、收款单、退货单不得记账。审核包括如下功能操作：确认审核，即对当前审核的票据签字；取消审核，即取消已审核票据的审核签字。

2. 记账

通过审核的销售发票、收款单、退货单可以记账。销售发票记账内容为登记各类账户，如登记销售、发出商品、应收账款总额、明细账等；收款单记账内容为登记应收、预收账款总账、明细账。

月末根据销售后的记账收入，计算出商品税金及附加数额。若记账后发现错误，可采用红冲调整的办法。已审核、已记账的发票、收款单、退货单，在其对应的文件标识字段上留有痕迹。

7.5.5 往来核销

为了准确核算应收账款，加快应收账款的收回，必须对企业和客户之间的往来账项加强管理。由于收款中存在预收账款，无法预先知道该笔款项所属的销售业务，而且收款出纳在根据发票收款时也可能没有记录销售发票号。为了准确核算应收客户款项，需要进行往来核销，建立收款与应收款的对应关系，加强往来款项的管理。

往来核销具有以下功能。

1. 逐笔录入以前年度未核销往来账

按发票号的不同，逐笔录入以前年度的应收账款发生额，以便与以后发生的往来款项进行核销，保持手工会计信息与计算机会计信息的延续性，以及计算机会计信息系统中每笔业务的完整性。录入界面包括以下字段：年、月、日、客户、往来核对号（发票号）、业务发生日期、预计收款日期、摘要、借方发生额、贷方发生额。

2. 自动核销

系统以发票号作为核销号，单击往来核销界面中的“自动核销”按钮，系统自动根据收款单的发票号和销售发票的发票号进行核销。由于一笔销售业务可能出现分几次收款的情况，所以，一张销售发票可能对应一条或多条收款记录。系统提供自动核销功能，提高了往来款项核销的效率。

3. 手工核销

对于系统未能自动核销的款项，即自动核销后尚未建立对应关系的发票和收款单，系统可提供手工核销的功能。单击往来核销界面中的“手工核销”按钮，操作员可进行手工核销的操作。在往来核销界面中，屏幕可分为上下两个部分，上半部分是销售发票文件，下半部分是收款单文件，光标停在发票文件的某记录上时，收款单文件则显示出与发票文件的该记录发票号一致的一个或若干记录。操作员需要执行手工核销时，可人为指定收款单与销售发票的对应关系。在手工核销方式下，可能出现一张销售发票对应一条或几条收款记录的现象。由于客户可能就几笔销售业务一次付款，所以手工核销方式下还需要支持一张收款单的收款金额在多张销售发票之间进行分摊，即几张销售发票对应一张收 款单。

4. 现金折扣处理

销售发票记录了客户的付款条件，因此在进行核销时，需要根据付款条件对客户享有的现金折扣进行处理。对于在享有折扣率的信用期间内的销售发票，其实际应收款金额应该为销售金额扣除享有折扣后的余额。

5. 查询应收账款核销明细账

应收账款核销明细账是以每一个发票号作为一条记录来处理的。查询的时候，系统动态即时生成。系统提供按发票号、客户进行查询以及按发票号进行排序的功能。查询应收账款核销明细账的同时，系统自动显示按发票号逐笔抽单核销的款项发生额记录，并计算出每个发票号项下的余额。系统自动核销时，既有一笔作销、一笔收款核销的功能，也有一笔作销、分期多笔收款核销的功能，前提是借贷双方的发票号相同。核销后余额平的记录可用浅色显示，未核销的记录可用黑色表示，一目了然。

6. 查询未达往来账

系统可查询未达往来明细账，此账目由应收账款核销明细账派生而来，查询的时候，系统动态即时生成，内容为未核销的往来款项。系统以发票号、客户为记录，生成未核销款项的发生额及余额。

7.5.6　坏账处理

在加强管理企业和客户之间的往来款项的同时，还要尽量减少坏账。销售与收款子系统的另一项重要功能就是对坏账进行管理。系统中的坏账处理部分包括计提坏账准备处理、坏账发生处理、坏账收回处理等。

1. 计提坏账准备

企业于期末分析各应收款项的可收回性，并预计可能产生的坏账损失，计提坏账准备。计提坏账准备的方法包括应收账款余额百分比法、销售余额百分比法、账龄分析法和直接核销法等。企业依据应收账款管理经验、债务单位的实际情况，制定计提坏账准备的政策，明确计提坏账准备的范围、方法，账龄的划分和提取比例。

（1）设置坏账计提方法。计提坏账准备首先必须设定企业所采用的坏账准备计提方法，如表 7-15 所示。

表 7-15　坏账准备计提方法

应收账款期初余额

坏账处理方式

计提百分比/%

账龄序号	起始天数	终止天数	计提百分比/%

如果所选坏账处理方法为应收账款余额百分比法或销售余额百分比法，则系统要求录入表头的数据项“计提百分比/%”；如果所选坏账处理方法为直接核销法，则无须录入任何比例。

（2）计提坏账准备。系统将自动根据企业所选择的应收账款计提方法，计算与当前应收账款匹配的坏账准备余额，并根据本次计提前的坏账准备余额，计算当前应计提金额。

如果所选坏账处理方法为应收账款余额百分比法或销售余额百分比法，则系统将自动计算本次应计提的坏账准备金额。以应收账款余额百分比法为例，如表 7-16 所示。

表 7-16　采用应收账款余额百分比法计提坏账准备

应收账款余额	计提比例	坏账准备余额		本次计提
		计提后	计提前	

其中：应收账款余额、计提比例、计提前的坏账准备余额由系统自动获取。

$$计提后坏账准备余额 = 应收账款余额 \times 计提比例$$

$$本次计提 = 计提后坏账准备余额 - 计提前坏账准备余额$$

如果所选坏账处理方法为应收账款账龄分析法，则计提坏账准备结果如表 7-17 所示。

表 7-17　采用应收账款账龄分析法计提坏账准备

账龄区间	计提比例/%	应收账款额度	坏账准备额
合计			
本次计提			
计提后坏账准备余额			

其中：计提后坏账准备余额=列表中“坏账准备额”合计

本次计提=计提后坏账准备余额−计提前坏账准备余额

2. 坏账发生与收回

系统需建立文件存储记录那些被确定为坏账的应收款信息，以便用户详细掌握坏账发生的明细内容，确认并记录坏账发生信息。如表 7-18 所示。

表 7-18　确定为坏账的应收款信息

发票号	单据日期	客户名称	到期日	应收余额	本次发生坏账金额	销售部门	销售人员

确认坏账发生后，对应客户的应收余额也应相应减少。已经确认为坏账的应收款项如果又被收回，则需要在系统中指定哪张收款单为坏账收回单，并与已经确认为坏账的发票进行核销。

7.6　销售、收款业务与财务一体化策略

总账子系统是总括反映企业经营活动全过程信息的子系统，因此销售与收款业务信息都必须转化为会计信息——记账凭证的形式，传送到总账子系统中。系统可以通过自动转账的方式，完成这种业务信息到会计信息的转换过程，进而实现销售、收款业务与财务的一体化策略。自动转账的基本目标是根据每个子系统输入的业务数据，生成记账凭证传递到总账子系统，以便进行账务处理。销售与收款子系统通过录入各种相应的原始单据，已经全面收集了销售活动中产生的业务信息，转账处理将业务信息按照一定的规则转化为以凭证形式体现的会计信息。转账处理主要包括两个功能：定义凭证模板，即定义信息转化规则；生成记账凭证，即根据所定义的转账流程，将销售发票和收款单所记载的业务信息转化为记账凭证形式的会计信息。

7.6.1　定义凭证模板

销售业务涉及的会计科目与销售方式和结算方式有明确的对应关系，在销售与收款子系统中，记账凭证是通过销售方式、结算方式设置中定义的凭证模板，在销售业务确认处理的同时根据输入的有关数据自动生成的。凭证模板是针对不同的单据、业务特征，定义不同的业务信息转化为会计信息的规则。一般只需要在期初定义一次，在销售业务发生变化的情况下需要调整规则。

7.6.2　生成记账凭证

凭证模板定义完成后，在转账生成环节，要进行记账凭证的生成，即系统根据凭证模板上的转账规则，自动将业务单据上的数据传送给对应科目的借贷方，生成完整的记账凭证。

值得注意的是，在销售和收款子系统中，为方便用户的使用，应允许用户选择自动生成或不生成记账凭证。若用户选择自动生成记账凭证，则按预先设置的凭证模板自动生成记账凭证，在对应的凭证文件中的“制单”字段，系统自动填入制单人员的姓名；若用户选择不生成记账凭证，则由用户在记账凭证设置功能中另外进行处理。销售与收款子系统与总账子系统集成运行时，生成的记账凭证一般是实时传送到总账子系统的。

7.7 月末结账与统计分析

月末结账主要是将主营业务收入、主营业务成本等账户数据结转到利润账户，并作一些相应的期末数据处理工作，如将本期的期末余额转为下期的期初余额。在计算机技术环境下，月末结账模块主要是为了完成产品销售利润的计算，针对销售文件的处理而设计的，主要包括以下两项功能。

7.7.1 汇总与结账

汇总与结账具体内容如下。

1. 产品销售收入的汇总

对由销售发票文件记账生成的销售文件数据进行汇总，生成按产品为汇总标志或按销售日期为汇总标志的产品销售收入汇总表。

2. 结转产品销售成本

在成本子系统中，产品的实际成本一般在期末才能计算出来，并将完工产品的成本数据转入存货子系统，所以产品销售成本的结转一般也在期末进行。结转产品的销售成本必须先假定发出产品的成本流转顺序，如采用全月一次加权平均法或其他方法结转发出产品的销售成本，从存货子系统得到发出产品的单位成本。根据当期销售发票记录的销售数量，可计算出当期应结转的销售成本，并计入销售文件相应产品的“销售成本”字段。即

当期结转的销售成本 = 发出产品的单位成本 × 当期销售数量

3. 结转税金及附加

期末将销售与收款子系统中的销项税额、采购与付款子系统中的进项税额等数额转入总账子系统，得到本期应缴纳的税金及附加金额，再转入销售与收款子系统中，计入销售文件中相应产品的“销售税金”字段。

4. 计算产品销售利润

产品（商品）销售利润 = 产品（商品）销售收入 − 产品（商品）销售税金及附加 − 产品（商品）销售成本 − 产品（商品）销售费用

“产品销售费用”的数值可根据总账子系统的余额文件中“销售费用”的余额，按预先设定好的分摊原则，在销售商品中分摊确定。分摊后各产品的销售费用计入销售文件中相应产品的“销售费用”字段。

5. 月末结账

会计信息系统期末结账的前提是本期的数据均已录入系统中，并处理完毕。结账时做

一些相应的期末数据处理工作，如将本期的期末余额转为下期的期初余额，并在使用的数据文件中计入结账标志，进行封账处理，即本期一旦结账就不再接受本期的数据输入及本期数据的记账等操作。结账的同时，系统在进行必要的备份后清空一些相应的字段值，准备迎接下一期的数据。所有结账工作完成后，将进行下一期的业务处理。

7.7.2 统计分析

销售与收款子系统的输出设计包括屏幕查询和打印输出方式，提供各种各样的分析信息，如客户档案、合同档案、销售发票文件、收款文件、销售文件、应收预收账款明细账、总账、资金回笼情况表、销售汇总表、销售利润情况表、欠款客户信息表、客户信誉信息表、催款单、发票信息表、账龄分析表、逾期未收款表以及坏账损失估算表等。下面列举几个重要的统计分析结果。

1. 销售合同执行情况表

销售合同执行分析可以跟踪合同，掌握销售合同的发货、开票、收款、预收款的执行情况。合同执行分析有利于减少发货滞后事件，维系与客户的良好关系；同时，有利于企业掌握合同执行情况，合理组织后续生产和采购；此外，还有利于企业掌握合同收款情况，加快款项回收。销售合同执行情况表如表 7-19 所示。

表 7-19　销售合同执行情况表

年　　月

合同号	签订日期	客户	商品名称	计量单位	销售数量	销售金额	累计发货数量	未发货数量	累计收款额	应收款额
合计										

2. 销售利润汇总表

销售利润汇总表反映各种产品的销售数量、销售单价、销售收入、销售成本、销售税金、销售费用（分摊）及销售利润，根据销售文件数据生成。还可通过销售文件数据按产品种类、销售地区、部门、业务员等在一定期间内的销售毛利分析，生成各种相应的销售汇总分析表，掌握不同产品的盈利能力，预测不同地区的销售潜力，评价不同销售部门或业务员的销售业绩。

例如，企业希望掌握不同产品在某月的盈利情况，则可以产品种类作为分析主体，期间选择某个月，其销售利润汇总表如表 7-20 所示。

3. 销售增长分析表

销售增长分析表通过比较不同期间的销售业绩，了解当前销售增长情况，预测未来销售趋势，为制定营销策略提供支持。

可以从多角度进行销售增长分析，如以商品、销售地区、客户大类、重要客户、销售部门或销售人员等为主体进行分析。分析期间和基本期间由企业自行选择。

表 7-20 销售利润汇总表

年 月

产品名称	计量单位	销售数量	销售收入		销售成本		销售税金	销售费用	销售利润
			单价	金额	单位成本	总成本			
合计									

例如，为了掌握商品在全年各个季度相对于第一季度的销售收入增长情况，可以将商品作为分析主体，分析期间为四个季度，基本期间为第一季度，其销售收入增长分析表如表 7-21 所示。

表 7-21 销售收入增长分析表

××年度

商品名称	第一季度	第二季度		第三季度		第四季度	
	销售收入	销售收入	增长/%	销售收入	增长/%	销售收入	增长/%
合计							

也可将表 7-21 中的销售收入换成毛利，针对全年各季度，以第一季度为基期。分析销售毛利的增长情况。

4. 应收账款账龄分析表

应收账款账龄分析适用于分析客户、商品、业务员、部门或单据的应收款余额的账龄区间分布情况，有利于协助对较长账龄应收款的催收工作，减少坏账损失。应收账款账龄分析表主要按账龄分析的时间段不同，反映客户欠款金额的情况。每一个客户为一条记录。该表通过客户档案文件及应收、预收账款文件编制而成，还可以根据一定的百分比估计可能发生的坏账损失。应收账款账龄分析表如表 7-22 所示。

表 7-22 应收账款账龄分析表

截止时间： 年 月

客户名称	应收账款余额	账龄					
		1 年以内		1~3 年		3 年以上	
		金额	百分比	金额	百分比	金额	百分比
合计							
估计坏账%							
估计坏账金额							
估计坏账合计							

说明：系统在基础设置模块已为用户提供了账龄分析的时间段自定义功能，以便用户按照需要进行账龄分析。

5. 逾期未收款明细表

根据客户付款条件所规定的信用期间，或销售合同所约定的付款时间，如果开出销售发票后，信用期间或付款期限已经结束，而客户仍然没有支付货款，则系统将提供单据的信用期间过期预警，生成逾期未收款明细表如表 7-23 所示。

表 7-23　逾期未收款明细表

年　月

客户名称	发票号	业务发生日期	销售部门	销售人员	应收账款金额	已付金额	发票总金额	付款条件	到期日	逾期天数
合计										

6. 资金回笼情况表

该表主要反映企业销售商品后应收、预收款项等资金的回笼情况。可根据销售发票文件和收款单文件数据，以发票号为核对号经核销后生成，记录同一个客户的每一个合同项下的每一发票的应收、已收、逾期未收款项等信息。具体格式如表 7-24 所示。

表 7-24　资金回笼情况表

客户名称：　　截止时间：　年　月

合同号	发票号	发票日期	预计收款时间	已收金额	应收金额	逾期未收金额	逾期天数
合计							

7. 收款预测明细表

收款预测适用于预测未来某一期间内，客户、产品（商品）、部门或业务员等对象的收款情况，为积极组织收款提供信息，同时，有利于企业合理编制未来期间的资金计划。

企业选择预测对象如客户或部门，选择预测期间后，系统将自动输出收款预测，收款预测明细表如表 7-25 所示。

表 7-25　收款预测明细表

年　月　日

客户名称	销售部门	销售人员	商品名称	预计收款时间	预计收款额
合计					

本章小结

销售与收款子系统是一个集销售业务处理与销售及收款账款核算为一体的一个子系

统。本章从销售及应收账款的核算和管理的需要出发，分析了销售与收款子系统的特点和工作任务。着重分析了如何根据销售业务流程组织会计信息系统的数据流程，并分析了销售与应收子系统的数据文件、主要代码的基本特点和结构及系统应该具有的功能结构。

通过对系统内部结构特点的分析，应该掌握系统从初始设置、数据输入到数据处理和输出的基本设计和使用方法、工作内容和注意事项。

销售与收款子系统日常业务数据输入项目较多、输入的工作量较大，因此输入出现错误的可能性也大。为了保证数据输入的正确性和可靠性，尽量减少输入的工作量，在系统的输入设计中采用了一些有针对性的措施。例如，在与手工近似的输入界面上设置操作快捷键方便用户操作；相互关联的凭证可以由系统自动互相生成；凡是在初始设置中进行过设置的项目，通过设置操作键来供用户调用设置内容选择输入，保证输入的正确；通过输入的原始数据计算生成的数据由会计信息系统自动计算并填入对应项目；作为正式记录存入系统的凭证应该经过确认等。了解设计中的这些处理特点对于正确、灵活地使用销售与收款子系统处理企业的销售业务具有重要意义。

关键词汇

流程分析（process analysis，PA）
数据编码设计（data coding design，DCD）
数据文件设计（data file design，DFD）
总体结构设计（overall structural design，OSD）
初始设置（initial setting，IS）
一体化策略（integration strategy，IS）
统计分析（statistical analysis，SA）
客户设置（customer settings，CS）
客户付款（customer payment，CP）
客户信用（customer credit，CC）
销售部门（sales department，SD）
交易方式（trading methods，TM）

小组讨论

某电子仪器生产企业，生产的产品种类共有几十种，且需要经常小批量地为大量用户和维修商提供数百种零配件，企业销售的工作量很大。由于是通用仪器，所以使用单位很多，能够供应这些仪器和零配件的企业也很多。企业除了大量的零散客户外，也有很多固定的销售商和维修点。零散客户一般使用支票进行结算，而固定客户一般是由企业根据客户订单组织生产并直接供货，客户定期或不定期进行结算。为了做到以销定产并严格销售和应收账款的管理，企业拟建立一个包括销售与收款子系统在内的企业管理信息系统。

讨论：

根据企业管理的需要，销售与收款子系统与本章所述的系统相比还应该具备哪些功能，以使系统更完善？例如：

（1）为了做到“以销定产”，销售与收款子系统还应该提供哪些信息？如何实现这一功能？

（2）为了尽量保证企业资金的安全，销售与收款子系统对客户的信用等级可以提供哪些信息？如何在销售过程中根据客户的信用等级进行实时控制？

除了以上举例，你认为还应具备哪些功能？它们的作用是什么？应该如何实现？

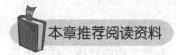

本章推荐阅读资料

扫描此码　深度阅读

第 8 章

存货核算与管理子系统

学习提要与目标

存货核算与管理是企业会计核算和管理的一个重要环节，存货管理的好坏和存货信息是否及时准确，直接影响企业采购、生产和销售等业务。同时，存货也是企业重要的流动资产，存货管理的好坏也涉及企业的资产是否能够保全的问题。因此，存货核算与管理子系统是企业会计信息系统的重要组成部分。本章从分析存货核算和管理的要求与业务流程入手，阐述了存货系统内部结构及其输入、处理和输出等方面的功能。

通过本章的学习，应能够：

- 掌握存货核算与管理子系统的特点和工作任务。
- 掌握存货核算与管理子系统的业务处理流程、数据流程的基本要点。
- 掌握存货核算与管理子系统的主要数据文件的结构、作用和特点。
- 掌握存货核算与管理子系统的初始设置、日常业务处理中输入和输出的内容。
- 掌握存货核算与管理子系统主要的数据处理环节和数据处理的基本方法。

8.1 存货核算与管理子系统概述

存货是指企业在生产经营过程中为销售或耗用而储存的各种有形资产，包括各种原材料、燃料、包装物、低值易耗品、委托加工材料、在产品、产成品、商品等。存货管理是采购管理和生产、销售管理的一个中间环节。采购活动使存货增加，销售活动使存货减少，而无论采购还是生产和销售，都要考虑存货的库存量。所以，存货管理与企业的采购、生产和销售紧密相连，存货管理的好坏，不仅与存货管理系统本身有关，也与采购和销售系统相关。

8.1.1 存货核算概述

存货的核算是从资金流的角度对存货增减和节余进行反映与监督的过程。它包括：存货增加的核算，即入库成本的核算；存货减少的核算，即出库成本的核算；节余存货的核算。在手工方式下，不同的企业采取不同的会计核算方法。对工业企业而言，可以采用实际成本法或计划成本法对存货进行核算；对商业企业而言，可采用进价法或售价法进行核算，进价法实际上也是一种实际成本法。在会计信息系统环境下，由于存货成本的计算可完全由计算机自动处理，因此存货的核算主要采用实际成本法，以保证存货成本的准确性。

8.1.2　存货的管理

企业的存货管理和采购管理、生产管理、销售管理密不可分，存货管理的好坏直接影响企业的生产经营活动，对存货管理系统提供的信息要求真实、可靠、及时。企业从物流和资金流两个方面对存货进行管理。

1. 存货物流方面的管理

通过对存货增加、减少和节余的详细记录，即登记库存存货的明细账，对存货进行有效的管理，也就是对物流进行有效的管理，使库存节余的存货数量降到最低并防止资产丢失，从而降低存货的存储成本和企业经营的风险。同时，为企业的采购业务和销售业务的合理、顺利完成提供信息支持，如安全库存信息、存货保质期信息等。

2. 存货资金流方面的管理

对存货的会计核算，可以使企业的管理者了解存货资金流动情况和库存节余存货占压资金的情况，尽量减少资金占用，为企业资金的运作和加快资金的周转提供依据。

8.1.3　存货管理子系统概述

存货管理子系统主要从资金流和物流两个方面对存货加以管理。

1. 从资金流方面对存货的管理

从资金流方面对存货进行管理，主要是核算企业存货的入库成本、出库成本和结余成本，反映和监督存货的收发、领退和保管情况；反映和监督存货资金的占用情况，动态反映存货资金的增减变动情况，提供存货资金周转和占用的分析；在保证生产经营的前提下，降低库存量，减少资金积压，加速资金周转。

2. 从物流方面对存货的管理

从物流方面对存货进行管理，主要是从实物方面对存货的入库、出库和结余加以反映与监督。系统可处理不同种类的入库业务、出库业务、调拨业务和盘点业务，对库存可以有存货安全库存预警、存货保质期管理、呆滞积压存货报警、供应商跟踪等各种监督与控制。系统根据输入的各种入库单和出库单，可输出反映存货收发存情况的出入库流水账、库存台账等账簿；可进行各种统计分析，输出存货收发存的汇总情况。

8.2　存货子系统业务模式及业务流程分析

8.2.1　存货子系统的特点

存货子系统主要有以下特点。

（1）数据存储量大。

（2）数据变化频繁。

（3）核算内容广泛。

（4）核算方法复杂。

（5）与其他子系统有较多的数据传递关系。

（6）管理要求高。

8.2.2 存货子系统的业务流程和业务环节

1. 存货核算与管理子系统的业务流程

为了灵活地使用存货子系统，处理好存货的管理与核算工作，明确存货子系统的业务处理流程是关键。存货子系统的业务处理是从输入各种入库单开始的，然后将输入的单据进行处理形成管理和核算所需要的各种数据文件，并编制记账凭证传递到总账系统和成本核算。具体而言，存货子系统的业务流程如图 8-1 所示。

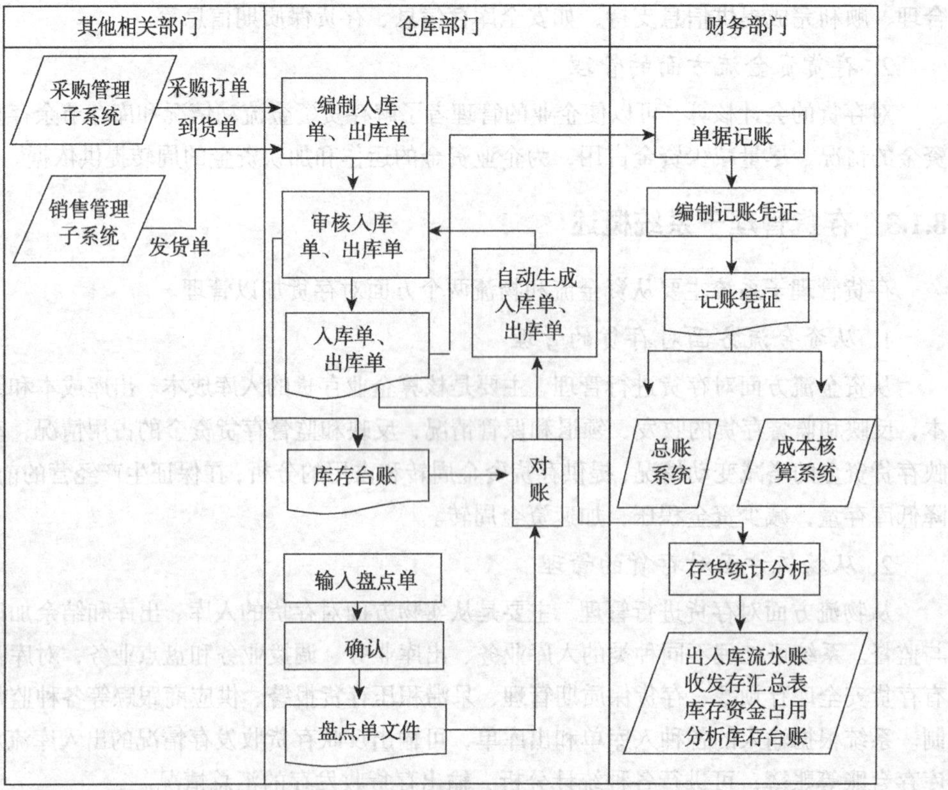

图 8-1 存货子系统的业务流程

2. 存货核算与管理子系统的主要业务环节

根据上述流程图，可以看出存货子系统的主要业务环节有以下几个。

（1）各种入库单和出库单的输入。存货管理子系统的数据处理起点是各种入库单和出库单，这些单据可在此输入，也可由系统根据其他业务单据自动生成。入库单有采购入库单、产成品入库单以及调拨入库单、盘盈入库单；出库单有组装拆卸出库单、形态转换出库单、不合格品记录等业务形成的其他出库单。

（2）出入库成本的确定。出入库成本的确定对存货的核算非常重要。

入库成本为存货的实际成本，以采购发票上的金额为准，对于货先到票未到的存货，可暂估入库，然后再作处理；对于其他特殊状况（如盘盈、盘亏）需要根据具体情况作相应的特殊处理。

（3）单据记账的处理。将入库单、出库单登记入账，即登记存货明细账、差异明细账/差价明细账、委托代销商品明细账、受托代销商品差异账，同时对于采用先进先出法、加权平均法、个别计价法这三种计价方式的存货在单据记账时进行出库成本的核算。

（4）盘点业务的处理。根据实际的库存，输入盘点单，系统自动与库存台账进行核对，以形成盘盈入库单和盘亏入库单。

（5）各种账簿及报表的输出。根据输入的出入库单数据进行各种统计分析或其他的处理，形成诸如出入库流水账、收发存汇总表、库存资金占用分析表、库存台账等账簿或账表。

（6）向其他子系统传递数据。在出入库成本确定的基础上，根据不同的出入库业务，生成相应的凭证传递到总账系统，以进行会计核算。对于材料出库，出库成本还要传递到成本核算子系统，以进行成本核算。

8.3 存货子系统的总体结构设计

8.3.1 存货子系统的数据编码设计

存货子系统数据结构复杂，数据量大。因此，在满足基本输入、处理和输出的前提下，应使各个文件尽可能不包含冗余数据项，这不仅可以节约大量储存空间，而且可以提高系统稳定性，消除数据不一致的隐患，方便对数据的统一管理。存货子系统涉及的数据编码比较多，如存货编码、存货类别编码、仓库代码等，因此数据编码设计是非常重要的内容。

1. 存货类别编码设计

存货在生产经营过程中的用途不同，所起的作用也不尽相同。为了满足按存货的类别进行统计、汇总等核算和管理的需要，可以对存货进行分类，进行存货类别编码设计，即定义类别编码、名称。根据核算和管理需要，存货类别可以设置得“粗”一些，即只按大类设置，如01材料、02产成品等，这样系统只能对所有存货按大类进行统计和汇总。存货类别也可以设置得“细”一些，即按大、中、小或一、二、三级进行分类。例如，某企业将存货分类定义为123，这表明将存货类别分为三级，一级编码为一位，二级编码为二位，三级编码为三位。存货类别编码、类别名称举例如下：

级次	类别编码	类别名称
1	1	材料
2	101	碳素钢
2	102	合金钢
3	102001	低合金钢
3	102002	高合金钢
1	2	产成品
2	201	防盗门
2	202	保险柜

这样系统就可以按照各级、各类等多种方式对所有存货进行统计和汇总，满足不同的核算和管理需要。

2. 存货编码设计

存货子系统的数据处理工作都是围绕存货这个中心展开的，为了使会计信息系统更好地对存货进行核算和管理，必须为每种存货统一编码。然而，在一个企业中，往往因为存货的类别、品种和规格繁多，存货编码的设计非常困难。如果没有标准的存货编码方案可依，企业一般自行编制，但要求每个存货编码必须唯一。

例如，某企业设存货编码为3位，那么102001（材料—合金钢—低合金钢）类别下存货编码如下：

类别编码	存货编码	存货名称
102001	001	A3钢
102001	002	20号钢
102001	003	25号钢
102001	004	35号钢

8.3.2 存货子系统的数据文件设计

存货子系统涉及的数据文件也很多，如存货档案文件、仓库文件、部门文件、供应商文件、入库单文件、出库单文件、费用统计分配文件、存货结存文件等。其中，有些是供各个处理模块查询参照用的“字典文件”（如存货档案文件），有些是在处理过程中要频繁使用的主数据文件（如存货结存文件），有些则是用过后立即删除其中数据的暂存文件（如临时入库单文件）。

下面对主要数据文件的作用、结构、存储策略和组织方式进行讨论。

1. 存货档案文件

（1）存货档案文件的作用。存货档案文件用来存放：存货基本信息，如存货编码、存货名称、计量单位、规格型号等；存货成本信息，如计划价/售价、参考成本、最新成本、最低售价等；存货控制信息，如提前期、经济批量、ABC分类、安全库存、最高库存、最低库存、呆滞积压标准等；存货其他信息，如单位重量、单位体积、启用日期、停用日期等。

（2）存货档案文件的结构。存货档案文件的结构如表8-1所示。企业根据核算和管理需要可以增加或减少相应的项目。

（3）存货档案文件的存储策略。存货档案文件一般一年为一个文件。

（4）存货档案文件的组织方式。存货档案文件的组织方式应该按存货编码建立索引文件。

2. 存货结存文件

（1）存货结存文件的作用。存货结存文件用来存放所有存货的收、发、结存数据，为存货总账、明细账以及各种存货分析提供信息。

（2）存货结存文件的结构。存货结存文件的结构如表8-2所示。

表 8-1 存货档案文件的结构

序号	项目名称	说 明
1	存货编码	必须唯一
2	存货名称	汉字或英文字母
3	规格型号	汉字或英文字母
4	计量单位	汉字或字符，如公斤、吨
5	存货类别	
6	存货属性	销售、外购、生产领用或自制等
7	计划价/售价	供计划价核算的工业企业或售价核算的商业企业使用
8	最新成本	最新入库成本
9	参考售价	销售存货时用户参考的销售单价
10	经济批量	最优经济订货批量
11	ABC 分类	用于 ABC 存货分析
12	安全库存	在库存中保存的存货数量
13	最高库存	在仓库中所能储存的最大数量
14	最低库存	在仓库中所能储存的最小数量
15	呆滞积压标准	以此作为存货是否呆滞积压的判断标准
16	单位重量	不能小于零
17	单位体积	不能小于零
18	启用日期	增加存货日期
…	…	…

表 8-2 存货结存文件的结构

序号	项目名称	说 明
1	存货编码	
2	本月期初数量	
3	本月期初单价	
4	本月期初金额	数量×单价
5	本月收数量	本月收数量合计
6	本月收金额	本月收金额合计
7	本月发数量	本月发数量合计
8	本月发金额	本月发金额合计
9	本月结存数量	
10	本月结存单价	
11	本月结存金额	

（3）存货结存文件的存储策略。如果按照实际成本核算，存货成本计算方法又分为加权平均法、移动加权平均法、先进先出法、后进先出法和个别计价法。

3. 入库单文件

（1）入库单文件的作用。入库单文件分为临时入库单文件和入库单文件。临时入库单文件用于存放采购子系统传入的采购入库数据或通过入库单录入模块输入的入库单。该文件中的入库单经过检测后，正确无误的入库单转存到入库单文件，错误的入库单仍然储存在临时入库单文件中，等待修改。入库单文件为存货总账、明细账、自动转账、存货分析等提供信息。

（2）入库单文件的结构如表 8-3 所示。

表 8-3　入库单文件的结构

序号	项目名称	说　明
1	日期	单据的入库日期
2	入库单号	系统自动从 1 编号
3	合同编号	合同订单号
4	业务员	业务员姓名
5	存货编码	与存货档案中存货编码一致
6	数量	入库存货数量
7	单价	入库存货单价
8	金额	数量×单价
9	仓库编码	与仓库文件中仓库代码一致
10	审核标志	用来表示入库单是否审核，当审核标志为“T”，才允许转存到入库单文件中，否则需要修改
11	处理标志	用来表示该入库单是否被转存到入库单文件中，如果已转存到入库单文件中，则处理标志为“T”
12	收货标志	用来表示收货的类型。该标志有两种值：“1”表示按实际采购价格收货，“2”表示按暂估价收货
13	制单人	制单人姓名
14	审核人	审核人姓名

临时入库单文件的结构与入库单文件的结构基本一致，不同之处是前者将处理标志改为转账标志，用来表示该入库单是否已生成机制凭证。如果已经生成机制凭证，则该字段值为“T”。

（3）入库单文件的存储策略。入库单文件既可一个月一个文件，也可以一年一个文件。

（4）入库单文件的组织方式。入库单文件组织方式按日期建立顺序文件。

4. 出库单文件

（1）出库单文件的作用。出库单输入系统后先存于临时出库单文件中。经过检测后，正确无误的出库单转存于出库单文件，错误的出库单仍然存储于临时出库单文件中等待修改。出库单文件为存货总账、明细账、自动转账、存货分析等提供信息。

（2）出库单文件如表 8-4 所示。

临时出库单文件的结构与出库单文件的结构基本一致，不同之处是前者将处理标志改为转账标志，用来表示该出库单是否已生成机制凭证。如果已经生成机制凭证，则该字段值为“T”。

（3）出库单文件的存储策略。出库单文件既可一个月一个文件，也可以一年一个文件。

（4）出库单文件的组织方式。出库单文件组织方式按日期建立顺序文件。

表 8-4 出库单文件的结构

序号	项目名称	说 明
1	日期	单据的出库日期
2	出库单号	系统自动从 1 编号
3	部门	领取存货的部门
4	用途	说明存货的具体用途
5	存货编码	与存货档案中存货编码一致
6	数量	出库存货数量
7	单价	出库存货单价
8	金额	数量×单价
9	仓库编码	与仓库文件中仓库代码一致
10	审核标志	用来表示出库单是否审核，当审核标志为“T”，才允许转存到出库单文件中，否则需要修改
11	处理标志	用来表示该出库单是否被转存到入库单文件中，如果已转存到出库单文件中，则处理标志为“T”
12	业务员	领取存货的人员
13	制单人	制单人姓名
14	审核人	审核人姓名

8.3.3 存货子系统的功能结构

存货子系统一般可以划分为初始设置、日常核算、账表输出、管理分析、系统服务五个功能模块。每个功能模块又可以继续划分为若干个功能模块，直到每个功能模块都能够表示相当独立的功能。存货子系统功能结构如图 8-2 所示。

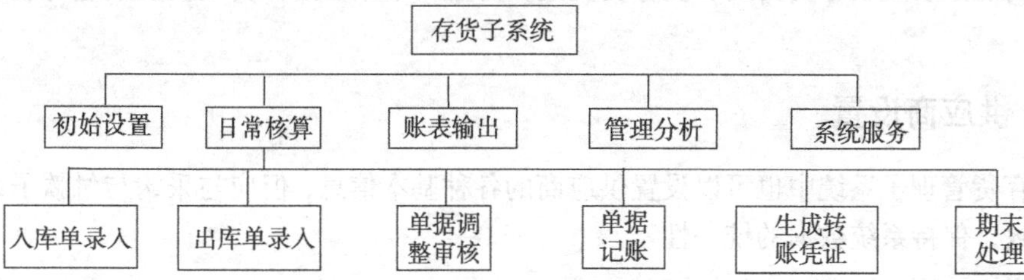

图 8-2 存货子系统功能结构

8.4 存货子系统的初始设置

一般来说，初始设置模块主要包括存货分类设置、存货档案设置、仓库目录设置、费用统计标准设置、部门档案设置、收发类别设置、期初余额录入等基本功能模块。下面对初始设置的主要功能模块进行详细讨论。

8.4.1 初始建账

初始建账设置的作用与其他子系统一样，是系统为处理存货管理业务的需要，建立各种已清空的数据文件，以便存放存货管理中的各种出入库等业务数据。在初始建账中，用户要输入一些重要地位参数，这些参数一部分是决定要建立数据文件的结构，另一部分是决定系统将来的工作方式。

8.4.2 存货资料管理

存货资料管理是系统用来设置存货的基本信息。在这里主要设置的是存货编码、存货名称、规格、计量单位、条形码、存货的计价方法等。不同企业可能需要不同的存货基本信息，如有些企业可能需要存货的尺寸、重量、保质期等。不仅在存货管理子系统中可以设置存货资料，在采购与付款，销售与收款子系统中也可以设置存货资料，但一定要保证数据的一致性。

8.4.3 仓库、部门、收发类别的设置

1. 仓库档案设置

存货一般是用仓库来保管的，对存货进行核算管理，首先应对仓库进行管理，因此，进行仓库档案设置是供销链管理的重要基础准备工作之一。仓库档案设置模块的功能是提供仓库档案设置屏幕，用户将本单位使用的仓库和相关信息输入系统中进行“仓库档案设置”，也可以对仓库档案进行修改和删除。

2. 部门档案设置

其功能是设置部门档案，为输入单据和按部门统计提供依据。只有当所有初始设置都完成，才可进行存货日常处理工作。

3. 收发类别设置

其功能是设置收存货类别和发存货类别，为输入单据、按存货收发类别进行统计提供依据。

8.4.4 供应商设置

在存货管理子系统中也可以设置供应商的各种基本信息，但应与采购与付款子系统的设置一致，保持系统数据的统一性。

8.4.5 客户设置

在存货管理子系统中也可以设置客户的各种基本信息，但应与销售与收款子系统的设置一致，保持系统数据的统一性。

8.4.6 出入库类型设置

此模块主要对各种出入库业务类型进行设置，以便系统对不同的出入库业务作不同的处理。主要设置类型编码、类型名称。出入库类型主要有采购入库、产成品入库、退货入

库、委托代销入库、调拨入库、销售入库、材料入库、其他入库等。

8.4.7　初始化数据设置

录入系统启用时各仓库存货的期初结存情况，包括数量、单价、计量单位等，结存存货的金额由系统根据数量和单价自动计算生成。如果存货需要进行批次管理、保质期管理、出库跟踪、入库管理、货位管理，则还需要录入批号、生产日期、失效日期、入库单号、货位号等内容。

8.5　存货子系统日常核算

在输入出库单、入库单过程中，需要获取采购子系统采购订单文件中的数据，如供应商代码、结算方式、订货数量等数据；需要从存货成本计算方法文件中获取相应的计算方法（如先进先出、后进先出、移动加权平均等）；从存货成本计算方法文件中获得相应的结存单价，从而决定出库存货的成本和数量等（图 8-3）。

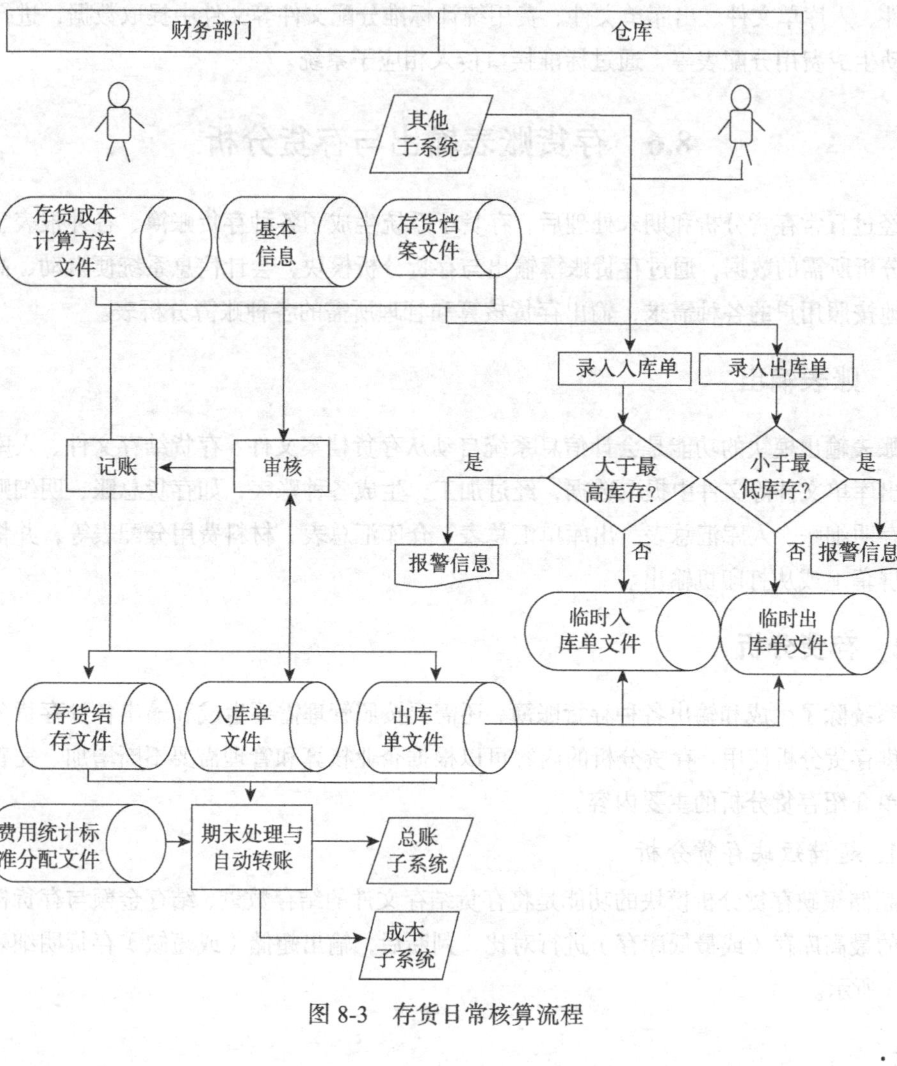

图 8-3　存货日常核算流程

说明：

（1）出入库单处理。通过录入入库单、录入出库单模块，将各种入库单、出库单输入会计信息系统，并保存在临时出库单、临时入库单文件中。

（2）审核。通过审核模块对临时入库单、临时出库单文件中的单据进行审核，审核无误后签字。

（3）记账和计算。通过记账模块用临时入库单、临时出库单文件更新存货结存文件、入库单文件、出库单文件。记账时可以根据存货档案文件中设置的每种存货核算方式（计划成本、实际成本）、每种存货的成本计算方法（先进先出、后进先出、加权平均、移动加权平均、个别计价法），以及相应的会计处理原则更新存货文件。

（4）期末处理。月末按不同的计算方法计算本月出库存货成本；进行结账，生成下月结存文件，并将本月结存数据作为下月期初数转移到下月结存文件等。

（5）自动转账。自动转账分为两部分：第一，存货子系统向总账子系统传递数据，即通过动态会计平台实现；第二，存货子系统向成本等其他子系统传递数据，系统从存货结存文件、入库单文件、出库单文件、费用统计标准分配文件等文件中提取数据，进行汇总并自动生成费用分配表等，通过标准接口传入相应子系统。

8.6 存货账表输出与存货分析

经过日常存货分析和期末处理后，存货子系统生成了各种存货账簿、各种报表、各种存货分析所需的数据，通过存货账簿输出与存货分析模块，会计信息系统便自动、高速、准确地按照用户的各种需求，输出存货核算和管理所需的各种账簿分析表。

8.6.1 账表输出

账表输出模块的功能是会计信息系统自动从存货档案文件、存货结存文件、入库单文件、出库单文件等文件中提取数据，经过加工，生成各种账表，如存货总账、明细账、存货结存明细账、入库汇总表、出库单汇总表、仓库汇总表、材料费用分配表等，并将其显示在屏幕上或从打印机输出。

8.6.2 存货分析

系统除了生成和输出各种存货账簿，还需要按照管理需要生成和输出各种存货分析报告，供存货分析使用。存货分析的内容可以根据企业核算和管理需要不断增加、完善。这里简单介绍存货分析的主要内容。

1. 超储短缺存货分析

超储短缺存货分析模块的功能是将存货结存文件的结存数量、结存金额与存货档案文件中的最高库存（或最低库存）进行对比、判断后，输出超储（或短缺）存货明细表，如表 8-5 所示。

表 8-5　超储存货明细表

年　月　日

存货编码	存货名称	结存数量	结存金额	超储数量	超储金额
合计					

2. ABC 成本分析

ABC 成本分析模块的功能是根据存货档案文件设置的存货 ABC 分类、系统生成的存货结存文件，自动对 A、B、C 类存货进行统计、分析，输出 A、B、C 各类以及全部分类的 ABC 成本分析报告，如表 8-6 所示。

表 8-6　C 类存货成本分析报告

存货名称	规格型号	数量/吨	数量比例/%	金额/元	金额比例/%	ABC 类别
A3 钢	100×200	148	0.02	2 222 000	8.59	C
20 号钢	直径 20 mm	95	0.01	114 000	4.41	C
合计						

3. 库存资金占用分析

库存资金占用分析模块的功能是根据仓库档案文件设置的资金定额（计划资金占用）、系统生成的存货结存文件等，计算机自动对各仓库进行统计、分析，输出库存资金占用分析报告，如表 8-7 所示。

表 8-7　××库存资金占用分析报告

仓库名称	计划资金占用额/元	实际资金占用额/元	较计划增长金额/元	增减百分数/%
材料一库	1 247 897	1 250 000	2 103	0.17
材料二库	1 000 000	1 900 000	900 000	90
合计				

通过分析可以看到，在 IT 环境下存货子系统远远超越了手工存货核算。这种超越表现在时间、空间和效率上。从时间上来看，存货核算从事后达到实时，如采用先进的存货成本计价法，从期末得到存货成本到实时得到存货成本；存货管理从静态走向动态，任何管理部门都可以了解存货动态信息。从空间上来看，在网络环境下，存货核算和管理从仓库走向全企业，销售部门工业部门、生产部门、财务部门等都可以在任何地方实时获取各种存货账表和分析报告。从效率上来看，计算机高速、快捷、准确地完成存货单据处理，获取各种账表、分析报告、各种存货汇总表等。

8.7 购销存各子系统之间的关系

购销存子系统是网络财务软件的重要组成部分，从本章前述内容可以看出，它突破了会计核算软件单一财务管理的局限性，实现了从财务管理到企业财务业务一体化管理，实现了财务信息对企业业务信息的实时、动态反映，真正实现了物流、资金流、信息流的三流合一。

8.7.1 从业务处理看各子系统之间的关系

在会计信息系统中，由于反映各部门工作内容的业务数据存放在不同的业务管理子系统中，部门间的沟通与联系是通过相关业务数据在不同的子系统之间的传递来实现的。购销存各业务子系统的数据关系如图 8-4 所示。

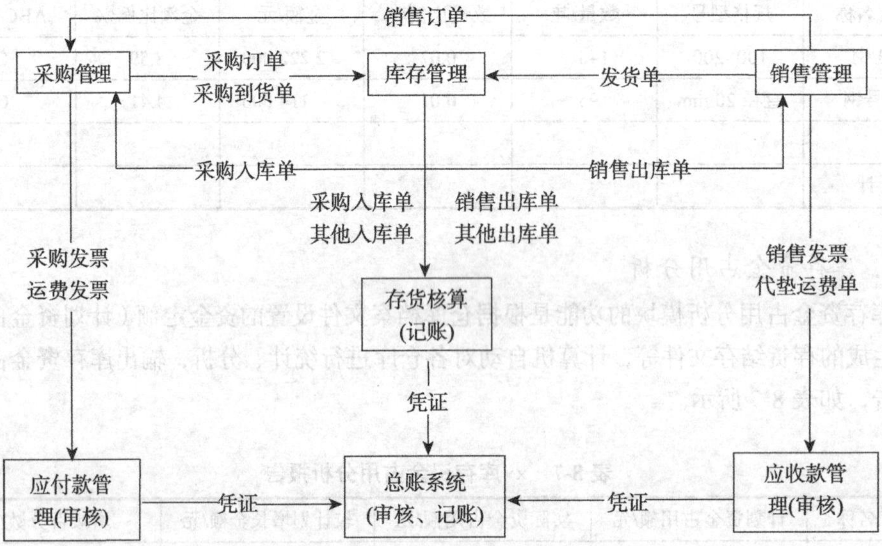

图 8-4 购销存各业务子系统的数据关系

从上述流程图可以看出，各子系统之间的关系如下。

（1）如果以销售订单为起点，首先在销售管理系统中编制销售订单，然后将订单传到采购管理系统中，采购部门据以编制采购订单。

（2）应付款管理系统接受采购管理系统中的采购发票业务单据，对其进行审核并据以生成记账凭证传递到总账。

（3）应收款管理系统接收销售管理系统中的销售发票业务单据，对其进行审核并据以生成记账凭证传递到总账。

（4）库存管理系统可以根据采购管理系统中已经审核的采购订单、采购发票等编制采购入库单，并对入库单进行审核；采购管理系统中可以查询采购入库单。

（5）库存管理系统根据销售管理系统的发货单自动生成（或参照生成）销售出库单，

并对其进行审核；销售管理系统中可以查询销售出库单。

（6）审核后的采购入库单、销售出库单在存货核算中记账，存货核算系统据以生成采购入库凭证、销售出库凭证传到总账。

（7）存货核算完成出入库业务的核算，库存管理系统完成出入库业务的管理，包括业务单据的编制与审核。应付款管理系统完成各种应付款的核算与管理以及付款业务的核算，应收款管理系统完成各种应收款的核算与管理以及收款业务的核算。

（8）所有的核算凭证最终都要传到总账，在总账生成相关的会计账簿。

8.7.2　从初始设置看各子系统之间的关系

为了完成数据在不同子系统之间的传递，需要设置相同的基础信息，包括部门档案、职员档案、客户分类、供应商分类、地区分类、客户档案、供应商档案、存货分类、计量单位、存货档案、会计科目、结算方式、仓库档案等。

对于库存管理和存货核算系统，除了上述基础信息相同之外，还应具有相同的存货期初数据，因此，如果在库存管理系统中已经输入了各个仓库存货的期初数据，则存货核算的期初数据无须再次输入，可以直接从库存管理系统获取，反之亦然，并且两个系统的期初数据应进行“对账”，以保证存货账簿的一致性。

另外，总账的有关应收、应付、存货等账簿数据应与各业务核算系统的账簿数据一致，因此，在应收款管理、应付款管理、存货核算系统中分别设置了与总账系统的对账功能，用于期初、期末账簿数据的核对。

本章小结

存货管理是采购管理与生产管理、销售管理的一个中间环节，存货管理子系统是会计信息系统中一个非常关键和重要的子系统。本章从存货管理与核算的需要出发，分析了存货管理子系统的特点和工作任务。在此基础上，进一步分析了存货管理子系统的业务流程和数据流程，并根据数据流程图，指出了存货管理子系统中应该设计的主要数据文件的主要内容、主要代码以及系统的功能结构。

存货管理子系统需要从数量和金额两个方面对存货进行核算，特别要指出的是，系统可以自动根据存货的计价方法确定存货的入库成本、出库成本和节余成本。存货管理子系统中常规的输入数据有各种入库单和出库单、盘点单等，主要需要进行的数据处理工作包括对各种出入库单据的记账处理、根据各种出入库生成相应的记账凭证、出入库调节业务以及采购业务的暂估处理等。

关键词汇

入库单（warehousing entry，WE）

出库单（delivery order，DO）

单据记账（accounting documents，AD）
出入库调节（in-out warehouse regulation，IOWR）
存货暂估（tentative estimation of inventory，TEOI）
业务流程分析（business process analysis，BPA）
初始设置（initial setting，IS）
数据编码设计（data coding design，DCD）
数据文件设计（data file design，DFD）
功能结构设计（functional structure design，FSD）
账表输出（account output，AO）
存货分析（inventory analysis，IA）

小组讨论

某空调批发公司销售空调的品种达 50 种左右，企业采购时，分别采购空调的室内机、室外机和空调的各种配件，空调销售时卖给顾客的是整台空调。在空调热卖的日子，一天销售出库达 500 多笔，采购入库两三笔，公司的经理随时要掌握库存的情况，以作出正确的采购与销售决策。库房与公司总部在同一大楼中，库管人员有两个。企业主要销售渠道是大商场，顾客在商场付款购买空调后，公司的信息员将此销售信息发回公司，公司在两三天后再为顾客进行安装，也就是说，企业把空调销售出去两三天后，才真正进行销售出库。

讨论：

（1）存货管理子系统应该为管理者提供几种库存信息？

（2）你认为在企业的库房必须有一台与企业其他部门联网的计算机吗？如果需要，此台计算机将要输入哪些单据？如何处理这些单据？这些单据是如何产生的？请设计一下这个企业进销存业务的票据流转过程。

（3）这个企业的存货需要成套件管理吗？

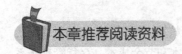

本章推荐阅读资料

扫描此码 深度阅读

第9章

其他业务核算与管理子系统

学习提要与目标

本章主要讲述了工资管理子系统、固定资产管理子系统、成本管理子系统。人力资源管理是企业会计信息系统的基本业务之一，其中对企业员工的业绩考评和工资的确定正确与否关系到企业每一个职工的切身利益，对于调动每一个职工的工作积极性、正确处理企业与职工之间的经济关系具有重要意义。由于人力资源的核算和管理还存在很多有待解决的理论问题，所以，目前常用的这类系统还是以企业工资核算和管理为主，附带提供其他有关人力资源的管理信息。固定资产在企业总资产中所占比重很大，通过对固定资产管理的要求及数据特点进行分析，得到固定资产管理子系统数据流程、系统内部结构和输入输出及数据处理的特点。成本管理子系统是根据企业制造流程的特点，选择适当的成本核算方法，计算产品的成本，包括各期完工产品和期末在制产品。

通过本章的学习，应能够：

- 掌握人力资源管理业务流程、资产管理业务流程和生产管理业务流程的主要特点和相应系统的功能结构与应用。
- 理解工资核算与管理、固定资产核算与管理、成本核算与管理的数据处理流程。
- 了解工资系统、固定资产系统和成本系统的特点、系统编码和数据文件的作用。
- 了解人力资源、资产、生产业务与财务一体化的应用。

9.1 人力资源管理与工资管理子系统

9.1.1 人力资源管理业务过程及目标

人力资源（human resource）管理业务流程是组织取得、保证与发展该组织所需的人力和专业知识的过程，其主要目标是保证向组织提供的人力能够高效地完成指派的任务。人力资源管理对企业的经营成功至关重要。人力资源的取得是获取/支付循环的一部分，但其控制和处理程序有其自身的特点，因此，通常将人力资源的各项管理活动作为一个独立的业务流程进行考察。

传统上，人力资源的管理职能被分散在组织的各个部门，人事部门负责员工的招聘、培训、评价和解聘等，会计部门负责计算和支付工资，其他业务职能部门如生产、销售等部门负责记录各自部门员工的工作情况。会计在人力资源管理流程中的工作重点集中在工资发放方面。

在当代经营环境中，人力资源是企业最有价值的资产。大众型组织均需建立人力资源管理系统（human resource management system，HRMS）。通常来说，人力资源管理系统包含两个相关的不同职能或子系统，即人事管理系统（personnel management system）和工资系统（payroll system）。人事管理系统被视为企业管理信息系统的一个子系统，而工资系统则被视为会计信息系统的一个子系统。

在企业应用计算机的初期，人事管理和工资核算往往分开处理。但是，随着计算机技术在企业管理中应用的普及，人事管理和工资处理正在被整合为一个人力资源管理系统，如图 9-1 所示。

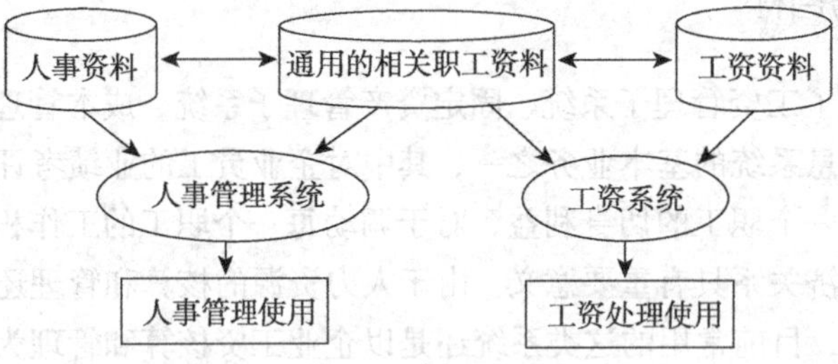

图 9-1　人力资源管理系统

9.1.2　工资核算与管理子系统概述

1. 工资管理子系统概述

1）工资管理子系统的主要功能

为企业提供工资核算和管理的有关信息，附带提供有关职工个人档案的基本资料。工资系统的应用可以减轻负责工资核算工作的员工的负担，通过自动提供工资扣发等多种功能，支持工资核算过程。

2）工资核算的主要工作

（1）编制职工工资单——职工工资的明细数据。

（2）生成工资汇总表——按工作岗位和工作性质进行汇总。

（3）编制记账凭证——进行账务处理和成本核算。

2. 工资管理子系统的构成模式和任务

1）工资管理子系统的构成模式

（1）将人力资源管理和工资管理结合在一起形成的人力资源管理子系统。

（2）在全面完成工资核算的基础上增加一些管理需要的职工个人基本档案资料的记录，以便根据人员管理的需要提供各种分析统计资料。

2）工资管理子系统的任务

（1）输入与职工工资有关的原始数据并计算职工的工资。原始数据包括各部门提供的职工劳动的数量和质量及考勤情况。

（2）汇总分配工资费用和计提职工福利费、劳动保险费等并生成相应的记账凭证。

（3）提供有关的工资统计分析数据。

（4）及时处理职工调入、调出、内部调动及工资调整数据。

9.1.3　工资管理子系统内部结构分析

1. 工资管理子系统的特点

首先，工资管理子系统原始数据量大，涉及的部门比较多。为提高原始数据输入的效率，可对输入数据进行分类，以便依据其特点，采用相应的输入方法。一般按工资数据变动频率的不同，可将其分为固定数据和变动数据两类。固定数据是指固定不变的数据和在较长时间内很少变动的数据，如参加工作时间、职工代码、姓名、基本工资等。变动数据是指每月都有可能发生变动的数据，这种变动可以是数值大小的变动，也可以是有无的变动，如病事假时间、某种不固定的津贴和代扣款项等。其次，工资管理子系统业务处理的时限性、准确性要求高。最后，工资管理子系统的核算方法简单，有很强的规律性和重复性。

2. 工资管理子系统的数据流程

在图 9-2 中，各部门的职责如下：人事等部门负责采集关于职工的基本情况数据、考勤记录和扣款数据记录；数据处理部门负责将人事等部门采集的数据输入计算机系统，进行工资计算、汇总、分配和转账等处理。

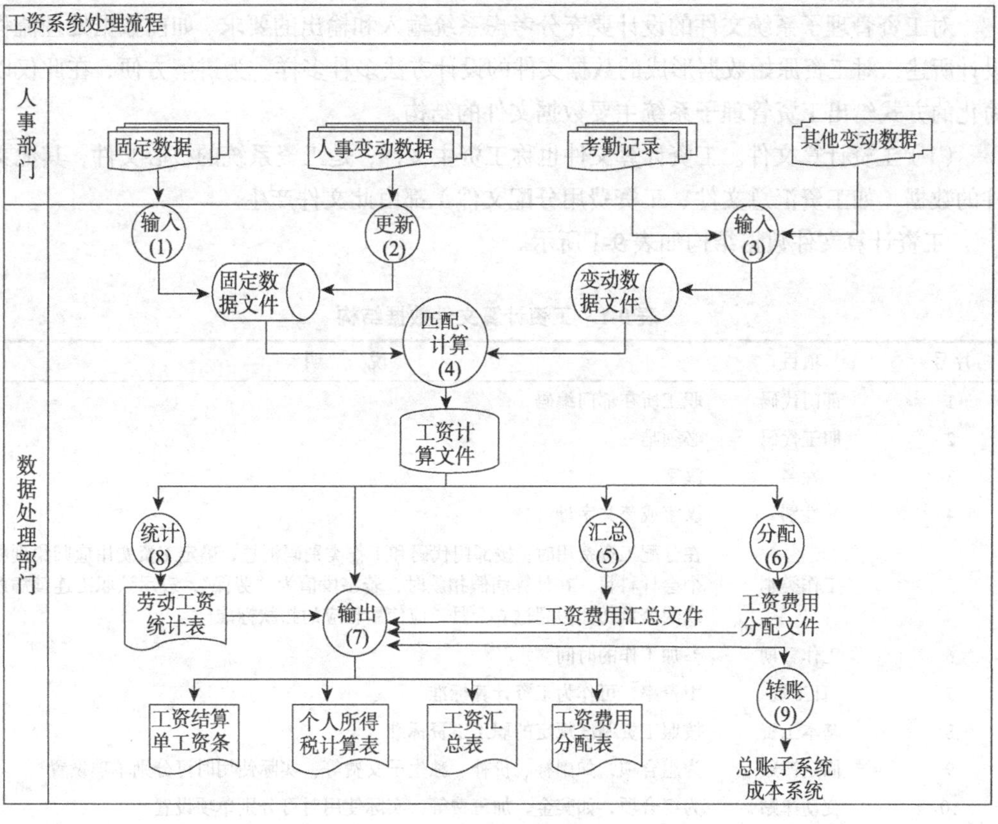

图 9-2　工资管理子系统处理流程

9.1.4 工资管理子系统的数据编码及数据文件设计

1. 工资管理子系统的代码设计

（1）职工个人编码：

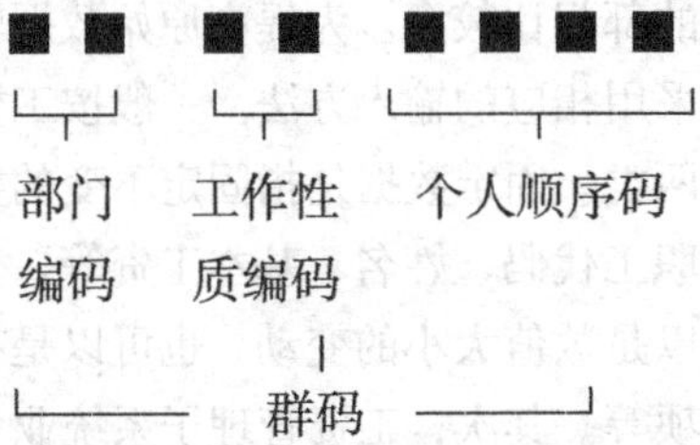

（2）辅助信息编码。

辅助信息编码如职工学历、职务、职称等，一般采用顺序码。特别需要注意的是，部门编码设置时应体现部门间的层次和统属关系。如：

01 ——基本生产 0101——×车间 010101——××班组

在不同科目中处理的数据必须分别编码。如基本生产部门、辅助生产部门、管理部门等分别编码；管理人员、生产人员、退休人员等分别编码。

2. 工资管理子系统的数据文件设计

对工资管理子系统文件的设计要充分考虑系统输入和输出的要求。如前数据处理流程设计所述，对工资原始数据形成的数据文件的设计方法多种多样。为讲解方便，在此仅以简化的方式给出工资管理子系统主要数据文件的结构。

（1）工资计算文件。工资计算文件也称工资主文件，是工资系统的核心文件，其他文件的数据（如工资汇总文件、工资费用分配文件）都由此文件产生。

工资计算文件数据结构如表 9-1 所示。

表 9-1 工资计算文件数据结构

序号	项目	说明
1	部门代码	职工所在部门编码
2	职工代码	必须唯一
3	姓名	汉字
4	性别	汉字或英文字母
5	工作类别	在分配工资费用时，按部门代码和工作类别码汇总，确定工资费用应归集到哪个会计科目，在计算病假扣款时，若字段值为“劳保”，表示该职工连续病假或因公负伤休假超过 6 个月，应使用相应的扣款标准
6	工作日期	参加工作的时间
7	日工资	工资率，可作为工资计算标准
8	基本工资	按照工资制度规定的职工工资标准
9	固定津贴	为组合项，如副补、价补、独生子女费等，实际使用时可分别单项设置
10	变动津贴	为组合项，如奖金、加班费等，实际使用时可分别单项设置
11	事假扣款	职工事假应扣款项

续表

序号	项目	说　明
12	病假扣款	职工病假应扣款项
13	事假天数	事假时间
14	病假天数	病假时间
15	应发工资	当月应当发放的职工工资
16	固定扣款	为组合项，如房租、托儿费等，实际使用时可分别单项设置
17	变动扣款	为组合项，如水费、电费等，实际使用时可分别单项设置
18	个人所得税	企业代扣代缴的职工个人所得税
19	实发工资	当月实际发放的职工工资

（2）工资费用汇总文件。工资费用汇总文件用来存放按各级工资发放单位汇总的工资数据，一个部门（班组或小组、车间或科室）一条记录。

工资费用汇总文件数据结构如表 9-2 所示。

表 9-2　工资费用汇总文件数据结构

序号	项目	说　明
1	部门代码	职工所在部门编码
2	职工人数	部门的人员合计数
3	基本工资	部门职工基本工资的合计数
4	固定津贴	部门职工固定津贴的合计数
5	变动津贴	部门职工变动津贴的合计数
6	事假扣款	部门职工事假扣款的合计数
7	病假扣款	部门职工病假扣款的合计数
8	应发工资	部门职工应发工资的合计数
9	固定扣款	部门职工固定扣款的合计数
10	变动扣款	部门职工变动扣款的合计数
11	个人所得税	部门职工应缴纳的个人所得税的合计数
12	实发工资	部门职工实发工资的合计数

（3）工资费用分配文件。每月月终要按工资费用的用途对工资费用进行分配（工资费用分配数据由工资计算文件数据产生，按照部门和工作类别进行应发工资项目汇总），形成工资费用分配文件，由该文件生成机制转账凭证，据以计算产品成本和登记账簿。

工资费用分配文件数据结构如表 9-3 所示。

表 9-3　工资费用分配文件数据结构

序号	项目	说　明
1	部门代码	职工所在部门编码
2	工作类别	职工所属的工作类别
3	科目代码	工资费用应计入的会计科目
4	应付工资	按部门和工作类别汇总的职工应发工资
5	福利费	按应付工资 14%计提的职工福利费
6	工会经费	按应付工资 2%计提的工会经费

9.1.5 工资管理子系统的功能结构设计

根据上述对人力资源管理业务流程中工资处理程序的分析，进行系统功能模块的设计。工资管理子系统功能结构设计如图 9-3 所示。

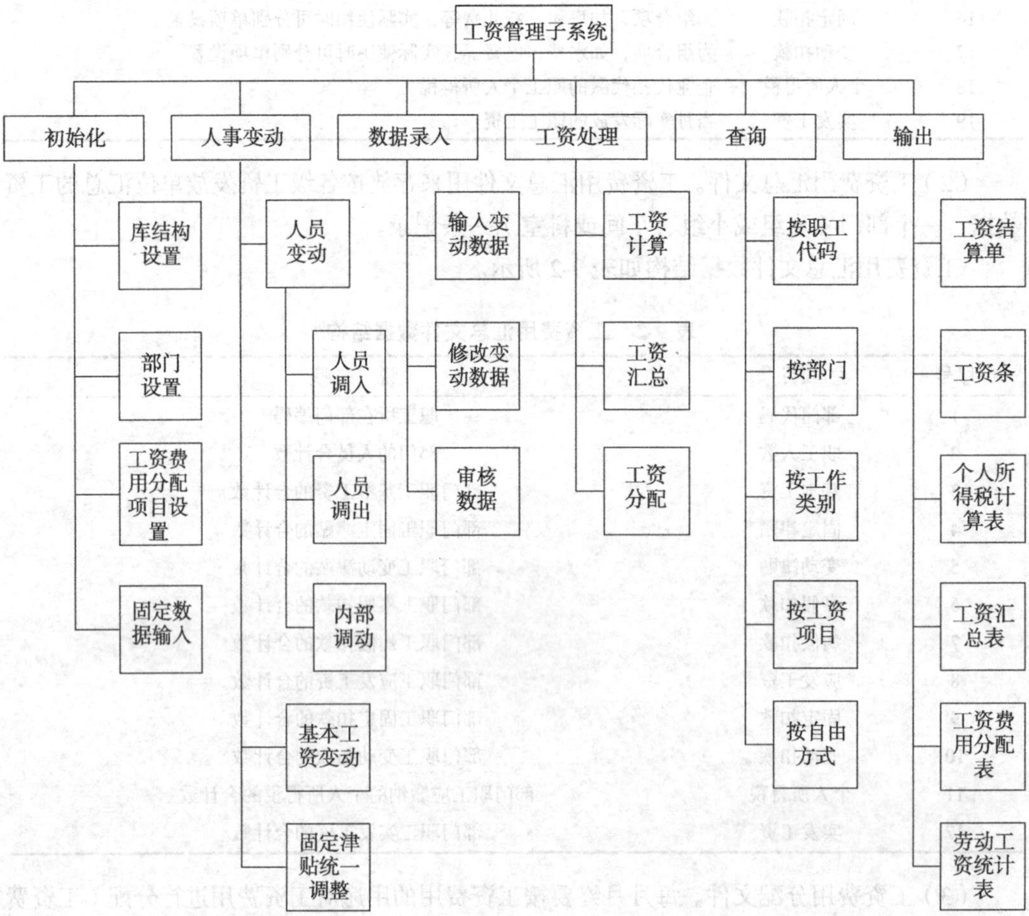

图 9-3　工资管理子系统功能结构设计

1. 系统初始设置

(1) 核算单位的建立。建立核算单位基本数据，包括核算单位编码、启用日期（本子系统的启用日期）、账务系统的路径（用于系统间的凭证传递）。特别需要注意的是，系统投入使用后这些参数一般不能进行修改。

(2) 工资项目的定义。工资项目的内容包括：序号或栏目、工资项目名称、每个工资项目的数据类型和数据长度。在设置工资项目数据时，特别要注意：考虑工资项目的先后顺序；数据长度要适宜，特别是对于系统已设置的项目应注意修改其数据长度；工资项目定义应保持相对的稳定性；参与计算的工资项目应定义为数值型数据。

2. 工资系统数据的输入

（1）工资数据的编辑——主要功能。

① 系统初次投入使用时对每个职工的各项工资数据的输入功能。

② 每月对变动的工资数据的修改编辑功能。

③ 快速查询任意职工的各种工资数据的功能。

（2）数据输入的快速操作——主要功能。

① 指定需要输入的某些工资项目。

② 成批替换某工资项目内容：通过设置公式将每一职工原来某一工资项数据加某元后替换该工资项的数据。

③ 按指定条件快速查找。

（3）职工工作调动的处理——两种情况。

① 调入、调出本单位：输入或删除调入、调出职工的基本工资数据，不保留调动数据。

② 单位内部各部门间调动，两种方法：一种是先在工资数据表原部门删掉该职工，再在新部门里增加；另一种是通过修改职工部门编码直接实现调动。

3. 工资的计算、汇总与分配

工资项目繁多，计算数据量大，而工资核算本身对准确性和及时性要求较高，所以设计时主要考虑的是计算技巧和运行速度。工资的计算和支付方法有多种，这里主要讨论计时工资。

（1）工资计算。原始数据输入后，就可以采用一定的计算方法计算职工个人的应发工资和实发工资。

（2）工资汇总。此模块是按财务要求和工资管理设立的，是财务部门向银行提取现金以发放工资的重要依据，将对各级组织（班组或小组、车间或科室、全厂）逐级进行工资汇总。工资汇总数据由工资计算文件中的工资数据计算、汇总取得。

（3）工资分配。此模块将企业每月发生的全部工资费用按工资费用的用途进行分配。月末根据工资计算文件进行工资分配，形成工资费用分配文件，同时生成工资分配业务的转账凭证。

4. 工资数据的处理

（1）工资数据的“扣零”。工资数据“扣零”步骤如下。

① 系统投入使用的第一个月，按设定的扣零条件截取扣零数据填入本月扣零字段。

② 下月初运行月份初始化功能，系统自动用本月扣零字段的值替换上月扣零字段值。

③ 将上月扣零字段值加上本月工资应扣零数后将整数部分合并到本月实发工资数中，尾数部分作为本月扣零填入本月扣零字段。

（2）票面分解处理——用于现金发放工资。

5. 工资数据的输出

（1）打印工资结算单。在会计信息系统环境下，工资结算单的打印份数根据需要确定，不受复写限制，其打印格式可以完全不按照手工的工资结算单格式，打印输出的内容也可作相应的调整，省去无须提供的项目，增加有用信息的输出。工资结算单如表 9-4 所示。

表 9-4　×××企业工资结算单

部门名称：　　　　　　　　　　　年　　　月　　　　　　　　　部门代码：

职工代码	姓名	基本工资	固定津贴	变动津贴	病假扣款	事假扣款	应发工资	固定扣款	变动扣款	个人所得税	实发工资	签章

实发工资合计：　　　　　　　　　职工人数：　　　　　　　　　领款签章：

（2）打印工资条。工资条的输出格式可以与工资结算单保持基本一致。所不同的是每个职工都要输出一条工资项目名称和一条职工数据，无须输出发放单位工资合计数、发放单位的职工人数及签章等项目。

（3）打印工资汇总表。工资费用要按班组或小组、车间或科室和全厂等三级组织逐级汇总，用内部表格形式打印输出。

（4）打印工资费用分配表。将工资费用汇总分配的结果，采用内部表格的形式打印输出。

9.2　资产核算与固定资产管理子系统

9.2.1　资产管理业务过程及目标

固定资产与存货同属实物资产，但固定资产在核算与管理上有其特殊性。在许多制造业企业中，固定资产在总资产中所占的比重较大，大额的固定资产购建会影响企业的现金流量，而固定资产的折旧、维修等费用是影响损益的重要因素。固定资产管理一旦失控，所造成的损失将远远超过一般的存货和流动资产。

与存货相比，固定资产单位价值高，变动不频繁，分散使用，管理难度较大。管好固定资产对于增加产品产量、提高产品质量、降低产品成本具有重要意义。

9.2.2　固定资产管理子系统概述

1. 固定资产的核算

（1）固定资产增加的核算。核算固定资产的增加包括确定固定资产的原值和填制有关凭证。

（2）固定资产折旧的核算。固定资产折旧的核算包括确定预计使用年限和预计残值及选择计提折旧的方法。

（3）固定资产修理及改扩建后的核算。

固定资产修理的核算——修理费的核算。

固定资产改扩建后的核算——工程支出的核算。

（4）固定资产投资和租出的核算。

（5）固定资产清理的核算——出售、报废、毁损的会计处理。

（6）固定资产清查的核算——盘盈、盘亏的处理。

（7）固定资产明细分类核算——设置固定资产卡片。

2. 固定资产的管理

固定资产管理的目的有以下两方面：①从资产使用效率这个角度，对固定资产进行管理，合理调配固定资产，挖掘固定资产潜力，减少闲置资产，及时处理不良固定资产；②从防止资产流失这个角度，对固定资产进行管理，必须定期对固定资产进行盘点。

9.2.3　固定资产管理子系统的内部结构分析

1. 固定资产管理子系统的特点

（1）数据量大、数据在计算机内保留时间长。首先，固定资产的数量多且每项固定资产都须保留详细的数据（固定资产卡片）。其次，固定资产的使用年限长，一般都超过一年。

（2）数据处理的频率较低。在会计信息系统日常的核算中，固定资产的增减变动数据，主要是指固定资产折旧的计提（每月一次）。

（3）数据处理方式较简单。

（4）数据综合查询和统计要求较强，数据输出主要以报表形式提供。

（5）系统需要提供灵活的证、表定义功能。

2. 固定资产管理子系统的数据流程

固定资产的业务处理流程主要包括固定资产的增加（如购置）、减少（如报废清理）、内部调动的核算与管理以及折旧的计提等，图 9-4 反映了固定资产管理子系统业务处理流程。

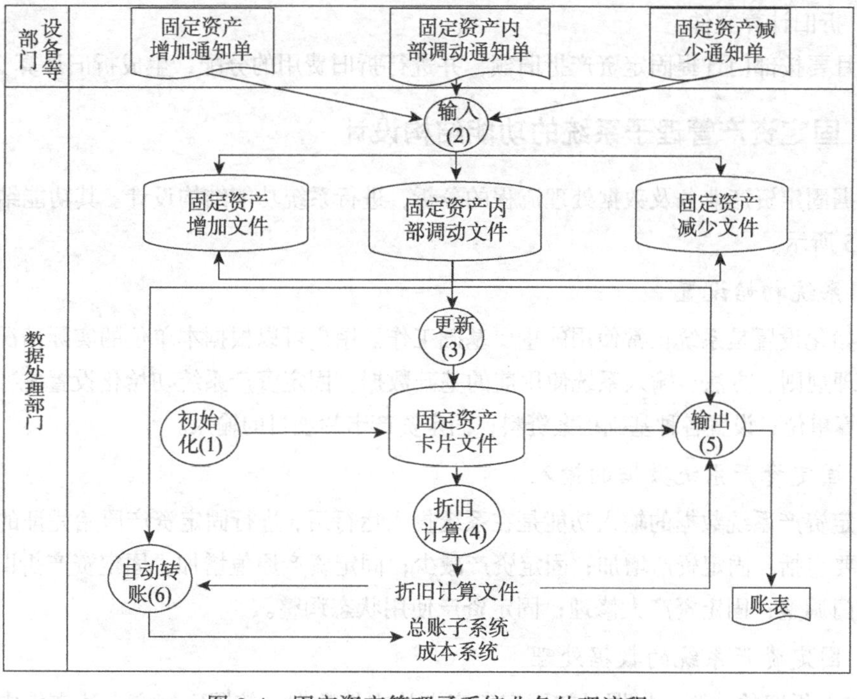

图 9-4　固定资产管理子系统业务处理流程

9.2.4 固定资产管理子系统的数据编码及数据文件设计

1. 固定资产子系统的代码设计

固定资产系统最主要的代码是固定资产代码。

2. 固定资产子系统的主要数据文件设计

1）固定资产卡片文件

固定资产卡片文件用来存储所有固定资产卡片数据，固定资产卡片文件数据反映了固定资产的实际状况。文件中的一项固定资产一条记录，记录中的字段详细反映固定资产的具体特征。从固定资产卡片文件中可以看出企业当前固定资产的最新存量。

2）固定资产增加文件

当企业通过某种方式获得一项新的固定资产时，需要填制固定资产卡片，并将卡片数据输入会计信息系统，生成固定资产增加文件。通过固定资产增加文件可以得知当期固定资产增量。

3）固定资产减少文件

当企业发生固定资产清理时，需要填制固定资产减少通知单，并将减少的固定资产数据输入会计信息系统，生成固定资产减少文件。通过固定资产减少文件可以看到固定资产减少的情况。

4）固定资产内部调动文件

当企业发生固定资产内部调动时，需要填制固定资产内部调动通知单，并将内部调动的固定资产数据输入会计信息系统，生成固定资产内部调动文件。

5）折旧计算文件

每月要按部门计提固定资产折旧额，并进行折旧费用的分配，生成折旧计算文件。

9.2.5 固定资产管理子系统的功能结构设计

根据固定资产业务及数据处理流程的分析，进行系统功能结构设计。其功能结构设计如图 9-5 所示。

1. 系统初始设置

初始化设置是系统正常使用的重要基础工作。用户可以根据本单位的实际情况，设置会计处理规则、方法，输入系统使用前的基础数据。固定资产系统初始化设置主要包括：建立核算单位；设置各种基础档案资料；固定资产卡片项目的输入。

2. 固定资产系统数据的输入

固定资产系统数据的输入功能是在系统投入运行后，进行固定资产原始凭证的日常输入，主要包括：固定资产增加；固定资产减少；固定资产原值增加；固定资产折旧方法、使用部门调整；固定资产大修理；固定资产使用状态调整。

3. 固定资产系统的数据处理

（1）折旧的计算。根据月初固定资产卡片文件数据，按固定资产卡片文件中定义的

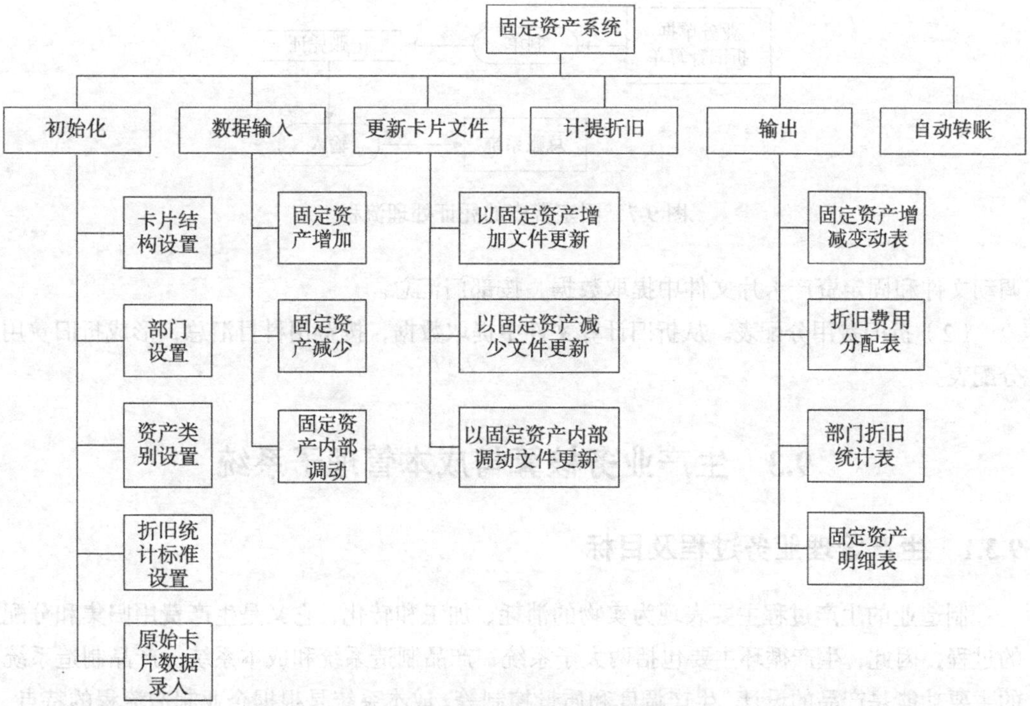

图 9-5　固定资产管理子系统功能结构设计

折旧方法（直线法、年数总和法、双倍余额递减法等），自动计算出应计提的折旧额，并按部门汇总，将计算结果保存在折旧计算文件中。

需要注意的是，按照会计制度的规定，折旧计提的依据是月初固定资产原值，所以，应以当月固定资产卡片文件更新前的数据作为计提折旧的基础。固定资产折旧处理流程如图 9-6 所示。

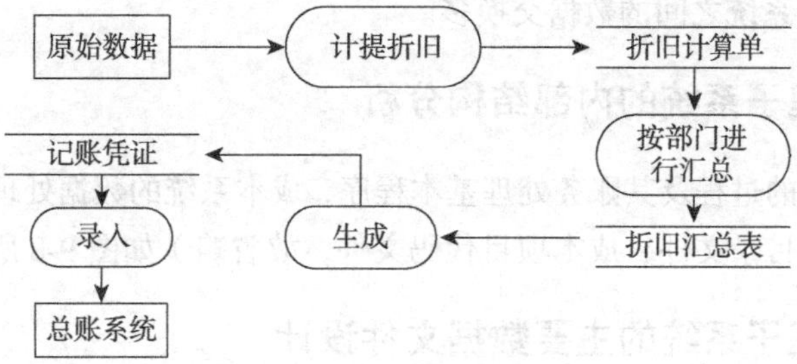

图 9-6　固定资产折旧处理流程

（2）固定资产卡片文件的更新。在会计期末，系统自动根据固定资产增加文件、固定资产减少文件及固定资产内部调动文件更新固定资产卡片文件数据。

（3）固定资产的凭证处理。系统根据日常处理中输入的各种业务单据及固定资产折旧单编制记账凭证并传递到总账系统。其凭证处理流程如图 9-7 所示。

4. 固定资产系统的数据输出

（1）固定资产增减变动表。从固定资产增加文件、固定资产减少文件、固定资产内部

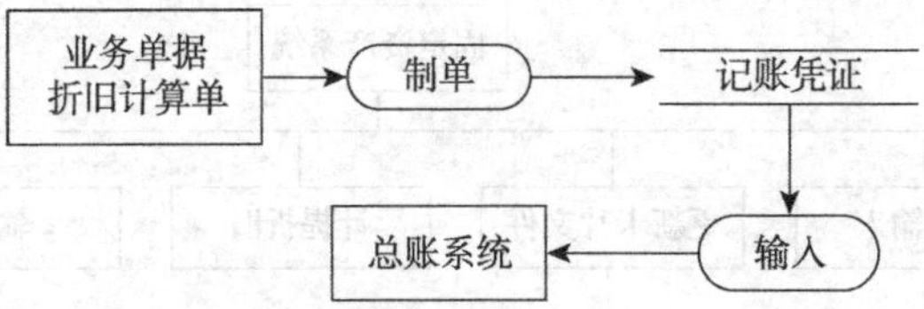

图 9-7　固定资产的凭证处理流程

调动文件和固定资产卡片文件中提取数据，按部门汇总。

（2）折旧费用分配表。从折旧计算文件中提取数据，按费用科目汇总，形成折旧费用分配表。

9.3　生产业务核算与成本管理子系统

9.3.1　生产管理业务过程及目标

制造业的生产过程主要表现为实物的消耗、加工和转化，它又是生产费用归集和分配的过程，因此，生产循环主要包括两大子系统：产品制造系统和成本系统。产品制造系统的主要功能是产品的设计、生产调度和质量控制等。成本系统是根据企业制造流程的特点，选择适当的成本核算方法，计算产品的成本，包括各期完工产品和期末在产品。

9.3.2　成本管理子系统的特点

与会计信息系统中的其他子系统相比，成本系统具有以下特点。

（1）成本核算的处理流程比较复杂。

（2）成本系统不易通用化。

（3）与其他子系统之间的数据交换多。

9.3.3　成本管理子系统的内部结构分析

基于成本计算的过程及其账务处理基本程序，成本系统的数据处理流程（部分文件是公用文件，如产品目录文件、成本项目代码文件，故省略）如图 9-8 所示。

9.3.4　成本管理子系统的主要数据文件设计

1. 产品产量及工时文件

产品产量及工时文件用于存储各个产品的实际产量和工时等数据，一种产品一条记录。

2. 直接费用文件

直接费用文件用于接收各个子系统传输来的直接费用，如直接材料、直接人工等。

3. 间接费用文件

间接费用文件用于接收各个子系统传输来的间接费用，如间接材料、间接人工、制造费用等。

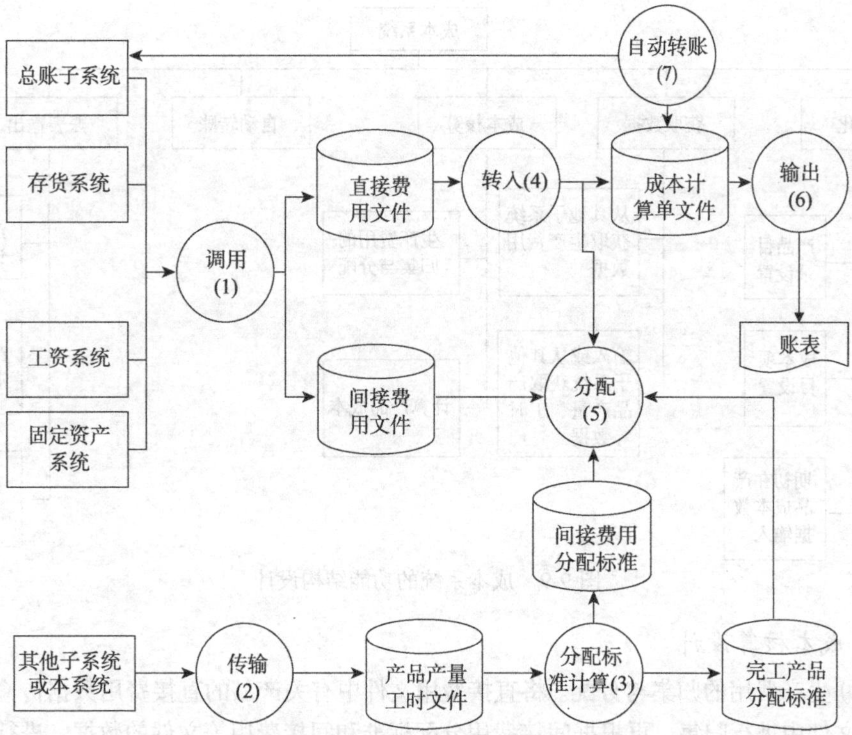

图 9-8　成本系统的数据处理流程

4. 间接费用分配标准文件

间接费用分配标准文件用于存储不同产品间接费用分配标准，用于间接费用在各产品之间的分配。

5. 完工产品分配标准文件

完工产品分配标准文件用于存储不同产品、不同成本项目的完工产品分配率，使生产费用在完工产品和在产品之间进行分配。

6. 成本计算单文件

成本计算单文件的作用。该文件用于存储产品的成本计算信息，是输出成本计算单的主要依据。

9.3.5　成本管理子系统的功能结构设计

根据上述对成本系统的数据流程分析，成本系统的功能结构设计如图 9-9 所示。

1. 系统初始设置

输入或从存货系统转入关于产品的基础信息，如产品代码、产品名称、计量单位等，并输入相应的定额信息，如材料定额、工时定额等，将上述数据保存在产品目录文件中。设置成本项目，将成本项目代码、成本项目名称保存在成本项目代码文件中。输入期初在产品成本数据，保存在成本计算单文件中。

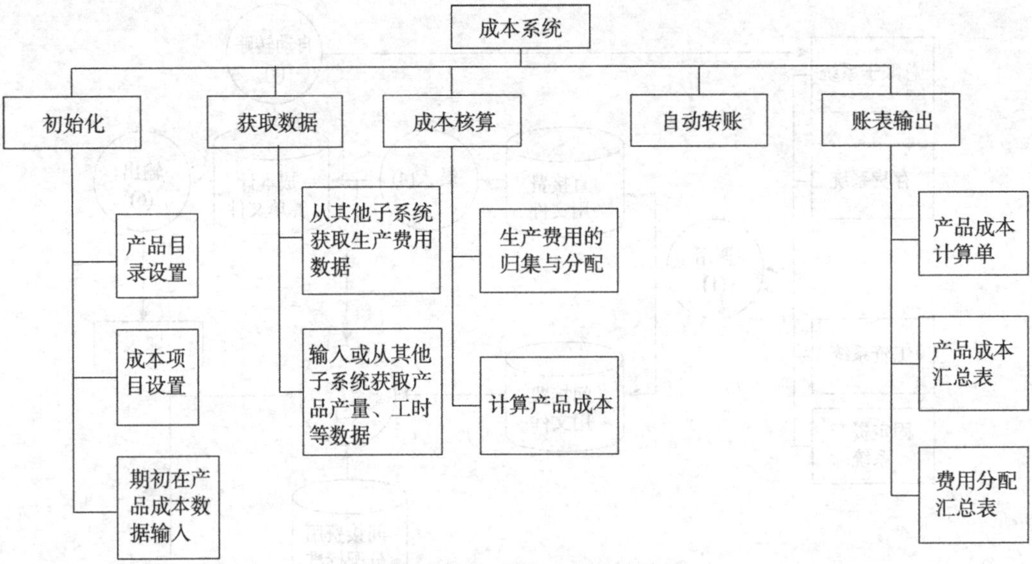

图 9-9 成本系统的功能结构设计

2. 成本核算设计

（1）生产费用的归集与分配。将直接费用文件中有关产品的直接费用数据传输到成本计算单文件中进行归集，再根据间接费用分配标准和间接费用等文件的数据，进行间接费用的分配，将分配结果传输到成本计算单文件。

（2）计算产品成本。根据成本计算单和完工产品分配标准等文件数据，进行完工产品和在产品之间的成本分配，计算完工产品的总成本和单位成本，分配的结果存入产品成本计算单文件中。

3. 自动转账设计

根据成本计算单、间接费用和间接费用分配标准、产品产量及工时文件等文件数据，自动编制结转完工产品成本的转账凭证，存入记账凭证文件，传输到总账子系统。

4. 输出设计

（1）产品成本计算单。根据成本计算单文件、产品目录文件和成本项目文件的数据编辑输出，反映每种产品按成本项目列示的成本信息。

（2）产成品成本汇总表。根据成本计算单文件、产品目录文件、成本项目文件、产品产量及工时文件数据编辑输出，反映企业当期所有产成品的成本信息。

9.4 人力资源、资产、生产业务与财务一体化

随着会计信息系统应用的发展，会计部门开发了更加完整的辅助会计工作的财务系统，如工资系统、固定资产系统、存货系统、成本系统、应收账款系统、应付账款系统等。企业除了在会计部门应用会计信息系统开展管理工作，企业中的其他部门也将会计信息系统应用到管理工作中，开发了适合各部门工作需要的业务系统，如人力资源管理系统、设备管理系统、生产管理系统、销售系统、采购系统等。

当经济业务发生时，各部门都应用会计信息系统进行业务处理。会计部门要对企业经济活动的全过程进行反映，采用会计核算方法跟踪经济业务的来龙去脉，并且要将原始凭证数据输入财务系统中，以进行账务处理。业务部门要将原始凭证输入业务系统中，以进行业务统计与管理。如果财务系统和业务系统都输入相同的数据，不但造成数据重复输入，浪费人力资源和计算机资源，而且由于对原始数据处理的时间不一致，在某一个时点上的数据处理结果也不一致，如果企业根据系统提供的信息进行决策，决策的结果就不可靠。

如果将财务系统和业务系统集成应用，当业务系统输入原始数据时，财务系统不再输入相同的原始数据，只需要与业务系统共享原始数据；也可以由财务系统输入原始数据，业务系统共享财务系统的原始数据。这样，就获得了填制记账凭证的数据来源，再通过原始凭证和记账凭证数据关系的定义，就可以自动生成记账凭证数据。数据的原始化程度越高，通过计算机程序的自动化处理，数据处理出错的概率就越小。

财务系统和业务系统的集成应用，实现了填制记账凭证的自动化。这种将财务系统与业务系统集成应用，共享原始数据并自动生成记账凭证数据的过程就是财务业务一体化。

从会计账务处理的角度来看，财务业务一体化的实质是实现记账凭证填制的自动化。财务业务一体化如图9-10所示。

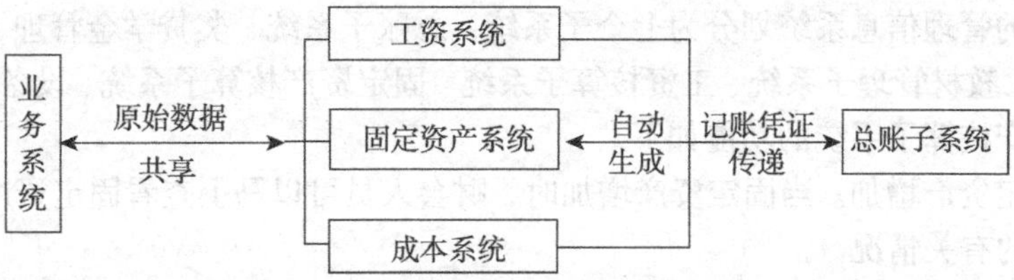

图9-10 财务业务一体化

本章小结

本章首先分析了工资管理子系统的特点和工作任务，着重分析了工资系统的流程数据、数据文件、主要代码的基本特点和结构及系统应该具有的功能结构。着重介绍了工资管理系统的初始设置，包括部门档案、职工类别档案、职工个人信息、工资项目、所得税计算等；系统的输入，主要是职工工资数据的输入；系统输出，包括各种明细和汇总的工资报表，并由按部门和职工类别汇总的工资数据形成记账凭证，传递到总账系统或成本核算系统，从而实现会计核算。然后介绍了固定资产管理子系统，固定资产的基础数据量大，为了正确地输入和便于进行数据分类汇总处理，需要对每一固定资产进行编码。固定资产编码由若干基本编码组成，编码的好坏直接影响会计信息系统数据处理的效率和输出管理信息的能力。为了细化固定资产的核算，无论采用哪种计提折旧方法，系统在计算折旧时都应该采用单台计算折旧的方法，以便根据企业的实际需要汇总和分配折旧费用。固定资产单价价值高，是企业的重要资产，需要重点管理。因此，不仅固定资产的清理需要进行详尽的记录，对淘汰的固定资产的原始记录也应保存，所以已淘汰固定资产的卡片不能简单删除而应在备查文件中保存。最后介绍了成本管理子系统数据文件设计和功能设计。

关键词汇

人力资源管理（human resource management，HRM）
工资核算（wage accounting，WA）
工资管理子系统（payroll control subsystem，PCS）
固定资产管理子系统(fixed assets management subsystem，FAMS)
生产成本子系统（production cost subsystem，PCS）
一体化（integration）
部门档案（department files，DF）
工资报表（wages report，WR）
成本核算系统（cost accounting system，CAS）
固定资产编码（fixed assets coding，FAC）
职工类别档案（staff category file，SCF）

小组讨论

某高校的管理信息系统划分为七个子系统：总账子系统、奖贷学金管理子系统、图书管理子系统、教材管理子系统、工资核算子系统、固定资产核算子系统、设备管理子系统。其中固定资产核算子系统的功能如下。

（1）固定资产增加。当固定资产增加时，财会人员可以马上查看固定资产数据库中此项固定资产的有关情况。

（2）固定资产报废。当固定资产报废时，财会人员可以马上查看固定资产数据库中此项固定资产的有关情况。

（3）固定资产折旧计提。当进行固定资产计提折旧账务处理时，财会人员可以马上查看固定资产数据库中此固定资产折旧计提的有关情况。

（4）固定资产信息查询、统计、打印。财会人员可以随时对固定资产的数量、金额、状态、年初结余、本期发生额、期末结存等信息进行查询、汇总统计、打印输出。

讨论：

（1）固定资产核算子系统应当具备哪些基本功能？

（2）固定资产核算子系统如何与单位的设备管理系统及总账子系统集成应用？

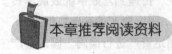

本章推荐阅读资料

扫描此码　深度阅读

第 10 章

会计报表处理子系统

学习提要与目标

会计报表处理子系统是任何会计信息系统不可缺少的重要组成部分。由于财务会计报告的编制过程重复而且有很强的规律性，所以在一般的会计软件中都提供了报表系统或会计报表模块，以帮助使用者及时、方便地编制需要的各种财务会计与管理会计报告。

通过本章的学习，应能够：

- 掌握会计报表系统中的基本概念。
- 掌握会计报表格式及报表公式。
- 理解会计报表系统的主要特点与基本功能及应用。
- 了解会计报表系统与其他子系统之间的关系。

10.1　会计报表处理子系统概述

财务会计报告是会计信息系统的最终产品。会计信息系统的重要功能之一就是在日常核算的基础上，按照会计规范和信息使用者的要求编制财务会计报告。会计报表是财务会计报告的主要组成部分，是会计信息系统的最终输出结果。

不同于会计信息系统的其他子系统，会计报表系统并非对经营交易或事项的直接处理，而是侧重于系统输出或信息生成，即加工和报告由其他子系统处理产生的资料与信息。

10.1.1　会计报表概述

按照会计报表的服务对象(报送对象)，可以分为对外的会计报表和对内的管理报表；按照会计报表反映财务活动方式的不同，可以分为静态会计报表和动态会计报表；按照会计报表编制范围的不同，可以分为个别会计报表和合并会计报表；按照会计报表的编报时间，可以分为月报、季报和年报；按照会计报表的编制单位，可以分为单位报表和汇总报表；按照会计报表的主从关系，可以分为基本报表和附属报表等。按照我国现行会计制度和《中华人民共和国公司法》的规定，企业的会计报表主要包括资产负债表、利润表、现金流量表以及附注说明。我们主要从会计报表服务对象的角度，对会计报表进行论述。

1. 对外的会计报表

在企业日常核算中，企业所发生的各项经济业务都已经按照一定的会计程序和方法进行了连续、系统的反映，企业在一定时点的财务状况和一定期间的经营成果在日常会计记录中已经得到了反映。但这些日常核算资料数量巨大且比较分散，缺乏系统性，企业的会计信息使用者无法直接利用这些分散的会计资料来分析评价企业的财务状况和经营业绩，并据以作出正确决策。因此就有必要对日常的会计核算资料加以整理、分类、调整、汇总，编制成相应会计报表，以表格、数字和附带文字说明的形式向有关方面提供全面、综合的会计信息。换言之，会计报表的编制过程，就是对有关会计信息进行集中、整理和再加工的过程。更明确地说，会计报表是会计凭证数据的汇总。

2. 对内的管理报表

企业根据内部管理和考核的需要，要编制对内的管理报表。对内管理报表与对外会计报表的主要区别表现为以下几点。

（1）对外的会计报表格式固定，而对内的管理报表格式不固定。

（2）对外的会计报表是会计核算的结果，数据来源于会计凭证，这些数据都是实际发生的数据。而对内的管理报表，数据不单来自会计凭证，也可来自其他的业务单据；不但包含实际发生的数据，而且包括预算的数据。

（3）对外的会计报表的主体是企业，而对内的管理报表的主体可能是企业，也可能是企业下属的各个单位。

（4）对外的会计报表的报送时间是固定的，而对内的管理报表的报送时间根据企业的需要而定。

3. 会计报表的作用

会计报表的重要作用主要有以下几个。

（1）会计报表是与企业有经济利害关系的外部单位和个人了解企业的财务状况和经营成果，并作出重要决策的重要依据。

（2）会计报表是国家经济管理部门进行宏观调控和管理的信息源。

（3）会计报表提供的经济信息是企业内部加强和改善经营管理的重要依据。

10.1.2 会计报表软件简介

目前，国内会计报表软件众多，其制作方法归纳起来可分为以下三类。

1. 专用会计报表软件

专用会计报表软件是系统或行业为特定需要设计开发的报表软件，它将会计报表的种类、格式和编制方法固定在程序中。采用固定报表设计的软件，通常是开发单位自己使用、自己维护，根本没有考虑或很少考虑通用性的问题，因此不能成为商品化软件。

2. 通用会计报表软件

通用会计报表软件采用接近财会人员工作习惯的非过程的或引导式对话方法定义报表的格式和表内数据的生成方式。根据现有系统数据，如账簿数据库，向用户提供利用已有数据库定义报表的功能，用户无须使用计算机高级语言编制程序，就可以生成需要的报表，即通过报表定义，实现报表处理的通用。虽然目前国内流行的通用会计报表软件很多，但系统定义过于抽象复杂、系统体积过于庞大、部分功能不适用，或用户难以增加需要的功能等问题依然普遍存在，在实际使用中影响了账务处理子系统和会计报表子系统的衔接。然而，通用会计报表软件对会计软件商品化的推进作用是不可否认的，随着通用会计软件开发的不断成熟，这些缺陷将逐渐被克服。

3. 电子表软件

现在流行的电子表软件有 Excel，lotus 等。电子表并不完全是为处理会计业务设计的，它是一种纯粹的表处理系统，只要工作中有表，就可以使用电子表软件进行表处理。所以电子表早已进入办公室，为办公自动化发挥了巨大的作用。电子表软件提供了非常强大的运算功能和编辑功能，有一个很大的函数集，并且可以方便地进行表间运算；将表格和表中数据视为一体，避免了通用会计报表软件报表格式和表内数据分别定义的烦琐，表内数据更可在表内、表间按需要移动。电子表还有图形功能，可以将表中数据以图形的方式表现出来，增加报表分析的直观度。使用电子表软件同样具有账务处理子系统与会计报表子系统数据的衔接问题，而且要加强对报表数据直接进行编辑修改的控制。

10.1.3　会计报表系统的基本概念

通用会计报表系统处理报表数据的思路与传统手工方式一致，即首先编制会计报表的格式，然后进行数据的收集、处理，最后生成会计报表。但是，会计报表系统对会计报表管理的方式却与传统手工方式有较大差异，由此形成了以下一些新的概念。

1. 报表的结构

一般而言，根据会计报表结构的复杂程度，可以将会计报表分为简单表和复合表两类。

（1）简单表。简单表是由若干行和列组成的报表，如资产负债表、利润表、现金流量表等。

（2）复合表。复合表是由多个简单表组合形成的报表，它可以由简单表嵌套形成，也可以由多个简单表拼合而成，常见于企业的内部管理用会计报表。表 10-1 所示为主要产品单位成本表，它是复合表的一个实例。

表 10-1　主要产品单位成本表

编制单位：×××公司　　　　年　　月　　日　　　　单位：元　　表头

<table>
<tr><td>产品名称</td><td colspan="3"></td><td colspan="8">本月实际产量</td></tr>
<tr><td>规格</td><td colspan="3"></td><td colspan="8">本年累计实际产量</td></tr>
<tr><td>计量单位</td><td colspan="3"></td><td colspan="8">销售单价</td></tr>
<tr><td>成本项目</td><td>行次</td><td colspan="2">历史先进水平</td><td colspan="2">上年实际平均</td><td colspan="2">本年计划</td><td colspan="2">本月实际</td><td colspan="2">本年累计实际平均</td></tr>
<tr><td>直接材料
直接工资
制造费用</td><td>1
2
3</td><td colspan="2"></td><td colspan="2"></td><td colspan="2"></td><td colspan="2"></td><td colspan="2"></td></tr>
<tr><td>合计</td><td>4</td><td colspan="2"></td><td colspan="2"></td><td colspan="2"></td><td colspan="2"></td><td colspan="2"></td></tr>
<tr><td>主要技术经济指标</td><td>计量单位</td><td>用量</td><td>金额</td><td>用量</td><td>金额</td><td>用量</td><td>金额</td><td>用量</td><td>金额</td><td>用量</td><td>金额</td></tr>
<tr><td>A材料
B材料
工时</td><td></td><td></td><td></td><td></td><td></td><td></td><td></td><td></td><td></td><td></td><td></td></tr>
</table>

制表：　　　　复核：　　　　负责人：　　　　表尾

对表 10-1 进行分析可知，该复合表是由 3 个简单表组合而成的，上方的表反映产品的名称、产量、单价等信息；中间的表反映产品在各种情况下的成本项目数据；下方的表反映构成该项产品的主要技术经济指标。

比较两类表可以看出，复合表的结构比简单表复杂得多，在处理上不如简单表那样方便，但由于目前会计软件的报表系统中已广泛应用 Excel 技术，从而使对复合表的处理也变得简便易行。总之，无论是简单表还是复合表，报表的格式和项目一般固定不变，而其中的数据却随着时间的不同而不断变化。

2. 报表的格式

报表格式构建起一张报表的基本框架。在会计报表处理系统中，所谓报表格式实质上是一个保存在计算机中的模板，使用这个模板可以无限复制相同格式的表格供用户使用。无论简单表还是复合表，其报表格式一般包括三个基本要素，即表头、表体和表尾。不同单位、不同行业、不同地区、不同内容和不同时间的各种报表其区别就表现在这几部分上的不同。

（1）表头。表头主要用来描述报表的标题、编制单位名称、编制日期、计量单位等内容，其中编制日期随着时间改变，其他内容则每期固定不变。

（2）表体。表体是一张报表的核心，它是报表数据的主要表现区域，是报表的主体。表体由报表栏目名称、报表项目名称和报表数据单元组成。其中，报表的栏目名称定义了报表的列。有的报表栏目比较简单，只有一层，称为基本栏，如资产负债表等简单表；而有的报表的栏目却比较复杂，分若干层次，即大的栏目下分若干小栏目，小栏目下再分更小的栏目，这种栏目称为组合栏，如主要产品单位成本表等复合表。报表项目名称定义了报表的行。报表数据单元由表体中除报表的栏目名称和报表项目名称之外的横向表格线和纵向表格线形成的若干方格组成，这些方格用于填写表中的数据，这些方格称为基本表单元（简称表元）。表元是组成报表的最小基本单位，每一个表元都可以用它所在的列坐标和行坐标来表示，通过行和列可以找到二维表中的任何位置的数据，通常将确定某一表元位置的要素称为“维”。

（3）表尾。表尾是表体以下进行辅助说明的部分，还包括编制人、审核人等内容。

3. 报表公式、报表文件和关键字

（1）报表公式。在会计报表系统中，报表的格式和报表的数据是分开处理与管理的。其中报表的格式起着说明数据的经济含义和管理数据的作用，一般固定不变。而报表数据则起到反映相应经济指标大小的作用，会因时间的不同而变化。在使用会计信息系统进行报表编制时，表中数据一般不由手工从键盘输入而是通过设置所谓报表单元公式，由计算机根据公式从指定的文件中调取。这些单元公式就是报表公式的一个最主要的构成部分。

（2）报表文件。在会计报表系统中，报表文件是报表系统中存储数据的基本单位，它以文件的形式存储在计算机的存储器中。报表系统中的打开、关闭、保存等命令都是根据报表名字进行处理的，如以“资产负债表”作为一个报表文件的名字。各个不同的报表系统有不同的扩展名。

（3）报表关键字。所谓关键字，就是在对三维电子表进行操作时，在多个表页间起到对表页进行定位、辨识作用的一类特殊的标识。在一个报表文件中，可能会有若干张表结构相同，如一年的资产负债表，只有依靠关键字才能在若干报表中准确地找到想要找的表页及表单元，进而对其进行相应的操作。例如，单位编号、单位名称、年份、季度、月份、日等均可作为报表系统中的关键字。报表关键字实际上是一个计算机的取值函数，通常是在报表格式设置中进行设置。

10.1.4　会计报表系统的处理流程和主要功能

1. 会计报表系统的处理流程

编制会计报表是会计工作的目标之一，会计报表的编制过程具有很强的规律性。在手工条件下，会计报表编制的基本过程可分为三个步骤：一是设计并绘制表格及有关说明文字；二是查阅账簿内容、计算并填写数据；三是根据数据间的钩稽关系检查数据的正确性。尽管目前大部分表是由上级部门统一设计并印制好的固定格式报表，但从总体来看这一基本步骤仍然是存在的。手工方式报表编制流程如图 10-1 所示。

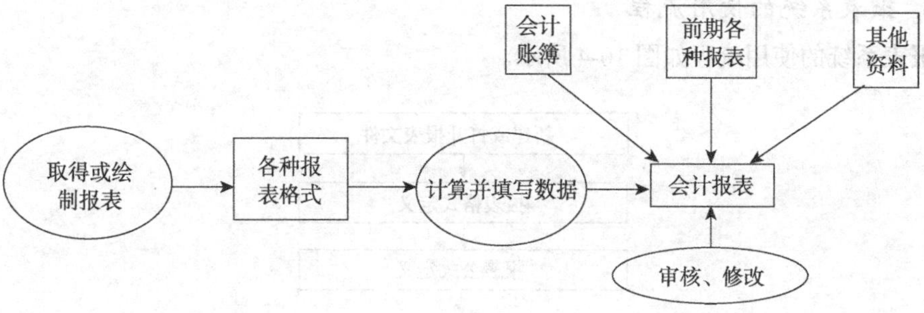

图 10-1　手工方式报表编制流程

在会计信息系统条件下，报表系统编制报表的基本处理流程与手工并没有什么大的区别，但是每一个步骤的具体工作方法却大不相同。报表系统编制报表的工作流程可分为以下四个步骤，即新建或打开报表文件、报表格式及公式设置、报表编制和报表输出。其流程如图 10-2 所示。

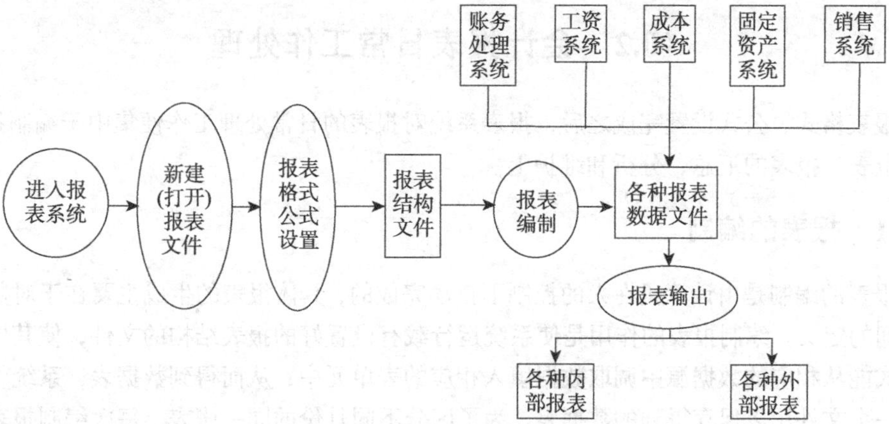

图 10-2　报表系统编制报表流程

2. 报表系统的主要功能

报表系统的主要功能包括新建或打开报表、报表格式设计、报表公式设计、报表编制、报表钩稽关系检查、报表汇总合并传输、报表分析、报表输出、系统服务等。其功能结构如图 10-3 所示。

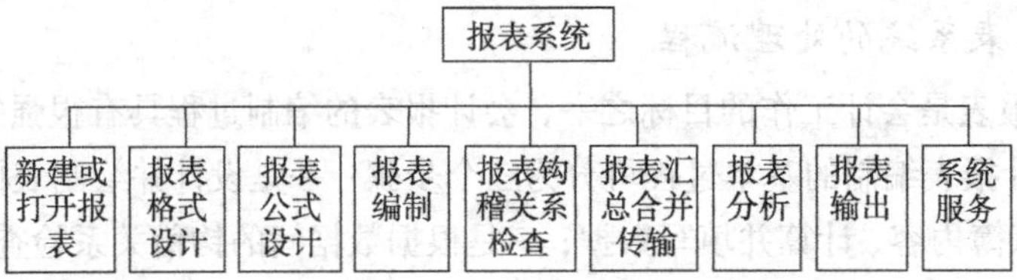

图 10-3　报表系统功能结构

3. 报表系统的使用流程

报表系统的使用流程如图 10-4 所示。

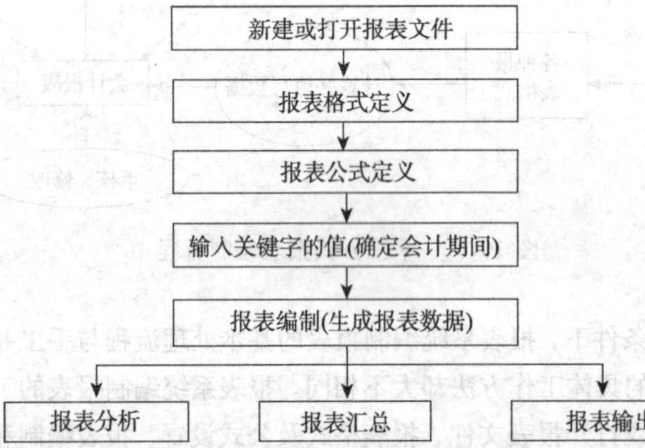

图 10-4　报表系统的使用流程

10.2　会计报表日常工作处理

报表格式、公式设置完成之后，报表系统对报表的日常处理工作便集中于编制报表，输出报表，报表的汇总、分析和维护上。

10.2.1　报表的编制

报表的编制是由计算机在人的控制下自动完成的，具体报表的生成主要在于对数据取值期间的定义。编制报表的作用是使系统运行载有设置好的报表结构的文件，使其中的运算公式能从相应的数据源中调取数据填入相应的表单元中，从而得到数据表，系统将自动生成一个文件用以保存得到的数据表。为了区分不同月份的同一张表，每次编制报表前系统都将要求用户输入编制日期（关键字），然后，系统按照用户输入的编制日期从总账或其他业务系统调用数据，编制当前报表。如当月的表已存在，系统将要求用户确认是否重编。如果用户重新编制，则新编的表将覆盖已存在的旧表。因此，如果用户修改过表格式或表公式，则必须重新将该报表编制一遍，以得到按新结构生成的报表。

注意，对会计报表的数据进行修改要视具体情况而定，不属于报表编制方法问题的修改，应通过记账凭证进行调整，如果确属编制方法的问题，则通过报表数据来源的重新定义进行修改，不能对报表数据直接修改。

10.2.2　报表输出

通过对会计报表的编制，在系统内部生成了各种会计报表数据库文件，但生成的数据库文件难以直观地反映出各种会计报表的内容，不便于报表使用者阅读，而且直接输出会计报表库文件也不利于会计档案的保存。因此，必须对生成的会计报表进行输出加工，以输出合乎规范、便于阅读、通俗易懂的会计报表。

报表系统输出报表的方式主要有以下两种。

1. 屏幕显示输出

这种输出主要用于用户检查报表设置和编制是否正确、查询输出结果。

2. 打印输出

将编制出来的报表以纸介质的形式打印输出。

10.2.3　会计报表的汇总

通用会计报表系统的报表汇总功能是指结构相同、数据不同的两张报表经过简单叠加生成一张新表的功能。汇总会计报表一般有两种，具体表述如下。

1. 同一报表不同时期的汇总

把同种报表不同期间的数据存放在一个报表文件中，对这些报表汇总，实际上是对按照统一格式管理的多张表页进行立体方向的叠加，其目的是得到某一期间的汇总数据。用户只要使用报表系统提供的报表汇总命令，报表系统就会自动进行汇总，并生成汇总报表。

2. 不同单位两种报表的汇总

不同单位两种报表的汇总，主要用于总公司下属分公司有关报表的叠加，或者用于上级主管部门的下属单位的有关报表的叠加。

需要注意的是，报表汇总功能不能用于编制合并报表，这是因为合并报表是集团公司汇总总公司及下属各单位的会计报表的数据，以反映全公司的综合财务状况。合并时需要将各子公司之间的内部往来、内部投资等数据进行抵扣，而不是各子公司报表的简单叠加。编制合并报表必须使用具有编制合并报表功能的软件。进行报表汇总时，需要进行汇总的报表（编好的数据表）必须已经存在，且各表的结构必须相同。

10.2.4　报表的维护

报表的维护是报表系统的一项基本功能，报表维护的基本功能有报表删除、报表备份、报表恢复、报表结构复制等。

10.3 会计报表的分析

会计报表是根据全体使用者的一般要求设计的，并不适合特定报表使用者的特定要求。报表使用者要从中选择自己需要的信息，重新排列，并研究其相互关系，使之符合特定决策要求，即会计报表分析。

10.3.1 会计报表分析的方法

分析会计报表首先要对各项经济指标的数量变动和之间的数量关系进行分析。进行数量分析时，常使用以下基本技术分析方法。

1. 比较分析法

比较分析法即通过各项指标不同数量的比较揭示各项指标之间的数量关系的分析方法。这种分析方法的作用在于，了解企业生产经营活动的成绩，找出差距，发现问题，为进一步分析原因、寻找潜力找出方向和线索。比较分析法应用比较广泛。

2. 比率分析法

比率分析法即通过计算、比较经济指标的比率，确定相对数差异的分析方法。这种分析方法可以把某些不同条件下不可比的指标变成可以比较的指标，以利于进行分析比较。

3. 趋势分析法

趋势分析法即根据一个企业连续数期的会计报表，比较各期的有关项目金额，以揭示当期财务状况和经营情况增减变化的性质及趋向。趋势分析法对较长时期的各会计期间会计报表各相关项目的分析与解释，有很大的好处。

4. 预算分析法

预算分析法即对预算完成情况的分析，是财务分析的一个重要的组成部分。主要用于考核企业各职能部门在一定期间预算的执行情况，以利于及时发现潜在的问题，保证预算的顺利实施，实现企业预期的经营目标。预算分析主要包括按照企业各职能部门的具体会计科目核算数据与预算数据的比较分析。

5. 因素替换法

因素替换法又称连环代替法，即通过顺序替换各个因素的数量，来计算各因素变动对经济指标影响程度的分析方法。这种分析方法具有计算条件的假定性、因素替换的人为性和计算程序的连环性等特点。

6. 关联图分析法

关联图分析法即根据分析报表间各项指标的相互关系制成关联结构图，以反映各指标的联系。如杜邦图，根据资产负债表和利润表项目之间的关系，通过计算相关比率，绘制各经济指标关联图，反映指标之间的联系。

10.3.2 会计报表分析的数据来源

会计报表分析是财务管理的重要组成部分，其基本功能是将大量的报表数据转换成对特定决策有用的信息。会计报表分析的主要数据来源于以下几方面。

（1）会计报表系统现成的数据。

（2）总账子系统的数据。

（3）其他子系统的数据。

（4）会计信息系统以外的数据。

会计报表分析数据的流程如图 10-5 所示。

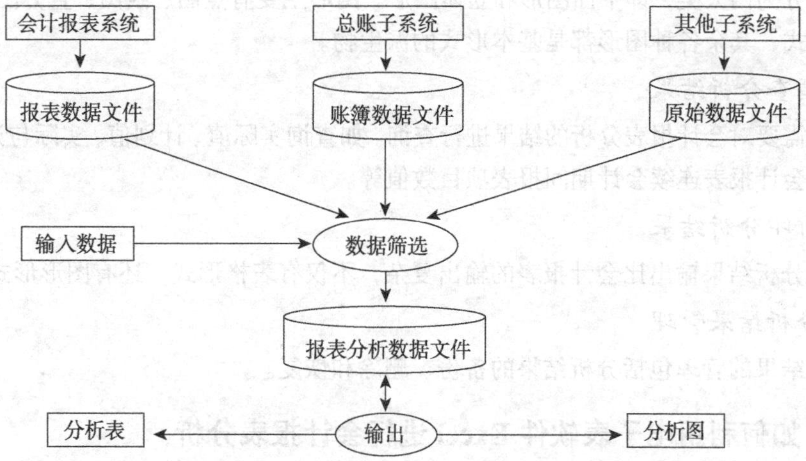

图 10-5　会计报表分析数据的流程

10.3.3　会计报表分析的功能设计

以计算机为数据处理工具进行会计报表分析，应具备以下功能。

1. 定义分析指标

进行会计报表分析，首先要确定分析指标，即要分析的项目。在实际工作中，分析指标很多，但不一定都要用到。用户要根据实际需要，按照系统的提示，选择设置自己需要的分析指标。如果会计报表分析数据以表或关联图的形式表现，则分析表或关联图格式的设计和定义应比照会计报表格式的设计和定义进行。

2. 定义分析指标数据来源

和定义会计报表的数据来源一样，要确定分析指标数据的来源公式。分析指标的数据来源有两类：一类是会计报表数据，辅之以会计账簿和会计凭证资料，这类数据从会计报表系统本身及账务处理子系统获得；另一类是从系统外部获取的辅助信息，如计划数据、预算数据、标准数据等。当报表分析需要这类数据时，系统还要设置输入功能，以便接收这些数据。表明报表分析数据来源的公式包括子系统之间数据或系统内部数据的传递公式和分析指标之间数据关系的计算公式。

3. 生成分析数据

由已定义的报表数据来源公式，经计算得到分析指标项目数值，填入分析表中指定的位置。

4. 生成分析图形

分析图形有比较直观、醒目、易理解等特点，在会计报表分析中早已普遍使用。分析图形实际上是表的延伸，它反映的仍然是分析表中的数据，只不过表现形式不同而已，一张分析表可以有几种图形表示方式。在手工条件下，制图比较复杂，而且不太准确，又没有色彩。计算机处理复杂问题的准确性及彩色图形处理功能，为图形应用带来了广阔的前景。

图形分为两大类，即平面图形和立体图形。图形主要有点图、线图、直方图和饼图四种基本形式，其余各种图形都是基本形式的派生物。

5. 调查分析结果

根据需要对会计报表分析的结果进行查询。如查询实际值、计划值、实际与计划差异，查询同种会计报表连续会计期间报表项目数值等。

6. 打印分析结果

报表分析结果输出比会计报表的输出复杂，不仅有表格形式，还有图形形式。

7. 分析结果管理

分析结果的管理包括分析结果的备份、删除和恢复。

10.3.4　如何利用电子表软件 Excel 进行会计报表分析

利用电子表软件 Excel 对会计信息重新组合，主要步骤如下。

1. 建立工作表

直接在 Excel 的工作窗中建立工作表并调用会计软件生成的数据库文件生成工作表。

2. 数据分析

工作表内与工作表间的数据分析时运用表内数据按照一定的公式进行计算，以产生各种分析和决策所需的数据。

3. 图形分析

进行图形分析要经过以下步骤。

（1）选取绘图数据，数据区域可由一个或若干个表元组成，可以是整个工作表，也可以是工作表的一部分，被选取的单元块内容作为绘制图形的内容。

（2）选择图形类型。

（3）根据系统提示生成图形。

10.4　账表一体化应用

会计报表系统和其他子系统之间的数据关联如图 10-6 所示。

通过总账子系统和会计报表系统的集成应用，实现了编制会计报表的自动化。这种将总账子系统和会计报表系统集成应用，根据总账子系统账簿数据自动生成会计报表数据的过程就是账表一体化。

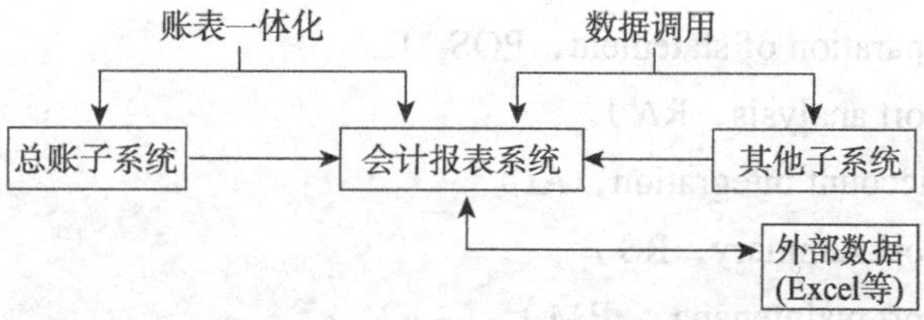

图 10-6　会计报表系统与其他子系统之间的数据关联

从企业编制对外报送的会计报表的角度来看，由于会计报表编制的数据来源是总账子系统中的账簿数据，所以，编制对外报送的会计报表必须有总账子系统的支持。当经济业务发生时，总账子系统通过填制凭证、审核凭证、记账等处理，生成会计账簿数据，成为会计报表数据处理来源。所以，在总账子系统进行会计科目设置时，就需要考虑到会计报表编制的要求，以便在业务处理时进行适当的分类。如果总账子系统不能正确、完整地处理会计业务，会计报表系统将不能提供符合会计信息质量要求的会计报表信息。

从企业编制内部管理所需的会计报表的角度来看，企业内部管理用会计报表的格式和内容不像对外报送的会计报表那样规定性强，而是根据用户对管理问题的分析而构造的报表。用户可以采用自定义的方法，利用目前应用的各子系统中的数据，通过自定义报表的格式和数据来源，生成用户需要的管理会计报表。

从会计报表分析的角度来看，会计报表分析是将大量的报表数据转换成对特定决策有用的信息，所以，会计报表分析除了对主要会计报表进行数据处理，还需要对报表的主要项目数据进行详尽的分析，对会计报表项目数据进行正确的解释和说明，因此，还需要总账子系统以外的其他子系统数据的支持。也可以将会计报表系统的数据输出到 Excel 或从 Excel 引入数据进行报表分析。

本章小结

编制财务会计报告是会计处理程序的终点，信息使用者可以通过财务会计报告及时了解企业的财务状况、经营成果和现金流量等会计信息，所以，报表处理子系统是任何会计信息系统不可缺少的重要组成部分。由于财务会计报告的编制过程重复而且有很强的规律性，所以一般的会计软件都提供了报表系统或会计报表模块，以帮助使用者及时、方便地编制需要的各种财务会计报告。本章以常用的会计软件提供的报表系统为基础，先介绍报表系统的相关概念、处理流程和主要功能；然后阐述报表系统的初始化工作，包括建立报表文件、报表格式及公式的设置；还介绍了报表系统的日常处理工作，包括编制报表、输出报表、汇总和分析报表以及维护报表。

关键词汇

报表文件（report file，RF）
报表格式（report format，RF）
报表公式（report formula，RF）

报表编制（preparation of statement，POS ）
报表分析（report analysis，RA）
账表一体化（account integration，AI）
报表汇总（report summary，RS）
报表维护（report maintenance，RM）
财务状况（financial status，FS）
经营成果（operating results，OR）
现金流量（cash flow，CF）

小组讨论

宝钢 9672 整体产销系统在各种业务信息产生的同时，自动派生财务信息。在数据关系上，体现了企业管理信息系统以财务系统为中心的理念，实现了财务系统与其他子系统的高度集成。会计信息基本实现了自动收集，并实现了自动抛账和数据、信息交换的自动化，大大提高了宝钢会计、成本的核算质量与效率，缩短了结账周期与时间，目前宝钢会计报表出报时间已缩短了三天。

宝钢 9672 整体产销系统是一个集生产管理、销售管理、会计核算为一体的企业信息管理系统，生产管理系统、销售管理系统产生的业务信息通过会计凭证模板设置，自动转换为会计凭证，不仅大大地节省了人力，而且大大地缩短了会计信息产生的时间。

讨论：

在这个案例中，提到了宝钢会计报表出报时间已缩短了三天，请分析一下这三天时间是如何节省出来的？

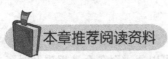

本章推荐阅读资料

扫描此码　深度阅读

第11章

会计信息系统内部控制与审计

学习提要与目标

为了确保会计信息系统的安全、可靠和有效，企业需要加强内部控制，同时由独立的、有资格的IT审计师对以计算机为核心的信息系统进行IT审计。会计信息系统的控制和审计是当前环境下会计人员的一项重要职责。

通过本章的学习，应能够：

- 理解信息系统审计的相关概念。
- 了解信息系统审计步骤和审计内容。
- 了解COSO内部控制框架和企业风险管理框架。
- 掌握常用的信息系统审计工具和技术。
- 掌握一般控制和应用控制内容及要求。
- 掌握会计信息系统的一般控制和审计。
- 掌握会计信息系统的应用控制和审计。
- 掌握信息系统审计准则的主要框架和内容。

11.1　内部控制概述

11.1.1　内部控制的发展

内部控制是指在内部牵制的基础上，由企业管理人员在经营管理实践中创造，经审计人员理论总结而逐步完善的自我监督和自行调整体系，在其漫长的产生和发展过程中，大体经历了萌芽期、发展期和成熟期三个阶段。

1. 萌芽期——内部牵制

内部控制作为一个专用名词和完整概念，直到20世纪30年代才被人们提出、认识和接受。但在此前的人类社会发展史中，早已存在内部控制的基本思想和初级形式，这就是内部牵制（internal check）。例如，在古罗马时代，对会计账簿实施的“双人记账制”——某笔经济业务发生后，由两名记账人员同时在各自的账簿上加以登记，然后定期核对双方账簿记录以检查有无记账差错或舞弊行为，进而达到控制财物收支的目的，是典型的内部牵制措施。纵观该时期的内部牵制，它基本是以查错防弊为目的，以职务分离和账目核对为手法，以钱、账、物等会计事项为主要控制对象。

2. 发展期——内部会计控制与内部管理控制

1934 年美国《证券交易法》首先提出了“内部会计控制系统”(internal accounting control system) 的概念，其中，指出证券发行人应设计并维护一套能为下列目的提供合理保证的内部会计控制系统。

（1）交易依据管理部门的一般和特殊授权执行。

（2）交易的记录必须满足 GAAP（一般公认会计准则）或其他适当标准编制财务报表和落实资产责任的需要。

（3）接触资产必须经过管理部门的一般和特殊授权。

（4）按适当时间间隔，将财产的账面记录与实物资产进行对比，并对差异采取适当的补救措施。

为了赋予内部控制一个准确完整的定义，美国审计程序委员会（CAP）下属的内部控制专门委员会经过两年研究，于 1949 年发表了题为《内部控制、协调系统诸要素及其对管理部门和注册会计师的重要性》的专题报告，对内部控制首次作出了如下权威定义：内部控制是企业所制定的旨在保护资产、保证会计资料可靠性和准确性，提高经营效率，推动管理部门所制定的各项政策得以贯彻执行的组织计划和相互配套的各种方法及措施。该定义在 1953 年和 1972 年分别进行了修订。

3. 成熟期——内部控制结构和内部控制整体架构

美国注册会计师协会（AICPA）的文献界定了会计控制概念，而公司的经理创立并在实践中运用着管理控制概念，这两个概念形成鲜明的对照。如果对这两种关于内部控制的不同解释同时并行这一事实视而不见，那么任何设计内部控制系统的企图都是短视的，同时也是徒劳的。于是，人们提出了内部控制结构和整体架构的概念。

11.1.2 内部控制的定义

1. 第一个具有权威性的定义

1953 年 10 月，美国审计程序委员会发布了《审计程序公告第 19 号》(CAP No.19)，对内部控制作了如下划分：“广义地说，内部控制按其热点可以划分为会计控制和管理控制：①会计控制由组织计划和所有保护资产、保证会计记录可靠性或与此有关的方法和程序构成；会计控制包括授权与批准制度；记账、编制财务报表、保管财务资产等职务的分离；财产的实物控制以及内部审计等控制。②管理控制由组织计划和所有者提高经营效率、保证管理部门所制定的各项政策得到贯彻执行或与此直接有关的方法和程序构成；管理控制的方法和程序通常只与财务记录发生间接的关系，包括统计分析、时动研究、经营报告、雇员培训计划和质量控制等。”

1972 年美国注册会计师协会对会计控制又提出并通过了一个较为严格的定义：“会计控制是组织计划和所有与下面直接有关的方法和程序：（1）保护资产，即在业务处理和资产处置过程中，保护资产免遭过失错误、故意致错或舞弊造成的损失；（2）保证对外界报送的财务资料的可靠性。”

1972 年，美国审计准则委员会（ASB）《审计准则公告》的制定者，循着《证券交易法》的路线进行研究和讨论，在第 1 号公告（SAS No.1）中，对管理控制和会计控制提出并通过了今天广为人知的定义。

（1）内部会计控制。会计控制由组织计划以及与保护资产和保证财务资料可靠性有关的程序和记录构成。会计控制旨在保证经济业务的执行符合管理部门的一般授权或特殊授权的要求；经济业务的记录必须有利于按照一般公认会计原则或其他有关标准编制财务报表以及落实资产责任；只有在得到管理部门批准的情况下，才能接触资产；按照适当的间隔期限，将资产的账面记录与实物资产进行对比，一旦发现差异，应采取相应的补救措施。

（2）内部管理控制。管理控制包括但不限于组织计划以及与管理部门授权办理经济业务的决策过程有关的程序及其记录。这种授权活动是管理部门的职责，它直接与管理部门执行该组织的经营目标有关，是对经济业务进行会计控制的起点。

上述内部控制定义的演变反映出两个重点：①当前注册会计师在开展其审计工作时所运用的会计控制概念，是一种纯技术的、专业化的、适用范围具有严格规定性的、防护色彩很浓的概念，它的主要宗旨是预防和发现错弊；②自审计程序委员会于 1949 年提出第一个内部控制定义起，人们为完善该定义作出了不懈的努力，以至于今天的内部控制定义与 1949 年的定义有天壤之别。

2. 内部控制结构（internal control structure）

1988 年 4 月美国注册会计师协会发布的《审计准则公告第 55 号》（SAS No.55），规定从 1990 年 1 月起以该公告取代 1972 年发布的《审计准则公告第 1 号》。该公告首次以“内部控制结构”一词取代原有的“内部控制”一词，而且公告提出的内部控制结构内容比以前更为实在，条理更加清楚。该公告的颁布和实施可视为内部控制结构理论研究的一个新的突破性成果。它指出：“企业的内部控制结构包括为合理保证企业特定目标的实现而建立的各种政策和程序”，并且明确了内部控制结构的内容，具体如下。

（1）控制环境。所谓控制环境是指对建立、加强或削弱特定政策和程序效率发生影响的各种因素。具体包括：管理者的思想和经营作风；企业组织结构；董事会及其所属委员会，特别是审计委员会发挥的职能；确定职权和责任的方法；管理者监控和检查工作时所用的控制方法，包括经营计划、预算、预测、利润计划、责任会计和内部审计；人事工作方针及其执行、影响本企业业务的各种外部关系。

（2）会计系统。会计系统规定各项经济业务的鉴定、分析、归类、登记和编报的方法，明确各项资产和负债的经营管理责任。健全的会计系统应实现下列目标：鉴定和登记一切合法的经济业务；对各项经济业务按时进行适当分类，作为编制财务报表的依据；将各项经济业务按适当的货币价值计价，以使其列入财务报表；确定经济业务发生的日期，以便按照会计期间进行记录；在财务报表中恰当地表述经济业务以及对有关内容进行披露。

（3）控制程序。控制程序指管理当局所制定的用以保证达到一定目的的方针和程序。包括下列内容：经济业务和经济活动的批准权；明确各个人员的职责分工，防止有关人员对正常业务图谋不轨并隐藏错弊。其中，职责分工包括指派不同人员分别承担批准业务、记录业务和保管财产的职责；凭证和账单的设置与使用，应保证业务和活动得到正确的记载；对财产及其记录的接触和使用要有保护措施；对已登记的业务及其计价要进行复核。

3. 内部控制整体架构（internal control-integrated framework）

1992 年，美国“反对虚假财务报告委员会”（National Commission on Fraudulent Reporting）所属的内部控制专门研究委员会发起机构委员会（Committee of Sponsoring Organizations of the Tread Way Commission，COSO 委员会），在进行专门研究后提出专题报告：《内部控制——整体架构》（*Internal Control—Integrated Framework*），也称 COSO 报告。经过两年的修改，1994 年 COSO 委员会提出对外报告的修改篇，扩大了内部控制涵盖范围，增加了与保障资产安全有关的控制，得到了美国审计署（General Accounting Office，GAO）的认可。与此同时，AICPA 则全面接受 COSO 报告的内容，于 1995 年据此发布了《审计准则公告第 78 号》（SAS No.78），并自 1997 年 1 月起取代了《审计准则公告第 55 号》。COSO 报告指出：内部控制是一个过程，受企业董事会、管理当局和其他员工影响，旨在保证财务报告的可靠性、经营的效果和效率以及现行法规的遵循。它认为内部控制整体架构主要由控制环境、风险评估、控制活动、信息与沟通、监督五项要素构成。

11.1.3 内部控制的局限性

一般而言，内部控制的局限性主要表现为以下几个方面。

（1）如果企业内部行使控制职能的管理人员滥用职权、蓄意营私舞弊，即使具有设计良好的内部控制，也不会发挥其应有的效能。

（2）如果企业内部不同职务的人员相互串通作弊，与此相关的内部控制就会失去作用。

（3）如果企业内部行使控制职能的人员素质不适应岗位要求，也会影响内部控制功能的正常发挥。

（4）企业实施内部控制的成本效益问题也会影响其效能。控制环节越多，控制措施越复杂，相应的控制成本也就越高，同时也会影响企业生产经营活动的效率。因此，在设计和实施内部控制时，企业必然要考虑控制成本与控制效果之比。当实施某项业务的控制成本大于控制效果而产生损失时，就没有必要设置控制环节或控制措施，这样某些小错弊的发生就可能得不到控制。

（5）内部控制一般都是针对经常而重复发生的业务而设置的，而且一旦设置就具有相对稳定性，因此如果出现不经常发生或未预计到的经济业务，原有控制就可能不适用，临时控制（如实行专门的审批、报告和执行程序来处理临时性或突发性业务）则可能不及时，从而影响内部控制的作用。

11.1.4 企业风险管理框架

1. 企业风险管理框架的新概念

自 1992 年美国 COSO 委员会发布 COSO 报告以来，该内部控制框架已经被世界上许多企业所采用，但理论界和实务界纷纷对内部控制框架提出一些改进建议，强调内部控制框架的建立应与企业的风险管理相结合。

新的企业风险管理框架就是在 COSO 报告的基础上，结合《萨班斯-奥克斯法案》（*Sarbanes-Oxley Art*）在报告方面的要求，进行扩展研究得到的。普华永道的项目参与者认为，新报告中有 60%的内容得益于 COSO1992 年报告所做的工作。但由于风险是比内部控制更为广泛的概念，因此，新框架中的许多讨论比 1992 年报告的讨论要更为全面、深刻。此外，COSO 委员会在其风险管理框架讨论稿中也说明，风险管理框架建立在内部控制框架的基础上，内部控制则是企业风险管理必不可少的一部分。

概括地看，相对于内部控制框架而言，新的 COSO 报告新增加了一个观念、一个目标、两个概念和三个要素，即“风险组合观”“战略目标”“风险偏好”和“风险容忍度”的概念以及“目标制订”“事项识别”和“风险反应”要素。出于对应风险管理的需要，新框架还要求企业设立一个新的部门——风险管理部。

（1）风险组合观（an entity level portfolio view of risk）。企业风险管理要求企业管理者以风险组合的观点看待风险，对相关的风险进行识别并采取措施使企业所承担的风险在风险偏好的范围内。对企业内每个单位而言，其风险可能落在该单位的风险容忍度范围内，但从企业总体来看，总风险可能超过企业总体的风险偏好范围。因此，应从企业总体的风险组合的观点来看待风险。

（2）战略目标。内部控制框架将企业的目标分为经营、财务报告和合法性目标。企业风险管理框架也包含三个类似的目标，但是其中只有两个目标与内部控制框架中的目标相同，财务报告目标的界定则有所区别。内部控制框架中的财务报告目标只与公开披露的财务报表的可靠性相关，而企业风险管理框架中的报告目标的范围有很大的扩展，该目标覆盖了企业编制的所有报告。此外，企业风险管理框架比内部控制框架增加了一个目标——战略目标，该目标的层次比其他三个目标更高。企业的风险管理既应用于实现企业其他三类目标的过程中，也应用于企业的战略制定阶段。

（3）风险偏好（risk appetite）。针对企业目标实现过程中所面临的风险，风险管理框架对企业风险管理提出风险偏好和风险容忍度两个概念。从广义上看，风险偏好是指企业在实现其目标的过程中愿意接受的风险的数量。企业的风险偏好与企业的战略直接相关，企业在制定战略时，应考虑将该战略的既定收益与企业的风险偏好结合起来，目的是要帮助企业的管理者在不同战略间选择与企业的风险偏好相一致的战略。

（4）风险容忍度（risk tolerances）。风险偏好的概念是建立在风险容忍度概念基础上的。风险容忍度是指在企业目标实现过程中对差异的可接受程度，是企业在风险偏好的基础上设定的对相关目标实现过程中所出现差异的可容忍限度。在确定各目标的风险容忍度时，企业应考虑相关目标的重要性，并将此与企业风险偏好联系起来。

（5）风险管理要素。企业风险管理框架新增了三个风险管理要素——“目标制订”“事项识别”和“风险反应”。此外，针对企业将管理的重心移至风险管理，风险管理框架更加深入地阐述了其他要素的内涵，并扩大相关要素的范围。

2. 企业风险管理框架的主要内容

COSO 委员会发布企业风险管理框架的目的与当初发布内部控制框架的目的相似，都是由于实务界存在对统一的概念性指南的需要。COSO 委员会希望新框架能够成为企业董事会和管理者的一个有用工具，用来衡量企业的管理团队处理风险的能力，并希望该框架能够成为衡量企业风险管理是否有效的一个标准。

（1）企业风险管理的定义。企业风险管理是一个由企业的董事会、管理层和其他员工共同参与的，应用于企业战略制定和企业内部各个层次、各个部门的，用于识别可能对企业造成潜在影响的事项并在其风险偏好范围内管理风险的，为企业目标的实现提供合理保证的过程。这是一个广义的风险管理定义，适用于各种类型的组织、行业和部门。该定义直接关注企业目标的实现，并且为衡量企业风险管理的有效性提供了基础。

（2）风险管理目标和要素。企业的风险管理框架包括四类目标和八要素。四类目标分别是战略目标、经营目标、报告目标和合法性目标。八要素是内部环境、目标制订、事项识别、风险评估、风险反应、控制活动、信息和沟通、监督，是企业实现各类目标的保证，它们相互之间存在直接的关系。新的风险管理框架还强调在整个企业范围内实行风险管理。

11.2　会计信息系统的一般控制

会计信息系统控制可以根据控制目的不同分为预防性控制、检查性控制和纠正性控制，还可以按照控制手段分为手工控制和程序化控制，按照控制的具体对象分为一般控制和应用控制。一般控制和应用控制是相互支持的。一般控制着重于对整体环境的控制，而应用控制着重于对其中具体环节的控制。接下来的两节将重点介绍一般控制和应用控制的内容与方法。一般控制的内容包括组织控制、操作控制、硬件控制、软件控制、数据安全控制、人员安全控制等。

11.2.1　组织控制

组织控制主要指采取职能分离、合理分工等手段保证计算机化的会计信息系统运营正常。企业可以通过与会计信息系统计算机部门和用户部门职能以及计算机部门内部不同职能的分离来实现会计信息系统的组织控制。

1. 计算机部门和用户部门职能的分离

（1）用户部门的职能。用户部门依然负责业务的授权、产生、执行、记录、资产的保管等。用户部门内部的职能分离基本上与手工系统相同。

（2）计算机部门的职能。计算机部门负责计算机信息系统的建立、使用和管理。当然，在建立一个新的会计信息系统或者对现有会计信息系统进行修改时，需要用户部门的积极参与。

（3）用户部门和计算机部门之间的关系。

① 计算机部门根据用户部门的需要进行数据的处理。

② 用户部门也可以将已经产生的原始数据进行整理并转化为计算机可读的形式，然后传递给计算机部门。

③ 计算机部门只能根据用户部门的要求进行数据的输入、处理和输出，而不能自行增加、修改或减少相应的数据。

④ 计算机部门和用户部门保持独立，用户部门不可以根据自己的需要自行修改处理结果或者处理程序。

⑤ 在数据处理过程中发生的错误，除了由于计算机部门人员的误操作而产生的错误可以由计算机部门自行改正外，其他错误均不能由计算机部门人员改正，而是必须交由用户部门的人员进行判断和修改。也就是说，错误是由哪个部门造成的，就责成哪个部门修改。

2. 计算机部门内部的职能分离

（1）计算机信息系统开发小组。会计信息系统开发小组负责会计信息系统的建立和维护工作。小组成员包括系统分析员、系统设计员、程序员、数据库管理员等。

（2）会计信息系统使用小组。计算机信息系统使用小组负责会计信息系统的日常操作和处理工作。小组成员包括数据输入人员、数据处理人员、数据控制人员、数据资料保管人员。

3. 如何加强对员工的管理

（1）强化安全意识。

（2）识别敏感岗位。

（3）加强对敏感岗位的控制。

11.2.2 操作控制

操作控制指通过遵从操作手册和操作程序等的严格规定，从而保证会计信息系统操作的正确性。操作控制的基本内容如下。

（1）严格的上机操作手册。

（2）严格的软件操作规程。

（3）硬件和软件的使用记录制度。

（4）系统的运行指标的考核。

（5）定期的维护和保养。

（6）系统错误记录和分析报告。

（7）保证机房设施安全和电子计算机正常运转的措施。

（8）会计数据和会计核算软件安全保密的措施。

11.2.3 硬件控制

硬件运行环境的控制包括对机房环境、火灾、水灾、灰尘、恶劣天气、电磁波、静电等方面的控制。

硬件防护要考虑计算机系统对供电电源的要求，可以采用直接供电、经过隔离变压器供电、交流稳压器供电、不间断电源（UPS）供电等方式来加强对硬件的防护，另外双重系统是比较有效的措施。

11.2.4 软件控制

对软件的控制主要通过接触控制来实现，可以采用权限控制和口令控制方式来控制对软件的非法和非授权接近，为不同的人分配不同的权限，每个不同的授权人都有自己的口令。除此之外还要求：①定期更改口令；②口令的位数不应该过短；③口令的设置不要和使用者的个人情况有太多的联系；④口令不要传播给别人；⑤系统要对口令输错的情况进行监控和分析，防止有人蓄意试探口令。

对软件的控制还包括防止计算机病毒的侵害，要求能做到：①加强机房管理，避免使用来路不明的软盘和非法拷贝的软件，也不要接收异常的电子邮件，在下载时也要小心；②购置反病毒软件，经常对硬盘和软盘进行病毒检测；③对重要资料进行经常的备份；④确定自己的危险程度，制订一旦病毒入侵需要采取的方案，制订相应的恢复措施。

11.2.5 数据安全控制

数据是企业的“血液”，对数据的安全控制再怎么强调都不过分，可以通过控制数据接触和采用数据加密、数据备份等方式来实现。

数据的接触控制措施包括：①口令控制方式；②加强对存储介质的管理；③磁介质上数据的加密保护；④硬件加密技术等。

数据的加密和解密要关注：①密钥的管理；②加密/解密算法的设计。

数据的备份制度包括：①临时的方法即偶尔将个人文件拷贝到软盘上；②谨慎的方法即定期进行备份拷贝；③专业的方法即同时备份祖父/父亲/儿子三代数据的备份方案。

11.3 会计信息系统的应用控制

每一个具体的应用程序所要解决的问题是不同的，所涉及的数据和处理方法等均各具特点。针对这些具体的应用程序所进行的有针对性的控制，就是应用控制。应用控制主要包括：输入控制、计算机处理与数据文件控制、输出控制。

11.3.1 输入控制

会计信息系统输入控制的目的是保证输入工作的正确性、完整性和经过授权，输入控制要针对输入数据中的重要字段进行。输入控制的方法具体如下。

（1）批控制总数的方法。批控制总数的方法指计算一下输入之前和输入之后的批控制总数，然后将输入之前和输入之后的批控制总数进行比较，以发现输入过程是否存在错误的方法。批控制总数包括：数量和金额控制总数、记录数控制总数、杂项控制总数。批控制总数的方法并不仅仅适用于批处理方式，也完全可以在联机实时方式下采用。另外批控制总数的方法也并不仅仅适用于输入环节的控制，同样也可以在处理和输出环节采用。

（2）存在性校验。例如，要求在初始化时在会计信息系统中建立一个同时包含会计科目名称和会计科目代码的科目表，以便在编制凭证时可以检验是否存在某一会计科目；再如在输入一个客户的交易记录时必须检验在客户的数据文件中是否存在相应的客户记录。

（3）校验位校验。在会计信息系统中代码被广泛使用，这些代码的形式大多是数字型，则可以采用校验位的方法对数字型的代码输入正确与否进行校验。所谓校验位是指在原来代码最后加上一个数字位，加上这一数字位后，使整个的代码（连同校验位）具有某种数学的特征，如可以被某个数整除，以此来检验该代码的正确性。

（4）对应关系检查。在企业业务活动中存在很多对应关系，这些对应关系可以用于检查会计信息系统输入过程中的正确性。如记账凭证存在借方科目和贷方科目这两个方面的对应关系，可以用来对凭证种类和其借贷方进行检查。

（5）平衡关系校验。在企业业务活动和会计工作中还广泛存在各种平衡关系，如借贷金额的平衡、总账科目总额和明细分类账余额之和之间的平衡等，这些平衡关系都可以用于输入过程的检查，对输入过程进行控制。

（6）界限、极值校验。企业进行各种业务活动时会有很多的限制，因此用于记录业务活动的会计信息系统中有一些字段的取值是有一定界限或极值的，例如，客户应收账款的信贷额度的最高限额、给予客户销售数量折扣的最低数量等，这些界限、极值可以用于输入控制。

（7）完整性校验。完整性是指输入时有些字段是一定要输入的，软件应该检查审核这类字段是否已经填有内容。完整性校验还包括检查凭证是否“有借有贷”，对于授权的检查也是一种完整性校验。

（8）连续性校验。连续性校验是一种比较有效的控制方式，如发票号码等一些重要的编码通常设置为连续的编号以防止处理错漏。对于这些连续的字段项目，可以在输入时进行顺序检查，以查找出跳号、重复号、空号等情况。

（9）静态检查法。对于已经输入计算机的信息，可以通过屏幕将这些信息一条一条地调出来并逐一进行检查，也可以清单的方式打印出来进行对照。

（10）二次输入法。二次输入法是指对重要的记录或者字段可以分别由两个不同的操作员进行输入，输入完成以后再进行匹配检查，看是否完全一致。这种方法可以比较有效地控制输入过程可能会出现的错误。

11.3.2 处理控制

信息系统处理是指信息系统对数据的加工处理过程，具体包括分类、汇总、合并、排序等方法。处理控制的目的是要保证信息系统的处理按照各个模块预先设定的程序进行，这些处理活动必须经过授权；确保所有经过授权的处理都被系统进行过而没有遗漏，任何未经授权的处理都没有进行过；确保整个处理过程是正确的、及时的、有效的。

1. 会计信息系统的处理环节

会计信息系统中的账务处理模块的处理工作包括编制凭证、登记账簿、编制报表。对于工资核算模块来说，主要的处理工作是计算各个员工的应发工资和实发工资，逐级汇总各个部门的工资发放情况，并进行工资的分配，同时产生相应的计提工资转账凭证；对于固定资产模块来说，主要的处理工作是计提折旧。要根据固定资产上月末或本月初的余额、当前的折旧率与使用状态计算折旧，同时产生相应的计提折旧转账凭证；对于存货核算模块，其工作流程主要就是存货的收、发、存工作，同时产生相应的转账凭证，等等。总的来说，各个业务核算模块的处理工作根据业务的不同各有不同的侧重点和流程及处理方法，但都要产生相应的转账凭证以便作为账务处理模块的输入。

2. 会计信息系统的处理控制方法

处理控制方法有以下几种。

（1）控制总数的方法。在输入时已经通过计算得出控制总数，在处理过程的各个时点（如一项重要的处理完成以后）可以重新计算各个控制总数，然后进行比较，以判断处理环节中是否对所有的输入数据都进行了正确的处理，没有遗漏，也没有重复。

（2）文件标签检查。文件标签分为外部标签和内部标签，外部标签就是存有数据的磁带或者磁盘的外包装上所记载的文件名称等信息。文件的内部标签是由计算机在存储数据记录时产生的，可以用计算机加以检查，以确定所打开并处理的文件确实是要处理的文件。

（3）界限、极值校验。对因为企业进行各种业务活动时会有很多的限制而存在的界值和极值进行校验的方法同样适用于处理控制。例如，员工的应付工资、结余的存货数量都不可能为负数。再如资产类账户的期末余额一般在借方，负债、所有者权益类账户的期末余额一般在贷方，收入、费用类账户经结转后一般没有期末余额，这些界值的存在可以为处理提供一些有效的控制措施。

（4）平衡及钩稽关系校验。在输入控制中我们也采用了平衡关系校验方法，该方法同样适用于处理控制。如在总分类账或者明细分类账中，存在一个基本的关系：期初余额 + 本期借方发生额 - 本期贷方发生额 = 期末余额；对于存货类，则：期初库存 + 本月增加库存 - 本月减少库存 = 期末库存。根据会计等式可知，资产类账户的期初余额、本期发生额、期末余额和负债、所有者权益账户的期初余额、本期发生额、期末余额应该试算平衡；总分类账户的发生额、余额和其所有明细分类账户的发生额、余额应该相符；报表中的小计、合计、净值等计算关系应该可以复核；有些报表项目之间存在钩稽关系，这些关系可能是等于、大于或者是小于，如资产负债表中"未分配利润"项目与利润分配表中"未分配利润"，这些平衡和钩稽关系在进行处理控制的时候都可以加以利用。

3. 会计信息系统处理控制中要注意的问题

由于硬件、软件、操作等方面的问题，依然会造成计算机自动处理的结果有误。处理控制不能放松。关键是掌握方法本身，而不需要去过于追究方法到底是用于输入控制还是处理控制。

对于处理控制中发现的错误，必须分情况进行处理，有的错误可以立即更正，有的错误则必须返回用户部门进行更正，有些错误如果已经对主文件造成影响，则必须遵照相关的规定来进行处理。

11.3.3 输出控制

从系统的角度来看，输入和输出是相对的。输出分为两种：一种是中间性的输出，另一种是最终的面向用户的输出，输出对用户来说是至关重要的。输出控制的目的是要保证信息系统所处理的资料完整、正确，所处理的结果正确，并且保证只有经过授权的部门和人员才能获得这些输出资料。

信息系统常见的输出方式有打印输出和查询输出两种，通常采用简单形式输出、棋盘式表格输出、图形输出等不同的输出形式。

1. 会计信息系统的输出控制方法

（1）输出信息内容和格式的控制。输出信息必须符合用户的要求，在内容上，要做到有用、完整、正确、及时，为了对内容进行控制，要求计算机部门在将输出信息传递给用户之前，先进行控制总数等方法的校验。输出信息的格式也必须符合用户的要求。

（2）输出信息传送过程的控制。系统必须对输出信息的传送过程进行控制，控制时，区分不同的输出方式。如果采用的是查询的输出方式，要保证查询者是具有查询权限的访问者。如果采用的是打印的输出方式，要保证打印输出的信息是传送给了有授权的使用者。

2. 会计信息系统输出控制中要注意的问题

在会计信息的输出过程中必须同时注意两方面的控制：一个是内容和格式，另一个是传送途径。只有这样，才能保证经过授权的用户得到了所需要的资料。如果输出控制中发现错误，同样需要对这些错误进行登记，分析错误的产生原因，并采取相应的补救措施。

11.4　会计信息系统审计概述

11.4.1　信息系统审计的定义和功能

信息系统审计（information system auditing，ISA），其发展初期也称为电子数据处理审计（electronic data processing audit，EDPA），20 世纪 60 年代随着第二代晶体管计算机的出现和计算机应用的普及，特别是会计电算化之后，开始出现了信息系统审计。IBM 出版的 *Audit Encounters Electronic Data Processing*，*In-line Electronic Processing* and *Audit Trail* 等文献是该领域中的经典，指出了在新的电子数据处理环境下的内部审计规则和组织方法，介绍了许多新的概念、术语及审计技术等。美国信息系统审计的权威专家 Ron Weber 把信息系统审计定义为收集证据并对所收集的证据进行评价的一项活动，以决定会计信息系统是否在最经济地使用资源的同时，实现了有效保护资产、维护数据完整、完成组织目标等预期功能。我国一些学者认为，IT 审计是指对信息系统从计划、研发、实施到运行、维护各个过程进行审查与评价的活动，以审查企业信息系统是否安全、可靠、有效，保证信息系统得出准确可靠的数据。简单地说，ISA 的含义可概括为：由审计机构、审计人员对与被审单位经营活动密切相关的信息系统的安全性、稳定性和有效性进行检查评估，并提出改进意见的系列活动。

信息系统审计是审计行业的一个特殊领域。“未来审计行业和审计技术的发展动力将主要来自信息系统审计的发展”，这一观点已经逐渐在国外会计、审计界达成共识。信息系统审计是保证信息系统质量行之有效的方法，信息系统审计的定义和目标同样适用于会计信息系统审计。

信息系统审计目的是评估并提供反馈、保证及建议，关注的是会计信息系统的可用性、保密性和完整性以及信息系统帮助企业实现目标的效率、效果。

11.4.2 信息系统审计的理论基础

信息系统审计不仅仅是传统审计业务的简单扩展，信息技术不单影响传统审计人员执行鉴证业务的能力，更重要的是公司和信息系统管理者都认识到信息资产是组织最有价值的资产，和传统资产一样需要控制，组织同时需要审计人员提供对信息资产控制的评价。因此，信息系统审计是一门边缘性学科，跨越多学科领域。

信息系统审计是建立在传统审计理论、信息系统管理理论、行为科学理论、计算机科学四个理论基础之上的。

（1）传统审计理论。传统审计理论为信息系统审计提供了丰富的内部控制理论与实践经验，以保证所有交易数据都被正确处理。同时收集并评价证据的方法论也在信息系统审计中广泛应用，最为重要的是传统审计给信息系统审计带来的控制哲学，即用谨慎的眼光审视信息系统在保护资产安全、保证信息完整，并有效地实现企业目标方面的能力。

（2）信息系统管理理论。信息系统管理理论是一门关于如何更好地管理信息系统的开发与运行过程的理论，它的发展提高了系统保护资产安全、保证信息完整，并有效地实现企业目标的能力。

（3）行为科学理论。人是信息系统安全最薄弱的环节，信息系统有时会因为人的问题而失败，如对系统不满的用户故意破坏系统及其控制。因此，审计人员必须了解哪些行为因素可能导致系统失败。行为科学特别是组织学理论解释了组织中产生的“人的问题”。

（4）计算机科学。计算机科学本身的发展也在关注如何保护资产安全、保证信息完整，并能有效地实现企业目标。但是技术是一把“双刃剑”，计算机科学的发展可以使审计人员降低对系统组件可靠性的关注，信息技术的进步也可能诱发犯罪，有一个重要的问题是信息技术在会计制度中的应用是否给罪犯提供了较多缓冲时间？如果是，那么今天网络犯罪产生的社会威胁较以往任何时候都要大。

11.4.3 信息系统审计业务范围

信息系统审计立足于组织的战略目标，其业务范围包括与信息系统有关的所有领域。信息系统审计不仅包括对信息系统建设过程的审计，还包括对信息系统运行的审计，向公众出具审计报告，评价信息系统能否保护企业资产安全，其产生、传递的信息是否完整，整个系统是否有效地实现组织目标并有效率地利用资源。

信息系统审计基本业务随着信息技术的发展而发展，为满足信息使用者不断变化的需要而增加新的服务内容，信息系统审计的基本业务主要包括：信息系统开发审计、信息系统实施过程审计、信息系统实施后审计、信息系统风险审计等。

11.4.4 信息系统审计师必须具备的知识和技能要求

实施 ISA 的人员称为 IT 审计师，信息系统审计与控制协会（ISACA）是国际上唯一可授权 IT 审计师的权威机构，IT 审计师资格证书是目前相当热门的证书之一。

会计审计人员参与的信息系统审计活动涵盖了信息系统实施应用的方方面面，不管是信息系统技术（包括系统架构、数据中心、数据通信、防火墙等）的管理控制方面的审计，还是信息系统应用程序（如财务系统、库存管理系统）方面的审计，或者是信息系统开发实施过程（包括需求识别、设计、开发以及实施后阶段）的审计，以及与国家或国际标准的符合性方面的审计，都要求信息系统的审计人员具备十分广泛的、特定的知识技能，能够理解特定信息系统软件产品要求的复杂特征以及成功实施、应用和嵌入系统中的控制程序和集成过程。对信息系统审计师的具体知识技能要求如表 11-1 所示。

表 11-1　对信息系统审计师的具体知识技能要求

	信息系统方面	实施项目方面
应具备的背景知识	对财务和管理及控制风险的一般了解； 对专业信息系统审计标准应用的全面了解； 对 IT 相关控制及控制风险的全面了解，主要包括两个方面：IT 环境和应用程序/处理； 对操作系统、DBMS 和 C/S 结构的了解； 对信息系统及其设计、部署思想的了解，也包括对审计轨迹影响作用的了解； 对信息系统模块及模块间关联、集成和部署的了解； 对信息系统安全和授权概念的了解	对项目管理实务和控制的一般了解； 对 IT 领域的项目管理实务和控制的了解； 对 IT 相关系统开发方法和标准的了解，对变化管理的了解； 对业务过程重组原则和应用程序的了解
应具备的技能	一个成熟的信息系统审计专业人员应该能够重视信息系统中控制风险的关键领域； 对计算机辅助审计技术及其在信息系统中如何应用的了解； 对所需的额外技能和专业知识（财务和法律方面）的认识能力	审核评价实施项目的经验

11.5　会计信息系统审计方法

11.5.1　审计流程

审计流程具体如下。

（1）收集背景信息（包括对业务过程的了解和前期审计工作结果等），估计完成审计需要的资源和技巧。

（2）合理进行人员分工。

（3）与负责的高级经理举行一次正式的开始审计会议，最后决定审计范围、制定审计日程、解释审计方法。这样的会议有高级经理的参与，使人们互相认识，阐明问题，强调商业关注点，使审计工作得以顺利进行。类似地，在审计完成后，也召开一次正式会议，向高级经理交流审计结果，提出改进建议。这将确保进一步的理解，增加审计建议的接纳程度，也给了被审计者一个机会来表达他们对提出问题的观点。会议之后书写报告，可以大大增强审计的效果。

（4）了解内部控制结构：评价控制风险是否信赖内部控制，是否仍可信赖内部控制。

（5）内部控制测试：评价控制风险是否提高内部控制的信赖程度。

（6）符合性测试：测试政策和相关程序的遵循情况，以及测试不相容职责的分离情况。

（7）实质性测试：对具体项目的测试和分析。

（8）形成审计意见，出具审计报告。

11.5.2 基于风险的审计方法

很多企业组织意识到技术带来的潜在好处，然而，成功的企业还能够理解和管理好与采用新技术相关的很多风险。因此，审计从基于控制（control-based）演变为基于风险（risk-based）的方法，其内涵包括企业风险、确定风险、风险评估、风险管理、风险沟通。

对于信息系统，审计者首先面临的问题是审计什么、什么时候审计及审计频率，一般而言，审计者可以制订年度审计计划，罗列出一年之中要进行的审计项目。

基于风险方法来进行审计的步骤如下。

（1）编制组织使用的信息系统清单并对其进行分类。

（2）确定影响关键功能和资产的系统。

（3）评估影响这些系统及对商业运作形成冲击的风险。

（4）在上述评估的基础上对系统分级，决定审计优先值、资源、进度和频率。

11.5.3 审计抽样概述

1. 审计抽样的定义

审计抽样是在实施审计程序时，从审计对象中抽取一定数量的样本进行测试，并根据测试结果推断审计对象总体特征的一种方法。

2. 审计抽样的种类

（1）统计抽样和非统计抽样。按抽样决策的依据不同划分，审计抽样可以分为统计抽样和非统计抽样。统计抽样可以量化控制抽样风险，非统计抽样则不可以量化控制抽样风险。不过并非统计抽样就准确，非统计抽样就不准确，两者的区别并不影响它们在审计程序中的运用。不管是统计抽样还是非统计抽样都离不开审计师的专业判断。

（2）属性抽样和变量抽样。按所了解的总体特征不同划分，审计抽样可以分为属性抽样和变量抽样。

3. 审计样本的设计

审计师在设计审计样本时，应当考虑以下因素。

（1）审计目的。

（2）审计对象总体与抽样单位。

（3）抽样风险。抽样风险是依据抽样结果得出的结论与审计对象总体特征不相符合的可能性，具体包括信赖不足风险、信赖过度风险、误受风险、误拒风险，信赖过度风险和误受风险对审计师来说是最危险的，因为它们使审计无法达到预期效果。具体而言，对于抽样风险应关注以下几个方面。

① 进行控制测试时应关注以下抽样风险。

信赖不足风险——抽样结果使审计师没有充分信赖实际上应予信赖的内部控制的可能性。增加了审计成本，降低了审计效率，不影响审计结果。

信赖过度风险——抽样结果使审计师对内部控制的信赖超过了其实际上可予信赖程度的可能性。可能使审计师发表错误的审计意见，影响审计结果。

② 进行实质性测试时应关注以下抽样风险。

误受风险——抽样结果表明账户余额不存在重大错误而实际上存在重大错误的可能性。

误拒风险——抽样结果表明账户余额存在重大错误而实际上不存在重大错误的可能性。

③ 抽样风险对审计工作的影响（表 11-2）。

表 11-2 抽样风险对审计工作的影响

审计测试	抽样风险种类	对审计工作的影响
控制测试	信赖过度风险	效果
	信赖不足风险	效率
实质性测试	误受风险	效果
	误拒风险	效率

（4）非抽样风险。非抽样风险是因采用不恰当的审计程序或方法，或因误解审计证据而未能发现重大误差的可能性，非抽样风险对审计效率、效果都有影响。

（5）可信赖程度：指预计抽样结果能够代表审计对象总体特征的百分比。

（6）可容忍误差：指审计结果可以达到审计目的而愿意接受的审计对象总体的最大误差。

（7）预期总体误差。

（8）分层：指将某一审计对象总体分为若干具有相似特征的层次，对不同层次抽取样本量不一样。

4. 审计样本的选取

审计样本选取可以采用随机选样方法、系统选样方法和随意选样（指不考虑金额大小、资料获得的难易程度，随意选取样本）方法。

11.5.4 控制测试中抽样技术的运用

控制测试中运用的抽样技术，一般是属性抽样。属性抽样的具体方法包括以下几种。

（1）固定样本量抽样：常用于估计审计对象总体中某种误差发生的比例。

（2）停—走抽样：固定样本量抽样的一种特殊形式，能够提高工作效率，降低审计费用。

（3）发现抽样：主要用于查找重大非法事件。

11.5.5 实质性测试中抽样技术的运用

实质性测试中运用的审计抽样技术主要是变量抽样法，具体包括单位平均估计抽样、比率估计抽样和差额估计抽样。

11.5.6 计算机辅助审计技术

1. 计算机辅助审计技术定义

计算机辅助审计工具与技术（computer assisted audit tools and technology，CAATT），国际审计实务委员会在国际审计准则中是这样解释的："在电子数据处理的环境下进行审计时，并不改变审计的总体目标和范围。但是，审计程序的运用，可能要求审计人员考虑利用计算机技术作为一项审计的工具。计算机在这方面的各种使用称之为计算机辅助审计技术。"国家审计署的解释是，"……计算机辅助审计，是指审计机关、审计人员将计算机作为辅助审计的工具，对被审计单位财政、财务收支及其计算机应用系统实施的审计。"

2. 常用计算机辅助审计技术

（1）测试数据生成器（test data generators）：用于准备计算机测试数据并验证应用程序逻辑。

（2）标准工具（standard utilities）：驻留在用于安装软件包参数说明的应用程序中。

（3）软件库程序包（software library packages）：校验程序变化的完整性和正确性。

（4）集成测试工具（integrated test facilities）：包括在系统和过程测试中安装虚拟实体，或将相应的实体生成数据作为校验处理过程正确性的一种方式。

（5）快照（snapshot）：跟踪计算机系统交易，审计软件嵌入不同的环节以获取交易过程的图像记录。

（6）SCARF/EAM（systems control audit review file and embedded audit modules）：在主应用程序系统中嵌入事先写好的审计软件，按事先选定的基础监督系统运行。

（7）审计锚（audit hooks）：嵌入应用程序系统中充当红色警报的角色，在发现问题时督促系统采取积极的行动。

（8）持续和间歇模拟（continuous and intermittent simulation，CIS）：模拟应用程序指令的执行，每笔交易数据输入时，模拟器判断该交易是否满足预先定义的标准，满足的话则审计该笔交易，如果不满足则等待下一笔交易的输入。

3. 计算机辅助审计技术优点

计算机辅助审计技术有如下几个优点。

（1）降低审计风险。

（2）提高审计独立性。

（3）拓宽审计范围，提高审计一致性。

（4）加快信息的提供。

（5）更快地识别例外事项。

（6）运行时间更灵活。

（7）提供了更多的量化内部控制薄弱环节的机会。

（8）加强了统计抽样能力。

（9）从长远来看可以节约成本。

11.6 审计软件

11.6.1 审计软件的概念

审计软件是指用于审查电算化系统或利用计算机辅助审计而编写的各种计算机程序。广义上讲，审计软件是指用于帮助完成审计工作的各种软件工具。

11.6.2 审计软件的发展史

中国的计算机审计始于20世纪80年代中期。发展初期，由于审计软件的开发模型不像会计软件那样清楚，审计软件怎么做，应该有什么功能，能为审计工作带来什么影响，都是审计软件要解决突破的问题。各种因素导致审计软件滞后于财务软件的普及，所以审计软件的发展比会计软件发展慢了许多，经过近10多年的努力和发展，现在已基本成型。

第一阶段（1988—1992年）

以手工审计为主，将数据录入计算机，通过审计软件的计算产生一些辅助性的结果。固化的表格审计软件最具代表性，表格中A格的内容与B格的内容存在设定好的钩稽关系，当审计人员输入A格内容后，B格内容的输入错误将被锁定，实际上现在用Excel就可完成，但在当时，已经算很好的审计软件了。

第二阶段（1993—1997年）

在Windows平台下开发了一些辅助性的审计软件，如法规查询软件、审计项目档案管理软件、PSS票证审计软件等，这些审计软件已经在某些审计方面可以为审计人员提供服务。法规查询软件利用数据库技术可将审计人员需要的审计相关条目内容从上万条记录中取出。档案管理软件主要利用电子手段管理审计项目中的审计通知书、审计报告等，PSS票证审计软件利用统计理论对凭证进行抽样。

第三阶段（1998—2002年）

随着各种资源的不断发展，审计行业出现了代替现场审计作业的不同软件厂商开发的审计软件，如审计署AO作业系统等是最早在行业内形成垄断的审计软件。此阶段是由手工大部分审计工作模式转变成计算机审计工作模式的阶段。

第四阶段（2003—2005年）

随着审计工作内容的不断转变，各种软件厂商慢慢开发出以审计项目管理为核心的审计管理软件。部分软件将审计部门所涉及的审计项目以管理的角度进行信息化的流程固定，实现审计信息资源的合理配置和有效利用。作为审计部门提升管理水平的工具，审计软件支撑审计业务的良性循环，对各种审计项目进行更有效的监督，并促进内控制度审计系统的不断发展与完善。

第五阶段（2006年至今）

随着审计软件的普及化，审计软件行业里出现了不同厂商的审计软件，如早期通审2000系统。其核心是解决审计系统的通用性问题，系统包括审计机构管理模块、审计计划管理模块、内控评估模块等 10 大功能模块。到目前流行的审计数据采集分析 2.0，现场审计实施系统和企业财务审计软件。审计软件在此期间得到了跨越式的发展，具有执行效率高，集成了行业审计所需的诸多功能等特点。

11.6.3 审计软件的分类

审计软件可分为四种类型：现场作业软件、法规软件、专用审计软件、审计管理软件。审计作业软件是审计工作的主流，是审计工作的主要工具，审计作业软件的质量代表计算机审计软件的发展水平。

11.6.4 审计软件的工作原理

审计软件的主要代表是审计作业软件，以下介绍审计作业软件的工作原理。审计作业软件大体上分为三大部分，第一部分是会计数据的处理，第二部分是审计方法的运用，第三部分是工作底稿的制作平台。这三部分有机联系在一起，是一个整体，当然会计数据处理是基础。

1. 会计数据处理

采集审计对象信息，可从电子介质导入或者手工录入到审计软件。审计软件必须能从会计软件中提取会计电子数据，为了适应各种变化的会计数据，采集应采用模板式。对会计数据的利用是审计工作的主要内容，是审计软件必须解决的问题。会计信息系统的普及，原来纸制的大量会计数据已演变成电子会计数据。肉眼已不可视，计算机审计的开展面临的首要问题是如何能有效地采集到会计电子数据，共享会计电子数据，如果审计人员对会计电子数据无法处理，绕过计算机进行审计只能是一种被别人牵着鼻子走的感觉。进而，审计的真实性受到怀疑。要解决这个问题，审计手段必须发生根本的变化，原来现场审计靠一张纸、一杆笔、一个计算器的方式，从技术上讲已经过时。现场审计必须利用计算机采集出会计电子数据，进而利用审计软件对会计电子数据进行各种处理才能产生出效果，审计软件也只有突破这个障碍才能真正起飞，为审计现场服务。

2. 审计软件中的审计工具

审计软件应含有很多审计的专门工具，其目的是使审计人员运用这些审计工具在现场快速有效地产生审计结果。它的原理是结合手工审计时审计人员的要求，利用审计软件产生审计人员需要的审计结果。

（1）查询。用户从数据库（凭证库、科目库、年初数、分类账、明细账等）查询到自己所需的资料，通过单条件或多条件组合实现。

（2）查账。通过双击鼠标的方式，实现从所关注的某一科目的总账翻阅到明细账，然后又能从明细账翻阅到其相关的凭证，其原理是将审计人员的手工翻账、看账改为审计软件环境下的翻账及看账，操作极其简单，通过双击鼠标的方式即可实现三级跳跃式看账，即总账—明细账—凭证。

（3）图形分析。用趋势图（折线图、柱状图、饼图）的方式反映科目的各月发生额趋势或各月期末余额趋势，若是处理多年度的会计电子数据还应能反映该科目不同年度的累计发生额趋势或余额趋势。图形分析工具的特点是用图形的方式来反映数据的变化，速度快、直观，一眼就能看出所需要关注科目会计期间内的最高点和一些最低点，且能初步判断出哪些点是正常的，哪些点是异常的，这也是一个快速把握审计重点的工具。

（4）审计方法库。审计方法库里存储着一些审计方法及经验，并且能随时调用或批量调用得到审计结果，不仅在当前的审计项目里可以调用，并且不同的审计项目也是可以调用的。审计方法库是审计人员经验的体现，所以又可以将审计方法库称为经验库或专家库。

3. 审计工作底稿

工作底稿是审计工作的记录，工作底稿设计的好坏直接影响审计工作的质量。借助计算机技术，制作出实用有效的工作底稿，不仅可以提高审计工作质量，而且还可使计算机审计真正的活起来。

审计工作底稿模板主要有三大要素：第一，外观。决定工作底稿的行列，这张工作底稿有几列，列标题是什么，每列代表的是什么，有多少行，每行的数据是什么，还有行列的文字说明（标注）。第二，数据来源。指明数据从何而来，如是从分类账来，还是从凭证来。是取某个科目，还是某一类科目，等等。第三，公式。公式分为计算公式、取数公式。计算公式代表加、减、乘、除、合计等。取数公式是指明需要取的行列所需填写的数据从何而来。我们可以这样定义，审计工作底稿模板是有外观的，有各种公式的，但没有数据的工作底稿。

11.6.5　审计软件的运行机制

将审计准则作为主线贯穿审计全过程，以在线审计实时监控为数据平台，以审计信息系统管理为控制驱动，以计算机辅助审计为作业手段，实现监、审、管三位一体，三大系统模块功能相互依托、相互制约、信息互动、灵活便捷地审计信息化管理机制和运行目标。

1. 远程实时监审系统

联网实时监控是实现财务监控与审计监督的“三个转变”（从单一事后审计转变为事后审计与事中监控和审计相结合，从单一静态审计转变为静态审计与动态财务监控和审计相结合，从单一现场审计转变为现场审计与远程监控和远程审计相结合）的唯一手段。

2. 审计管理分析系统

审计管理分析系统主要包括审计计划管理、审计质量管理、审计项目管理、审计人员管理、审计统计报表管理等功能，可以帮助内部审计人员规范作业程序，管理办公自动化方面的系统。

3. 审计项目作业系统

审计项目作业系统严格遵循审计准则，并根据审计计划驱动自动立项，同时进行作业过程控制。审计项目作业系统按审计开展的业务类型，可分为财务收支审计、经济责任审计、IT 审计、专项审计、建设项目审计、后续审计、投资审计等功能模块。通过对被审计对象财务数据进行自动预警分析，提供多种表、账、证的检查方法和审计工具，及时发现审计线索，对审计疑点进行汇总并生成审计证据及工作底稿，提供各种审计工具进行审计取证作业，生成各种表格、审计工作文书等。

11.6.6 审计软件的产品介绍

1. 用友审计管理系统

用友审计管理系统是以日常行政办公事务管理为基础，以行政公文管理和审计项目管理为核心，集门户、人事管理为一体的综合性业务管理平台，不仅为审计机关内部提供了一个协同工作以及通信的机制，而且构建出支撑审计业务的基础资源数据库，用以加强审计业务工作的决策、组织、指导和管理。辅之以审计项目质量控制，完成从审计计划阶段到审计终结阶段的全过程管理。

2. 微昂睿智审计信息系统

微昂睿智审计信息系统结合了国际先进的审计理念和国内企业的实际情况，以审计程序导向为核心，在标准平台上根据个性化需求量身定制，为客户提供规范的审计程序，随需增添审计工具和审计方法，不断提升审计系统的应用能力，全面满足企业审计管理和审计作业的要求，提高企业审计工作的效率，实现审计工作在企业经营管理中的价值。

11.7 信息系统审计准则

自从信息系统审计实务发展以来，各国纷纷成立专门机构开展系统审计业务，并制定相应的信息系统审计标准。目前各国信息系统审计工作适用的审计标准一般由各国相关的政府主管机构或是由民间职业团体协会制定。如美国内部审计协会制定的《内部审计实务专业标准》、美国会计总署制定的《公认政府审计准则》、日本通产省制定的《系统审计标准》、我国财政部颁布的《独立审计具体准则第 20 号——计算机信息系统环境下的审计》、信息系统审计和控制协会（ISACA）制定的《信息系统审计准则》和 COBIT（国际通用的信息系统审计标准）框架中的《审计指南》等。

本节主要介绍 COBIT 框架中的《审计指南》和 ISACA 制定的《信息系统审计准则》和我国会计信息系统审计相关法规。

11.7.1 COBIT 审计指南介绍

信息系统审计和控制协会（ISACA）制定的标准是较为全面的，尤其适合于信息系统审计，其中 COBIT 为管理者、用户、信息系统审计师、控制和安全人员从事信息技术安全和控制实务提供了一个通用的参考框架。COBIT 框架中的《审计指南》分为三层：第一层是通用审计方法，包括 COBIT 框架、审计过程要求、控制目标、通用审计指南等；第二层为过程审计指南及具体审计指南；第三层内容为实施具体控制目标需要注意的关键环节，包括本地条件、部门特殊标准、行业标准、平台特殊构成、具体控制技术应用。

1. 审计过程要求

（1）定义审计范围。可以通过关注业务过程，分析支持业务过程的平台、系统和它们内在的联系，分析角色、责任和组织结构来加以确定。

（2）识别与业务过程有关的信息需求。

（3）识别与业务过程有关的内在风险，确定整体控制水平。可以通过了解近来业务环境和技术环境的变化及突发事件，审计结果、自我评价和证实、管理者监督控制等活动加以识别确定。

（4）选择审计过程和审计平台，关注业务过程和相关资源。

（5）制定审计战略，确定控制和风险、步骤和任务、决策点。

2. IT 过程控制目标和步骤

COBIT 的控制目标分为高层次控制目标和详细控制目标，着重的控制对象为 34 项 IT 过程。每一项 IT 过程都有 5~25 个详细控制目标，整体架构和详细控制目标密切对应，相互一致。

对 IT 过程的控制要考虑是否满足业务需求，对业务需求的满足由控制说明实现，控制说明是对控制实务各方面需要考虑事项的具体说明。控制 IT 过程主要分为四个步骤：①为每个特定的过程确定预期想要达到的业绩标准；②判别各过程所发生事件的方法，了解过程为每一控制单元提供控制信息；③控制单元将控制信息与标准进行比较；④如果所发生的事件与标准不符，控制单元将采取纠正措施反馈回过程。

3. 通用审计指南

通用审计指南将审计过程分为四个步骤，提供了步骤的参考活动目标和活动内容，以及具体的实现方法等。

（1）获得初步了解。该步骤描述基本控制目标，确定控制标准/程序，可以通过访谈合适的管理层和员工了解，具体内容包括业务需求和相关风险、组织结构、作用和责任、政策和程序、法律法规、控制标准、管理报告（包括何时报告、报告的内容、报告的执行情况等）。在该步骤需要将受过程影响的特定的 IT 资源归档，确定已经对被审计过程 KPI（关键绩效指标）、控制程序的含义等有了充分的了解。

（2）评价控制措施。该步骤评价控制措施或目标达成程度，确定是否需要测试、测试的内容及如何测试。可以根据已经确定的标准、行业标准实务、控制程序的关键成功因素，来评价被审计的控制程序，进行审计判断。评价标准为是否存在文档化的过程资料、是否存在正确的结果，责任和义务是否明晰一致，是否存在必要的补偿措施，审计人员应以此标准为依据对控制目标实现程度作出判断。

（3）评价标准的遵循性。该审计步骤用于确保控制标准达到了预先描述的工作效果，具有一致性和持续性，从而对控制环境的适合情况作出判断，针对已经选定的项目或期间获取直接或间接的证据，以确保程序对准则的遵循性。不管使用直接证据还是间接证据进行审计，应对过程结果的充分性进行有限审计（limited review），决定具体测试的水平和确保 IT 过程的充分性所需进行的额外工作。

（4）具体化风险。该步骤运用分析技术或专家咨询，具体化那些影响未实现控制目标的风险。目的是支持审计意见，采取管理措施。在这一过程中，要求审计师具备创新能力，能够发现并报告这些敏感机密的信息（如文档化控制弱点、引致的威胁和易被攻击性）。通过分析确定识别真实存在或是潜在的影响，并将识别过程和识别结果文档化，然后通过基准/标杆方法提供可比信息。

11.7.2 ISACA 信息系统审计是准则

ISACA 制定的信息系统审计准则框架则包括标准、指南和程序三部分。

标准定义信息系统审计和报告必须满足的最低要求，目前已经发布的标准共有 16 个，包括 S1 审计章程、S2 审计独立性、S3 职业道德和标准、S4 职业能力、S5 计划、S6 审计工作的执行、S7 审计报告、S8 后续工作、S9 违规和非法行为、S10 信息技术管制、S11 审计计划中风险评估的应用、S12 审计实质性文档、S13 使用其他审计专家的工作成果文档、S14 审计证据文档、S15 信息技术控制、S16 电子商务。

指南提供了如何应用信息系统准则的具体方法，该指南根据现有标准项目评价效果，对现有标准进行修改加工，在需要新标准领域的基础上形成。会计信息系统及其他信息系统审计人员在以下几种情况下可以参考指南：①决定如何实施审计准则；②进行职业判断；③准备证实任何偏差。

程序则提供了信息系统审计师在进行审计任务时的程序范例和如何满足准则要求的信息资料。当然给出的程序范例不可能包括所有固有的程序和测试，也不排斥那些能够获得相同结果的程序和测试。在确定哪些特定的程序、程序组合或测试是否合适时，信息系统审计人员应该应用其自身的职业判断，来应对特定的信息系统或技术呈现的特定环境。

11.7.3 我国会计信息系统审计相关法规

1.《审计机关计算机辅助审计办法》

审计署于 1996 年 12 月颁布的《审计机关计算机辅助审计办法》是我国最早的关于计算机辅助审计的准则文件。该办法首先明确了计算机辅助审计的含义及所包括的内容。其可用于审计业务所需法律、法规的辅助检索；对被审计单位财务报表的辅助分析；对被审计单位的计算机应用系统进行符合性检验；分析审计风险和确定审计范围；对被审计单位的财政、财务收支进行检查；形成审计工作底稿；形成审计报告、审计意见书和审计决定；对审计资料的管理；对审计项目计划的管理；对审计档案的管理；对审计业务的综合、统计和分析等；同时对承担该类审计业务的人员资格及业务素质、利用专家工作作了规定。明确了被审计单位及审计机关、审计人员在信息系统审计中应承担的义务。

2.《独立审计具体准则第 20 号——计算机信息系统环境下的审计》

财政部于 1999 年 2 月颁布了《独立审计具体准则第 20 号——计算机信息系统环境下的审计》。准则中所称计算机信息系统环境，是指注册会计师审计的重要会计信息由计算机处理生成的情形。

该准则指出了在计算机信息系统环境下审计的一般原则，计划，内部控制研究、评价与风险评估，审计程序。在一般原则中明确了计算机信息系统环境下不应改变审计的目的和范围，注册会计师应考虑计算机信息系统对被审计单位会计信息和内部控制的影响，并有效地计划、指导、监督和复核审计工作，同时提及了合理利用专家工作。在制订审计计划时，注册会计师应充分了解被审计单位的计算机信息系统环境以及该环境下的内部控制，并考虑其对固有风险和控制风险评估的影响。在对内部控制研究、评价与风险评估中，应充分考虑计算机信息系统的特征。该准则将审计程序分为手工审计方式、计算机辅助审计方式以及两者结合审计方式三大类，并指出在实施审计程序时，应充分考虑计算机信息系统环境对审计测试的性质、时间和范围可能产生的影响，以将审计风险降至可接受的水平。

3.《国务院办公厅关于利用计算机信息系统开展审计工作有关问题的通知》

国务院办公厅于 2001 年 11 月 16 日颁布的《国务院办公厅关于利用计算机信息系统开展审计工作有关问题的通知》（88 号文），明确审计机关有权检查被审计单位运用计算机管理财政收支、财务收支的信息系统；并规定被审计单位的计算机信息系统应当具备符合国家标准或者行业标准的数据接口，已投入使用的计算机信息系统没有设置符合标准的数据接口的，被审计单位应将审计机关要求的数据转换成能够读取的格式输出；被审计单位应当视同纸质会计凭证、会计账簿、会计报表和其他会计资料以及有关经济活动资料保存期限的规定，保存计算机信息系统处理的电子数据，在规定期限内不得覆盖、删除或者销毁；审计机关对被审计单位电子数据真实性产生疑问时，可以对计算机信息系统进行测试，测试计算机信息系统时，审计人员应当提出测试方案，监督被审计单位操作人员按照方案的要求进行测试；审计机关应积极稳妥地探索网络远程审计；审计人员应当严格执行审计准则，在审计过程中，不得对被审计单位计算机信息系统造成损害，并对知悉的国家秘密和商业秘密负有保密义务。

4.《中国注册会计师审计准则第 1633 号——电子商务对财务报表审计的影响》

《中国注册会计师审计准则第 1633 号——电子商务对财务报表审计的影响》于 2007 年 1 月 1 日开始施行。该准则第一章（第一条至第五条），主要说明电子商务的概念、注册会计师在财务报表审计中考虑电子商务的目的和总体要求。第二章（第六条至第七条），主要说明在被审计单位开展电子商务的情况下，对注册会计师知识和技能的要求，以及对利用相关专家工作的一般要求。第三章（第八条至第十五条），主要说明注册会计师对被审计单位电子商务了解的总体要求，以及对被审计单位的业务活动和所处行业、电子商务战略、开展电子商务的程度、外包安排等方面了解的具体要求。第四章（第十六条至第二十一条），主要说明注册会计师如何识别与电子商务相关的风险，如何审核被审计单位的风险识别和应对措施，以及对与电子商务相关的法律法规事项的考虑。第五章（第二十二条至第三十一条），主要说明注册会计师应如何考虑被审计单位在电子商务中运用的与审计相关的内部控制。第六章（第三十二条至第三十三条），主要说明注册会计师对于电子记录对审计证据的影响的考虑。

5.《内部审计具体准则第 28 号——信息系统审计》

中国内部审计协会发布的《内部审计具体准则第 28 号——信息系统审计》于 2009 年 1 月 1 日施行。该准则第一章为总则部分，说明了本准则的目标和适用范围。第二章一般原则部分对信息系统审计目的、组织、审计人员的专业胜任能力、审计计划、审计方法等的一般原则作出了说明。第三章审计计划部分具体规范了制订审计计划应该考虑的因素。第四章信息技术风险评估部分主要就审计人员在识别、评估组织层面、一般性控制层面的信息技术风险时需要关注的方面进行了说明。第五章主要规范了信息系统审计的内容。第六章主要说明了信息系统审计方法。第七章规范了信息系统审计报告和后续工作。

11.8 信息系统审计的发展

11.8.1 信息系统审计在国际上的发展

信息系统审计的发展是随着信息技术的发展而发展的。在数据处理电算化的初期，由于人们对计算机在数据处理中的应用所产生的影响没有足够的认识，认为计算机处理数据准确可靠，不会出现错弊，因而很少对数据处理系统进行审计，主要是对计算机打印出来的一部分资料进行传统的手工审计。随着计算机在数据处理系统中应用的逐步扩大，利用计算机犯罪的案件不断出现，审计人员认识到要应用计算机辅助审计技术对电子数据处理系统本身进行审计，即 EDI 审计。同时随着社会经济的发展，审计对象、范围越来越大，审计业务也越来越复杂，利用传统的手工方法已不能及时完成审计任务，必须应用计算机辅助审计技术（CAATs）进行审计。20 世纪 80 年代和 90 年代信息技术的进一步发展与普及，使得企业越来越依赖信息及产生信息的信息系统。人们开始更多地关注信息系统的安全性、保密性、完整性及其实现企业目标的效率、效果，才出现真正意义的信息系统审计。随着电子商务的全球普及，信息系统的审计对象、范围及内容将逐渐扩大，采用的技术也将日益复杂。到目前为止，从全球来看，信息系统审计还是一个新的业务，从美国五大会计师事务所的数据来看，1990 年拥有信息系统审计师 12 名到近百名，1995 年已有 500 名，到 2000 年，信息系统审计师正以 40%~50%的速度增加，说明信息系统审计正逐渐受到重视。

美国在计算机进入实用阶段时就开始提出系统审计（system audit），从成立电子数据处理审计协会（EDPAA，后更名为 ISACA）以来，从事系统审计活动已有 40 多年历史；成为信息系统审计的主要推动者，在全球建有 100 多个分会，推出了一系列信息系统审计准则、职业道德准则等规范性文件，并开展了大量的理论研究，IT 控制的开放式标准 COBIT 已出版到了第四版。

11.8.2 信息系统审计在国内的发展

目前国内有学者提出计算机审计、电算化审计，但基本上停留在对会计信息系统的审计上，只是延伸了手工会计信息系统审计，尚未全面探讨信息时代给审计业务带来的深刻变化。以我国在 1999 年颁布了《独立审计具体准则第 20 号——计算机信息系统环境下的审计》为例，其更多关注的是会计信息系统。在信息时代，面对加入 WTO（世界贸易组织）后全球一体化市场，我国 IT 服务业面临巨大的挑战，开展信息系统审计业务不失为推动我国 IT 服务业发展的一次绝佳机会。

本章小结

在所有审计活动中，在计划审计程序之前，都应该对内部控制进行了解。内部审核人员也应复核组织应用于系统处理过程中的内部控制。系统开发过程中，会计人员应保证会计系统拥有充分有效的内部控制。作为会计系统的用户，会计人员应该理解控制程序的重要性，并遵循内部控制。在本章中，我们讨论了组织的关键内部控制及风险，如何评估、记录这些风险。了解会计信息系统的基本工作特点和会计信息系统的内部控制机制是开展计算机审计的基础。为了提高审计工作的质量和效率，开展并逐步推广计算机辅助审计是审计工作迈向现代化的重要内容。就我国目前的情况而言，使用计算机来辅助完成审计工作全过程还有相当距离，但在审计工作的一些重要领域逐步开展计算机辅助审计，并不断扩大应用领域是完全可以做到，并且应该花大力气去做的重要工作。只有这样，计算机审计工作才能不断普及和深化并推动整个审计工作迈向现代化。

关键词汇

内部控制框架（internal control framework，ICF）
企业风险管理框架（enterprise risk management framework，ERMF）
一般控制（general control，GC）
应用控制（application control，AC）
计算机审计（computer auditing，CA）
审计抽样（audit sampling，AS）
计算机辅助审计（computer assistant auditing，CAA）
审计软件（audit software，AS）
审计准则（auditing standards，AS）
审计发展（Audit Development，AD）
审计活动（audit activity，AA）
审计流程（audit process，AP）
审计方法（audit method，AM）

小组讨论

随着企业管理信息化的不断扩展和深入，会计信息系统逐渐成为企业会计核算和购销存相关业务处理的主要工作平台。而与此同时，无论是美国的“安然”“世通”等公司的财务欺诈丑闻，还是国内多家上市公司提供虚假会计信息事件，都使人们对会计信息披露的真实可靠性给予高度的关注。完善企业内部控制，保证会计信息的真实、完整和可靠，成为迫切需要解决的问题。一些人认为要解决这一问题主要是完善公司的治理结构，建立严格的会计核算和业务处理的管理制度，而与财务软件本身有无严格的内部控制设计无关。

讨论：

（1）你对于这个问题是如何认识的？

（2）如果你有不同意见，你有哪些理由可以说服他们？

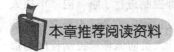

本章推荐阅读资料

扫描此码 深度阅读

第12章 会计信息化目前的发展——大数据

学习提要与目标

近年来，随着互联网、物联网、社交网络、云计算等 IT 与通信技术的迅猛发展，全球数据信息量指数式爆炸增长，信息社会已经进入大数据时代。大数据的涌现不仅带给人们更便捷的生活，也改变了很多企业的运作和管理模式。对于正处于快速发展的会计信息化来说，大数据时代的来临起到了革命性的推进作用。大数据的兴起使云计算进入 Cloud 2.0 时代，以云计算为依托的云会计也迎来了前所未有的宝贵机遇和严峻挑战。

通过本章的学习，应能够：

- 掌握大数据的特点、处理流程和用途。
- 了解大数据对会计信息化的影响。
- 熟悉大数据背景下会计信息化的风险因素。
- 掌握大数据背景下会计信息化风险控制的战略。

12.1 大数据概述

12.1.1 大数据的定义和特点

大数据，或称巨量资料，指的是所涉及的资料量规模巨大到无法通过目前主流软件工具，在合理时间内达到撷取、管理、处理，并整理成为帮助企业经营决策更有积极目的的资讯。

大数据的 4V 特点：volume（大量）、velocity（高速）、variety（多样）、value（价值）。第一，数据量巨大，从 TB 级别跃升到 PB 级别。第二，处理速度快，1 秒定律，可从各种类型的数据中快速获得高价值的信息，这一点也和传统的数据挖掘技术有着本质的不同。第三，数据类型繁多。包括网络日志、视频、图片、地理位置信息等。第四，只要合理利用数据并对其进行正确、准确的分析，将会带来很高的价值回报。

12.1.2 大数据的处理流程

1. 采集

定义：利用多种轻型数据库来接收发自客户端的数据，并且用户可以通过这些数据库进行简单的查询和处理工作。

特点和挑战：并发系数高。

使用的产品：MySQL，Oracle，HBase，Redis 和 MongoDB 等，并且这些产品的特点各不相同。

2. 统计分析

定义：将海量的来自前端的数据快速导入到一个集中的大型分布式数据库或者分布式存储集群，利用分布式技术来对存储于其内的集中的海量数据进行普通的查询和分类汇总等，以此满足大多数常见的分析需求。

特点和挑战：导入数据量大，查询涉及的数据量大，查询请求多。

使用的产品：InfoBright、Hadoop（Pig 和 Hive）、YunTable、SAP Hana 和 Oracle Exadata，除 Hadoop 以作离线分析为主之外，其他产品可作实时分析。

3. 挖掘

定义：基于前面的查询数据进行数据挖掘，来满足高级别的数据分析需求。

特点和挑战：算法复杂，并且计算涉及的数据量和计算量都大。

使用的产品：R、Hadoop Mahout 等。

12.1.3 大数据的用途

大数据可分成大数据技术、大数据工程、大数据科学和大数据应用等。目前人们谈论最多的是大数据技术和大数据应用。工程和科学问题尚未被重视。大数据工程指大数据的规划建设运营管理的系统工程；大数据科学在关注大数据网络发展和运营过程中发现与验证大数据的规律及其与自然和社会活动之间的关系。

物联网、云计算、移动互联网、车联网、手机、平板电脑、PC 以及遍布地球各个角落的各种各样的传感器，无一不是数据来源或者承载的方式。

大数据用途很广。例如：网络日志、RFID（射频识别）、传感器网络、社会网络、社会数据（由于数据革命的社会）、互联网文本和文件；互联网搜索索引；呼叫详细记录；天文学、大气科学、基因组学、生物地球化学、生物和其他复杂、跨学科的科研；军事侦察、医疗记录、摄影档案馆视频档案；大规模的电子商务等。

12.2 大数据兴起对会计信息化的影响

近年来，大数据时代为会计信息化的发展提供了渠道和途径，根据国际数据资讯（IDC）公司监测，全球数据量大约每两年翻一番，预计到 2020 年，全球将拥有 35ZB 的数据量并且 85%以上的数据以非结构化或半结构化的形式存在。2018 年是人工智能、大数据和云计算等技术与产业深度结合的元年，更多落地的大数据解决方案将以云计算的形式实施，云计算正在进入以“分析即服务”（AaaS）为主要标志的 Cloud 2.0 时代，这为会计信息化的深度发展提供了技术支持和平台。

12.2.1 大数据对会计信息化资源共享的影响

从会计信息化的发展历程来看，会计数据处理历史上的一大进步是电算化会计信息系统的出现，电算化会计信息系统改变了传统会计的模式，实现了会计记账、算账和报账的自动化，通过自动化方式实现了财务管理技术的变革，并向管理者提供了信息资讯用以辅助决策。但电算化会计信息系统并未带来会计信息系统的创新和革命性的变化，主要原因是因为电算化会计信息系统产生了一个会计信息孤岛的现象，这与现代企业管理对它的要求还有很大的距离。由于现代企业组织处在一个复杂多变的外部经济环境之中，企业组织自身的经营管理活动要想适应这种环境，就必须既了解自身的经营活动，又能对外部环境审时度势，这时就需要解决会计信息孤岛的问题。而大数据的出现和云计算的深度融合，使云服务出现在企业管理者的面前，云服务可以有效整合信息资源，为用户提供一个资源共享平台。在 Cloud 2.0 时代，云服务可以利用云计算的技术特色打造企业综合管理信息体系：云计算的软硬件高度集成运行模式可以帮助企业实现高效管理、便捷维护和低成本运营，使企业内部的财务、销售、采购、决策等各个部门能够基于同一个云平台工作，保障各部门信息之间无缝衔接、实时畅通；云计算的快速部署及可扩展性确保了企业内部以云计算为核心的会计信息化系统规模可以动态调整，满足未来企业规模增长与会计信息化集成应用的需要；云计算同时还便于企业与供应商、客户、银行、税务、海关、会计师事务所等众多利益相关者保持数据链接。在云计算模式下，电子商务、网上报税、银行对账、企业与上下游企业及用户之间的数据在企业会计信息化系统集成均能实现。

12.2.2　大数据对会计信息化成本的影响

会计信息化的发展与传统纸质会计记账阶段不一样，会计信息化解决方案首先需要大量基础设施的建设，如机房、办公室、电源、空调、网络等基础设备都是信息化方案要考虑的问题；其次会计信息化的实施需要不菲的费用支出，包括信息化方案的咨询与规划费用，会计软件的选型和投资费用，数据库的建设和维护费用，同时还要考虑硬件以及软件升级、维护等费用。在这其中，软件的投资费用最为突出，不仅包括一次性购买标准的或定制的会计软件费用，还包括后期维护、升级以及二次开发等持续追加费用。因此，对于大量的中小企业来说，往往会因为会计信息化的成本过高，而放弃实施会计信息化的计划。而大数据和云计算融合后，云服务为中小企业的会计信息化提供了便利的捷径。使用云会计之后，企业用户可以按使用资源多少或时间长短来解决付费问题，企业不必为机房、数据中心、服务器、网络、软件等基础设施投入巨大的费用，只需缴纳相对低廉的月租费。投资方式的改变，使企业不用考虑设施成本折旧问题，不占用企业过多的营运费用，也能及时获得最新的硬件平台、稳健的软件系统、财务管理的最佳解决方案，这大大降低了中小企业的会计信息化直接投资成本。同时，云会计服务实施后，企业从会计信息化繁重的建设工作脱离出来，在当今市场竞争激烈的环境下，可以更加专注于对自身发展有重大作用的战略性活动，这也大大降低了会计信息化投资的时间成本。

12.2.3　大数据对会计信息化效率的影响

在大数据背景下，提供云会计服务的会计信息化系统是通过互联网来实现与客户的互通，用户只要能够连接网络，就能定制和获取所需要的服务，无论是从企业的内部还是从企业的外部来看都大大提高了财务管理的效率。从企业内部看，云会计强大的计算能力，可以实时形成各种指标和报表，管理者能够迅速了解经营状况，识别经营风险。企业内部的云会计以内部会计流程为中心，通过信息流协同企业各部门有序合作，进而形成高效率的企业信息一体化流程。尤其对于拥有跨地区或跨国业务的企业来说，位于不同地区的会计人员可以同时在线操作，相互协同工作，这大大提高了中小企业会计信息化的应用效率。从企业外部看，云会计通过互联网实时处理企业与外部有关部门之间的财务和会计业务，加快了交易速度，提高了工作效率。例如，目前各地税务系统逐渐将云计算系统平台引入税收信息化建设中，企业可以通过该平台进行各项办税业务；会计师事务所可以通过网络对企业的财务状况及时做出电子版审计报告；企业购销业务的合同采用电子数据的形式在网上进行交互，通过互联网进行资金转移。

12.3 大数据背景下会计信息化的风险因素

近年来，大数据和云计算的深度融合，促进了会计信息化的快速发展，但云会计等新型会计信息化手段也面临一定的风险。云会计等网络会计信息化系统是一种特殊的信息处理系统，除了一般信息处理系统的安全特征外，还具有自身的一些安全特点。在会计信息化发展过程中，平台系统的稳定性不足、身份认证和管理的漏洞、数据加密系统的缺陷等系统的安全性问题的出现，都可能孕育并产生会计信息化的风险因素。

12.3.1 会计信息化共享平台建设的现状

现代会计信息化的发展依赖于共同资源共享平台的建设，如云会计的发展主要依赖于云计算平台的技术发展。对于云计算供应商来说，在可扩展性较强的云计算模式下，他们通过专业化和规模经济降低提供软件服务成本的同时，需要依靠大数量的用户提高自己的经济效益。但面对客户的需求要提供一套与中小企业用户实际相符的会计信息化系统，需要进行大量的前期准备工作，主要需对用户的需求进行综合分析。不同于传统的按需定制软件，云计算供应商要求能够满足不同用户、不同地域和不同业务规则的需求，所以对服务的适应性、扩展性以及灵活性要求非常高，在技术上也有更高的要求。因此，由于云计算平台建设的资金起点和技术水平较高，研发周期较长且风险较大。目前，知名的云计算平台几乎都来自美国，如谷歌、亚马逊、Salesforce.com、Facebook 等美国互联网先行者，同时微软、富士通、IBM、SAP 等 IT 成熟公司也建有企业内部的云计算平台。相比国外先进的云计算技术平台，我国刚刚开始起步自主研发财务会计信息化的云计算平台，不成熟且应用推广力度不够。国外开发的云计算平台，由于众所周知的原因，广大的企业并不放心将企业的经济数据及会计数据放到这些外部平台系统上。而国内的云会计平台建设的滞后，也使云会计这种新型会计信息化样态发展面临巨大障碍。由于云会计的建设较多依赖于云会计服务提供商，云会计服务提供商的专业能力和售后服务质量直接影响云会计的应用效果。一旦云会计服务提供商技术支持响应不及时，或者停止运营，对企业的正常运营都可能造成破坏性的影响。因此，云会计平台建设的滞后直接影响到会计信息化的发展速度。

12.3.2　会计信息化共享平台的安全性风险

有统计资料显示，大约有 70%的企业从安全性的角度考虑，不愿意将企业内的会计和经济数据放在公有云上。目前，云会计等网络会计信息系统的设计主要存在两大安全隐患：一是身份认证的安全隐患。在网络会计信息系统中，身份认证是体系安全的基础，实施认证的目的是保证网络会计信息系统的安全，只允许被授权人合理访问会计系统数据。常用的身份认证方式包括用户名/密码方式、动态口令、生物识别技术等。目前，我国网络会计信息化应用软件主要采用第一种认证方式，由于这种认证方式的设置比较简单，安全系数较低，其密码很容易被互联网中的监听设备或木马程序等病毒截获。此外，在身份认证管理方面，由于个别数据库管理员（DBA）或会计操作员缺乏对系统用户口令安全性的认知，为了操作方便往往采用电话号码、生日号码等作为操作密码，这些数字口令极易被网络黑客破译，给系统留下了安全隐患。二是数据加密技术的安全隐患。在云会计中，企业的各种财务数据通过网络进行传递，数据的载体发生了变化，数据流动的确认手段也出现了多种方式，这时加强数据加密工作是云会计安全运行的关键。事实上，在我国网络会计系统中数据的加密技术仍然不是非常成熟。大多数软件开发商在开发软件时，数据密钥模块的设置过于简单。加密则主要是对软件本身的加密，以防止盗版的出现，很少采取数据安全加密技术。虽然在进入系统时加上用户口令及用户权限设置等检测手段，但这也并不是真正意义上的数据加密。网络传输的会计数据和信息加密需要使用一定的加密算法，以密文的形式进行传输，否则信息的可靠性和有效性很难得到保障。在数据没有加密的情况下，数据在互联网中传输容易出现安全性问题，企业竞争对手或网络黑客可以利用间谍软件或专业病毒，突破财务软件关卡进入企业内部财务数据库，非法截获企业的核心财务数据，并可能对传输过程中的数据进行恶意篡改。企业最为机密的核心财务数据遭黑客盗窃、篡改，或是被意外泄露给非相关人员，这对企业无疑是致命的。

12.3.3　会计信息化标准和法规的缺陷

在大数据时代，标准是技术的统一规范，如果技术的标准出现多元化，会严重影响技术的应用和推广，导致整个市场及产业的混乱。为了建立会计信息化标准体系，财政部和国家标准化管理委员会于 2010 年 10 月分别发布了可扩展性商业报告语言（XBRL）技术规范系列国家标准和基于企业会计准则的 XBRL 通用分类标准。对于编制财务报告的企业而言，XBRL 系列国家标准相当于将 XBRL 应用到财务报告中的“使用说明”，而企业会计准则通用分类标准，则是指导企业为各项会计数据打上标记的“业务词典”。根据部署，我国企业会计准则通用分类标准将率先在美国纽约证券交易所上市的我国部分公司、部分证券期货资格会计师事务所施行，并鼓励其他上市公司和非上市大中型企业执行。但是，我们要清醒地认识到，包括 XBRL 在内的物联网技术标准体系建设还任重道远，在大规模的企业范畴内进行推广还有待于进一步的宣传和实践。此外，除了会计信息化标准体系刚刚开始起步之外，我国在信息安全立法建设方面也进度缓慢。在信息大爆炸的大数据时代，企业的交易数据及财务数据更多地融入信息体系，但目前我国网络信息的金融监管明显滞后金融创新的步伐，产生了自生性滞后和自觉性滞后的现象。目前我国还没有出台信息安全法，信息安全立法的缺失，使企业在使用云会计等服务时，如果合法权益被侵犯，很难在现有法律框架内获得权益保护，这也是当前云会计等新型会计信息化发展的重要障碍。

12.4 大数据背景下会计信息化风险控制的战略

虽然，大数据和云计算的高度融合推动了云会计的极大发展，也带来了会计信息化的真正创新和实质性变革。但正如上述，大数据时代的快速发展，在带来的机遇的同时也带来了挑战，在会计信息化发展中风险濡染概率不断增加，只有采取有力的风险防范措施，才能保证会计信息化的持续稳健发展。

12.4.1 会计信息化资源共享平台的自主建设

在会计信息化资源共享平台的自主建设上，诸多的原因导致大多数平台都由国外研发建设。针对我国国内的一些 IT 厂商在资金、技术力量等方面较为薄弱的现实情况，可以考虑由政府牵头，实现跨行业资源的整合，集结各相关企业的资金、技术、管理、人力资源等，形成优势互补的局面，集众家之所长联合开发云计算平台，以降低云计算平台开发难度及开发成本。另外，政府有关职能部门可以专门设立云计算重大专项工程等，对云计算平台的建设资金加大投入，鼓励国内各 IT 厂商积极进行云计算平台的自主建设；还可以通过建立“云计算平台示范工程”，设立国内自主建设云计算平台的样板，供各 IT 厂商研发时参考借鉴，以此规范云计算平台自主研发工作。在云会计平台建设过程中还应防范“新信息孤岛”的现象。为解决新信息孤岛现象的出现，应加强企业会计信息系统与其他信息系统如 ERP、BI（商业智能）的有效融合和集成。在会计信息系统与 ERP 融合方面，由于企业在经营管理过程中，需要业务流、信息流和管理流的协调统一，为实现“三流”的良性循环，就必须打破过去会计系统的传统功能局限，以财务会计工作为核心，考虑将会计信息化系统与 ERP 系统融合，最终形成基于云计算的 ERP，使企业信息一体化得以实现，加强“三流”的协调共进，这样才能给企业决策带来全方位、多层次的可信度高的信息。在会计系统与 BI 系统集成方面，应逐步添加基于云计算的智能在线分析（OLAP）、财务数据仓库（DW）、数据挖掘（DM）、决策支持等的功能与服务。在大数据与云计算融合的背景下，过去庞大的 BI 系统具备了风险小、见效快、可个性定制的特性。因此会计信息系统与 BI 集成后，会计管理可以借助云平台的技术优势，通过建立人工智能系统和专家系统、利用神经元网络和决策树等先进技术，实现会计系统的高端应用。

12.4.2 会计信息化的网络防火墙

企业是否愿意基于云计算处理企业的财务会计数据，很大程度上取决于云计算应用的安全性。云计算的可靠性、安全性对企业是否采用基于云计算处理的会计核心运用模式至关重要。基于此，云计算服务商要为云计算建立多层、严密、完善的安全防护体系。就目前的技术条件而言，可从以下途径加强云计算应用安全：一是加强身份认证和安全管理。云计算财务平台应通过身份对信息及操作员设置不同的权限及权限的组合，形成全方位查看和操作的防控机制，从而最大限度地保证在线财务在云计算模式应用的安全；通过密钥管理技术，对企业存放于云中的数据进行加密处理，为防止云计算服务运营商及其他不相关的人看到数据，这个密钥由企业来掌管。二是加强数据的加密工作。可利用虚拟机软件进行防护，通过软件模拟出具有完整硬件系统功能的、运行在一个完全隔离环境中的完整计算机系统。然后，针对云计算服务运营商基于虚拟机服务器的安全问题，考虑由网络安全解决方案提供商提供恶意软件及黑客入侵检测和防御服务，构建虚拟化的安全网关，以保障在互联网环境下的系统应用和数据存储、传输的高度安全。三是加强数据备份工作。在强化数据加密工作的同时，云会计服务的供应商还应当做好数据的备份工作，除了每日正常的数据备份，还应增加数据的异地备份，以保证一旦系统出现异常情况，系统使用企业的历史数据能够及时恢复，防止重要财务信息丢失。同时，云会计服务供应商还应当建立妥善的数据恢复性测试制度，定期进行数据恢复性测试，并书面记录相应的恢复结果，降低系统出现故障时数据信息及时被恢复的难度，防止历史数据丢失，保证云会计使用企业的关键财务信息的完整性和准确性，保障用户业务的正常进行。

12.4.3　会计信息化系统标准及安全法规

当前，我国的云会计发展还刚刚起步，相关标准、规范仍处于讨论阶段，政府部门除了对云产业进行规划布局和调控外，还应尽快推动云会计系统标准的制定和应用，通过法律法规的执行监督产业的运行，促进其健康良性发展。政府态度的明朗化及云会计相关标准和法规的尽快出台对于提高云会计在企业中的认同度是非常有利的。我们不妨借鉴美国政府的做法，由政府主持或参与制定云会计的应用标准、产业规范和法律法规。为此我们可以分步进行：先考虑对国内的云会计市场进行摸底调查，在此基础上尽快制定和推出云会计标准；再根据云会计市场的变化不断进行修订，形成云会计的产业规范；在此基础上加快国家层面的信息安全立法步伐，尽快颁布信息安全条例和信息安全法，以规范云会计市场，完善我国信息安全法律体系。在我国构建云会计信息安全法律法规的同时，还应建立云会计服务运营商的资质规范，架构适当的行业门槛，筛选出技术强、诚信高的云会计服务供应商，优质的服务供应商既可保障其数据库的安全性，也能够创造良好的云会计竞争市场，企业的财会信息安全也能得以保障。同时还应成立信息安全的第三方监管机构，定期对有资质的云会计服务供应商进行审查，针对审查中发现的问题进行及时监督整改，对有不合格运营行为的服务商立即取消其从事云会计服务资质。此外，监管机构要积极组织后续教育，给云会计服务供应商普及云技术的风险知识。

本章小结

大数据时代的到来对会计信息化起到了积极的推进作用，提供了资源共享的平台，降低了信息化的成本，提高了信息化的效率，但也给会计信息化带来了一定的风险，如系统平台建设的滞后，系统安全性的缺陷，系统标准及监管法规的缺失，均会阻碍会计信息化的快速发展。大数据时代云会计等新型会计信息化样态创新具有特殊的风险特征，只有积极采取措施防范风险，才能保障它的健康持续发展。

关键词汇

大数据（big data，BD）
会计信息化（accounting information，AI）
云会计（cloud accounting，CA）
风险因素（risk factor，RF）
网络防火墙（network firewall，NF）
资源共享（resource sharing，RS）
系统标准（system standard，SS）
系统安全性（system security，SS）
统计分析（statistical analysis，SA）
风险控制（risk control，RC）
安全性风险（security risk，SR）

小组讨论

在这个信息爆炸的时代，网络技术的进步、移动互联网的进步和云的进步都给企业带来了全新的机遇和挑战，给财务带来了巨大的挑战和变化。企业业务的复杂化、信息安全的压力、成本的压力、异地办公的压力、资本的压力都需要重新部署公司的业务。财务共享服务中心在“云管理时代”应运而生。财务共享服务中心作为一种新的财务管理模式已在许多跨国公司和国内大型集团公司中兴起与推广，并且在有的公司已经产生了很好的效果。美国的财富 500 强里面，86%建立了财务共享服务中心的模式，一项调查显示，30 多家在欧洲建立财务共享服务中心的跨国公司平均降低了 30%的财务运作成本。可见，企业建立财务共享服务中心是今后发展的方向。中兴通讯、华为、海尔、宝钢、中国联通、国家开发银行等一批大型企业集团均在近几年建设了自己的财务共享服务中心。用友和金蝶一直在借助新兴技术构造财务共享服务整体解决方案，助力集团企业的财务共享服务建设。

讨论：

（1）财务共享服务中心的构建到底能给集团企业带来哪些价值？

（2）财务共享服务中心的构建对集团企业提升管控水平有什么意义？

本章推荐阅读资料

扫描此码　深度阅读

第三篇

面向集团企业的会计信息系统

集团企业把一个或多个实力强大、具有投资中心功能的大型企业作为核心层，把若干个在资产储备、资本实力、生产技术上有密切联系的企业、单位作为外围层，通过产权安排、人事控制、商务协作等纽带形成一个稳定的多层次经济组织。和单一企业相比，集团企业进行多元化经营，其组织架构、经营模式、会计核算等都发生了重大的变化。集团企业信息化建设呈现出以下特征。

1. 统一平台

经过多年的信息化建设，我国集团企业更加注重信息化统一平台建设。集团的每个公司都能利用这个统一平台，实现信息无缝对接，进而进行协同商务，实现产业链共赢。

2. 高度集成

当前，我国多数集团企业都应用了许多应用软件，但是其 IT 系统比较复杂，由于这些应用软件都是封闭的，在使用后，用户的 IT 系统信息如同孤岛一般，无法在应用软件系统中进行共享。目前，集团企业在 IT 系统建设中的当务之急便是如何将封闭的应用软件进行高度集成，构建集团统一的信息化平台。

3. 适应变化

我国的集团企业大部分都是成长型企业，其变化速度非常快。在这个大众创业、万众创新的时代，环境无时无刻不在变化，这就要求集团企业的会计信息系统能够适应集团企业的快速变化需求。

4. 快速部署

随着软件应用到生活中的各个方面，其效率问题也逐渐显露。集团企业正处在高速发展期，这就需要集团企业的信息化能够快速部署、快速见效。否则，原先设定的项目需求和目标就会随着集团的变化而变化。因此，如何提高效率，实现会计信息化的快速部署，是集团企业信息化面临的一大难题。

5. 集团架构

我国大型集团企业的数量日益增加，它们大多是通过兼并重组、自我发展等组建起来的。从规模来看，集团企业既有超大型的国有控股企业，也有中性、小型的集团企业。这使得其集团架构非常复杂，要适应这样复杂的架构，也是集团企业信息化面临的一大挑战。

总而言之，统一平台、高度集成、适应变化、快速部署与集团架构既是当前集团企业信息化的特征，也是集团企业信息化发展的难点。它们既相对独立，又相互联系，这要求集团企业必须站在更高的信息化战略角度，全面地考虑解决方案。

本篇重点阐述合并报表、全面预算、合并账簿、共享服务与企业报表等面向集团企业会计信息系统模块。

第 13 章 合并报表

学习提要与目标

随着经济的发展，企业联合、兼并、重组等投资业务增多，往来和内部交易业务日趋频繁，使得集团编制合并报表的工作更加复杂；而政府相关职能部门、投资人、供应商等财务报表外部使用者对企业监管或信息披露的要求提高，同时企业内部管理层对财务信息的需求也增多，所以及时编制合并财务报表成为集团公司、上市公司财务部门最重要的业务之一。合并报表信息系统的使用，很大程度上降低了财务人员的工作量，规范了财务合并报表的编制过程，提高了编制效率，为集团未来的发展打下了坚实的基础。

通过本章的学习，应能够：

- 掌握合并报表会计信息系统及其价值。
- 掌握有关合并报表的主要业务场景、流程以及对应的会计信息系统功能。
- 了解合并报表会计信息系统实现的初始准备设置。

13.1 合并报表概述

合并报表亦称合并财务报表或合并会计报表。合并报表是集团公司中的母公司编制的报表，它将其子公司的会计报表汇总后，抵销关联交易部分，得出站在整个集团角度上的报表数据。也可以说，是以母公司及其子公司组成会计主体，以控股公司和其子公司单独编制的个别财务报表为基础，由控股公司编制的反映抵销集团内部往来账项后的集团合并财务状况和经营成果的财务报表，合并报表包括合并资产负债表、合并损益表、合并现金流量表或合并财务状况变动表等。

13.1.1 编制程序

为了编制合并会计报表，母公司应当与子公司统一会计政策、会计报表决算日、会计期间和记账本位币；对境外子公司以外币表示的会计报表，按照一定的汇率折算为以母公司的记账本位币表示的会计报表。母公司对子公司的权益性资本应采用权益法进行处理。

编制合并报表的一般程序如下。

（1）检查并调整母、子公司会计报表中可能存在的误差和遗漏。

（2）抵销企业集团内部交易的未实现损益。

（3）抵销子公司因实现净利润而提取的法定盈余公积、法定公益金和任意盈余公积。

（4）抵销母公司从子公司取得的投资收益和收到的股利，并将母公司对子公司股权投资账户余额调整至期初数。

（5）抵销年初母公司对于子公司股权投资账户和子公司所有者权益各账户的余额，并将两者的差额确认为合并价差；若有少数股权，还要确认相应部分的少数股东权益。

（6）将合并价差分解为子公司净资产公允价值与账面价值的差额和商誉，并在其有效年限内加以分配和摊销。我国规定对合并价差不作分解、分配和摊销，而是直接列于合并资产负债表中的“长期股权投资”科目下。

（7）若有少数股权，在合并工作底稿上确认当年属于少数股东的子公司净利润，应相应增加少数股东权益。

（8）抵销母、子公司间的应收应付等往来项目。会计电算化条件下，用户根据合并会计报表的要求，定义好合并会计报表的有关条件，软件根据定义时设计的数据传递、数据计算公式等自动完成合并会计报表工作。软件能够自动排除各公司之间的内部往来、内部投资等的影响，对某些报表项目进行必要的抵销处理。

13.1.2 合并范围

编制合并会计报表，首先就必须确定其合并范围。合并会计报表的合并范围是指纳入合并会计报表的子公司的范围，主要明确哪些子公司应当包括在合并会计报表编报范围之内，哪些子公司应当排除在合并会计报表编报范围之外。根据我国《企业会计准则第 33 号——合并财务报表》的规定，我国合并会计报表的范围具体如下。

——合并财务报表的合并范围应当以控制为基础予以确定。控制是指一个企业能够决定另一个企业的财务和经营政策，并能据以从另一个企业的经营活动中获取利益的权力。母公司应当将其全部子公司纳入合并财务报表的合并范围。

——母公司直接或通过子公司间接拥有被投资单位半数以上的表决权资本，表明母公司能够控制被投资单位，应当将该被投资单位认定为子公司，纳入合并财务报表的合并范围。但是有证据表明母公司不能控制被投资单位的除外。

表决权资本是指对企业有投票权，能够据此参与企业经营管理决策的资本，如股份制企业中的普通股、有限责任公司中的投资者出资额等。当母公司拥有被投资企业 50%以上股份时，母公司就拥有对该被投资企业的控制权，能够操纵该被投资企业的股东大会并对其生产经营活动实施控制。这种情况下，子公司实际上处于母公司的直接控制和管理下进行生产经营活动，子公司的生产经营活动成为事实上的母公司生产经营活动的一个组成部分，母公司与子公司经营活动一体化。拥有被投资企业半数以上表决权资本，是母公司对其拥有控制权的最明显标志，因此应将其纳入合并会计报表的合并范围。母公司拥有被投资企业半数以上表决权资本，具体包括以下三种情况。

（1）母公司直接拥有被投资企业半数以上表决权资本。如 A 公司直接拥有 B 公司发行的普通股总数的 50.1%，这种情况下，B 公司就成为 A 公司的子公司，A 公司编制合并会计报表时，必须将 B 公司纳入其合并范围。

（2）母公司间接拥有被投资企业半数以上表决权资本。间接拥有半数以上表决权资本，是指通过子公司而对子公司的子公司拥有半数以上表决权资本。例如，A 公司拥有 B 公司 70%的股份，而 B 公司又拥有 C 公司 70%的股份。在这种情况下，A 公司作为母公司通过其子公司 B 公司，间接拥有和控制 C 公司 70%的股份，从而 C 公司也是 A 公司的子公司，A 公司编制合并会计报表时，也应当将 C 公司纳入其合并范围。这里必须注意的是，A 公司间接拥有和控制 C 公司的股份是以 B 公司为 A 公司的子公司为前提的。

（3）母公司以直接和间接方式合计拥有、控制被投资企业半数以上表决权资本。直接和间接方式合计拥有和控制半数以上表决权资本，是指母公司以直接方式拥有、控制某被投资企业一定数量（半数以下）的表决权资本，同时又通过其他方式如通过子公司拥有、控制该被投资企业一定数量的表决权资本，两者合计拥有、控制该被投资企业超半数以上的表决权资本。例如，A 公司拥有 B 公司 70%的股份，拥有 C 公司 35%的股份；而 B 公司拥有 C 公司 30%的股份。在这种情况下，B 公司作为 A 公司的子公司 A 公司通过子公司。B 公司间接拥有、控制 C 公司 30%的股份，与直接拥有、控制的 35%的股份合计，A 公司共拥有、控制 C 公司的股份合计为 65%，从而 C 公司属于 A 公司的子公司，A 公司编制合并合计报表时，也应当将 C 公司纳入其合并范围。

这里也必须注意的是，A 公司间接拥有、控制 C 公司的股份是以 B 公司为 A 公司的子公司为前提的。在上例中，如果 A 公司只拥有 B 公司 40%的股份，则不能将 C 公司作为 A 公司的子公司处理，也就不能将其纳入 A 公司的合并范围。

——母公司拥有被投资单位半数或半数以下的表决权，满足下列条件之一的，视为母公司能够控制被投资单位，应当将该被投资单位认定为子公司，纳入合并财务报表的合并范围。但是，有证据表明母公司不能控制被投资单位的除外。

（1）通过与被投资单位其他投资者之间的协议，拥有被投资单位半数以上的表决权。

（2）根据公司章程或协议，有权决定被投资单位的财务和经营政策。企业的财务和经营政策直接决定着企业的生产经营活动，决定着企业的未来发展。能够控制企业财务和经营政策也就等于能控制整个企业生产经营活动。这样，也就使得该被投资单位成为事实上的子公司，从而应当纳入母公司的合并范围。

（3）有权任免被投资单位的董事会或类似机构的多数成员。这种情况是指母公司能够通过任免公司董事会的董事，从而控制被投资企业的生产经营决策权。此时，该被投资企业也处于母公司的控制下进行生产经营活动，被投资企业成为事实上的子公司，从而应当纳入母公司的合并范围。

（4）在被投资单位的董事会或类似机构占多数表决权。这种情况是指母公司能够控制董事会等权力机构的会议，从而操纵公司董事会的经营决策，使被投资企业的生产经营活动在母公司的间接控制下进行，成为事实上的子公司。因此，也应当将其纳入母公司的合并范围。

——在确定能否控制被投资单位时，应当考虑企业和其他企业持有的被投资单位的当期可转换的公司债券、当期可执行的认股权证等潜在表决权因素。

13.1.3 信息披露

根据我国会计准则有关规定，在编制合并会计报表时，企业应当在附注中披露下列信息。

（1）子公司的清单，包括企业名称、注册地、业务性质、母公司的持股比例和表决权比例。

（2）母公司直接或通过子公司间接拥有被投资单位表决权不足半数但能对其形成控制的原因。

（3）母公司直接或通过其他子公司间接拥有被投资单位半数以上的表决权但未能对其形成控制的原因。

（4）子公司所采用的与母公司不一致的会计政策、编制合并财务报表的处理方法及其影响。

（5）子公司与母公司不一致的会计期间，编制合并财务报表的处理方法及其影响。

（6）本期增加子公司，按照《企业会计准则第 20 号——企业合并》的规定进行披露。

（7）本期不再纳入合并范围的原子公司，说明原子公司的名称、注册地、业务性质、母公司的持股比例和表决权比例，本期不再成为子公司的原因，其在处置日和上一会计期间资产负债表日资产、负债和所有者权益的金额，以及本期期初至处置日的收入、费用和利润的金额。

（8）子公司向母公司转移资金的能力受到严格限制的情况。

（9）需要在附注中说明的其他事项。

13.1.4 信息系统架构

合并报表会计信息系统用于完成实际业务中因投资关系形成的企业集团涉及合并报表的业务，当投资者能有效地对被投资企业实施控制时，投资企业就需要编制合并报表。

合并报表会计信息系统是以母公司和子公司组成的企业集团为一会计主体，依赖企业报表数据采集的能力进行数据采集，以母公司和子公司单独编制的个别会计报表为基础，抵销企业集团内部交易对个别会计报表的影响，编制真实反映企业集团的经营成果、财务状况及其变动情况的会计报表。

合并报表会计信息系统能很好地支持逐级合并与大合并两种模式，同时，跟总账模块的内部交易对账进行了很好的对接，使得内部交易的抵销更为便捷和准确，如图 13-1 所示。

13.1.5 合并报表会计信息系统价值

会计信息系统的价值表现在如下几个方面。

（1）提供多口径合并架构管理，支持合并范围多版本。

（2）可按照中国会计准则、国际财务报表准则（IFRS）等多准则生成多套合并报表结果。

（3）可按多种时间维度生成月、季、年的财务报表。

（4）可定义多种汇率类型并自动完成货币换算。

（5）支持多种控股比例的合并。

（6）支持成本法与权益法的调整转换。

（7）可通过系统实现集团内公司间往来交易的对账及自动抵销。

（8）分子公司的个别报表数据可以手工输入，也可以从 NC 财务系统自动获取。

（9）NC 财务中的对账结果可以自动生成合并报表模块的抵销凭证。

（10）支持合并流定义与执行，使合并流程可视化，全集团、单个公司合并情况一目了然。

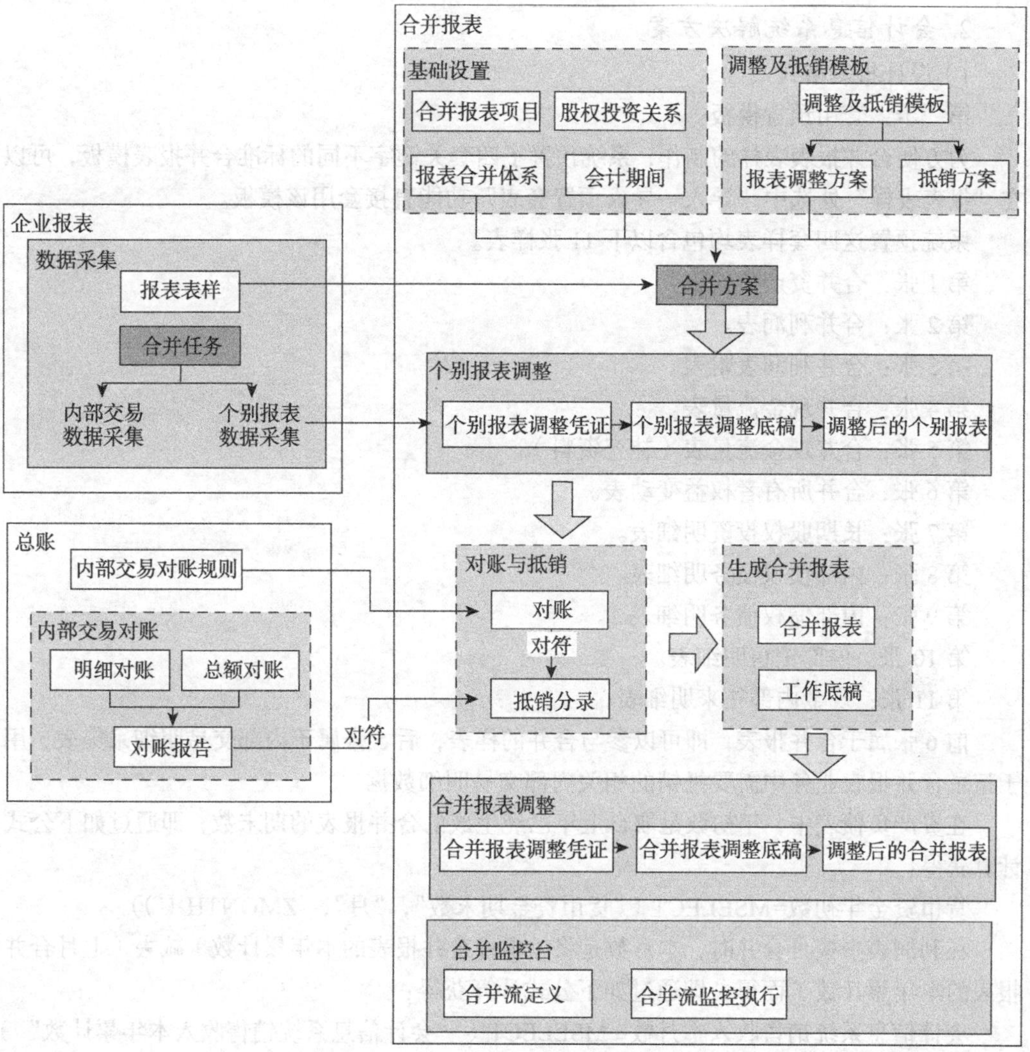

图 13-1　合并报表会计信息系统架构

13.2　合并报表应用场景

13.2.1　数据采集

1. 业务描述

合并财务报表的编制是在纳入合并范围的个别财务报表数据进行加总的基础上，将企业集团内部的经济业务或事项对个别财务报表的影响予以抵销，然后对财务报表各项目的数额进行合并。

所以，在编制合并财务报表前需要获取子公司的相关数据资料，其中最核心的会计资料即是个别财务报表数据和内部交易的明细数据。

2. 会计信息系统解决方案

1）设计报表格式

第一步：套用预置模板。

为方便合并报表表样的制作，系统预置了四套关键字不同的标准合并报表模板，可以在“报表表样”处选中“导入—导入预置套表”功能直接套用该模板。

系统预置这四套样表均包含以下 11 张样表。

第 1 张：合并资产负债表。

第 2 张：合并利润表。

第 3 张：合并利润表附表。

第 4 张：合并现金流量表。

第 5 张：合并现金流量表（补充资料）。

第 6 张：合并所有者权益变动表。

第 7 张：长期股权投资明细表。

第 8 张：内部债权债务明细表。

第 9 张：内部债权债务明细表 2。

第 10 张：内部销售明细表。

第 11 张：现金内部往来明细表。

前 6 张属于合并报表，即可以参与合并的样表；后 5 张属于内部交易明细采集表，用于记录合并报表业务中需要抵销的相关内部交易明细数据。

在资产负债表中，年初数是取自上年已经生成的合并报表的期末数，即通过如下公式计算获得：

货币资金年初数=MSELECT（“货币资金期末数”，“月”，-ZMONTH（））

在利润表中按月合并时，本月数是将（本月合并报表的本年累计数）减去（上月合并报表的本年累计数）而得，即通过如下公式计算获得：

会计信息系统销售收入本月数= MSELECT（“会计信息系统销售收入本年累计数”）-IFF（ZMONTH（）=1，0，MSELECT（“会计信息系统销售收入本年累计数”），“月”，-1）

第二步：手工创建表样。

模板导入完成之后，可以通过“格式设计”功能在预置的模板上进行报表样式和取数公式的修改，需要注意以下几点。

（1）主表关键字只允许使用：日期关键字、单位、币种（可不选）。

（2）涉及内部投资、内部债权债务等内部数据的采集使用内部交易采集表，必须勾选上“内部交易表”属性选项，动态区域中必须使用“对方单位”关键字。

（3）内部交易采集表主表关键字应与其他合并样表相同，动态区域中使用“对方单位”关键字，所有内部交易项目指标都设在动态区域中。

2）建立任务

建立合并报表数据采集的任务，即将下级单位需要报送的个别报表和内部交易采集表均加入任务中。

3）进行任务分配

在“任务分配”处完成合并报表数据采集任务的分配，即将下级单位需要报送的个别报表和内部交易采集表下发给参与合并的各级单位。

4）计算并录入数据

在“报表数据中心”处进行数据的计算和手工录入。

合并范围下的公司已经启用了总账模块，通过企业报表的总账公式，直接计算得到个别报表数据。

13.2.2　个别报表调整

1. 成本法转权益法调整

（1）业务描述。2006 年财政部发布的《企业会计准则第 2 号——长期股权投资》规定，当投资企业对被投资单位具有控制权时，长期股权投资采用成本法进行核算。同时又规定，若投资企业能够对被投资单位实施控制的，被投资单位为其子公司，投资企业应该将子公司纳入合并财务报表的合并范围，编制合并财务报表时应按照权益法进行调整。

（2）会计信息系统解决方案。

方案一：根据调整模板自动生成调整凭证。

第一步：设置股权投资关系。

股权投资关系设置如图 13-2 所示。在录入集团企业的股权投资关系明细数据时，核算方法选择“成本法”，且需要勾选“自动生成合并报表调整凭证”参数。

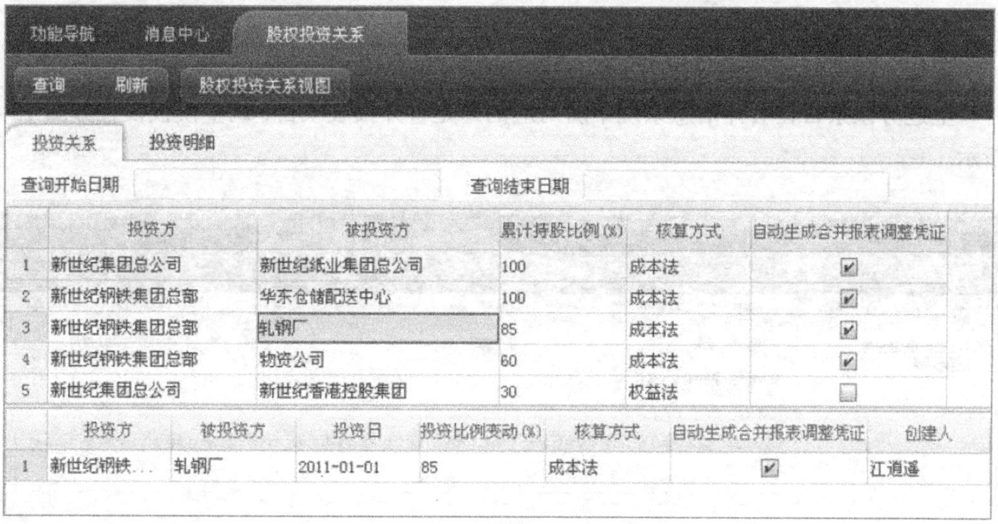

图 13-2　股权投资关系设置

第二步：设置合并报表项目。

设置合并报表项目中“对应成本法转权益法内部交易表调整”的内部交易表项目。解决的问题是报表调整时将“成本法自动转权益法”调整凭证所生成的数据不仅对个别报表进行调整，同时也对内部交易表进行调整。如图 13-3 所示。

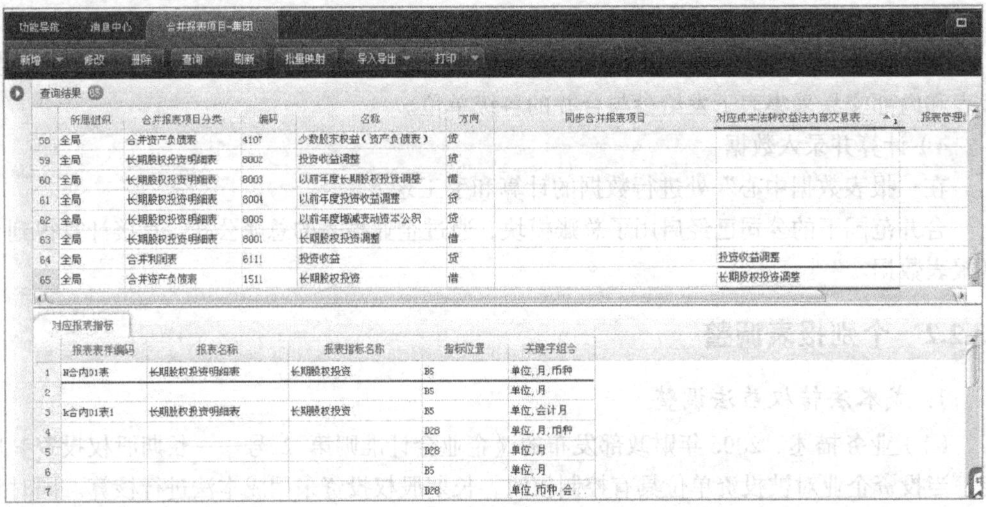

图 13-3　合并报表项目设置

第三步：设置调整模板。

首先，使用预置的抵销模板。

会计信息系统预置的成本法转权益法的调整模板分录设置如下。

借：长期股权投资

　　贷：年初未分配利润

　　　　资本公积

　　　　本年年初余额资本公积

差额：投资收益

上述分录条目在会计信息系统中所对应的即是合并报表项目，调整模板设置如图 13-4 所示。

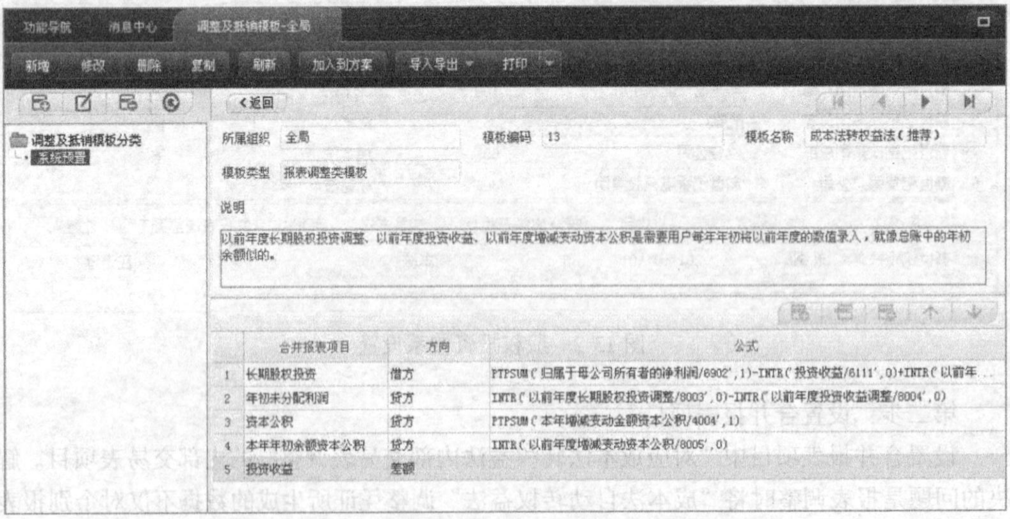

图 13-4　调整模板设置

合并报表项目的详细介绍参见 13.3.3“合并报表项目使用”章节。

其次，以预置模板为基础进行修改。

如果在项目中，预置的模板不能满足要求，建议复制预置模板然后进行修改。

第四步：加入报表调整方案。

将设置完成的调整模板加入报表调整方案中。

第五步：个别报表调整自动成本法转权益法。

在“个别报表调整自动成本法转权益法”节点“自动生成”成本法转权益法的调整凭证，如图 13-5 所示。

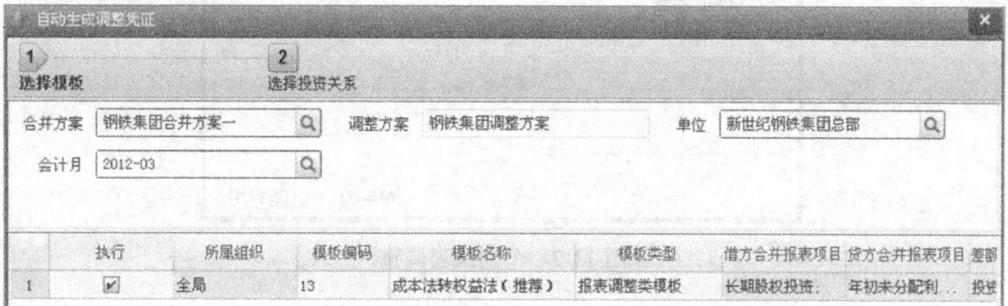

图 13-5　自动生成成本法转权益法调整凭证

在第一步选择的单位即是投资方；如果是针对合并前个别报表的调整，被投资方累计净利润报表数据版本选择“个别报表”。如图 13-6 所示。

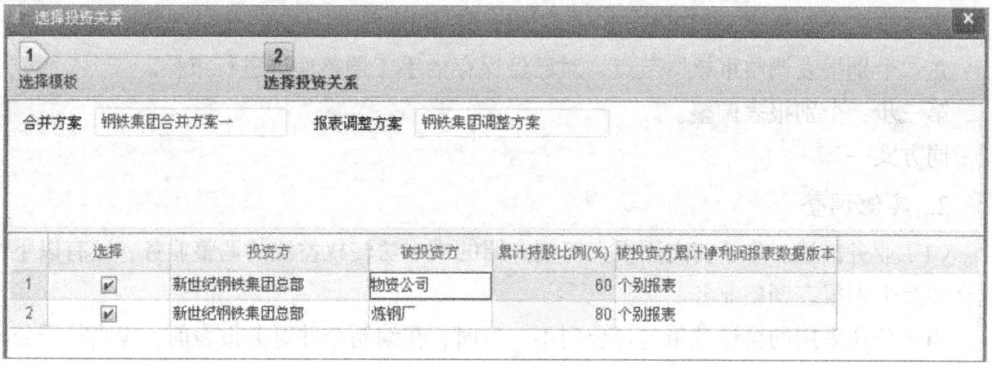

图 13-6　投资关系

第六步：个别报表调整审核。

在“个别报表调整审核”节点，对已经生成的调整凭证进行审核。

第七步：个别报表调整。

在“个别报表调整”节点，根据所选单位已有的个别报表调整凭证和个别报表数据“自动生成”调整后的个别报表数据，如图 13-7 所示。

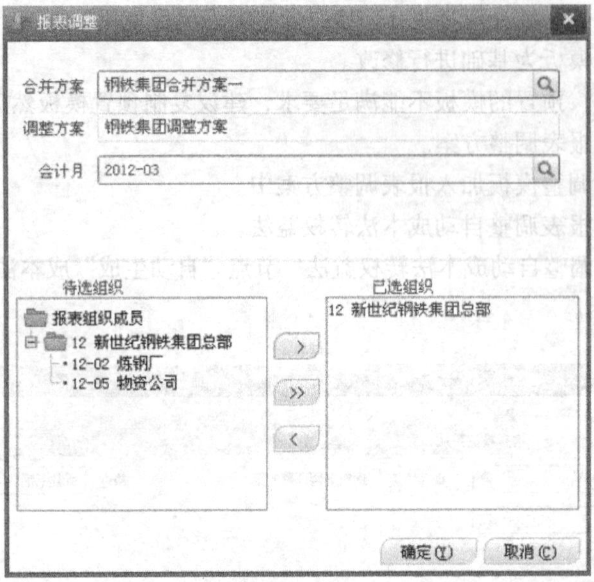

图 13-7　个别报表调整

成本法转权益法调整中被调整的报表组织均是投资方。但是如果不清楚被调整的报表组织具体是哪些，全选也没有问题，只是没有调整凭证的报表组织不生成个别报表调整表。

方案二：手工录入调整凭证。

第一步：个别报表调整凭证制单。

在“个别报表调整凭证制单”节点手工录入个别报表成本法转权益法调整凭证。

第二步：个别报表调整审核。

在“个别报表调整审核”节点，对已经保存的手工调整凭证进行审核。

第三步：个别报表调整。

同方案一。

2. 其他调整

（1）业务描述。除了前文用很大篇幅介绍的成本法转权益法的调整业务，还有以下情况会涉及个别报表调整业务。

当子公司采用的会计政策与母公司不一致时，在编制合并财务报表前，应当将子公司的个别财务报表按照母公司的会计政策进行必要的调整。

在合并财务报表编制过程中，应根据该子公司设置的备查簿，以记录该子公司的各项可辨认资产、负债及或有负债等在购买日的公允价值为基础，通过编制调整分录，对该子公司的个别财务报表进行调账，以使该子公司的个别财务报表反映为在购买日公允价值基础上确定的可辨认资产、负债及或有负债在本期资产负债表日的余额。

（2）会计信息系统解决方案。

第一步：设置常用调整凭证。

建立常用调整凭证模板，加入调整方案中。

第二步：个别报表调整凭证制单。

在“个别报表调整凭证制单”节点可以调用常用调整凭证生成个别报表调整凭证，或者直接手工录入当月调整凭证进行调整。

第三步：个别报表调整审核。

在“个别报表调整审核”节点，对已经保存的手工调整凭证进行审核。

第四步：个别报表调整。

在“个别报表调整”节点，根据所选单位已有的个别报表调整凭证和个别报表数据“自动生成”调整后的个别报表数据。

第五步：调整结果的数据溯源。

调整底稿中调整数据列：个别报表调整表→调整底稿→调整凭证→报表→总账。

调整底稿中调整前数据列：个别报表调整表→调整底稿→报表→总账。

13.2.3 对账与抵销

1. 投资及权益类抵销

（1）业务描述。在合并报表的抵销业务中，投资及权益类的抵销是指将母公司对子公司的长期股权投资与子公司的所有者权益相互抵销，并确认少数股东权益和商誉；将母公司对子公司的投资收益、子公司年初未分配利润与子公司本年利润分配、子公司年末未分配利润项目相互抵销，并确认少数股东损益。

（2）会计信息系统解决方案。

第一步：设置股权投资关系。

参见 13.2.2“成本法转权益法调整”章节。

第二步：设置抵销模板。

首先，使用预置的抵销模板。

会计信息系统预置的长期股权投资的抵销模板分录设置如下。

借：实收资本（或股本）

  资本公积

  盈余公积

  贷：长期股权投资

    少数股东权益

上述分录条目在会计信息系统中所对应的即是合并报表项目，会计信息系统界面如图 13-8 所示：合并报表项目的详细介绍参见 13.3.3“合并报表项目使用”章节。

- 实收资本的取数公式：SREP（'实收资本（或股本）/4112'，1）
- 资本公积的取数公式：SREP（'资本公积/4113'，1）
- 盈余公积的取数公式：SREP（'盈余公积/4115'，1）
- 一般风险准备的取数公式：SREP（'一般风险准备/4116'，1）
- 未分配利润的取数公式：SREP（'未分配利润/4117'，1）

- 长期股权投资的取数公式：INTR（'长期股权投资/1511'，0）+INTR（'长期股权投资调整/8001'，0）+INTR（'以前年度长期股权投资调整/8003'，0）
- 少数股东权益的取数公式：SREP（'归属于母公司所有者权益合计/4119'，1）*（1-IPROPORTION（））

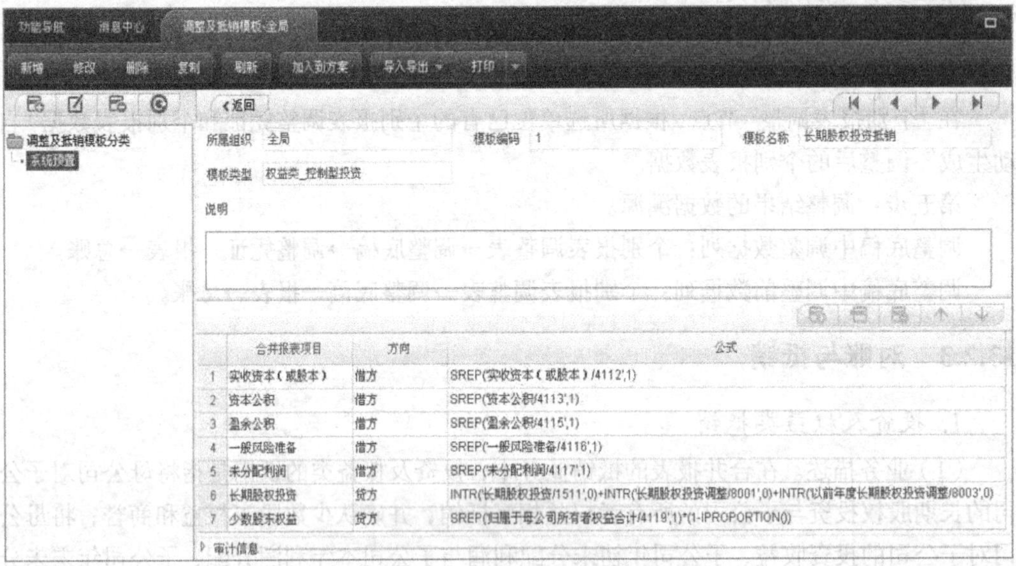

图 13-8　长期股权投资抵销模板

会计信息系统预置的投资收益的抵销模板分录设置如下。

借：年初未分配利润

　　投资收益

　　贷：提取盈余公积

　　　　提取一般风险准备

　　　　对所有者（或股东）的分配

　　　　其他未分配利润

差额：少数股东权益

上述分录条目在会计信息系统中所对应的即是合并报表项目，会计信息系统界面如图13-9所示。合并报表项目的详细介绍参见13.3.3“合并报表项目使用”章节。

少数股东损益设置为“差额”，表示该项目已被指定为借贷差额项目。

对于每条抵销模板的借贷等式两边，可以分别是一个项目或多个项目，这样自动生成的抵销分录形式可以是“一借一贷”“一借（贷）多贷（借）”“多借多贷”。我们知道，会计分录的特点是借方金额之和等于贷方金额之和，所以在抵销项目中允许有且仅有一个项目的数据由借贷方金额的差额计算得出，该项目不必定义取数公式。

然后，以预置模板为基础进行修改。

如果在项目中，预置的模板不能满足要求，建议复制预置模板然后进行修改。

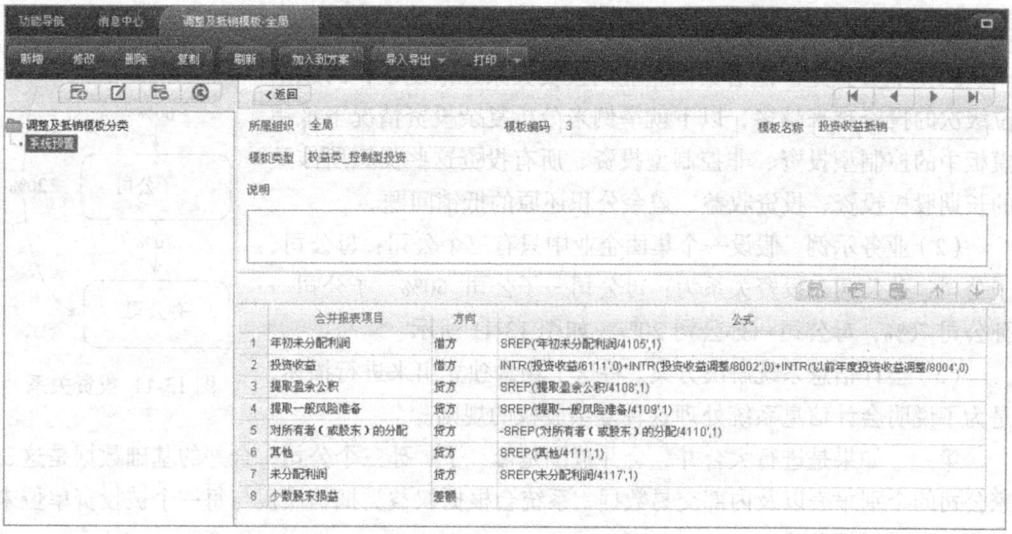

图 13-9　投资收益抵销模板

第三步：设置抵销方案。

将预置的或者修改完成的抵销模板加入抵销方案。

第四步：对账。

在“对账及对账数据查询”节点自动对账，如图 13-10 所示。

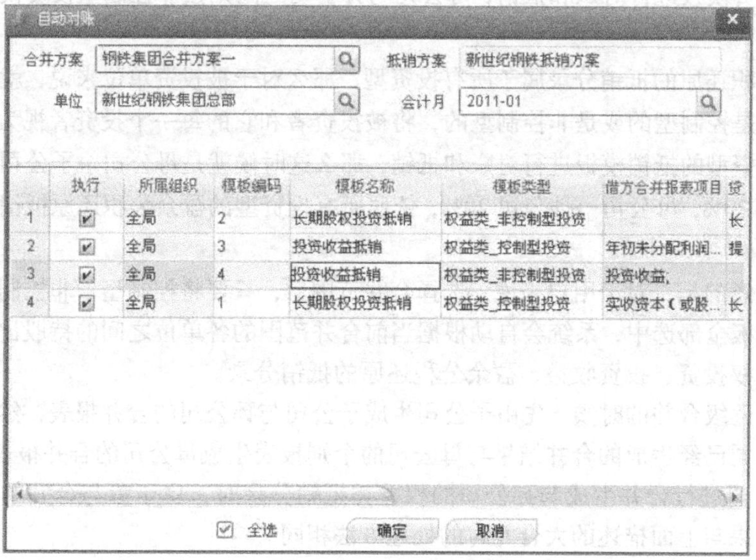

图 13-10　自动对账

第五步：生成抵销分录。

在“自动生成抵销分录”节点，根据对账对符结果生成抵销分录。

第六步：审核已生成的抵销分录。

在“抵销分录审核”节点，对已经生成的抵销分录进行审核。

2. 复杂股权下的投资及权益类抵销

（1）业务描述。随着集团企业间投资关系逐渐复杂，跨越单位级次的投资越来越多，以下就举例来分析复杂投资情况下抵销模板中的控制型投资、非控制型投资、所有投资这些类型所涉及的长期股权投资、投资收益、盈余公积还原的抵销问题。

（2）业务示例。假设一个集团企业中只有三个公司：母公司、子公司、孙公司，投资关系为：母公司→子公司 60%，子公司→孙公司 70%，母公司→孙公司 20%，如图 13-11 所示。

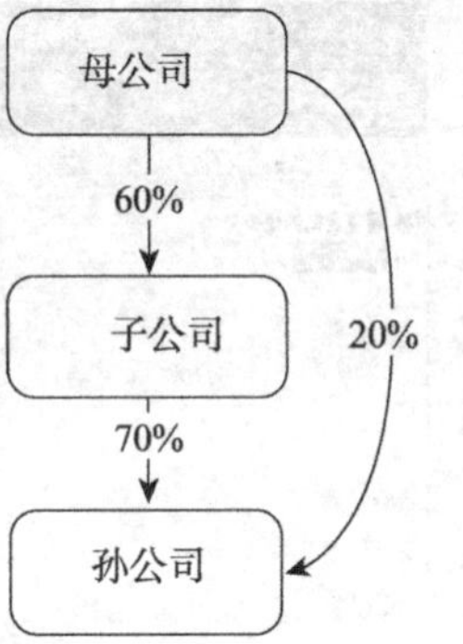

图 13-11 投资关系

（3）会计信息系统解决方案。将这个场景独立出来进行描述，是为了说明会计信息系统处理这种复杂股权的规则。

第一，如果是进行大合并，合并范围是母、子、孙三个公司，合并的基础数据是这三家公司的个别报表以及内部交易数据，系统会根据权益类抵销模板与每一个被投资单位来对账和生成抵销分录。

对于子公司来说，只有母公司对它进行了投资，没有其他投资单位，所以母子公司之间长期股权投资和投资收益的抵销按控制型投资模板进行对账和抵销。

对于孙公司来说，有母、子两个公司对它进行了投资，子公司→孙公司 70%，母公司→孙公司 20%，子公司对孙公司的投资比率大，属于控制型投资，母公司对孙公司投资比率小，属于非控制型投资，这时系统在子公司与孙公司之间长期股权投资和投资收益的抵销按控制型投资模板进行对账和抵销，母公司与孙公司之间则按非控制型投资模板进行对账和抵销。

盈余公积还原的抵销分录属于所有投资型，那么对于被投资单位来说，就不再区分谁对它的投资是控制型的或是非控制型的，将被投资者和它的每一个投资者视为一组单位，依照所有投资型的抵销模板进行对账和抵销，那么这时候就是母公司→子公司 60%，子公司→孙公司 70%，母公司→孙公司 20%，依照所有投资型的盈余公积还原抵销模板进行对账和抵销。

需要注意的是，对于用户来说，选择合并范围后，只要将控制型、非控制型、所有投资型抵销模板全部选中，系统会自动根据当前合并范围的各单位之间的持股比率，生成相应的长期股权投资、投资收益、盈余公积还原的抵销分录。

第二，逐级合并的时候，先由子公司生成子公司与孙公司的合并报表，然后再由母公司根据子公司已经生成的合并结果与母公司的个别报表生成母公司的合并报表。

在子公司进行合并生成与孙公司的权益类抵销分录时，由于参与合并的都是个别报表，所以效果与上面描述的大合并时的处理方法相同。

母公司进行逐级合并的时候由于使用的是子公司已经生成的中间合并结果，这时候系统会追溯子公司合并时的合并范围是子公司和孙公司，那母公司此时的合并范围就是母、子、孙三个公司，但由于子公司已经生成了合并报表，子公司合并范围内的子公司→孙公司 70%的抵销已经体现在子公司的合并报表中了，所以关于这项的抵销此时不发生了。

但子公司合并范围内的公司与当前合并范围内的其他公司发生的投资关系应该抵销，

这时候母公司→子公司 60%以及母公司→孙公司 20%的投资就属于这种情况。对于子公司来说，只有母公司→子公司 60%，没有其他投资单位，所以母子公司之间长期股权投资和投资收益的抵销按控制型投资模板进行对账和抵销。

对于孙公司来说，由于在子公司生成中间合并报表的时候，子公司与孙公司之间已经按控制型投资模板抵销过了，所以母公司→孙公司 20%属于非控制型投资，这时系统在母公司与孙公司之间长期股权投资和投资收益的抵销按非控制型投资模板进行对账和抵销。

盈余公积还原的抵销分录属于所有投资型，那么这时候就是母公司→子公司 60%，母公司→孙公司 20%，依照所有投资型的盈余公积还原抵销模板进行对账和抵销。

3. 交易类抵销

1）内部债权债务抵销

（1）业务描述。在合并报表的抵销业务中，内部债权债务的抵销是指母公司与子公司、子公司相互之间的债权和债务项目的抵销，包括母公司与子公司、子公司相互之间因销售商品、提供劳务以及发生结算业务等原因产生的应收账款与应付账款、应收票据与应付票据、预付账款与预收账款、其他应收款与其他应付款、持有至到期投资与应付债券等项目。

（2）业务示例。假设母公司 AB 和子公司 A 和子公司 B 进行合并，这三家公司之间都互相持有应收账款与应付账款，月末余额如表 13-1、表 13-2、表 13-3 所示。

表 13-1　AB 公司应收账款月末余额

	应收账款	应付账款
A 公司	1 000	
B 公司	2 000	

表 13-2　A 公司应收账款月末余额

	应收账款	应付账款
AB 公司		1 000
B 公司	1 500	

表 13-3　B 公司应收账款月末余额

	应收账款	应付账款
AB 公司		2 000
A 公司		1 500

在这种情况下，对账的过程中会涉及如下三对组合：公司 AB 和公司 A；公司 AB 和公司 B；公司 A 和公司 B。

（3）会计信息系统解决方案。

方案一：基于总账对账结果生成抵销分录。

第一步：建立内部交易对账规则。

在“内部交易对账规则”节点建立一个内部交易对账规则，对账金额性质：余额；本方：应收账款/1122；对方：应付账款/2202。

需要注意生成抵销凭证分录选择为“生成抵销分录”。

第二步：设置抵销模板。

在“调整及抵销模板”节点设置抵销模板，如图 13-12 所示。

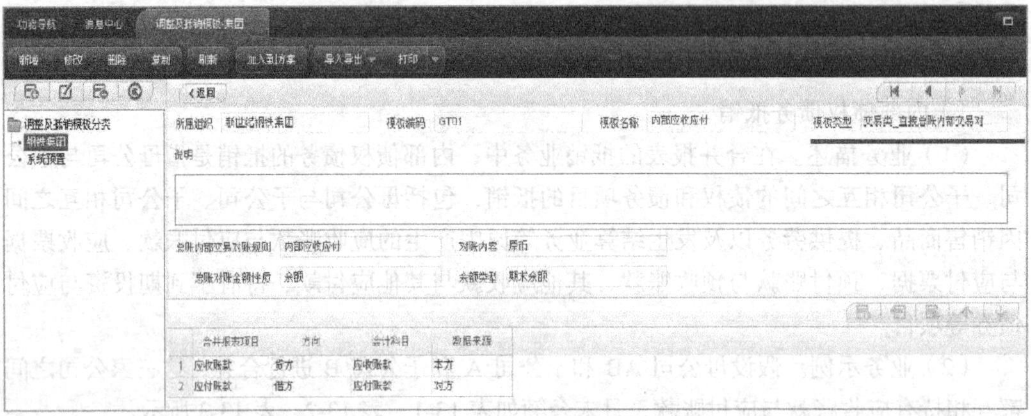

图 13-12　直接总账内部交易对账规则抵销模板

模板类型选择“交易类_直接总账内部交易对账规则”；这种模板类型所要解决的业务问题是完全按总账的精确对账直接生成合并报表的抵销分录，在合并报表完全不需要对账就可以直接生成抵销分录。

总账内部交易对账规则必须选择，即事先设置的应收账款和应付账款的对账规则。

余额类型选择“期末余额”。

抵销模板分录“方向、会计科目、数据来源”根据内部交易对账规则生成，设置分录上的合并报表项目即可。

第三步：设置抵销方案。

将设置完成的抵销模板加入抵销方案。

第四步：总账对账。

在总账模块完成的内部交易对账，在“明细对账”“汇总对账”“勾对”完成之后，需要单击“生成对账报告”按钮生成对账报告。如图 13-13 所示。

对账报告生成之后，合并报表才能根据对符结果自动生成抵销分录。

此例中，生成 3 组对账报告：公司 AB 和公司 A 对符 1000；公司 AB 和公司 B 对符 2000；公司 A 和公司 B 对符 1500。

第五步：自动生成抵销分录。

在“自动生成抵销分录”节点，执行“交易类_直接总账内部交易对账规则”抵销模板，将总账生成的内部交易对符结果参照过来，直接生成抵销分录。如图 13-14 所示。

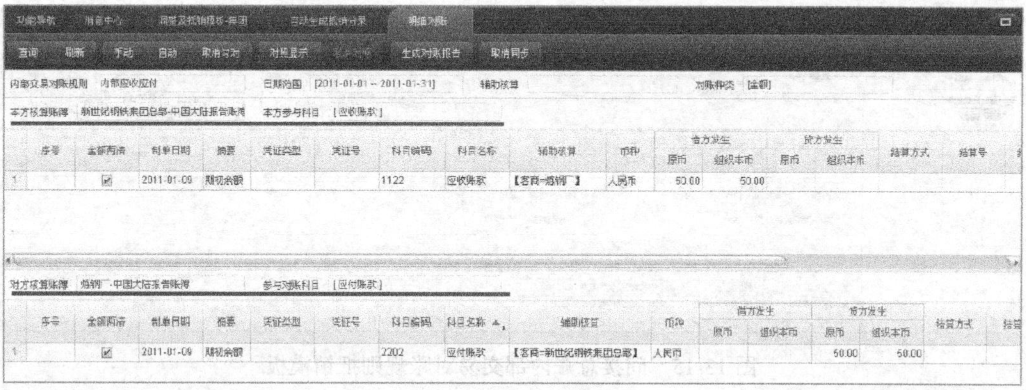

图 13-13　总账明细对账

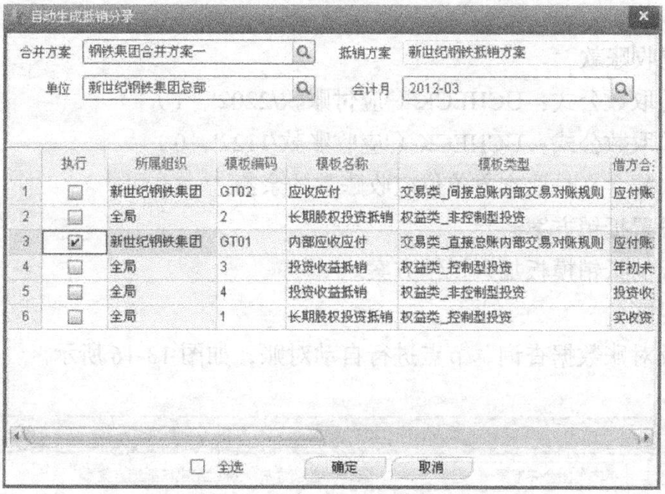

图 13-14　总账对账报告自动生成抵销分录

此例中，只生成 1 张抵销分录，可联查总账的相应对账结果：

借：应付账款　　　　　　　　　　　　　　3 500

　　贷：应收账款　　　　　　　　　　　　　　3 500

方案二：基于内部交易对账规则对账。

第一步：建立内部交易对账规则。

在“内部交易对账规则”节点建立一个内部交易对账规则，对账金额性质：余额；本方：应收账款/1122。

第二步：设置抵销模板。

在“调整及抵销模板”节点设置抵销模板，如图 13-15 所示。

模板类型选择“交易类_间接总账内部交易对账规则”；这种模板类型所解决的业务问题是对总账精确对账没有对符的数据，可以在合并报表中设置差额规则，继续对账，按差额对符的数据生成合并报表抵销分录。总账内部交易对账规则必须选择，即事先设置的应收账款和应付账款的对账规则。余额类型选择“期末余额”。

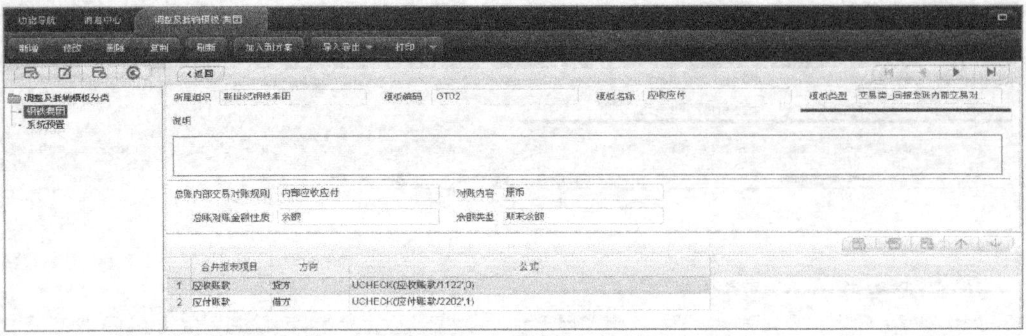

图 13-15　间接总账内部交易对账规则抵销模板

设置抵销模板分录如下。

借：应付账款

　　贷：应收账款

应付账款的取数公式：UCHECK（'应付账款/2202'，1）

应收账款的取数公式：UCHECK（'应收账款/1122'，0）

此预置公式的含义是取本方单位应收账款的余额。

第三步：设置抵销方案。

将设置完成的抵销模板加入抵销方案。

第四步：对账。

在“对账及对账数据查询”节点进行自动对账，如图 13-16 所示。

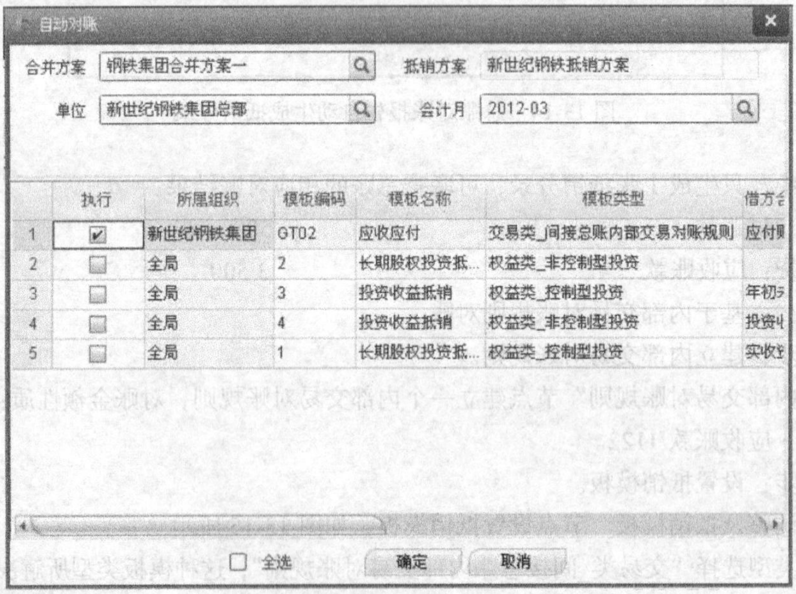

图 13-16　间接总账内部交易规则对账

对账单位选择母公司 AB，对账结果如下。

公司 AB 和公司 A：

借：应付账款　　　　　　　　　　　　　　1 000

　　贷：应收账款　　　　　　　　　　　　　　1 000

公司 AB 和公司 B：

借：应付账款　　　　　　　　　　　　　　2 000

　　贷：应收账款　　　　　　　　　　　　　　2 000

公司 A 和公司 B：

借：应付账款　　　　　　　　　　　　　　1 500

　　贷：应收账款　　　　　　　　　　　　　　1 500

第五步：自动生成抵销分录。

在“自动生成抵销分录”节点，执行“交易类_间接总账内部交易对账规则”抵销模板，根据对账对符结果生成抵销分录。

方案三：基于内部交易明细表对账。

第一步：内部交易明细表数据采集。

详细步骤参见 13.2.1“数据采集”章节，其中特殊的设置点如下说明。

系统预置的内部债权债务明细表是一张变动表，格式如图 13-17 所示：“对方单位编码”是变动区的关键字，也叫作子关键字。

应收账款的取数公式 f（x）：

GLQM（'1132'，'2081'，k（'会计月'），'[客商='+k（'对方单位编码'）+']'，'借'，'本币'，'Y'，k（'单位'），'组织本币'，'0001'）

应付账款的取数公式 f（x）：

GLQM（'2201'，'2011'，k（'会计月'），'[客商='+k（'对方单位编码'）+']'，'借'，'本币'，'Y'，k（'单位'），'组织本币'，'0001'）

预收账款等其他单元格的取数公式，比照应收账款设置，修改一下会计科目编码即可。

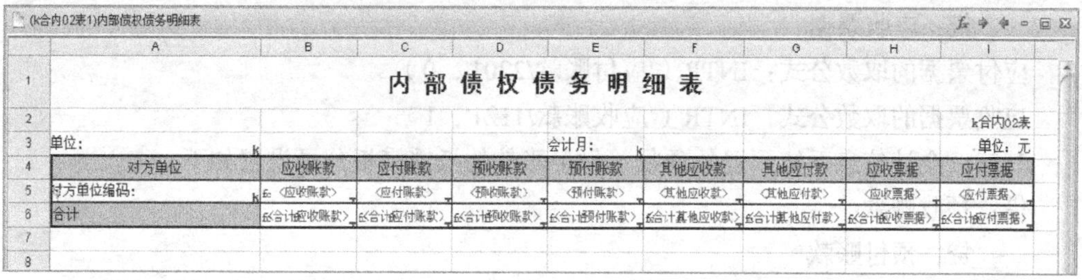

图 13-17　内部债权债务明细表公式设置

在“报表数据中心”节点进行数据的计算时，需要先参照录入关键字“对方单位编码”，然后再计算。

第二步：设置抵销模板。

首先，使用预置的抵销模板。

其一，会计信息系统预置的应收（付）账款的抵销模板分录设置如下。

借：应付账款

　　贷：应收账款

上述分录条目在会计信息系统中所对应的即是合并报表项目，会计信息系统界面如图13-18所示。

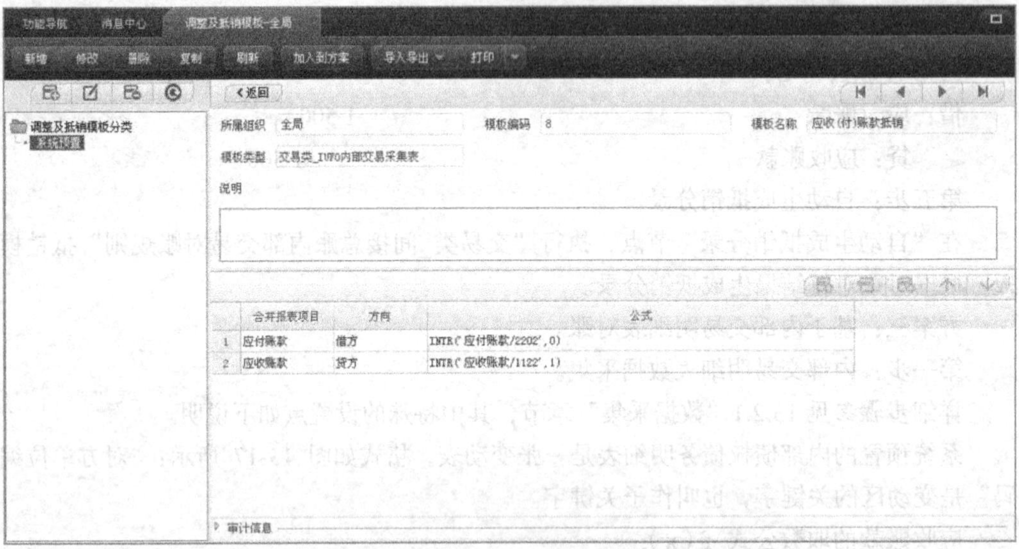

图 13-18　预置应收（付）账款抵销模板

合并报表项目的详细介绍参见13.3.3“合并报表项目使用”章节。

应付账款的取数公式：INTR（'应付账款/2202'，0）

应收账款的取数公式：INTR（'应收账款/1122'，1）

其二，会计信息系统预置的应收（付）票据的抵销模板分录设置如下。

借：应付票据

　　贷：应收票据

应付票据的取数公式：INTR（'应付账款/2201'，0）

应收票据的取数公式：INTR（'应收账款/1121'，1）

其三，会计信息系统预置的预收（付）账款的抵销模板分录设置如下。

借：预收账款

　　贷：预付账款

预收账款的取数公式：INTR（'应付账款/2203'，0）

预付账款的取数公式：INTR（'应收账款/1123'，1）

其四，会计信息系统预置的其他应收（付）账款的抵销模板分录设置如下。

借：其他应付账款

　　贷：其他应收账款

其他应付账款的取数公式：INTR（'应付账款/2241'，0）

其他应收账款的取数公式：INTR（'应收账款/1221'，1）

其次，以预置模板为基础进行修改。

如果在项目中，预置的模板不能满足要求，建议复制预置模板然后进行修改。但是内部债权债务的抵销建议在母集团统一业务的核算口径。

第三步：设置抵销方案。

将预置的或者修改完成的抵销模板加入抵销方案。

第四步：对账。

在“对账及对账数据查询”节点进行自动对账，对账时选择相应的合并方案和相应的抵销模板。

对账的时候，系统根据报表合并体系上所选的非末级单位来确定对账范围，即上级和直接下级。那么，内部债权债务的对账是在这个对账范围内进行两两对账。

此例中选择对账单位为 AB 公司，对账的过程中会涉及如下 3 对组合：公司 AB 和公司 A；公司 AB 和公司 B；公司 A 和公司 B。

在每组中，对账时本方单位和对方单位会互换。即公司 AB 作为本方单位和公司 A 进行对账之后，公司 A 会作为本方单位和公司 AB 再进行一次对账。

对账结果如下。

公司 AB 和公司 A：

借：应付账款　　1 000

　　贷：应收账款　　1 000

公司 AB 和公司 B：

借：应付账款　　2 000

　　贷：应收账款　　2 000

公司 A 和公司 B：

借：应付账款　　1 500

　　贷：应收账款　　1 500

第五步：生成抵销分录。

在“自动生成抵销分录”节点，根据对账对符结果生成抵销分录。

第六步：审核已生成的抵销分录。

如果合并方案上定义了参数“抵销分录必须审核”，那么在生成合并报表之前抵销分录必须审核。

2）内部购销交易抵销

（1）业务描述。在内部购销活动中，销售企业将集团内部销售作为收入确认并计算销售利润；购买企业是以支付购货的价款作为其成本入账；在本期内未实现对外销售而形成期末存货时，其存货价值中也相应地包括两部分内容：一部分为真正的存货成本（销售企业销售该商品的成本）；另一部分为销售企业的销售毛利（其销售收入减去销售成本的差额）。

对于期末存货价值中包括的这部分销售毛利，从企业集团整体来看，并不是真正实现的利润。因为从整个企业集团来看，集团内部企业之间的商品购销活动实际上相当于企业内部物资调拨活动，既不会实现利润，也不会增加商品的价值。

编制抵销分录时，按照集团内部销售企业销售该商品的销售收入，借记“营业收入”项目；按照销售企业销售该商品的销售成本，贷记“营业成本”项目；按照当期期末存货价值中包含的未实现内部销售损益的金额，贷记“存货”项目。

（2）会计信息系统解决方案。

第一步：内部交易明细表数据采集

详细步骤参见 13.2.1“数据采集”章节，其中特殊的设置点说明如下。

系统预置的内部销售明细表是一张变动表，格式如图 13-19 所示。“对方单位编码”是变动区的关键字，也叫作子关键字。

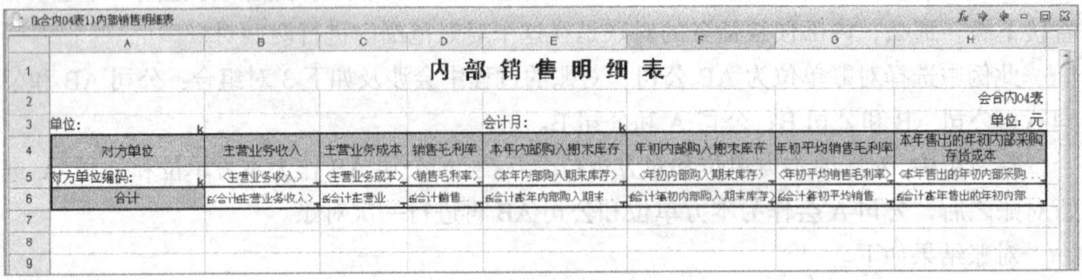

图 13-19　内部销售明细表公式设置

主营业务收入、主营业务成本如果想从总账取数，要求总账的主营业务收入、主营业务成本科目必须按客商核算。否则建议用户采用手工填制报送这张内部交易采集表。

公式的设置方式参见本章节“内部债权债务抵销方案三”。

销售毛利率通常采用手工填制报送的方式。

第二步：设置抵销模板。

首先，使用预置的抵销模板。

会计信息系统预置的长期股权投资的抵销模板分录设置如下。

借：营业收入

　　贷：存货

差额：营业成本

上述分录条目在会计信息系统中所对应的即是合并报表项目。

合并报表项目的详细介绍参见 13.3.3“合并报表项目使用”章节。

营业收入的取数公式：INTR（'营业收入/6001'，0）

营业成本：借贷差额。

其次，以预置模板为基础进行修改。

如果在项目中，预置的模板不能满足要求，建议复制预置模板然后进行修改。

取数公式的业务含义已在上文举例详细描述，会计信息系统具体操作方法可以参见会计信息系统帮助。

第三步：设置抵销方案。

将预置的或者修改完成的抵销模板加入抵销方案。

第四步：对账。

在"对账及对账数据查询"节点进行自动对账，对账时选择相应的合并方案和相应的抵销模板。

对账的时候，系统根据报表合并体系上所选的非末级单位来确定对账范围，即上级和直接下级。那么，内部债权债务的对账时在这个对账范围内进行两两对账。

具体说明参见本章节"内部债权债务抵销方案三"。

第五步：生成抵销分录。

在"自动生成抵销分录"节点，根据对账对符结果生成抵销分录。

第六步：审核已生成的抵销分录。

如果合并方案上定义了参数"抵销分录必须审核"，那么在生成合并报表之前抵销分录必须审核。

13.2.4　合并报表生成

1. 业务描述

完成了前面的初始设置，个别报表的采集，内部交易数据的采集、对账与抵销后，工作底稿、合并报表的生成将由系统自动完成。

合并报表包括以下的工作。

（1）生成合并报表（同时包括工作底稿）。

（2）合并报表查询（包括合并报表、工作底稿、区域工作底稿、合并抵销表查询）。

2. 业务流程

生成合并报表流程如图 13-20 所示。

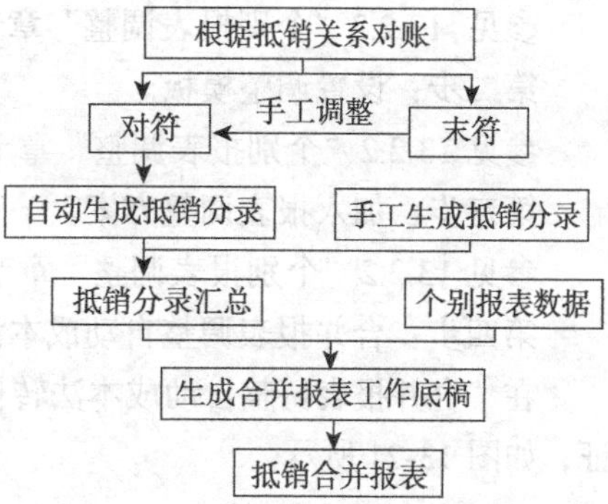

图 13-20　生成合并报表流程

3. 会计信息系统解决方案

（1）在"合并报表"节点通过"合并"按钮选择合并方案、合并报表编制单位及其他关键字，系统自动进行运算。

（2）在"合并报表"节点可以根据合并方案、合并报表编制单位及其他关键字、上报状态等条件查询合并结果。

（3）在"合并报表"节点通过"数据中心"按钮进入合并报表数据中心，查看合并结果。

（4）合并报表工作底稿是合并过程的一个总体反映。

（5）合并结果的数据溯源。

① 工作底稿中抵销数据列：合并报表→工作底稿→抵销分录→对账结果→报表→总账（非总账内部交易对账规则联查路径）。

② 工作底稿中抵销数据列：合并报表→工作底稿→抵销分录→总账总额对账查询（直接总账内部交易对账规则联查路径）。

③ 工作底稿中抵销数据列：合并报表→工作底稿→抵销分录→对账结果→总账总额对账查询（间接总账内部交易对账规则联查路径）。

④ 工作底稿中单位数据列：合并报表→工作底稿→个别报表（调整表）→总账。

⑤ 工作底稿中单位数据列：合并报表→工作底稿→中间逐级合并结果的合并报表（调整表）→中间逐级合并结果的工作底稿→个别报表（调整表）→总账（逐级合并）。

13.2.5 调整业务

1. 业务描述

如果企业集团选择逐级合并的合并模式，那么在二级或更多级合并时就会存在针对已经生成的合并报表的调整业务。

针对合并报表的调整也分为以下两种场景。

（1）成本法转权益法调整。

（2）其他调整。

2. 会计信息系统解决方案

方案一：根据调整模板自动生成调整凭证。

第一步：设置股权投资关系。

参见 13.2.2“个别报表调整”章节。

第二步：设置调整模板。

参见 13.2.2“个别报表调整”章节。

第三步：加入报表调整方案。

参见 13.2.2“个别报表调整”章节。

第四步：合并报表调整自动成本法转权益法。

在“合并报表调整自动成本法转权益法”节点“自动生成”成本法转权益法的调整凭证，如图 13-21 所示。

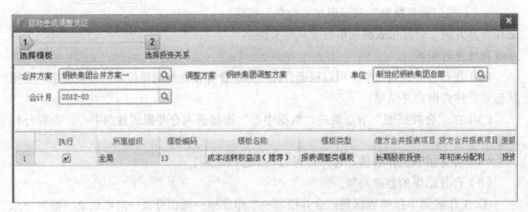

图 13-21　合并报表调整自动生成调整凭证

在第一步选择的单位即是投资方。如果是针对中间级合并结果的调整，被投资方累计净利润报表数据版本选择“合并报表”。

第五步：合并报表调整审核。

在“合并报表调整审核”节点，对已经生成的调整凭证进行审核。

第六步：合并报表调整。

在“合并报表调整”节点，根据所选单位已有的合并报表调整凭证和合并报表数据“自动生成”调整后的合并报表数据。

第七步：调整结果的数据溯源。

① 调整底稿中调整数据列：合并报表调整表→调整底稿→调整凭证→报表→总账。

② 调整底稿中调整前数据列：合并报表调整表→调整底稿→报表→总账。

方案二：手工或者引入常用调整凭证录入

第一步：设置常用调整凭证。

建立常用调整凭证模板，加入到调整方案中。

第二步：合并报表调整凭证制单。

在“合并报表调整凭证制单”节点可以调用常用调整凭证生成个别报表调整凭证，或者直接手工录入当月调整凭证进行调整。

第三步：合并报表调整审核。

在“合并报表调整审核”节点，对已经保存的手工调整凭证进行审核。

第四步：合并报表调整。

在“合并报表调整”节点，根据所选单位已有的合并报表调整凭证和合并报表数据“自动生成”调整后的合并报表数据。

第五步：调整结果的数据溯源。

① 调整底稿中调整数据列：合并报表调整表→调整底稿→调整凭证→报表→总账。

② 调整底稿中调整前数据列：合并报表调整表→调整底稿→报表→总账。

13.2.6 数据汇总与整体抵销

1. 业务描述

大合并是将所有参加合并的单位的个别报表数据汇总，并在整个合并范围内对内部交易进行抵销，来得到最后的合并结果；合并的结果仅产生本级单位的合并报表，不生成中间层次单位的合并报表，如图 13-22 所示。

2. 业务示例

新世纪集团是一个投资控股集团，下属两个子企业集团，一个是新世纪钢铁集团，一个是新世纪纸业集团。其公司架构如图 13-23 所示。

现只需要在新世纪集团本部出具合并财务报表，采用大合并的模式。

3. 业务流程

大合并业务流程如图 13-24 所示。

（1）对于各孙公司和子公司，按照集团总部下发的合并报表数据采集任务取数，上报个别财务报表和内部交易采集表。

（2）对于集团总部，母集团需要录入投资数据，建立报表合并体系和合并方案；如果是大合并，合并范围是母公司和各子公司、孙公司，合并的基础数据是这些公司的个别报表以及内部交易数据；在母集团执行个别报表调整；根据个别报表数据、内部交易采集表数据、投资数据生成抵销分录，最后生成整个集团的合并财务报表。

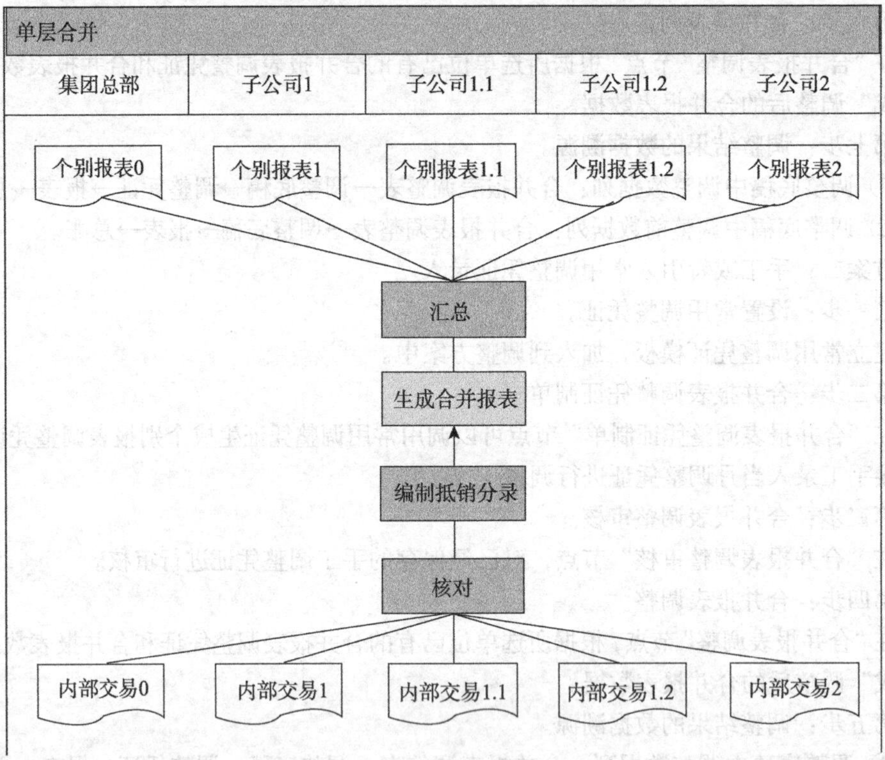

图 13-22　大合并

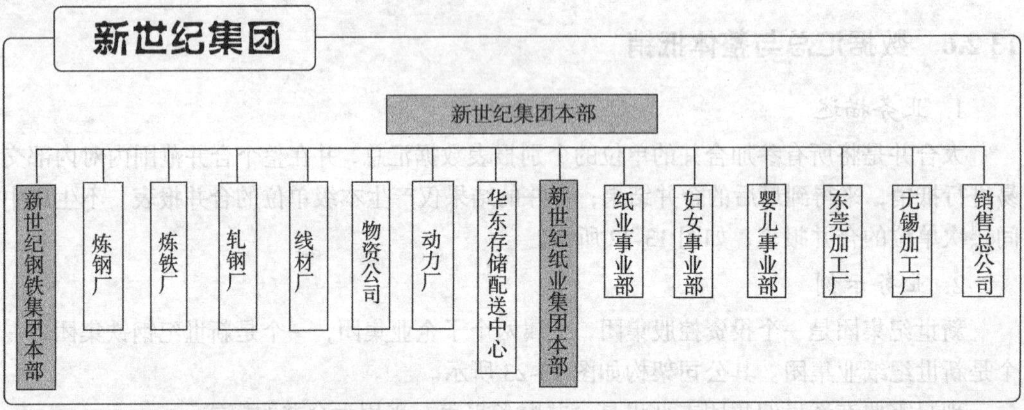

图 13-23　大合并公司架构

4. 会计信息系统解决方案

（1）股权投资关系录入。相关介绍参见 13.3.2“动态组织管理”中的“股权投资关系”章节。

（2）报表合并体系的建立。在“报表合并体系–全局”节点定义一个报表合并系统，注意必须勾选“报表合并体系”的属性。在大合并的场景下，可以先搭建出参与合并的单位上下级层次，如图 13-23 所示。

再将此结构搭建在会计信息系统中，形成报表合并体系，如图 13-25 所示。

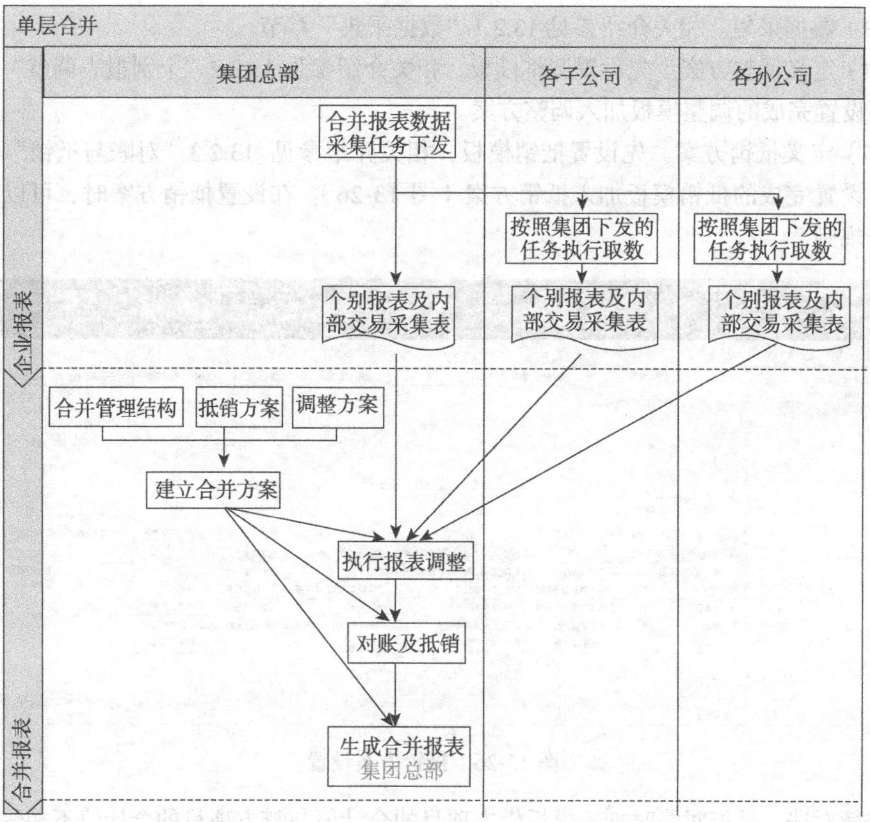

图 13-24　大合并业务流程

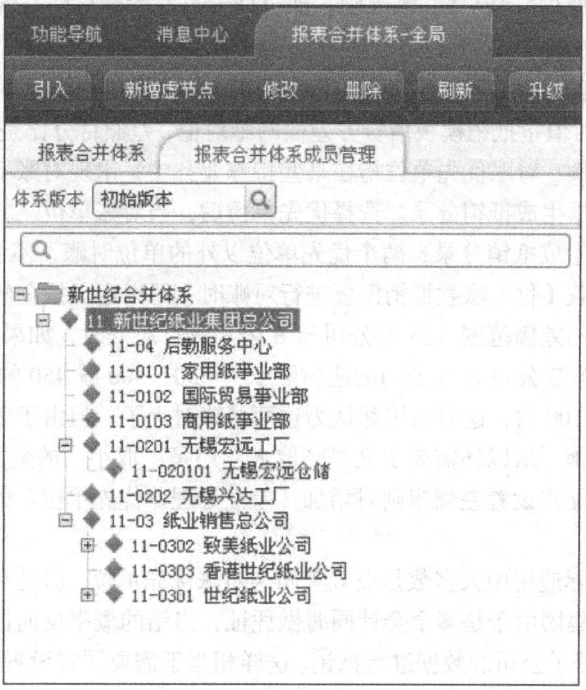

图 13-25　大合并报表合并体系

（3）数据采集。相关介绍参见 13.2.1“数据采集”章节。

（4）定义调整方案。先设置调整模板，相关介绍参见 13.2.2“个别报表调整”章节；然后将设置完成的调整模板加入调整方案。

（5）定义抵销方案。先设置抵销模板，相关介绍参见 13.2.3“对账与抵销”章节；然后将设置完成的抵销模板加入抵销方案（图 13-26）。在设置抵销方案时，可以设置差额对账规则。

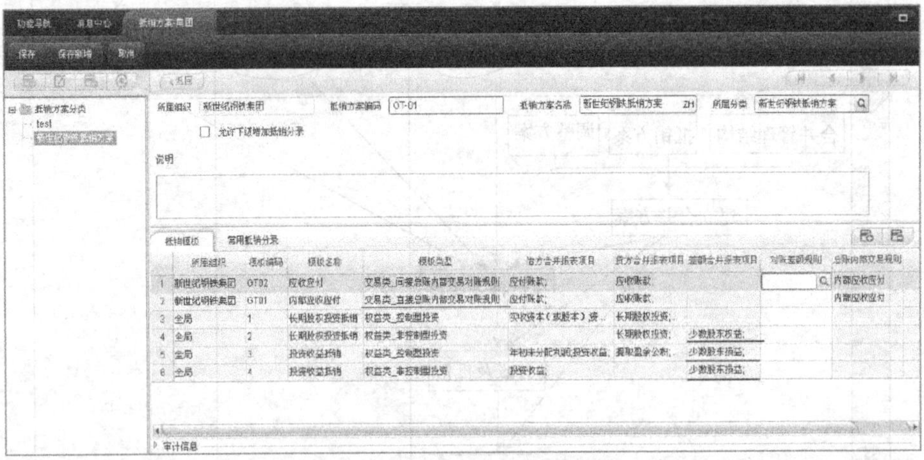

图 13-26　抵销方案设置

差额对账，是指对账时抵销模板借方项目的合计值与贷方项目的合计值不相等时，用户可以定义允许的差额，当实际差额值不超过这个允许的范围时，系统按用户事先设定的“取大”“取小”“取借”“取贷”等规则，即可使本身存在差异的金额对账成功，且可自动生成抵销分录。这样，用户可以控制内部数据的对账精度。

对于允许的差额，系统提供按金额、按比率值两种定义方式。

其中，差额绝对值指抵销模板借贷方差额的绝对值；差额百分比是差额绝对值 / 借贷双方绝对值较大金额；对账优先单位指在某些特殊业务中，出现对账不一致时，需要按照某一特定单位的数据生成抵销分录。选择优先单位后，当对账单位一方为优先单位时，按该单位提供的数据生成抵销分录；两个优先单位以外的单位对账，不受此控制影响。

例如：选择应收（付）账款抵销模板进行对账时，可以定义按金额差额的绝对值不超过 100 为对账允许的差额范围。当 A 公司与 B 公司进行对账时，如果 A 公司对 B 公司的应收账款为 500，而 B 公司对 A 公司的应付账款为 450，500 减 450 的差额绝对值为 50，在允许的差额范围 100 内，这时系统就认为这两笔账对上了。但由于生成抵销分录时，必须保证凭证借贷平衡，所以还需要定义是“取大”还是“取小”的金额生成抵销分录。

在抵销方案功能点设置差额规则时增加“差额处理非优先单位”的选项。其应用场景如下。

对账规则在实际应用中大多数是设置集团为对账优先单位，但是有的客户是下面子公司做账比较及时，集团由于是多个会计同时做凭证，出错的概率反而比较大。因此客户想在对账的时候，根据子公司的数据进行抵销。这样相当于需要同时设置多个子公司为优先，就需要设置集团为“对账非优先单位”。

注意：

① 优先单位和非优先单位可以同时为空；可以只选其中的一项；可以同时选择，但不可以是同一个单位，否则给予提示，不予确认。

② 每条抵销模板优先单位和非优先单位选择时分别只能选一个单位。

③ 单位参照：对于全局抵销模板可以参照全局报表合并体系，对于集团抵销模板可以参照全局+集团报表合并体系。

（6）定义合并方案。在“合并方案”节点定义合并方案，合并方案相关介绍参见13.3.4“方案建立”章节。

（7）个别报表调整。在母集团执行个别报表调整，相关介绍参见13.2.2“个别报表调整”章节。

（8）对账及对账数据查询。

（9）自动生成抵销分录。系统根据对账对符结果自动生成抵销分录。

（10）抵销分录审核。如果合并方案上定义了参数“抵销分录必须审核”，那么在生成合并报表之前抵销分录必须审核。

（11）生成合并报表。最终在“合并报表”节点生成新世纪集团的合并报表。

13.2.7 逐级合并

1. 业务描述

逐级合并是指在多级的集团企业里，从下向上各级单位各自出具本集团的合并报表，合并后的报表作为本子集团的个别报表参与其上一级单位的报表合并，以此类推，最后生成整个集团的合并报表。

如图13-27所示，先由子公司1和它的下级单位子公司1.1、子公司1.2做合并，出具中间级的合并报表；然后再在集团总部做合并，参加汇总的报表数据为集团总部的个别报表、子公司2的个别报表和子公司1的合并报表，同时在下级单位子公司1的合并范围内的内部交易也不再做抵销，防止内部交易被重复抵销。

2. 业务示例

新世纪集团是一个投资控股集团，下属两个子企业集团，一个是新世纪钢铁集团，一个是新世纪纸业集团，如图13-28所示。

现需要出具新世纪集团的合并财务报表，且采用逐级合并的模式。分别出具新世纪钢铁集团和新世纪纸业集团的合并财务报表，再基于它们的合并结果出具新世纪集团整个的合并财务报表。

3. 业务流程

逐级合并业务流程如图13-29所示。

（1）对于各孙公司，按照集团下发的报表编制任务取数，并上报个别财务报表和内部交易采集表。

（2）对于各子公司，逐级合并的合并范围是子公司和孙公司；合并的基础数据是子公司和孙公司的个别报表以及内部交易数据；执行个别报表的数据调整；生成子公司与孙公司的合并报表，并上报集团总部。

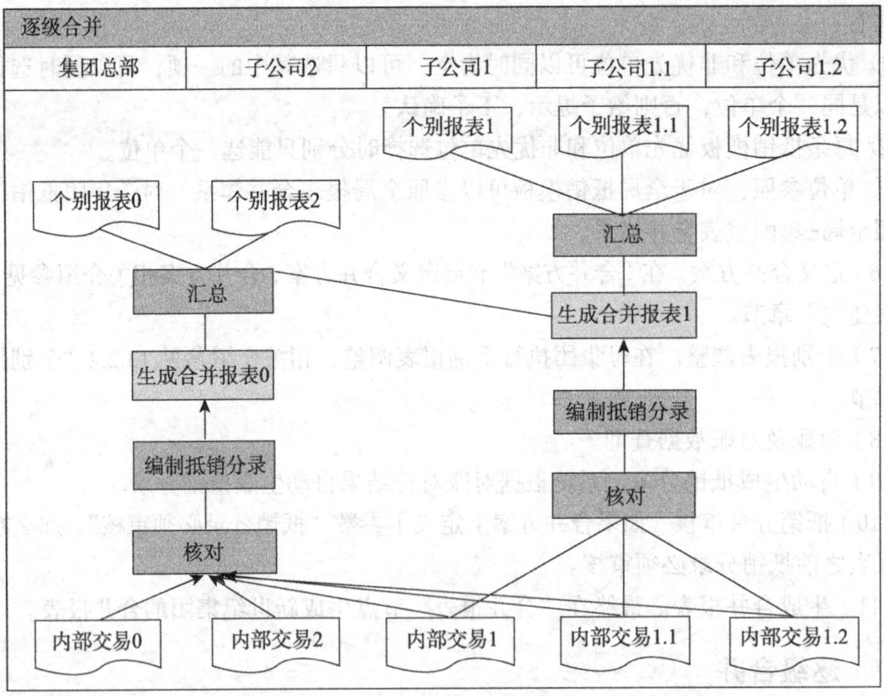

图 13-27　逐级合并

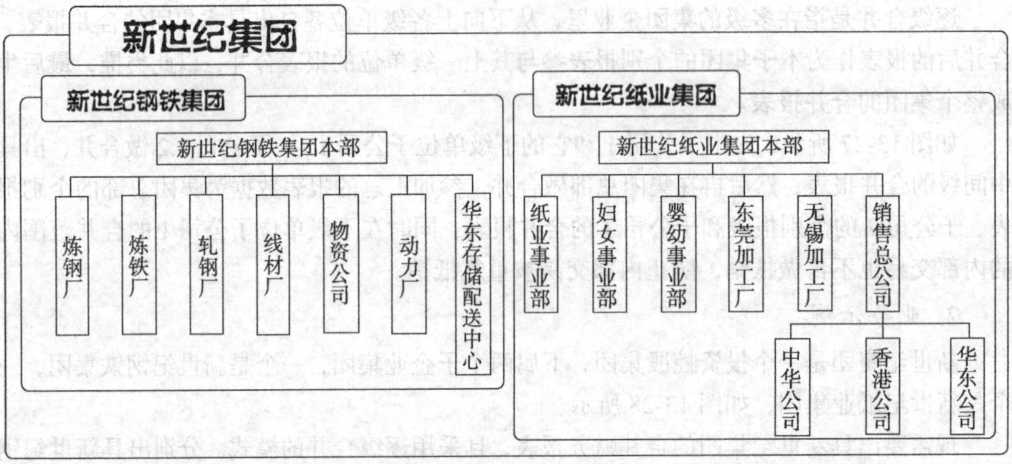

图 13-28　逐级合并公司架构

（3）对于集团总部，集团总部需要录入投资数据，建立报表合并体系和抵销方案；逐级合并的合并范围是母公司和子公司；合并的基础数据是集团总部的个别报表、子公司的合并报表以及内部交易数据；执行个别报表、合并报表的数据调整；根据内部交易和投资数据生成抵销分录，合并生成整个集团的报表。

4. 会计信息系统解决方案

（1）合并准备工作。

第一步：股权投资关系录入。

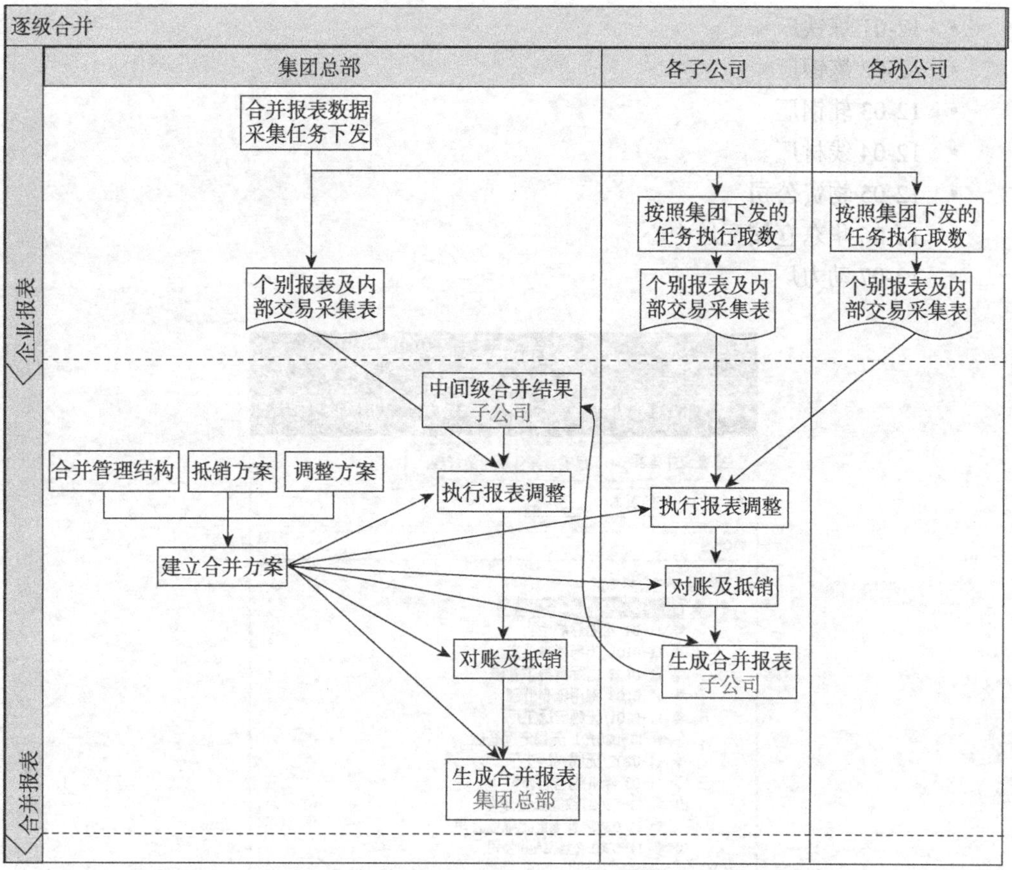

图 13-29 逐级合并业务流程

相关介绍参见 13.3.2“动态组织管理”中的“股权投资关系”章节。

第二步：报表合并体系的建立。

在“报表合并体系”节点定义一个报表合并体系。

在逐级合并的场景下，可以先搭建出参与合并的单位上下级层次，如图 13-28 所示，再将此结构搭建在 NC 会计信息系统中，成为报表合并体系，如图 13-30 所示。

第三步：数据采集。

相关介绍参见 13.2.1“数据采集”章节。

第四步：定义合并方案。

在“合并方案”节点定义合并方案，合并方案相关介绍参见 13.3.4“方案建立”章节。

（2）一级合并。沿用业务示例，新世纪钢铁集团总部、纸业集团总部先分别进行一级合并。

首先，应进行对账及对账数据查询。系统自动对账时，选择对账单位：新世纪钢铁集团总部。系统将根据所选的抵销模板在母公司“钢铁集团总部”与各子公司以及各子公司之间进行两两对账，并展示出对账结果。

新世纪钢铁集团的子公司即报表合并体系上的所属下一级报表组织：

- 12 新世纪钢铁集团

- 12-01 炼铁厂
- 12-02 炼钢厂
- 12-03 轧钢厂
- 12-04 线材厂
- 12-05 物资公司
- 12-06 华东仓储配送中心
- 12-07 动力厂

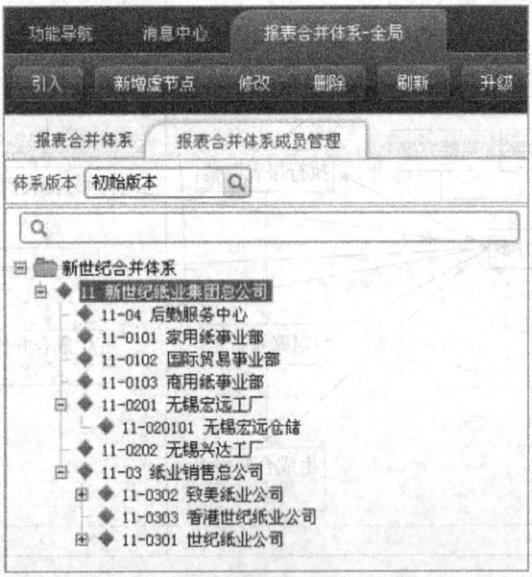

图 13-30　逐级合并报表合并体系

如图 13-31 所示，对账结果的展示是以“本方单位+对方单位+抵销模板”分条列示的。

图 13-31　对账结果展示

完成新世纪钢铁集团总部的对账工作之后，再完成新世纪纸业集团总部的对账工作。其次，自动生成抵销分录。应根据对账对符结果系统自动生成抵销分录。

再次，完成抵销分录的审核。

最后，分别生成新世纪钢铁集团、纸业集团的合并报表。

（3）二级合并。新世纪集团总部完成二级合并。

首先，进行对账及对账数据查询。

完成新世纪集团总部的对账工作时，新世纪集团、新世纪钢铁集团、新世纪纸业集团三家单位分别跟其他所有单位两两对账。

新世纪集团总部作为合并者，它在报表合并体系上的所属下级报表组织为新世纪钢铁集团、新世纪纸业集团。这里新世纪钢铁集团、新世纪纸业集团是已经生成了合并报表后的。

这时候需要说明的是，新世纪钢铁集团与纸业事业部发生的内部交易，属于本次对账的业务范围，是新世纪集团总部做合并报表时需要抵销的部分。

新世纪钢铁集团及其子公司，如炼钢厂和物资公司之间的内部交易，已经在新世纪钢铁集团做合并时抵销了，就不属于本次对账的业务范围了。

其次，自动生成抵销分录。应根据对账对符结果系统自动生成抵销分录。

再次，进行抵销分录审核。如果合并方案上定义了参数“抵销分录必须审核”，那么在生成合并报表之前抵销分录必须审核。

最后，生成新世纪集团的合并报表。

13.2.8　多级次管理

1. 业务描述

合并结果的多级次管理：

一个报表合并体系上的一个合并单位 + 一个合并方案，决定一个合并结果，这样就不管上下级谁来做，都是一个合并结果。

在这个情景下，如果同一个报表合并体系上的同一个合并单位在同一期间仍然需要存两个合并结果的话，还需要建立虚拟单位。

就是我们常说的本部先与分公司合并，得到一个合并结果，再将这个合并结果与子公司进行合并，得到最终合并结果的时候，仍然需要建立一个本部的虚拟单位，来分别保存两套合并结果。

2. 业务示例

新世纪集团下面有华东、西南两个大区，并且每个大区下面都分别有分公司和子公司。

在逐级合并过程中首先由华东本部生成它和下属苏州分公司的合并结果，再由华东大区来进行华东本部中间合并结果与子公司一的合并；西南大区也做类似工作得到西南大区的合并报表；再由集团根据华东、西南大区的合并结果生成整个集团的合并报表。

由于“华东本部”这一个单位，需要在同一合并方案、同一期间生成两套合并结果，即一套是华东本部生成它和下属苏州分公司的合并结果，一套是华东本部中间合并结果与子公司一的合并，这时候需要虚拟“华东大区”来保存后一套合并结果。如图 13-32 所示。

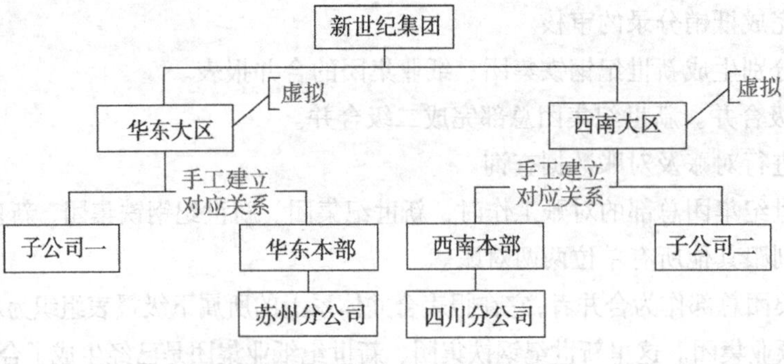

图 13-32　包含分子公司架构

3. 会计信息系统解决方案

（1）设置报表合并体系。在这种业务场景下，报表合并体系的层级结构如图 13-33 所示。

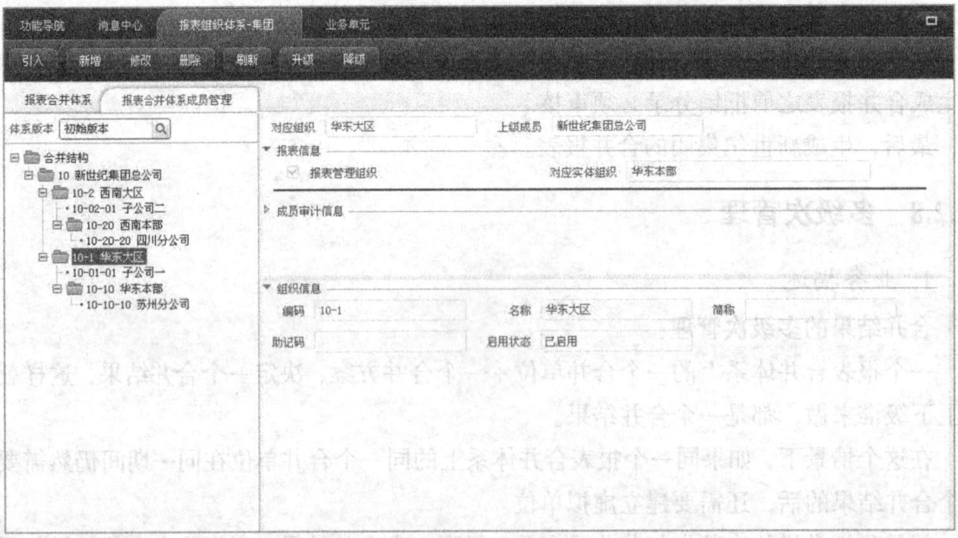

图 13-33　带有虚拟单位的报表合并体系

华东、西南大区是属于虚拟单位，存放中间合并结果；需要在“报表合并体系”节点手工“新增”建立，并勾选“报表管理组织”属性，对应实体组织为“华东本部”；“华东本部”通过引入已有业务单元建立。

如果虚拟单位是在集团的顶级，那么在报表合并体系中建立虚拟单位后，则不需要建立虚拟单位与实体单位的对应关系，进行权益类抵销时仍然可以得到正确的结果；但如果中间单位为虚拟单位的逐级合并，为了挪动投资数据和长期股权投资、投资收益数据以解决权益类抵销的问题，就必须建立虚拟单位与实体单位的对应关系。这其中华东、西南大区是属于虚拟单位，存放中间合并结果，并且不是在单位树的顶级。

虚体也可以不对应实体。因为在某些时候，有的虚体完全是因为管理模式的需要建立的存合并结果的管理型单位，没有投资数据和权益类抵销。实体和虚体的对应关系只能是一一对应。

（2）股权投资关系。在一个集团中，由于各实体单位之间的直接投资比例是客观、准确存在的，所以在“股权投资关系”节点只记录实体单位之间真实存在的投资比例。

合并报表会计信息系统中为了解决逐级合并时中间级单位为虚单位权益类抵销问题，合并报表会计信息系统作了以下规则设置。

首先，将其他单位对实体单位的投资比率和长期股权的核算方法也就是“是成本法还是权益法”，都转移到对应的虚拟单位上。但这个实体单位对其他单位的投资比例和长期股权投资核算方法还保持不变。

其次，在各单位的内部交易采集表“长期股权投资明细表”中，将对方单位为实体单位的“长期股权投资、投资收益”项目的数据也同理转移到对应的虚拟单位上。与此相关的抵销及调整模板是使用到了投资比率的所有模板，包括权益类的控制型、非控制型、所有投资以及成本法转权益法模板。其他类型的抵销及调整模板与虚实单位的对应关系无关，总是以实体单位的身份参与对账和抵销。

13.2.9 内部交易表的支持

1. 业务描述

固定表例如“资产负债表”是支持出合并报表的，这是合并报表的基础功能。内部交易表例如“债权债务明细表”也支持出合并结果报表。

使用场景：集团中每个单位的“债权债务明细表”中都列出了本单位对集团内及集团外单位的数据，通过抵销、合并，完美的情况是内部单位之间的债权债务全部抵销，这时候得到的“债权债务明细表”合并结果数据就是各单位只是对集团外单位债权债务数据的汇总；如果内部单位之间的没有被完全抵净，则合并结果数据就再加上这部分。

2. 会计信息系统解决方案

（1）可变表的子表关键字除了原有的对方单位，新增加支持“客户”“供应商”“客商”。

（2）“客户”“供应商”“客商”必须是业务单元中“生成内部客商”的。

（3）客户、供应商档案中“对应财务组织”的客户类型为“内部单位”。

13.2.10 外币折算

1. 业务描述

如果被投资企业的财务报表是以外币表述的，则投资企业在确认投资收益或者编制合并财务报表时，以外币表述的财务报表应折算为以投资企业记账本位币表示的财务报表。

2. 会计信息系统解决方案

（1）维护汇率。在“外币汇率”节点新增汇率方案，同时维护相应会计期间的期间汇率，设置平均汇率的计算规则。

（2）建立合并方案。建立合并方案，需要注意的是合并方案的关键字组合也必须包含币种。

（3）维护交易日汇率项目。在“交易日汇率项目”节点可以自由新增交易日汇率项目，如资产负债表日汇率、实收资本/股本交易日汇率、资本公积交易日汇率、盈余公积交易日汇率等。这些项目将会加载到“汇率规则”的待选项目和“平均及交易日汇率”

表中。

交易日汇率初次完全由用户手工录入，以后期间计算时总是默认上一个期间的数据，如果用户根据需要发生变化时再手工修改。

（4）设置汇率规则。在“汇率规则”节点给每个报表指标指定相应的汇率项目。

（5）设置折算规则。在“折算规则”节点建立折算规则，组成折算规则的要素如下。

① 原币种。

② 目的币种。

③ NC 汇率方案。

④ 数据类别：个别报表、个别报表调整表、合并报表、合并报表调整表，必须选择一项。

⑤ 合并方案：待选的合并方案为包含币种关键字的，需要进行折算的报表按合并方案中所包含的。

⑥ 折算单位选择：列出当前合并方案所包括的合并报表管理结构小树作为待选单位。

（6）计算汇率。在“平均及交易日汇率”节点可以进行期间汇率、各种平均汇率、交易日汇率的计算和修改，平均汇率根据用户定义的公式来计算（公式是“外币汇率”节点定义），计算结果仍然可以手工修改，以修改后的结果作为将来外币折算的汇率依据。

（7）外币折算。在“外币折算”节点选择相应的折算规则执行折算，折算时只需要指定折算期间等其他不包括单位和币种的报表关键字，因为单位和币种已经定义在了折算规则中。

折算结果在外币折算数据中心查询，如图 13-34 所示。

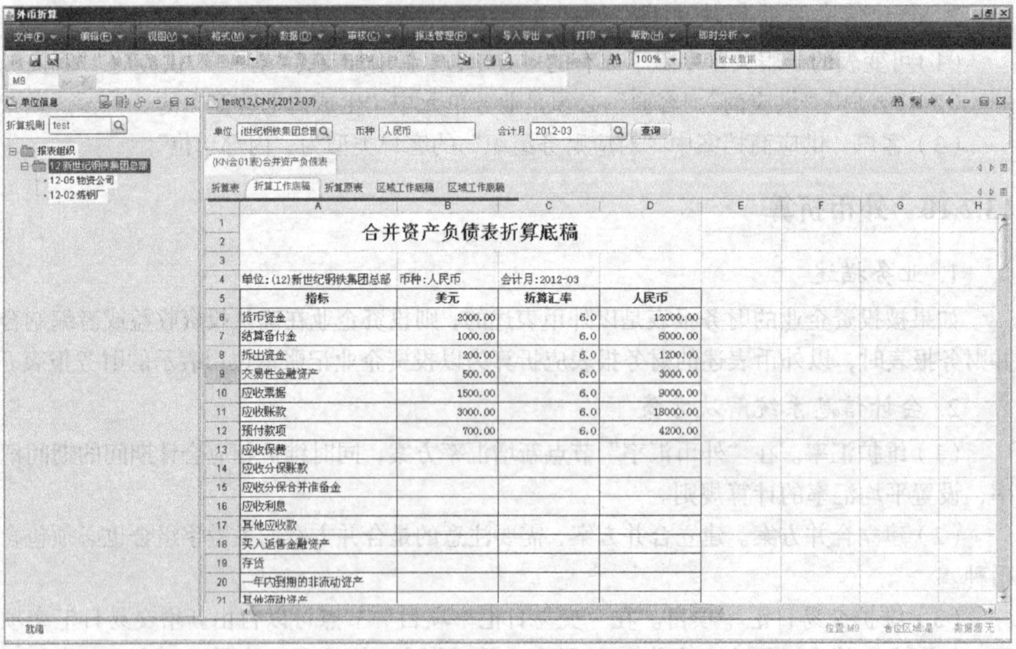

图 13-34 外币折算

（8）折算结果的数据溯源。折算表折算前数据列：折算表→折算底稿→报表→总账。

13.2.11　监控台执行

1. 业务描述

合并监控台是将合并过程全部集中在“监控台”完成，可直接在监控台中执行具体的“合并步骤”，“合并步骤”支持用户配置，并且可集中显示合并流程状态，集中反映和控制合并过程，提高合并处理自动化程度。

合并监控台包含的工作有合并流定义和合并流监控执行。

2. 会计信息系统解决方案

1）合并流的定义

根据需要配置本集团合并流程中的“合并步骤”及“前置必须步骤”，左边的合并步骤可以拖曳到右边面板，合并步骤可以在流程里通过拖曳方式调整顺序，如图 13-35 所示。

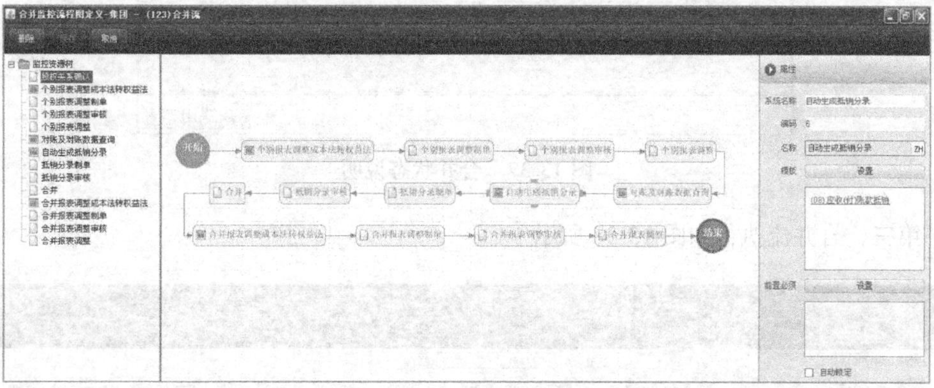

图 13-35　合并流的定义

模板：用来设置某一合并步骤如自动生成抵销分录，此步骤需要选择相关的调整及抵销模板前置执行某合并步骤前必须依赖的合并步骤。

应该注意的是，对于同一个合并方案来说，只能定义一个合并流；股权关系确认是一个完全由用户手工操作控制，没有系统上下操作步骤控制与逻辑校验的步骤，其使用场景是用户认为“组织管理”中的相应“股权投资关系”及“合并监控台”中的相应“默认股权设置”都正确后，可以将其做一个“锁定”的标志。其可能状态为“初始”“锁定”“解锁”；“个别报表状态”为系统默认固定步骤，且系统默认为它是其他所有步骤的前置步骤。

2）合并流监控执行

第一，针对一个合并流，在此对监控单位进行合并执行、批量执行和合并状态查看，如图 13-36 所示。

第二，关于合并状态，可集中显示某单位的“合并总状态”：初始、执行中、错误、成功、锁定，也可以具体显示某单位每一个“合并步骤状态”：初始、无关、成功、等待中、进行中、错误、锁定、解锁。

步骤状态说明如图 13-37 所示。

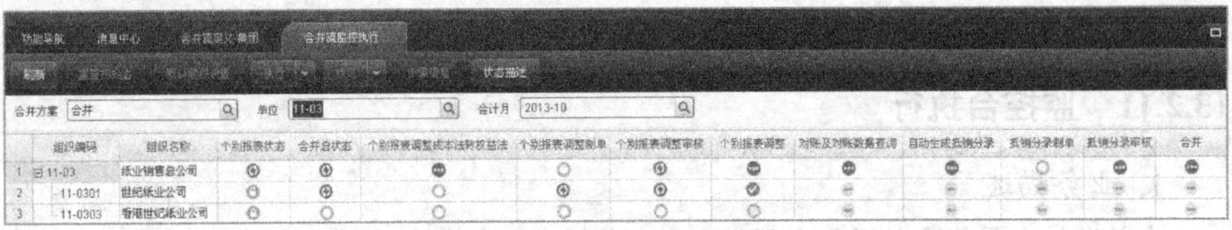

图 13-36　合并流监控执行

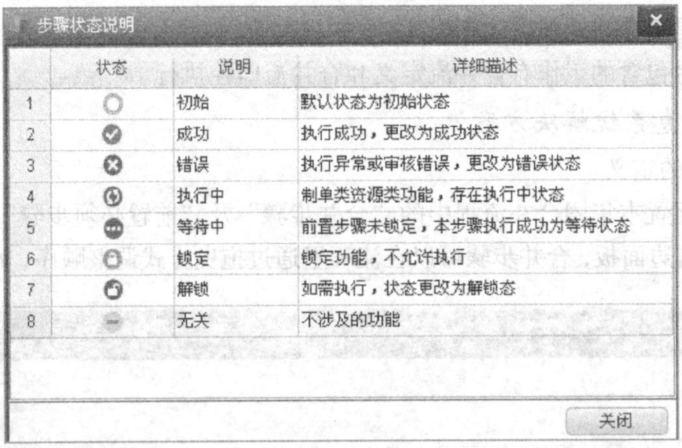
步骤状态说明
状态
说明
详细描述
1 初始 默认状态为初始状态
2 成功 执行成功，更改为成功状态
3 错误 执行异常或审核错误，更改为错误状态
4 执行中 制单类资源类功能，存在执行中状态
5 等待中 前置步骤未锁定，本步骤执行成功为等待状态
6 锁定 锁定功能，不允许执行
7 解锁 如需执行，状态更改为解锁态
8 无关 不涉及的功能
关闭

图 13-37　合并状态说明

第三，合并流执行如图 13-38 所示。

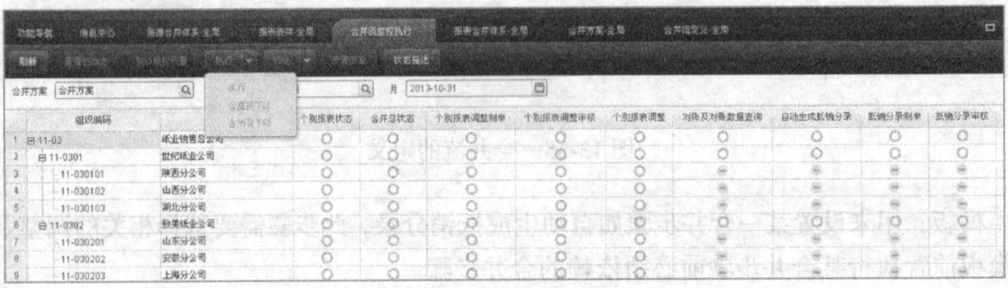

图 13-38　合并流执行

13.3　合并报表初始准备

合并报表会计信息系统的初始准备分为四大步，如图 13-39 所示。

13.3.1　管控模式设定

（1）如果涉及跨集团的内部交易抵销，那么客户基本信息、供应商基本信息都需要设置成全局可见，即图 13-40 中的前八种模式；因为如果存在跨集团的内部交易，那么一定存在跨集团的业务单元互为内部客商。

（2）会计信息系统涉及的管控模式未在 UAP“管控模式”节点注册成可配置模式，详见表 13-4。

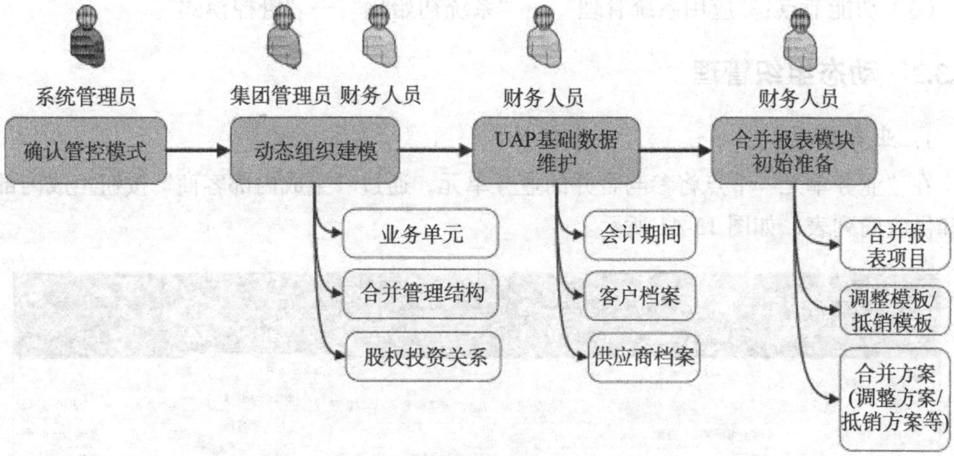

图 13-39 初始准备

图 13-40 管控模式设定

表 13-4 管 控 模 式

类别	管理模式	可见性范围	唯一性范围
合并报表项目分类	全局+集团	全局+集团	全局+集团
合并报表项目	全局+集团	全局+集团	全局+集团
调整及抵销模板	全局+集团	全局+集团	全局+集团
常用调整凭证	全局+集团+组织	全局+集团+组织	全局+集团+组织
常用抵销分录	全局+集团	全局+集团	全局+集团
报表调整方案	全局+集团	全局+集团	全局+集团
抵销方案	全局+集团	全局+集团	全局+集团
合并方案	全局+集团	全局+集团	全局+集团
平均及交易日汇率	全局+集团+组织	全局+集团+组织	全局+集团+组织
工作底稿模板定义	全局+集团	全局+集团	全局+集团
批量调整规则	全局+集团	全局+集团	全局+集团

（3）功能节点："应用系统管理"→"系统初始化"→"管控模式"。

13.3.2 动态组织管理

1. 业务单元

在"业务单元"节点将参与合并的业务单元，通过"生成内部客商"按钮生成内部客户和供应商列表，如图 13-41 所示。

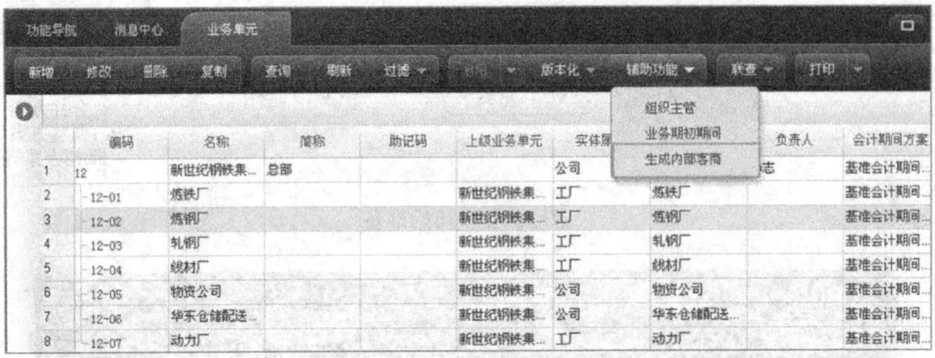

图 13-41 生成内部客商

功能节点："企业建模平台"→"组织管理"→"业务单元"。

2. 报表合并体系

在"组织管理"节点建立报表合并体系，报表合并体系可以理解为合并单位组成的"树"形结构，它与报表组织体系独立，用来确定合并范围和合并模式。

合并范围是指应纳入合并财务报表编报的子公司的范围，主要是明确哪些子公司应包括在合并财务报表的编报范围内，哪些子公司被排除在合并财务报表的编报范围外。为了满足实际管理需求，报表合并体系还允许在合并范围内建立虚拟单位。

合并模式是指采取大合并而且是逐级合并的方式。对于一个报表合并体系中的每个非叶子节点即子集团来说，它就是需要进行合并的单位，其合并范围是它本身及直接下级单位，如果它的直接下级还有下级，那就是我们常说的逐级合并模式，需要用直接下级已经合并的结果数据进行合并。大合并模式也是通过定义报表合并体系来反映的，这个结构的特点是除了一个根节点外，其他所有单位都是叶子节点。

系统可以建立全局级和集团级的报表合并体系。其中，全局级的报表合并体系可以跨集团进行组织选取构建，支持跨集团的合并报表；集团级的报表合并体系只能选择登录集团的业务单元构建。

在合并报表的建模过程中，报表合并体系是一个至关重要的基础档案，在 NC 系统中，如果企业集团实际的合并范围和合并模式存在差别的话，需要建立不同的报表合并体系，即通过合并范围多版本来实现。

3. 股权投资关系

股权投资关系管理着集团内部单位之间的投资比例及其变动过程，管理着长期股权投资的核算方法是成本法还是权益法。这是系统权益类抵销分录自动生成，以及报表成本法自动转权益法的重要依据。对股权投资关系的管理，是从收购日开始的。也就是说，一项集团内部权益性投资，从其发生第一笔投资开始，就应将相关数据反映到合并投资关系管理中来。同时，对于一项投资发生每一次变动（包括持股比例的变动和核算方法的变动），无论是持有股份增加还是减少，都应通过投资关系来反映。股权投资关系是全局级节点，建立集团下所有法人公司间的投资关系。支持查询某个集团的股权投资关系视图，也支持查看全局的股权投资关系视图。

13.3.3 合并报表项目使用

合并报表项目是合并报表模块最核心的基础档案之一，其业务意义是做调整凭证与抵销分录的项目，它是脱离合并报表表样而存在的。用它可以直接描述抵销及调整模板、常用调整凭证、常用抵销分录、报表调整方案和抵销方案，从而使它们也可以脱离报表而成为体现合并报表业务含义的基础档案，如图 13-42 所示。

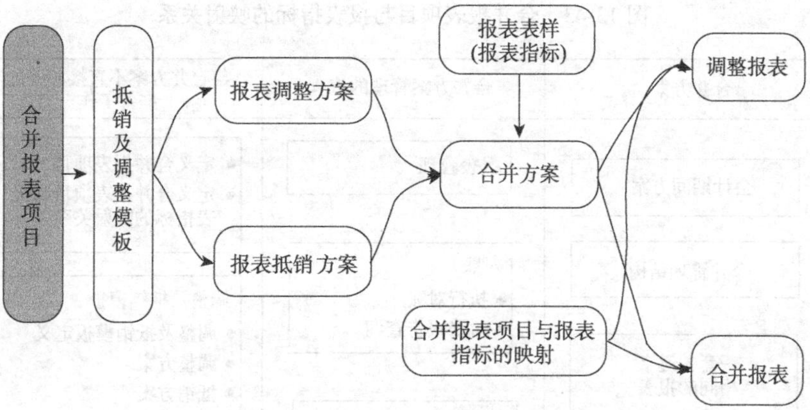

图 13-42　合并报表项目与报表指标映射

同时，调整凭证与抵销分录也是通过合并报表项目来描述的。由于最终调整凭证和抵销分录都需要反映在调整报表和合并报表上，所以合并报表项目要与报表指标做严格映射。

这样，一套反映合并报表业务含义的抵销及调整模板就可以在多套报表中共享而不需要重复建立。例如，年报是一套报表，月报是一套报表，它们的表样一样，由于关键字不同所以报表及报表指标不一样，在这种情况下，用合并报表项目就只需要建立一套抵销及调整模板。

一个合并报表项目与报表指标的映射关系如图 13-43 所示。

13.3.4 方案建立

1. 合并方案的应用介绍

一个合并方案管理一套合并流程，生成一套需要的合并结果数据，其包括的主要内容是，选择一个报表合并体系，确定了此次合并工作的合并范围和合并方法；一套关键字相同的报表，但这套报表并不一定来自同一套任务；选择一个报表调整方案，就是选择个别报表的版本，可选的为个别报表、调整报表，而调整报表版本会有多个方案，一个调整报表方案将管理一套个别报表调整表；选择一个抵销方案；选择一个或多个审核方案。如图13-44所示。

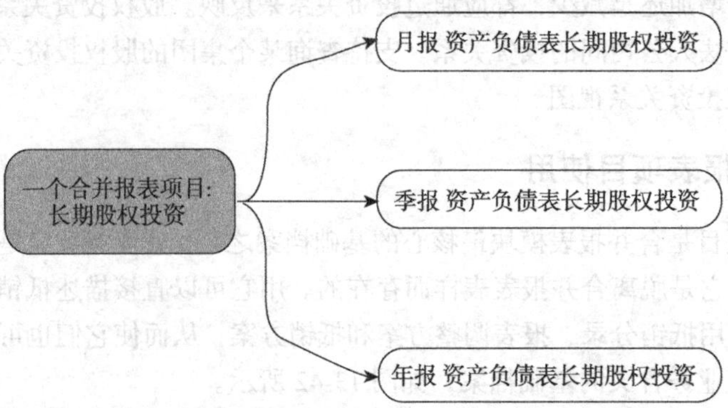

图 13-43　合并报表项目与报表指标的映射关系

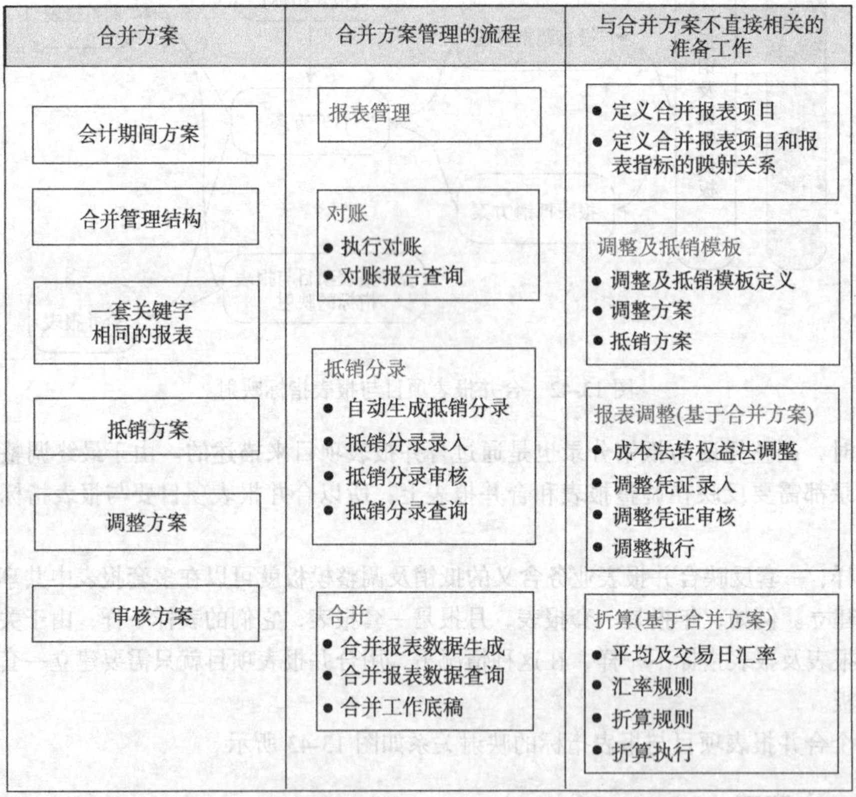

图 13-44　合并方案

同一套个别报表和个别报表调整表，可以在多个报表合并体系间共享；这样，就可以按不同的报表合并体系生成多套合并结果，无须多次采集或多次调整。例如，一个企业集团，可能需要按投资关系、行业等口径出具多套合并结果。

同理，对于同一个报表合并体系，由于会计政策的不同导致需要使用不同的报表调整方案和抵销方案时，我们就可以按照不同的会计政策来定义多个合并方案，以生成相应的合并结果。例如，在集团地区合并报表管理结构上定义了两个合并方案，一个是内地政策的，一个是香港地区政策的，这样就可以出具两套合并报表了。

2. 合并方案可选择的管控模式

合并方案可选择的管控模式如表 13-5 所示。

表 13-5　合并方案可选择的管控模式

类别	管理模式	可见性范围	唯一性范围
合并方案	全局+集团	全局+集团	全局+集团

合并方案的管控模式设置成全局+集团：全局的合并方案可以选择全局的合并报表管理结构、报表、报表调整方案、抵销方案、审核方案；集团的合并方案可以选择全局和集团的以上内容。

3. 报表之间有合并的先后顺序

在合并时，以对“未分配利润”这个指标的处理为例，未分配利润的处理涉及利润表、所有者权益变动表、资产负债表。指标之间的引用顺序为：所有者权益变动表引用利润表上的“归属于母公司所有者的净利润”指标，而资产负债表引用所有者权益变动表上的“未分配利润”指标。所以在合并时，必须这三张表同时合并，并且在合并方案选择报表时，也按此顺序排序，才能保证表间平衡的正确性。

（1）由利润表中各收入、成本项目，计算得出归属于母公司所有者的净利润。

（2）由所有者权益变动表中各项目，计算得出反映到资产负债表上的未分配利润。

（3）资产负债表引用所有者权益变动表上计算得出的未分配利润。

13.4　合并报表操作指南

本章具体详细操作应用，请登录 NC 系统参见相关会计信息系统帮助。

本章小结

本章围绕合并报表信息系统能够解决的主要业务场景展开，并以此内容为依托展现会计信息系统的关键应用功能，帮助用户建立业务需求与会计信息系统解决方案的匹配思路。其中对账和抵销中的投资及权益类抵销业务与交易类抵销业务较为复杂，对于每一业务场景，企业应根据实际需要设计相关的会计信息系统解决方案，业务设计将直接影响企业最终的合并效率。

关键词汇

集团（group）

合并财务报表（consolidated financial statement）

内部交易（intro transaction）
少数股东权益（minority stockholder’s interest）
成本法（cost approach）
权益法（equity approach）
外币（foreign currency）
外币报表折算（translation of a foreign operation into a presentation currency）

小组讨论

相较于传统集团企业合并报表的编制方式，应用会计信息系统将大大提高报表编制的准确性和效率性。

讨论：

在操作过程中，该系统具体从哪些方面简化了财务人员的工作？

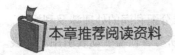

本章推荐阅读资料

扫描此码　深度阅读

第14章 全面预算

学习提要与目标

会计信息系统中全面预算模块能够满足企业集团管控的应用要求，提供了完善的企业预算体系解决方案，为企业提供了从预算目标下达直到下级预算填报、预算数据上报和批复、数据多版本管理、预算调整、执行监控和预算多维分析的完整的预算管理解决方案。NCV 6.3 支持财务、预算、企业报表数据整合，提供 NC/Excel 双客户端预算编制，支持 NC 端完整的预算编制流程。计划平台多维模型和预算执行、预算控制应用等根据客户需求进行了优化。

通过本章的学习，应能够：

- 掌握全面预算的内涵、本质及作用，了解全面预算体系平台。
- 掌握会计信息系统中集团预算填制的过程和预算填制的全流程。
- 了解预算的分析和执行监控功能，掌握差异分析、趋势分析和预算分析等分析方法。
- 掌握预算表单设计、预算分析；了解如何通过 Excel 客户端或 NC 客户端进行预算数据填制、上报、汇总分析；通过 NC 客户端完成预算审批。

14.1 全面预算概述

14.1.1 全面预算的内涵

全面预算是关于企业在一定的时期内（一般为一年或一个既定期间内）对各项业务活动、财务表现等方面的总体预测。它包括经营预算（如开发预算、销售预算、销售费用预算、管理费用预算等）和财务预算（如投资预算、资金预算、预计利润表、预计资产负债表等）。

全面预算的特点体现为“三全”：全方位、全过程、全员参与。全方位：全部经济活动均纳入预算体系。全过程：各项经济活动的事前、事中、事后均要纳入预算管理过程。全员参与：各部门、各单位、各岗位、各级人员共同参与预算编制和实施。

全面预算以销售预算为起点，是关于企业在一定时期内经营、资本、财务等各方面的总体计划，它将企业全部经济活动用货币形式表示出来。全面预算的最终反映是一整套预算的财务报表和其他附表，主要是用来规划计划期内企业的全部经济活动及其相关财务结果。全面预算可以按其涉及的业务活动领域分为财务预算和非财务预算。其中财务预算是关于资金筹措和使用的预算；非财务预算主要是指业务预算，用于预测和规划企业的基本经济行为。

全面预算管理是指企业在战略目标的指导下，对未来的经营活动和相应财务结果进行充分、全面的预测和筹划，并通过对执行过程的监控，将实际完成情况与预算目标不断对照和分析，从而及时指导经营活动的改善和调整，以帮助管理者更加有效地管理企业和最大限度地实现战略目标。全面预算管理需要充分的双向沟通以及所有相关部门的参与。

真正的全面预算要做到：事前有计划，事中有控制，事后能考评、追溯。

14.1.2 预算管理的本质

1. 预算不等于预测

（1）预测是基础，预算是根据预测结果提出的对策性方案。可以说，预算是针对预测结果采用的一种预先的风险补救及防御系统。预测是预算的前提，没有预测就没有预算。

（2）有效的预算是企业防范风险的重要措施。

2. 预算不等于财务计划

（1）从内容上看，预算是企业全方位的计划，财务计划只是企业预算的一部分，而不是全部。

（2）从预算形式上，预算可以是货币式的，也可以是实物式的，而财务计划则是以价值形态所表现的计划。

（3）从范围上，预算是一个综合性的管理系统，涉及企业各部门和不同科层；而财务计划的编制、执行主要由财务部门控制。

3. 预算管理是一种管理机制

（1）预算管理，其根本点就在于通过预算来代替管理，使预算成为一种自动的管理机制，而不是单纯的管理手段。作为一种管理机制，预算管理一方面与市场机制相对接，以市场为起点。另一方面与企业内部管理组织和运行机制相对接，并遵循两大原则：其一是各组织权、责、利对等原则；其二是各组织决策权、执行权、监督权三权分立原则，以保证权力的相互制衡。

（2）预算管理决不是数据的堆砌、表格的罗列，而是与公司治理结构相适应的一套管理系统。企业健全的预算制度是完善的法人治理结构的体现。

（3）预算管理是一种战略管理。企业预算管理的目标实际上就是企业的战略目标，通过预算管理使企业的战略意图得以具体贯彻，长期计划和短期计划得以沟通与衔接。

14.1.3 全面预算的作用

全面预算具有以下几个作用。

1. 有利于企业的各级各部门明确其在计划期间的工作目标

预算作为一种计划，规定了企业一定时期的总目标以及各级各部门的具体目标。这样全面预算就有助于全体职工了解本部门和自己与整个企业的经营目标之间的关系，明确自己在业务量、收入成本费用各方面应达到水平的努力方向，促使每个职工想方设法，从各自的角度去完成企业总的战略目标。

2. 有利于协调企业内部各职能部门的工作，最大限度地实现企业整体目标

全面预算把企业各方面的工作纳入统一计划之中，促使企业内部各部门的预算相互协调，环环紧扣，达到平衡。在保证企业总体目标最优的前提下，组织各自的生产经营活动。

3. 有利于控制企业日常经济活动

全面预算可以说是控制企业日常经济活动的依据。在预算执行过程中，各级各部门应通过计量、对比，及时发现实际偏离或脱离预算的差异，并分析差异产生的原因，以便采取必要的措施，保证预期目标的实现。

4. 有利于评定企业各级各部门的工作业绩

企业在执行预算的过程中，发现差异不仅是控制企业日常经济活动的主要依据，也是评定各级各部门及个人工作业绩好坏的重要标准。

在评定各部门工作业绩时，要根据预算的完成情况，分析偏离预算的程度和原因，划清责任，奖罚分明，促使各部门为实现预算规定的目标努力工作。

14.1.4　信息系统名词解释

1. 指标

指标是指在营运管理的过程中，公司为内部成员单位、部门、个人等所设定的一些经营任务。

指标分为财务指标及非财务指标。财务指标即“硬指标”，包括销售额、毛利额、各项营运费用、损耗、利息、净利、税金、库存天数等。非财务指标即“软指标”，包括人员编制、员工满意度、人员流动率、来客数、客单价、顾客满意度等。在 V61 会计信息系统中，指标置入维度管理中。

2. 维度

维度是指对指标进行多重解释的具体分类，一个指标可以按照多个维度进行解释。如营运费用指标，可以用主体维度、时间维度、币种维度等进行解释。维度的一个具体取值称为维度成员。如业务方案维度，具体成员有预算数、预测数、实际数等。

3. 维度组合

维度组合（维度向量）是预算会计信息系统中特有的一种概念，预算样表中有行/列/表头维度交叉成员的组合称为维度向量。

（1）数据描述方式。在 NC 预算系统里，虽然数据的展示形式也是一种表格，但是每个单元格都会有维度组合的属性。预算中使用维度组合而不是单元格坐标来描述数据，主要是考虑应用表格会存在一些缺陷，特别是不能进行数据的多维旋转、钻取等操作，而且基于单元格的应用，如果单元格发生变化往往需要重新定义取数公式，增加了维护工作量。因此在预算系统中使用多维的储存方式。预算数据存储的时候将存储为（主体 = 集团，业务方案 = 预算数，年维度 = 2009，指标 = 手机通信费，币种 = 本币，月 = 4 月）的值，如图 14-1 中的 B3 单元格所示。

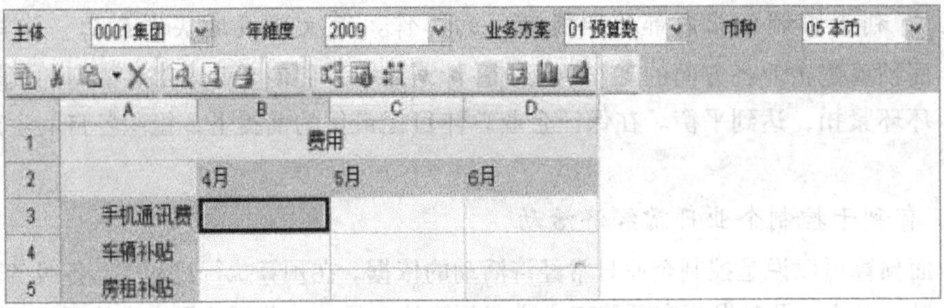

图 14-1　预算中的表单

（2）如何快速知道单元格维度组合。在预算里一个单元格的维度信息受三方面的维度作用：表头维度、行维度和列维度，多个维度交叉生成一个单元格的维度组合。如果知道行列及表头维度信息，通过多个维度成员组合就能知道一个单元格的维度信息，如图 14-2 所示。

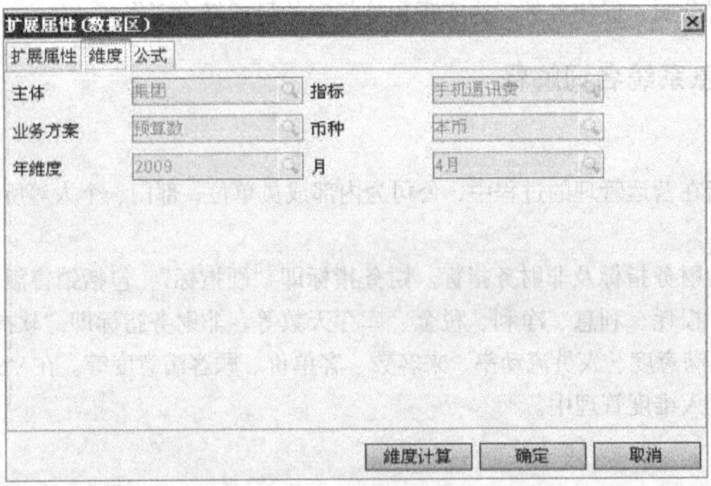

图 14-2　单元格的维度组合属性

14.1.5　系统模块概述

全面预算模块能够满足企业集团管控的应用要求，为企业提供从预算目标下达直到下级预算填报、预算数据上报和批复、数据多版本管理、预算调整、执行监控和预算多维分析的完整的预算管理解决方案。

目前预算模块的解决方案分为四大块内容。

（1）预算体系创建平台。通过该平台搭建多维预算体系，预算体系支持集团管控，既可以满足集中式管理型集团的应用要求，又可以实现各下属企业个性化预算体系的要求。

（2）预算填制的过程管理平台和预算填制的全流程支持。实现预算填制的过程管理，监控下级的预算填制过程；支持从集团预算目标下达、下级预算填报、预算数据上报、预算数据批复、数据汇总、预算数据调整等全过程的预算填制过程；支持预算几上几下的填报过程。

（3）预算的分析和执行监控平台。该平台提供了执行监控功能，能够从业务数据中获取执行数，对业务系统进行预算控制和预警；支持预算多维分析，可以按不同的角度进行数据分析，预置了差异分析、趋势分析和预算分析等分析方法。

（4）提供 NC/Excel 双客户端应用，通过 Excel 客户端，完成预算表单设计、预算分析。通过 Excel 客户端或 NC 客户端进行预算数据填制、上报、汇总分析；通过 NC 客户端完成预算审批。

会计信息系统功能架构如图 14-3 所示。

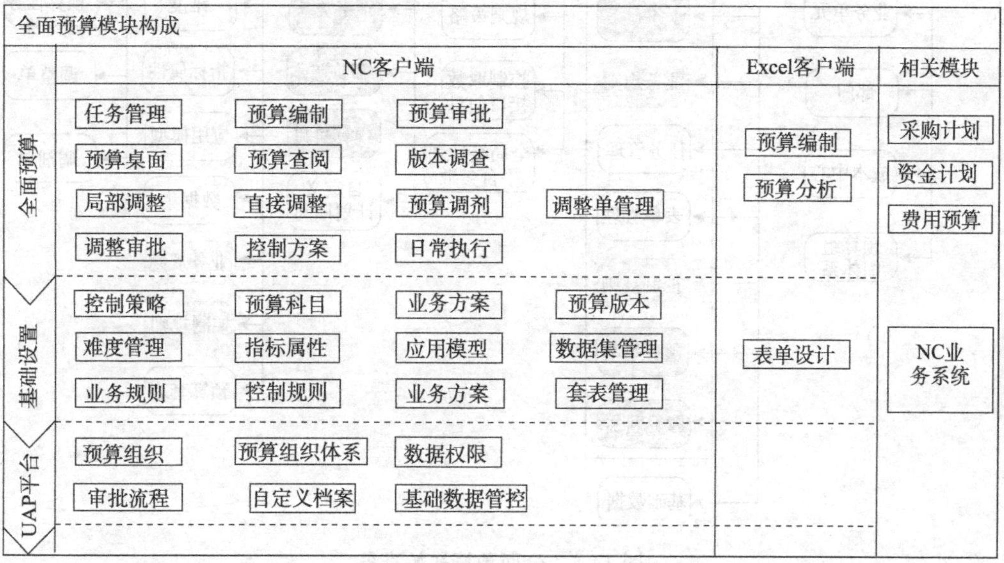

图 14-3　会计信息系统功能架构

会计信息系统业务流程如图 14-4 所示。

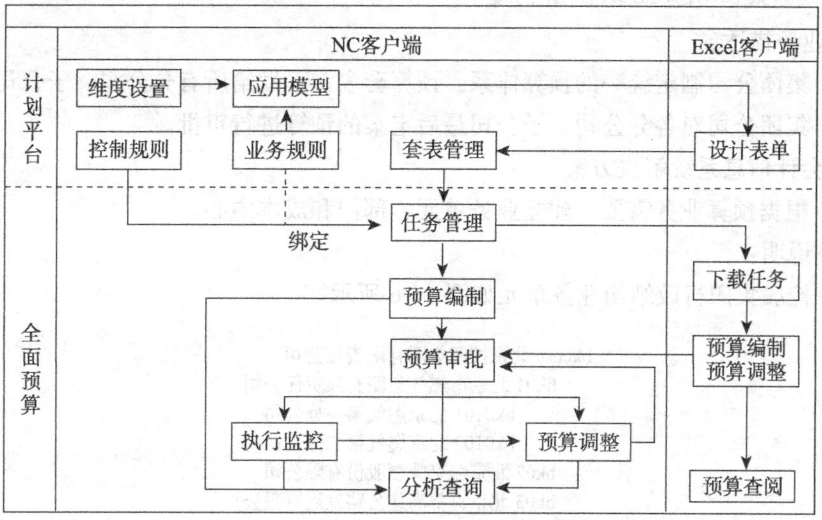

图 14-4　会计信息系统业务流程

14.2 全面预算初始准备

全面预算会计信息系统的初始准备包括动态组织管理、管控模式设定、控制策略、预算档案、预算模型设置、相关审批流等的配置，如图 14-5 所示。

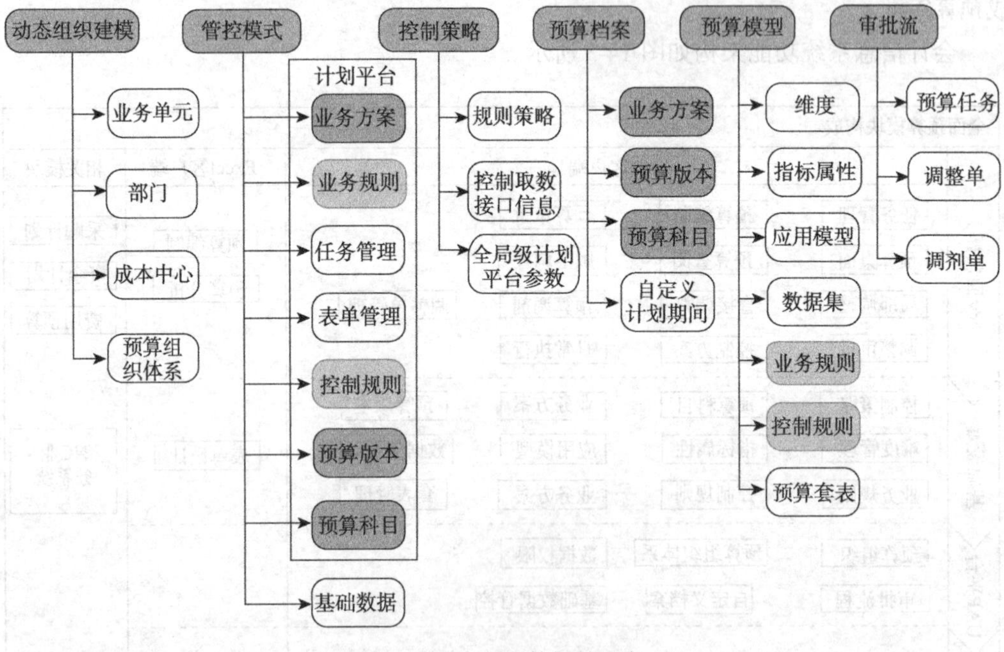

图 14-5　全面预算初始准备

14.2.1　构建预算体系

1. 单一集团预算组织体系构建

1）业务描述

（1）集团公司制定统一的预算体系、预算套表，下发给所有分公司、子公司执行。

（2）集团公司对各分公司、子公司最后定案的预算进行审批。

2）会计信息系统解决方案

（1）根据预算业务需要，建立业务单元、部门和成本中心。

举例说明：

北京控股集团行政结构业务单元如图 14-6 所示。

bkcorp 北京控股集团有限责任公司
bk01 北京市燃气集团有限责任公司
bk0101 北京燃气第一分公司
bk0102 北京燃气第二分公司
bk02 北京燕京啤酒股份有限公司
bk03 北京首都高速公路发展有限公司

图 14-6　行政结构业务单元

北京控股集团根据预算业务建立业务单元如图 14-7 所示。

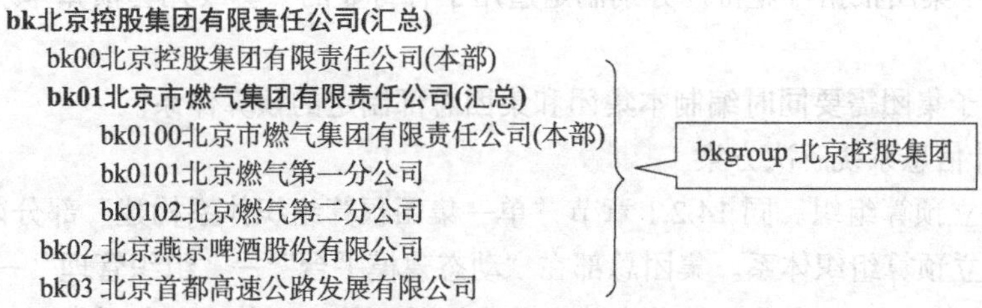

图 14-7　根据预算业务建立业务单元

此例中，我们把行政结构中的公司“北京控股集团有限责任公司”，根据预算业务需要建立了两个业务单元：一个是用来储存预算汇总数据的业务单元“北京控股集团有限责任公司（汇总）”，一个是实体公司“北京控股集团有限责任公司（本部）”。

（2）建立预算组织。预算组织用于描述企业集团的预算管理组织及执行组织，可以对应多种实体类型的组织，在 NC 会计信息系统中可以对应业务单元、部门或成本中心。

① 在“动态建模平台”—“组织管理”—“组织结构定义”—“业务单元”/“部分”/“成本中心”节点建立业务单元/部分/成本中心，并勾选“预算”属性。

预算组织是全面预算的主组织，围绕全面预算展开的一系列业务活动均是基于预算组织的。

① 预算套表通过指定到预算组织体系而对应到相应类型的预算组织上。

② 预算组织将作为后续预算编制和描述的基础组织，基于预算组织进行预算（计划）的编制。

③ 基于预算组织建立业务控制规则，执行预算控制。

④ 基于预算组织体系进行预算的查询分析。

（3）建立预算组织体系。全集团建立一套预算组织体系，在“动态建模平台”—“组织管理”—“组织结构定义”—“预算组织体系-全局”节点建立一套预算组织体系。

预算组织间没有上下级关系，通过预算组织体系建立多棵预算组织树，体现计划预算组织间的上下级关系。预算系统根据这棵预算组织树，进行数据的自动汇总。

根据上例中北控集团预算体系的具体业务情况，若需对北京控股集团有限责任公司进行差额汇总，则将北京控股集团有限责任公司（汇总）作为虚成员加入，并且勾选为“差额组织”。

（4）预算组织体系查询。在 UAP 平台组织管理完成后，标识了预算组织属性的组织单元将构成企业组织整体结构树当中的一个分支。

在“动态建模平台”—“组织管理”—“组织结构视图”—“组织结构图-全局/集团”节点中，可以查询各种业务组织结构图，包括预算组织结构图。同时，通过“生成快照”的功能，可以对预算组织结构的变动进行记录。

2. 多集团预算组织体系构建

1）业务描述

（1）集团母公司制定一套统一的预算体系，下发给所有子公司（内容主要为综合指标）。

（2）集团对各子公司最后定案的预算进行审批。

（3）各子集团根据行业特性分别制定适用于各行业的一套或几套预算体系，在子集团范围内执行。

（4）各子集团需要同时编制本集团和集团总部制定的预算体系。

2）会计信息系统解决方案

（1）建立预算组织。同 14.2.1 章节“单一集团预算组织体系构建”部分内容。

（2）建立预算组织体系。集团总部在“动态建模平台”—“组织管理”—“组织结构定义”—“预算组织体系-全局”节点建立跨集团的预算组织体系；各子集团在“动态建模平台”—“组织管理”—“组织结构定义”—“预算组织体系-集团”节点建立各自的预算组织体系。

举例说明：

北京控股集团行政结构预算组织体系如图 14-8 所示。

bkcorp 北京控股集团有限责任公司
  bk01 北京市燃气集团有限责任公司
    bk0101 北京燃气第一分公司
    bk0102 北京燃气第二分公司
  bk02 北京燕京啤酒股份有限公司
  bk03 北京首都高速公路发展有限公司

图 14-8　北控集团行政结构预算组织体系

北燃集团行政结构预算组织体系如图 14-9 所示。

brcop 北京北燃实业有限公司
  001 企业管理部 (部门)
  002 财务部 (部门)
  003 行政部 (部门)
  br001 北京液化石油气公司
  br002 北京市煤气工程公司
  br003 北京炼焦化学厂
    001 成本中心一 (成本中心)
    002 成本中心二 (成本中心)
    003 成本中心三 (成本中心)

图 14-9　北燃集团行政结构预算组织体系

京泰集团行政结构预算组织体系如图 14-10 所示。

jtcop 京泰实业集团有限公司
  jt01 北京华远地产有限公司
  jt02 北京三元食品有限公司

图 14-10　京泰集团行政结构预算组织体系

以上三家企业构建的预算体系如图 14-11 所示。

（3）预算组织体系查询。同“14.2.1-1.单一集团预算组织体系构建”部分内容。

- **bk 北京控股集团有限责任公司(汇总)**
  - bk00 北京控股集团有限责任公司(本部)
  - **bk01 北京市燃气集团有限责任公司(汇总)**
    - bk0100 北京市燃气集团有限责任公司(本部)
    - bk0101 北京燃气第一分公司
    - bko102 北京燃气第二分公司
  - bk02 北京燕京啤酒股份有限公司
  - bk03 北京首都高速公路发展有限公司

bkgroup 北京控股集团

- **br 北京北燃实业有限公司(汇总)**
  - br00 北京北燃实业有限公司(本部)
    - 001 企业管理部(部门)
    - 002 财务部(部门)
    - 003 行政部(部门)
  - br001 北京液化石油气公司
  - br002 北京市煤气工程公司
  - br003 北京炼焦化学厂
    - 001 成本中心一(成本中心)
    - 002 成本中心二(成本中心)
    - 003 成本中心三(成本中心)

brgroup 北京北燃实业集团

- **jt 京泰实业集团有限公司(汇总)**
  - jt00 京泰实业集团有限公司(本部)
  - jt01 北京华远地产有限公司
  - jt02 北京三元食品有限公司

jtgroup 京泰集团

图 14-11　预算体系

3. 多个预算组织体系构建

1）业务描述

在企业集团中，根据内部管理的不同要求，会产生多种管理的组织结构。因此，预算的数据也需要按照不同的组织结构进行汇总、合并及分析。例如，按照行政关系和业务关系建立多个预算组织体系。

在预算组织管理时，会计信息系统支持构建多个预算组织体系（预算组织树），满足上述预算管理要求。

2）会计信息系统解决方案

（1）建立预算组织。同 14.2.1 章节“单一集团预算组织体系构建”部分内容。

（2）建立预算组织体系。在“动态建模平台”—“组织管理”—“组织结构定义”—“预算组织体系-全局”节点建立两个预算组织体系。

（3）预算组织体系查询。同 14.2.1 章节“单一集团预算组织体系构建”部分内容。

4. 分级管理预算体系构建

1）业务描述

预算体系是指各预算组织需要编报什么预算，各预算项目之间的钩稽关系是什么；预算期间结束后需要将预算的执行情况进行分析，为后续的预算调整和经营决策提供依据。

（1）集权管理：集团统一制定预算指标、预算维度、预算套表、业务规则，统一开展预算管理。

（2）分级管理：预算指标、预算维度、预算套表、业务规则等分级制定，分别授权并进行数据隔离；子集团的预算体系中的有些数据钩稽到集团总部的预算表中。

2）会计信息系统解决方案

（1）预算会计信息系统功能权限的分配。使用集团管理员账号进入系统，在“动态建模平台”—“权限管理”—“职责管理”—“职责”节点分配会计信息系统的功能节点权限，如指标管理、维度管理、应用模型、编制表单等。

（2）预算组织权限的分配。使用集团管理员账号进入系统，在“动态建模平台”—“权限管理”—“角色管理”—“管理类角色”/“业务类角色”节点分配预算组织的权限。

（3）预算会计信息系统数据权限的分配。使用集团管理员账号进入系统，在“动态建模平台”—“权限管理”—“授权管理”—“数据权限”节点分配相关的数据权限。

5. 多套预算体系构建

1）业务描述

预算体系是指各预算组织需要编报什么预算，各预算项目之间的钩稽关系是什么；预算期间结束后需要将预算的执行情况进行分析，为后续的预算调整和经营决策提供依据。

多套预算体系是指集团总部统一制定国资委预算体系和企业内部预算体系，两套预算体系之间有数据钩稽关系。

2）会计信息系统解决方案

（1）建立预算组织。同 14.2.1 章节“单一集团预算组织体系构建”部分内容。

（2）建立预算组织体系。根据具体情况可建立一个或者多个预算组织体系。

（3）预算组织体系查询。同 14.2.1 章节“单一集团预算组织体系构建”部分内容。

（4）预算编制内容体系搭建。下文所讲述的都是预算编制内容体系的搭建方法，请参见 14.2.2、14.2.3、14.2.4 章节相关部分。

14.2.2 管控模式

全面预算平台基础数据的管控模式包括两个部分。

（1）支持 UAP 统一的管控模式。

（2）需要支持特殊的管控模式。由于 UAP 统一的管控模式只能针对维度定义来设置，不能支持对维度成员的设置，而多级集团应用时，需要对维度成员设置不同的管控模式；预算系统上级组织需要对下级组织设置相应的基础数据管控方式（可见性范围）。

管控模式如图 14-12 所示。

管控模式初始化时进行档案规则的配置，即针对每个档案根据最常规的应用方案，设置它的默认规则。用户可以在每个档案可支持的规则范围内进行调整。

一个档案只能在可选择的管控模式范围内选择某个在用的管控模式。按照“管控模式”的不同，档案将分为全局级、集团级、组织级的多个节点，再通过集团管理员完成功能授权后交由指定操作员使用。

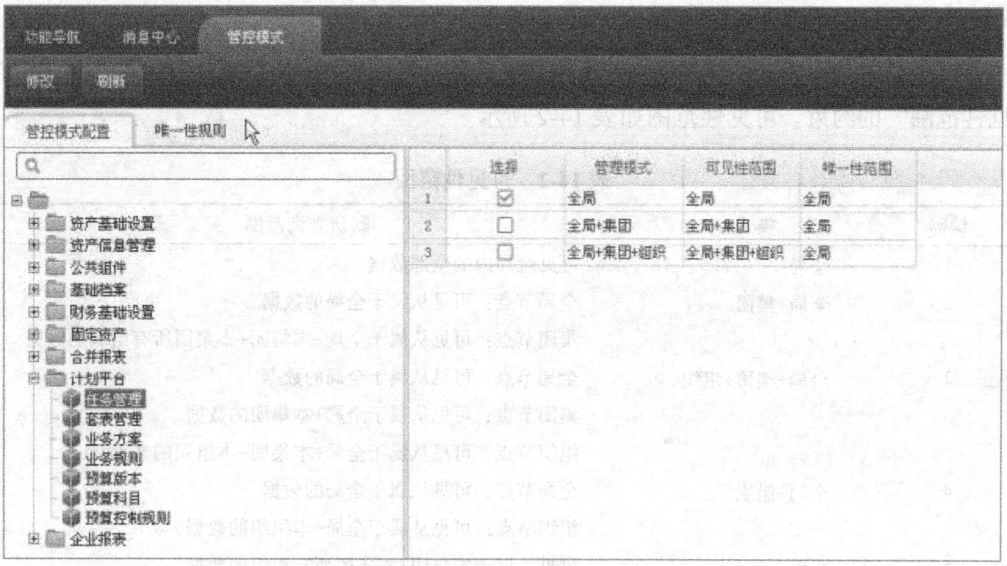

图 14-12 管控模式

1. 管理模式

管理模式定义节点可维护数据的最大范围。后续应用中系统将根据管理模式的不同，将档案分为全局级、集团级、组织级等多个节点。维护性范围控制如表 14-1 所示。

表 14-1 维护性范围控制

编码	模式	维护性
1	全局	全局节点：可维护全局内的全部数据
2	全局+集团	全局节点：可维护从属于全局的数据 集团节点：可维护从属于本集团的数据
3	全局+集团+组织	全局节点：可维护从属于全局的数据 集团节点：可维护从属于本集团的数据 组织节点：可维护从属于本组织的数据
4	全局+组织	全局节点：可维护从属于全局的数据 组织节点：可维护从属于本组织的数据
5	集团	集团节点：可维护从属于本集团的数据
6	集团+组织	集团节点：可维护从属于本集团的数据 组织节点：可维护从属于本组织的数据
7	组织	组织节点：可维护从属于本组织的数据

表 14-1 中，每个模式确定了后续可用的会计信息系统节点及各节点的维护范围。

例如，当管理模式为“全局+集团+组织”，则对应档案会有全局、集团和组织三个功能节点，全局节点能维护从属于全局的数据，集团节点能维护从属于本集团的数据，组织可以维护从属于本组织的数据。

2. 可见性范围

可见性范围决定用户可以查看、使用基础数据的最大范围。每个节点显示的内容受“可见性范围”的约束。可见性范围如表 14-2 所示。

表 14-2 可见性范围

编码	模式	默认查询范围
1	全局	可见全局内的全部数据
2	全局+集团	全局节点：可见从属于全局的数据
		集团节点：可见从属于全局+本集团+本集团所有组织的数据
3	全局+集团+组织	全局节点：可见从属于全局的数据
		集团节点：可见从属于全局+本集团的数据
		组织节点：可见从属于全局+本集团+本组织的数据
4	全局+组织	全局节点：可见从属于全局的数据
		组织节点：可见从属于全局+本组织的数据
5	集团	可见从属于本集团+本集团所有组织的数据
6	集团+组织	集团节点：可见从属于本集团的数据
		组织节点：可见从属于本集团+本组织的数据
7	组织	组织节点：可见从属于本组织的数据

例如，当可见性范围为“全局+集团”时，表示全局节点可以看到从属于全局的数据，集团级节点可以看到从属于“全局+本集团+本集团所有组织”的数据；当可见性范围为“全局+集团+组织”时，表示全局节点可以看到从属于全局的数据，集团级节点可以看到从属于“全局+本集团”的数据，组织级节点可看到从属于“全局+本集团+本组织”的数据。

3. 唯一性范围

唯一性范围决定基础数据唯一性的范围。唯一性范围的控制如表 14-3 所示。

表 14-3 唯一性范围的控制

编码	模式	保存校验
1	全局	数据在数据库范围内唯一
2	全局+集团	从属于全局的数据不能与全局+所有集团的数据重复
		从属于集团的数据不能与全局+本集团重复
3	全局+集团+组织	从属于全局的数据不能与全局+所有集团+所有组织的数据重复
		从属于集团的数据不能与全局+本集团+本集团下所有组织的数据重复
		从属于组织的数据不能与全局+本集团+本组织重复
4	全局+组织	从属于全局的数据不能与全局+所有组织的数据重复
		从属于组织的数据不能与全局+本组织重复
5	集团	数据在本集团+所有组织范围内唯一
6	集团+组织	从属于集团的数据不能与本集团+所有组织重复
		从属于组织的数据不能与本集团+本组织重复
7	组织	数据在本组织范围内唯一

表 14-3 中示例：当唯一性范围为“全局+集团+组织”时，表示全局节点增加的数据不能与“全局+所有集团+所有组织”的数据重复，集团级节点增加的数据不能与“全局+本集团+本集团下所有组织”的数据重复，组织级节点增加的数据不能与“全局+本集团+本组织”下的数据重复。

当管理模式、可见性范围、唯一性范围都设置为“全局+集团+组织”时，表示该档案有全局、集团、组织三个功能节点，其中全局节点可以查看、维护全局增加的数据，且全局节点增加的数据不能与“全局+所有集团+所有组织”的数据重复；集团级节点可以查看“全局+本集团”的数据，可以维护“本集团”增加的数据，且增加的数据不能与“全局+本集团+本集团下的所有组织”的数据重复；组织级节点可以查看从属于“全局+本集团+本组织”的数据，且组织级节点增加的数据不能与“全局+本集团+本组织”下的数据重复。

14.2.3 控制策略

控制策略是计划平台为各个系统模块提供的一个入口，各个使用预算平台做计划的模块，均可以在此注册。注册模块的单据，影响计划数的时点，对应单据的某个动作，可以是保存、审批或者其他。

并非每个模块单据都使用了这个功能，如采购计划就没有使用该节点，目前采购单据对采购计划的影响时点是固定在控制单据审批时，形成对采购计划的预占数和执行数，如图 14-13 所示。

图 14-13 控制策略

控制策略同时还在一些全局级的参数上有所体现，如图 14-14 所示。

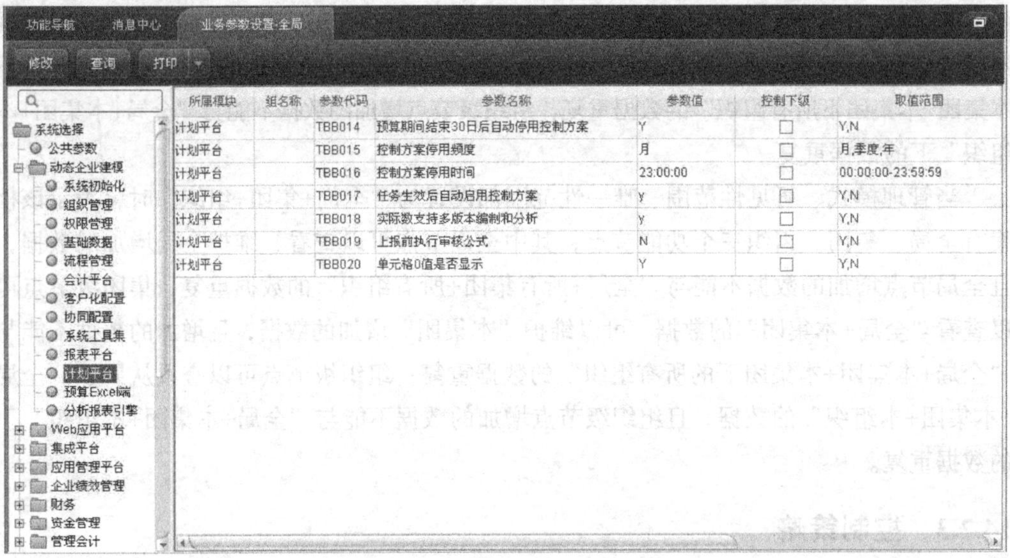

图 14-14　全局级参数

14.2.4　预算档案

预算维度需要对应到档案，但预算特有的一些维度在 UAP 找不到对应的档案，为此 NC 系统在建模平台—计划平台中提供预算档案节点，用于预置预算特有维度所需的 UAP 档案。预置预算的档案包括预算科目、预算版本、业务方案和自定义计划期间。用户可在预置预算档案的基础上进行增补，增补后一旦被引用，则只能停用而不能删除。

14.2.5　预算模型设置

预算模型设置是预算管理的基础，包括维度管理、指标属性定义、预算应用模型设定、数据集管理、业务规则和控制规则的预置，以及预算所需用到的表单等。

1. 维度管理

维度是对指标进行多重解释的具体分类，一个指标可以按照多个维度进行解释。维度设定后供预算模型建立时调用。

维度不仅从分类上管理着预算指标，同时，维度的层级结构确定了维度成员间的结构和汇总关系，一个预算样表实际包含着预算表的格式信息和匹配的维度信息，因此，维度在预算建模中起着举足轻重的作用。

（1）路径：“动态建模平台”—“计划平台”—“模型设置”—“维度管理”。

（2）操作：单击“[新增进入]”编辑状态，输入编码、名称，在子表中选择“关联档案表”页签，单击“增行”钮，在“类型”栏中选择“基础档案”或“自定义档案”，再在其后的栏目中根据所选类型选择对应的档案表，完毕后单击“保存”，即形成新增维度，如图 14-15 所示。

其中自定义档案应先在“动态建模平台”—“基础数据”—“自定义档案定义”节点新增档案。

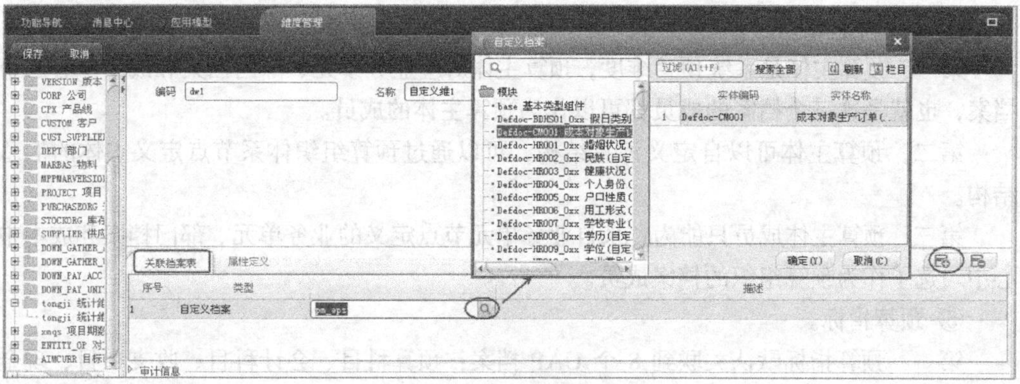

图 14-15 新增维度

（3）相关说明。

① 预算维度。

第一，系统预置一些常用维度如预算指标、预算主体、计划期间、项目等；若预置维度仍无法满足需求，可自定义新增维度，新增维度自动生成一个汇总结构，其成员引用自基础档案或自定义档案。

第二，维度管理只支持全局管控。

第三，预算维度必须对应到一个 UAP 档案，如果用户定义的维度没有对应的 UAP 档案，需要在 UAP 的“自定义档案定义”节点先增加一个自定义档案；用户自定义的维度只能对应到一个 UAP 档案。

第四，维度管理节点不提供成员维护功能，维度成员都在维度对应的档案上维护。

第五，维度成员将会显示对应档案上所有节点（全局、集团和组织节点）创建的成员。

第六，通过维度成员树可以查看维度的维度成员，成员支持管控和组织过滤。

第七，在档案增加的档案成员，其预算维度将会实时更新。

第八，年维度成员在预算维度节点维护，提供了增加年成员功能，用来增加预算年度。

第九，物料档案、客户档案、供应商档案和客商档案因数据量较大，需由用户指定档案成员的范围。

② 汇总结构。

第一，汇总结构是维度成员的汇总路径，除了系统预置的预算主体、计划期间和预算指标会有多个汇总结构外，用户自定义维度只有一个汇总结构。

第二，预算主体的汇总结构由 UAP 的预算组织体系创建和维护。

第三，预算指标的汇总结构可以手工增加。

第四，计划期间的汇总结构为系统预置，用户不能增加。

第五，其他维度的汇总结构在增加维度的时候系统自动生成。

③ 维度属性。

用户可自定义维度属性。若用户自定义属性是档案上存在的属性，需要手工指定属性取自档案的哪个字段；若用户自定义的属性在档案上不存在对应的属性，则需要通过“用户自定义属性”节点定义用户属性；用户属性可以在规则成员中使用。

④ 预算主体。

第一，预算主体是系统预置维度，预算主体对应业务单元、部门档案和成本中心三个档案，也就是这三个档案的成员都可以作为预算主体的成员。

第二，预算主体可以自定义汇总结构，可以通过预算组织体系节点定义主体的汇总结构。

第三，预算主体成员只能为：来自业务单元节点定义的业务单元、部门档案和成本中心中勾选了作为预算组织的档案成员。

⑤ 预算指标。

第一，预算指标默认关联到 8 个 UAP 档案：预算科目、会计科目、收支项目、现金流量项目、核算要素、业务量指标、资金计划项目和报表项目。

第二，预算指标可以自定义汇总结构，自定义汇总结构如果选择科目或是核算要素，需要用户指定会计科目体系和责任核算要素体系。

2. 指标属性

指标属性节点用于为指标下包含的八类UAP档案定义其数据类型和是否汇总的属性。

路径："动态建模平台"—"计划平台"—"模型设置"—"维度管理"。

操作：进入节点后先选"指标类型"，再在指标档案中选定具体行记录，单击"修改"即可。

3. 应用模型

应用模型是某一个特定应用主题在 NC 计划平台中所对应的业务对象，结构化描述了所对应的业务数据，即该业务应用具体由哪些指标构成，由哪些维度进行展现。

会计信息系统在设计上将模型和套表分离，每个模型下可以设计多个套表，每个套表也可以对应多个模型，建议具体实施时，每个套表中所有的多维数据尽量对应同一个模型。

路径："动态建模平台"—"计划平台"—"模型设置"—"应用模型"。

操作：打开"应用模型"节点，单击"新增"，输入编码和名称，指定维度组合，选择"汇总结构"，勾选"汇总"和"仅末级可录"，完毕保存，如图 14-16 所示。

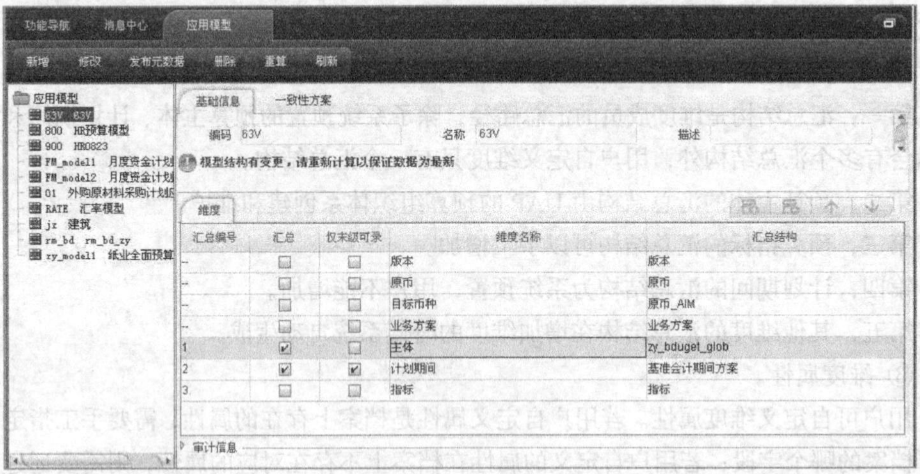

图 14-16 应用模型建立

增加模型：

（1）新增加模型的过程就是选择模型上维度的过程，增加模型时需要指定维度的汇总结构。

（2）一个模型里面，只能为一个自定义维度指定一个汇总结构。

（3）模型保存后维度将不可删除；模型被引用后将不能删除。

（4）模型只有在发布后才能被套表（设计）调用。

模型上添加维度：模型保存后，支持在模型上添加维度。

模型上维度的汇总：

（1）模型上的维度勾选了“汇总”后，该维度会按照级次进行数据自动汇总。

（2）只有选择了汇总属性后，“仅末级可录”才可以选择，如果选择了“仅末级可录”，该维度非末级成员对应的单元格将不能录入数据。

4. 数据集管理

数据集主要用于自定义预算分析，通过数据集的权限来控制用户分析时能看到的数据。用户只能看到有数据集权限的数据。数据集节点提供了数据集的创建和维护，每个应用模型提供一个预置数据集。

路径：“动态建模平台”—“计划平台”—“模型设置”—“数据集管理”。

操作：进入节点后先选“模型”，再单击“新增”，或选定某模型下已有的数据集，然后单击“修改”。

5. 业务规则

业务规则描述业务间的逻辑关系，用于定义数据的取数或是审核校验，供预算任务调用。业务规则支持三级管控。业务规则定义完后，提供给“战略管理”—“全面预算”—“预算任务”—“任务管理-全局/集团/组织”节点绑定到预算任务，绑定后预算编制时，用户可以选择要执行的业务规则。

根据应用方式的不同，业务规则可分为计算规则、审核规则和一致性规则。

计算规则：用于完成公式的计算取数（包括表格内的计算公式和业务系统取数公式）。

审核规则：用于完成数据的逻辑校验，如资产=负债+所有者权益，不满足审核条件将会给出提示信息。

一致性规则：是一种特殊的计算公式，一旦预算数据发生变化，数据提交后由系统自动执行的取数规则。一致性规则不能包含 Ufind 等执行数取数函数，预定义后可供应用模型的一致性页签调用。

路径：“动态建模平台”—“计划平台”—“模型设置”—“业务规则”。

操作：规则建立的各步操作顺次如下。

（1）在界面左侧业务规则树中选中“计算规则（或审核规则/一致性规则）”。

（2）单击“新增”进入编辑状态。

（3）在右侧主界面中输入名称、描述。

（4）在“图形”页签下单击“增行”按钮。

（5）双击“名称”修改公式名称，此时右侧界面上自动会出现 FIND=函数。

（6）对该函数指定业务模型，并给该模型下的各个维度指定参数取值，如图 14-17 所示。

（7）对公式等号右边指定所需函数，并指定该函数中各个参数的取值。

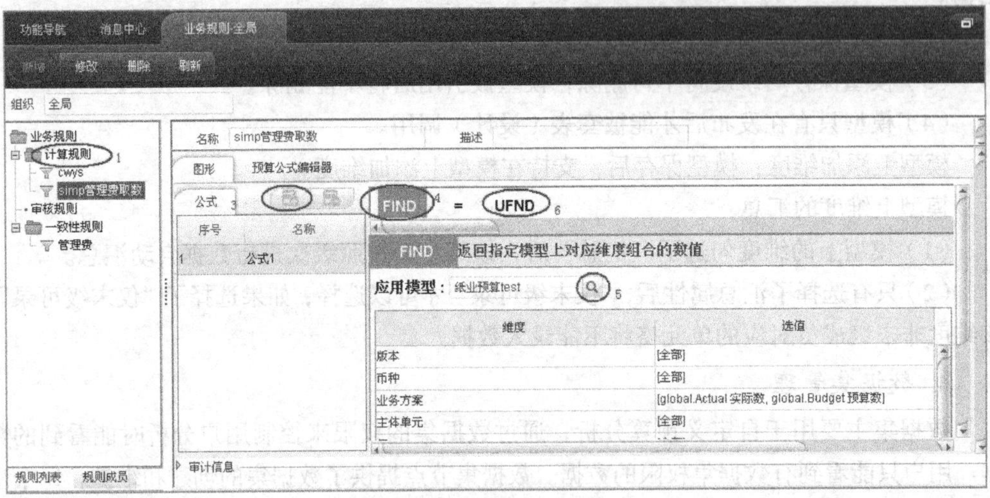

图 14-17　维度参数取值

（8）完毕后单击“保存”，即形成新增业务规则。

相关说明：

1）业务规则和公式

（1）业务规则作为维度公式的一个集合或是分类，类似于 NC 5 系列版本的公式组，维度公式属于一个特定的业务规则，一个业务规则可以包含多个维度公式。

（2）业务规则是执行的最小单位，由用户选择执行。

（3）审核公式中可自定义审核公式的提示信息，通过系统提供的 warnning 函数，用户可以指定具体的提示信息。

（4）规则成员可以在维度公式参照维度成员的时候使用，通过使用规则成员，实现特定数据的汇总。

（5）业务规则支持在 Excel 端执行。

2）规则成员

（1）规则成员是一种特殊的维度成员，通过用户定义的规则，返回一个或是多个维度成员。

（2）规则成员设置时可以使用维度的自定义属性作为规则条件。

（3）规则成员可以在维度公式中使用。

（4）支持计划期间维度的规则成员定义（如 N 年、N 月等）。

（5）计划期间维度定义规则成员支持年、季、月、任务年、任务季度和任务月函数。规则成员设置如图 14-18 所示。

6. 控制规则

参见 14.2.9 章节部分相关描述。

设置控制方案的单元格将显示为西瓜红色。

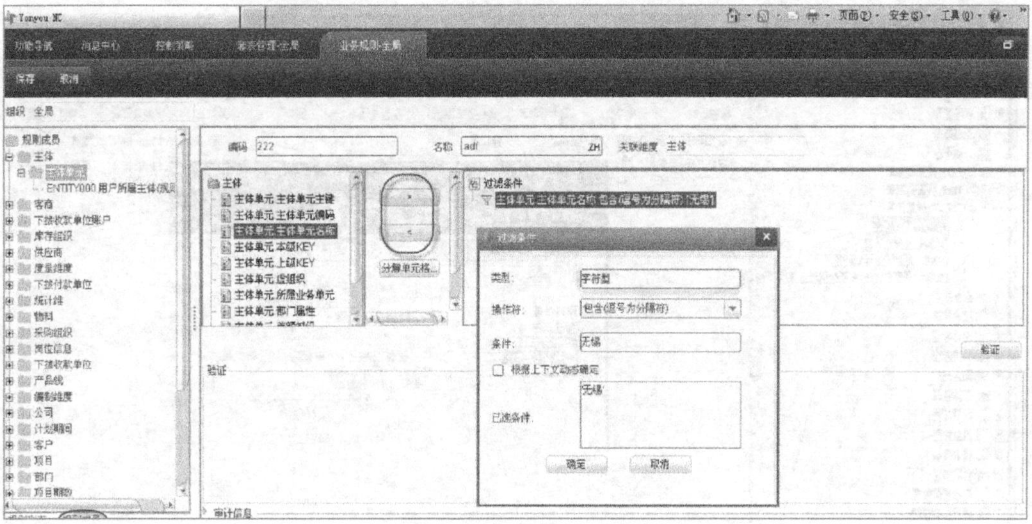

图 14-18 规则成员设置

7. 套表管理

预算套表是指一 Excel 文件包含的所有 sheet，每个套表对应到一个 Excel 文件。套表管理用于定义套表分类，查看已设计的预算表样，详细的套设计过程请参见 14.2.8 章节部分相关描述。

路径："动态建模平台"—"计划平台"—"模型设置"—"套表管理"。

操作：套表管理的各步操作顺次如下。

第一，套表维护。套表管理不能增加预算套表，增加套表在 Excel 端提交的时候增加，在套表管理节点只能查看套表信息。

第二，套表分组。首先，套表分组用于对套表所对应的 Excel 文件做分组，可以将不同的 Excel sheet 放在一个分组里。其次，套表分组应用场景主要有两种：其一，可能一个套表里有很多 sheet，但是某些主体可能只需要编制其中的几个 sheet，这样可以考虑将这些主体的 sheet 放在一个分组里；其二，审批的时候将审批人需要审批的 sheet 做到一个分组里，这样用审批流的时候，可以设置审批人只能看到这个分组的 sheet。

第三，发布套表。表单设计后提交到 NC 端，如果表单已经设计完，需要发布套表，发布后才可以在任务管理那里参照到套表。

14.2.6 审批流

每建立一个预算任务后，"审批流定义"节点的预算任务下便按照预算任务名称形成一个新的末级节点，针对选定的节点可定义一到多个审批流程，供预算任务有复杂审批要求时引用。

我们应该注意，审批流定义节点中列示的任务是所有参与预算的模块，包括全面预算、费用预算、采购计划、资金计划等，应分别按照模块选用，如图 14-19 所示。

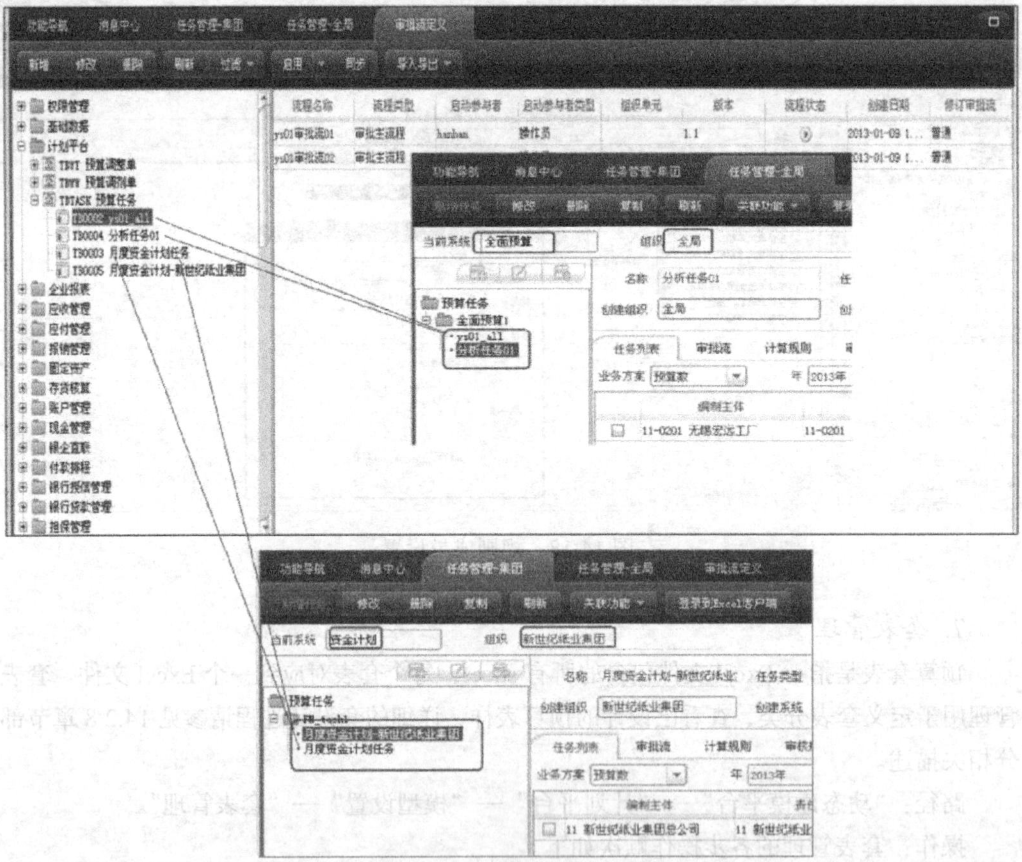

图 14-19　审批流定义选用

路径：“动态建模平台”—“流程管理”—“流程设计”—“审批流定义”。

操作：预算编制若需要结合审批流运用，则应在预算任务启用前完成如下基础设置。

（1）在“动态建模平台”—“流程管理”—“流程设计”—“审批流定义”节点选择“计划平台”—“TBTASK 预算任务”定义审批流，如图 14-20 所示。

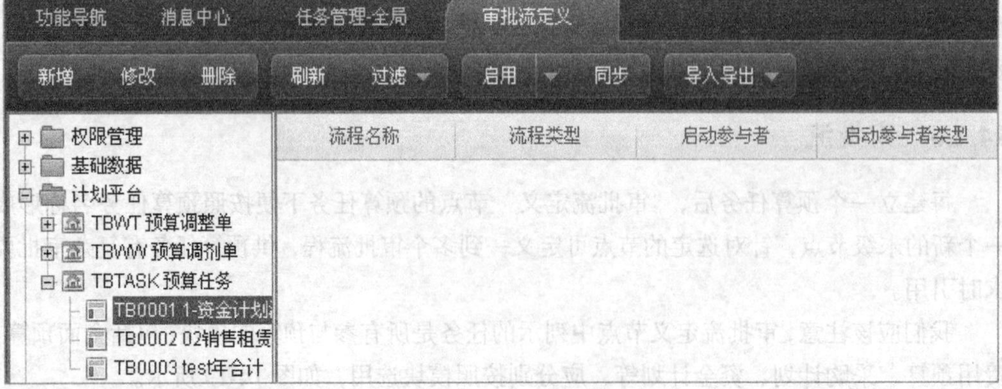

图 14-20　审批流定义

（2）审批流定义完成之后，还需要在“企业绩效管理”—“全面预算”—“预算任务”—“任务管理”节点中将审批流挂到相应的预算任务模板上，各步骤操作如图 14-21~图 14-23 所示。

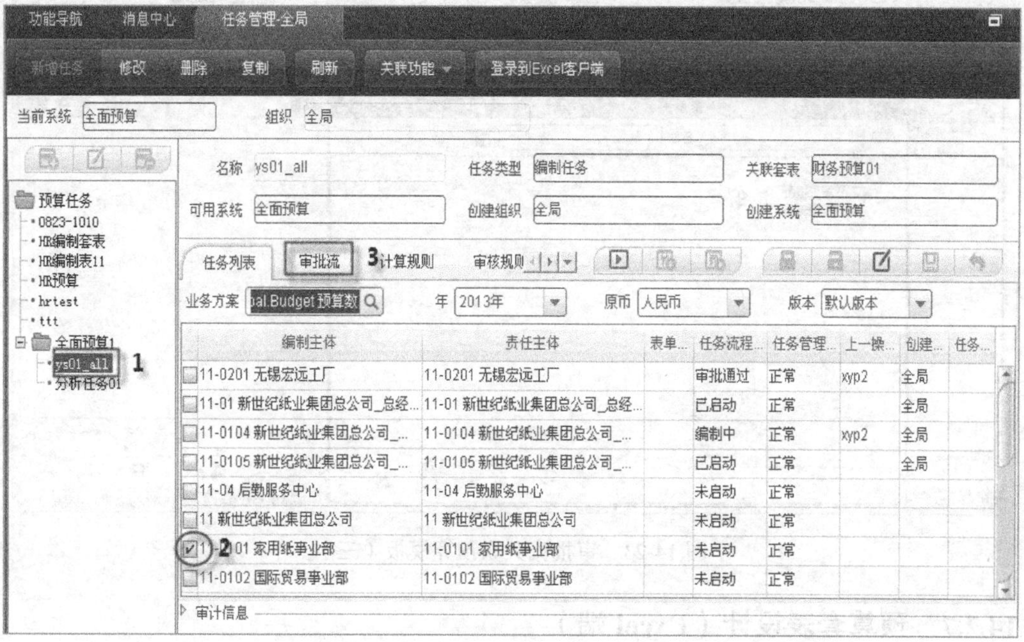

图 14-21　审批流关联预算模板（一）

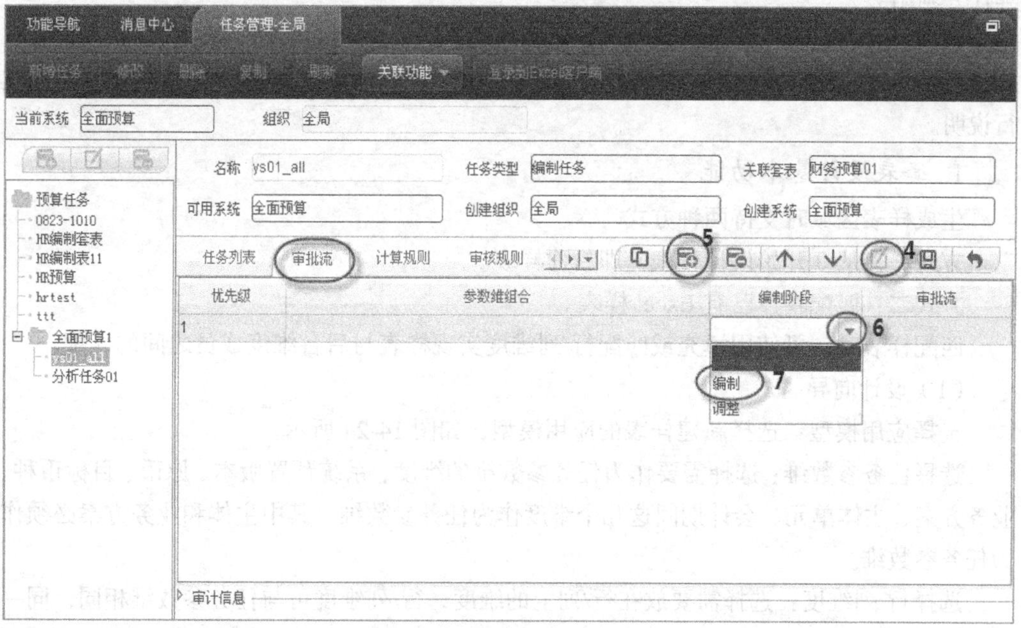

图 14-22　审批流关联预算模板（二）

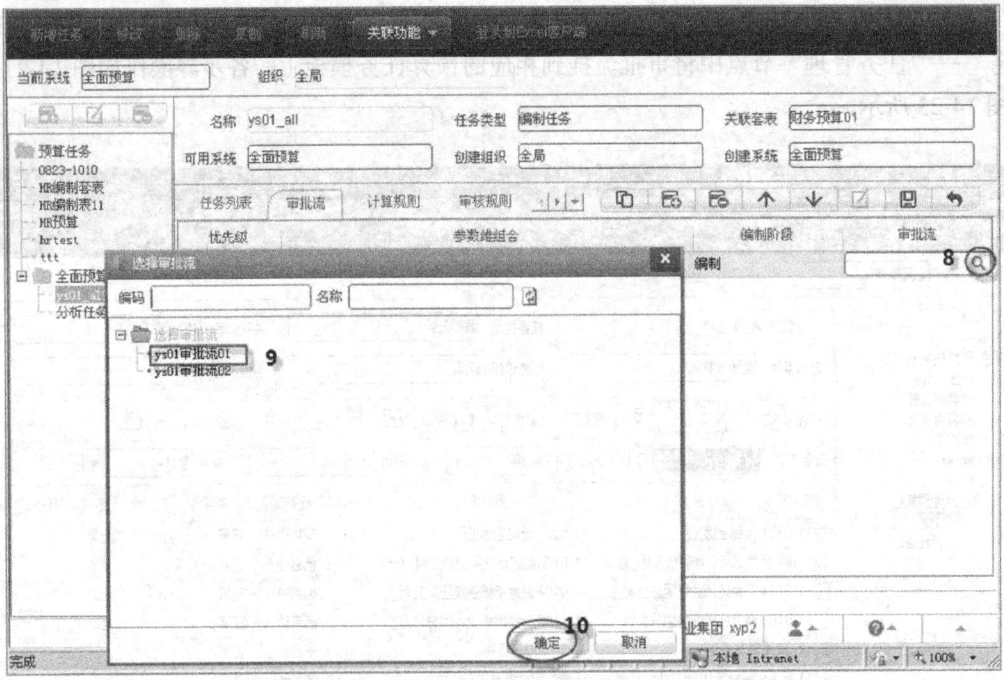

图 14-23　审批流关联预算模板（三）

14.2.7　预算套表设计（Excel 端）

从 V6.1 信息系统开始，预算套表只能在 Excel 端进行设计，设计完成的预算套表供预算任务调用。

预算业务的不同导致需用到的预算套表各式各样，本节点仅就预算套表的常规设计方式进行说明，特殊格式的预算套表设计在 14.3.1 章节“不同格式要求预算表的编制”中进行说明。

1. 套表设计基本功能

生成样表区域时支持两种方式。

方式一：从 0 开始设计样表，即新建样表。

方式二：匹配客户已有 Excel 样表。

匹配样表时，可使用填充或匹配行/列维度实现样表与后台维度成员之间的匹配。

（1）设计向导。

选择应用模型：选择新建样表的应用模型，如图 14-24 所示。

选择任务参数维：选择需要作为任务参数维的维度，系统预置版本、原币、目标币种、业务方案、主体单元、会计期间这几个维度作为任务参数维，其中主体和业务方案必须作为任务参数维。

选择行/列维度：选择需要放在行/列上的维度，行/列维度可与任务参数维相同，同一维度作为行/列维度时优先级高于任务参数维，其中版本维度不能同时作为参数维和行/列维度，即版本只能作为参数维或者行/列维度。

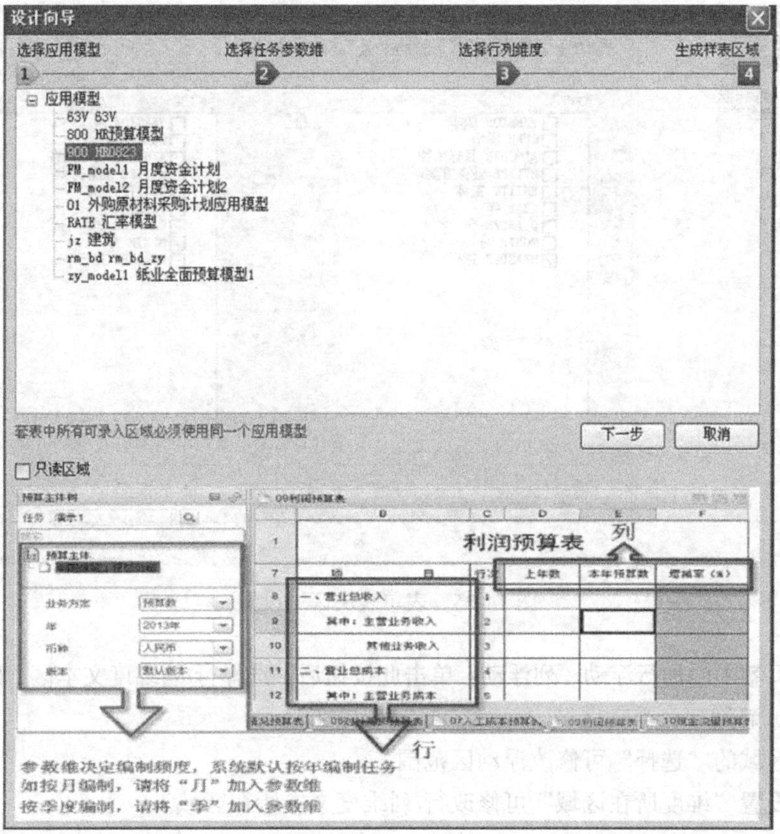

图 14-24　应用模型选择

生成样表区域：新建样表指从零开始设计表单，系统生成样表区域作为设计参考；已有客户样表指表单设计根据用户已有预算样表格式来设计，不自动生成行/列编码区，仅实现匹配维度信息。

（2）表单设计管理。

基本信息：当前设计区所在 sheet 的名称、当前区域所属应用模型和其他描述信息。可在此修改设计区域 ID 和区域描述。sheet 名称和模型名称只能查看不可修改。

表头区域设置：指当前设计区的行/列表头信息。可在此增删行/列维度、更改行/列表头编码区域等。先选中某一维度，单击“确定”即可将该维度设为行或列维度；要取消某一维度，则先选中某一维度，单击“取消”即可取消该维度作为行或列维度，如图 14-25 所示。

参数维设置：维度成员标识“#TASKDIM#”的维度将作为表单的参数维，在创建任务时需要对此类参数维指定具体的成员，也就是任务的参数维。

模型中除参数维、行/列维以外的其他维度默认取空值，支持将这类维度指定为具体维度成员或设置为页面维（页面维是在进行预算编制时才指定的维度成员，任务参数维不能设置为页面维）。

浮动区设置：在此对浮动区进行管理，可增删浮动区，修改浮动区文本区域。

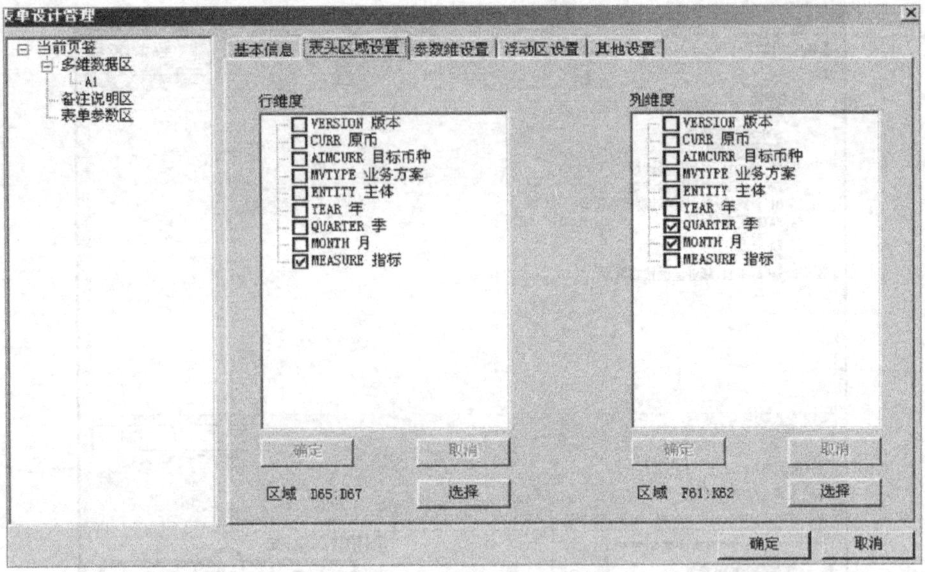

图 14-25　表单表头区域设置

在此页签中添加行浮动、列浮动：单击此按钮后，选择行/列维度文本区，确定（回车Enter）后，新增一个浮动区域。

通过区域的“选择”可修改浮动区范围。

通过设置“维度所在区域”可修改行/列维度文本所在区域。

其他设置：可在此对只读区、不使用区、备注说明区进行管理，如图 14-26 所示。可在此增/删/改自定义单元格；增/删只读区和不使用区。

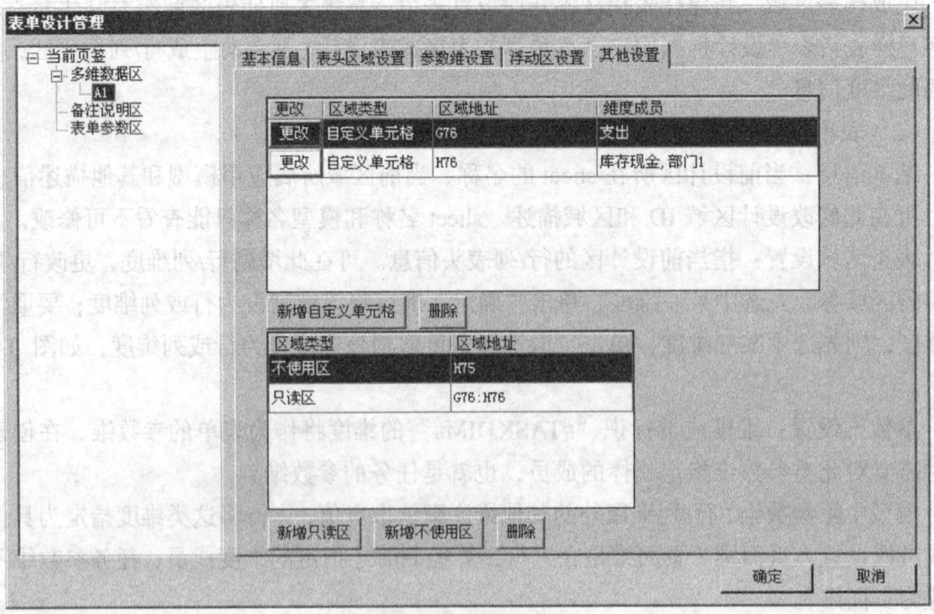

图 14-26　表单其他设置

（3）生成业务区。在 Excel 客户端的“表单设计”页签中，提供了生成业务区功能，如图 14-27 所示。

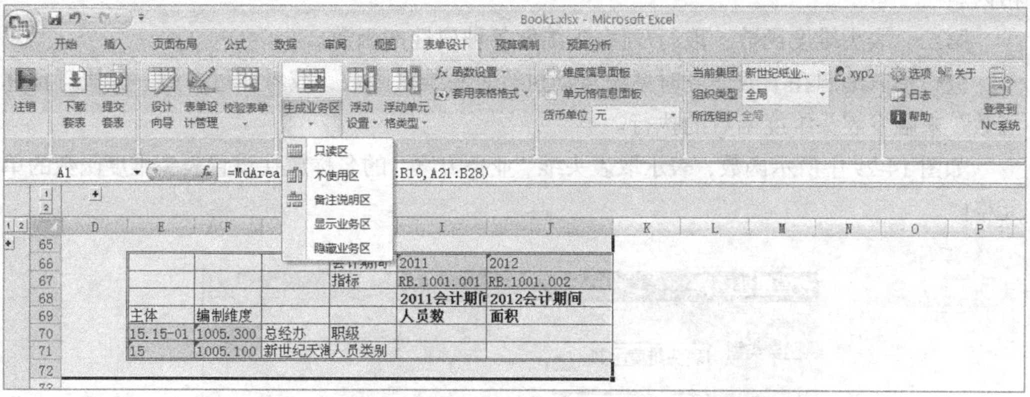

图 14-27　生成业务区功能

只读区：选中 Excel 的一个单元格或区域，单击此按钮将选中的区域生成为只读区。

不使用区：选中 Excel 的一个单元格或区域，单击此按钮将选中的区域生成为非数据区，即使此区域内录入了数据也不会传到后台数据库。

备注说明区：选中 Excel 的一个单元格或区域，单击此按钮将选中的区域生成为备注说明区，用于存放备注等文本信息，这些信息存入后台数据库，但不存入后台多维数据库。

（4）相关函数。表单设计中常会用到一些函数，包括属性函数、滚动函数、累计函数。

① 设置属性函数。属性函数设置界面如图 14-28 所示。

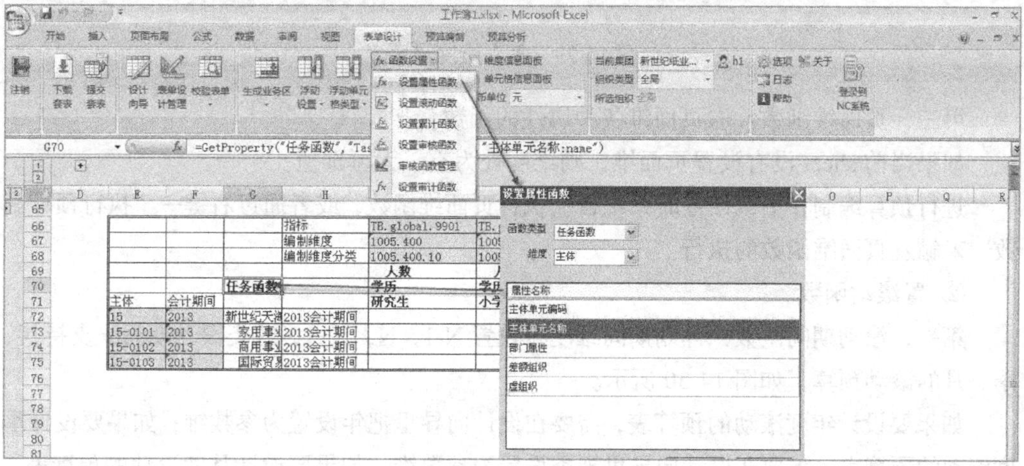

图 14-28　属性函数设置界面

第一，任务函数：取任务参数维各种属性的函数。

进行预算编制在下载任务时系统自动执行任务函数，根据设置的函数替换为任务参数维的各种属性。

如图 14-28 所示函数，表示取任务参数维“主体”的名称放在设置任务函数的单元格内。

第二，表头维度函数：取行/列表头维度各种属性的函数。

进行预算编制在下载任务时系统自动执行表头维度函数，或者通过右键—“执行预算函数”来触发表头维度函数的执行。

如图 14-29 中所示函数，表示取表头维“业务方案”的名称放在设置表头维度函数的单元格内。

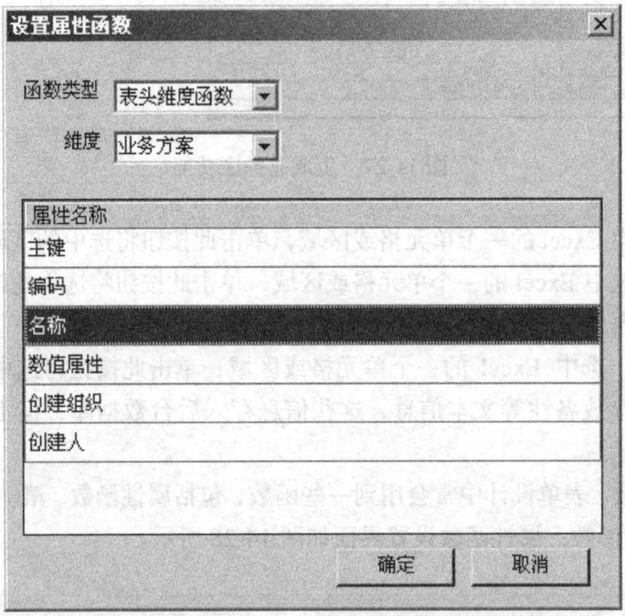

图 14-29　表头维度函数

第三，页面维函数：取页面维各种属性的函数。

如果当前 sheet 没有设置页面维，则维度处为空，无可选值。

进行预算编制在下载任务时系统自动执行页面维函数，或者通过右键—“执行预算函数”来触发页面维函数的执行。

② 置滚动函数。

第一，滚动期间函数：计划期间维度，设置 N-1，N，N+1…这类滚动期间，支持年、季、月的滚动预算，如图 14-30 所示。

如果要设计年度滚动的预算表，需要在设计向导里把年设置为参数维；如果要设计季度滚动的预算表，需要在设计向导里把季设置为参数维；如果要设计月度滚动的预算表，需要在设计向导里把月设置为参数维。

设置滚动期间函数时，当前选中的单元格应为行/列表头编码区。设置需要滚动的期间（年、季、月或周）、偏移量和计划期间显示的文本位置。

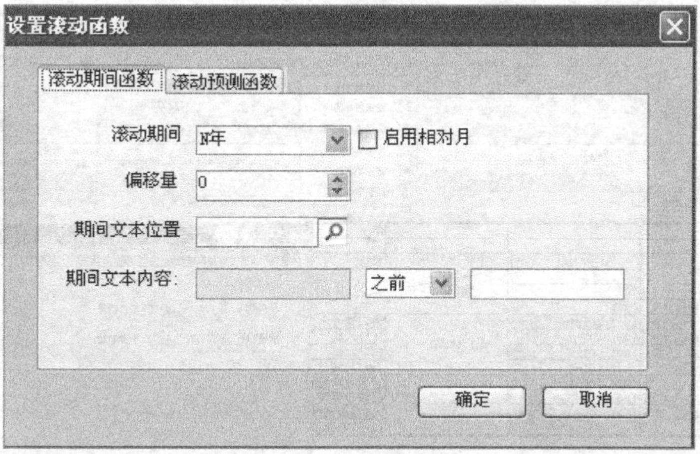

图 14-30 滚动期间函数

当滚动期间为按季度滚动且月维度作为行/列表头维时，“启用相对月”选项支持勾选。勾选此选项则月维度作为表头维实例化时取参数维当前季的相对月，如设置时，相对月设置为 1、2、3；实例化时，参数维如果为二季度，则月实例化为 4 月、5 月、6 月。

进行预算编制在下载任务时系统自动执行滚动期间函数。

第二，滚动预测函数：取任务参数维各种属性的函数。

滚动预测业务场景的应用，即任务参数维当前月之前的期间取实际数，当前月之后的期间取任务参数维的业务方案值这类预测的应用。

要使用滚动预测函数，则必须选月/会计月作为参数维，并且月/会计月和业务方案必须作为表头维。

进行预算编制在下载任务时系统自动执行滚动预测函数。

③ 设置累计函数。累计函数设置如图 14-31 所示。

支持在计划期间维度自定义累计时间，如 1 月到任务参数维当前月的累计等。

设置相对时间：取任务参数维当前月作为累计期间的起点或者结束点，需要月作为参数维时才可用。

设置具体时间：勾选中的月份累加。

（5）信息面板。

单元格信息面板：单元格信息面板实时监听单元格，支持每次显示一个单元格的维度匹配信息，如图 14-32 所示。

维度信息面板：维度信息面板主要支持用于行/列维度匹配，行/列维度的成员会在维度信息面板全部列示，可采用匹配或者填充的方式把客户样表中的文本与后台维度成员建立一一对应的匹配关系。维度信息面板支持搜索维度成员，如图 14-33 所示。

当前模型区：当前设计区域的 ID。

可选维度：支持对维度成员的编码和名称进行模糊搜索，搜索结果通过蓝色背景高亮显示，如：BI.global.001 001全局收支项目，如果有多个搜索结果，可通过在搜索结果中上移或下移。

行/列维度：在此设置行/列表头区域，选择行/列维度成员填充等操作。

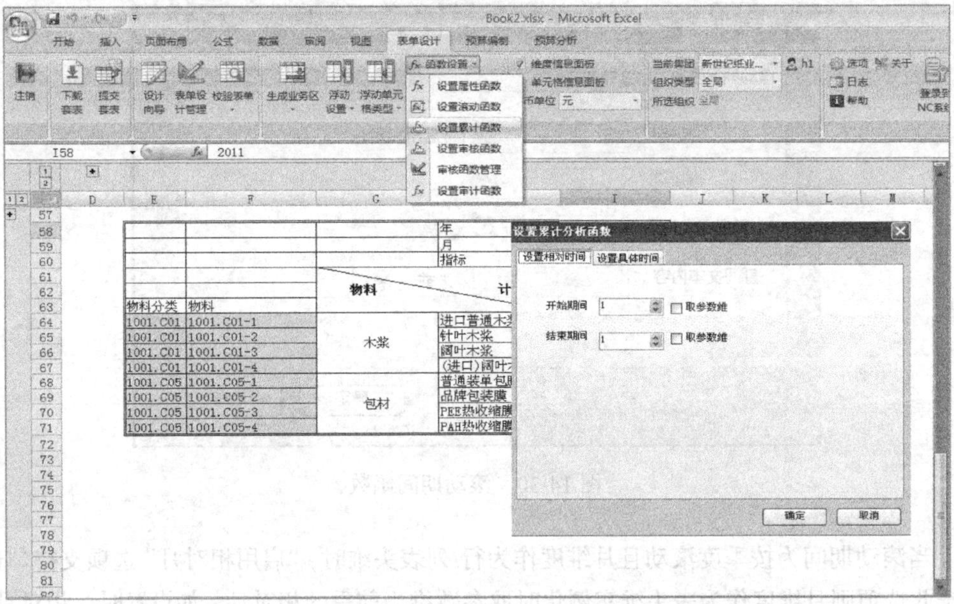

图 14-31　累计函数设置

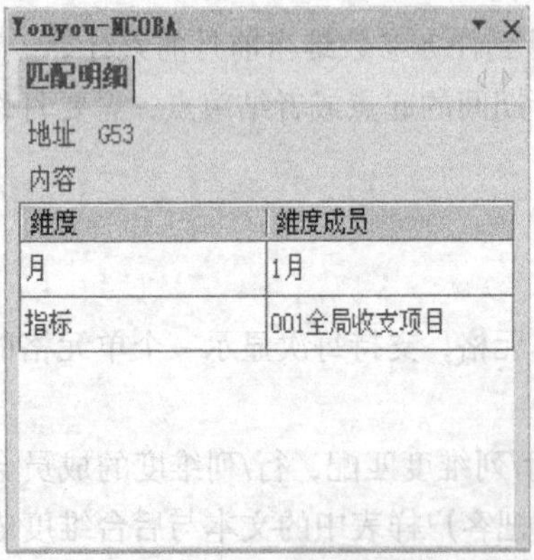

图 14-32　单元格信息匹配

图 14-33　维度信息面板

通过图标快捷设置行/列表头区域，功能与 Ribbon（功能区）中“表单设计管理”—“表头区域设置”页签中的“选择行列表头区域”相同。

填充：在当前 sheet 页选中一个单元格，并勾选中需要填充的维度成员，如果所选中单元格为行/列表头编码区，单击“填充”按钮，则填充所选维度的编码；如果所选中单元格为行/列表头文本区，单击“填充”按钮，则同时填充所选维度的编码和文本。

若勾选☑同步填充选项，则在勾选需要填充的维度成员时，同步把维度成员填充到 sheet 页的当前单元格内，即无须再单击“填充”按钮即可实现填充。

（6）表单设计其他按钮（图 14-34）。

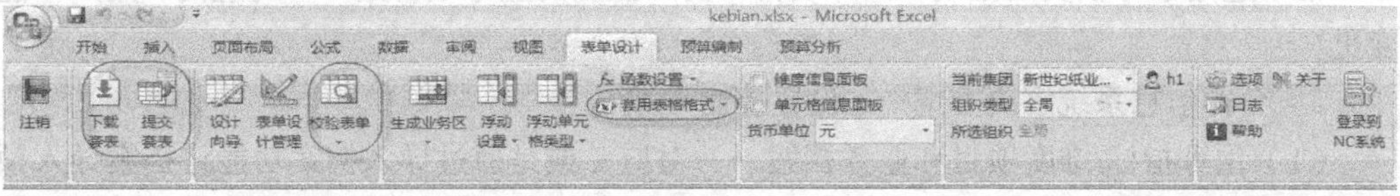

图 14-34　表单设计其他按钮

第一，提交套表：表单设计完成后，单击此按钮提交套表到 NC 客户端的套表管理节点。注意：需要先在套表管理节点新建分类文件夹。

套表提交后需要先在套表管理节点发布，然后才能在任务管理节点创建任务模板时参照到。

第二，下载套表：单击此按钮可下载之前上传到 NC 系统内的套表，下载套表受管控和当前登录用户的数据权限控制。

第三，快速匹配行/列维度：选中用户已有预算样表行/列表头文本区的一个单元格或一个区域，右击鼠标，选择其中一个维度，实现样表上选中的科目与该维度上的成员按名称匹配，自动填充行/列表头的编码。

某些科目名称与维度成员无法完全匹配时，则不填充编码。完全匹配上的行/列表头编码区显示为绿色，未匹配上的行/列表头编码区显示为红色。

第四，校验表单：分为检验当前表和检验所有表，提交套表前可单击此按钮对套表进行检验，如果有错误提示，则需修改后，套表才能提交到后台。

第五，套用表格格式：系统预置了三种样表格式，提供了配色方案、边框表格线和字体等美化设计，用户可直接单击套用自己喜欢的表格样式。

（7）用户/组织信息。进行表单设计前，需要先选择组织类型等相关信息，组织类型包括全局、集团和预算组织三个选项，支持下拉选择，对组织的参照按组织的功能权限过滤，如图 14-35 所示。

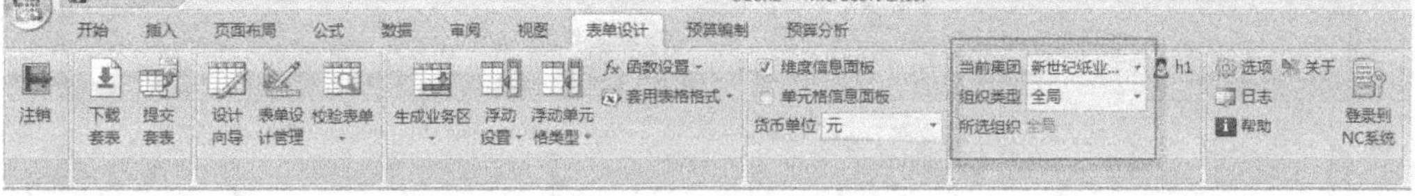

图 14-35　用户/组织信息

组织类型为全局时，组织为空；组织类型为集团时，根据当前登录用户和组织类型进行过滤，参照选择集团；组织类型为预算组织时，根据当前登录用户和组织类型进行过滤，参照选择组织。

14.2.8 设置控制规则方案

1. 单项预算控制

1）业务描述

（1）通过预算数据控制业务支出，在付款审核或是保存相关单据的时候进行预算控制。

（2）适用于专项支出控制，预算项目和实际控制的业务项目是一一对应的，用户不能变更。

2）会计信息系统解决方案——设置控制方案

（1）预算指标/维度项目和业务档案一一对应（或是通过导入档案功能将档案导入预算指标/维度中，或是创建维度的时候映射到UAP档案）。

（2）"动态建模平台"—"计划平台"—"模型设置"—"控制规则"节点，设置单项控制规则。

（3）预算控制方案节点启用控制方案，预算控制起效。

2. 多项目组合控制

1）业务描述

（1）通过预算数据控制业务支出，在付款审核或是保存相关单据的时候进行预算控制。

（2）将多个支出项目一起控制，单个项目可以超预算，但是组合控制内的项目总数不能超预算，采用这种控制方式，不同项目间预算互相调剂，增加预算的弹性。

2）会计信息系统解决方案——设置控制方案

（1）预算指标/维度项目和业务档案一一对应（或是通过导入档案功能将档案导入预算指标/维度中）。

（2）选中要组合控制的数据单元格，选中"是否主组织"的标记，如图14-36所示。

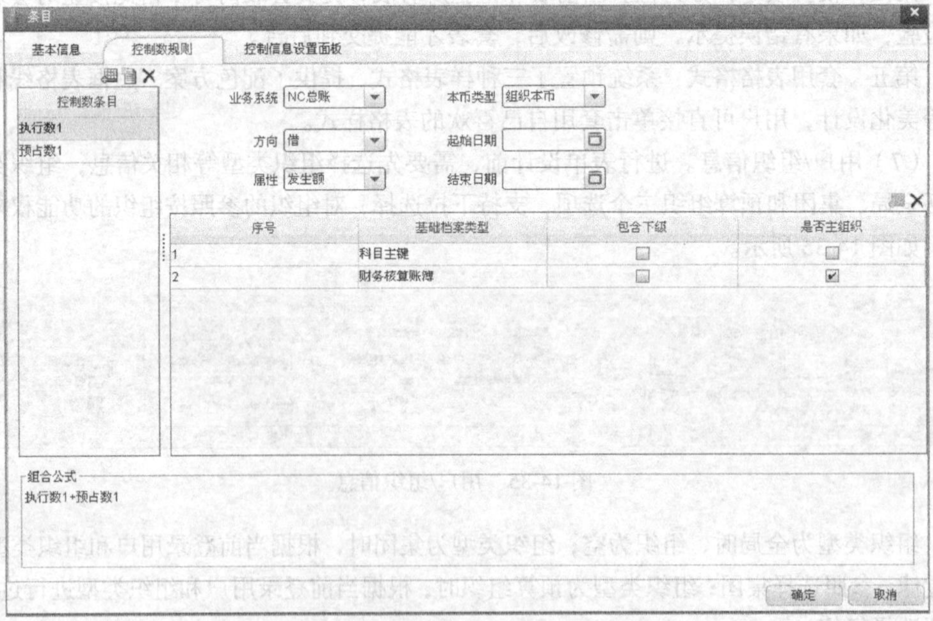

图 14-36　多项目组合控制取数规则设置

（3）控制方案节点启用控制方案，预算控制即开始生效。

3. 以收定支的预算控制（弹性控制规则）

1）业务描述

（1）用来进行支出控制的控制数据不是固定的，一般会随着收入的增长而增大，通俗点说就是赚得越多费用越多。

（2）表 14-4、图 14-37 为应用示例，在不同的收入区间，允许用户设置不同的控制比例或是不同的收入占比，从而达到在不同的收入区间，可以按照不同的费用额度进行控制的目的。

表 14-4　收入区间与费用额度关系

超额完成的数额（在“弹性因子”页签“弹性区间计算规则”中设置）	提取费用的方式：固定金额、按比率提取	费用控制数、提取费用比例
[-∞，0）当没有超额完成时	固定	费用为固定的 20
[0, 100）当超额小于 100 时	比率	费用按超额的 20%累加
[100, 200]当超额 100~200 时	比率	费用按超额的 10%累加
[200, 300]当超额 200~300 时	比率	费用按超额的 5%累加
[300, +∞）超额大于 300 时	固定	费用不再增加，为固定的 55

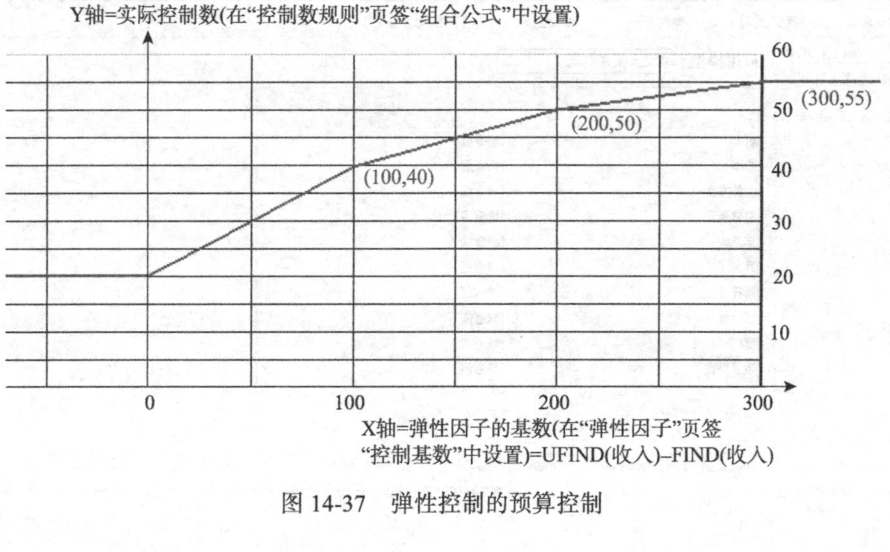

图 14-37　弹性控制的预算控制

2）会计信息系统解决方案——设置控制方案

（1）“动态建模平台”—“计划平台”—“模型设置”—“控制规则”节点，设置弹性控制规则。

（2）设置要控制的数据的取数规则，如图 14-38 所示。

（3）根据图 14-39，设置弹性因子的取数方式。

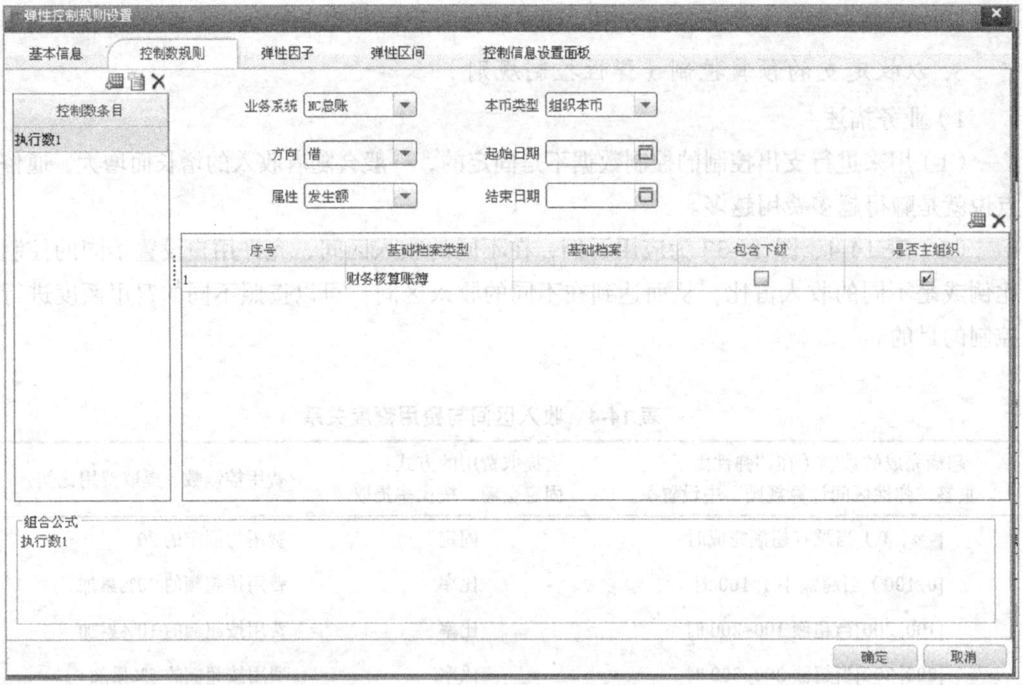

图 14-38　弹性控制取数规则设置

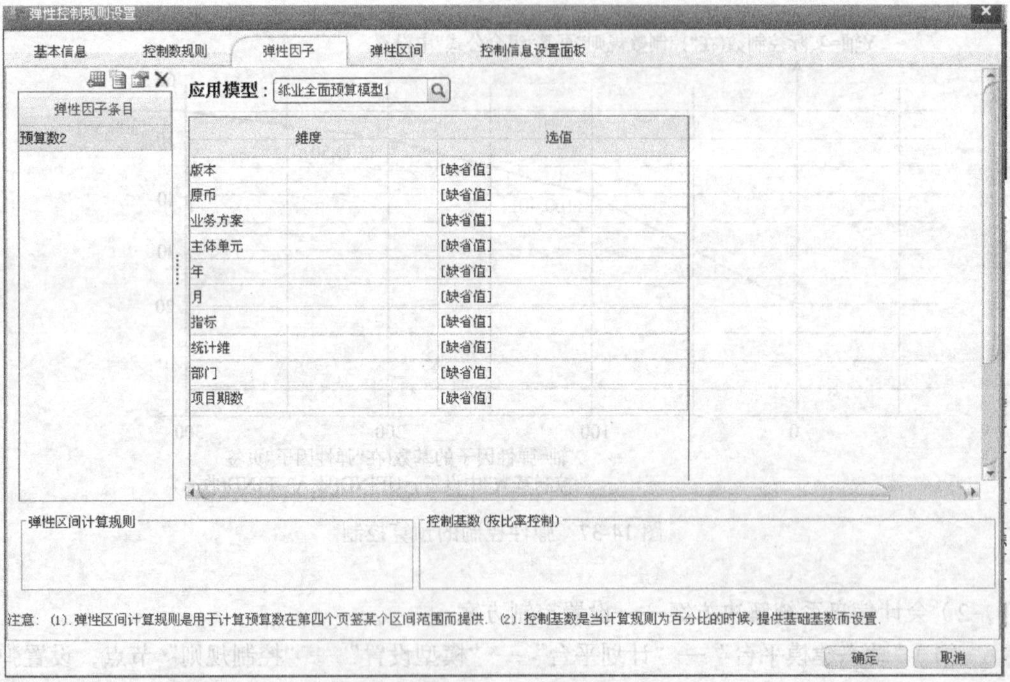

图 14-39　弹性因子取数方式设置

弹性区间计算规则：用于判断图 14-37 中的 X 轴落在哪个区间内。

控制基数（按比率控制）：当图 14-37 中的 X 轴落于按比率提取的区间时，作为比率要乘以的基数。

（4）不同的区间设置不同的控制比例。例如，根据图 14-38 的要求可设置各区间的比例，如图 14-40 所示。

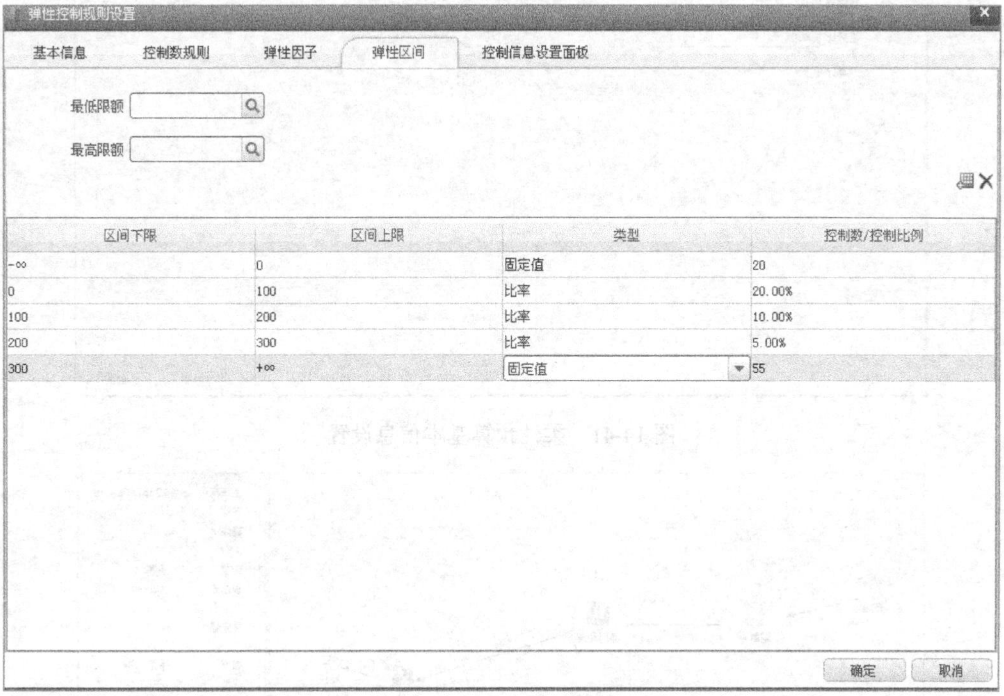

图 14-40　弹性区间比例设置

（5）控制方案节点启用控制方案，预算控制开始生效。

4. 柔性预算控制

1）业务描述

（1）在实际业务中，企业行为会存在很多不确定性，有些突发的事件虽会导致超预算，但也必须执行，在这种情况下，通常需要走特批流程。在预算控制中，针对超预算后，通过特批也可以允许业务进行的控制类型，我们称为柔性预算控制。

（2）柔性控制和刚性控制区别在于在业务超预算后，如果使用的是柔性控制，超预算可以走特批流程，特批通过则可以继续业务发生，增强了预算控制的灵活性。

2）会计信息系统解决方案

（1）设置控制方案。设置控制方案，控制类型选择“柔性控制”，如图 14-41 所示。

（2）设置审批流。在需要判断超预算的审批人上设置业务参数“是否控制预算”值为 true。

在审批流的分支上设置审批流分支判断条件“是否超预算”，如图 14-43、图 14-44 所示。

超预算审批的审批流的最后一个审批人上设置参数“柔性预算控制批准”，这样在最后一个审批人审批完后将结束审批流程。

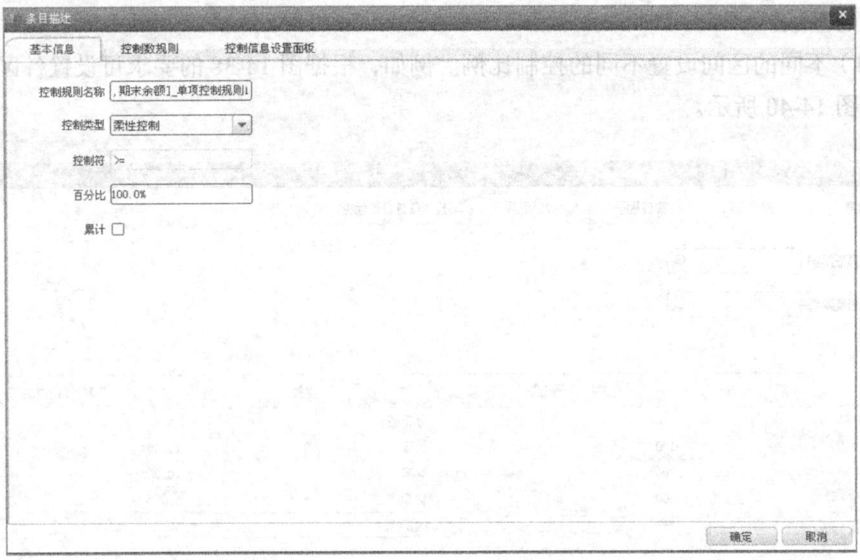

图 14-41　柔性预算基本信息设置

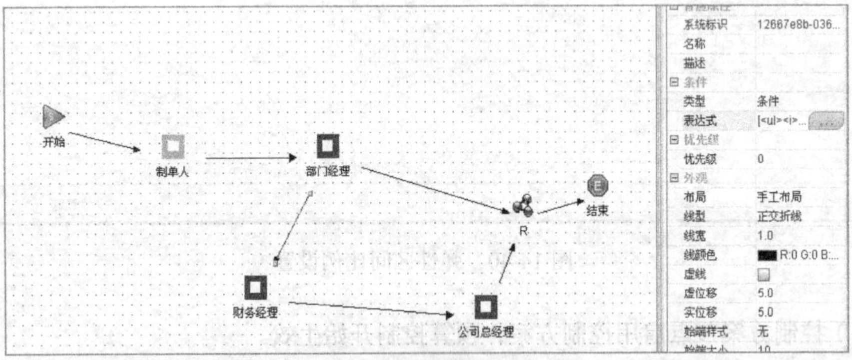

图 14-42　判断“是否超预算”设置（一）

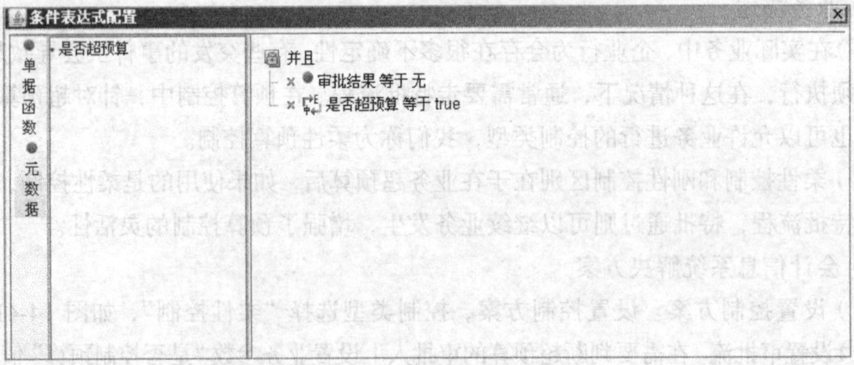

图 14-43　判断“是否超预算”设置（二）

5. 一对多的预算控制（特殊控制）

1）业务描述

在预算控制的时候，预算项目和实际业务项目不一定能一一对应，很多时候会有一个预算项目要控制到多个实际业务项目，如做预算的时候可能只做了工资的预算，但是实际业务发生时工资会分为营业费用下的工资、管理费用下的工资等，需要通过预算里的工资来控制业务费用工资和管理费用工资。

2）会计信息系统解决方案

（1）设置特殊方案。“动态建模平台”—“计划平台”—“模型设置”—“控制规则”节点设置特殊控制规则，如图 14-44 所示。

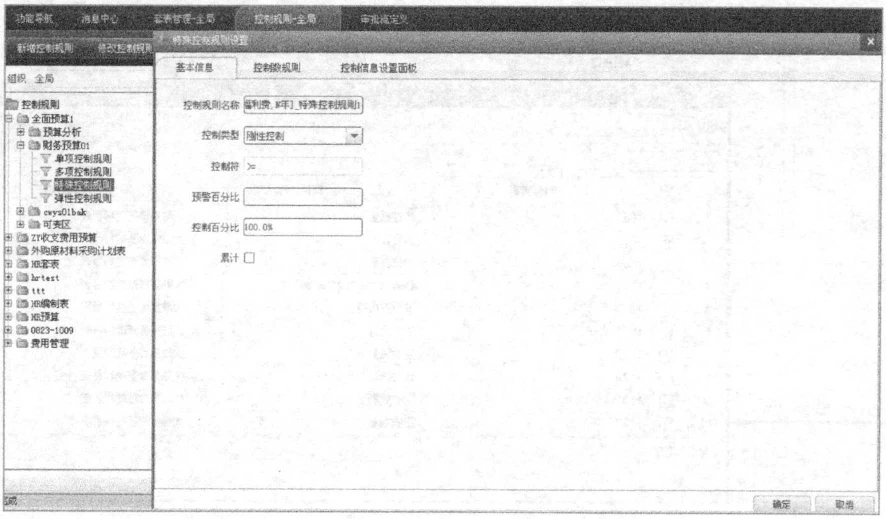

图 14-44　特殊方案控制基本信息设置

设置控制内容，如要控制福利费用+销售费用，在“控制数条目 1”里面描述的是控制销售费用，“执行数条目 2”里面描述控制福利费用，在组合公式字段里面“执行数 1+执行数 2”描述要控制两个费用的合计，如图 14-45 所示。

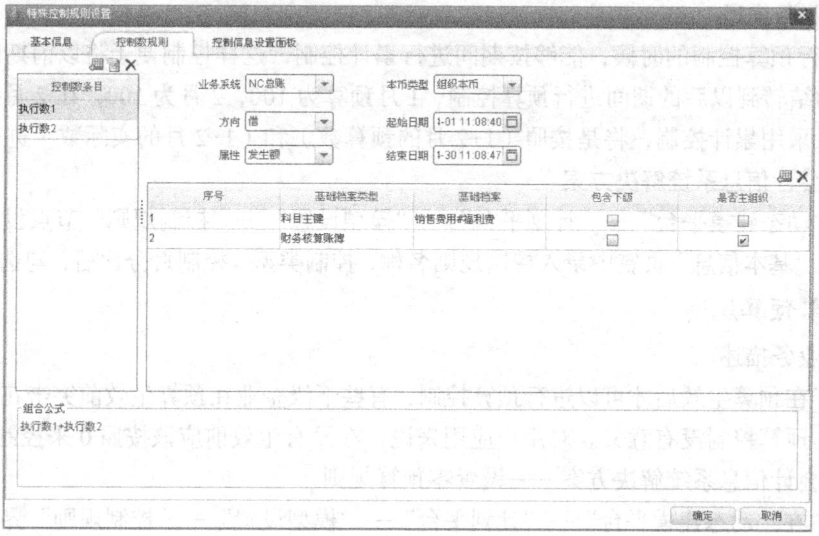

图 14-45　控制内容设置

设置控制规则时，基本档案支持多选，如图 14-46 所示。

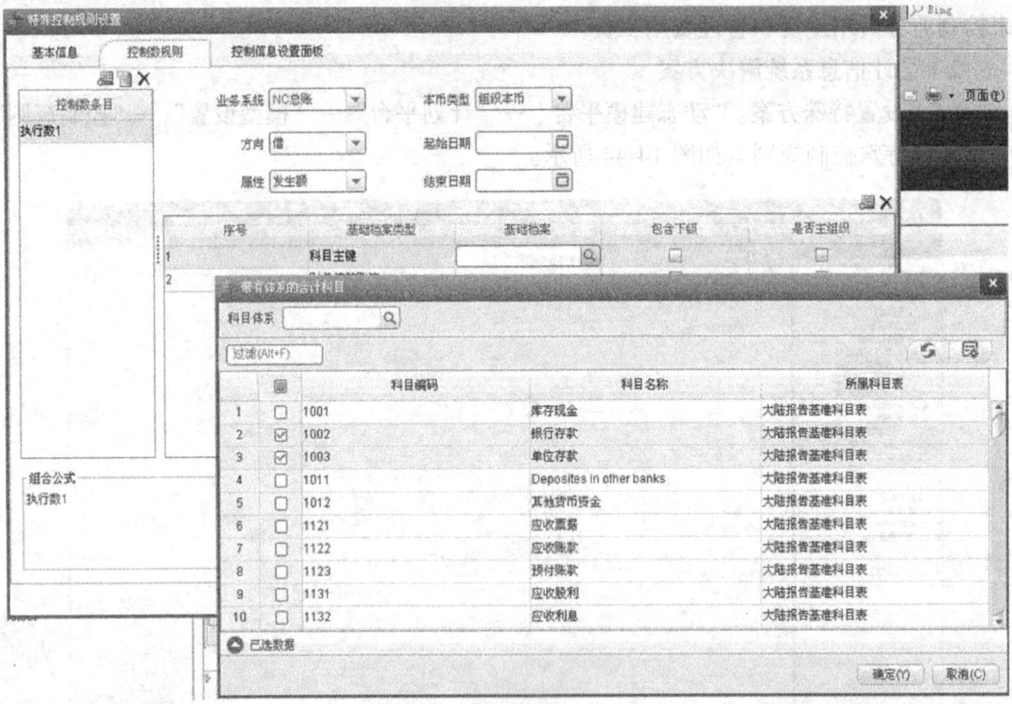

图 14-46　控制规则设置

（2）控制方案节点启用方案：可以在列表界面选择计划整体启用控制方案，也可以选中单元格部分启用控制方案。

6. 累计控制

1）业务描述

在进行预算控制的时候，能够按期间进行累计控制，这样控制便于将以前期间的预算余额自动结转到以后的期间进行预算控制，1 月预算为 100，2 月为 100，在 2 月控制的时候，如果采用累计控制，将是按照（1+2 月的预算数）和（1+2 月的实际数）进行比较。

2）会计信息系统解决方案

在“动态建模平台”—“计划平台”—“模型设置”—“控制规则”节点设置控制规则时，在“基本信息”页签中录入控制规则名称、控制类型、控制百分比后，勾选“累计”。

7. 零预算规则

1）业务描述

由于在预算生效后才可以进行预算控制，有些下级企业在预算生效前突击花预算，导致后续的预算控制没有意义。对用户应用来说，在没有生效前应该按照 0 来控制。

2）会计信息系统解决方案——设置零预算规则

（1）在“动态建模平台”—“计划平台”—“模型设置”—“控制规则”界面下单击“零预算规则”按钮，进入到零预算控制列表界面，如图 14-47 所示。

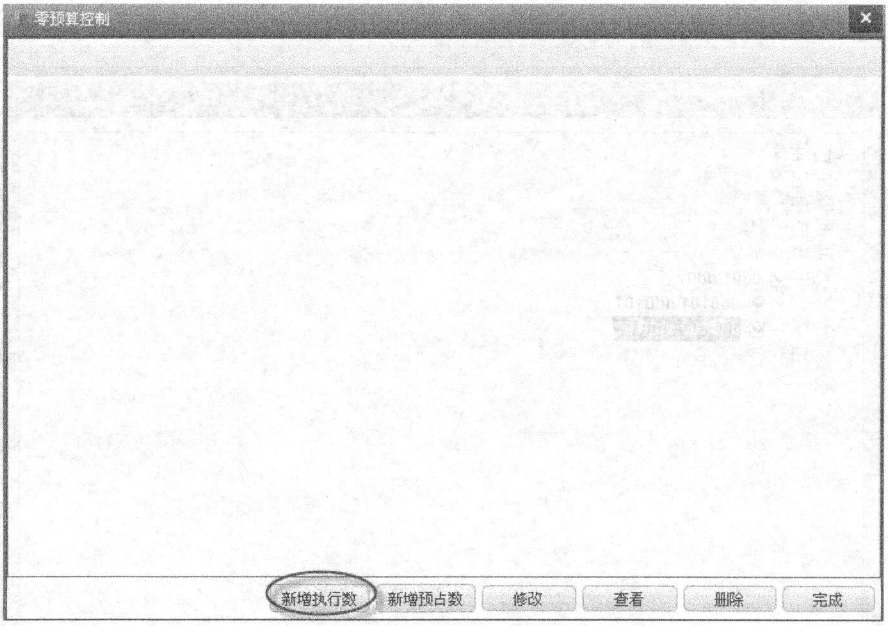

图 14-47 零预算控制界面

（2）通过新增功能增加零预算规则，设置基本信息。

（3）设置零预算控制规则，如图 14-48 所示。

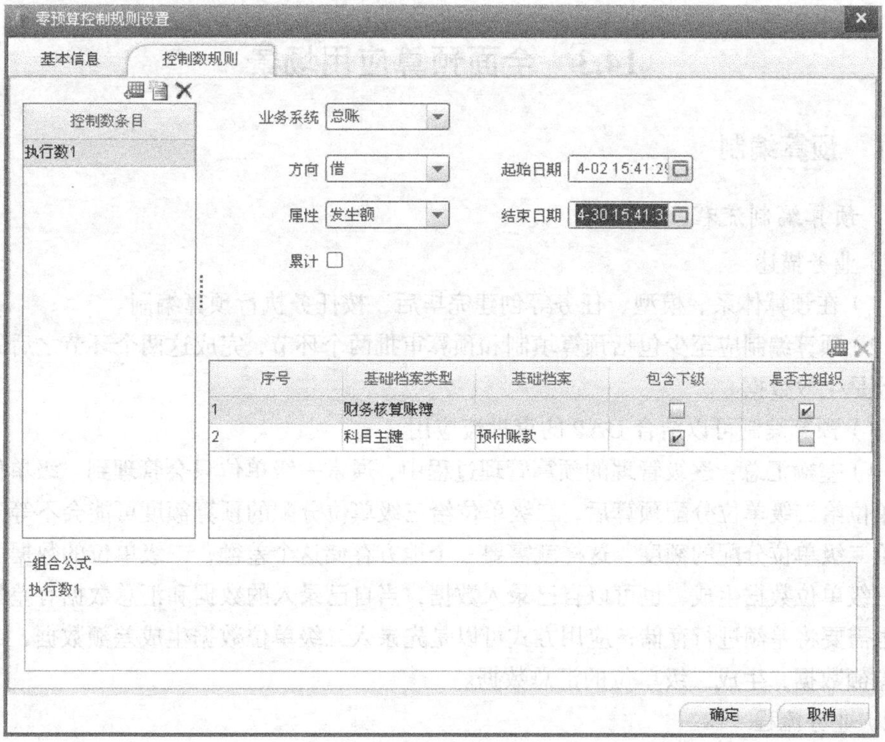

图 14-48 零预算控制规则设置

（4）设置完后，弹出窗口将零预算规则分配到主体，如图 14-49 所示。

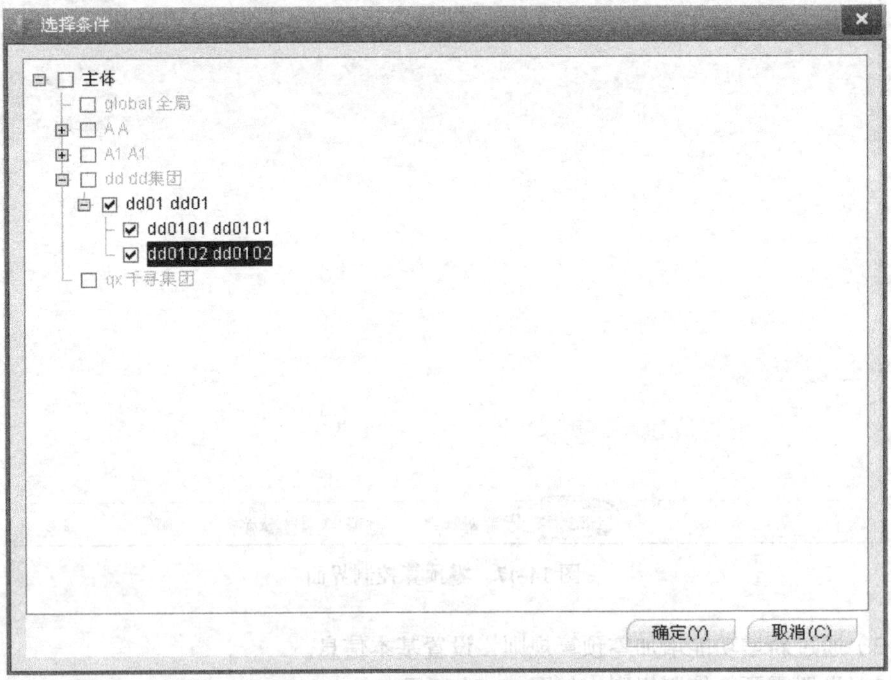

图 14-49　零预算规则分配主体

14.3　全面预算应用场景

14.3.1　预算编制

1. 预算编制流程

1）业务描述

（1）在预算体系、模型、任务等创建完毕后，按任务执行预算编制。

（2）预算编制应至少包括预算填制和预算审批两个环节，完成这两个环节之后的预算数据才是生效数据。

（3）预算编制可以结合 UAP 的审批流应用。

（4）差额汇总：逐级管理的预算管理过程中，通常一级单位只会管理到二级单位，在一级单位给二级单位分配预算后，二级单位给三级单位分配的预算额度可能会不等于一级单位给二级单位分配的额度，这样就需要一个地方存储这个差额；二级单位的数据可以是汇总三级单位数据生成，也可以自己录入数据，当自己录入的数据和汇总数据有差额的时候，也需要将差额进行存储；应用方式可以是先录入二级单位数据生成差额数据，或是先录入差额数据，生成二级单位的汇总数据。

2）业务流程

任务流程编制，如图 14-50 所示。

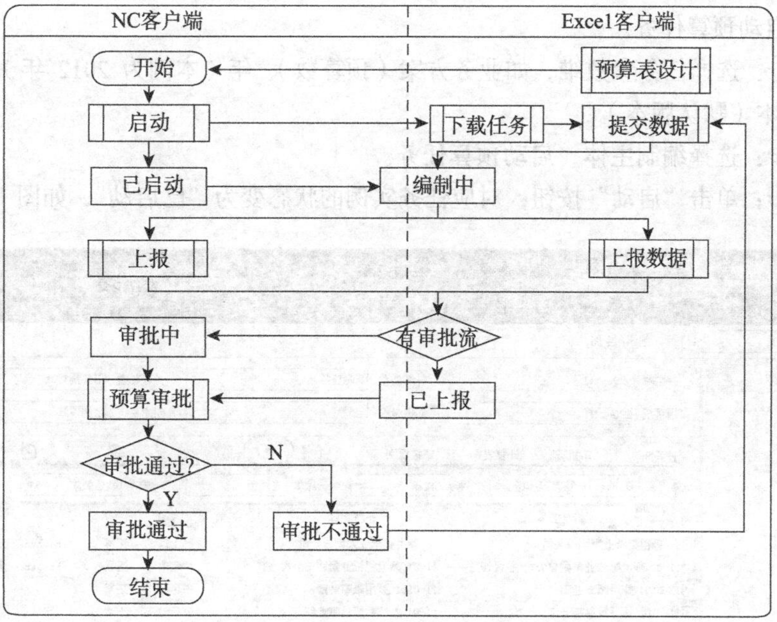

图 14-50　任务流程编制

3）会计信息系统解决方案

（1）建立预算编制任务。

路径："企业绩效管理"—"全面预算"—"预算任务"—"任务管理-全局/集团/组织"

操作：输入任务名称，选择关联套表，选择需要编制该预算的单位。如图 14-51 所示。

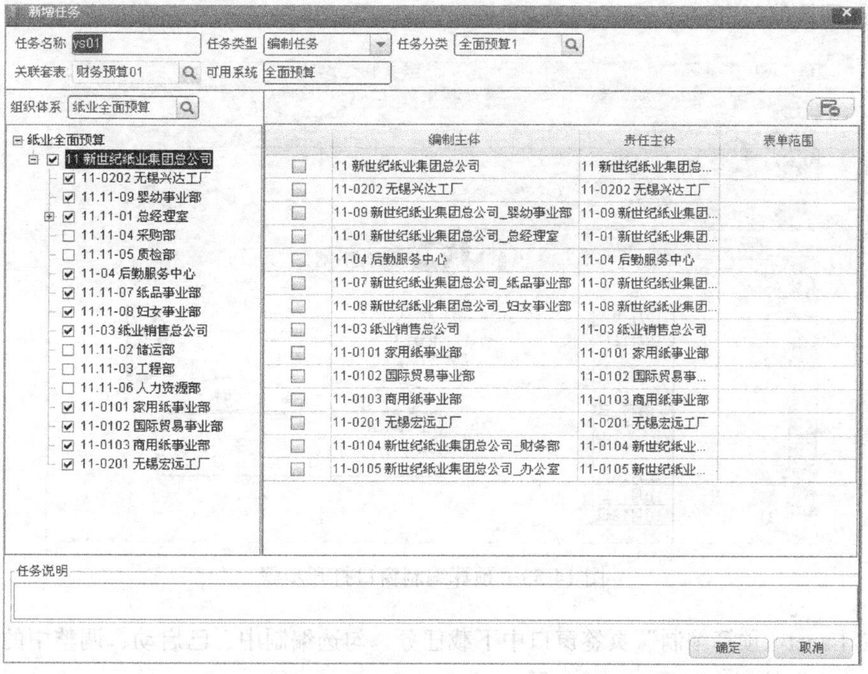

图 14-51　预算编制任务建立

（2）启动预算任务。

第一步：选择任务参数维，如业务方案（预算数）、年（本例为 2012 年）、原币（人民币）、版本（默认版本）。

第二步：选择编制主体，启动预算任务。

第三步：单击“启动”按钮，对应任务实例的状态变为“已启动”，如图 14-52 所示。

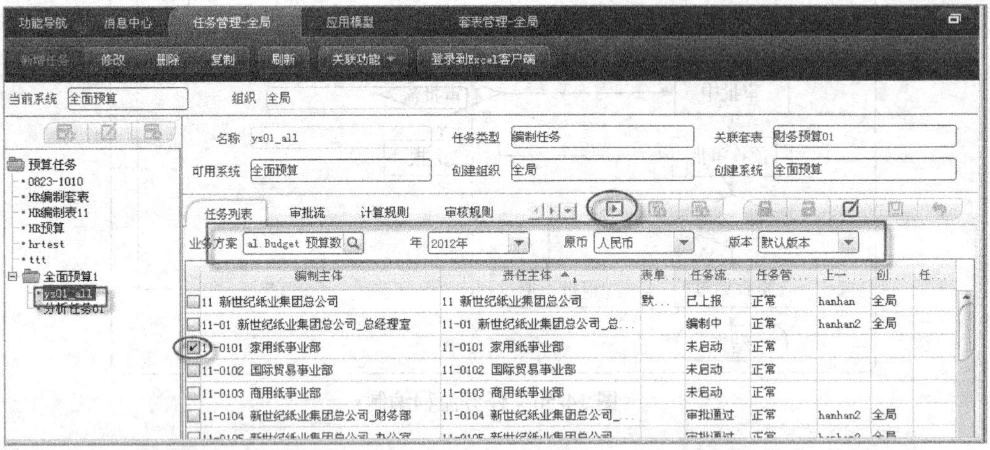

图 14-52　预算任务启动

（3）预算编制。

方案一：在 Excel 端“预算编制”页签中进行预算数据的填制。

在打开的 Excel 表中选择“NC 计划预算”页签，依次执行图 14-53 中所示操作，进入到 Excel 预算编制窗口。

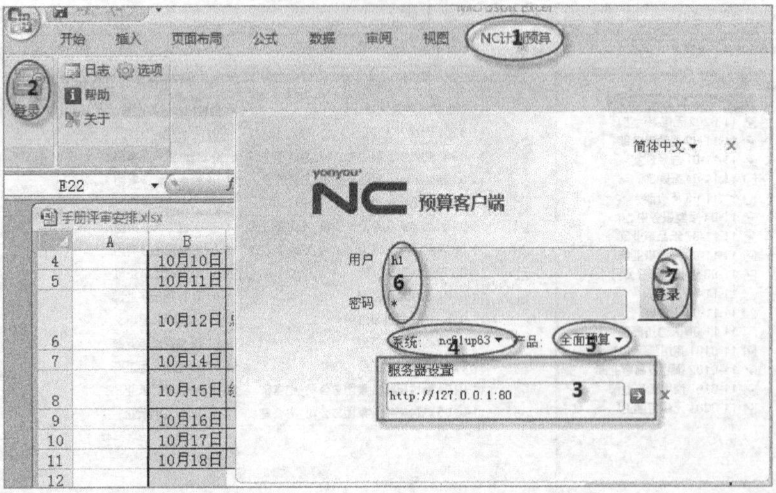

图 14-53　预算编制窗口打开步骤

在 Excel“预算编制”页签窗口中下载任务，勾选编制中、已启动、调整中的任务，单击“确定”按钮，如图 14-54 所示。

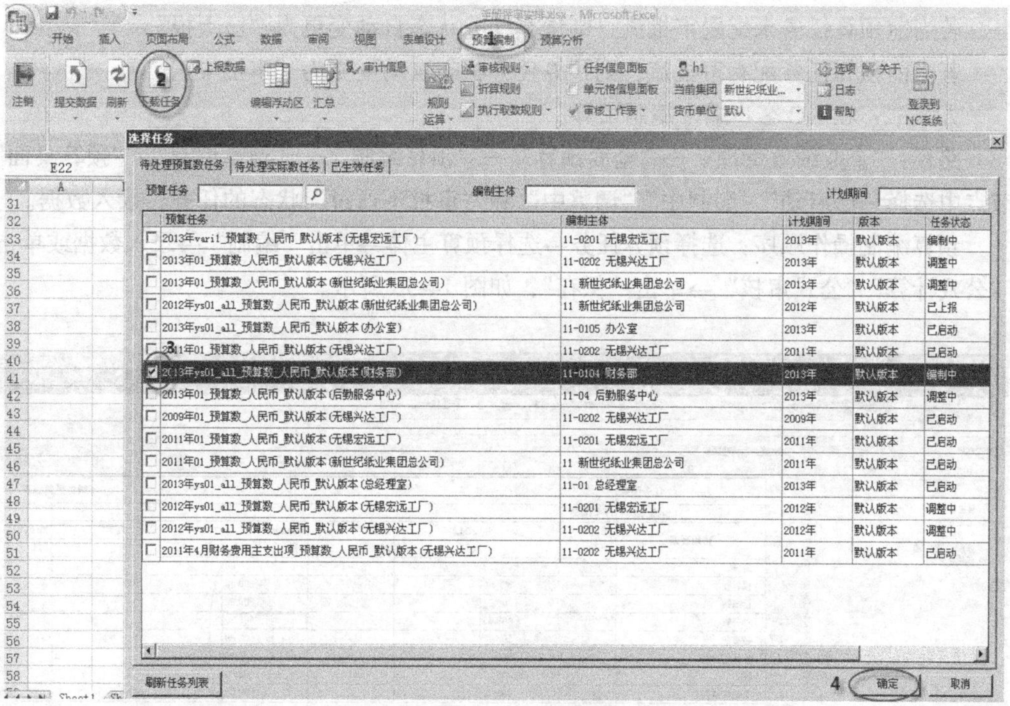

图 14-54 任务下载

在打开的预算表中选择对应的预算表页签，录入数据或执行相应的规则运算、取数规则后，单击“提交数据”，确认无误后单击“上报数据”，则预算编制即告完成，如图 14-55 所示。

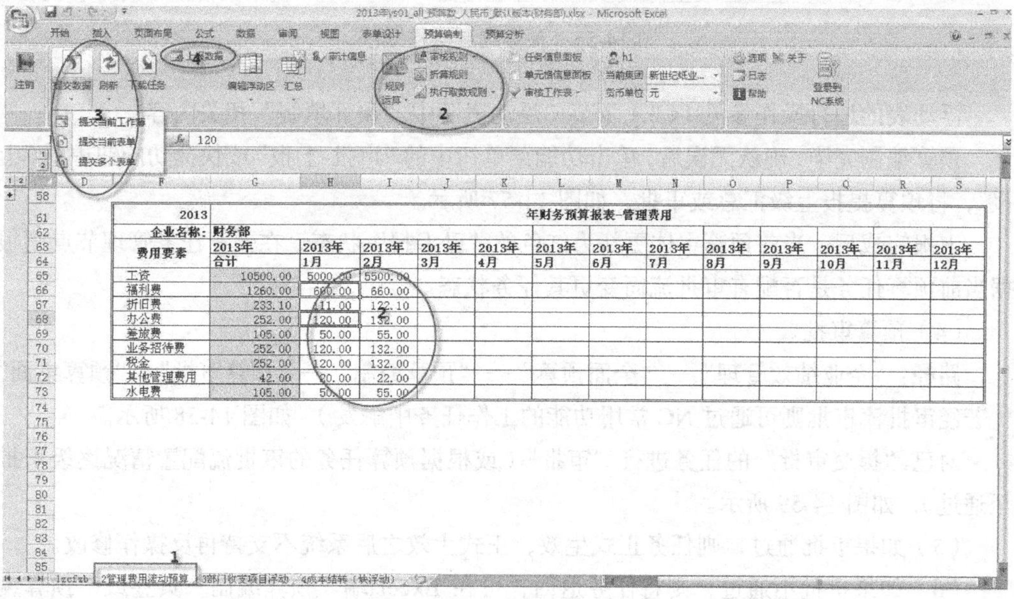

图 14-55 预算数据上报

若当前预算任务未配置审批流，则预算任务状态自动变更为“已上报”。

若当前预算任务配有审批流，则预算任务状态自动变更为“审批中”。

方案二：在NC客户端中编制预算。

路径：“企业绩效管理”—“全面预算”—“预算编制”—“预算编制”/“预算桌面”节点中选择“已启动”“编制中”“调整中”和“审批不通过”状态的任务，录入数据。

预算编制操作顺序：选择预算任务→选择预算主体→单击“编制”→录入数据或单击“公式计算”“公式审核”→单击“保存”，如图14-56所示。

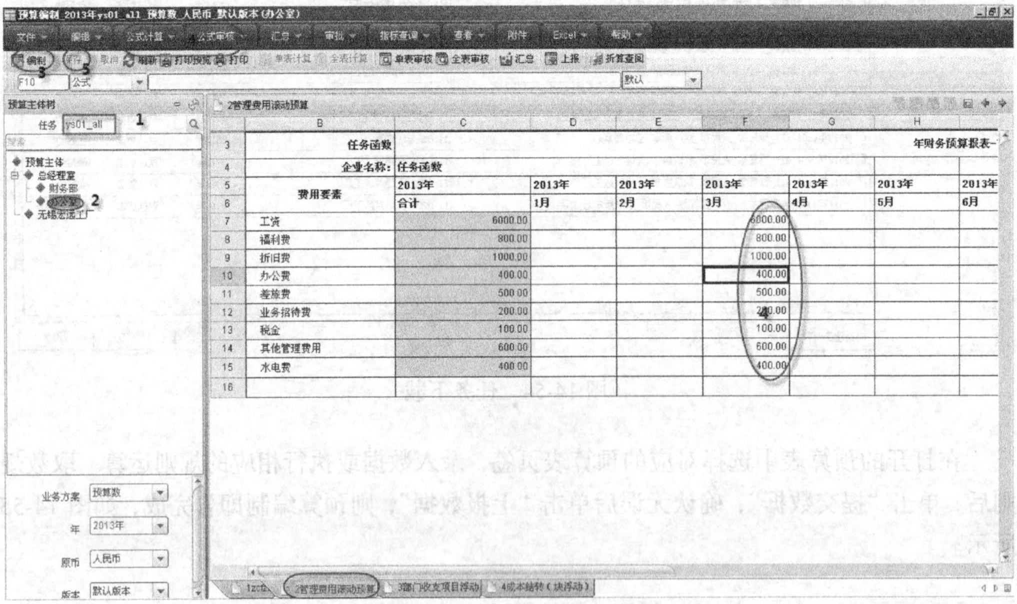

图14-56　预算编制操作顺序

浮动表的增行操作参见14.3.1章节“浮动表”中“预算填制”相关内容。

预算编制完毕，确认无误后，单击功能菜单钮中的“审批-上报”或快捷功能钮中的“上报”，将预算提报上级汇总或审批，如图14-57所示。

上报完成后，当前预算主体更新为红色的“已上报”状态，在预算任务管理节点则根据当前预算任务是否配有审批流而变更其任务状态。

（4）预算审批。

路径：“企业绩效管理”—“全面预算”—“预算编制”—“预算审批”/“预算桌面”（若经审批流审批则可通过NC常用功能的工作任务中触发），如图14-58所示。

对已“提交审批”的任务进行“审批”（或根据预算任务的审批流配置情况逐级审批至通过），如图14-59所示。

（5）如果审批通过，则任务正式生效，正式生效之后系统不支持再反操作修改。

（6）如果审批不通过，则将任务退回，可在Excel端“预算编制”页签或“预算编制”/“预算桌面”节点重新填制，填制完成后，再提交审批。

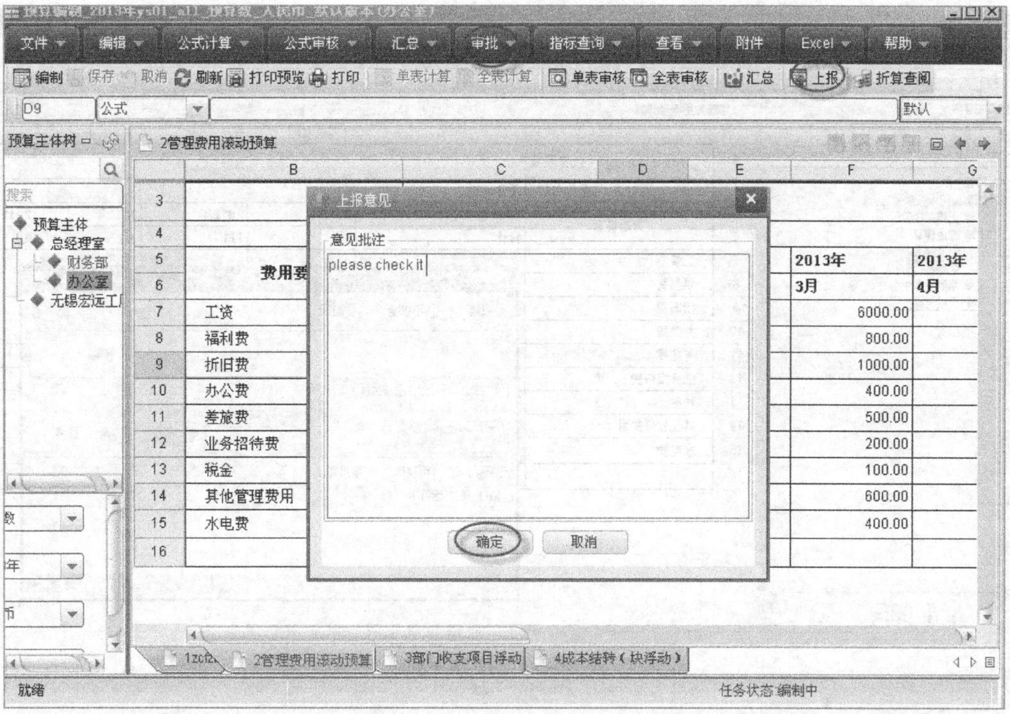

图 14-57 预算上报

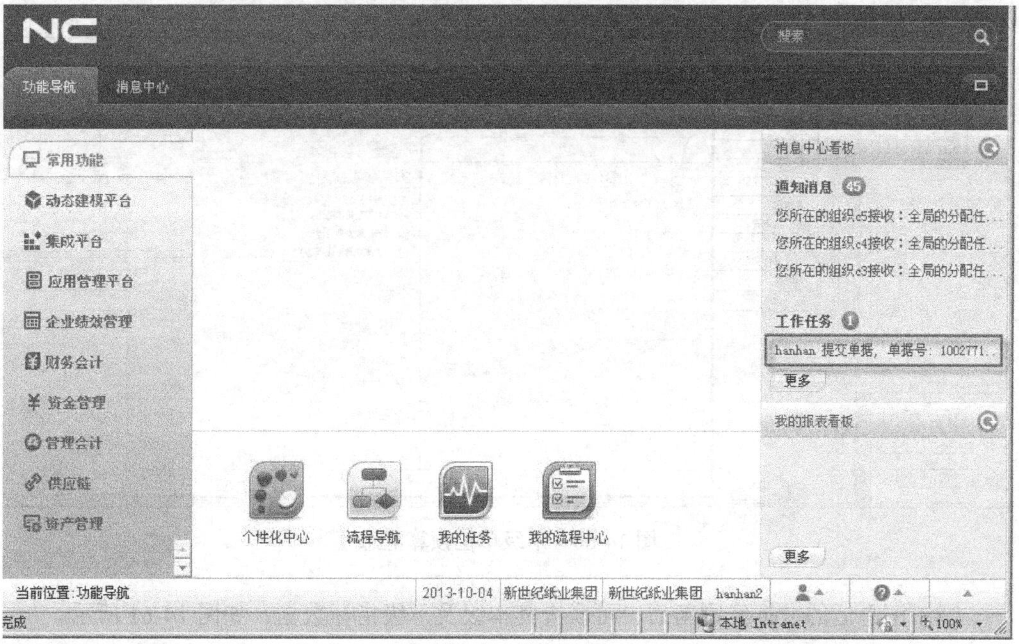

图 14-58 预算审批路径

（7）预算组织体系中非末级的预算主体可对下级单位报送的预算进行汇总处理，如图 14-60 所示。

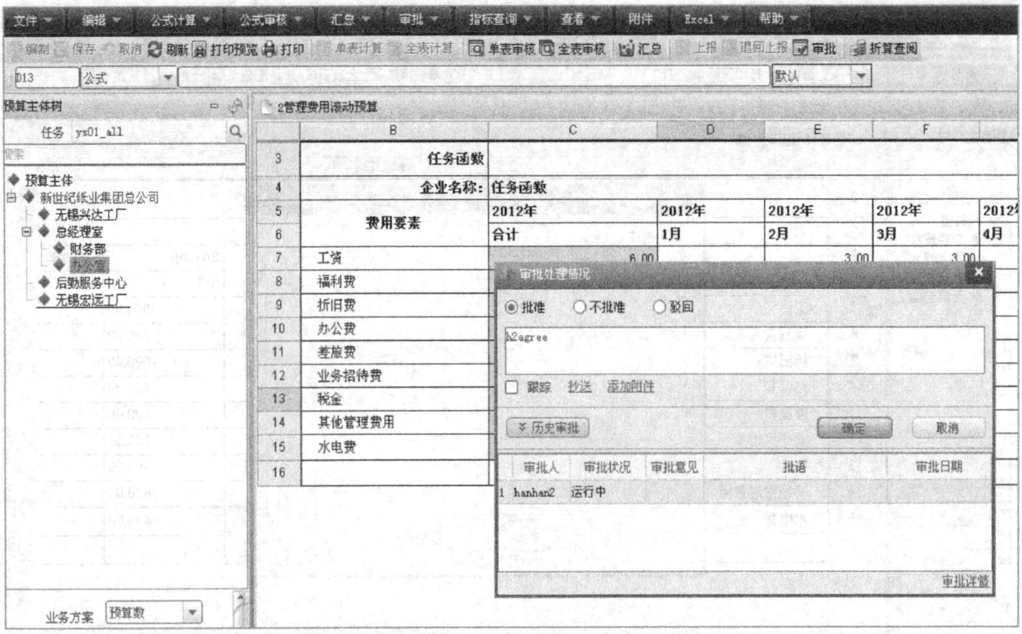

图 14-59　预算审批

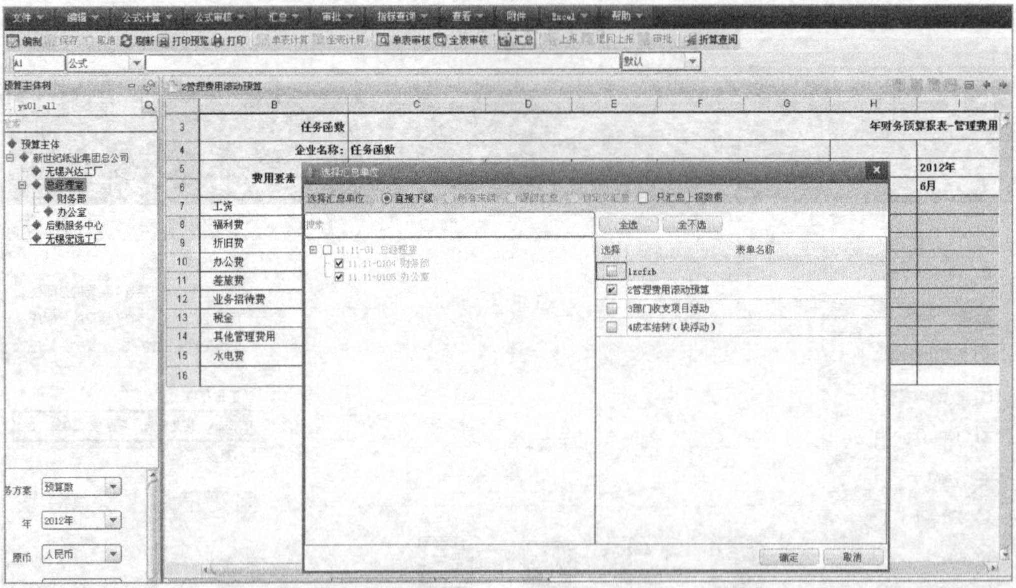

图 14-60　下级单位预算汇总

（8）汇总后的数据经刷新后，可联查其本级及下级指标数据，如图 14-61 所示。

差额汇总。单击按钮“差额汇总”时，系统进行如下运算：差额主体数据=非末级主体数据–SUM（非末级主体的直接下级）数据。注意：只有预算组织体系成员中标记为差额组织的预算业务单元，才能在差额汇总的时候记录相应的差额数据；且浮动表不处理可变维上的差额。

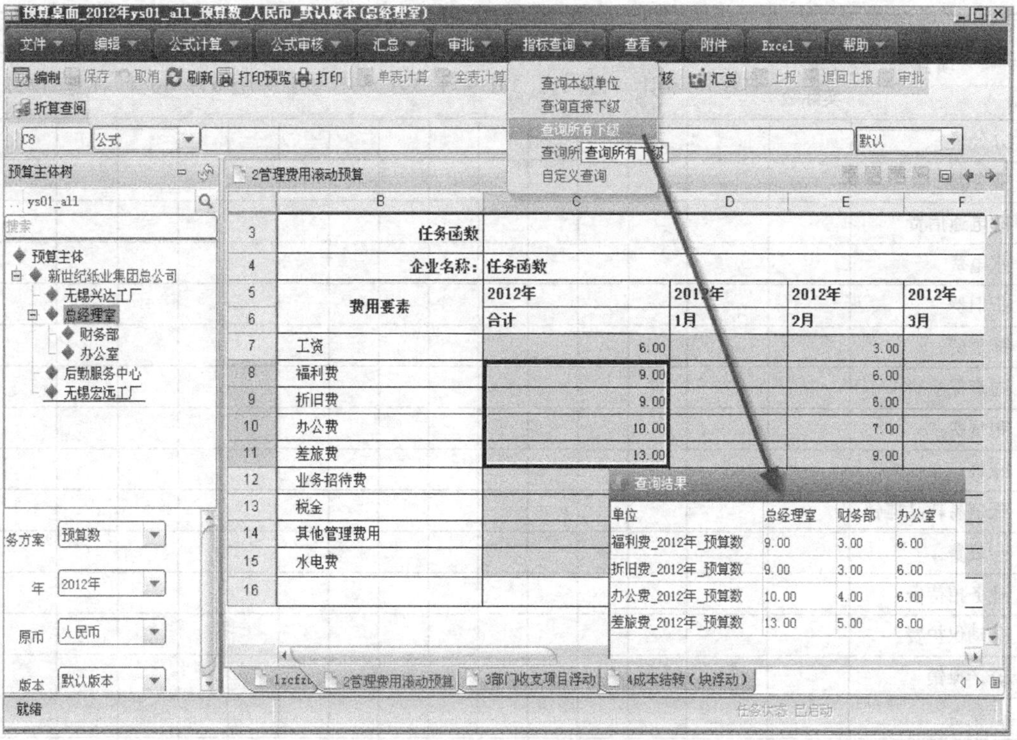

图 14-61　本级及下级指标数据查询

2. 不同格式要求预算表的编制

预算表的不同格式主要通过预算表样设计的不同方式实现，其预算任务的制定及预算编制基本相同，因此本节着重描述不同预算样表的设计。

1）固定表

（1）业务描述。固定表是预算样表中最常见的样式，例如管理费用预算表、销售费用预算表、预计资产负债表、预计利润表、预计现金流量表等。

（2）业务举例。现有一张管理费用预算表，如表 14-5 所示。

（3）会计信息系统解决方案

① 建立指标。此例中，使用会计科目档案作为预算指标，需要预置好会计科目中管理费用的明细科目。

使用会计科目档案作为预算指标，后期能对总账凭证进行预算控制，并且能够取到总账执行数进行预算执行情况分析。

固定表设计的过程就是创建维度向量的过程，维度的组合最好能正确表达数据的业务含义。

多个维度组合时，不同维度尽量分行/分列显示。

② 建立维度。此例中，可以使用系统预置的指标维、计划期间维度、业务方案维度。

③ 建立应用模型。在“动态建模平台”—“计划平台”—“模型设置”—“应用模型”节点建立应用模型 02 费用应用模型，维度成员如图 14-62 所示。

表 14-5　管理费用预算表举例

项目	N–1 年 1–9 月实际数	N–1 年预算书	N 年预算数												
			合计	1 月	2 月	3 月	4 月	5 月	6 月	7 月	8 月	9 月	10 月	11 月	12 月
办公费															
业务费															
邮电通信费															
水电费															
折旧费															
修理费															
财产保险费															
租赁费															
燃料															
低值易耗品摊销															
会议费															
业务招待费															
劳动保护费															
资产摊销															
营销费															
运输费															
广告费															
展览费															
售后服务费															
包装费															
装卸费															
委托代销手续费															
仓储保管费用															
样品及产品损耗															
合计:															

④ 表单设计和套表管理。

第一，设计向导，确定应用模型、参数维和行/列维度。

登录 Excel 客户端，在“表单设计”页签下，通过“设计向导”选择应用模型，确定参数维、行/列维度等。

行维度：指标；列维度：年、月、业务方案

参数维：主体、年、版本、币种、业务方案。

第二，提交套表并发布。

“提交套表”：表单设计完成后，单击此按钮提交套表到 NC 客户端的套表管理节点。注意，需要先在套表管理节点新建分类文件夹。

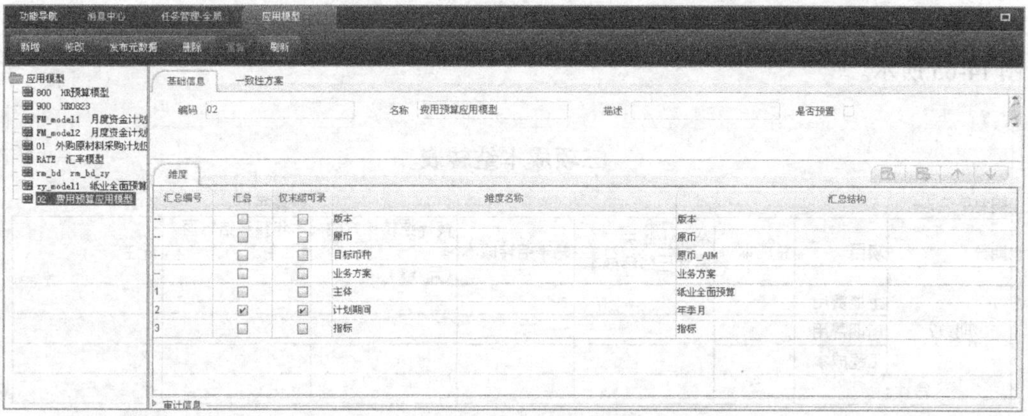

图 14-62 管理费用应用模型建立

套表提交后需要在“动态建模平台”—“计划平台”—“模型设置”—“套表管理”节点发布，然后才能在“企业绩效管理”—“全面预算”—“预算任务”—“任务管理—全局/集团/组织”节点创建任务模板时参照到该套表，如图 14-63 所示。

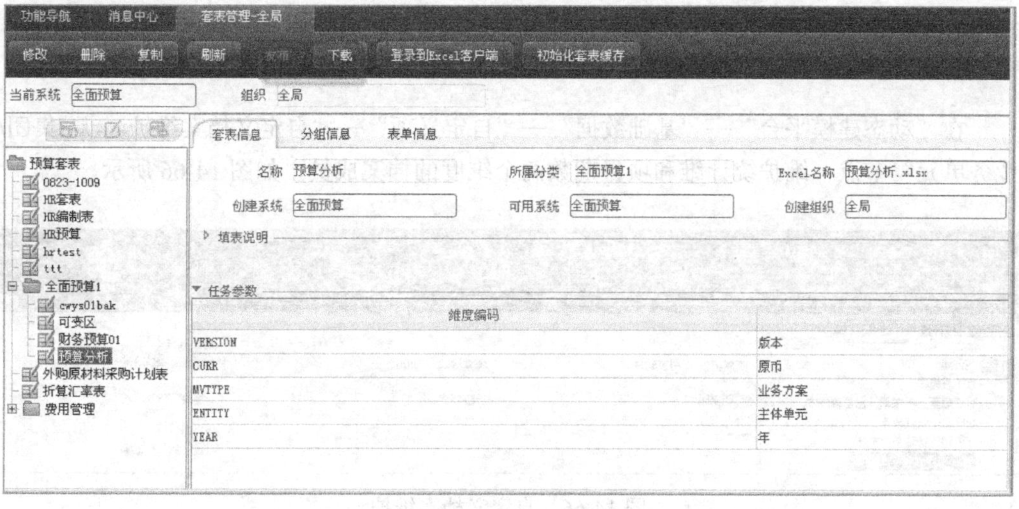

图 14-63 套表发布

任务管理：建立并启动预算编制任务，详细操作参见本节“1.预算编制流程”中的内容。

预算填制：参见 14.3.1“预算编制流程”章节中的内容。

2）浮动表

（1）业务描述。如果预算样表的某些维度成员集团在样表设计时不能确定，可以设置为浮动表，在各个单位编制时再自行添加维度成员。

（2）业务示例。现有一张预算样表如图 14-64 所示。其中，期数是浮动维。

（3）会计信息系统解决方案

第一，建立自定义档案并维护档案成员。在“动态建模平台”—“基础数据”—“自定义项”—“自定义档案定义”节点，新增自定义档案：统计维、项目期数两个维度。如图 14-65 所示。

三项成本结转表							
编制单位：						预算年度：	2011年
期数	项目	总成本	截止上年末累计已结转成本	总未结转成本	预计结转单方成本（元/m²）	本年预算结转面积（m²）	备注
期数?	土地费用						
	前期费用						
	工程成本						
合计：							

图 14-64　浮动样表

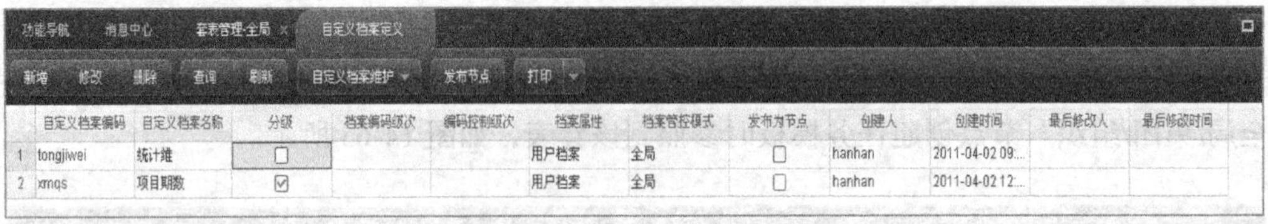

图 14-65　自定义档案建立

在“动态建模平台”—“基础数据”—“自定义项”—“自定义档案维护-全局/集团/业务单元”节点，维护统计维和项目期数两个维度的档案成员。如图 14-66 所示。

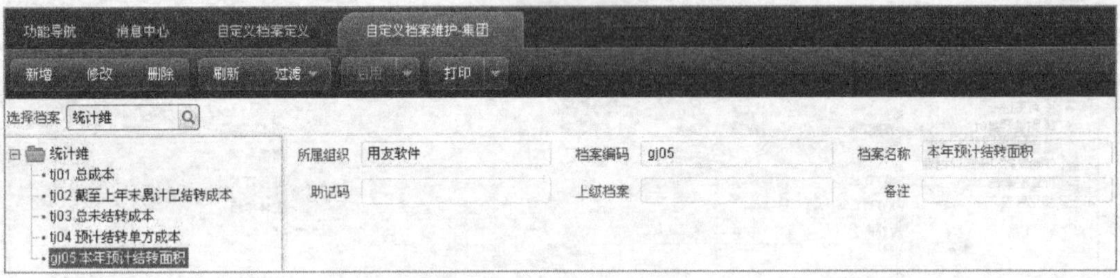

图 14-66　自定义档案维护

第二，建立维度。在“动态建模平台”—“计划平台”—“模型设置”—“维度管理”节点新增维度：统计维和项目期数，分别与之前自定义的两个档案相对应。如图 14-67 所示。

第三，建立应用模型。在“动态建模平台”—“计划平台”—“模型设置”—“应用模型”节点建立应用模型，维度成员如图 14-68 所示。

第四，表单设计和套表管理。

第一步：设计向导，确定应用模型、参数维和行/列维度。

登录 Excel 客户端，在“表单设计”页签下，通过“设计向导”选择上步中所设定的应用模型，确定参数维、行/列维度等。

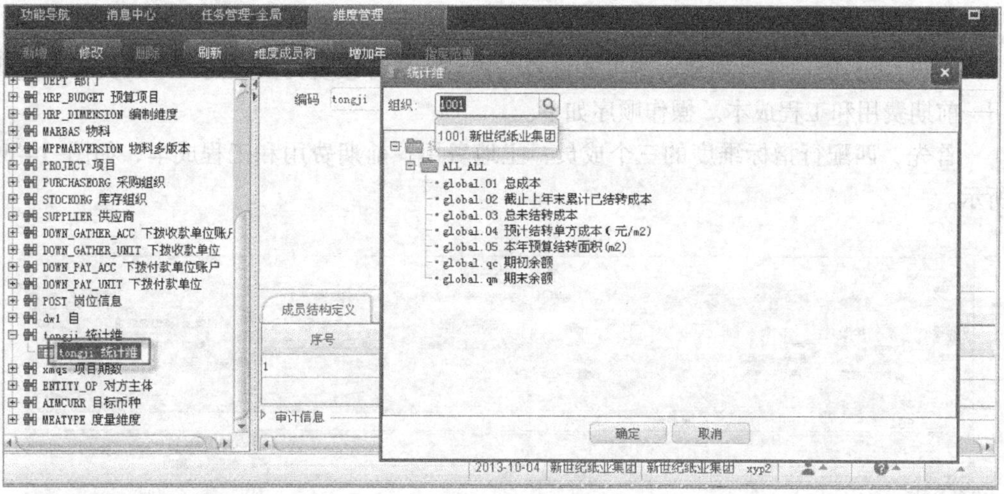

图 14-67　维度建立

图 14-68　应用模型维度成员

行维度：指标、项目期数。

列维度：统计维。

参数维：主体、年、版本、原币、业务方案。

设计向导时我们要注意以下几点。

其一，使用“设计向导”生成样表后，还能修改行/列维度。单击“表单设计管理”按钮，在弹出界面选中“表头区域设置”页签，可在此增删行/列维度。

其二，生成样表区域时支持两种方式：一是，新建样表，即从 0 开始设计样表，系统生成样表区域作为设计参考；二是，已有客户样表，指表单设计根据用户已有预算样表格式来设计，不自动生成行/列编码区。在本示例中，均使用“新建样表”的方式。

第二步：匹配行/列维度成员。

① 行表头的“项目期数”维度需设置为浮动，指标维度为固定的三个成员：土地费用、前期费用和工程成本。操作顺序如下。

首先，匹配行指标维度的三个成员：土地费用、前期费用和工程成本，如图 14-69 所示。

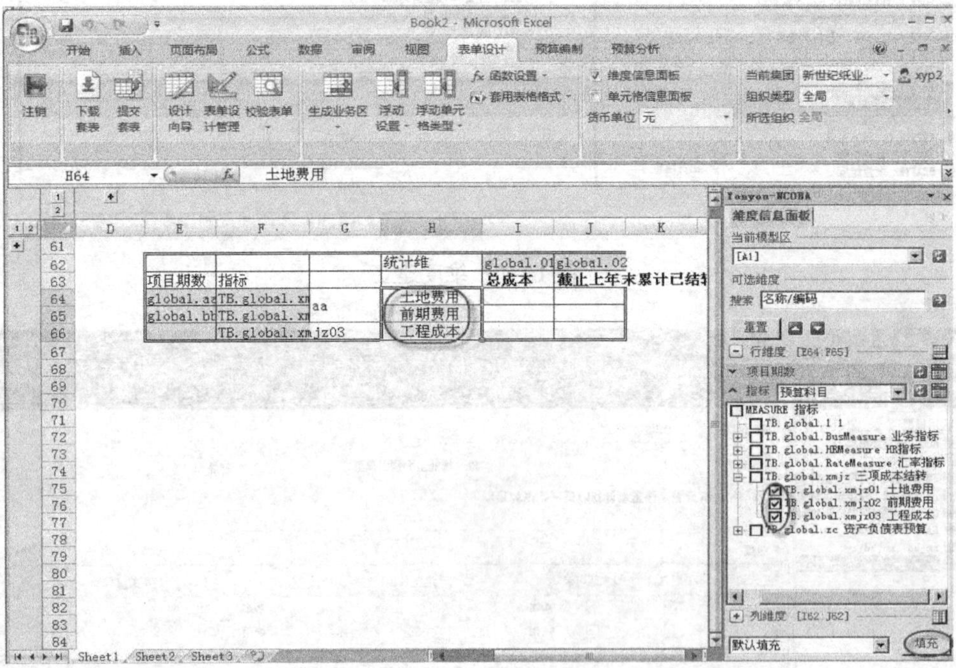

图 14-69　指标维度匹配

其次，选中“项目期数”维度文本所在单元格，对其进行“合并单元格”设置，之后单击“浮动设置”—“行浮动区”（或右击鼠标，单击“生成业务区”—“行浮动区”）设置行浮动，如图 14-70 所示。

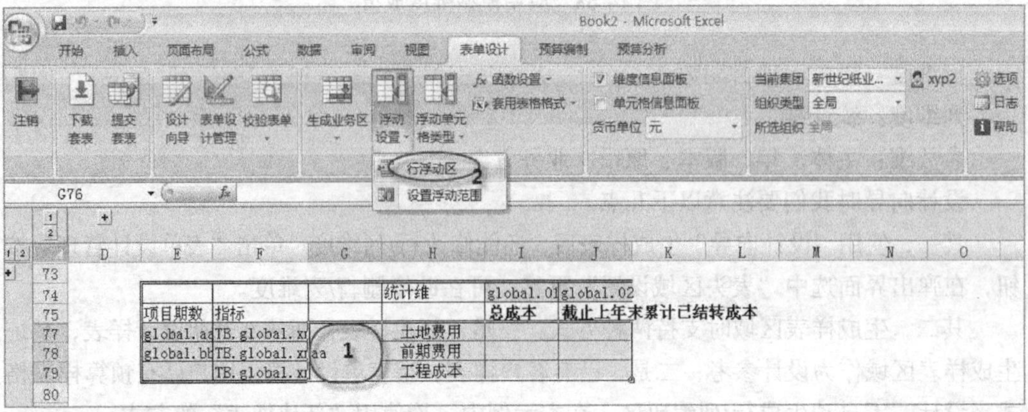

图 14-70　行浮动设置

最后，对项目期数所在的文本单元设置“浮动单元格类型”—“可变维”，维度指定为“项目期数”，如图 14-71 所示。

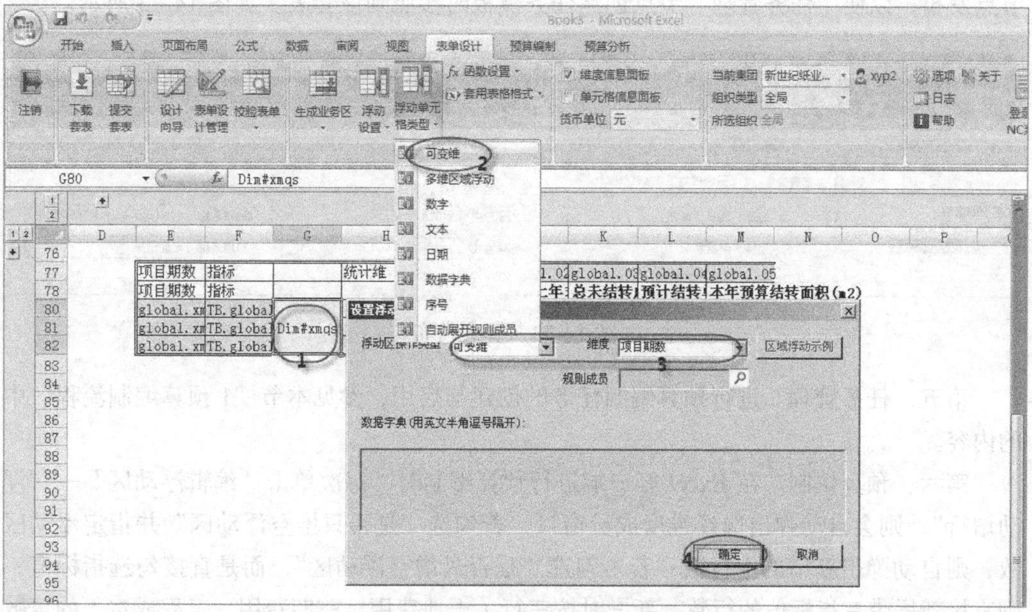

图 14-71　可变维设置

同样地，对“土地费用”所在的文本单元设置“浮动单元格类型”—“多维区域浮动”，维度指定为“指标”。

② 列表头直接匹配“统计维”维度。匹配样表时，可使用两种方式匹配指标维度：一是通过维度信息面板的填充功能匹配指标；二是通过维度信息面板上的图标快速匹配行/列维度，功能同：右键—“快速匹配行/列维度”。

“备注”列需通过 Excel Ribbon 区的生成业务区—备注说明区，或是单击鼠标右键—生成业务区—备注说明区来实现行备注区的设置。

③ 表头需设置任务属性函数。

表头的“编制单位”需设置属性函数，取任务的主体名称。

表头的“预算年度”需设置属性函数，取任务的年。

最终设计完成后将得到样表如图 14-72 所示。

三项成本结转表

项目期数	指标		统计维	global.01	global.02	global.03	global.04	global.05
项目期数	指标			总成本	截止上年	总未结转	预计结转	本年预算结转面积(m²)
global.xm	TB.global	Dim#xmqs	土地费用					
global.xm	TB.global		前期费用					
global.xm	TB.global		工程成本					
		合计						

图 14-72　表头设置结果

第三步：提交套表并发布。

“提交套表”：表单设计完成后，单击此按钮提交套表到 NC 客户端的套表管理节点。

注意：需要先在套表管理节点新建分类文件夹。

套表提交后需要在“动态建模平台”—“计划平台”—“模型设置”—“套表管理”节点发布，以便“任务管理”节点创建任务模板时参照到该套表。如图 14-73 所示。

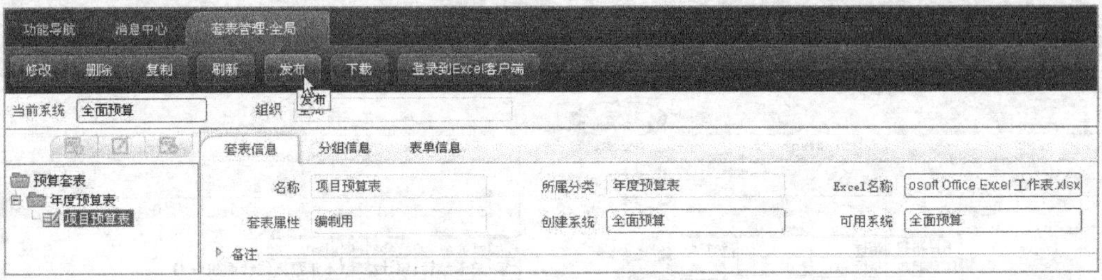

图 14-73　套表发布

第五，任务管理。进行预算编制任务的创建与启用，参见本节“1.预算编制流程”中的内容。

第六，预算填制。在 Excel 客户端进行预算编制时，每次单击“编辑浮动区”—“浮动增行”，则会自动弹出选择维度成员窗口，若勾选“是否只增空浮动区”并指定浮动区数，则自动弹出新增的空行数；若不勾选“是否只增空浮动区”，而是直接勾选指标值，则直接新增带有指标值的行数，新增时按三行（土地费用、前期费用、工程成本）的倍数增加，如图 14-74、图 14-75 所示。

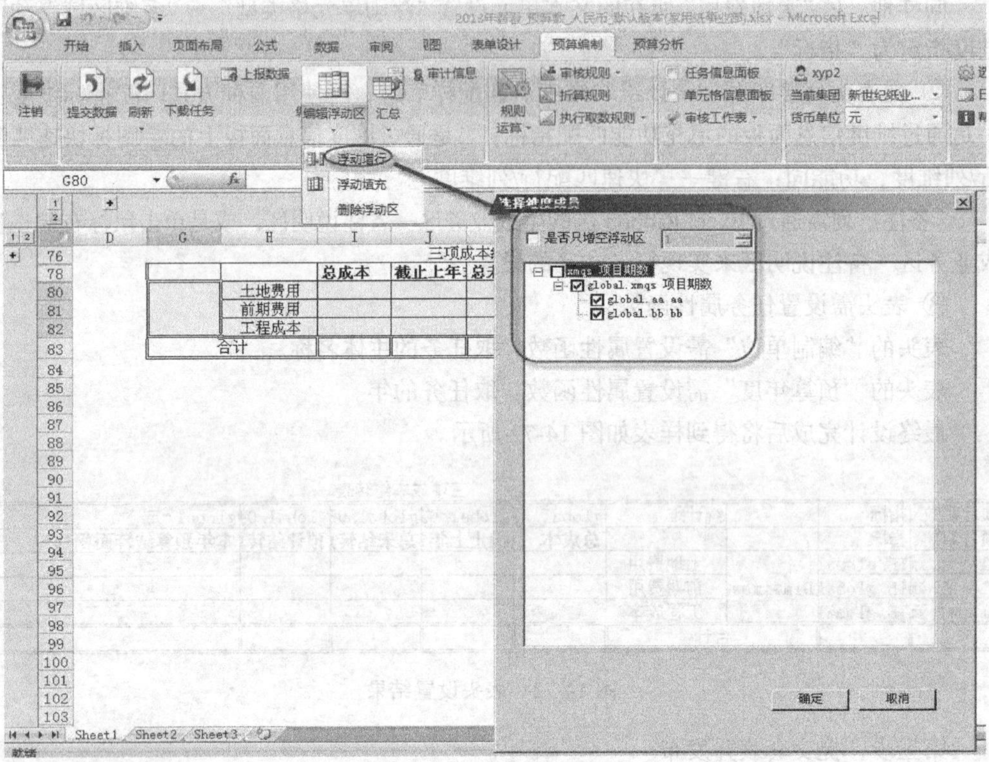

图 14-74　浮动增行设置

三项成本结转表

		总成本	截止上年	总未结转	预计结转	本年预算结转面积(m2)
	土地费用					
	前期费用					
	工程成本					
项目期数	土地费用					
	前期费用					
	工程成本					
aa	土地费用					
	前期费用					
	工程成本					
bb	土地费用					
	前期费用					
	工程成本					
合计						

图 14-75　浮动增行结果

在 NC 客户端的“预算编制”节点中进行预算编制时，在编制时选中可变区后单击，同样会自动弹出选择维度成员窗口，如图 14-76 所示。

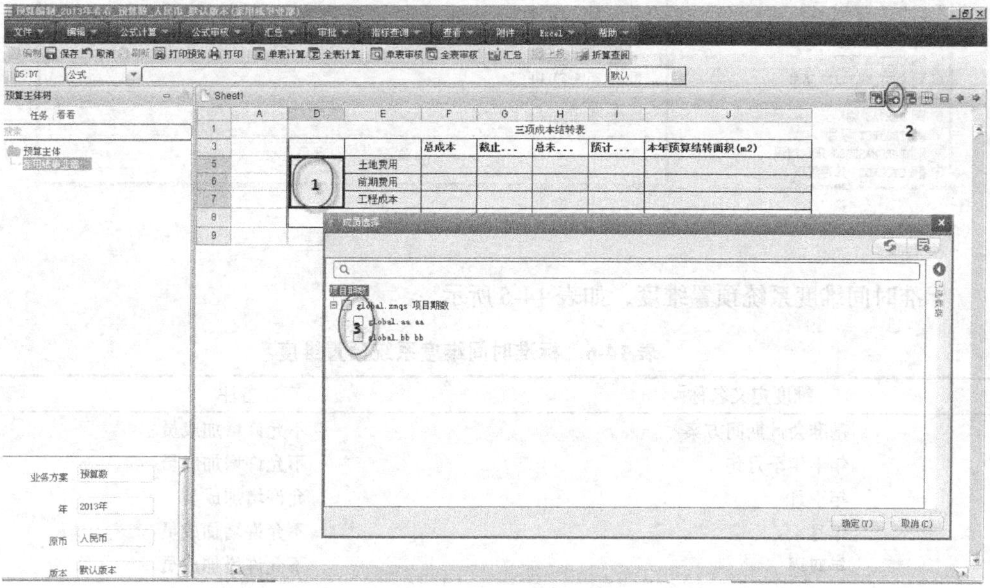

图 14-76　维度成员选择

3. 固定频度和自定义期间预算表

1）业务描述

企业集团要求编制一套年度预算：

（1）自然年度编制预算，即年度的起始时间为 1 月 1 日，结束日期为 12 月 31 日。

（2）非自然年度编制预算，如年度的起始时间为 4 月 1 日，结束日期为下年度的 3 月 31 日。

（3）为了控制日常的业务要求各预算组织编制细化的月度（或季度、半年等）预算。

（4）支持编制三年或五年等其他长期计划。

2）会计信息系统解决方案

（1）设置计划期间。预算系统提供的时间维度分为两大类：标准计划期间和自定义计划期间。

（2）标准计划期间如图 14-77 所示。

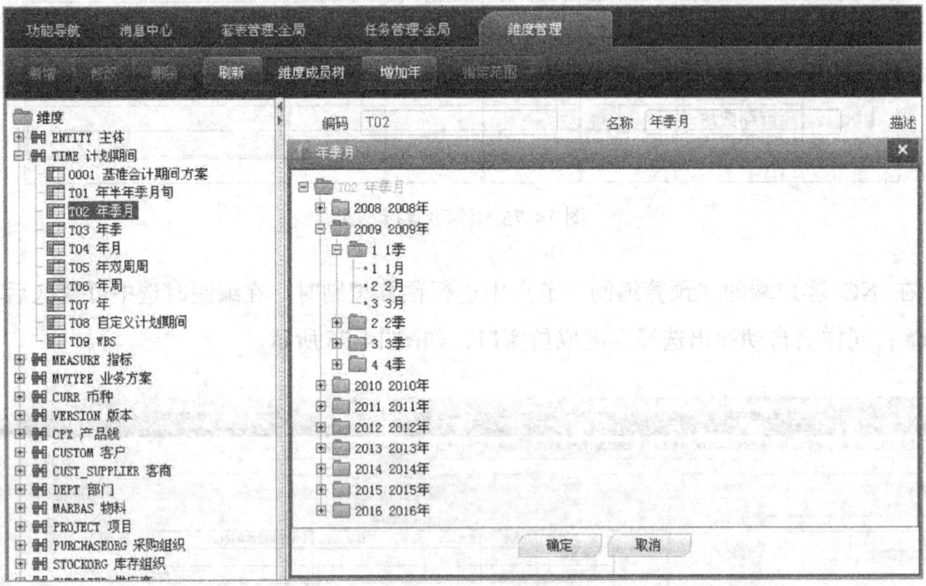

图 14-77　标准计划期间

标准时间维度系统预置维度，如表 14-6 所示。

表 14-6　标准时间维度系统预置维度

维度定义名称	备注
基准会计期间方案	不允许增加成员
年半年季月旬	不允许增加成员
年季月	允许增加成员
年月	不允许增加成员
年双周	不允许增加成员
年周	不允许增加成员
年	不允许增加成员
自定义计划期间	不允许增加成员
WBS	不允许增加成员

支持周维度应用，目前只支持自然周；每年的第一天就是第一周的第一天，第一周不一定是 7 天；

对于年维度，系统允许增加、修改、删除维度成员，并且在增加一个新的年维度成员时，系统自动为其增加下级季度、月份成员。

（3）自定义计划期间。自定义计划期间支持增加起始结束时间没有规律的时间维，如图 14-78 所示。

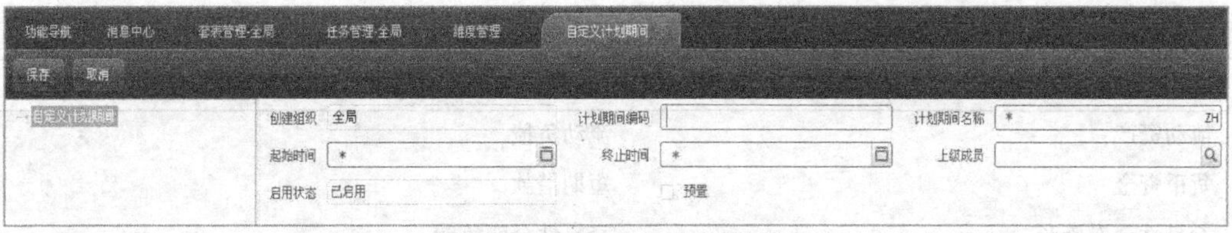

图 14-78　自定义计划期间

增加自定义计划期间成员，如“项目阶段一”，其可以任意指定起始和结束日期，如起始日期 2008-3-1，结束日期为 2010-4-30。

（4）建立应用模型。在建立应用模型时，可以根据不同的预算编制频度和期间，选择自定义计划期间作为计划期间的汇总结构。

（5）表单设计和套表管理。在 Excel 端“表单设计”节点完成表单格式设计的工作。设计完成后提交到“套表管理”节点，并进行“发布”。

（6）任务管理。在“企业绩效管理”—“全面预算”—“预算任务”—“任务管理”节点完成创建预算任务并启动相关任务实例。

4. 资产负债表（双表头）

1）业务描述

资产负债表需要有两个行表头，在预算样表的设计上相对复杂（表 14-7）。

2）会计信息系统解决方案

（1）设计向导：确定应用模型、参数维和行/列维度。资产负债表有两个行表头：资产类、负债和股东权益类，因为行/列表头编码区域必须连续，所以需要使用两次设计向导。

设计向导一：登录 Excel 客户端，在“表单设计”页签下，通过“设计向导”选择应用模型，确定参数维、行/列维度等。

行维度：指标。

列维度：统计维（注：统计维应先在自定义档案中设置，本例中统计维的档案应包括期末余额和年初余额，并将“统计维”这个自定义档案加入到维度中）。

参数维：主体、年、版本、原币、业务方案。

注意：

使用“设计向导”生成样表后，还能修改行/列维度。单击“表单设计管理”按钮，在弹出界面中“选中表头区域设置”页签，可在此增删行/列维度。

生成样表区域时支持两种方式：一是，新建样表，即从 0 开始设计样表，系统生成样表区域作为设计参考；二是，已有客户样表，指表单设计根据用户已有预算样表格式来设计，不自动生成行/列编码区。在本示例中，均使用“已有客户样表”的方式。

（2）匹配行/列维度成员。行表头直接匹配“指标”维度。匹配样表时，可使用两种方式匹配指标维度：一是，通过维度信息面板的填充功能匹配指标；二是，通过维度信息面板上的图标快速匹配行/列维度，功能同：右键—快速匹配行/列维度。

行表头匹配完成后，将得到的结果如图 14-79 所示。

列表头直接匹配“统计维”维度，列表头匹配完成后，将得到的结果如图 14-80 所示。

待完成设计向导一的匹配后，进行设计向导二，设计向导二的行/列维度和参数维等均与设计向导一相同，匹配方法也与设计向导一相同。

表 14-7　资产负债表

资产	期末余额	年初余额	负债和所有者权益	期末余额	年初余额
流动资产：			流动负债		
货币资金			短期借款		
交易性金融资产			交易性金融负债		
应收票据			应付票据		
应收账款			应付账款		
预付账款			预收款项		
应收利息			应付职工薪酬		
应收股利			应交税费		
其他应收款			应付利息		
存货			应付股利		
一年内到期的非流动资产			其他应付款		
其他流动资产			一年内到期的非流动负债		
流动资产合计			其他流动负债		
非流动资产：			流动负债合计		
可供出售金融资产			非流动负债:		
持有至到期投资			长期借款		
长期应收款			应付债券		
长期股权投资			长期应付款		
投资性房地产			专项应付款		
固定资产			预计负债		
在建工程			递延所得税负债		
工程物资			其他非流动负债		
固定资产清理			非流动负债合计		
生产性生物资产			负债合计		
油气资产			股东权益：		
无形资产			实收资本（或股本）		
开发支出			资本公积		
商誉			减：库存股		
长期待摊费用			盈余公积		
递延所得税资产			未分配利润		
其他非流动资产			股东权益合计		
非流动资产合计					
资产总计			负债和股东权益总计		

资产负债表设计完成后得到的结果如图 14-81 所示。

（3）提交套表并发布。

	资产	期末余额	年初余额
BA.0001.00001.66	流动资产：		
BA.0001.00001.66	货币资金		
BA.0001.00001.66	交易性金融资产		
BA.0001.00001.66	应收票据		
BA.0001.00001.66	应收账款		
BA.0001.00001.66	预付款项		
BA.0001.00001.66	应收利息		
BA.0001.00001.66	应收股利		
BA.0001.00001.66	其他应收款		
BA.0001.00001.66	存货		
BA.0001.00001.6602	一年内到期的非流动资产		
BA.0001.00001.6602	其他流动资产		
BA.0001.00001.6602	流动资产合计		
BA.0001.00001.6602	非流动资产：		
BA.0001.00001.6602	可供出售金融资产		
BA.0001.00001.6602	持有至到期投资		
BA.0001.00001.6602	长期应收款		
BA.0001.00001.6602	长期股权投资		
BA.0001.00001.6602	投资性房地产		
BA.0001.00001.6602	固定资产		
BA.0001.00001.6602	在建工程		
BA.0001.00001.6602	工程物资		
BA.0001.00001.6602	固定资产清理		
BA.0001.00001.6602	生产性生物资产		
BA.0001.00001.6602	油气资产		
BA.0001.00001.6602	无形资产		
BA.0001.00001.6602	开发支出		
BA.0001.00001.6602	商誉		
BA.0001.00001.6602	长期待摊费用		
BA.0001.00001.6602	递延所得税资产		
BA.0001.00001.6602	其他非流动资产		
BA.0001.00001.6602	非流动资产合计		
BA.0001.00001.6602	**资产总计**		

图 14-79　行表头匹配结果

qmye	ncye
期末余额	年初余额

图 14-80　列表头匹配结果

资产负债表

		qmye	ncye			qmye	ncye
	资产	期末余额	年初余额		负债和股东权益	期末余额	年初余额
BA.0001.00001.	流动资产：			BA.0001.00001.	流动负债：		
BA.0001.00001.	货币资金			BA.0001.00001.	短期借款		
BA.0001.00001.	交易性金融资产			BA.0001.00001.	交易性金融负债		
BA.0001.00001.	应收票据			BA.0001.00001.	应付票据		
BA.0001.00001.	应收账款			BA.0001.00001.	应付账款		
BA.0001.00001.	预付款项			BA.0001.00001.	预收款项		
BA.0001.00001.	应收利息			BA.0001.00001.	应付职工薪酬		
BA.0001.00001.	应收股利			BA.0001.00001.	应交税费		
BA.0001.00001.	其他应收款			BA.0001.00001.	应付利息		
BA.0001.00001.	存货			BA.0001.00001.	应付股利		
BA.0001.00001.	一年内到期的非流动资产			BA.0001.00001.	其他应付款		
BA.0001.00001.	其他流动资产			BA.0001.00001.	一年内到期的非流动负债		
BA.0001.00001.	流动资产合计			BA.0001.00001.	其他流动负债		
BA.0001.00001.	非流动资产：			BA.0001.00001.	流动负债合计		
BA.0001.00001.	可供出售金融资产			BA.0001.00001.	非流动负债：		
BA.0001.00001.	持有至到期投资			BA.0001.00001.	长期借款		
BA.0001.00001.	长期应收款			BA.0001.00001.	应付债券		
BA.0001.00001.	长期股权投资			BA.0001.00001.	长期应付款		
BA.0001.00001.	投资性房地产			BA.0001.00001.	专项应付款		
BA.0001.00001.	固定资产			BA.0001.00001.	预计负债		
BA.0001.00001.	在建工程			BA.0001.00001.	递延所得税负债		
BA.0001.00001.	工程物资			BA.0001.00001.	其他非流动负债		
BA.0001.00001.	固定资产清理			BA.0001.00001.	非流动负债合计		
BA.0001.00001.	生产性生物资产			BA.0001.00001.	负债合计		
BA.0001.00001.	油气资产			BA.0001.00001.	股东权益：		
BA.0001.00001.	无形资产			BA.0001.00001.	实收资本（或股本）		
BA.0001.00001.	开发支出			BA.0001.00001.	资本公积		
BA.0001.00001.	商誉			BA.0001.00001.	减：库存股		
BA.0001.00001.	长期待摊费用			BA.0001.00001.	盈余公积		
BA.0001.00001.	递延所得税资产			BA.0001.00001.	未分配利润		
BA.0001.00001.	其他非流动资产			BA.0001.00001.	股东权益合计		
BA.0001.00001.	非流动资产合计			BA.0001.00001.			
BA.0001.00001.	**资产总计**			BA.0001.00001.	**负债和股东权益总计**		

图 14-81　资产负债表设计结果

5. 滚动预算的编制

会计信息系统可以支持两种滚动预算的编制方式。

1）预算期间不断延伸的滚动预算

（1）业务描述。随着时间的推移和预算的执行，其预算时间不断延伸，预算内容不断补充，整个预算处于永续滚动状态。

（2）业务举例。现举一例说明，预算按照季度滚动编制，在最近的预算编制期间需要细化到月度，如图 14-82 所示。

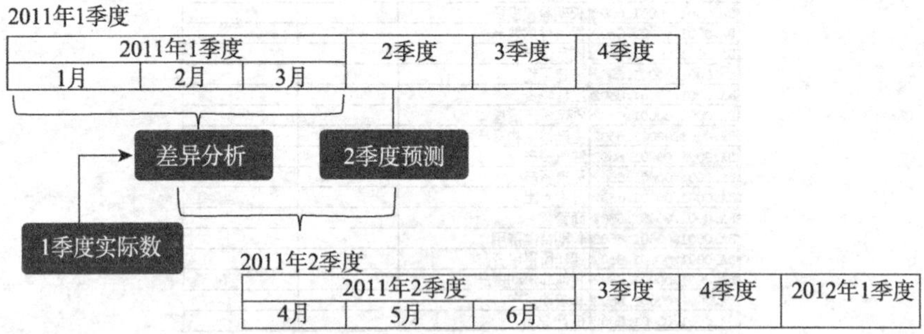

图 14-82　不断延伸的滚动预算

（3）会计信息系统解决方案。

① 建立维度。在本例中，需要使用“年季月”结构的计划期间，“年维度”的成员需要手工增加，此例中在 2012 年二季度编制预算时，计划期间就会延续到 2013 年，所以需要在“动态建模平台”—“计划平台”—“模型设置”—“维度管理”节点将“年维度”成员添加到 2013 年，如图 14-83 所示。

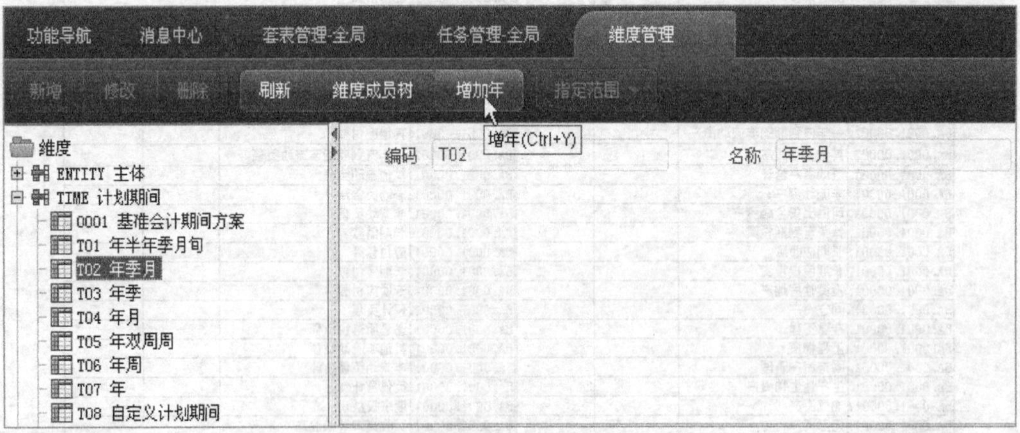

图 14-83　维度建立

② 创建应用模型。在“动态建模平台”—“计划平台”—“模型设置”—“应用模型”节点创建应用模型，计划期间的汇总结构选择“年季月”，如图 14-84 所示。

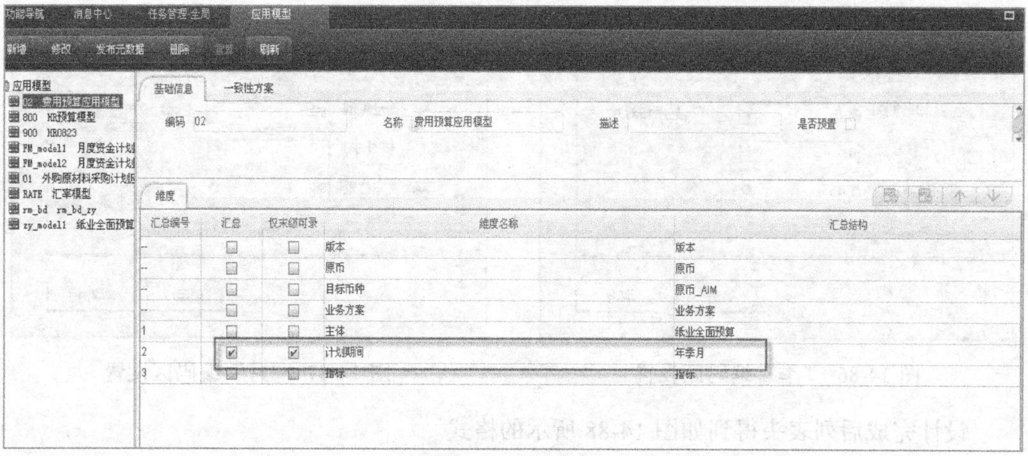

图 14-84 应用模型创建

③ 表单设计和套表管理

第一步：在 Excel 端“表单设计”页签，通过“设计向导”选择应用模型，确定参数维、行/列维度等。

参数维：本例为按季度滚动，参数维需同时选择“年”和“季”，如图 14-85 所示。

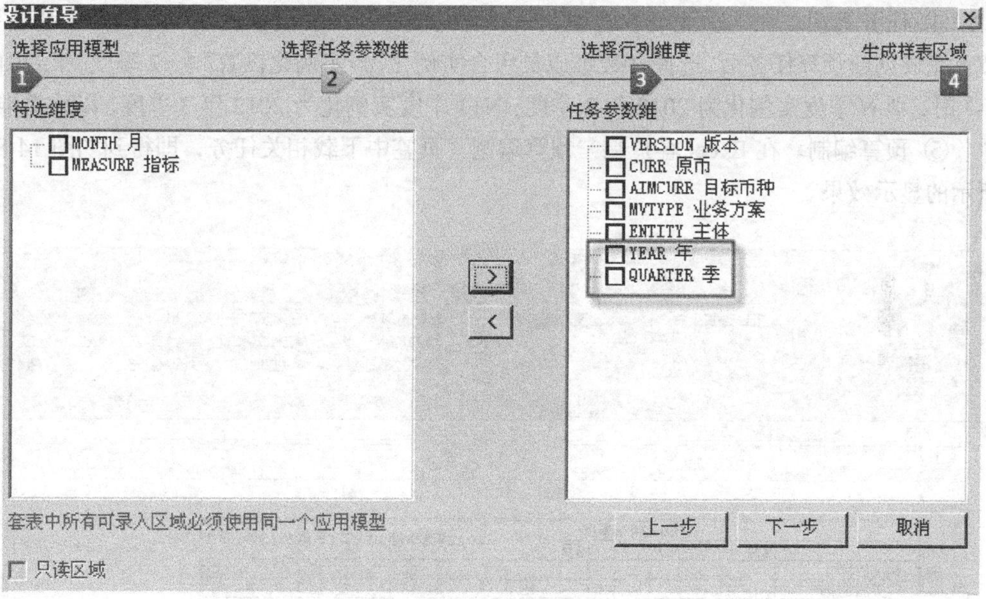

图 14-85 任务参数维设计

行/列维度：列维度需选择“季”和“月”。

第二步：匹配行/列维度。

列维度需要插入滚动期间函数。

“季”编码区设置如图 14-86 所示，“月”编码区设置如图 14-87 所示。

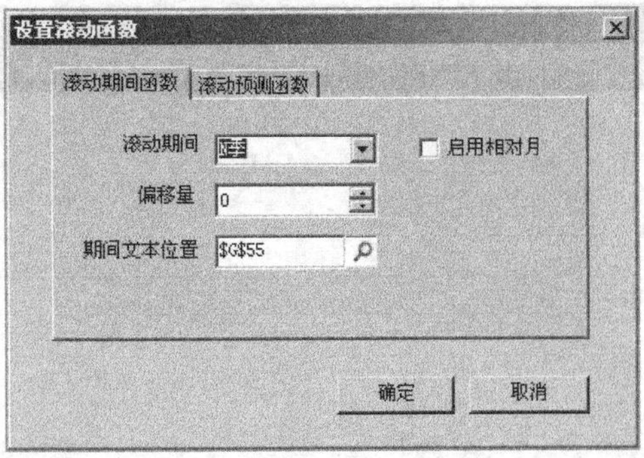

图 14-86 “季”编码区设置

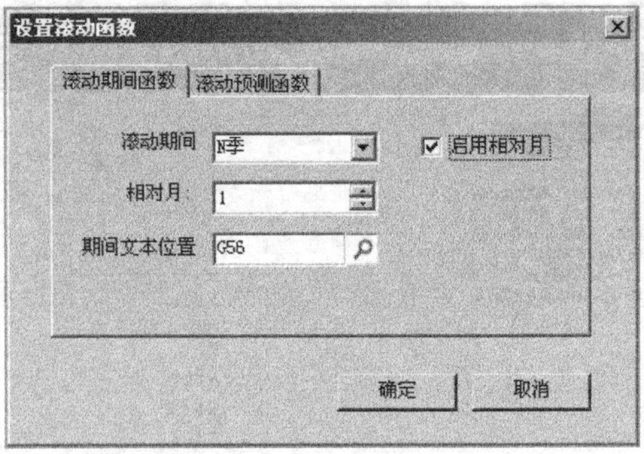

图 14-87 “月”编码区设置

设计完成后列表头得到如图 14-88 所示的格式。

	季	#Roll#=N	#Roll#=N	#Roll#=N	#Roll#=N+1	#Roll#=N+2	#Roll#=N+3
	月	#Roll#=N	#Roll#=N	#Roll#=N			
		#Roll#=N:QUARTER			#Roll#=N+1:QUARTER	1#=N+2:QUA	#Roll#=N+3:QUARTER
指标		#Roll#=N:QUARTER&+1	#Roll#=N:QUARTER&+2	#Roll#=N:QUARTER&+3			
BI.globa	购买原材料						
BI.globa	购买固定资产						
BI.globa	购买工程物资						

图 14-88 表头设计结果

第三步：提交套表并发布（与前节内容相同，略）。

④ 任务管理。在“企业绩效管理”—“全面预算”—“预算任务”—“任务管理”节点完成创建预算任务后，选择参数维成员组合实例化，当实例化设置“季=2 季度，年=2012 年”时，则 N 季度实例化为 2012 年 2 季度，N+1 季度实例化为 2012 年 3 季度，以此类推。

⑤ 预算编制。在 Excel 客户端“预算编制”页签中下载相关任务，即得到如图 14-89 所示的显示效果。

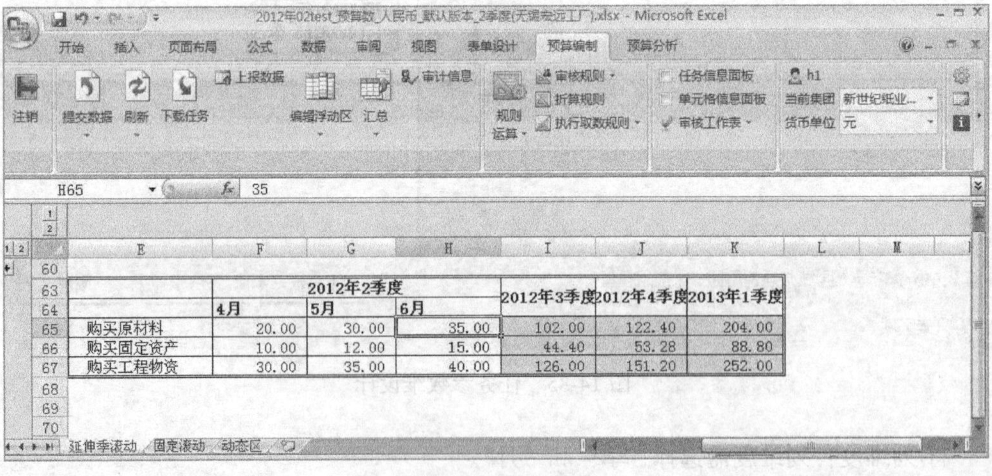

图 14-89 任务下载效果

或在“企业绩效管理”—“全面预算”—“预算编制”—“预算编制”/“预算桌面”节点中找到相关任务编制时，即可调出如图 14-90 所示结果。

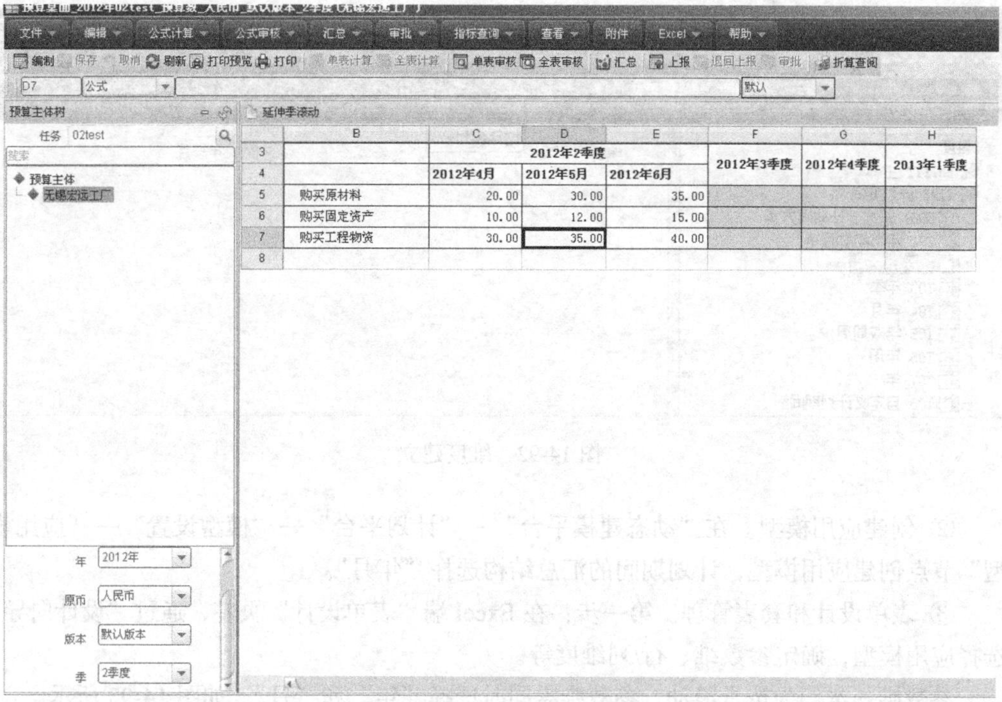

图 14-90　任务编制界面

2）预算期间固定的滚动预算

（1）业务描述。每个期间编制预算包括的期间是固定的，但是在预算编制前要求将本期间之前期间的预算数替换为执行数，并将预算数与执行数之间的差额按照某种规则分摊到本期及以后各期间。

（2）业务举例。年度预算编制到月，每个月将之前期间数据替换为执行数，再滚动预测以后期间的预算。如图 14-91 所示。

2011年1月

	1月	2月	3月	4月	5月	6月	7月	8月	9月	10月	11月	12月
	预算数	预算数1	预算数1	预算数1	预算数1	预算数1	预算数1	预算数1	预算数1	预算数1	预算数1	预算数1
生产成本												
制造费用												

2011年2月

	1月	2月	3月	4月	5月	6月	7月	8月	9月	10月	11月	12月
	实际数	预算数2	预算数2	预算数2	预算数2	预算数2	预算数2	预算数2	预算数2	预算数2	预算数2	预算数2
生产成本												
制造费用												

图 14-91　固定的滚动预算

（3）会计信息系统解决方案。

① 建立维度。在本例中，需要使用“年月”结构的计划期间，“年维度”的成员需要手工增加，在“动态建模平台”—“计划平台”—“模型设置”—“维度管理”节点将“年维度”成员添加到 2013 年。如图 14-92 所示。

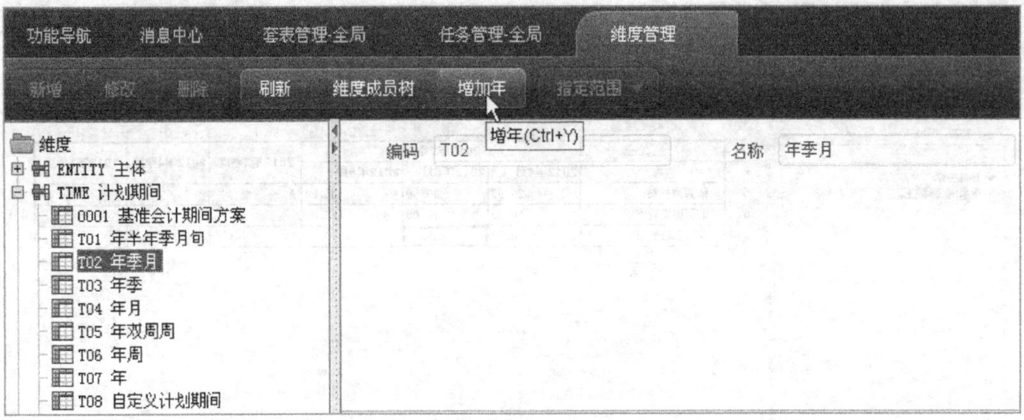

图 14-92　维度建立

② 创建应用模型。在"动态建模平台"—"计划平台"—"模型设置"—"应用模型"节点创建应用模型，计划期间的汇总结构选择"年月"。

③ 表单设计和套表管理。第一步：在 Excel 端"表单设计"页签，通过"设计向导"选择应用模型，确定参数维、行/列维度等。

参数维：本例为按月滚动，参数维需同时选择"年"和"月"，如图 14-93 所示。

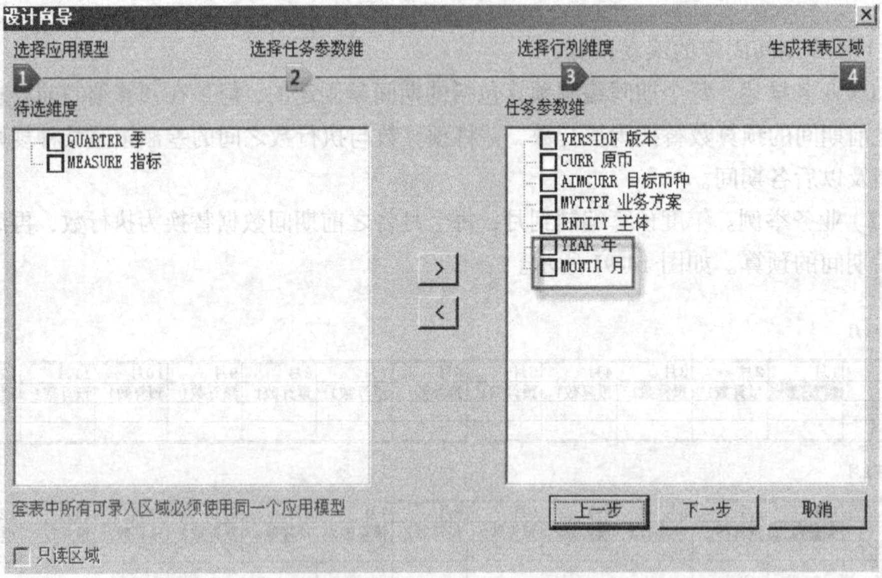

图 14-93　任务参数维设置

行/列维度：列维度需选择"月"和"业务方案"，如图 14-94 所示。

第二步：匹配行/列维度。

列维度需要插入滚动预测函数。

选中"业务方案"维度编码区，插入滚动预测函数，如图 14-95 所示。

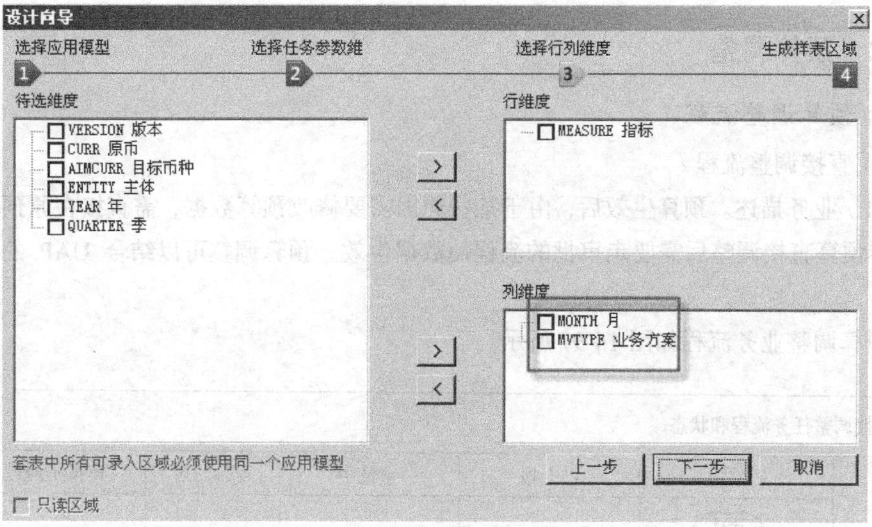

图 14-94　列维度设置

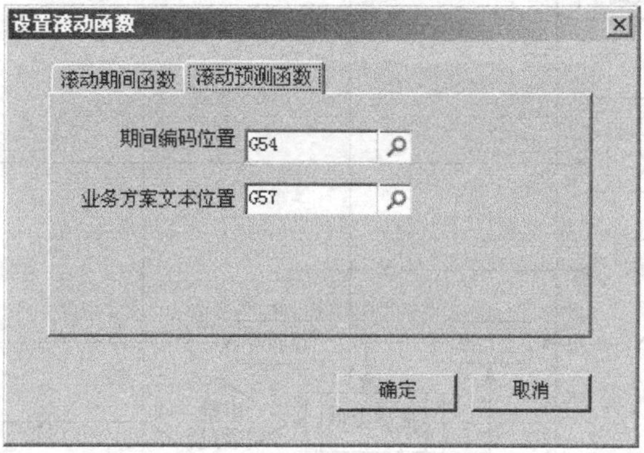

图 14-95　列维度滚动预测函数

设计完成后列表头得到如图 14-96 所示格式。

1	2	3	4	5	6	7
#RollForecast#	#RollForecast#	#RollForecast#	#RollForecast#	#RollForecast#	#RollForecast#	#RollForecast#
1月	2月	3月	4月	5月	6月	7月
#RollForecast#	#RollForecast#	#RollForecast#	#RollForecast#	#RollForecast#	#RollForecast#	#RollForecast#

图 14-96　表头设计结果

第三步：提交套表并发布（与前节内容相同，略）。

④ 任务管理。在“企业绩效管理”—“全面预算”—“预算任务”—“任务管理-全局/集团/组织”节点完成创建预算任务，选择参数维成员组合实例化，此例中设置“月=10月，年=2012 年”时，则 1—9 月对应的业务方案实例化为“实际数”，11—12 月对应的业务方案实例化为“预算数”。

⑤ 预算编制。在 Excel 客户端“预算编制”页签，下载相关任务。

14.3.2 预算调整

1. 预算调整流程

1）直接调整流程

（1）业务描述。预算生效后，由于某些原因需要修改预算数据，需直接在原预算表上修改。预算直接调整后需要走审批的流程使数据生效。预算调整可以结合 UAP 的审批流应用。

预算调整业务流程如图 14-97 所示。

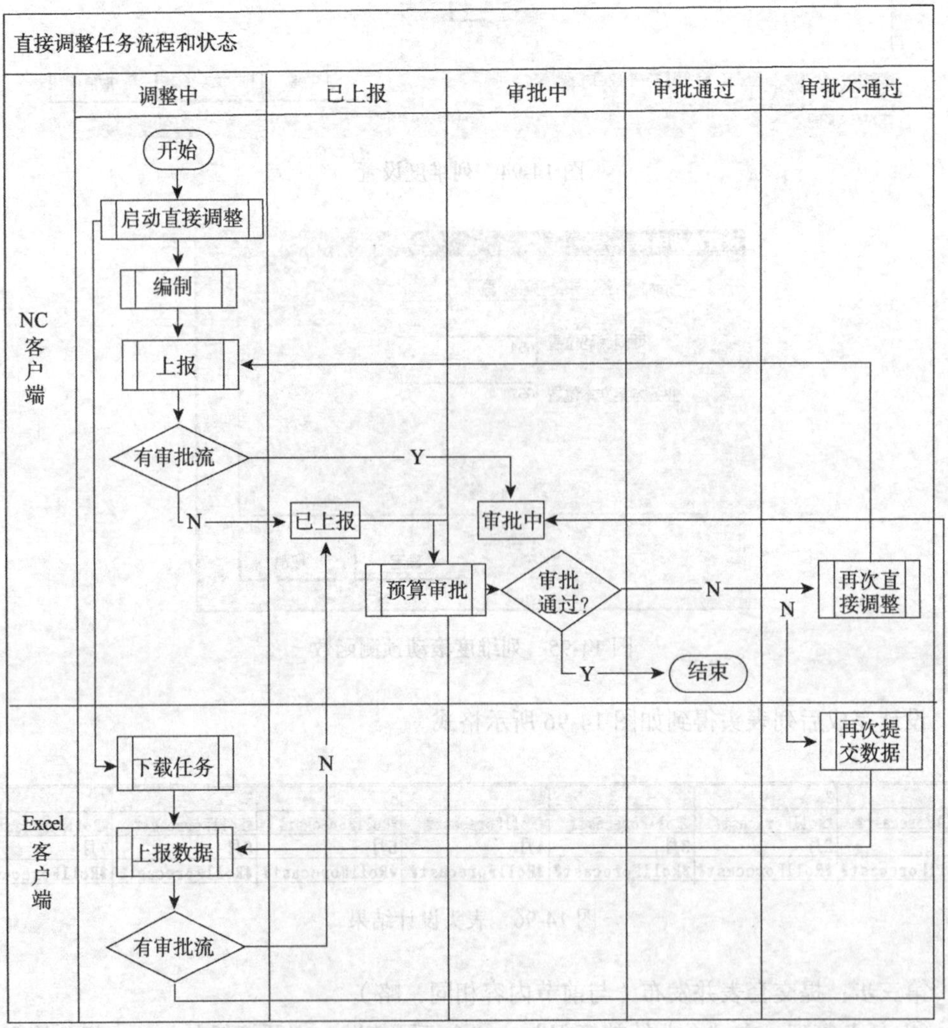

图 14-97 预算调整业务流程

（2）会计信息系统解决方案。第一，在“企业绩效管理”—“全面预算”—“预算任务”—“任务管理”节点进启动直接调整，启动后任务状态变为“调整中”，如图 14-98 所示。

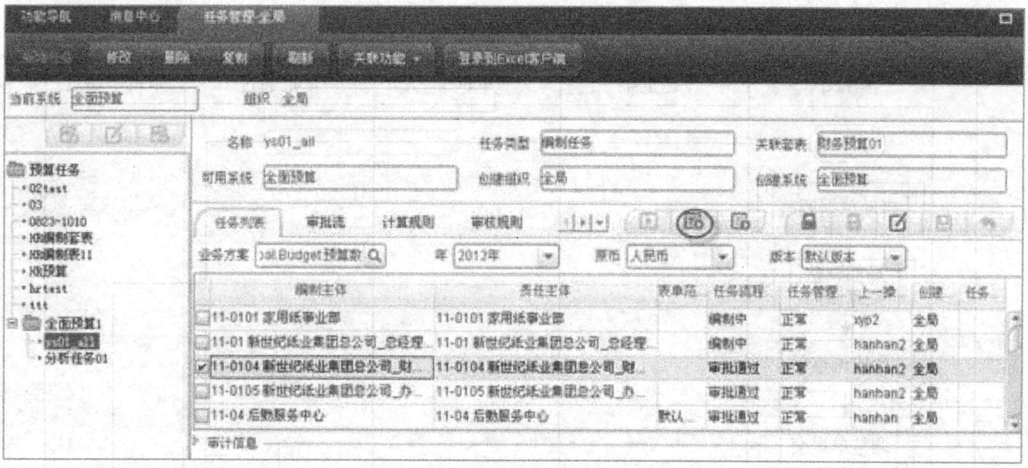

图 14-98 启动后业务状态

第二，可以在 Excel 端的“预算编制”页签下载调整任务，通过 Excel 录入数据后重新提交；也可以通过“企业绩效管理”—“全面预算”—“预算调整”—“直接调整”节点选择待调整预算任务执行调整编制后提交。两种操作的方式均与预算编制相同。

第三，Excel 端通过“提交审批”功能，“直接调整”通过“上报”将调整完的数据提交到审批人员处进行预算审批。

第四，审批通过后调整完成，预算任务更新为“审批通过”状态，相关的变化情况可通过“企业绩效管理”—“全面预算”—“预算编制”—“版本查询”节点查询各版本的调整变化情况。

2）调整单调整流程

（1）业务描述。调整单调整是指为满足对同一主体的多个计划（可以是不同应用模型生成的计划）同时调整，或对不同主体的多个计划（可以是不同应用模型生成的计划）进行调整。

（2）业务流程。调整单调整业务流程如图 14-99 所示。

（3）会计信息系统解决方案。

第一，在“企业绩效管理”—“全面预算”—“预算任务”—“任务管理”节点进启动单据调整，启动后任务状态变为“调整中”。

第二，在“企业绩效管理”—“全面预算”—“预算调整”—“局部调整”节点，单击“调整–局部调整/批量调整/多主体批量调整”。

第三，在“企业绩效管理”—“全面预算”—“预算调整”—“局部调整”节点中，可以单击“调整单查询”打开“调整单管理”节点。

第四，在“企业绩效管理”—“全面预算”—“预算调整”—“调整单管理”节点直接查看调整单，对指定的调整单单击“提交”“审批”使调整单生效，预算单据即告完成，审批通过后可在“局部调整”节点中联查“审批意见”。

第五，调整单生效后，可在“企业绩效管理”—“全面预算”—“预算编制”—“版本查询”节点查询单据调整情况。

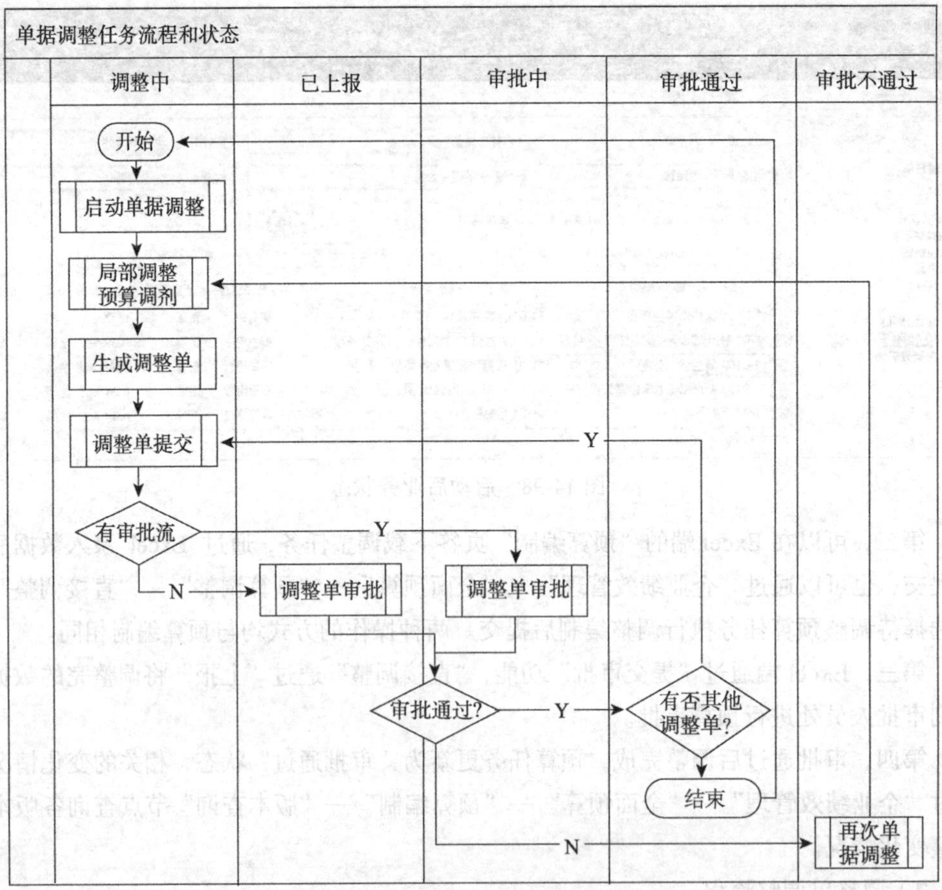

图 14-99 调整单调整业务流程

第六，如果调整单要走审批流，可以在流程管理节点定义局部调整的审批流，并在预算任务中按调整阶段选用已设好的审批流。

2. 预算调整业务

业务描述

预算调整主要是为了满足由于各种原因对已经正式生效的预算数据进行的调整，以及对调整数据的审批、查询分析。

各种预算调整的应用场景描述如下。

（1）年中定期预算调整。由于预算编制时依据的假设发生变化，在年中要求根据最新掌握的情况对年初编制的预算进行调整。

第一，预算调整的发起人通常情况下和预算编制人相同。

第二，预算调整的审批流程和预算编制的审批流程相同。

第三，调整涉及的内容和编制的内容也基本相同。

（2）局部预算调整。由于经营情况发生特殊变化，个别预算组织需要对部分预算项目进行调整，这种调整在预算执行期间可能会随时发生；这种调整的审批通常有别于预算编制的流程。

（3）总部集中预算调整。由于集团整体经营环境发生重大变化，集团总部为了实现其年初确定的预算目标，会集中对相关预算组织的预算进行调整。如各公司的收入统一调增 5%、费用调减 3%等。

（4）预算组织内部不同预算指标的调剂。将不同预算指标进行相互调剂，保证预算总额不变。如将管理费用中的交通费调增 20 万元，而将招待费调减 20 万元，保持总的费用额度不变。

2）会计信息系统解决方案

（1）年中定期预算调整。在这种应用场景下，调整的数据范围大，需要对预算整表进行直接调整，一般通过 Excel 客户端的“预算编制”页签实现，调整后根据一致性规则自动重算。

Excel 客户端的“预算编制”页签支持计划数据的直接调整和直接调剂，调整的对象为整个计划，不走调整单审批。

（2）局部预算调整。在这种应用场景下，一般通过会计信息系统的“企业绩效管理”—“全面预算”—“预算调整”—“局部调整”节点实现。

“企业绩效管理”—“全面预算”—“预算调整”—“局部调整”节点主要用于对计划数据进行局部的调整，调整过程系统自动生成计划调整单。

（3）总部集中预算调整。在这种应用场景下，一般通过会计信息系统的“企业绩效管理”—“全面预算” —“预算调整” —“局部调整”节点实现。

“企业绩效管理”—“全面预算”—“预算调整”—“局部调整”节点主要用于对计划数据进行局部的调整，调整过程系统自动生成计划调整单。

如果各公司的收入统一调增 5%、费用调减 3%，可以使用“多主体批量调整”功能，即针对同一个计划，根据批量调整规则同时调整多个预算组织的数据。

（4）预算组织内部不同预算指标的调剂。在这种应用场景下，一般通过会计信息系统的“企业绩效管理”—“全面预算”—“预算调整”—“预算调剂”节点实现。

“企业绩效管理”—“全面预算”—“预算调整”—“预算调剂”指相同预算指标在不同主体之间的互相调剂，调剂不影响总的预算数，一张调剂单上的调整数总计等于零；调剂过程系统自动生成计划调整单。

14.3.3 预算分析

预算分析支持基于任务的预算分析方式，也可实现即席分析即自定义查询分析，此外，还支持通过语义模型提供者定义自由报表，将自由报表发布为预算分析表。

1. 基于任务的预算分析

1）业务描述

（1）基于预算任务的分析方式，通过在集团统一定义分析套表、创建分析任务来进行预算分析。

（2）适用于比较固定的预算分析模式。

（3）通过分析任务完成数据获取和展现。

（4）基于任务的分析，既可通过 Excel 客户端来实现，也可通过分析查询节点来实现。

2）会计信息系统解决方案

通过 Excel 端的表单设计功能，设计单独的分析套表。

第一步：表单设计节点，设计分析用的套表，设计完后提交套表，如图 14-102 所示。

图 14-100　设计分析用表

第二步："动态建模平台"—"计划平台"—"模型设置"—"套表管理"节点发布套表。

第三步："企业绩效管理"—"全面预算"—"预算任务"—"任务管理"节点，创建分析任务，并选择要分配的预算主体成员。

第四步：任务管理节点启用任务。

第五步：Excel 端的预算分析节点，下载分析任务获取分析数据。

2. 自定义查询分析（即席分析）

1）业务描述

（1）不通过预算任务进行分析。

（2）通过预算分析节点的分析功能，可以让用户自由选择要分析的指标进行数据分析，灵活性较高。

2）会计信息系统解决方案

预算分析节点设置分析表单。

第一，选择"预算分析节点"的设计向导，创建分析用的表单（设计过程同表单设计，少了参数维指定），如图 14-101 所示。

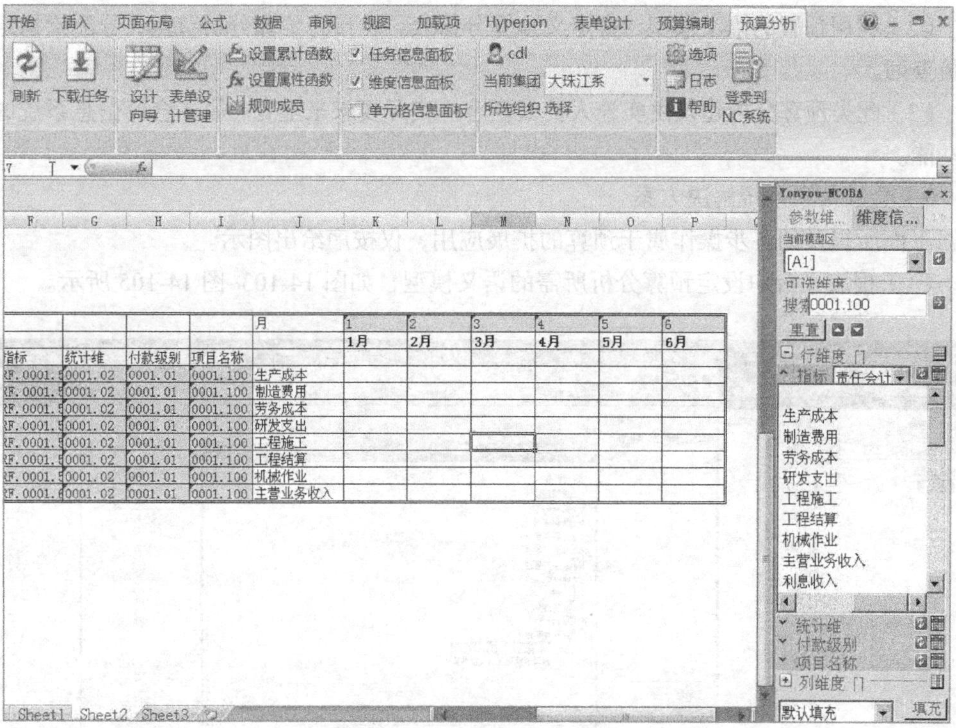

图 14-101 创建分析用表单

第二，指定分析参数维（分析表单中没有将行/列维度上的维度都作为参数维），参数维指定后将显示分析数据，可以随时修改分析参数维。

新创建的分析表单，选择“参数维”页签，指定其他一些参数维如预算主体、预算年度等，参数维指定完之后即可显示分析数据。如图 14-102 所示。

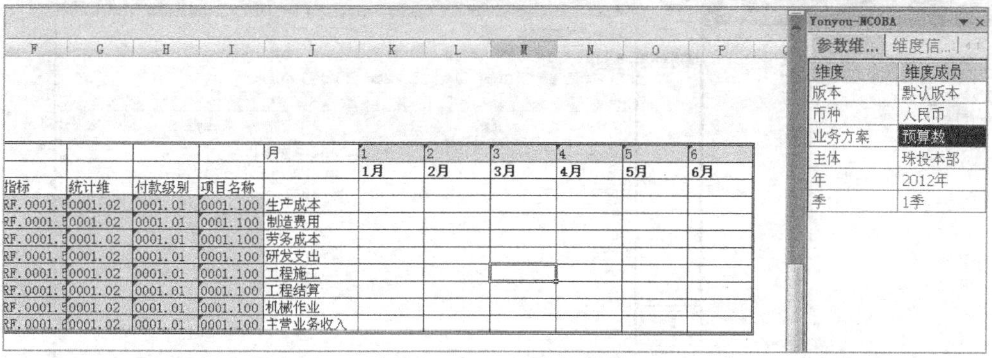

图 14-102 显示分析数据

3. 利用语义模型查询分析

1）业务描述

（1）不通过预算任务进行分析。

（2）利用预置的语义模型，自定义预算分析表，发布为预算分析节点，分配给指定操作员查询。

（3）此类预算分析建议由实施人员根据客户实际要求来配置，属于会计信息系统的扩展功能。

2）会计信息系统解决方案

下面所提及的各步操作属于预算的扩展应用，仅按序给出图示。

（1）报表平台中设定预算分析所需的语义模型，如图 14-103~图 14-105 所示。

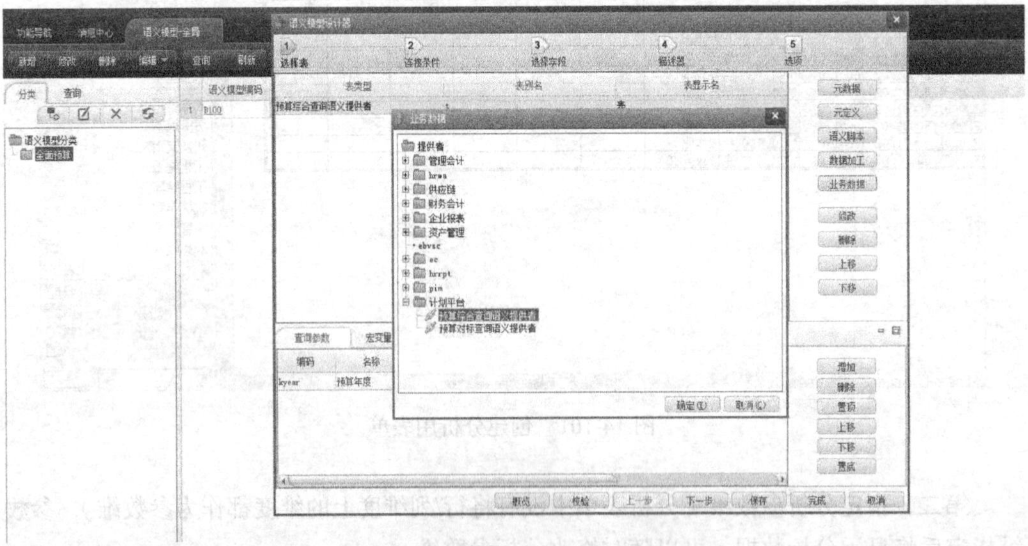

图 14-103　设定预算分析所需的语义模型操作（一）

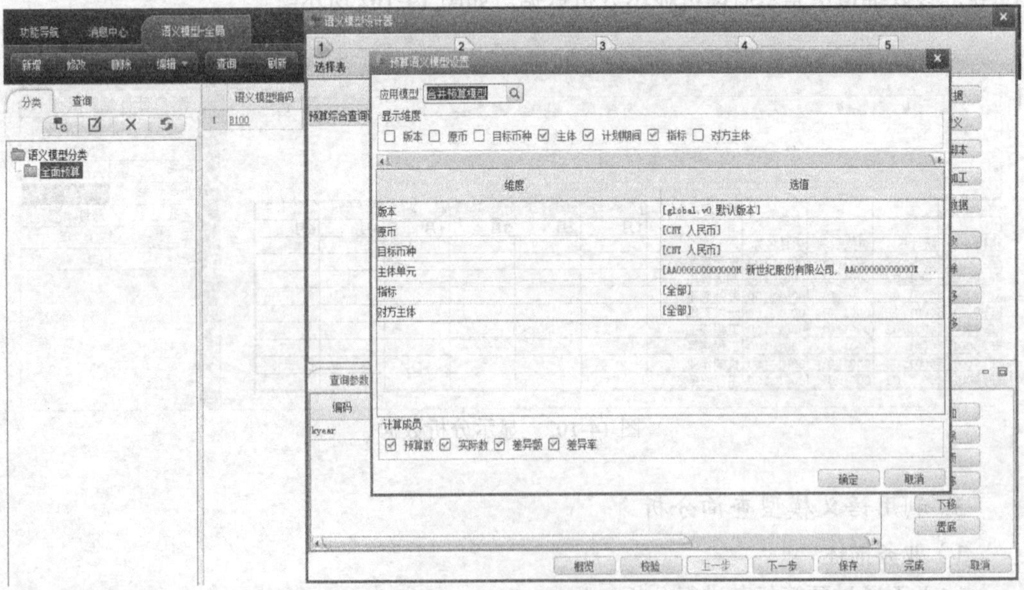

图 14-104　设定预算分析所需的语义模型操作（二）

图 14-105 设定预算分析所需的语义模型操作（三）

（2）建立自由报表并发布为节点，如图 14-106~图 14-108 所示。

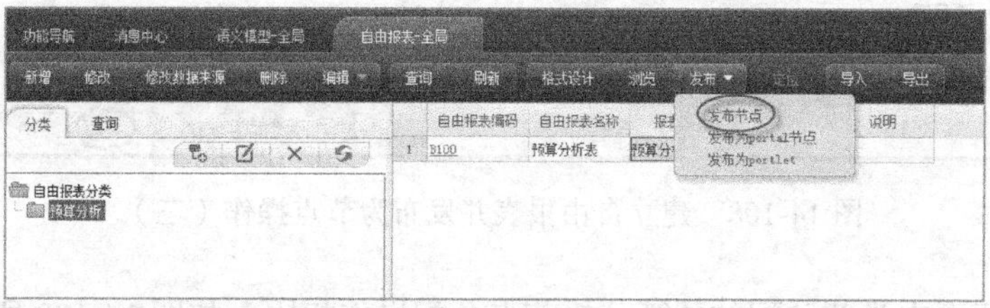

图 14-106 建立自由报表并发布为节点操作（一）

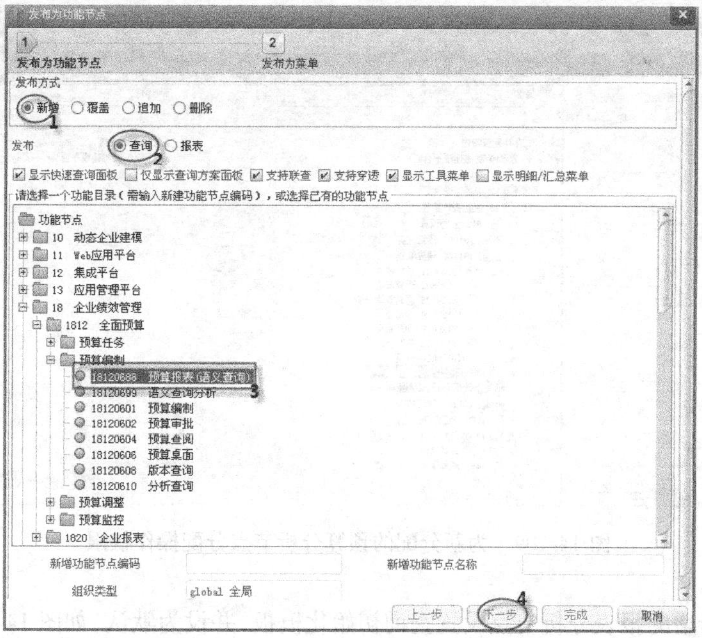

图 14-107 建立自由报表并发布为节点操作（二）

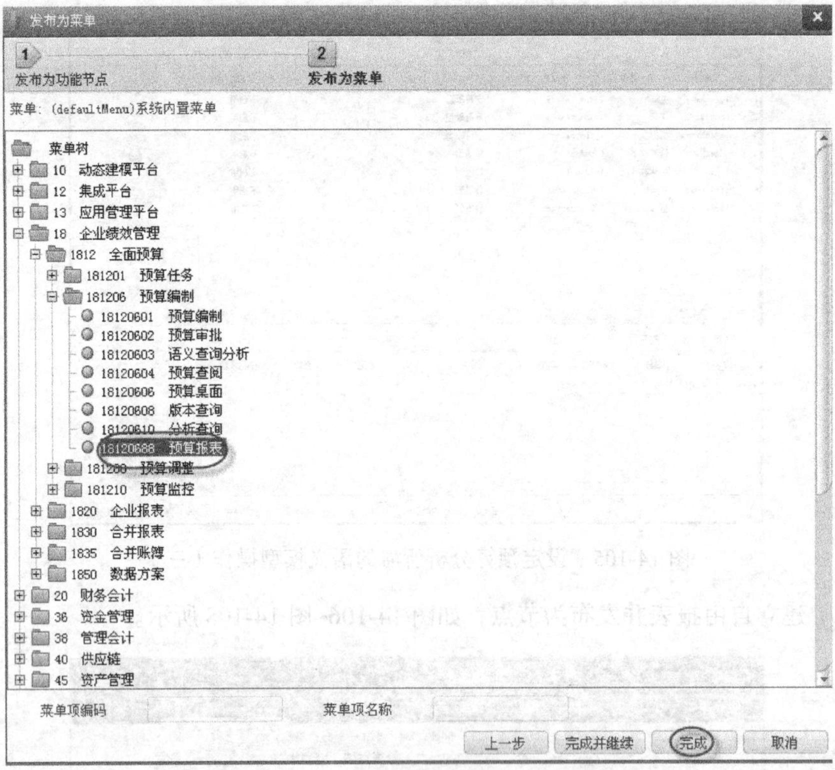

图 14-108 建立自由报表并发布为节点操作（三）

（3）在职责中为新分配的预算分析节点分配操作权限，如图 14-109 所示。

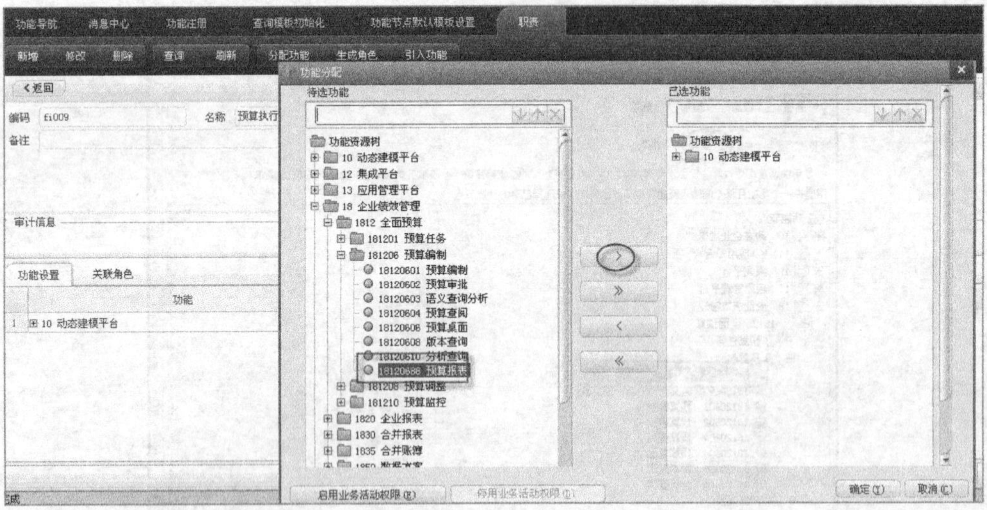

图 14-109 为新分配的预算分析节点分配操作权限

（4）为新增的报表分析节点设置查询初始化模板，并设为默认，如图 14-110~图 14-111 所示。

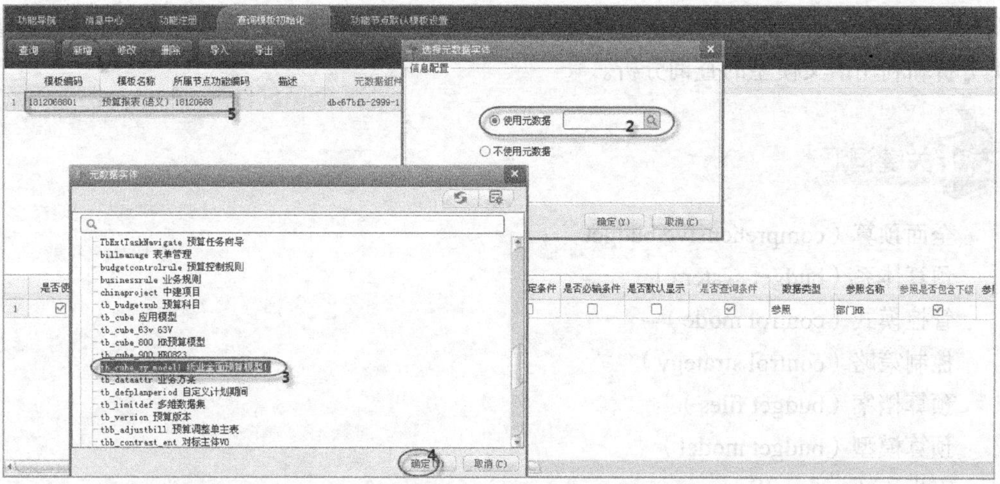

图 14-110 为新增的报表分析节点设置查询初始化模板（一）

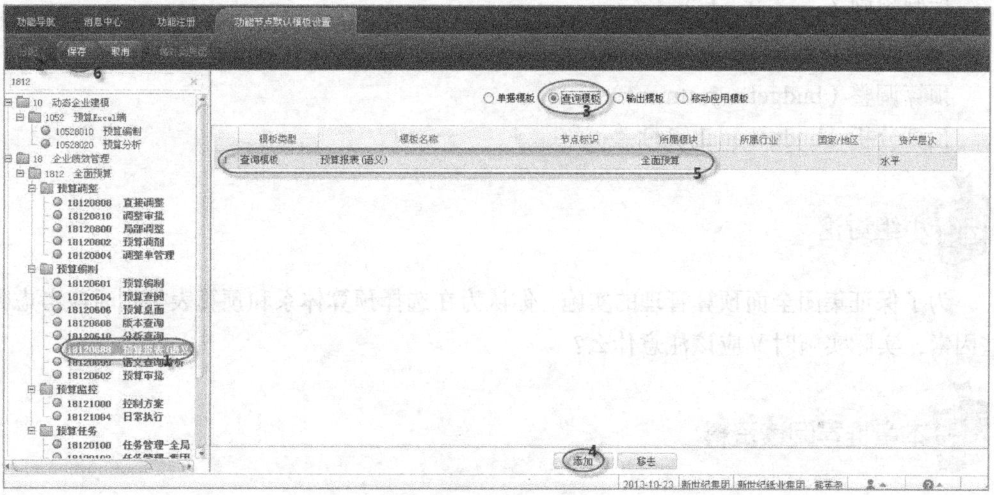

图 14-111 为新增的报表分析节点设置查询初始化模板（二）

（5）调用发布的查询（或报表）节点，执行查询分析。

本章小结

本章首先介绍了全面预算的内涵、本质、作用及会计信息系统中全面预算模块基本信息，着重介绍了会计信息系统中全面预算的初始准备，包括构建预算体系、管控模式、控制策略、预算档案、预算模型设置、审批流、控制规则方案等。在这里，预算体系构建主要从单一集团预算体系、多集团预算体系、多个预算组织体系、分级管理预算体系、多套预算体系等不同情况进行介绍；控制规则方案主要分为单项预算控制、多项目组合控制、弹性预算控制、柔性预算控制、特殊控制、累计控制、零预算控制七种情况进行讲解。然后介绍了会计信息系统中全面预算的应用场景，将预算表分类为固定表、浮动表来分别介绍，最后介绍了会计信息系统中预算的调整及分析，包括基于任务的预算分析、自定义查询分析和利用语义模型的查询分析。

关键词汇

全面预算（comprehensive budget）
预算体系（budget system）
管控模式（control mode）
控制策略（control strategy）
预算档案（budget files）
预算模型（budget model）
审批流（approval process）
预算套表（table of budget）
控制规则（control rule）
预算编制（budget preparation）
预算调整（budget adjustment）
预算分析（budget analysis）

小组讨论

为了保证集团全面预算管理的实施，你认为在选择预算体系和预算表类别时应考虑哪些因素，实际实施时又应该注意什么？

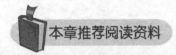

本章推荐阅读资料

扫描此码 深度阅读

第 15 章 合并账簿

学习提要与目标

本章主要讲述了合并账簿的主要业务场景及流程、对应的会计信息系统功能和会计信息系统实现的初始准备设置，主要面向实施顾问以及企业关键用户，目的是为实施规划、解决方案的制订和落实提供指导。

通过本章的学习，应能够：

- 了解合并账簿信息系统的概念及其价值。
- 理解有关合并账簿的主要业务场景、流程以及对应的会计信息系统功能。
- 掌握会计信息系统实现的初始准备设置。

15.1 合并账簿概述

1. 合并账簿的概念

与合并报表信息系统相对应，合并账簿是直接在总账凭证数据的基础上编制调整抵销凭证，与总账凭证叠加得出调整前、调整后、合并后的结果，也能出具单个财务核算账簿合并前后的净表，并能单独提供调整和抵销数据。

合并账簿的主体思想是从整个集团企业的角度，统观当前集团下参与合并的多个企业扣除了内部交易数据的资产负债权益状况、经营情况和现金流量状况。合并账簿信息系统架构如图 15-1 所示。

2. 合并账簿信息系统的价值

合并账簿信息系统的价值体现在以下几个方面。

（1）提高合并报表编制的及时性。

（2）提高合并报表的准确性。

（3）加强总部对合并报表编制的主动权。

（4）满足集团总部快速编制不同报告要求合并报表的需要。

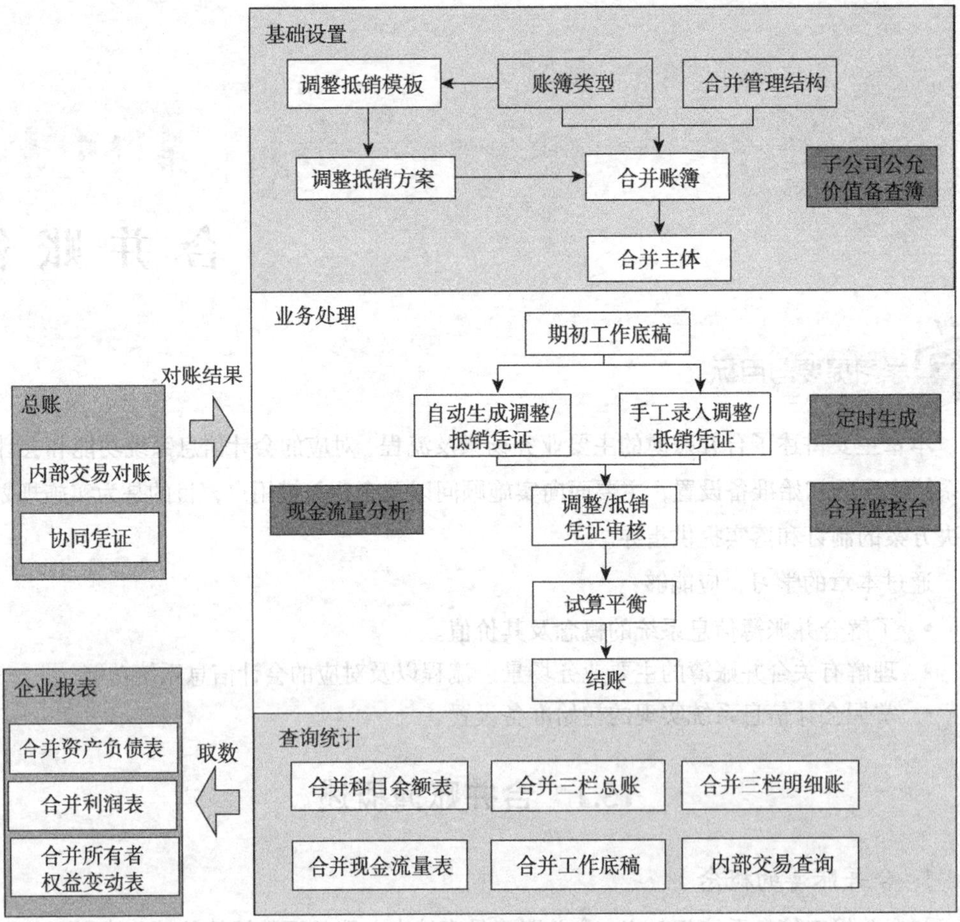

图 15-1　合并账簿信息系统架构

15.2　合并账簿应用场景

15.2.1　合并模式

1. 业务描述

一般来说，合并模式分为两种：大合并、逐级合并。

大合并是将所有参加合并的单位的个别报表数据汇总，并在整个合并范围内对投资、内部往来和内部交易进行整体抵销，得到最后的合并结果；合并的结果仅产生本级单位的合并报表，不生成中间层次单位的合并报表。

逐级合并是指在多级的集团企业里，从下向上各级单位各自出具本集团的合并报表，合并后的报表作为本子集团的个别报表参与其上一级单位的报表合并，以此类推，最后生成整个集团的合并报表。

2. 功能清单

合并模式功能清单如表 15-1 所示。

表 15-1 合并模式功能清单

领域	信息系统模块	功能节点
企业建模平台	组织管理	账簿合并体系
企业建模平台	组织管理	合并账簿

3. 信息系统解决方案

（1）建立账簿合并体系。在“组织管理”节点建立账簿合并体系，账簿合并体系可以理解为合并单位组成的“树”形结构。

在合并账簿引用账簿合并体系时，可以将账簿合并体系上的非叶子节点建立成合并主体，合并主体是合并业务的主组织，所有合并工作必须以一个合并主体的身份进行处理。所以，建立账簿合并体系时需要考虑后续采纳的合并模式，是大合并还是逐级合并。

在合并账簿中，采用大合并模式还是逐级合并模式是通过账簿合并体系加合并主体共同作用而确定的。如果是大合并，无论账簿合并体系怎样定，都只有根单位这唯一的单位设置为合并主体；如果是逐级合并，首先要在账簿合并体系中将后续需要出具中间级合并结果的单位设置成非叶子节点，同时也要将其定义为合并主体。

在大型的企业集团中，对外需要依据股权投资关系出具合并报表，对内需要根据利润中心（区域、事业部、行业板块）出具内部管理合并报表。系统中可以依据需要构建多个账簿合并体系，即多个报表结构树。

系统可以建立全局级和集团级的账簿合并体系：

①全局级的账簿合并体系可以跨集团进行组织选取构建，支持跨集团的合并报表。

②集团级的账簿合并体系只能选择登录集团的业务单元构造一个报表管理体系。

账簿合并体系中单位的变动情况支持的场景如图 15-2 所示。

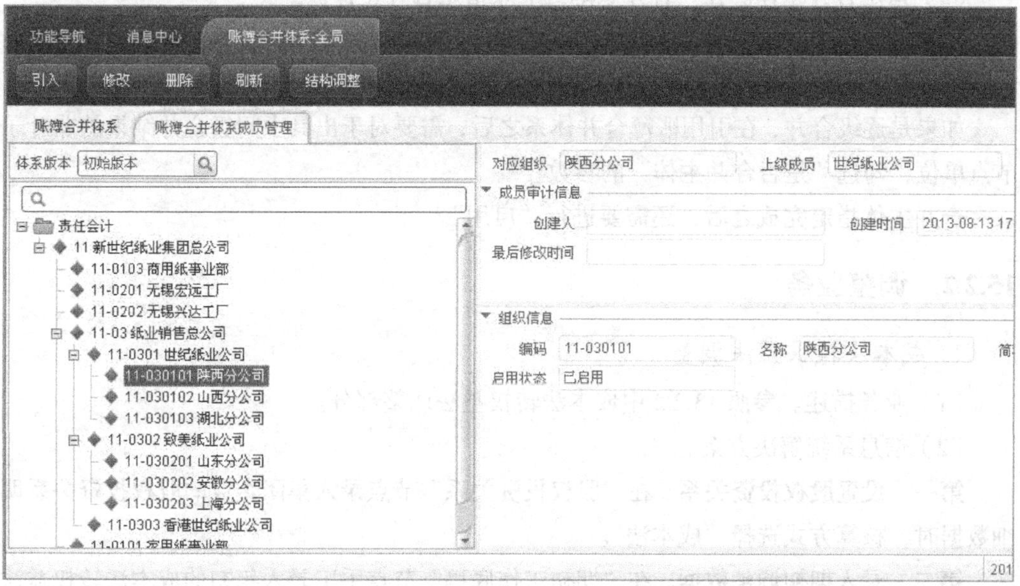

图 15-2 账簿合并体系中单位的变动情况支持的场景

新世纪纸业集团总公司、纸业销售总公司为合并主体，其他如世纪纸业公司等不是合并主体。

第一，增加末级节点公司：例如“无锡兴达工厂”是新收购的一家公司（财务核算账簿）。

第二，减少末级节点公司：将已有的“无锡兴达工厂”控股权出售。

第三，同一个直接上一级合并主体下调整末级节点公司：例如“陕西分公司”上升为与“世纪纸业公司”平级的公司，但这个过程中它的上一级合并主体没有发生变化，一直是“纸业销售总公司”。

（2）建立合并账簿。合并账簿还有一个重要的核心档案——“合并账簿”，合并账簿是由账簿合并体系与账簿类型组合形成的一套合并账载体；抵销凭证、调整凭证按合并账簿进行存储；同一合并账簿，可以按不同合并范围（合并主体）生成不同的合并报表结果。

第一，一个合并账簿只能引用一个账簿合并体系，一个账簿合并体系下可以建立多个合并账簿。

第二，合并账簿由合并结构+账簿类型组合而成，从中可以找到本位币、会计期间、会计科目表，也可以找到参加合并的组织单元。

合并账簿可以在全局和集团两级设置，代表在全局和集团不同的视角编制合并报表。

①合并账簿-全局。在“合并账簿-全局”节点可以参照全局级的账簿合并体系，建立全局级的合并账。

②合并账簿-集团。在“合并账簿-集团”节点只能参照登录集团的账簿合并体系，建立集团级的合并账。

（3）指定合并主体。在“合并账簿”节点指定合并主体。

如果是大合并，在引用账簿合并体系之后，不需要再额外指定合并主体，因为系统已经默认将根节点定义成合并主体。

如果是逐级合并，在引用账簿合并体系之后，需要对于出具中间级合并结果的非叶子节点单位，勾选“是否合并主体”的参数。

合并主体指定完成之后，还需要进行“启用”。

15.2.2 调整业务

1. 成本法转权益法调整

（1）业务描述。参照 13.2.2 中成本法转权益法调整部分。

（2）信息系统解决方案。

第一，设置股权投资关系。在“股权投资关系”节点录入集团企业的股权投资关系明细数据时，核算方式选择“成本法”。

第二，录入期初调整数据。在“期初工作底稿”节点手工录入年初的成本法转权益法的调整数据。

如果是年中建账的话，年初调整数依然在“期初工作底稿”节点手工录入，但是本年建账前会计期间的调整数据在“调整抵销录入”节点手工录入。

第三，设置调整模板。

首先，信息系统预置的成本法转权益法调整模板设置如图 15-3 所示。

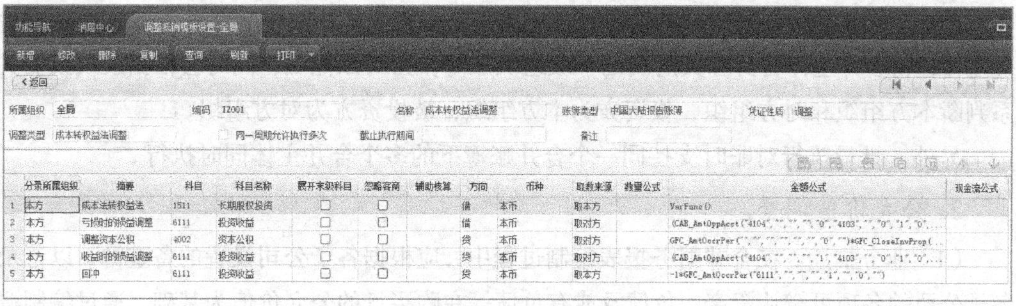

图 15-3　设置调整模板

① **CAB**_AmtOppAcct：**取对方发生数。**

用途：限定对方科目的条件下，取本方科目在指定方向上的期间累计发生数，如果设置为取小值，则每张凭证本对方科目的分录里取较小的金额。

函数格式：CAB_AmtOppAcct（科目编码，年度，期间，辅助核算，方向，对方科目，对方辅助核算，性质，周期，凭证性质，偏移量）

② **GFC**_CloseInvProp：**累计持股比例。**

用途：返回指定日期（时间点）投资单位对被投资单位的持股比例合计。

函数格式：GFC_CloseInvProp（投资单位,被投资单位,日期）

③ **收益时的损益调整的金额公式为**：CAB_AmtOppAcct("4104","","","","1","4103","","0","1","0","")*GFC_CloseInvProp("","","")公式含义为：取明细账上 4104 利润分配科目的贷方累计发生数，同时对方科目必须为 4103 本年利润；再乘以累计持股比例。需要注意的是，被调整的科目是本方组织账簿的 6111 投资收益科目。

④ **GFC**_AmtOccrPer：**期间函数/累计发生。**

用途：取指定期间内的科目累计发生金额。

函数格式：GFC_AmtOccrPer（科目编码，年度，期间，辅助核算，方向，周期，凭证性质，数据来源，偏移量）

⑤ 调整资本公积的金额公式为：GFC_AmtOccrPer ("","","","","","","0","")* GFC_CloseInvProp ("","","") 公式含义为：取明细账上 4002 资本公积科目的贷方累计发生数，再乘以累计持股比例。

其次，以预置模板为基础进行修改。

如果在项目中，预置的模板不能满足要求，建议复制预置模板然后进行修改。

第四，设置调整抵销方案。将预置完成的抵销模板加入调整抵销方案，才能在后续执行对账的时候参照到该模板。

第五，执行自动调整抵销。在“自动调整抵销”节点选择合并主体执行调整过程，同时生成调整凭证。

首先，执行对账时，需要选择本方组织和对方组织。

其次，批量执行对账时，不需要选择本方组织和对方组织；系统会自动根据所选择合并主体，将合并主体自身和其所属的下级组织账簿作为对账范围；同时会根据股权投资关系判断本方组织和对方组织，投资方为本方组织，被投资方为对方组织。

另外，批量执行对账时支持同一个合并账簿下的多个合并主体同时执行。

2. 公允价值调整

（1）业务描述。在合并财务报表编制过程中，应根据各子公司设置的备查簿，以记录各子公司的各项可辨认资产、负债及或有负债等在购买日的公允价值为基础，通过编制调整分录，对各子公司的个别财务报表进行调账，以使各子公司的个别财务报表反映为在购买日公允价值基础上确定的可辨认资产、负债及或有负债在本期资产负债表日的余额。

（2）信息系统解决方案。

第一，子公司公允价值备查簿。在“子公司公允价值备查簿”节点录入非同一控制下每次投资时子公司的公允价值，用于后面的调整凭证的取数和备查来源。

通过“引入”功能先引入总账日报表的今日余额，即购买日期的今日余额，然后再手工录入公允价值。

①同一财务核算账簿+购买日期只能录入一条数据，不允许重复录入。

②不能再录入已保存数据之前的数据，例如：A-0001 与 B-0001 已录入了购买日期为 2011 年 10 月 14 日的数据，不能再录入 2011 年 10 月 14 日之前的备查簿数据；

③录入的公允价值合计应满足“资产=负债+所有者权益”的恒等式，否则不能保存。

第二，设置调整凭证模板。在“调整抵销模板设置”节点设置调整凭证模板，系统提供了子公司公允价值取数函数 FairValFunc，可以取到相应子公司账簿上会计科目的公允价值的组织本币数额。

FairValFunc：子公司公允价值取数函数

函数用途：返回购买日期在指定会计期间内维护的投资单位对被投资单位指定会计科目的公允价值期末余额。

函数格式：FairValFunc（被投资单位,年度,期间,会计科目,本币类型,性质）

第三，设置调整抵销方案。将设置完成的调整模板加入到合并主体引用的调整抵销方案中。

第四，执行自动调整抵销。在“自动调整抵销”节点使用“执行”功能生成调整凭证。

由于目前调整类模板的“分录所属组织”只能选择本方，所以如果需要生成所属子公司的调整分录，“执行”对账时本方组织选择子公司。

15.2.3 合并账簿抵销业务

1. 投资及权益类抵销

（1）业务描述。在合并账簿的抵销业务中，投资及权益类的抵销是指：

①将母公司对子公司的长期股权投资与子公司的所有者权益相互抵销，并确认少数股东权益和商誉。

②将母公司对子公司的投资收益、子公司年初未分配利润与子公司本年利润分配、子公司年末未分配利润项目相互抵销，并确认少数股东损益。

（2）会计信息系统解决方案。

第一，期初工作底稿。在“期初工作底稿”节点录入投资及权益类的期初抵销数，如图 15-4 所示。手工录入期初抵销分录时，需要录入分录所属组织，金额全部用负数冲回。

图 15-4 期初工作底稿

第二，设置抵销模板。

首先，会计信息系统预置的控制型权益抵销模板分录设置如图 15-5 所示。

图 15-5 权益抵销模板分录设置

① **GFC_CloseAmtPer**：取指定期间的科目期末余额，如果指定的方向与科目余额方向相反，则以负值显示。

函数格式：GFC_CloseAmtPer（科目编码，年度，期间，辅助核算，方向，周期，凭证性质，数据来源，偏移量）

②公式设置步骤：

在“金额公式”单元格单击放大镜图标进入公式编辑器。

③长期股权投资的辅助核算是客商辅助核算，总账里指定的是对方组织，根据当前凭证的对方组织找到本方组织的客商档案进行过滤查询。

④预置认为一个合并周期只能生成一次抵销凭证。

其次，会计信息系统预置的控制型投资收益的抵销模板分录设置如图 15-6 所示。

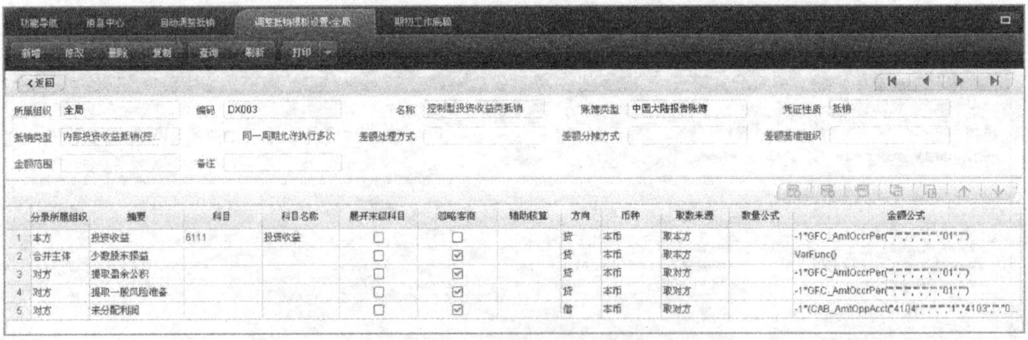

图 15-6　投资收益的抵销模板分录设置

再次，以预置模板为基础进行修改。

由于信息系统预置的会计科目并没有考虑合并账簿的具体应用，所以预置的控制型权益抵销模板中少数股东权益的对应科目并没有预置上去。

①针对控制型权益抵销模板。在实际的应用中，应该在会计科目中加入少数股东权益科目，科目属性为权益类；然后在模板中将少数股东权益科目设置上。

②针对控制型投资收益模板。在实际的应用中，应该在会计科目中加入少数股东损益、盈余公积、一般风险准备、未分配利润科目，科目属性为权益类；然后在模板中将相应的科目设置上。

第三，设置调整抵销方案。将预置完成的抵销模板加入调整抵销方案，才能在后续执行对账的时候参照到该模板。

第四，执行自动调整抵销。在“自动调整抵销”节点选择合并主体执行抵销过程，同时生成抵销凭证。

①执行对账时，需要选择本方组织和对方组织。

②批量执行对账时，不需要选择本方组织和对方组织；系统会自动根据所选择合并主体，将合并主体自身和其所属的下级组织账簿作为对账范围；同时会根据股权投资关系判断本方组织和对方组织，投资方为本方组织，被投资方为对方组织。

另外，批量执行对账时支持同一个合并账簿下的多个合并主体同时执行。

第五，凭证审核。凭证审核相关参数：

① GFC003：凭证生效环节是否保存即生效

参数值说明：下拉选择：是、否；默认为：是。

参数用途：选择“是”，则凭证保存后即生效；选择“否”，则凭证在被审核后才能生效。

② GFC004：凭证是否允许取消审核。

参数值说明：下拉选择：是、否；默认为：是。

参数用途：选择“是”，已审核凭证允许取消审核；选择“否”，已审核凭证不允许取消审核。

2. 复杂股权下的投资及权益类抵销

（1）业务描述。随着集团企业间投资关系逐渐复杂，跨越单位级次的投资越来越多，以下就举例来分析复杂投资情况下抵销模板中的控制型投资、非控制型投资、回购投资这些类型所涉及的长期股权投资、投资收益、盈余公积还原的抵销问题。

（2）业务示例。业务示例如图 15-7 所示。

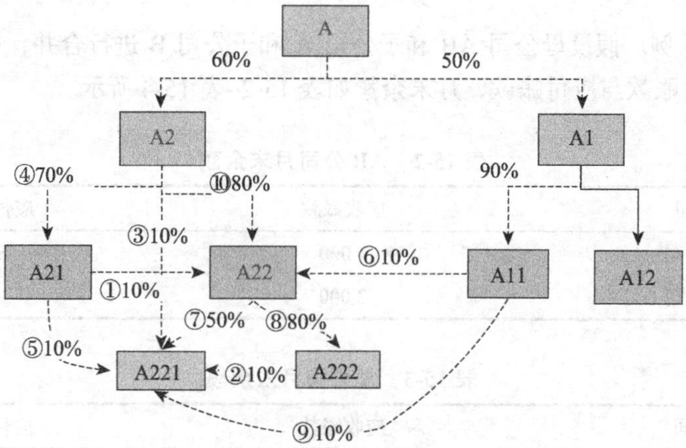

图 15-7　业务示例

A2、A22 分别是合并主体，编制合并报表。

A22 编制合并报表时，对于 A221：⑦控股型投资，②算作 A22 合并的非控股型投资，③⑤⑨算作少数股东权益。

A2 编制合并报表时，⑩控股型投资的处理有两种情况：一是以 A22 的合并报表为基础编制抵销分录；二是以 A22 的个别报表为基础编制抵销分录。①③⑤均作为非控股型投资，⑥⑨仍算作少数股东权益。

A 编制合并报表时，④⑦⑧⑩作为控股型投资处理可采用上一条列出的两种处理方法；①②③⑤⑥⑨均作为非控股型投资。

（3）会计信息系统解决方案。将这个场景独立列出来进行描述，是为了说明会计信息系统在处理这种复杂股权时的规则；会计信息系统的具体实现模式同 15.2.3“合并账簿抵销业务”章节。

①控制型还是非控制型模板的判断规则。按照合并组织结构的结构树判断是控制型还是非控制型。上下树节点之间算作控制型，其他的投资关系算作非控制型。不依据投资比例进行判断。

成本法转权益法的调整也根据此选项进行判断，如果选择“是”且对方组织是合并主体，对于控制型的投资调整，则根据合并结果进行成本转权益法的调整。

②交叉持股/反向持股的处理。什么情况属于反向持股？比如：B 控制 A，A 控制 B，但 B 又持有 A 的股份（非控制型）。如果 A、B 两个均不互相控制，但又互相持股，不属于反向持股，均各自按照非控制型的投资抵销即可。

3. 交易类抵销

1）内部债权债务抵销

（1）业务描述。在合并账簿的抵销业务中，内部债权债务的抵销是指母公司与子公司、子公司相互之间的债权和债务科目的抵销，包括母公司与子公司、子公司相互之间因销售商品、提供劳务以及发生结算业务等原因产生的应收账款与应付账款、应收票据与应付票据、预付账款与预收账款、其他应收款与其他应付款、持有至到期投资与应付债券等项目。

（2）业务示例。假设母公司 AB 和子公司 A 和子公司 B 进行合并，这三家公司之间都互相持有应收账款与应付账款，月末余额如表 15-2~表 15-4 所示。

表 15-2　AB 公司月末余额

公司	应收账款	应付账款
A 公司	1 000	800
B 公司	2 000	

表 15-3　A 公司月末余额

公司	应收账款	应付账款
AB 公司	800	1 000
B 公司	1 500	

表 15-4　B 公司月末余额

公司	应收账款	应付账款
AB 公司		2 000
A 公司		1 500

在这种情况下，对账的过程中会涉及以下三对组合：

①公司 AB 和公司 A。

②公司 AB 和公司 B。

③公司 A 和公司 B。

但是生成的抵销凭证应该是 4 张，参见下文“会计信息系统解决方案”。

（3）会计信息系统解决方案。

方案一：基于总账对账结果生成抵销分录。

第一步：录入期初抵销数。在“期初工作底稿”节点录入内部债权债务的年初抵销数。

例如，截至 2010 年 12 月，新世纪钢铁集团总部→炼钢厂有一笔应收账款 50 元，同时炼钢厂→新世纪钢铁集团总部有一笔应付账款 50 元。假设 2011 年 1 月合并账簿模块建账，那么这一笔款项即是合并账簿的期初抵销数，需要在系统中手工维护进去，以保证合并账簿的年初数正确。

手工录入期初抵销分录时，需要录入分录所属组织，金额全部用负数冲回。

如果是年中建账的话，年初抵销数依然在“期初工作底稿”节点手工录入，但是本年建账前会计期间的抵销数据在“期初工作底稿”节点手工录入。

第二步：建立内部交易对账规则。在“内部交易对账规则”节点建立一个内部交易对账规则，对账金额性质选择“发生额”。本方：应收账款/1122；对方：应付账款/2202。

需要注意生成抵销凭证分录选择为“生成抵销分录”。

第三步：内部交易对账。

①**明细对账。**在总账模块的“明细对账”节点完成内部债权债务的明细对账，在每两笔明细交易相互“勾对”成功之后，合并账簿自动生成一张抵销分录。

①**汇总对账。**在总账模块的“汇总对账”节点完成内部债权债务的汇总对账，在每两笔汇总交易相互“勾对”成功之后，合并账簿会在两个单位之间自动生成一张抵销分录。

第四步：抵销凭证查询。

①总账对账推式生成的抵销凭证可以在“抵销凭证录入”节点查询。

②总账对账凭证不能修改、删除；在总账取消勾兑之后，合并账簿模块的抵销凭证会自动删除。

第五步：凭证审核。

参见 15.2.3 章节中“投资及权益类抵销”部分内容。

方案二：基于凭证协同生成抵销分录。

第一步：录入期初抵销数。参见方案一。

第二步：客商档案设置。

①客商的类型为“内部客商”，参见 15.3.2“动态组织管理”章节。

②将客商档案分配到对应的财务组织中，同时客商档案的“财务信息”页签中，需要勾选“是否协同”属性。

第三步：公有协同设置。公有协同设置的详细介绍参见“信息系统-总账”，此处只描述方案的整体业务流程。沿用业务示例，设置一个业务协同规则。

①发送方式的“自动”和“手动”取值决定了涉及内部交易的凭证是自动生成协同，还是人为触发凭证生成协同。

②本方科目设置成“应收账款”，对方科目设置成“应付账款”，处理方式可以选择“双向”。

③如果基于协同凭证生成合并账簿的抵销凭证，需要勾选“自动生成抵销凭证”属性。

④协同的账簿类型与合并账簿中的账簿类型必须一致。

第四步：凭证制单。本方财务组织进行凭证制单，使用了公有协同设置中的会计科目，凭证保存之后系统自动推送一张单边凭证给对方财务组织。因为公有协同设置成“自动推送”。

第五步：公有协同确认。对方财务组织在“公有协同确认”节点确认协同凭证。

第六步：抵销分录查询。

①公有协同凭证确认后系统自动推式生成的抵销凭证，可以在“抵销分录录入”节点查询。

②总账协同凭证不能修改、删除；在总账取消协同之后，合并账簿模块的抵销凭证会自动删除。

第七步：凭证审核。

参见 15.2.3 章节中“合并账簿抵销业务”部分内容。

方案三：基于抵销模板对账生成抵销分录。

第一步：录入期初抵销数。参见方案一。

第二步：设置抵销模板。

第三步：设置调整抵销方案。将预置完成的抵销模板加入调整抵销方案，才能在后续执行对账的时候参照到该模板。

第四步：执行自动调整抵销。在“自动调整抵销”节点选择合并主体执行抵销过程，同时生成抵销凭证。

首先，执行对账时，需要选择本方组织和对方组织。

沿用业务示例，需要执行 4 次对账，生成的抵销凭证如下。

①本方核算账簿-公司 AB 和对方核算账簿-公司 A，如表 15-5 所示。

表 15-5　抵 销 凭 证

分录所属组织	方向	科目	辅助核算	金额公式
公司 AB	借	应收账款	客商：公司 A	−1 000
公司 A	贷	应付账款	客商：公司 AB	−1 000

②本方核算账簿-公司 A 和对方核算账簿-公司 AB，如表 15-6 所示。

表 15-6　抵 销 凭 证

分录所属组织	方向	科目	辅助核算	金额公式
公司 A	借	应收账款	客商：公司 AB	−800
公司 AB	贷	应付账款	客商：公司 A	−800

③本方核算账簿-公司 AB 和对方核算账簿-公司 B，如表 15-7 所示。

表 15-7　抵 销 凭 证

分录所属组织	方向	科目	辅助核算	金额公式
公司 AB	借	应收账款	客商：公司 B	−2 000
公司 B	贷	应付账款	客商：公司 AB	−2 000

④本方核算账簿-公司 A 和对方核算账簿-公司 B，如表 15-8 所示。

表 15-8　抵 销 凭 证

分录所属组织	方向	科目	辅助核算	金额公式
公司 A	借	应收账款	客商：公司 B	−1 500
公司 B	贷	应付账款	客商：公司 A	−1 500

其次，批量执行对账时，不需要选择本方组织和对方组织；系统会自动根据所选择合并主体，将合并主体自身和其所属的下级组织账簿进行两两对账。针对抵销类型为“内部债权债务抵销”的模板，系统会自动置换两两对账的本方组织和对方组织，进行对账。

沿用业务示例，只需要执行 1 次对账，生成的抵销凭证如表 15-9~表 15-12 所示。

表 15-9　抵 销 凭 证

分录所属组织	方向	科目	辅助核算	金额公式
公司 AB	借	应收账款	客商：公司 A	−1 000
公司 A	贷	应付账款	客商：公司 AB	−1 000

①本方核算账簿-公司 A 和对方核算账簿-公司 AB，如表 15-10 所示。

表 15-10　抵 销 凭 证

分录所属组织	方向	科目	辅助核算	金额公式
公司 A	借	应收账款	客商：公司 AB	−800
公司 AB	贷	应付账款	客商：公司 A	−800

②本方核算账簿-公司 AB 和对方核算账簿-公司 B，如表 15-11 所示。

表 15-11　抵 销 凭 证

分录所属组织	方向	科目	辅助核算	金额公式
公司 AB	借	应收账款	客商：公司 B	−2 000
公司 B	贷	应付账款	客商：公司 AB	−2 000

③本方核算账簿-公司 A 和对方核算账簿-公司 B，如表 15-12 所示。

表 15-12　抵 销 凭 证

分录所属组织	方向	科目	辅助核算	金额公式
公司 A	借	应收账款	客商：公司 B	−1 500
公司 B	贷	应付账款	客商：公司 A	−1 500

第五步：凭证审核。参见 15.2.3“合并账簿抵销业务”章节。

（2）内部购销交易抵销

（1）业务描述。

首先，在内部购销活动中：

①销售企业将集团内部销售作为收入确认并计算销售利润。

②购买企业是以支付购货的价款作为其成本入账。

③在本期内未实现对外销售而形成期末存货时，其存货价值中也相应地包括两部分内容：一部分为真正的存货成本（即销售企业销售该商品的成本）；另一部分为销售企业的销售毛利（即其销售收入减去销售成本的差额）。

其次，编制抵销分录时：

①按照集团内部销售企业销售该商品的销售收入，借记“营业收入”项目；

②按照销售企业销售该商品的销售成本，贷记“营业成本”项目；

③按照当期期末存货价值中包含的未实现内部销售损益的金额，贷记“存货”项目。

（2）会计信息系统解决方案。

第一步：录入期初抵销数。在“期初工作底稿”节点录入内部购销交易的期初抵销数；手工录入期初抵销分录时，需要录入分录所属组织，金额全部用负数冲回。

第二步：设置抵销模板。

首先，设置会计信息系统预置的内部销售收入、成本的抵销模板。

公式设置过程和函数 GFC_CloseAmtPer 的用法参见 15.2.3“合并账簿抵销业务”章节。

通常在项目中，主营业务收入科目需要设置客商辅助核算，主营业务成本可以不设置，取数时直接使用差额函数 VarFunc。

其次，会计信息系统预置的内部销售未实现利润的抵销模板设置如图 15-8 所示。

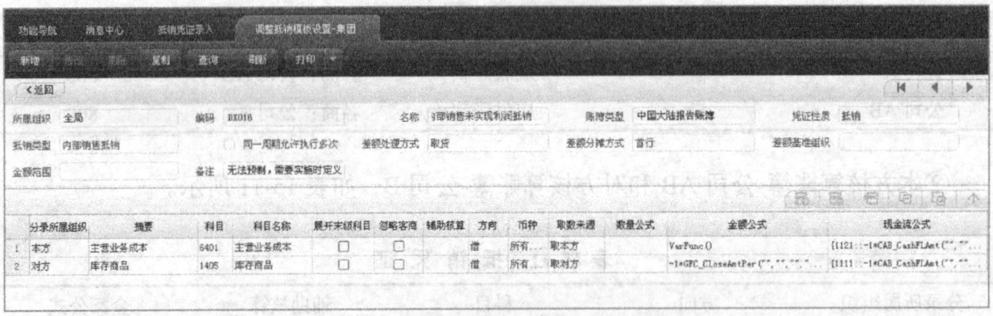

图 15-8　内部销售未实现利润的抵销模板设置

第三步：设置调整抵销方案。将预置完成的抵销模板加入调整抵销方案，才能在后续执行对账的时候参照到该模板。

第四步：执行自动调整抵销。在“自动调整抵销”节点选择合并主体执行抵销过程，同时生成抵销凭证。

首先，执行对账时，需要选择本方组织和对方组织。

其次，批量执行对账时，不需要选择本方组织和对方组织；系统会自动根据所选择合并主体，将合并主体自身和其所属的下级组织账簿进行两两对账。针对抵销类型为“内部购销交易抵销”的模板，系统会自动置换两两对账的本方组织和对方组织，进行对账。

第五步：凭证审核。参见 15.2.3 “合并账簿抵销业务”章节。

4. 现金流量表的抵销

（1）业务描述。现金流量表作为以单个企业为会计主体进行会计核算的结果，分别从母公司本身和子公司本身反映在其一定会计期间的现金流入和现金流出。在以其个别现金流量表为基础计算的现金流入和现金流出项目的加总金额中，也必然包含重复计算的因素，因此，编制合并现金流量表时，也需要将这些重复的因素予以剔除。

编制合并现金流量表时需要进行抵销处理的项目主要有以下几个。

（1）企业集团内部当期以现金投资或收购股权增加的投资所产生的现金流量的抵销处理。

（2）企业集团内部当期取得投资收益收到的现金与分配股利、利润或偿付利息支付的现金的抵销处理。

（3）企业集团内部以现金结算债权与债务所产生的现金流量的抵销处理。

（4）企业集团内部当期销售商品所产生的现金流量的抵销处理。

（5）企业集团内部处置固定资产等收回的现金净额与购建固定资产等支付的现金的抵销处理。

（2）会计信息系统解决方案。

第一步：设置抵销模板。设置会计信息系统预置的往来款项的抵销模板。

①CAB_CashFLAmt：现金流量取数函数/发生

函数格式：CAB_CashFLAmt（现金流量编码，年度，期间，科目编码，辅助核算，周期，凭证性质，偏移量）

②公式设置步骤。

在“现金流公式”单元格单击放大镜图标进入维度选择界面，选择需要进行抵销的现金流量项目，对于一个科目一条记录，定义现金流公式时，可以通过参照按钮，在现金流项目公式编辑界面中通过增行编辑多条公式，实现对应多个现金流项目。

在“值”单元格单击放大镜图标进入公式编辑器，然后双击 CAB_CashFLAmt 函数进入公式向导。

第二步：设置调整抵销方案。将预置完成的抵销模板加入调整抵销方案，才能在后续执行对账的时候参照到该模板。

第三步：执行自动调整抵销。在“自动调整抵销”节点选择合并主体执行抵销过程，同时生成抵销凭证。执行和批量执行的规则分别参见相应的模板类型介绍。

第四步：凭证审核。参见 15.2.3 “合并账簿抵销业务”章节。

第五步：合并现金流量表。系统预置合并现金流量表的样式，可以在“合并现金流量表”节点直接查询现金流量分析的结果。

15.2.4 账表查询

1. 业务描述

合并账簿提供的账表查询如下。

（1）合并科目余额表。

（2）合并三栏总账。

（3）合并三栏明细账。

（4）合并现金流量表。

（5）合并工作底稿。

（6）合并现金流底稿。

（7）内部交易。

2. 会计信息系统解决方案

（1）合并科目余额表。合并科目余额表用于查询统计各级科目的期初余额、本期发生额、累计发生额和期末余额。利用合并科目余额表，可以方便地查询以合并主体为单位的，各个参与合并的核算账簿的合并前汇总数、合并结果数和调整抵销数。

关键查询条件设置如图 15-9 所示。

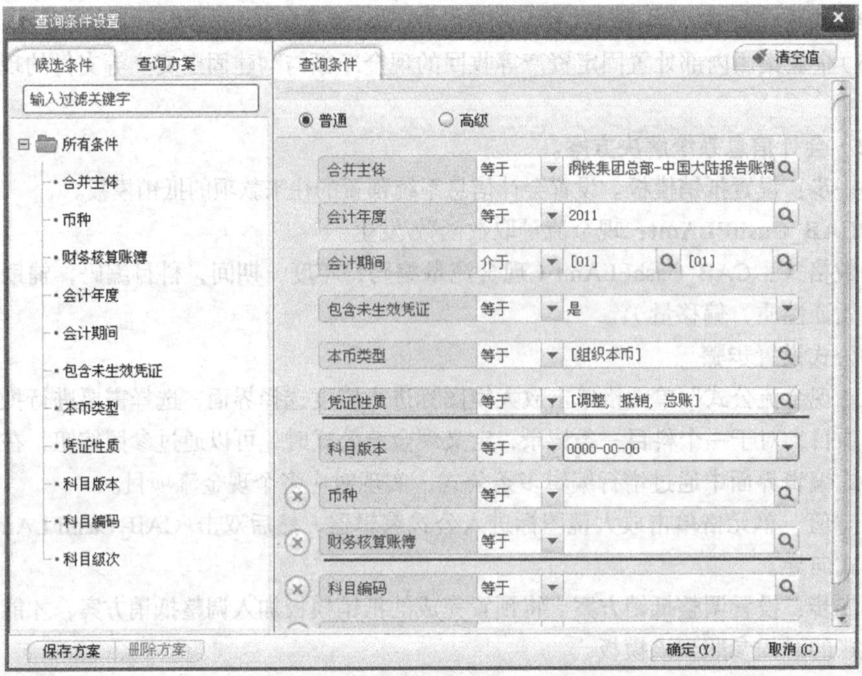

图 15-9 合并科目余额表关键查询条件设置

①凭证性质：可以选择调整、抵销和总账凭证。

②财务核算账簿：可以查询单个财务核算账簿的数据。

（2）合并三栏总账。合并三栏式总账是以三栏账格式（本期借方、本期贷方、期末余额）反映各级科目的各月经济业务发生的合并前汇总数、合并结果数和调整抵销数，以及当年业务的累计发生情况。

查询条件的设置参见“合并科目余额表”。

（3）合并三栏明细账。合并三栏明细账是以三栏账格式（本期借方、本期贷方、期末余额）反映当前科目明细发生及余额情况，包括总账明细、调整明细和抵销明细数据。

查询条件的设置参见“合并科目余额表”。

（4）合并现金流量表。合并现金流量查询是根据现金流量分析的结果，显示各现金流量表项的数据分配情况，即按照指定的查询条件查询一定日期范围内各现金流量表项所反映的资金流入流出情况。

查询条件的设置参见“合并科目余额表”。

（5）合并工作底稿。合并工作底稿就是反映合并过程的查询，具体来讲，就是合并前各个参与合并的财务核算账簿合并前总账的数据、合并前调整的数据和抵销数据、合并后的数据分列显示在一起，能够一目了然地查看合并结果的来龙去脉。

①设置合并工作底稿。

查询内容：可任意选择会计科目和现金流量，即选择要查询的是科目还是现金流量。

数据范围：决定查询结果是当前查询期间还是累计期间发生数。

显示调整数据：查询结果是直接显示财务核算账簿的调整后数据，还是调整前+调整借贷方+调整后数据。

核算账簿顺序：显示当前合并主体所包含的财务核算账簿，可通过上移下移决定查询结果的财务核算账簿列显示顺序。

②合并工作底稿查询条件。根据设置完成的合并工作底稿进行查询和展示。

名称：选择定义好的合并现金流量底稿记录，以此查询对应的现金流量结果。

会计年度：选择要查询的会计年度。

会计期间：选择要查询的会计期间。

包含未生效凭证：对于调整抵销凭证，是指生效状态；对于总账凭证，是指记账状态。

联查：选中某一单元格（指调整/抵销/少数股东权益列），可直接联查明细账，联查后再选择一条明细记录再联查到凭证。

（6）合并现金流底稿。合并现金流量底稿是按照现金流量项目将各个参与合并的财务核算账簿合并前现金流项目数据、合并前调整的数据和抵销数据、合并后的数据列示在一起，可以详细地查看按照现金流项目展示的合并结果。

①合并现金流底稿查询条件。

名称：选择定义好的合并现金流量底稿记录，以此查询对应的现金流量结果。

会计年度：选择要查询的会计年度。

会计期间：选择要查询的会计期间。

包含未生效凭证：对于调整抵销凭证，是指生效状态；对于总账凭证，是指记账状态。

②合并现金流底稿联查。

联查：选中某一单元格（指调整/抵销/少数股东权益列），可直接联查明细账，联查后再选择一条明细记录再联查到凭证。

（7）内部交易查询。合并的基础是当集团企业有内部交易时，在以整个集团企业为实体来看，需要剔除内部交易后的数据。而企业的内部交易业务种类比较多，各个企业之间也都有复杂的内部交易，系统为了更好更清楚地展现它们以说明合并结果的正确性，提供了内部交易查询的功能。

①内部交易查询设置

选择维度信息：设置合并主体参与合并的财务核算账簿在查询结果是作为行维度显示还是列维度显示，设置后，会计科目或现金流量项目的显示位置则在另外一个维度上。

本方组织：参照选择合并主体下的所有财务核算账簿，包括下级合并主体下的财务核算账簿。

对方组织：参照选择合并主体下的所有财务核算账簿，包括下级合并主体下的财务核算账簿。

查询内容：可任意选择会计科目和现金流量，如果选择现金流量项目，则与会计科目有关的不可选择编辑；如果选择会计科目，则不可选择现金流量项目档案。

数据范围：决定查询结果是当前查询期间还是累计期间的发生数。

②查询内部交易明细。根据设置完成的内部交易查询进行查询和展示。

15.2.5 合并报表

1. 业务描述

通常集团企业要报送的报表应当包括以下几种。

（1）合并资产负债表。

（2）合并利润表。

（3）合并现金流量表。

（4）合并所有者权益变动表以及附注。

2. 会计信息系统解决方案

（1）报表格式设计。为方便合并报表表样的制作，系统预置了四套关键字不同的标准合并报表模板，可以在“报表表样”节点使用“导入-导入预置套表”功能直接套用该模板。

系统预置这四套样表，均包含以下六张合并报表样表：合并资产负债表、合并利润表、合并利润表附表、合并现金流量表、合并现金流量附表、合并所有者权益变动表。

①在资产负债表中，年初数是取自上年已经生成的合并报表的期末数，即通过如下公式计算获得：货币资金年初数=MSELECT(“货币资金期末数”,“月”,-ZMONTH())。

公式数据推演如下。

MSELECT：指标取数函数，返回指标符合条件的值。

函数格式：MSELECT（指标名称，[时间属性]，[偏移量]，[关键字条件]，[版本号]）。

ZMONTH()：根据当前输入日期返回“月”。

例如，报表录入日期为 2011 年 6 月 25 日，则 ZMONTH()返回值为 6。

那么，公式 MSELECT(“货币资金期末数”, “月”,-ZMONTH())应该表示 2011 年 6 月向前偏移 6 个月，即表示 2010 年 12 月的资产负债表的货币资金期末数。

②在资产负债表中，期末余额是取资产负债表日的余额，通过如下公式计算获得：CABClose ('1001，k('会计年')，k('会计月')，",'0','LOC','0','N','N',",'GT-1','12-0001',")。系统提供了 NC 合并账簿的业务函数，期末余额公式设置如图 15-10 所示。

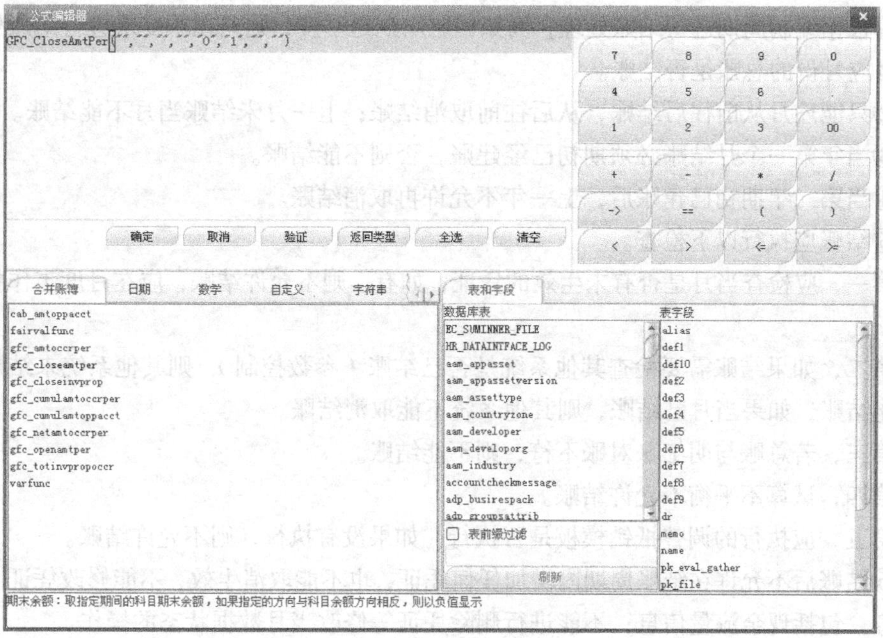

图 15-10　期末余额公式设置

以 CABClose 为例，在公式参数设置界面需要设置取数的合并主体、合并账簿和科目等信息。其中，“包含转账凭证”是指是否包含转账属性为“损益结转”的凭证。

③在利润表中按“月”合并时，本月数和本年累计数分别使用 HBFS、HBLJFS 这两个函数取数。

（2）任务的建立和分配。在“任务”节点建立合并报表数据采集的任务；在“任务分配”节点将任务的分配给在合并账簿模块拥有合并结果的单位。

（3）数据计算和录入。在“报表数据中心”节点进行数据的计算和手工录入。

15.2.6　期末处理

1. 业务描述

每个会计期间在完成合并工作之后，需要进行期末处理。合并账簿的期末处理包括试算平衡和期间结账。

（1）试算平衡用于计算当月调整抵销发生数是否遵循会计恒等的原则；

（2）结账用于标记当月的工作已完成，结账后当月不能再有任何的数据变动。

2. 信息系统解决方案

（1）合并监控台。“合并监控台”是一个图形化的操作平台。纵向是合并主体的树状层次结构，横向是合并主体需要完成的各项任务，包括结账状态和各项抵销业务；中央区域则是反映合并主体各项任务完成的最新状况，这些状况包括初始、已执行、未执行、不涉及。

（2）试算平衡。在“试算平衡”节点选择合并主体后进行试算平衡检查。

（3）结账。

①根据编制周期进行结账处理，例如编制周期是季度，则只在季度末进行结账处理并判断对应月份的总账是否结账。

②只能逐月从前往后结账，从后往前取消结账；上一月未结账当月不能结账。

③当年第一个月结账必须期初已经建账，否则不能结账。

④当第二年期初已建账后，上一年不允许再取消结账。

⑤结账应执行以下检查。

第一，应检查当月是否有未生效的凭证，如有，则不允许结账，应在月度工作报告中提示。

第二，如果结账需要检查其他系统是否已结账（参数控制），则其他系统未结账，当月不能结账，如果当月已结账，则其他系统不能取消结账。

第三，若总账与明细账对账不符，则不能结账。

第四，试算不平衡不允许结账。

第五，应执行的调整抵销模板是否执行，如果没有执行，则不允许结账。

⑥结账后不允许在结账周期内增加任何凭证，也不能取消生效，不能修改凭证上的任何信息，包括现金流量信息；不能进行删除凭证等修改当月数据状态的操作。

⑦相关参数介绍如下。

相关参数 1：凭证生效环节是否保存即生效。参数值：是/否，如果为“是”，则凭证保存后即生效；如果为“否”，则凭证被审核后才能生效。

相关参数 2：结账是否检查对应总账财务核算账簿结账。参数值：是/否，如果为“是”，当前合并主体下对应的总账所有财务核算账簿当月已结账才能结账，合并账簿后结账后对应的总账所有财务核算账簿当月不能取消结账；如果为“否”，当前合并主体下对应的总账所有财务核算账簿当月未结账也可以结账，合并主体结账后不控制对应的总账所有财务核算账簿能否取消结账。

相关参数 3：是否允许取消结账。参数值：是/否，如果为“是”，则可以顺序取消结账；如果为“否”，则结账后不允许取消结账。

15.3 合并账簿初始准备

合并账簿初始准备如图 15-11 所示。

15.3.1 管控模式

（1）如果涉及跨集团的内部交易抵销，那么客户基本信息、供应商基本信息都需要设置成全局可见，即图 15-12 中的前八种模式；因为如果存在跨集团的内部交易，那么一定存在跨集团的业务单元互为内部客商。

（2）V 6.3 合并账簿信息系统涉及的管控模式未在 UAP“管控模式”节点注册成可配置模式。

（3）管控模式的详细应用介绍参见《NC V 6.3 系统管理信息系统手册》。

（4）功能节点：“应用系统管理”→“系统初始化”→“管控模式”。

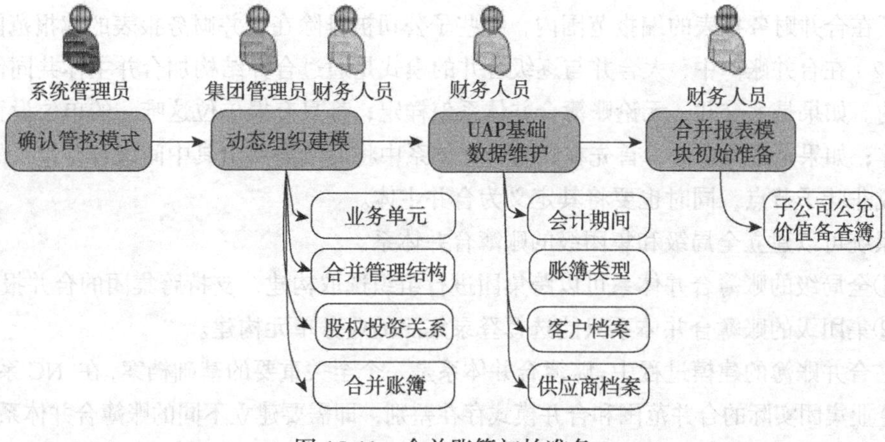

图 15-11 合并账簿初始准备

	选择	管理模式	可见性范围	唯一性范围
1	☐	全局	全局	全局
2	☐	全局+集团	全局	全局
3	☐	全局+集团	全局+集团	全局
4	☐	全局+集团	全局+集团	全局+集团
5	☐	全局+集团+组织	全局+集团	全局+集团
6	☐	全局+集团+组织	全局+集团+组织	全局
7	☐	全局+集团+组织	全局+集团+组织	全局+集团
8	☑	全局+集团+组织	全局+集团+组织	全局+集团+组织
9	☐	集团	集团	集团
10	☐	集团+组织	集团	集团
11	☐	集团+组织	集团+组织	集团
12	☐	集团+组织	集团+组织	集团+组织
13	☐	组织	组织	组织

图 15-12 管控模式

15.3.2 动态组织管理

1. 业务单元

（1）在“业务单元”节点将参与合并的业务单元，通过“生成内部客商”按钮生成内部客户和供应商。

（2）功能节点：“企业建模平台”→“组织管理”→“业务单元”。

2. 账簿合并体系

在“组织管理”节点建立账簿合并体系，账簿合并体系可以理解为合并单位组成的“树”形结构，确定合并范围和合并模式。

（1）合并范围是指应纳入合并财务报表编报的子公司的范围，主要是明确哪些子公司应包括在合并财务报表的编报范围内，哪些子公司被排除在合并财务报表的编报范围外。

（2）在合并账簿中，大合并与逐级合并的模式是通过合并结构加合并主体共同作用而确定的。如果是大合并，无论账簿合并体系怎样定，都只有根单位这唯一的单位设置为合并主体；如果是逐级合并，首先在账簿合并体系中将后续需要出具中间级合并结果的单位设置成非叶子节点，同时也要将其定义为合并主体。

系统可以建立全局级和集团级的账簿合并体系。

①全局级的账簿合并体系可以跨集团进行组织选取构建，支持跨集团的合并报表。

②集团级的账簿合并体系只能选择登录集团的业务单元构建。

在合并账簿的建模过程中，账簿合并体系是一个至关重要的基础档案，在 NC 系统中，如果企业集团实际的合并范围和合并模式存在差别，即需要建立不同的账簿合并体系。

3. 股权投资关系

股权投资关系管理着集团内部单位之间的投资比例及其变动过程，管理着长期股权投资的核算方法是成本法还是权益法。这是系统权益类抵销分录自动生成，以及报表成本法自动转权益法的重要依据。

对股权投资关系的管理，是从收购日开始的。也就是说，一项集团内部权益性投资，从其发生第一笔投资开始，就应将相关数据反映到合并投资关系管理中来。同时，对于一项投资发生每一次变动（包括持股比例的变动和核算方法的变动），无论是持有股份增加还是减少，也都应通过投资关系来反映。

股权投资关系是全局级节点，建立集团下所有法人公司间的投资关系。支持查询某个集团的股权投资关系视图，也支持查看全局的股权投资关系视图。

4. 合并账簿

参见 15.2.1“合并模式”章节。

15.3.3 子公司公允价值备查簿

参见 15.2.2“调整业务”章节。

15.4 合并账簿操作指南

本章具体详细操作应用，请登录 NC 系统参见相关信息系统帮助。

本章小结

本章围绕信息系统能够解决的主要业务场景展开，并以此为依托展现信息系统的关键应用功能，帮助用户建立业务需求与信息系统解决方案的匹配思路。本章主要包括四大部分，第一部分是对合并账簿信息系统及其价值的介绍；第二部分是对有关合并账簿的主要业务场景、流程及对应的会计信息系统功能的介绍；第三部分是关于会计信息系统实现的初始准备设置；第四部分是关于会计信息系统的功能点的具体操作，此部分不在本章中描述。

关键词汇

合并账簿（consolidated account book）

合并主体（consolidated entity）

工作底稿（working paper）

抵销模板（offset template）

调整分录（adjusting journal entry）

小组讨论

目前，新世纪纸业集团总公司纳入合并范围核算的公司有无锡宏远工厂、无锡兴达工厂、纸业销售总公司、世纪纸业公司、致美纸业公司，并根据集团的会计核算体系建立了财务核算账簿，同时，公司要求世纪纸业公司下属的山西分公司、致美纸业公司下属的上海分公司独立核算。独立建账、出具报表，并由相应上级公司对其报表进行汇总上报。

为了确保下属公司合并数据的合理性控制，通过对下属公司运营数据的实时分析，及时对其进行业务指导，要求在新世纪集团总公司层面建立合并账簿，世纪纸业公司和致美纸业公司作为合并节点，世纪纸业公司下属的山西分公司、致美纸业公司下属的上海分公司分别由相应上级单位进行合并。

讨论：

1. 针对本题，如何建立会计账簿合并体系？
2. 在合并账簿时需要做哪些初始准备？

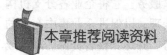

本章推荐阅读资料

扫描此码　深度阅读

第 16 章

共享服务

学习提要与目标

本章主要讲述了财务共享的基础信息，会计信息系统相关功能及其价值，有关本模块的主要业务场景、流程及对应的业务功能。初始准备设置及本模块功能点的重要操作，此部分未就详细条目展开，详情可查阅会计信息系统相关模块的在线帮助说明。

通过本章的学习，应能够：

- 了解财务共享的内涵，熟悉会计信息系统的相关功能。
- 熟悉会计信息系统中财务共享模块的流程和功能点的操作。

16.1 共享服务概述

16.1.1 财务共享服务背景

共享服务是以客户需求为导向，按照市场价格和服务水平协议为企业内部多个分支机构，或集团内部多个公司及外部企业提供跨地区的专业化共享服务。它将企业各分支机构“分散式”的、重复性的职能业务整合到共享服务中心进行处理，以促进企业集中有限的资源和精力专注于自身的核心业务，创建和保持长期竞争优势，并达到整合资源、降低成本，提高效率、保证质量、提高客户满意度的目标。

共享服务的事项可包括财务、人力资源、信息技术等的共享，如图 16-1 所示。

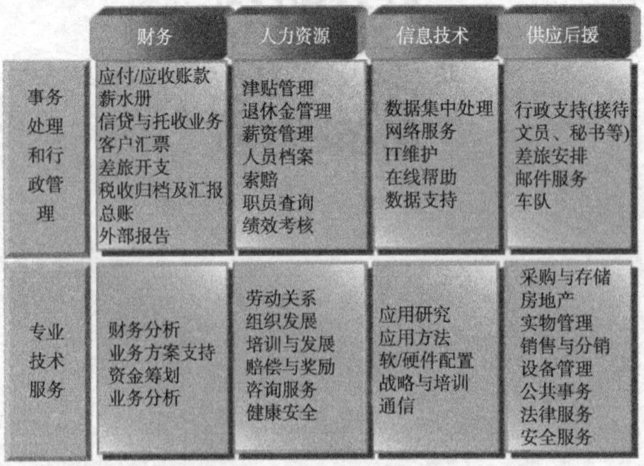

财务
人力资源
信息技术
供应后援
事务处理和行政管理
应付/应收账款
薪水册
信贷与托收业务
客户汇票
差旅开支
税收归档及汇报
总账
外部报告
津贴管理
退休金管理
薪资管理
人员档案
索赔
职员查询
绩效考核
数据集中处理
网络服务
IT维护
在线帮助
数据支持
行政支持(接待文员、秘书等)
差旅安排
邮件服务
车队
专业技术服务
财务分析
业务方案支持
资金筹划
业务分析
劳动关系
组织发展
培训与发展
赔偿与奖励
咨询服务
健康安全
应用研究
应用方法
软/硬件配置
战略与培训
通信
采购与存储
房地产
实物管理
销售与分销
设备管理
公共事务
法律服务
安全服务

图 16-1　共享服务事项

资料来源：Quinn 等(2000)

其中，财务共享服务是近年来出现并流行起来的会计和报告业务方式。它是将不同国家、地点的实体的会计业务拿到一个 SSC（共享服务中心）来记账和报告，这样做的好处是保证了会计记录和报告的规范、结构统一，而且由于不需要在每个公司和办事处都设会计，节省了系统和人工成本，但这种操作受限于某些国家的法律规定。

需要注意的是，财务共享不等于人员集中，它的核心是后台业务处理能力的集中，如图 16-2 所示。

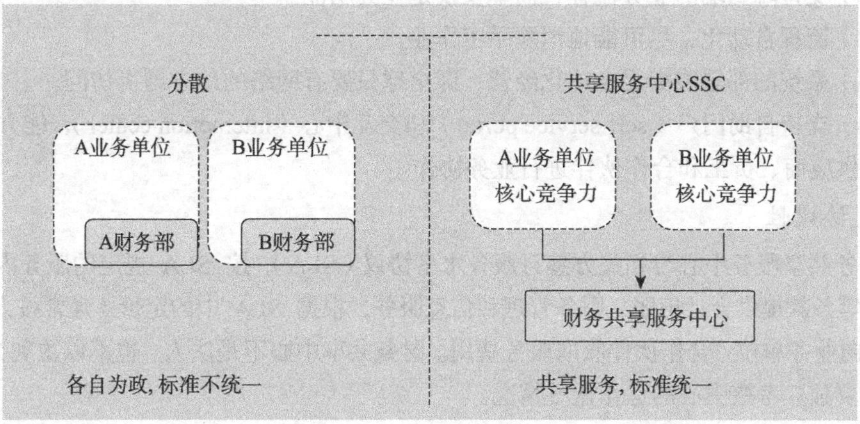

图 16-2　财务共享服务

资料来源：陈虎、董皓《财务共享服务》

16.1.2　信息系统的特点

共享服务信息系统具有以下几个特点。

1. 服务性

财务共享服务中心是以客户为导向的服务型组织，为总部、业务单元、客户、供应商、员工等提供会计处理和信息服务，从而实现职能部门向服务型角色的转换。

2. 规模性

财务共享服务是基于大型集团企业所需而产生，其需要对企业进行业务整合，从而形成规模经济，可达到利用规模经济降低成本的目的。

3. 专业的知识和人员

因企业在构建财务共享服务中心时，一般会执行业务流程优化。建成并运作后，仍然需要关注业务流程优化，不断提高财务共享中心的能力，其能力包括专业人才的储备，同时也需要关注专业人员的技能发展。例如，在财务共享中心下面构建基于各种专业命题的卓越中心（center of expertise，CoE），如 Tax、国际会计准则（IFRS/IAS）、快速关账（fast closing）等。这些卓越中心的专家型人才能为企业提供更快速和更具专业水平的解决方案，从而减少对外部顾问的依赖。

4. 统一性

实现财务共享后，可形成标准化业务流程，从而建立统一的操作模式，通过共享服务中心执行统一标准，运作统一流程。

5. 技术性

财务共享服务的实现，依赖于高效、高度集成的软件系统和电子通信。

要适应共享服务中心模式，ERP 系统必须具备以下特点。

（1）支持端到端的业务流程，而不仅仅是业务功能。

（2）流程自动化，尽可能地消除手工作业。

（3）系统的部署能满足全球化经营，即全球只要有网络的地方即可访问。

（4）支持自助门户（self-service portal）和交互中心（interaction center），能方便地与客户、供应商、员工和合作伙伴进行业务协作。

6. 协议性

财务共享服务中心与相关方签订服务水平协议（SLA），按 SLA 规定的服务内容、相应时间等条款提供会计记账、财务管理和信息服务，根据 SLA 中的定价（通常按人/小时×单价）向业务单位、合作伙伴收取服务费用。财务共享中心不是法人，也不以盈利为目的，但也需要独立考核中心的运作盈亏情况。

16.1.3 实施价值

财务共享服务的实施价值如图 16-3 所示。

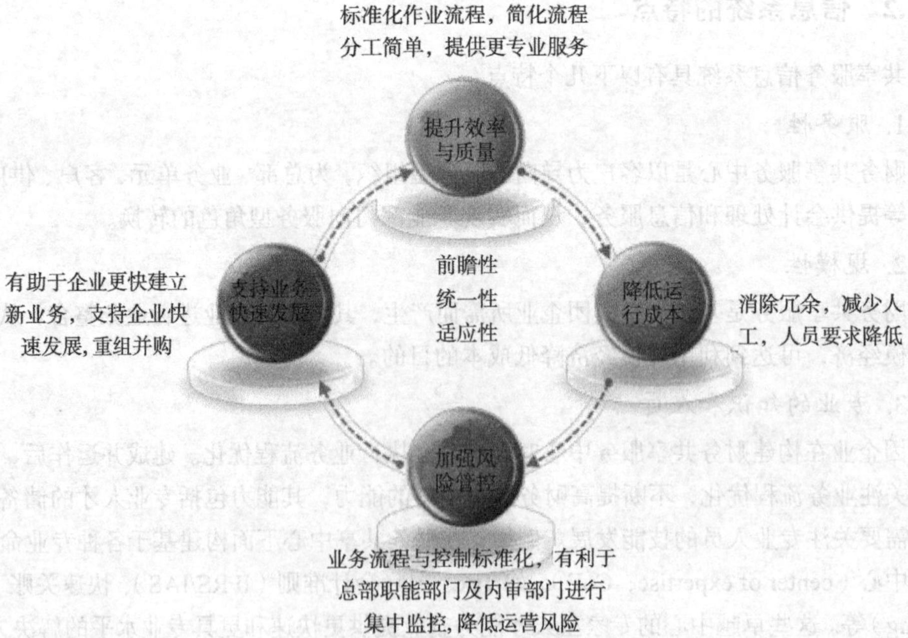
标准化作业流程，简化流程
分工简单，提供更专业服务
提升效率与质量
有助于企业更快建立新业务，支持企业快速发展，重组并购
支持业务快速发展
前瞻性
统一性
适应性
降低运行成本
消除冗余，减少人工，人员要求降低
加强风险管控
业务流程与控制标准化，有利于总部职能部门及内审部门进行集中监控，降低运营风险

图 16-3 财务共享服务的实施价值

现阶段大多数集团企业的财务管理模式为分散式的外派模式。每个板块、分公司、子公司均设有独立的财务部门，独立进行财务核算，然后按照层级关系定期将财务信息上报合并。这种财务模式在集团公司规模较小、业务范围限定在一定区域内的时期发挥了很大作用。

为了更好地适应集团战略转型和精细化管理要求，推进集团财务管理转型，可以借助财务共享服务中心这种新的管理模式，达到统一核算标准和核算流程，提高财务核算质量和效率，减少财务人员总量，降低财务管理成本的目的，实现集团财务管理链条扁平化，提高风险管控能力。

1. 统一核算标准、统一核算流程，提高财务核算质量和效率

建立财务共享服务中心，将下属分子公司的财务核算工作剥离出来，财务共享服务中心利用信息系统和影像扫描技术，使用统一的核算标准、统一的核算流程，远程为集团成员单位提供财务核算、资金结算、报表编制等财务服务，实现及时记账、及时结账、统一出具财务报表，提高财务核算的质量和效率。

2. 减少财务人员总量，降低财务管理费用

建立财务共享服务中心，充分发挥财务共享服务中心的规模优势，减少财务人员总量，降低财务管理费用。

3. 实现集团财务管理链条扁平化，提高风险管控能力

财务共享服务中心的建立，推进财务业务一体化，促进企业核心业务的发展，集团的各项战略和财务管理直接传递至基层单位的核心决策层，使会计核算与业务一线建立直接通道，大大加强了企业的管控力度，同时促进会计核算和财务管理的完全分离，使更多高素质财务管理方面的专业人员做财务管理工作，加强国家相关法规政策、集团战略、政策的理解，防范各种运营风险。

4. 提升企业的核心竞争力和整合能力，有效支撑企业的发展战略

集团在建立子公司或收购其他公司时，财务共享服务中心能马上为这些新建的子公司提供财务核算服务。将财务管理人员从繁杂的非核心业务工作中解放出来，集中精力为公司业务部门的经营管理和高层领导的战略决策提供高质量的财务决策支持，促进核心业务的发展，提高财务管理水平与执行力，加速企业整体战略的实现。

企业向共享服务转型，通常会面临六个方面的变化（表 16-1）。

表 16-1　企业转型后的变化

	转型前	转型后
组织	**各地控制：** 当地财务部直接向当地管理层汇报，零星线条向集团汇报	与集团财务部门紧密协作，通过共享服务转型，实现组织的扁平化，同时支持高效动作。 共享服务中心处理低价值的交易性工作，集团财务管理部门集中资源完成会计制度制定、业务考核、决策支持、资金筹划、税务筹划等高附加值的工作

续表

	转型前	转型后
	下图为财务共享服务中心与集团财务组织、分支机构财务的关系：	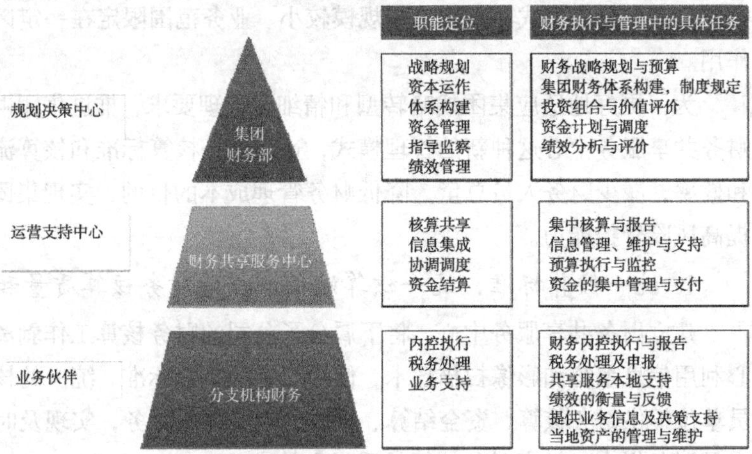
流程	各地差异： （1）多种流程体系 （2）多种处理过程 （3）多种处理结果	标准化与效率最大化 除当地法规导致的个别差异外，流程全国统一并标准化
系统	多种工具与系统： 多种系统 多种应用软件	集团层面统一 统一业务采用统一的工具与应用软件 有赖于 ERP\工作流影像技术、自助服务的发展
地点	**分散各地** 工作量大、价值低的业务分散各地处理	**流程集中化** 大部分的财务处理活动集中在财务共享服务中心
服务导向	**公司内部导向** 内部导向 被动的成本中心	**客户导向** 将服务水平管理作为核心竞争力 积极的利润中心
人员	传统 传统观念 传统职能	**转型** 利用规模技能，优化服务交付，提高运营效率，降低成本 观念再造：沟通沟通再沟通 财务人员职能的变化：传统财务→业务财务 财务工作中高价值与低价值的工作分离，原有财务人员需要进行相应转型

16.1.4 战略组织结构

共享服务中心的战略组织结构主要有三种，一般根据公司情况进行选择。

1. 专长中心

每种适用于共享服务中心的业务流程在全球范围内建立相应的共享服务中心，如图 16-4 所示。

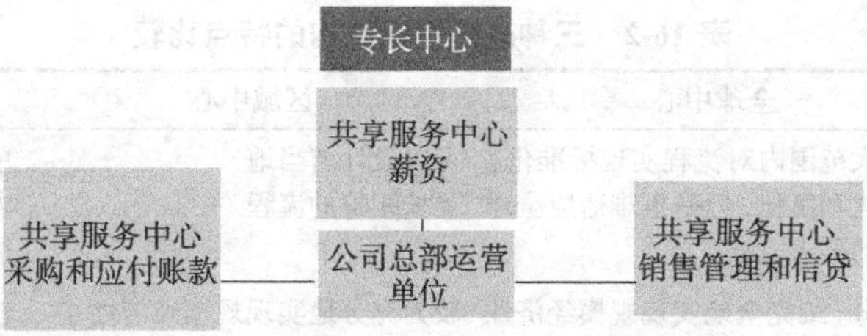

图 16-4 专长中心

2. 全球（国）中心

将企业全球范围内的某些业务流程集中到一个全球共享服务中心来处理，如图 16-5 所示。

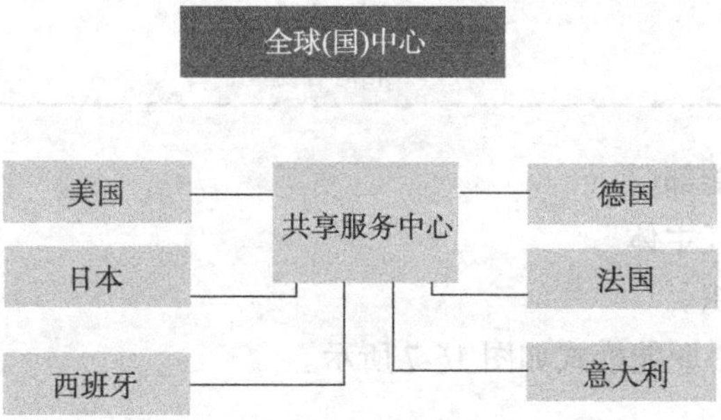

图 16-5 全球中心

3. 区域中心

将企业的全球办公室划分为数个大区，然后将某些业务流程集中到某个大区的共享服务中心来处理，如图 16-6 所示。

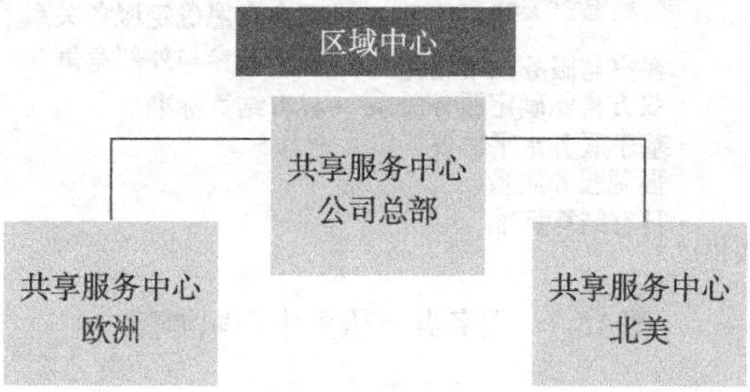

图 16-6 区域中心

以上三种战略组织结构的特点比较如表 16-2 所示。

16.1.5 战略职能规划

财务共享服务中心的职能定位主要有以下三种模式，一般以第一种模式为起步，后续则根据财务共享服务中心的发展情况及企业战略要求向另外两种模式拓展和延伸。

表 16-2　三种战略组织结构的特点比较

类别	全球中心	区域中心	专长中心
标准化和适应当地要求程度	在最大范围内对流程实现标准化、规范化和简化，但是很难适应全球不同的要求	可以设计与当地要求相符的流程	单个/类流程在全球范围内得到标准化，但难以适用全球不同的要求
规模经济性的实现程度	最充分、最完全地实现规模经济性	较为充分地实现规模经济性	较为充分地实现规模经济性
对系统的要求	需要一个完全整合的系统	不一定需要完全整合的系统	不一定需要完全整合的系统
对人员的要求	很难对共享服务中心的人定义技能要求	地区性的文化和语言差异较易适应和调整	鼓励发展各类职能的专家
受全球税务和法规的影响	将面对全球税务和法规的影响	地区性的税务和法规问题可以在各个地域的共享服务中心得到解决	将面对全球税务和法规的影响
管理难度	相对最难	相对容易	相对容易

（1）公司内部职能部门。

（2）独立运营责任主体。

（3）成为营利组织。

财务共享服务中心职能模式如图 16-7 所示。

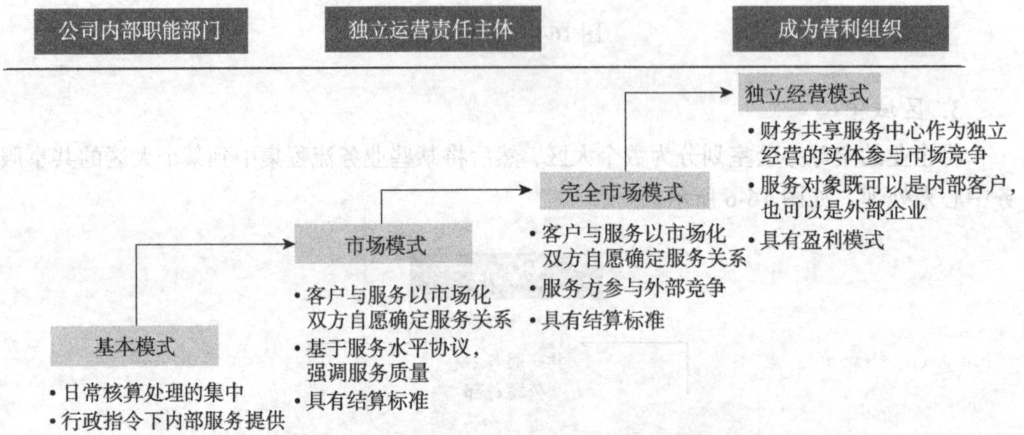

图 16-7　财务共享服务中心职能模式

16.1.6　适用企业

按行业来确定，适合建立财务共享服务中心的行业有金融企业、服务企业、连锁企业等，按照企业特点，可以从以下八点进行分析。

1. 业务规模

集团企业的业务规模越大，建立共享服务中心越多。通常年销售额在 100 亿元以上的大型集团企业对共享服务的需求更迫切。

2. 异地分支机构的数量

不同地区分子公司的财务管理、人力资源管理，资源配置等各自为政，没有统一的标准和规范进行协调，企业集团难以实现统一管控，难以做大做强，难以实现扩张，并且一个子公司出现问题，可能牵涉到其他子公司的连锁反应，集团的发展扩张受到制约，企业的经营风险和财务风险不断增加。通常异地分支机构在 10 个以上时，值得考虑建立共享服务中心。

3. 业务的同质性

因共享服务最终要实现业务流程等一致性，故业务的同质性越高，越容易做共享服务。

4. 企业发展态势

企业在规模扩张阶段或者规划未来发展时，如果每个子公司都需要设立一套财务部、人力资源等职能机构，公司的成本将居高不下，对发展造成影响，故应考虑建立共享服务中心。

5. 企业对经营压力、业绩管理的诉求

企业经营压力越大，对业绩管理的诉求越高，越适合建立共享服务中心。

6. 国际化

企业全球化发展，股东知情权受到挑战。处在不同地域、不同国家的分子公司的财务、绩效如果得不到正确反映，股东就无法预测投资结果，就不愿意盲目投资，会使企业的全球化扩张受阻。共享服务模式可保障企业在全球范围内充分运用各种能力，使整个集团的运作能力比各分散部门独立运作更有效。

7. 领导重视

建立共享服务中心应得到领导重视。

8. 集团治理架构，强集权管理的集团企业

总体来看，运营控制型集团企业的适用性最高，财务控制型、战略控制型集团企业可选择实施标准化程度高的业务。

16.1.7　业务范畴

财务共享服务中心最为普遍的业务流程包括应付账款、应收账款、总账管理、资产管理、成本管理、现金管理、费用报销等。财务共享服务中心最核心的管理就是对流程的管理。流程管理能够提升成本优势、提升应变能力、创造可持续发展能力，如图 16-8 所示。

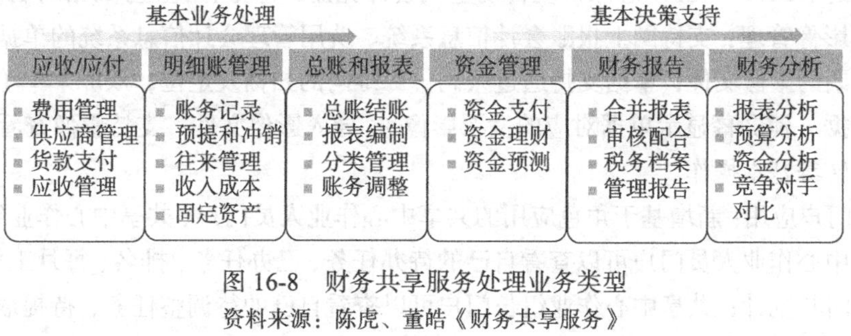

图 16-8　财务共享服务处理业务类型

资料来源：陈虎、董皓《财务共享服务》

16.2 会计信息系统解决方案

16.2.1 NC 财务共享服务概述

NC 财务共享服务：是基于 NC-UAP 平台，整体构建的财务共享服务会计信息系统，涵盖网上报账、费用管理、影像管理、共享服务作业平台、总账核算、资金支付的财务业务一体化共享服务管控体系；并与财务、资金、影像等会计信息系统一起，可实现“费用报账→票据影像管理→共享中心处理→自动生成会计凭证→结算支付”的业务流程，构成企业完整的财务共享服务解决方案；通过实现财务共享服务，助力企业的财务管理从价值守护加速转向价值创造。

提供轻量级业务员工作平台、业务交易及交互门户、移动应用等灵活多样的交互方式；使企业的办公和管理随时随地，覆盖业务申请、业务处理、业务管控、业务统计分析的全业务过程，有效掌业务流、财务流、资金流信息情况。

NC 6.5 版财务共享服务支持具有如下特性。

（1）共享服务组织及委托关系：在动态建模中支持建立共享服务组织，在共享服务委托管理中支持定义共享服务组织可以处理的业务单元范围、委托业务内容（如委托费用管理）。

（2）共享服务作业平台：管理纳入共享服务组织的业务内容派单处理及审核处理；支持审核、复核管理流程；从业务单元的单据视角可以预览凭证，查看单据对应的影像，自动生成总账凭证，向资金系统推送待付款任务。

（3）费用管理支持共享服务：费用管理会计信息系统中的报销单、借款单、费用申请单、预提单支持在共享服务中心作业平台中进行处理；共享服务中心作业平台处理时可以自定义单据模板样式；修改有限的单据字段，查看单据关联的影像，预览凭证；支持单据是否需要扫描影像、单据是否加急，加急状态的单据在共享服务中心会被优先提单并审核。

（4）网上报账支持共享服务：网上报账会计信息系统中的报销单、借款单、费用申请单、预提单支持在共享服务中心作业平台中进行处理；共享服务中心作业平台处理时可以自定义单据模板样式，修改有限的单据字段，查看单据关联的影像，预览凭证；支持单据是否需要扫描影像、单据是否加急，加急状态的单据在共享服务中心会被优先提单及审核。

（5）无缝集成 NC5.X 系列总账系统：财务共享服务中心审核完毕的单据可以直接向独立部署的 NC5.6、NC5.7 总账系统自动生成会计凭证，实现基于业务数据的制证自动化。

（6）影像管理：支持网上报账会计信息系统、费用管理会计信息系统的单据发票扫描并上传发票的影像文件；单据支持通过条码、二维码的扫描及定位；双屏审单（主屏幕显示电子单据、辅屏幕显示单据对应的发票影像）；导入影像文件；支持影像查看、放大、缩小、旋转等基本操作。

（7）门户应用：新增基于角色应用的共享中心作业人员门户、共享中心作业组长门户。其中共享中心作业人员门户可以查看自己的待办任务、已办任务、排名、每月工作量统计、每月工作时长统计；共享中心作业组长门户可以查看自己的待调整任务、待提取任务、组内每个成员的在手任务量统计、组内每个成员的工作时长统计、组内成员的工作量排名统计，以及组在共享服务中心组织内的排名。

16.2.2　整体解决方案架构

（1）共享服务整体解决方案架构如图 16-9 所示。

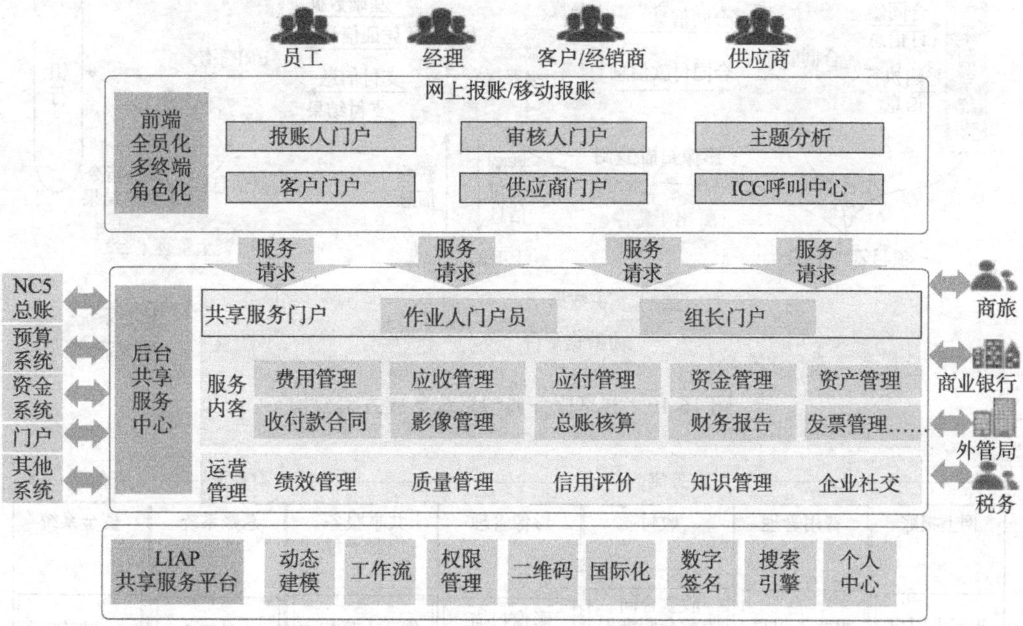

图 16-9　共享服务整体解决方案架构

方案总体由前端、后台、平台和外围集成四个部分组成。前端是基于角色的多终端接入方式，并通过门户方式进行集中展现；后台是共享服务和业务处理的核心，所有前端发起的服务请求都会传递到后台的任务处理中心或服务内容中的对应 ERP 系统进行交易；平台为财务共享服务系统的权限、流程等提供基础服务；外围集成则体现在后台共享服务中心处理完毕的任务可以自动生成独立部署的 NC5 总账系统，将来可以实现与商旅系统、商业银行、外管局、税务系统的无缝集成。

（2）共享服务典型系统集成方案架构如图 16-10 所示。

（3）共享服务各会计信息系统模块间架构关系如图 16-11 所示。

费用管理的财务共享服务是由网上报账、费用管理、收付款合同、影像管理、共享服务作业平台、总账系统、资金系统等领域会计信息系统构成的整体解决方案。其中有些内容，如网上报账、费用管理、总账系统、资金系统的大部分内容，在过去版本已经支持。本版的发版说明，仅涉及本版新增的特性。

（4）财务对业务过程管理的“抓手”——收付款合同解决方案。

本版增加了收付款合同解决方案，针对各类企业的收付款业务进行管理，把业务控制点前移到合同环节。通过收付款合同管理企业所有收款类、付款类合同，及时了解所有合同的收付款情况，尽早控制风险，如图 16-12 所示。

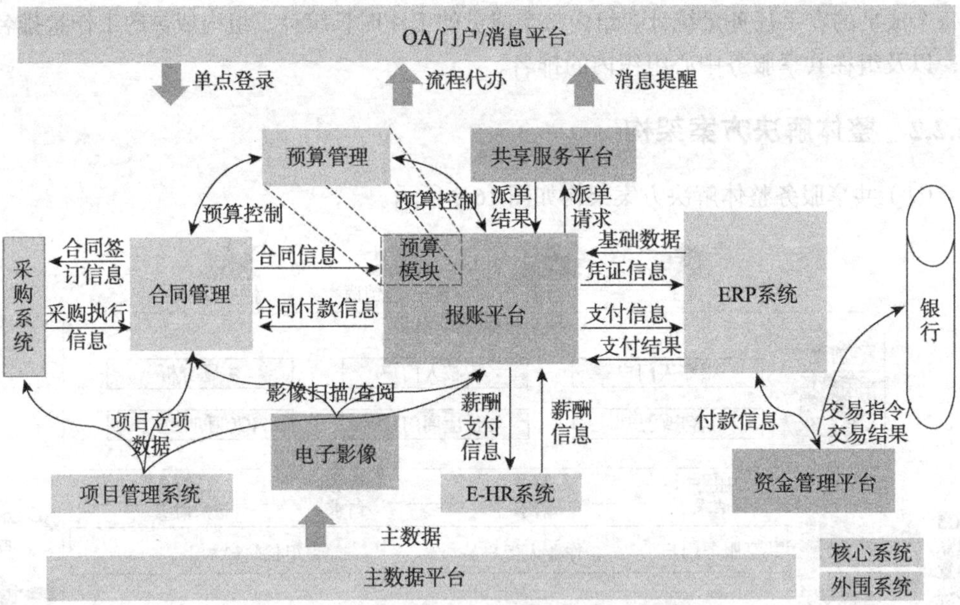

图 16-10　共享服务典型系统集成方案架构

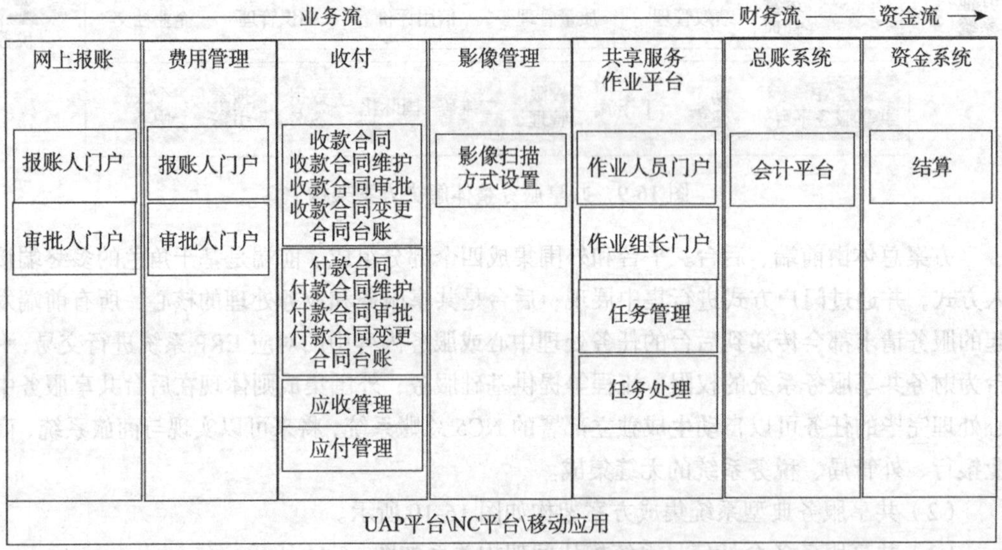

图 16-11　共享服务各会计信息系统模块间架构关系

①合同内容管理所有合同的关键信息，包括收款计划、付款计划、审批过程、合同双方、合同金额。

②通过合同多版本管理各变更版本内容。

③合同执行情况包括：收款合同开票信息、预收款信息、应收款信息、未收款余额等关键信息；付款合同收发票信息、预付款信息、应付款信息、未付款余额等关键信息，如图 16-13 所示。

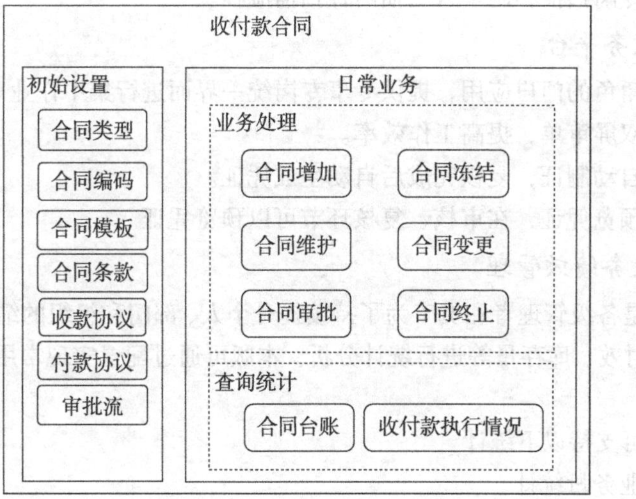

图 16-12 收付款合同解决方案

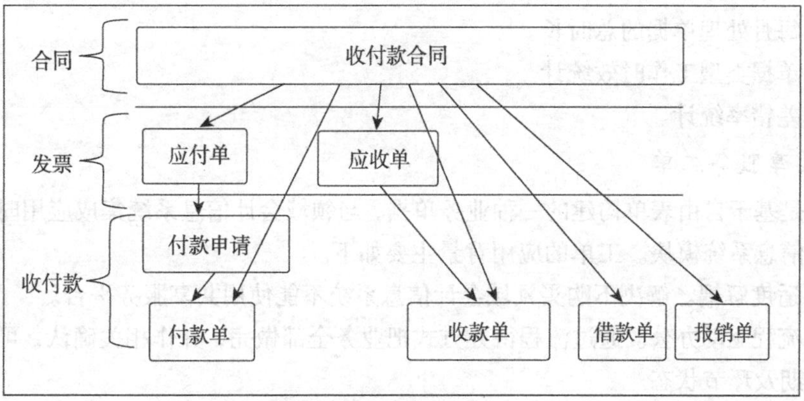

图 16-13 合同执行情况集成

通过收付款合同与应收单、应付单、收款单、付款单、报销单等各类单据集成应用，可以执行在收付款过程中自动回写合同执行情况，实时了解合同的收付款情况。

a. 有效资金管理的根基：收付款合同通过对业务过程中资金收付款关键内容的管理，为资金预测及资金头寸管理提供重要依据。

b. 真正财务业务一体化：收付款合同帮助财务管理者实时了解各类收付款业务的发票收发情况及收付款情况，以合同作为财务对业务过程管理的“抓手”，来规避税务风险、资金风险、法律风险。

16.2.3 会计信息系统价值

1. 支持影像管理

（1）支持针对单据类型或交易类型设置影像扫描方式。

（2）支持在移动终端制单时同步拍发票，单据保存时发票影像会直接传至影像中心。

（3）支持专岗扫描和制单人扫描两种扫描流程。

2. 共享服务平台

（1）基于角色的门户应用，提供专事专岗统一界面进行集中作业审核处理。

（2）支持双屏审单，提高工作效率。

（3）支持自动制证，复核完成后自动生成凭证。

（4）支持预览凭证，在审核、复核环节可以预览凭证。

3. 共享服务绩效管理

绩效管理是各级管理者和员工为了持续提升个人、部门和组织的绩效，从部门、员工、单据等角度对时效、库存量等进行统计分析。本版可通过配置实现常用的绩效分析和绩效看板功能。

绩效分析可支持以下统计。

（1）当日业务量统计。

（2）按单据分别统计本周库存量。

（3）共享服务中心员工任务量统计。

（4）每月处理单据的总时长。

（5）单据类型工作时效统计。

（6）差错率统计。

4. 共享服务工单

工单是基于自由表单构建的一种业务单据，与领域会计信息系统集成应用时需要购买领域会计信息系统模块。工单的应用背景主要如下。

（1）适度解耦。解决不购买领域会计信息系统不能使用共享服务平台。

（2）流程驱动办公。通过流程待办方式把业务全部做完，并作相关确认，可以看到完整工作周期及环节状态。

（3）轻应用场景。没有匹配的领域会计信息系统可用工单进行数据采集、业务处理、归口查询、扫描影像、附件条目按权限隔离维护等，或承载领域会计信息系统前置业务的发生。

（4）降低实施成本。能配置解决的尽量不让项目单开代码。支持工作流审批后生成应收应付单、应付款单、会计凭证。

工单的应用分类及特性支持如表 16-3 所示。

表 16-3　工单的应用分类及特性支持

类别	记录事情	集成影像	流程审批	共享中心处理	生成会计凭证	资金结算
标签型工单	√	√	√	√		
记账型工单	√	√	√	√	√	
结算型工单	√	√	√	√	√	√

记录事情：仅用工单存储数据，流程审批后归档备查。

集成影像：工单可以扫描影像，在单据的“查看影像”中可查看电子影像文件。

流程审批：支持工作流审核。

共享中心处理：工单可以流转到共享中心进行派单作业。

生成会计凭证：工单可以生成会计凭证。

资金结算：工单流程审核后可以推式生成应收应付单、收付款单。

5. 总账

NC6.5 版起，支持影像系统接口。

为了更好支持共享服务，对于一些在总账填凭证发起的业务，系统支持在总账中上传原始单据影像，并在凭证审核时查看。如零售门店的会计可以用此功能录入当时销售数据，并将销售清单等信息上传影像。财务共享服务中心的会计审核凭证即可。

（1）总账制单支持影像扫描及影像查看。

（2）总账凭证审核支持影像查看。

6. 收付款合同

NC V6.5 版增加了收付款合同模块，与应收管理、应付管理、费用管理配合使用，实现财务对收付款合同执行过程的监控，避免发生针对同一合同多付、重付的情况。

收付款合同主要有两种应用场景。

（1）不上 NC 同版本供应链，所有收付款合同通过本会计信息系统进行管理。

（2）上 NC 同版本供应链，销售采购合同之外的其他业务收付款合同，记录诸如自建工程、服务采购等业务的收付款合同，从财务风险管控角度，需要对这些合同的收付款执行情况进行监控，如图 16-14 所示。

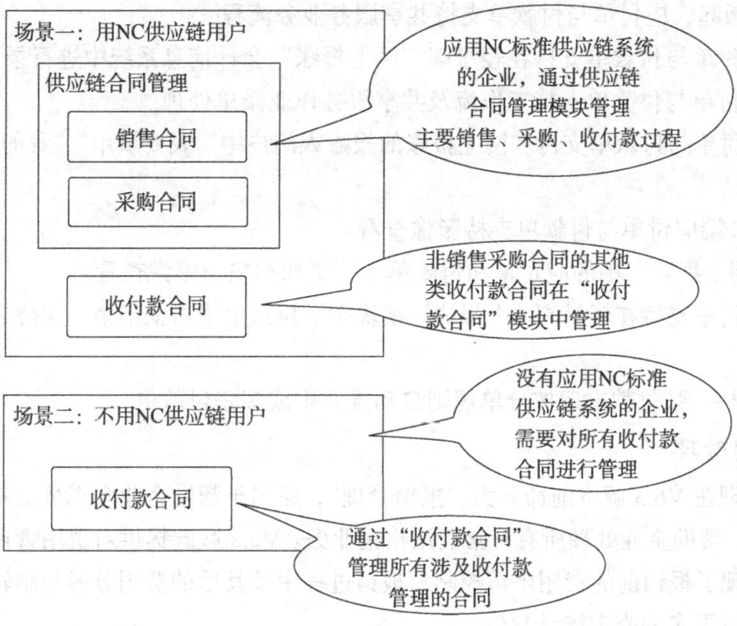

图 16-14　收付款执行情况监控

收付款合同可以从其他系统导入，也可以由财务部或业务部门后勤人员手工导入系统。 合同进入系统后，相关的收款、付款执行数据，由NC应收、应付、费用报销会计信息系统在记录相关收付款业务时，回写合同的执行数据，从财务角度可以随时查看到所有合同的收付款执行情况，屏蔽财务风险。

本系统主要提供如下功能。

（1）可以按合同的业务类型建立多个交易类型。

（2）记录合同关键信息，包括合同双方、合同编号、合同金额、收付款计划等信息。

（3）对合同所有的变更维护新的合同版本。

（4）自动对接应收应付费用报销系统的收付款业务过程，自动维护合同执行数据。

（5）提供合同台账，查询合同金额、已付未付金额信息。

7. 应收管理

应收管理帮助企业处理所有债权业务及相关管理工作。

NC6.5 版起，应收单与收款单支持共享服务业务流程。

（1）应收单、收款单支持在轻量端“网上报账”会计信息系统中进行录入与审核。

（2）应收单、收款单支持工作流及共享服务作业派单处理。

（3）应收单、收款单支持在网上报账的报账人门户中“我要填单”“我的单据”“我的审批”中可见。

（4）NC 端应收单、收款单支持影像查看。

（5）“网上报账”中的应收单、收款单支持影像扫描与影像查看。

8. 应付管理

应付管理帮助企业处理所有债务业务及相关管理工作。

NC6.5 版起，应付单与付款单支持共享服务业务流程。

（1）应付单与付款单支持在轻量端“网上报账”会计信息系统中进行录入与审核。

（2）应付单与付款单支持工作流及共享服务作业派单处理。

（3）应付单与付款单支持在网上报账的报账人门户中“我要填单”“我的单据”“我的审批”中可见。

（4）NC 端应付单与付款单支持影像查看。

（5）“网上报账”中的应付单和付款单支持影像扫描与影像查看。

（6）应付单支持在轻量端“上报账”模块中下拉式生成付款申请，支持多对一生成付款申请。

（7）支持一张付款申请按分单规则自动推式生成多张付款单。

9. 费用管理

费用管理在 V6.3 版本前命名为“报销管理”，原用于帮助企业实现员工基于互联网进行费用报销，帮助企业处理所有日常费用报销业务。V6.3 版起提供对费用管理与核算应用的支持，实现了报销前的费用申请控制、报销过程中及其后的费用分摊与结转、待摊费用摊销，并提供更多的查询统计报告。

V6.5 版费用管理为配合共享服务方案，支持共享服务作业平台功能，调整费用管理单据可支持工作流，使共享服务中心能够审核费用管理的单据。支持工作流的单据包括费用申请单、预提单、借款单、报销单（含还款单）、费用调整单。

V6.5 版起还有以下特性。

（1）费用申请单、借款单、报销单、预提单、费用调整单支持影像查看。

（2）借款单、报销单支持自动结算。

（3）借款单、报销单交易类型上增加选项“手工结算”，不勾选时，单据生效时自动结算。

（4）借款单、报销单表体增加“合同号”，支持关联付款合同，并回写合同执行数。

10. 网上报账

原“网上报销”会计信息系统改名为“网上报账”，以“网上报账”会计信息系统作为企业全员发起财务相关业务流程的统一入口门户，新增基于不同角色视角的报账人门户、审批人门户。其中报账人门户可以填制单据，查看未完成单据、已完成单据；审批人门户可以查看待审批、已审批任务。本版暂时只纳入费用报账相关单据、应收单、应付单、收款单、付款单、付款申请，可以发起费用、应收、应付、资金收付款和项目业务流程，把企业财务管理的所有业务过程通过系统进行统一管理，通过流程显性化企业的管理制度，并降低人为干预的风险。

网上报账是所有财务前端业务的前台入口，主要完成企业全员应用时实际报账人发起的费用借款报销、应收应付、资金收付款业务流程，以及各级业务领导对业务进行审批的过程。费用管理、应收管理、应付管理则是企业财务部应用的会计信息系统，帮助企业的财务部费用会计、应收应付会计等专岗对费用借款报销、应收应付、资金收付款业务进行审批、结算及核算处理。

V6.5 版起支持共享服务：所有单据支持影像扫描与查看，在共享服务作业平台上进行作业派单。

16.3 共享服务应用场景

16.3.1 组织建模

1. 业务总体说明

在上线初期，集团管理员或共享服务中心管理员需要做一些基础配置工作。基础配置操作流程如图 16-15 所示。

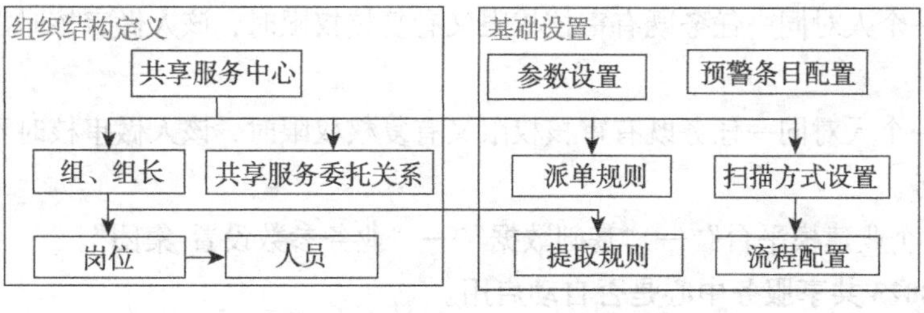

图 16-15 基础配置操作流程

2. 会计信息系统解决方案

1）创建共享服务中心

路径："企业建模平台"—"组织管理"—"业务单元"。

集团管理员可以应用该节点创建具有处理财务业务的共享服务中心。

2）创建组、组长

路径："企业建模平台"—"组织管理"—"部门"。

创建完共享服务中心以后，共享服务中心管理员创建该共享服务中心下的组或科室。标准会计信息系统中的解决方案是：一个组或科室对应系统中的一个部门，组长或科长对应系统中的部门负责人。

注意：第一，如果该组（科室）内有统计该科室内业务人员的任务量、调整任务的组长（科长）时，需要将该人设置为该组的负责人；第二，支持设置多级组（科室）。

3）创建岗位

路径："企业建模平台"—"组织管理"—"岗位"。

共享服务中心管理员创建各组（科室）下包含的岗位。创建岗位时，需要选择所属部门。

4）创建人员

路径："企业建模平台"—"基础数据"—"人员"。

共享服务中心管理员创建该中心的人员，并且为每个人员设置相应的岗位。

5）参数设置

路径："企业建模平台"—"基础数据"—"业务参数设置-全局"。

① SSC001 初审人有审核权限时，优先将审核任务派给初审人。

参数值说明：全局级参数。可选项包含：是、否。默认为是。

参数控制：当初审人和审核人为同一个人时，则该任务是否优先派发给该人处理。

是：表示一个人对同一个任务既有初审权限又有审核权限，则该人初审完成后该任务自动分派给他自己。

否：表示一个人对同一个任务既有初审权限又有审核权限，则该人初审完成后该任务进入任务池，待有审核权限的所有人进行提取，谁提取到谁负责审核。

② SSC002 复核人不允许提取自己审核的任务。

参数值说明：全局级参数。可选项包含：是、否。默认为否。

参数控制：当一个人对同一任务既有审核权限又有复核权限时，该人做审核时是否能提取到自己审核的任务。

是：当一个人对同一任务既有审核权限又有复核权限时，该人做审核时能提取到自己审核的任务。

否：当一个人对同一任务既有审核权限又有复核权限时，该人做审核时不能提取到自己审核的任务。

路径："企业建模平台"—"基础数据"—"业务参数设置-集团"。

③ ORG023 共享服务中心是否自动启用。

参数值说明：集团级参数。可选项包含：是、否。

参数控制：新建共享服务中心时是否自动启用。选择“是”，则新建后自动为启用状态；选择“否”，则新建后自动为未启用状态，需要手工启用。

6）创建共享服务委托关系

路径：“共享服务”—“共享服务基础设置”—“共享服务委托关系”。

共享服务管理员创建业务组织与共享服务组织的业务委托关系，业务委托关系是按照业务类型进行创建的。

注意：

第一，创建业务委托关系时，每行数据必须至少勾选一个业务类型。本版只支持费用管理一种类型。

第二，如果创建委托关系之后，由于某种原因需要中断业务委托关系，则可以通过“停用”功能把该委托关系停用。

第三，如果创建委托关系之后，由于某种原因需要调整委托方或被委托方，修改后需要应用“重置任务分派”将正在进行的任务按照新的业务委托关系进行流转。已经处理完的不受影响。

7）创建提取规则

路径：“共享服务”—“共享服务基础设置”—“提取规则”。

共享服务中心管理员用该节点对作业人员制定管理政策，主要包括设置每次提取任务量，设置是否要限制作业人员的在手待处理任务量。

提取方式：对作业人员提取任务时的控制方式，支持三种控制方式：①不限制提取：作业人员可以无限次地提取任务；②处理完毕后提取：作业人员必须把当前任务处理完后才能提取下一次任务；③阈值限制：当作业人员当前在手任务数量不大于阀值的时候，可再次提取。

每次提取任务量：作业人员每次可以提取到手的最大任务数。

在手任务量阈值：该字段与提取方式配合使用，当提取方式限制选择“阈值限制”的时候，限制在手任务量必填，且必须为正整数；当提取方式限制选择其他两种方式的时候，限制在手任务量不可用。

管理层级：该提取规则的使用范围，支持两种级次：①共享服务组织：适用于整个共享服务中心内的所有岗位；②岗位：适用于该规则所包含的岗位。如果两个层级都定义了，优先匹配岗位级。

注意：

第一，创建共享服务组织业务单元时，系统会自动创建一条共享服务组织级的提取规则。

第二，一个共享服务组织只能定义一条共享服务组织级的提取规则。

第三，每个共享服务都必须定义相应的提取规则，当某岗位的作业人员匹配不到提取规则时，他在作业平台将无法提取任务。

8）创建扫描方式。

路径：“共享服务”—“共享服务基础设置”—“扫描方式设置”

针对单据类型或交易类型设置扫描方式，是否必须影像扫描，支持按照组织进行设置。

影像扫描方式：影像扫描方式支持两种，制单人扫描和专岗扫描。制单人扫描：指单据提交人进行扫描。专岗扫描：配置为专岗扫描时，需要在工作流中配置一个影像扫描环节，表示有一个专岗扫描人员进行扫描。

必须扫描：表示该单据类型或交易类型的单据是否强制必须扫描影像。如果勾选，则表示该单据强制要求必须进行影像扫描，在提交单据或流程流转时系统会有校验。如果不勾选，则表示该单据不强制扫描影像，可扫可不扫，系统不作强制控制。

注意：

第一，每行数据必须选择一种影像扫描方式。

第二，批量设置时，一次只能设置同一主组织类型下的单据类型或交易类型。

第三，按照组织查看，是以组织的角度看该组织下的哪些交易类型或单据类型需要影像扫描、扫描方式是什么。

9）创建工作流

路径："企业建模平台"—"流程管理"—"工作流定义-集团"

该版本中费用管理模块的单据通过工作流在业务组织与共享服务中心之间进行流转。支持手工新增和来自模块两种方式。下面介绍手工新增方式。

（1）制单人扫描。该种场景中，由制单人自己把原始发票扫描到系统中，扫描后再提交审批。如果该单据类型或交易类型的流程为制单人扫描，则扫描方式设置节点中该交易类型的扫描方式需要设置为制单人扫描，两个地方配合使用，如图 16-16 所示。

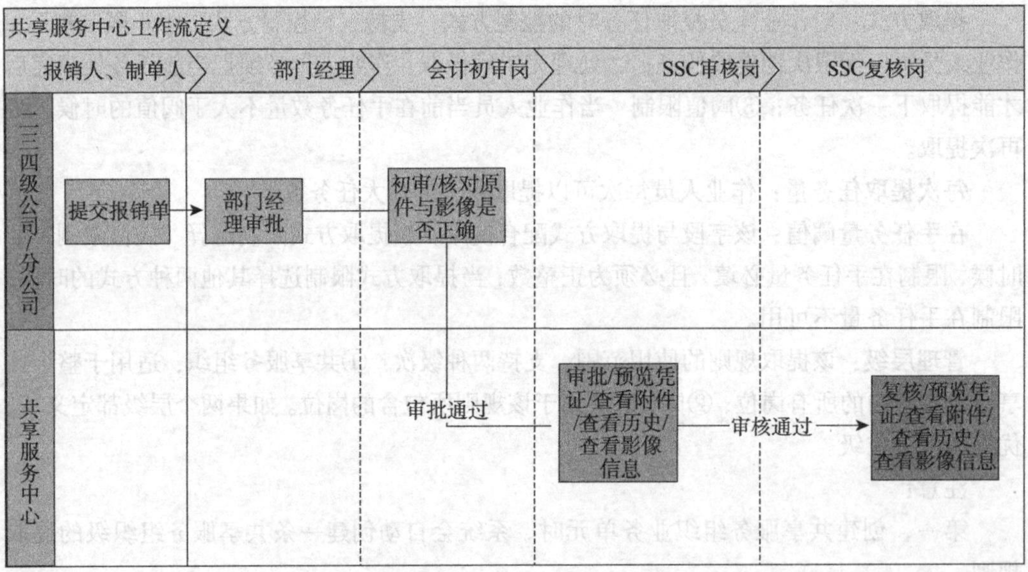

图 16-16 共享服务工作流示意（一）

首先，制单环节。配置制单环节，需要注意以下几点。

第一，在该环节注意需要将"流程活动"的值选择为"SSC 制单"，代表该工作流是需要进入共享服务中心的流程。

第二，其他内容与配置其他工作流一致。

其次，部门经理审批环节。该环节属于审批环节，需要注意以下几点。

第一，需要在工作流中增加一个子流程。

第二，选中子流程，选择已经在审批流程定义中定义好的审批子流程。

再次，会计初审环节。该环节是当地的会计人员对原始发票与扫描的电子影像进行核对环节，需要在工作流中增加一个会计初审环节。需要注意以下几点。

第一，拖动一个人工活动放到中间区域。

第二，将配置项“流程活动”的值选择为“SSC 会计初审”，代表该环节为会计初审环节。

第三，其他内容与配置其他工作流一致。

又次，SSC 审核环节。该环节是共享服务中心的审核人员审核/预览凭证/查看附件/查看历史/查看影像信息的环节，需要在工作流中增加一个 SSC 审核环节。需要注意以下几点。

第一，拖动一个人工活动放到中间区域。

第二，将配置项“参与者类型”的值选择为“共享服务中心”，代表该环节为共享服务中心的人员进行处理。

第三，“流程活动”的值选择为“SSC 审核”。

第四，单击“流程活动参数”，把“SSC 最终环节”的取值设置为否。

第五，其他内容与配置其他工作流一致。

最后，SSC 复核环节。该环节是共享服务中心的审核人员复核/核对科目是否符合会计政策等的环节，需要在工作流中增加一个 SSC 复核环节。需要注意以下几点。

第一，拖动一个人工活动放到中间区域。

第二，将配置项“参与者类型”的值选择为“共享服务中心”，代表该环节为共享服务中心的人员进行处理。

第三，“流程活动”的值选择为“SSC 复核”。

第四，单击“流程活动参数”，把“SSC 最终环节”的取值打上钩。

第五，其他内容与配置其他工作流一致。

（2）专岗扫描。

该种场景中，制单人只负责录入单据并提交，公司会有扫描岗这个专岗为所有单据扫描影像。如果该单据类型或交易类型的流程为专岗扫描，则扫描方式设置节点中该交易类型的扫描方式需要设置为专岗扫描，两个地方配合使用，如图 16-17 所示。

首先，制单环节。首先配置制单环节，需要注意以下几点。

第一，在该环节注意需要将“流程活动”的值选择为“SSC 制单”，代表该工作流是需要进入共享服务中心的流程。

第二，其他内容与配置其他工作流一致。

其次，部门经理审批环节。该环节属于审批环节，需要注意以下几点。

第一，需要在工作流中增加一个子流程。

第二，选中子流程，选择已经在审批流程定义中定义好的审批子流程。

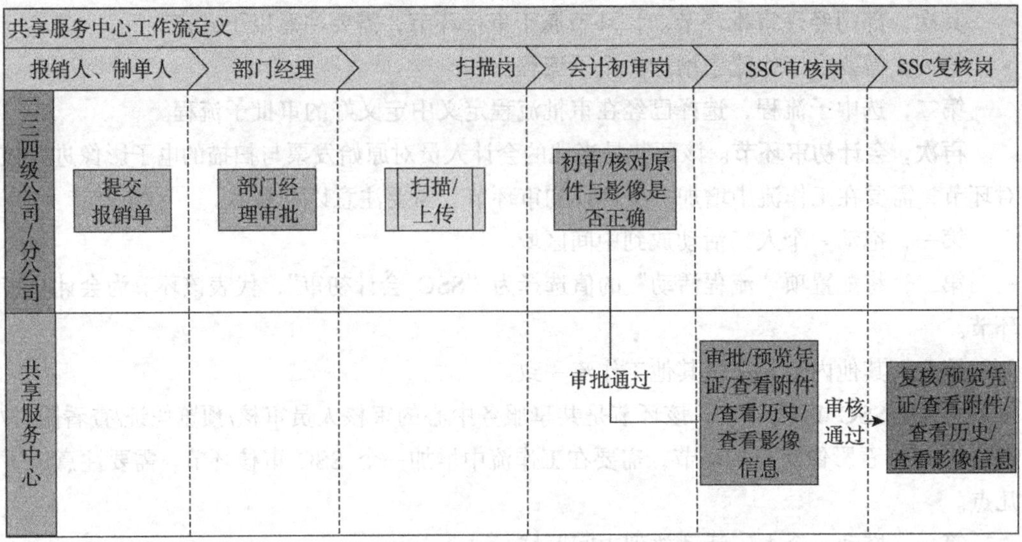

图 16-17　共享中心工作流示意（二）

再次，专岗扫描环节。该环节是公司内部负责把所有单据的原始发票扫描到系统中，需要在工作流中增加一个专岗扫描环节。需要注意以下几点。

第一，拖动一个人工活动放到中间区域。

第二，将配置项“流程活动”的值选择为“影像扫描”，代表该环节为专岗影像扫描环节。

第三，其他内容与配置其他工作流一致。

最后，其他环节。会计初审环节、SSC 审核环节、SSC 复核环节与制单人扫描场景中的配置一致。

注意：工作流不支持加签、改派；配置工作流时，不选择任何环节，直接点空白，在右侧属性面板勾选“隐藏不审批”，本版不支持不审批；工作流中只支持一个子流程。

10）创建派单规则

路径：“共享服务”—“共享服务基础设置”—“派单规则”。

共享服务中心管理员用该节点对共享服务中心所能服务范围内的任务进行分派，可以分派到岗位，最终保证所有的任务都能分配给共享服务中心的专员处理。

该界面分成两部分：一是规则分组；二是派单规则内容。

注意：

如为了预防漏录分支条件，在定义派单规则之前需要在“预警条目配置”节点中，配置一条“存在未分派任务预警”的预警条目。当存在未匹配到派单规则的任务时，给相应的人员发送预警消息。

如果同一个岗位在同一个单据类型下匹配到了多条派单规则，在提取任务时应遵守匹配顺序。例如：会计审核岗有下面六种派单规则，则给该岗位派单的顺序为：6、5、3、4、2、1，如表 16-4 所示。

表 16-4 派 单 规 则

序号	组织	单据类型	交易类型	高级条件	业务活动
1		报销单			审核
2		报销单	差旅费报销单		审核
3		报销单	差旅费报销单	金额>5 万	审核
4		报销单	差旅费报销单	金额<10 万	审核
5	A	报销单	差旅费报销单		审核
6	A	报销单	差旅费报销单	金额>5 万	审核

11）预警条目配置

路径："动态建模平台" — "系统平台" — "预警条目配置"。

共享服务基础设置模块下增加两个预警类型。

第一，作业超期预警：按照单据类型，派工日期—当前日期≤预警逾期天数的任务进行预警。

第二，存在未分派任务预警：按共享服务中心，如果存在不满足所有的派单规则的任务进行预警。

注意：需要定义消息模板以及消息接收人。

16.3.2 作业处理平台

1. 业务总体说明

实施财务共享服务后，一些事务性、基础性财务工作将进行明确的专业化分工，由各种专业的工作组专员处理。一些管理型的工作将按照管理内容由对口的管理人员专注负责，实现人尽其才、才尽人用，争创最佳的工作效果。

这种专业的工作组可以跨组织、跨集团作业，通过工作的标准化、流程化处理可以在集团范围内实现低重复建设，用较小工作成本创更大规模化收益，同时能更好加强财务业务一体化管控运营和提供决策支持。

共享服务中心的创建会导致企业组织架构的重建、业务流程的重组、人员的调整，因此企业管理员比较关心的是如何能快速地创建共享服务中心、服务业务类型和服务范围。

作为企业管理员，可以利用业务单元、共享服务中心委托关系功能来搭建组织结构、业务委托关系，以协助企业完成共享服务中心管理模式下企业组织结构的快速调整，以及划分共享服务中心的职责范围。

2. 基础设置

基础设置主要是维护当前共享服务类型的所有基础参数定义，主要包括以下设置。

（1）业务单元。增加共享服务组织类型，以满足企业中财务、HR、资金等业务统一处理的共享服务业务。共享服务组织是共享服务中心业务的主组织，本版本只支持财务共享服务。

（2）共享服务委托关系设置。定义业务组织提交业务单据后，可以委托哪个共享服务中心处理。本版支持委托处理费用管理、应收管理、应付管理、资金管理、自有表单模块的业务。

（3）提取规则设置。用于设置每次提取任务量，设置是否要限制作业人员的在手待处理任务量。

（4）派单规则设置。共享服务中心的管理员可以使用此功能将任务分配给具体岗位，派单规则是系统对任务池派工时的分组派送的依据，规则的设置直接影响后续任务处理时的任务提取和任务分配与调整的可操作任务范围。任务规则设置的功能，支持按业务组织、单据类型、交易类型、高级条件等分配给共享服务中心的岗位人员。

（5）模板设置。用于设置共享服务中心各业务环节处理业务可见的单据模板样式和可用的动作按钮。

基础参数架构如图 16-18 所示。

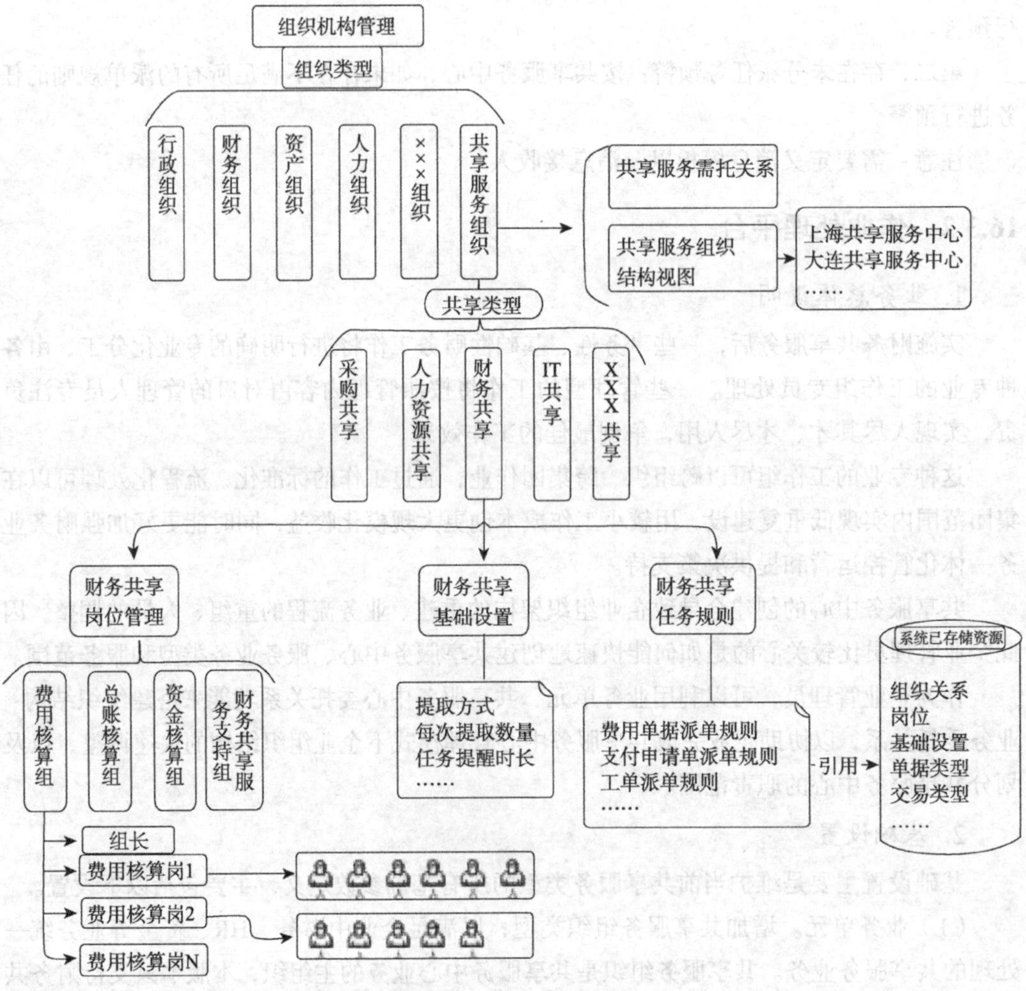

图 16-18　基础参数架构

（6）作业平台。作业平台是共享服务中心工作人员的核心操作入口。基于角色的门户应用提供一站式工作起点，简约时尚的工作体验，进度、趋势洞察及排名的实时呈现。在任务处理及任务管理中提供专事专岗统一界面进行集中作业审核处理，提供双屏审单、自动制证提高工作效率，通过对工作量的计量、量比实现规范运营和质量管控。

第一，作业人员门户。共享服务中心的业务人员可以通过此门户可以查看处理任务总量、总时间、排名等信息。

第二，作业任务处理。共享服务中心的业务人员可以通过此节点提取并处理任务，处理自己的日常业务。

第三，作业组长门户。组长用该界面可以查看该组内人员处理任务总量在组之间的排名、组内人员处理任务的总量等信息。

第四，作业任务管理。任务管理功能的目标用户为组长，组长可以调整任务优先级，将任务池中的未分配的任务指派给本组组员，将已分配未处理的任务取回到任务池。任务管理的主要应用场景包括：分配任务、取回、取回并分配、退回。

第五，任务查询。负责对任务池进行查询统计，查看任务池中不同状态的任务量，任务详细信息，任务处理时效。使用对象为共享服务中心管理人员。

第六，组长任务查询。负责对管理的岗位所处理的任务进行查询统计，查看所管理的人员的任务量，任务详细信息，任务处理时效。使用对象为组长。

作业平台整体应用方案如图 16-19 所示。

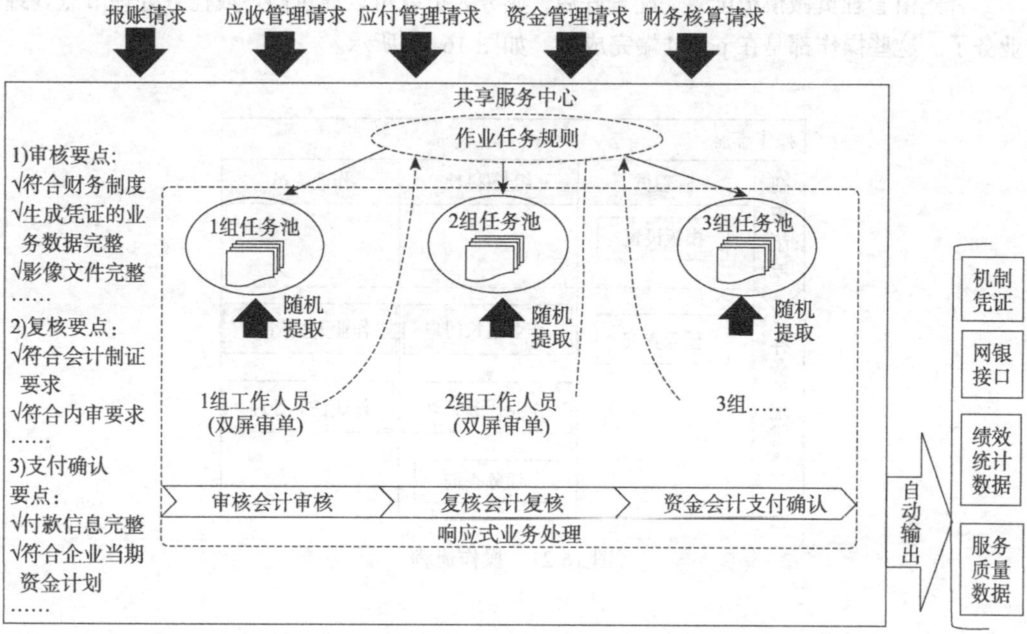

图 16-19　作业平台整体应用方案

作业平台工作流程如图 16-20 所示。

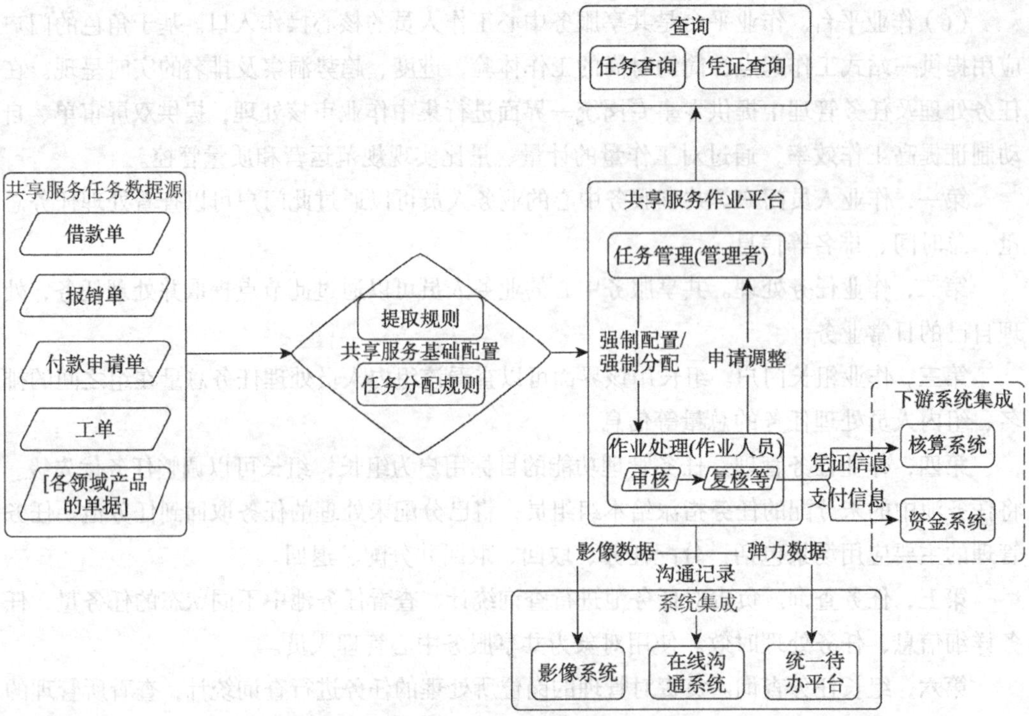

图 16-20　作业平台工作流程

首先由管理员做模板配置，配置好后，业务人员就可以通过门户或任务处理节点处理业务了。这些操作都是在 portal 端完成的，如图 16-21 所示。

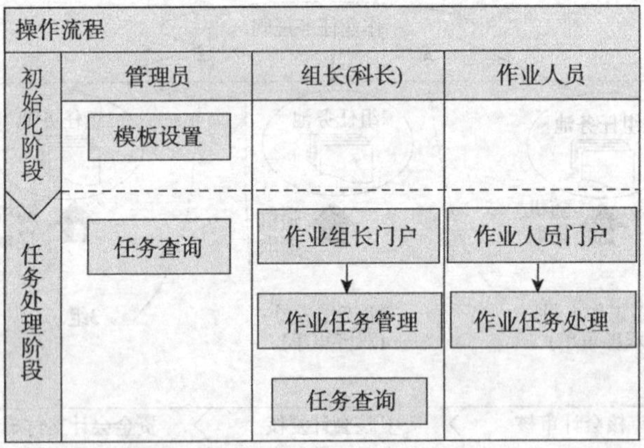

图 16-21　操作流程

3. 会计信息系统解决方案

1）初始化阶段

路径：“共享服务”—“基础设置”—“模板设置”。

管理员为共享服务中心的各业务环节在作业任务处理界面可见的模板样式以及可用的按钮，在 portal 端完成。需要注意以下几点。

首先，为每个岗位分配模板之前，需要在“系统管理”—“客户化配置”—“表单配置”节点中定义好模板样式、显示字段等信息。具体可以参考表单配置帮助。

其次，到“共享服务”—“基础设置”—“模板设置”节点中按照业务活动和组织维度进行分配。

2）任务处理阶段

（1）组长。

第一，作业组长门户。组长登录后可以看到“作业组长门户”，该门户包含下面几部分内容，该门户也支持用户自己配置内容。

待调整：显示该组长所管理的所有组员提交的申请调整中还未调整的任务数量。单击该区域可以超链接到作业任务管理界面。

待提取：显示该组长所管理的范围内未被作业人员提取的任务总数量。单击该区域可以超链接到作业任务管理界面。

在手任务：显示目前该组长所管理的组员手里的任务总量，审核、复核任务分开显示。

组任务统计：显示该组长所管理组在本年、本月、本周、当日累计已处理任务总量以及在所有组之间的排名。

今日排名：显示该组长所管理的每个组员当日处理的任务总量在组内的排名，并显示平均任务量。

工作时间：显示该组长所管理的组员当日审核或复核某种单据类型的工作总时间和组内平均时间。

注意：作业组长门户主要支持 IE9 及以上，chrome，firefox；作业组长门户默认是启用了权限，需要先在布局管理里面，修改保存一遍，再“应用”；分配职责时，是在“布局”页签分配，分配完后，还得分配子资源。

第二，作业任务管理。

路径：“共享服务”—“任务处理”—“作业任务管理”。

组长应用该节点修改任务的紧急程度、调整任务等。

首先，待调整页签。该页签内显示组长所管辖的作业人员申请调整的任务。表头上的筛选条件是对下面列表界面中可见内容的筛选。

各按钮说明如下。

“分配”：当组长收到组员申请调整的任务后，可以选择将该任务直接分配给其他有处理权限的人员。

“取回”：当组长收到组员申请调整的任务后，可以选择将该任务重新收回，待其他人提取。

“退回”：当组长收到组员申请调整的任务后，认为申请理由不合理，则可以将该任务退回给申请人。

“紧急”：当组长收到组员申请调整的任务后，可以调整任务的紧急状态。

其次，待提取页签。该页签内显示组长所管辖的范围内还未被作业人员提取到的任务。

各按钮说明如下。

“强制分配”：组长可以将待提取的任务强制分配给有权限处理任务的作业人员。

“紧急”：可以调整任务的紧急状态。

最后，已提取页签。该页签内显示组长所管辖的范围内已被作业人员提取到的任务。

各按钮说明如下。

“重新分配”：组长可以将作业人员手里的任务重新分配给其他人员。

“强制取回”：组长可以将作业人员手里的任务取回，待其他作业人员提取。

“紧急”：可以调整任务的紧急状态。

第三，作业任务查询。

路径：“共享服务”—“任务处理”—“任务查询-组长”。

组长应用该节点可以查询他管理范围内的所有状态下的任务。

（2）组员。

第一，作业人员门户。组长登录后可以看到“作业人员门户”，该门户包含下面几部分内容，该门户也支持用户自己配置内容。

待办：作业人员登录门户后，可在门户首页的待办里看到待自己处理的任务数；单击后超链接到作业任务处理界面。

今日已办：当前作业人员在当天处理的任务总数。如果一个人对同一条任务既负责审核又负责复核，则在该统计时算一条；单击后超链接到作业任务处理界面。

今日排名：当前作业人员当日已处理任务总量在部门内的名次。

工作量：当前作业人员在当年以及每个月已处理的任务总量和平均任务量曲线图。

工作时间：当前作业人员审核（复核）某个单据类型的工作总时间和平均工作时间曲线图。

待办任务：当前在作业人员手里的任务。可以直接对任务进行操作，且单击任务可以直接链接到作业任务处理界面。

注意：作业人员门户主要支持 IE9 及以上，chrome，firefox；作业人员门户默认是启用了权限，需要先在布局管理里面，修改保存一遍，再“应用”；分配职责时，是在“布局”页签分配，分配完后，还得分配子资源。

第二，作业任务处理。

路径：“共享服务”—“任务处理”—“作业任务处理”。

首先，待处理页签。该页签内显示当前作业人员手里需要处理的任务。

各按钮说明如下。

“提取”：当作业人员手里没有待处理的任务时，单击“提取”，可以通过预置提取规则提取可处理的任务，展现在列表界面上。

“申请调整”：当作业人员发现手里的任务不属于自己处理，需要组长重新分配改任务，可以单击“申请调整”按钮，输入申请调整原因，该任务的状态就修改为待调整。

“挂起”：当作业人员发现手里的任务暂时不能处理，可以单击“挂起”按钮，把该任务挂起。当该任务能处理的时候，需要将该任务取消挂起之后再进行处理。

"查看影像"：当作业人员选中列表中的任务后，可以通过"查看影像"按钮查看该单据挂有的影像。

"查看历史"：当作业人员想查看该任务的处理历史时，可以通过"查看历史"按钮查看该任务的所有历史操作。

"查看原因"：当作业人员想查看组长的调整原因、分配原因，可以通过"查看原因"按钮查看该任务的调整等原因。

注意：业务人员审核时，支持驳回至制单人、影像扫描环节和会计初审环节，驳回时支持重走流程和不重走流程两种方式，重走流程则再次提交后，按照流程重新进行流转；不重走流程则再次提交后，直接到审核人员手里；业务人员复核时，只支持驳回到审核人员手里；驳回的任务不需要再次提取，直接到审核人手里；审核环节，支持预览凭证。

其次，已处理页签。该页签内显示该作业人员已经处理完成的任务。

各按钮说明如下。

"查看影像"：当作业人员选中列表中的任务后，可以通过"查看影像"按钮查看该单据挂有的影像。

"查看历史"：当作业人员想查看该任务的处理历史时，可以通过"查看历史"按钮查看该任务的所有历史操作。

"查看原因"：当作业人员想查看组长的调整原因、分配原因，可以通过"查看原因"按钮查看该任务的调整等原因。

最后，已驳回页签。该页签内显示该作业人员已经驳回的任务。

各按钮说明如下。

"查看影像"：当作业人员选中列表中的任务后，可以通过"查看影像"按钮查看该单据挂有的影像。

"查看历史"：当作业人员想查看该任务的处理历史时，可以通过"查看历史"按钮查看该任务的所有历史操作。

"查看原因"：当作业人员想查看组长的调整原因、分配原因，可以通过"查看原因"按钮查看该任务的调整等原因。

16.3.3 报账业务

1. 业务单位的报账处理

（1）业务总体说明。报账业务流程如图 16-22 所示。

（2）会计信息系统解决方案。网上报账可填写的单据包括：费用申请单、预提单、借款单、报销单。以下以差旅报销单填写为例进行介绍，其他单据填写同报销单。

第一步，直接填写报销单。以业务员身份登录系统。登录地址为:服务 IP 地址+/portal，如：http://20.12.19.116:6357/portal。

在"报销人门户"中单击"我要填单"。

在弹出的界面中选择"差旅费报销单"。

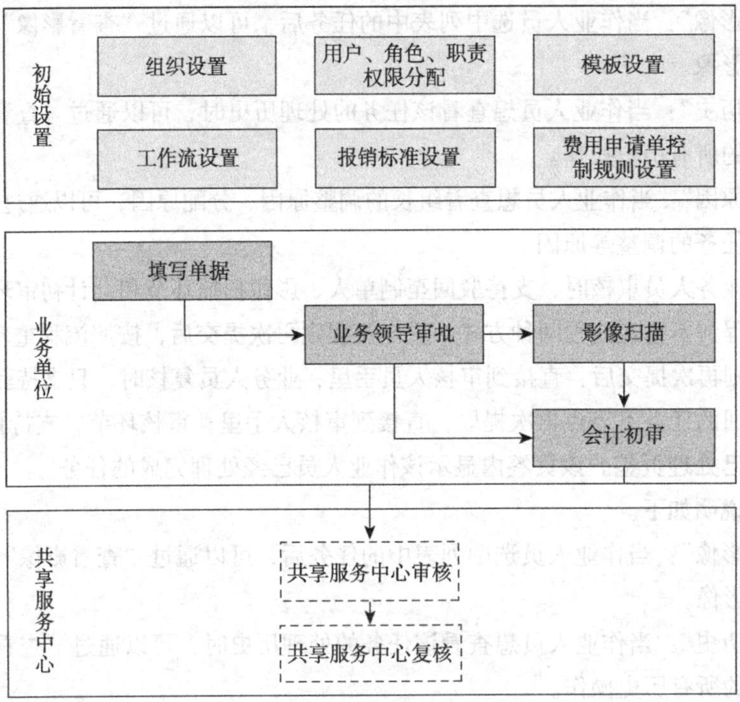

图 16-22 报账业务流程

填写单据内容，单击“提交”，将单据提交给下一流程环节。

第二步：报销单参照申请单生成。打开报销单增加单据界面，单击“新增”按钮下的“费用申请单”。

在弹出的费用申请单查询界面输入查询条件，单击“确定”按钮，查询出所需的费用申请单。

在查询出的费用申请单界面，选择待参照的费用申请单，单击“确定”按钮，生成相应的报销单。

第三步：报销单冲借款。填写单据后，单击“业务处理”按钮下的“冲借款”进行冲借款操作。

在弹出的界面选择待冲销的借款单，确认或修改冲借款金额。单击“确定”按钮，完成冲借款操作。

单击“提交”，将单据提交给下一流程环节。

第四步：报销单核销预提单。填写报销单据后，单击“业务处理”按钮下的“核销预提”进行冲借款操作。

在弹出的界面选择待核销的预提单，确认核销金额。单击“确定”，完成核销预提操作。

单击“提交”，将单据提交给下一流程环节。

第五步：业务领导审批。

①单张单据审批。

路径：“审批人门户”。

业务领导在“审批人门户”选中待审批的单据，打开单据界面。

业务领导查看单据内容，填写审批意见，单击“提交”进行审批操作。

②批量审批。

路径：“网上报账”—“我的待办”。

选择多个待办任务，单击“审批”。

填写审批意见，单击“确定”按钮，将所选全部待办任务审批通过。

第六步：影像扫描（专岗）。

路径：“网上报账”—“我的待办”。

扫描专岗在“我的待办”中可找到报销人已提交并流转到专岗扫描的单据。“扫描方式配置”中影像扫描方式需设置为“专岗扫描”。

在“我的待办”中选择待扫描影像的单据。

在报销单单据界面，单击“影像扫描”，弹出影像扫描界面。

单击“设备”选择相应的扫描设备，单击“扫描”扫描影像，扫描后，单击“保存”，将影像上传到影像系统。

当然，影像扫描也可由填单人操作，即“制单人扫描”。具体操作如下。

路径：“网上报账”—“差旅费报销单”。

报销人在保存单据后，可打开影像系统扫描并上传影像。“扫描方式配置”中影像扫描方式需设置为“报销人扫描”。

在报销单单据界面，单击“影像扫描”，弹出影像扫描界面。

单击“设备”选择相应的扫描设备，单击“扫描”扫描影像，扫描后，单击“保存”，将影像上传到影像系统。

第七步：会计初审。

①单张单据审批。

路径：“审批人门户”。

初审会计在“审批人门户”选中待审批的单据。

初审会计查看单据内容，并单击“影像查看”，查看上传的影像。

填写审批意见，单击“提交”进行审批操作。

②批量审批。

路径：“网上报账”—“我的待办”。

初审会计在“我的待办”中，可通过条码或二维扫描查询出待处理单据并进行单据审批。选中“连续扫描”，可以查询出多条待办的批量审批。选中多条待办，单击“审批”弹出批量审批界面。

在批量审批界面，初审会计填写审批意见，单击“确定”，将所选全部待办任务审批通过。

报账单位的会计人员对报账单据初审完成后，根据工作流设置即进入共享服务平台上进行处理。

2. 共享服务中心的报账处理

1）业务总体说明

管理员做模板配置，配置好后，共享服务中心的业务人员就可以通过门户或任务处理节点处理业务了。这些操作都是在 portal 端完成的。报账处理操作流程如图 16-23 所示。

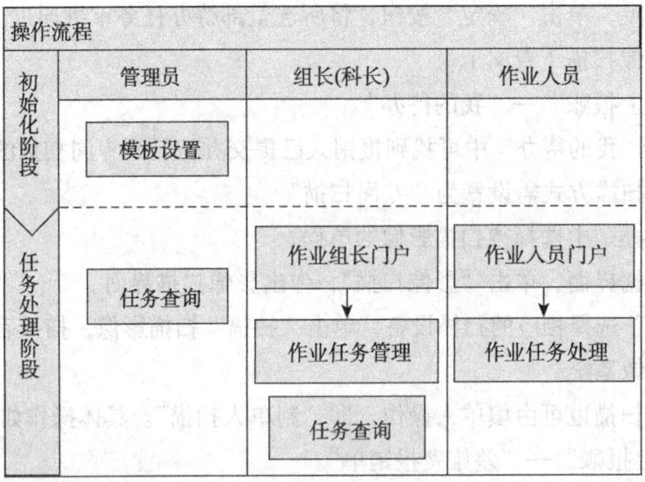

图 16-23　报账处理操作流程

2）会计信息系统解决方案

对于组员。

（1）首先，设置“作业人员门户”。

组长登录后可以看到“作业人员门户”，该门户包含下面几部分内容，该门户也支持用户自己配置内容。

待办：作业人员登录门户后，可在门户首页的待办里看到待自己处理的任务数；单击后超链接到作业任务处理界面。

今日已办：当前作业人员在当天处理的任务总数。如果一个人对同一条任务既负责审核又负责复核，则在该统计时算一条；单击后超链接到作业任务处理界面。

今日排名：当前作业人员当日已处理任务总量在部门内的名次。

工作量：当前作业人员在当年以及每个月已处理的任务总量和平均任务量曲线图。

工作时间：当前作业人员审核（复核）某个单据类型的工作总时间和平均工作时间曲线图。

待办任务：当前在作业人员手里的任务。可以直接对任务进行操作，且单击任务可以直接链接到作业任务处理界面。

其次，进行作业任务处理。

路径：“共享服务”—“任务处理”—“作业任务处理”。

待处理页签：该页签内显示当前作业人员手里需要处理的任务。

各按钮说明如下。

提取：当作业人员手里没有待处理的任务时，单击“提取”，可以通过预置提取规则提取可处理的任务，展现在列表界面上。

定向提取：当作业人员需要按照某种条件提取任务时，可以应用“定向提取”按钮，输入提取条件后根据提取规则加条件定向过滤出可处理的任务，展现在列表界面上。

申请调整：当作业人员发现手里的任务不属于自己处理，需要组长重新分配该任务，可以单击“申请调整”按钮，输入申请调整原因，该任务的状态就修改为待调整。

挂起：当作业人员发现手里的任务暂时不能处理，可以单击“挂起”按钮，把该任务挂起。当该任务能处理的时候，需要将该任务取消挂起之后再进行处理。

查看影像：当作业人员选中列表中的任务后，可以通过“查看影像”按钮查看该单据挂有的影像。

查看历史：当作业人员想查看该任务的处理历史时，可以通过“查看历史”按钮查看该任务的所有历史操作。

查看原因：当作业人员想查看组长的调整原因、分配原因，可以通过“查看原因”按钮查看该任务的调整等原因。

注意：

①需要定义消息模板以及消息接收人。

②业务人员审核时，支持驳回至制单人、影像扫描环节和会计初审环节，驳回时支持重走流程和不重走流程两种方式。重走流程再次提交后，按照流程重新进行流转；不重走流程则再次提交后，直接到审核人员手里。

③业务人员复核后，只支持驳回到审核人员手里。

④驳回的任务不需要再次提取，直接到审核人员手里。

⑤审核环节，支持预览凭证。

待提取页签：该页签内显示该作业人员已经处理完成的任务。

各按钮说明如下。

查看影像：当作业人员选中列表中的任务后，可以通过“查看影像”按钮查看该单据挂有的影像。

查看历史：当作业人员想查看该任务的处理历史时，可以通过“查看历史”按钮查看该任务的所有历史操作。

查看原因：当作业人员想查看组长的调整原因、分配原因，可以通过“查看原因”按钮查看该任务的调整等原因。

已驳回页签：该页签内显示该作业人员已经驳回的任务。

各按钮说明如下。

查看影像：当作业人员选中列表中的任务后，可以通过“查看影像”按钮查看该单据挂有的影像。

查看历史：当作业人员想查看该任务的处理历史时，可以通过“查看历史”按钮查看该任务的所有历史操作。

查看原因：当作业人员想查看组长的调整原因、分配原因，可以通过“查看原因”按钮钮查看该任务的调整等原因。

(1)对于组长。

首先，设置“作业组长门户”。

组长登录后可以看到“作业组长门户”，该门户包含下面几部分内容，该门户也支持用户自己配置内容。

待调整：显示该组长所管理的所有组员提交的申请调整中还未调整的任务数量。单击该区域可以超链接到作业任务管理界面。

待提取：显示该组长所管理的范围内未被作业人员提取的任务总数量。单击该区域可以超链接到作业任务管理界面。

在手任务：显示目前该组长所管理的组员手里的任务总量，审核、复核任务分开显示。

组任务统计：显示该组长所管理组在本年、本月、本周、当日累计已处理任务总量以及在所有组之间的排名。

今日排名：显示该组长所管理的每个组员当日处理的任务总量在组内的排名，并显示平均任务量。

工作时间：显示该组长所管理的组员当日审核或复核某种单据类型的工作总时间和组内平均时间。

其次，可以进行作业任务管理。

路径：“共享服务”—“任务处理”—“作业任务管理”。

组长应用该节点修改任务的紧急程度、调整任务等。

待调整页签：该页签内显示组长所管辖的作业人员申请调整的任务。表头上的筛选条件是对下面列表界面中可见内容的筛选。

待提取页签：该页签内显示组长所管辖的范围内还未被作业人员提取到的任务。

各按钮说明如下。

强制分配：组长可以将待提取的任务强制分配给有权限处理任务的作业人员。

紧急：可以调整任务的紧急状态。

已提取页签：该页签内显示组长所管辖的范围内已被作业人员提取到的任务。

各按钮说明如下。

重新分配：组长可以将作业人员手里的任务重新分配给其他人员。

强制取回：组长可以将作业人员手里的任务取回，待其他作业人员提取。

紧急：可以调整任务的紧急状态。

最后，可以进行作业任务查询。

路径：“共享服务”—“任务处理”—“任务查询-组长”。

组长应用该节点可以查询他管理范围内的所有状态下的任务。

3. 共享服务中心的资金支付处理

设立共享服务中心后，仍然保留各单位的银行账户，可逐步取消各单位的出纳岗，将结算事务集中到共享服务中心予以办理。

网上报账业务经共享服务中心审核通过后，提交到共享服务中心资金处处理，由共享服务中心办理结算。

（1）业务总体说明（图 16-24）。

（2）产品解决方案。

第一步：报账业务签字。

路径："现金管理"—"结算"—"签字"。

功能说明：资金主管签字确认支付。

纸业集团各公司的网上报账业务经共享服务中心审核通过后，提交资金结算处理，各报账单位的报账业务，可以由共享服务中心资金经理集中进行签字处理。

支持业务录入环节不指定支付银行账号，在签字前指定支付银行账号的应用模式，也支持业务录入环节明确支付账号，签字环节主要是复核确认的应用模式。

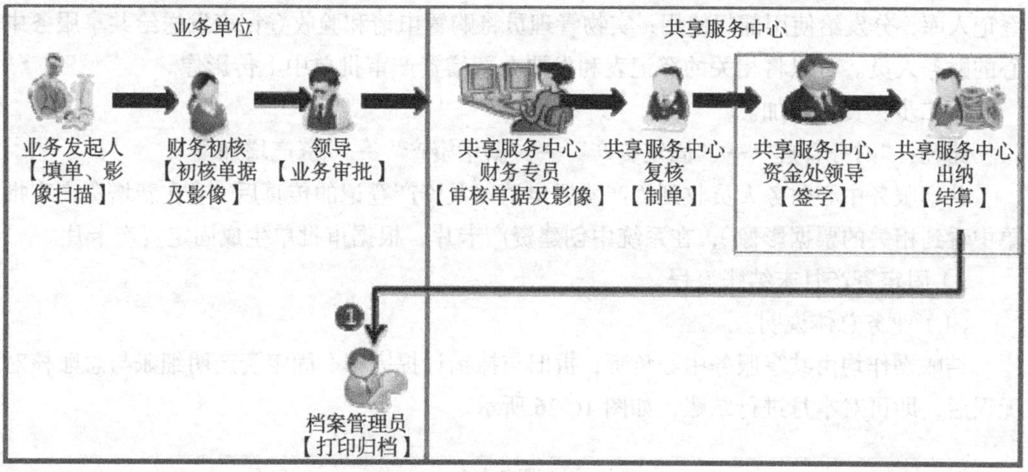

图 16-24 资金支付处理流程

第二步：报账业务结算。

路径："现金管理"—"结算"—"结算"。

功能说明：出纳执行结算，支持的结算方式有网上支付、非网上支付。

纸业集团各公司的网上报账业务经签字完成后，就可以进行支付了，可以由各报账单位财务人员分别支付，也可以由共享服务中心设立出纳岗，集中处理支付业务。

4. 固定资产业务处理

共享服务中心每个固定资产核算会计负责处理多个公司的固定资产账务的核算。为提高账务处理效率，固定资产会计在固定资产系统中可同时对多个公司进行批量业务处理，还可方便地切换到不同公司的固定资产核算账簿进行账务处理。

共享服务中心固定资产核算处理典型流程如下。

1）固定资产新增申请流程

（1）业务总体说明。

分支机构填写资产购置申请，申请审批通过后，方可购买资产并作验收登记；将申请单、发票以及验收单影像扫描并上传给共享服务中心，共享服务中心财务人员在系统中建立固定资产卡片。如图 16-25 所示。

图 16-25　固定资产新增申请流程

（2）产品解决方案

第一步，资产购置申请。

路径："财务会计"—"固定资产"—"新增资产"—"新增资产审批单"。

购买验收登记。

采购部根据采购申请在市场上购买所需的固定资产；采购到货后，实物管理部门验收登记入库，分发给使用部门使用；实物管理员将购置申请和验收登记表发送给共享服务中心的财务人员。可以将相关的登记表和发票在新增资产审批单中上传影像。

第二步：资产增加。

路径："财务管理"—"固定资产"—"新增资产"—"资产增加"。

共享服务中心财务人员收到资产购置申请以及资产登记的传真后（或在新增资产审批单中看到相关的票据影像），在系统中创建资产卡片，根据审批单生成固定资产卡片。

2）固定资产月末结账流程

（1）业务总体说明。

结账操作均由共享服务中心负责；折旧与摊销计提完毕，固定资产明细账与总账核对无误后，即可对本月进行结账，如图 16-26 所示。

图 16-26　固定资产月末结账流程

（2）产品解决方案。

第一步：折旧与摊销。

路径："财务会计"—"固定资产"—"期末处理"—"折旧与摊销"。

共享服务中心财务人员统一计提折旧。

第二步：与总账对账。

路径："财务会计"—"固定资产"—"期末处理"—"与总账对账"。

折旧计提完毕，结账之前需要与总账对账，保证明细账与总账相符。

3）固定资产盘点流程

（1）业务总体说明。

由总部相关人员确定盘点范围，业务单位各成员下载盘点单进行实地盘点，实地盘点后，将数据导入系统中，系统将自动进行核对，出具盘点报告。共享服务中心相关人员根据盘点报告，进行财务处理，如图 16-27 所示。

图 16-27　固定资产盘点流程

（2）产品解决方案。

第一步：资产盘点。

路径："财务会计"—"固定资产"—"资产盘点管理"—"资产盘点"。

总部财务管理员发布资产盘点的通知，在系统中选择盘点范围，生成资产盘点单。

分支机构实物管理员将盘点单从服务器下载到 PDA 上，利用 PDA 实地盘点，盘点结束后将结果上传到服务器中。

共享服务中心财务人员对盘点结果进行处理，并生成盘点报告。

第二步：资产盘盈、盘亏、差异调整。

共享服务中心财务人员对盘点结果进行处理，生成盘点报告，审批通过后，会自动将盘盈资产生成盘盈单、盘亏资产生成减少单、不符的资产生成差异调整单；三张单据确认后将生成总账相关凭证。

5. 应付管理

1）业务总体说明

（1）支持共享服务作业平台派单。V6.5 版本为配合共享服务方案，支持共享服务作业平台功能，调整应付单、付款单可支持工作流，使共享服务中心能够审核应付管理的单据。

应付单、付款单支持工作流。原审批流也同样支持。

支持通过组织参数配置哪些组织使用工作流，哪些组织使用审批流。

支持共享服务中心驳回单据到制单人。

支持制单人将共享服务中心驳回的单据直接提交回共享服务中心。

（2）应付单、付款单支持影像扫描与查看。

（3）付款单支持联查付款申请的影像。

（4）在报账人门户"我要填单"中可以录入应付单、付款单。

（5）在报账人门户"未完成单据"中可以查看当前用户所有保存状态的应付单、付款单。

（6）在报账人门户"已完成单据"中可以查看当前用户所有生效的应付单、付款单。

（7）在审批人门户"待审批"中可以查询需要审批的应付单、付款单并进行审核。

（8）应付单、红字应收单、收款单支持合并拉单生成付款申请。

拉单生成付款申请时，申请的金额可改，允许部分拉单。

拉单生成付款申请时，可以通过复制行的方式拆行。

应付单不支持推式生成付款申请。

（9）一张付款申请单可按分单规则自动推式生成多张付款单。

共享服务中心应付管理处理典型流程如下。

应付挂账——手工录入应付如图 16-28 所示。

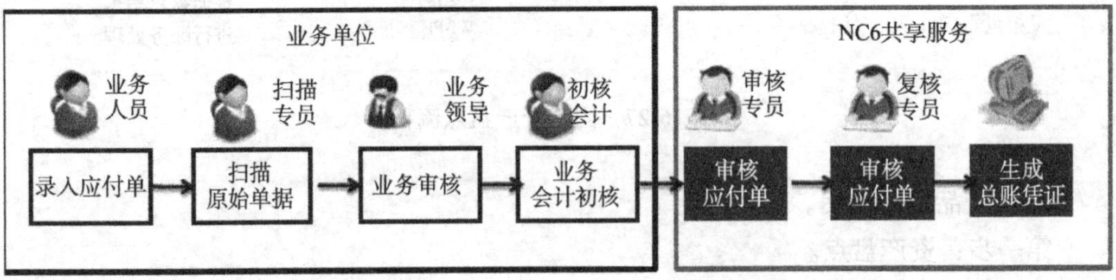

图 16-28　应付挂账——手工录入应付

应付挂账——自动生成应付如图 16-29 所示。

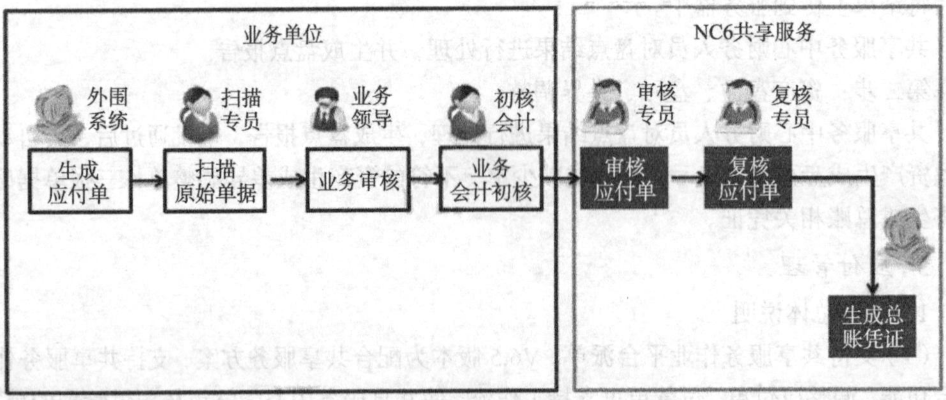

图 16-29　应付挂账——自动生成应付

付款——应付付款如图 16-30 所示。

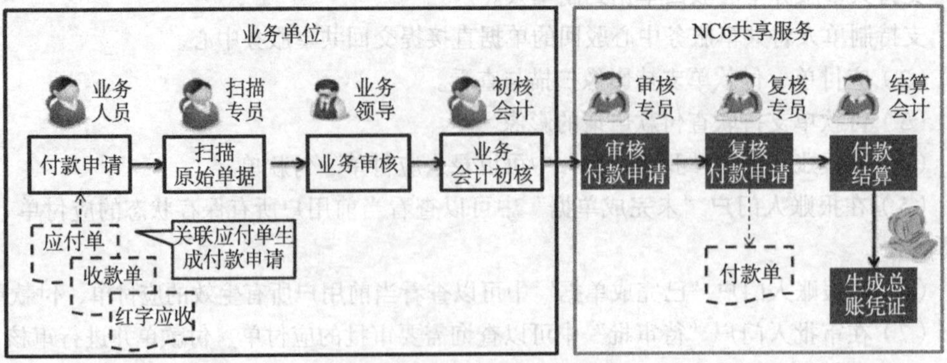

图 16-30　付款——应付付款

付款——直接付款如图 16-31 所示。

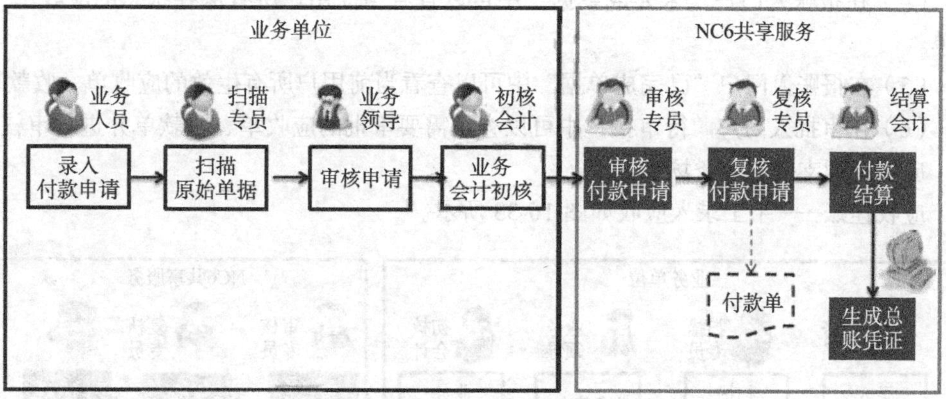

图 16-31 付款——直接付款

2）产品解决方案

第一步：设置工作流，如图 16-32 所示。

图 16-32 设置工作流示意

第二步：制单。

第三步：影像扫描。

第四步：业务审核。

第五步：会计初审。

第六步：审核。

第七步：复核。

6. 应收管理

1）业务总体说明

（1）支持共享服务作业平台派单。V6.5 版本为配合共享服务方案，支持共享服务作业平台功能，调整应收单、收款单可支持工作流，使共享服务中心能够审核应收管理的单据。

应收单、收款单支持工作流。原审批流也同样支持。

支持通过组织参数配置哪些组织使用工作流，哪些组织使用审批流。

支持共享服务中心驳回单据到制单人。

支持制单人将共享服务中心驳回的单据直接提交回共享服务中心。

（2）应收单、收款单支持影像扫描与查看。

（3）在报账人门户“我要填单”中可以录入应收单、收款单。

（4）在报账人门户“未完成单据”中可以查看当前用户所有保存状态的应收单、收款单。

（5）在报账人门户“已完成单据”中可以查看当前用户所有生效的应收单、收款单。

（6）在审批人门户“待审批”中可以查询需要审批的应收单、收款单并进行审核。

应付管理支持的业务场景如下。

应收挂账——手工录入应收如图 16-33 所示。

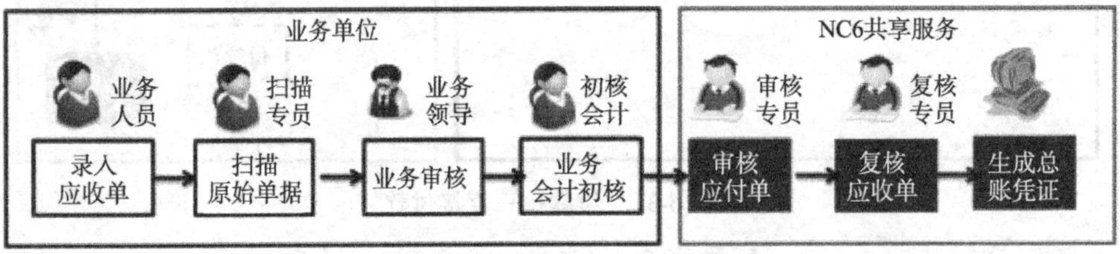

图 16-33　应收挂账——手工录入应收

应收挂账——自动生成应收如图 16-34 所示。

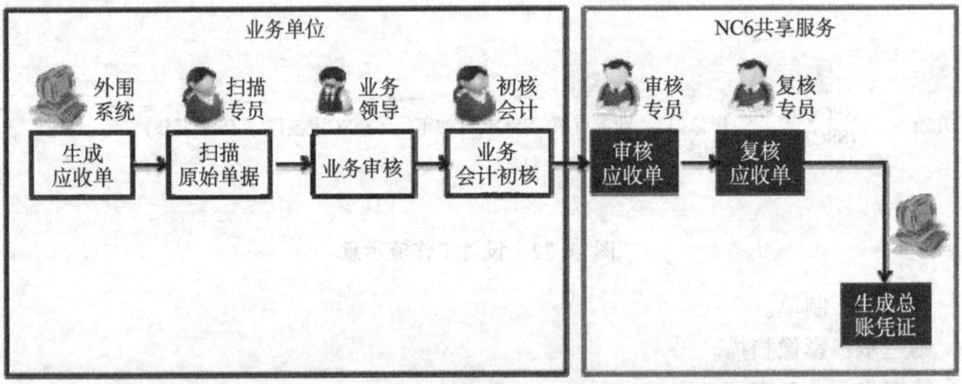

图 16-34　应收挂账——自动生成应收

收款——应收收款如图 16-35 所示。

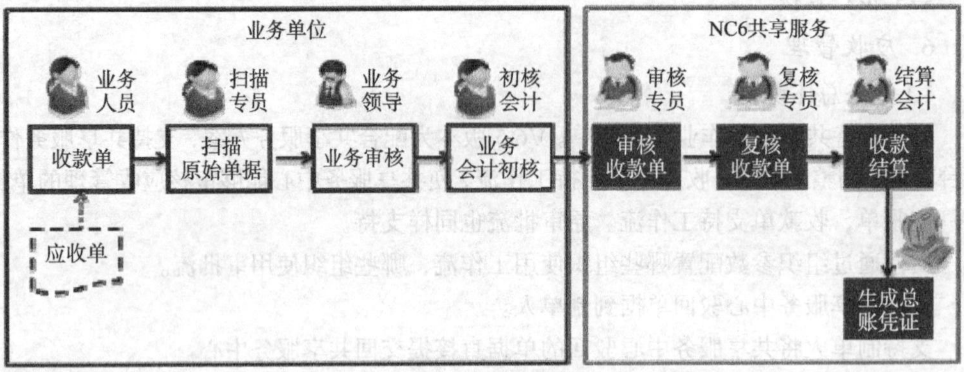

图 16-35　收款——应收收款

收款——自动生成收款如图 16-36 所示。

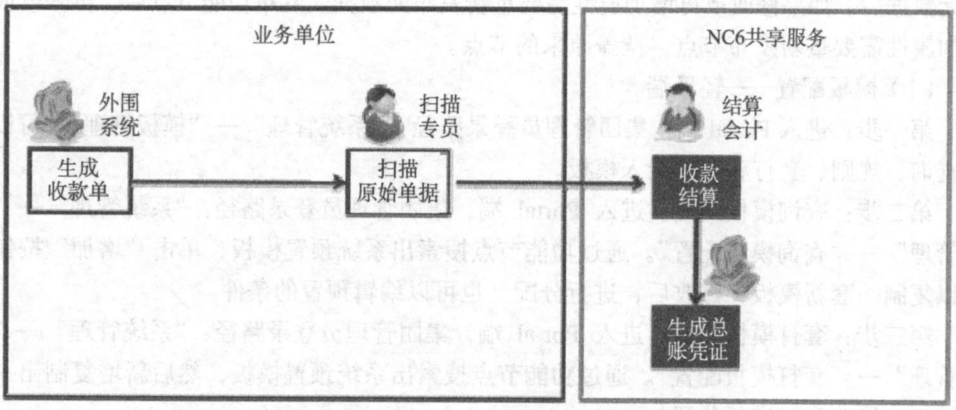

图 16-36 收款——自动生成收款示意

2）产品解决方案

产品解决方案同应付管理。

7. 工单

1）业务总体说明

当没有合适领域产品的单据类型实现的业务时，可采用工单来进行数据采集、业务处理、归口查询等，实现单据类型的自定制。例如，除了报账业务外，其他财务业务也可以通过工单实现，如收入登记、税务处理、银行对账等。收入类工单可以是职工薪酬代扣款工单、追回款项工单、银行对账工单……

2）产品解决方案

（1）进入自由表单。集团管理员登录进入 Portal 端，路径："系统管理"—"自由表单"。

第一步：创建业务对象分类。

路径："系统管理"—"自由表单"—"业务对象分类"。

第二步：创建业务对象——以主子表单为例。

新增业务对象主表。

业务对象是指表单所对应的元数据表，保存后，系统会自动创建数据库表。

第三步：创建业务对象——以主子表为例。

业务对象特性维护：自由工单如果后续要进入共享中心、扫描、结算、记账，生成下游单据等环节，必须维护其工单特性为结算型，此特性必须在业务对象发布前完成，否则重新发布时不生效。

增加业务对象子表：业务对象子表是指关联的子表。例如，一个单据表头为主表，表体为子表；一个主表可以关联多个子表，子表不能再建子表。

业务对象属性维护：除了创建表单预置的属性外，可以再维护属性，每个属性都要选择数据类型。

业务对象属性定义：可以定义基本类型的属性，也可以定义参照类型的属性，类型要选择对应的元数据实体。

业务对象发布：先发布元数据，再发布功能节点，发布只选择主表业务对象发布。发布元数据后，如果修改或再增加属性需要重新发布元数据。发布功能节点后，再修改或再增加属性需要重新发布节点，覆盖原来的节点。

（1）模板配置——轻量端。

第一步：进入Portal端，集团管理员登录路径："系统管理"—"模板管理"。可以配置查询、规则、套打和表单录入模板。

第二步：查询模板配置。进入Portal端，集团管理员登录路径："系统管理"—"模板管理"—"查询模板配置"。通过功能节点搜索出系统预置模板，单击"增加"按钮，可以复制一套新模板，修改后，进行分配。也可以编辑预置的条件。

第三步：套打模板配置。进入Portal端，集团管理员登录路径："系统管理"—"模板管理"—"套打模板配置"。通过功能节点搜索出系统预置模板，然后新增复制出一套新模板，修改后，进行分配。

第四步：表单配置。进入Portal端，集团管理员登录路径："系统管理"—"模板管理"—"表单配置"。通过功能节点搜索出系统预制模板，然后新增复制出一套新模板，修改后分配模板。

（2）权限设置——轻量端。

进入Portal端，集团管理员登录"系统管理"—"权限管理"—"职责管理"—"职责"。

将发布的节点分配到职责，角色关联职责，用户再分配角色。

（3）单据类型管理（生下游单据）——重量端。

根据业务需要，如果工单需要生成下游单据，则需要在单据类型管理中设置下游单据集团管理员登录重量端，路径："应用管理平台"—"开发配置工具"—"交易管理"—"单据类型管理"。

（4）单据转换规则（生下游单据）——重量端。

集团管理员登录重量端，路径："动态建模平台"—"流程管理"—"单据转换规则"。

在单据类型管理中设置生成下游单据后，要定义上下游单据属性之间的传递关系。

增加一行记录，选择来源单据和目的单据，保存，然后单击"设置规则"按钮。

单击"设置规则"按钮，打开页面，设置两个单据之间属性的转换关系。

（5）工作流定义——重量端。

Web自由表单只支持工作流，不支持审批流，在工作流配置界面，增加了共享服务SSC专用流程活动与单据转换通用工作流组件，工作流设置与其他单据设置一样。

生成下游单据。

如果工单需要生成下游单据配置：Web自由表单在流程结束的环节置入通用组件配置环节，不建议在流程中加入该组件。

通用组件需配置流程活动参数，流程活动类型编码值：PushBill（注意大小写）

通用参数取值配置到下游单据的交易类型编码，V6.5版支持应收单和应付单。

（6）会计平台转换模板设置——重量端。

如果工单需要生成凭证，则需要在会计平台的转换模板中设置凭证模板。

（7）共享服务基础设置—重量端。

第一步：工单如果要进入共享服务中心，要定义共享服务委托关系，表体须选择工单发生业务的组织，勾选“自由表单”。

第二步：工单如果要进入共享服务中心，对应工单的派单规则须设置审核岗或复核岗。

第三步：工单如果要进入共享服务中心，对应工单须设置扫描方式。

第四步：工单设置完毕，可以登录 Portal，开始录入数据了。

8. 收付款合同

收付款合同详见相关手册。

16.4　操 作 指 南

本章具体详细操作应用，请登录 NC 系统参见相关产品帮助。

本章小结

财务共享服务中心通过流程化、标准化建设，能够减少企业的成本，控制企业的财务风险，实现企业的财务变革与转型。本章旨在为实施规划、解决方案制订和落实提供指导。章节围绕会计信息系统能够解决的主要业务场景展开，并以此为依托展现会计信息系统的关键应用功能，提供业务需求与会计信息系统功能相匹配的思路。

关键词汇

共享服务中心（shared services center）

网上报账（online reimbursement）

折旧（depreciation）

摊销（amortization）

小组讨论

财务共享服务中心能够解决大型集团公司在财务建设中出现重复投入和效率低下的问题。企业在建立财务共享服务模式时应重点关注什么？

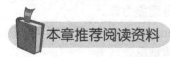

本章推荐阅读资料

扫描此码　深度阅读

第 17 章

企业报表

学习提要与目标

企业报表作为公司披露基本信息的主要渠道，不仅反映了公司经营情况，对经营者的决策起到衡量参考的作用，也是以会计特有语言描述公司财务状况、经营成果和现金流动情况，是企业各利益相关者理解企业经营管理过程及其结果的重要手段和工具，在衡量监督上起到至关重要的作用。

通过本章节的学习，应能够：

- 掌握会计信息系统的关键应用功能。
- 明确业务需求与会计信息系统功能相匹配的思路。
- 掌握实施规划、解决方案制订和蓝图设计的相关内容。

17.1 企业报表概述

17.1.1 企业财务报表概述

财务报表是以会计准则为规范编制的，向所有者、债权人、政府及其他有关各方及社会公众等外部反映会计主体财务状况和经营的会计报表。

财务报表包括资产负债表、损益表、现金流量表或财务状况变动表、附表和附注。财务报表是财务报告的主要部分，不包括董事报告、管理分析及财务情况说明书等列入财务报告或年度报告的资料。

（1）资产负债表（balance sheet/statement of financial position），反映企业的资产、负债及资本的期末状况，长期偿债能力、短期偿债能力和利润分配能力等。

（2）利润表（或称损益表）（income statement/profit and loss account），反映本期企业的收入、费用和应该记入当期利润的利得和损失的金额与结构情况。

（3）现金流量表（cash flow statement），反映企业现金流量的来龙去脉，分为经营活动、投资活动及筹资活动三部分。

（4）所有者权益变动表（statement of change in equity），反映本期企业所有者权益（股东权益）总量的增减变动情况和结构变动情况，特别是要反映直接记入所有者权益的利得和损失。

（5）财务报表附注（notes to financial statements），一般包括如下项目：企业的基本情况、财务报表编制基础、遵循企业会计准则的声明、重要会计政策和会计估计、会计政策和会计估计变更及差错更正的说明和重要报表项目的说明。

17.1.2 会计信息系统概述

企业报表主要用于各级组织进行报表的制定、下发、收集、审核、上报等相关业务工作，可为各企业、事业单位提供各类管理报表的服务，如财务报表、人力资源统计表、业务管理信息表等，提供报表编制、数据采集和报表过程管理的全方位管理服务。

支持按需定制报表和任务，提供各类从业务系统取数的途径（单元公式、语义模型等），支持报表数据手工录入和公式自动计算，提供为满足上报要求的各种报表进行审核、汇总的服务，提供报表数据的报送管理服务，提供计划任务对报表数据进行自动批量计算，并支持通过报表数据订阅推送到邮件、移动设备、门户等满足报表的最终使用。

用友提供了高度业务适配、全面贴近业务的一整套报表服务：可定制多级管控的分布式报表资源、高度集成的报表数据中心、专门的报表数据查询、审核执行和汇总执行以及全方位的报送管理、全新的灵活汇总和即时分析、报表数据自动推送、统一计划任务和实时监控、提供更加灵活的格式设计功能等。

17.1.3 会计信息系统价值

会计信息系统的价值主要表现在以下方面。

（1）支持和 NC 会计信息系统、平台的全面整合。

（2）支持多业务板块、报表组织体系动态建模；业务属性支持多业务板块的报表管理；支持按各自管理需求和业务需要分别建立多个报表组织体系。

（3）多级集团管控：支持全局、集团的报表组织体系；支持报表表样、任务的多级管控；审核、打印等业务方案脱离任务并按多级管控；各级组织通过任务再分配、转发、新建任务完成多级管理；集成的、灵活控制的权限方案。

（4）通过报表查看、报表订阅、报表门户和报表数据分析提供针对不同业务、不同的管理层次人员以邮件、系统、门户等多种方式和便利工具查阅报表信息的解决方案。

（5）支持报表任务分布式下发和上传，按任务进行业务数据整体打包，支持按照报表组织体系层层下发、直接下发等多种下发分配模式。

（6）支持报表数据按照报表组织体系的层层上报和直报模式，并提供了加强针对报表数据“确认”环节的管控。

（7）支持报表数据按任务整体上报模式和按报表选择上报模式，支持自动催报，满足用户对上报灵活性和上报管理时效性的需求。

（8）支持中间级单位的管理需求，中间级单位可以创建新任务分配给所属单位，也可以在其上级的管控基础上，对上级下发的任务针对自身所属单位进行再分配管理。

（9）支持上级对下级在个性化公式、个性化打印设置的统一管理。

（10）提供全方位的报送管理查询，以及用户查询方案的保存功能，使客户更方便有效地了解各报表组织报表数据的报送状态。

（11）支持任务上报结账控制，任务已上报控制反结账；支持任务审批。

（12）支持报表数据业务人员通过多任务、多报表树、多页签进行快速联动定位报表和进行快速报表切换，提供报表数据录入、计算、审核、汇总等常用功能进行报表数据管理，通过集中体现的一体化操作，更贴近用户体验。

（13）报表格式可以按需设置，满足客户个性化业务应用需求。

（14）支持按报表组织体系、报表组织属性进行多视角的自由汇总方式。

（15）提供公式集中有效的管理，通过公式管理器对各类公式进行集中、分类管理，支持公式复用，并增强公式向导、公式追踪等工具的深度应用，提高公式编辑效率，可以增加报表数据的正确性。

（16）提供统一管理的批量计算、汇总、审核等批量规则应用，不局限于任务应用，提高了整体的应用效率。

（17）提供与预算、总账等业务系统之间的取数接口，支持按语义模型提供取数数据模型。

（18）提供与久其单机版和网络版的接口设置。

17.2　企业报表应用场景

企业报表业务应用场景如图 17-1 所示。

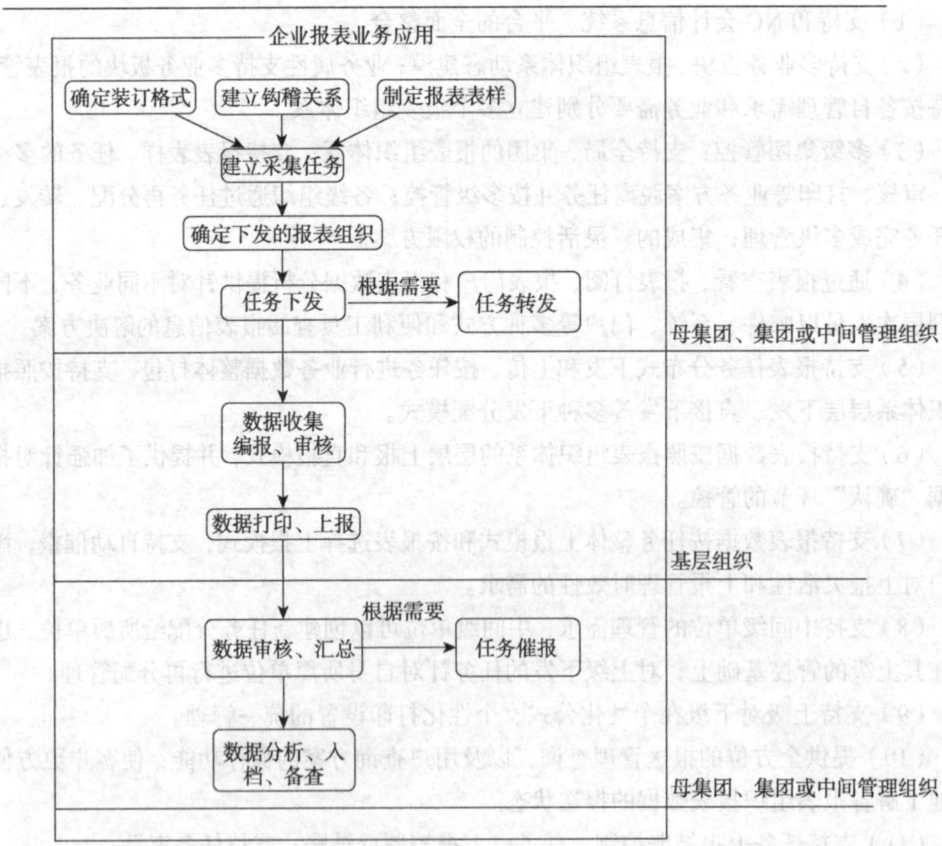

图 17-1　企业报表业务应用场景

17.2.1 直报不含确认

直报不含确认指报表直接上报无须确认数据。

1. 业务描述

一种情况：主管组织（或集团）给下级组织布置一套报表数据采集任务，但主管组织无法掌握下级组织所填报的所有数据，也就是主管组织只能从大范围上监管下级组织的数据，而无法进行详细数据的核对操作。此时需要以下级单位上报的数据为准，主管组织只需进行数据收集、审核、汇总工作，无须进行数据的确认操作。

另一种情况：主管组织（或集团）希望绕过中间级管理组织，直接收取下级组织的数据时，就需要设置一个直报任务来采集数据。上级组织可直接将报表任务发布给末级组织，末级组织可不经过中间级组织的审核、汇总而直接报送报表给上级组织。

直报不含确认/直报含确认模式下，主管组织可以随时查看下级组织直报任务中报表的数据，无论当前任务处于已保存、已上报或已退回的状态都可以查看。

2. 业务流程

直报不含确认业务流程如图 17-2 所示。

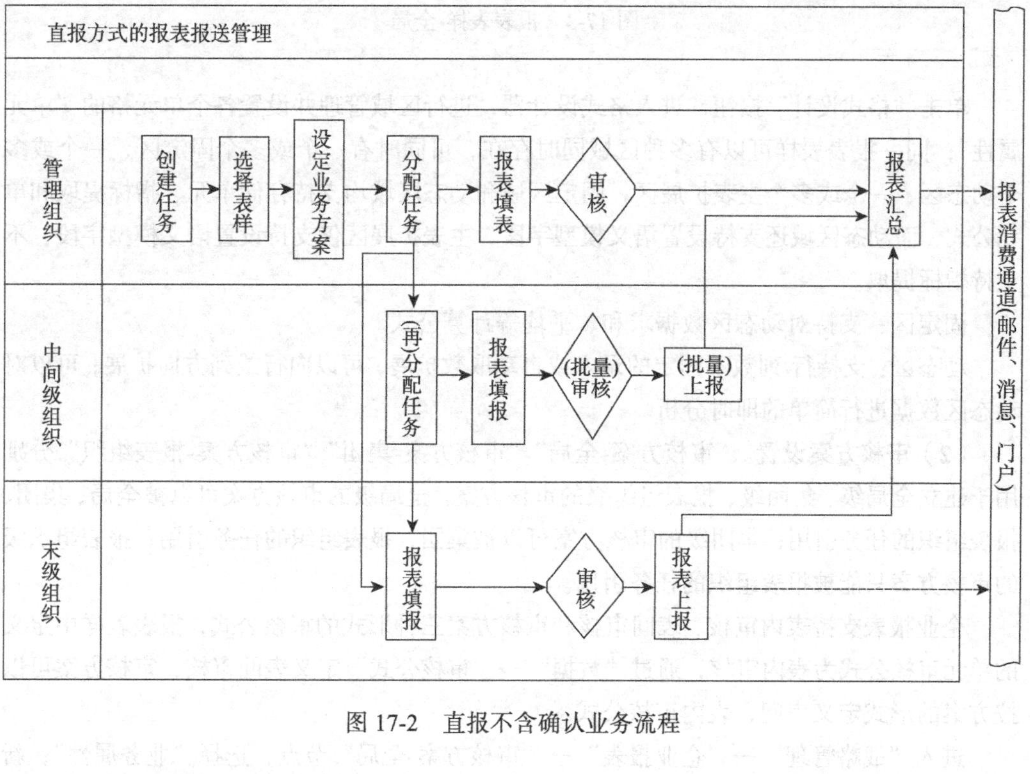

图 17-2 直报不含确认业务流程

3. 会计信息系统解决方案。

1）上级组织－母集团应用

（1）报表表样设计。“报表表样-全局”“报表表样-集团”“报表表样-报表组织”分别用于建立全局级、集团级、报表组织级的报表表样。

全局级的报表表样、审核方案和打印方案可以被全局、集团、报表组织的任务引用；集团级的报表表样、审核方案和打印方案可以被集团、报表组织的任务引用；报表组织级的报表表样、审核方案和打印方案只能被报表组织的任务引用。

全局资源由母集团管理，子集团进行再分配。例如母集团分配全局任务至子集团，子集团再分配给所属组织。

进入“战略管理”→“企业报表”→“报表表样-全局”节点，选择“业务属性”，新增一个报表分类，然后新增一个该报表分类下的报表表样，如图 17-3 所示。

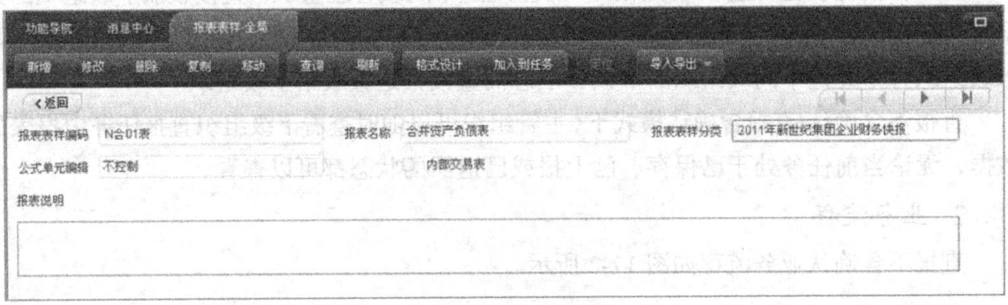

图 17-3　报表表样-全局

单击“格式设计”按钮，进入格式设计器，进行区域管理并设置各个单元格的“单元属性”；同一报表表样可以有多种区域同时存在，可同时有一个或多个固定区、一个或多个动态区、一个或多个主表扩展区，固定区域和动态区域均支持存储单元、指标提取和单元公式，而动态区域还支持设置语义模型字段，主表扩展区仅支持设置语义模型字段，不支持指标提取。

固定区：支持对动态区数据求和、平均等计算公式。

动态区：支持行/列数不固定的录入或自动取数扩展，可以向行或列方向扩展；可以对动态区数据进行简单的即时分析。

（2）审核方案设置。“审核方案-全局”“审核方案-集团”“审核方案-报表组织”分别用于建立全局级、集团级、报表组织级的审核方案。全局级的审核方案可以被全局、集团、报表组织的任务引用；集团级的审核方案可以被集团、报表组织的任务引用；报表组织级的审核方案只能被报表组织的任务引用。

企业报表支持表内审核、表间审核和审核方案三种形式的审核公式，报表表样中定义的单元审核公式为表内审核，通过“数据”→“审核公式”定义表间审核，审核方案可以按方案的形式定义表间、表内审核公式。

进入“战略管理”→“企业报表”→“审核方案-全局”节点，选择“业务属性”，新增一个审核方案分类，然后新增一个该分类下的审核方案，审核方案中可包含多个审核公式，一般用于多个报表数据的审核，审核公式定义支持一般函数、Excel 函数、IUFO 函数，如图 17-4 所示。

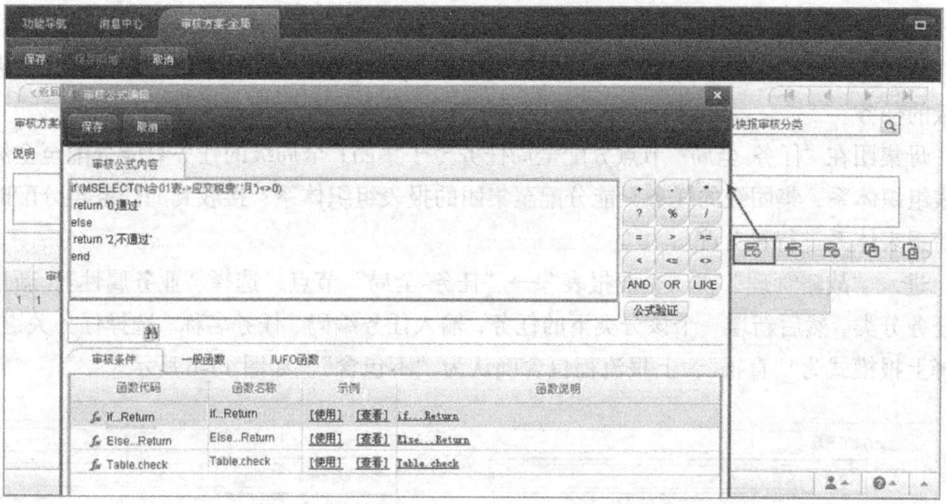

图 17-4 审核方案-全局

上一步的审核公式中引用了报表表样，审核方案中会列出所涉及的所有报表表样和任务。

（3）打印方案设置。“打印方案-全局”“打印方案-集团”“打印方案-报表组织”分别用于建立全局级、集团级、报表组织级的打印方案。全局级的打印方案可以被全局、集团、报表组织的任务引用；集团级的打印方案可以被集团、报表组织的任务引用；制定任务时报表组织级的打印方案只能被报表组织的任务引用，针对接收到的任务，设置个性化打印方案时报表组织的打印方案可以被全局级或集团级接收到的任务引用。注意：打印方案不区分业务属性。

进入“战略管理”→“企业报表”→“打印方案-全局”节点，新增一个打印方案，并设置纸张、页边距、打印顺序、对齐方式，如图 17-5 所示。

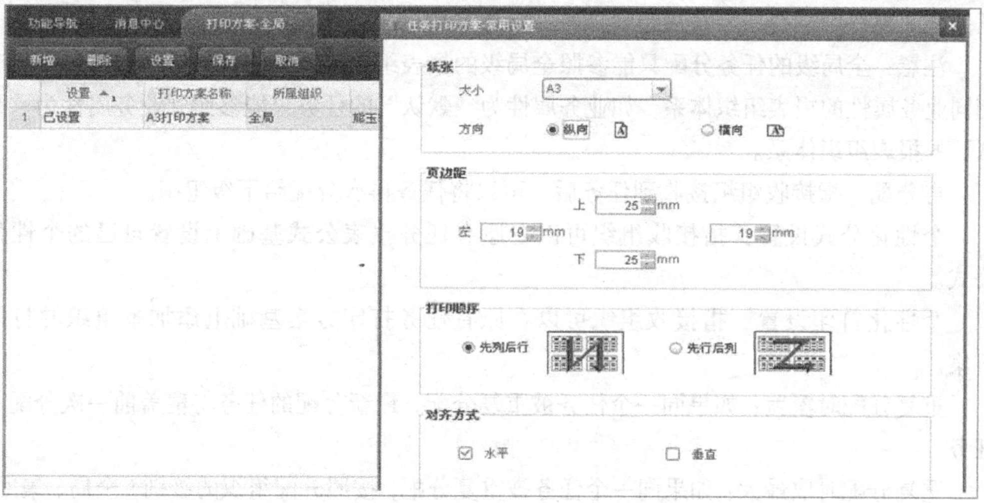

图 17-5 打印方案-全局

（4）任务创建与分配

“任务-全局”“任务-集团”“任务-报表组织”分别用于建立全局级、集团级、报表组织级的任务。

母集团在“任务-全局”节点分配全局任务至子集团；全局级的任务只能分配至全局的报表组织体系，集团级的任务只能分配至集团的报表组织体系；接收到的任务再分配时可以跨报表体系进行再分配。

进入“战略管理”→“企业报表”→“任务-全局”节点，选择“业务属性”，新增一个任务分类，然后新增一个该分类下的任务，输入任务编码、任务名称、选择任务关键字，选择上报模式为“直报”，上报流程包含确认为“不包含”，如图 17-6 所示。

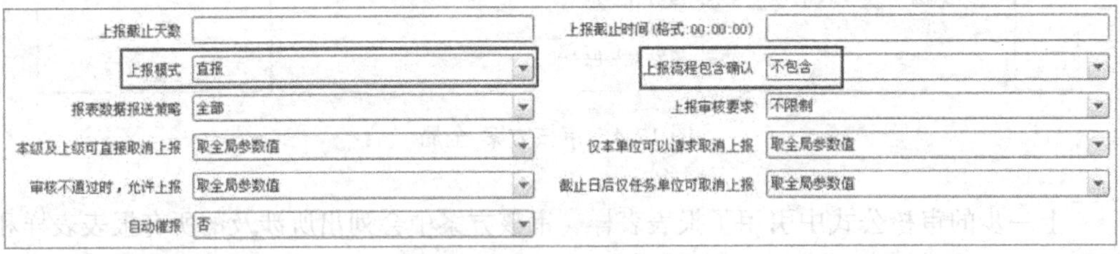

图 17-6　直报不含确认

在“报表表样”页签，单击“选择报表表样”按钮，选择要分配的报表表样，全局级的任务只可以引用全局的报表表样，并且，在选择报表表样时，只有与任务有相同关键字组合的报表表样才能被选择。

在“审核方案”页签，单击“选择审核方案”按钮，选择要分配的审核方案，全局级的任务可以引用全局级的审核方案。

在“打印方案”页签，单击“选择打印方案”按钮，选择要分配的打印方案，全局级的任务可以引用全局级的打印方案。

在“任务-全局”节点中，单击“分配任务”按钮，进入“任务分配”节点，在弹出的任务分配窗口中选择一个报表组织体系并从体系中选择报表组织成员。

注意：全局级的任务分配只能参照全局级的报表组织体系，并且只能参照与任务具有相同业务属性的报表组织体系，如业务属性为“默认”的任务只能参照到业务属性为“默认”的报表组织体系。

再分配：指接收组织接收到任务后，可以将任务再次分配给下级组织。

个性化公式设置：指接收组织可以在原有任务报表公式基础上设置自己的个性化公式。

个性化打印设置：指接收组织可以在原有任务打印方案基础上添加本组织的打印方案。

重复分配时覆盖：如果同一个任务被重复分配，最新分配的任务将覆盖前一次分配的任务。

重复分配时取最大：如果同一个任务被重复分配，按照分配组织的级别（全局、集团、报表组织），以管控模式最大的组织分配的任务为准。

在“任务分配记录”页签里，可以看到已将任务分配到了哪些组织。

2）中间级组织—子集团应用

中间级组织应用流程如图 17-7 所示。

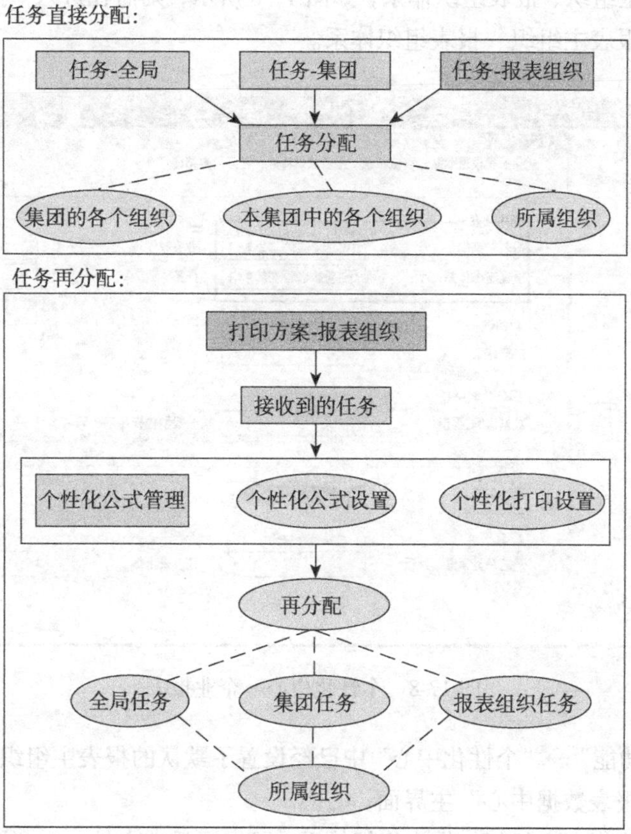

图 17-7 中间级组织应用流程

（1）任务再分配。上级组织将任务分配给中间级组织后，中间级组织可以将任务再分配给末级组织。

进入“战略管理”→“企业报表”→“接收到的任务”节点，选择报表主组织，选中某个已经接收到并有再分配权限的任务，单击“再分配”按钮。

进入“任务再分配”节点，单击“再分配”按钮，可以将任务再分配给末级组织，接收到的任务是否可以设计公式、个性化打印及再分配操作，由上级报表组织在分配时决定，且该设置是逐级传递的。

“任务分配”与“任务再分配”的区别：“任务分配”是任务的创建者将任务首次分配给所属的报表组织；而“任务再分配”是将本报表组织接收到的，并具备再分配权限的任务，再分配给自己的所属报表组织；任务分配时需要考虑任务的管控模式，即全局级任务只能分配给全局级的报表组织体系，集团级的任务只能分配给集团级的报表组织体系，报表组织级的任务与集团级任务相同；而任务再分配时全局的任务可以分配给全局和集团的报表组织体系。

（2）**报表数据填报**。报表数据中心提供填写报表数据的功能点，提供报表数据录入、填报功能，在填报报表数据的同时提供计算、审核、汇总、上报等相关功能。

进入“报表数据中心”：首次进入时，若在“常用功能”→“个性化中心”中未对企业报表设定报表主组织、报表组织体系，如图 17-8 所示，则需在进入“报表数据中心”主界面前交互选择报表主组织、报表组织体系。

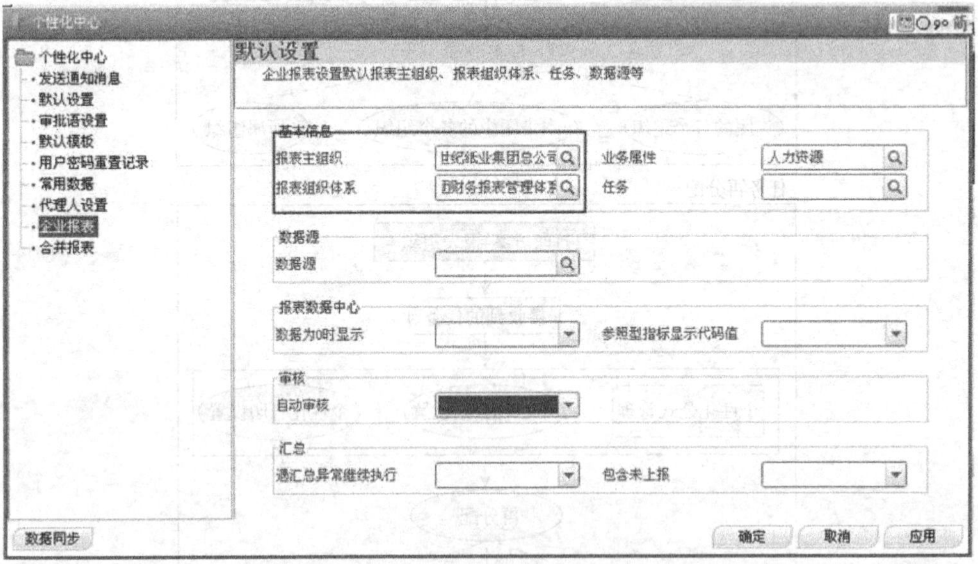

图 17-8　个性化中心－企业报表

若在“常用功能”→“个性化中心”中已经设置了默认的报表主组织及报表组织体系，则可直接进入“报表数据中心”主界面。

如果需要切换报表主组织、报表组织体系，可以通过“文件”→“切换组织报表管理结构”按钮进行切换。

选择任务名称，然后输入所有关键字的值，单击“查询”按钮，则会显示当前组织、当前选择任务、当前关键字组合下的所有报表。通过单击报表页签，可以进行报表切换选择。

固定区域数据填报：直接双击需要填报数据的报表单元格即可进行填报工作；动态区域数据填报：与固定区域数据填报方法大体相同，还可以选中动态区域指标，然后选择“插入一组”“复制插入一组”“插入多组”“删除选择组”按钮，进行对应的操作。

（3）**报表数据计算**。报表数据录入完成后，可以通过选择菜单中的“数据”→“计算”“区域计算”“多表计算”按钮进行报表数据计算操作，保证数据的准确性，如图 17-9 所示。

计算：单张报表数据录入完成后可以通过“计算”按钮进行报表内数据计算和业务函数提取数据操作。

区域计算：只计算当前表的计算公式，不计算业务函数公式。

多表计算：当前任务所有的报表数据都录入完成后需要通过“多表计算”按钮进行报

表间数据计算操作。多表计算时，表的计算顺序按照任务制定时报表表样的计算分组顺序进行多张报表数据计算操作，处于同一个分组中的报表数据计算无先后顺序，分组与分组之间的报表数据计算时按照自上向下顺序计算。

（4）报表数据审核。

报表数据录入完成并且计算完毕后，可以通过选择“审核”菜单中的按钮进行报表数据审核操作，保证数据的合理性，如图 17-10 所示。

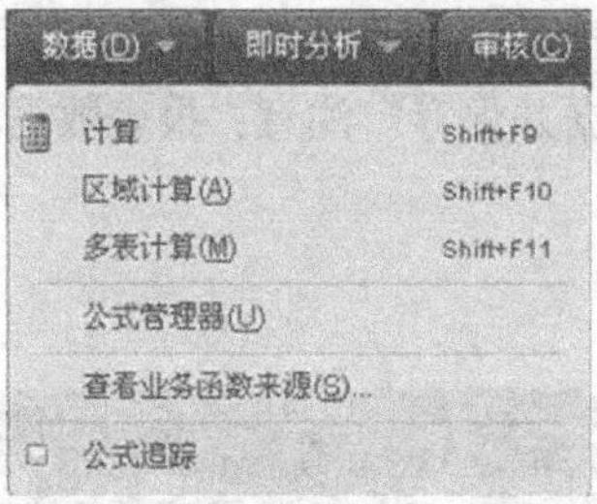

图 17-9 报表数据计算

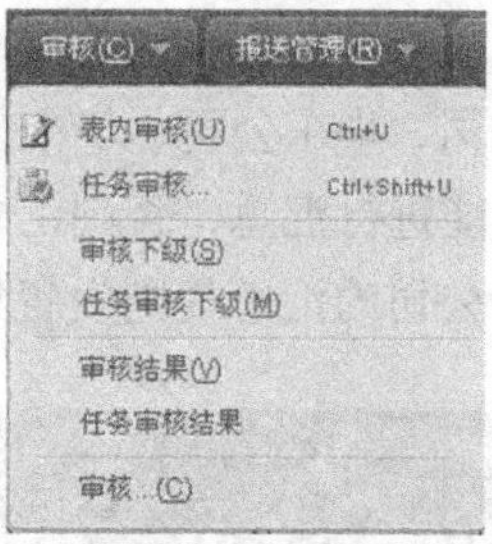

图 17-10 报表数据审核

表内审核：只进行当前组织当前报表表内、表间钩稽关系公式验证审核操作；单张报表数据录入完成并且计算完毕后，可以通过“审核”→“表内审核”按钮，对当前报表数据进行表内钩稽关系验证审核操作。

任务审核：进行当前组织所有报表表内、表间钩稽关系公式验证操作，同时进行任务中所有审核方案的钩稽关系公式验证操作；当前任务所有报表数据录入完成并且多表计算完毕后，可以通过“审核”→“任务审核”按钮，对当前任务中所报表数据进行表内钩稽关系、任务中所有审核方案的钩稽关系验证审核工作。

审核下级：进行当前组织及所有下级组织的当前报表表内、表间钩稽关系公式验证审核操作。

任务审核下级：进行当前组织及所有下级组织的所有报表表内、表间钩稽关系公式验证操作，同时进行任务中所有审核方案的钩稽关系公式验证操作。

审核结果：以子表的形式展示上次“表内审核”的审核结果。

任务审核结果：以子表的形式展示上次“任务审核下级”的审核结果。

审核...：提供按关键字、当前组织、当前组织以及所有下级组织、当前审核方案、当前报表、当前报表分类报表等常用条件进行高级审核功能。

（5）报表数据汇总。报表数据录入、计算完成并且审核通过后，主管组织可以通过选择“汇总”菜单中的按钮进行报表数据汇总操作，以保证主管组织数据的正确性，如图 17-11 所示。

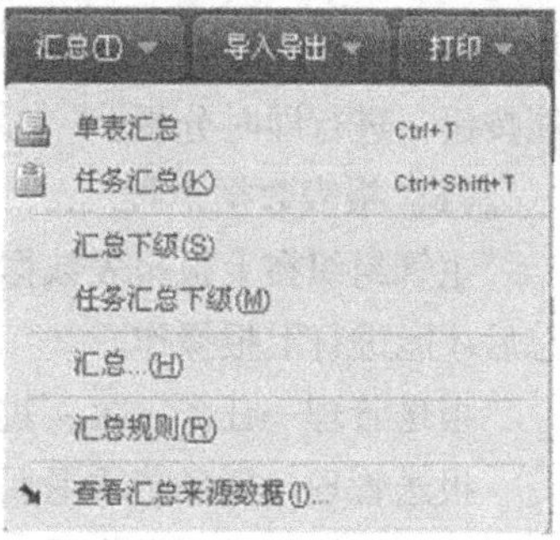

图 17-11 报表数据汇总

单表汇总：按照汇总规则只进行当前组织当前报表数据汇总操作。

任务汇总：对当前任务中所有报表按照汇总规则进行汇总操作。

汇总下级：按照汇总规则进行当前组织以及所有下级组织的当前报表数据汇总操作。

任务汇总下级：按照汇总规则进行当前组织以及所有下级组织的所有报表数据汇总操作。

汇总...：提供按关键字、当前组织、当前组织以及所有下级组织、当前报表、当前任务报表、当前报表分类报表等常用条件进行高级汇总功能。

汇总规则：对当前组织的汇总组织范围进行查看，同时提供修改汇总规则的功能。

查看汇总来源数据：对选中单元格指标数据进行查看汇总明细的操作。

香港公司、华东公司、华中公司分别录入报表数据并保存。注意：报表数据填报并保存之后，才能进行汇总，否则汇总数据不准确。

销售总公司的汇总规则设置如图 17-12 所示。

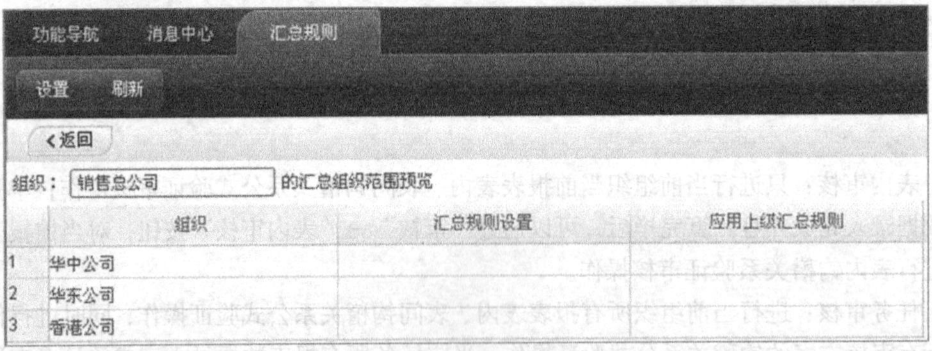

图 17-12　汇总规则设置

当销售总公司的相关报表人员进入报表数据中心，单击“汇总”→“单表汇总”按钮后，可以看到汇总的数据。

报表数据中心提供自由汇总功能，其操作顺序为：单击“按组织属性显示”按钮的下拉箭头，选“按组织属性显示”，在弹出的属性窗口中选择所需属性，单击主界面右侧报表展示自由汇总的结果。

报表数据中心提供主表扩展区和动态区数据（或自由报表）的即时分析功能。操作步骤为：选取带有主表扩展区或动态区的报表，单击“文件”→“即时分析”按钮，报表数据中心会打开“即时分析表”页签，此时可以选择“即时分析”菜单下的各种即时分析功能按钮，进行即时分析。

（6）报表数据上报。

主管组织在上报报表数据之前，除需要基层组织上报要求外，还需要进行报表数据汇总后才能进行上报操作。

报送管理→任务上报：进行整个任务所有报表数据上报操作。

报送管理→任务请求退回：当要修改已上报的数据时，需先进行任务请求退回操作，待主管组织给予退回操作后才能进行数据修改。

报送管理→报送管理：展示当前组织以及直接下级组织报表、任务上报情况；同时提供任务上报、任务请求退回工具栏按钮。

我们应当注意：

任务、关键字为必填项，不允许为空。

处于已经上报状态的报表数据不能修改数据。

在任务上报时，报表数据“任务上报”成功后，当前任务所有报表数据均成为“已上报”状态。

对于已经任务上报的报表数据，单击“任务请求退回”，在主管组织进行退回操作之前，报表数据仍处于已上报状态，此时不能修改报表数据。

当基层组织报表数据发生变化时，主管组织需要重新汇总，以保证汇总数据的正确性。

当进行金额转换后报表数据不可修改，只有在原表数据的情况下才能进行报表数据修改操作。

报表的灵活汇总、即时分析功能仅提供临时处理结果，不在后台保存，若需要可将处理结果导出保存。

除了在“报表数据中心”节点中可进行报送管理、审核、汇总之外，针对中间管理组织提供了“审核执行”“汇总执行”“批量上报”等功能节点，进行批量审核、批量汇总、批量上报等操作。

3）基层录入组织应用

（1）报表数据填报。基层组织可以进入报表数据中心，进行某个任务的报表数据填报工作。

报表数据中心除了可以进行报表数据填报工作外，还能进行审核、审批、汇总、计算、上报工作。

（2）报表数据计算。基层组织在报表数据录入完成后，可以通过选择“数据”菜单中的按钮进行报表数据计算操作。

（3）报表数据审核。基层组织在报表数据录入完成并且计算完毕后，可以通过选择“审核”菜单中的按钮进行报表数据审核操作。

（4）报表数据上报。基层组织在所有的报表数据都录入完成、进行计算并审核通过后可以通过选择“报送管理”→“任务上报”进行报表数据上报操作。

17.2.2 直报含确认

1. 业务描述

主管组织（或集团）给下级组织布置一套报表数据采集任务，同时主管组织可以掌握下级组织全部（或部分）报表的数据。在下级组织上报报表数据后，主管组织认为下级组织所报数据与自己掌握的数据相符时，则需要进行数据确认操作。如果主管组织认为数据有误，则即使下级组织报表数据处于已上报状态也需要退回进行修改，直至主管组织认为所上报的数据无误时才确认。

2. 业务流程

直报含确认业务流程如图 17-13 所示。

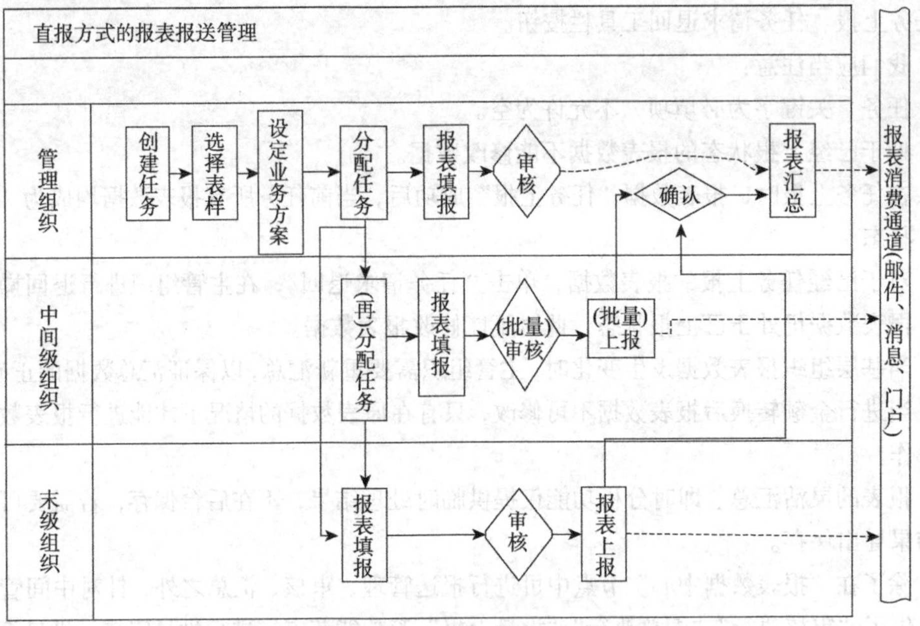

图 17-13　直报含确认流程

3. 会计信息系统解决方案

直报含确认的业务处理与直报不含确认类似，区别在于：直报含确认模式下，全局级和集团级的任务可以由任务分配时所选择的报表组织体系中的最高级组织来确认其所有下级组织已上报的数据；报表组织级的任务可以由任务的创建组织来确认其所有下级组织已上报的数据。

主管组织新建任务时，上报模式需要设置为“直报”，且上报流程包含确认为“包含”，如图 17-14 所示。

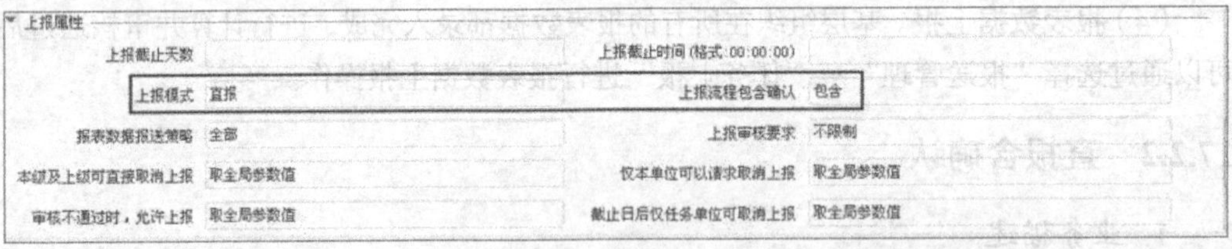

图 17-14　直报含确认

任务分配时，集团级和全局级的任务必须将任务分配给报表组织体系的最高级组织，组织级任务必须将任务分配给任务的创建组织。

如果是全局级和集团级的任务，以最高级组织的用户身份登录；如果是组织级任务，则以任务创建组织的用户身份登录，进入“报送管理”，可以对其所有下级组织报送的报表进行确认。

17.2.3　层层上报

1. 业务描述

由于数据涉密、子集团强势等原因，基层组织在填报数据时只想给主管组织上报最终的数据，而不想让他看到数据填报的中间状态。同时中间级管理组织在所属的全部组织经数据上报并且确认后才能进行管理级组织的数据录入工作。

2. 业务流程

层层上报业务流程如图 17-15 所示。

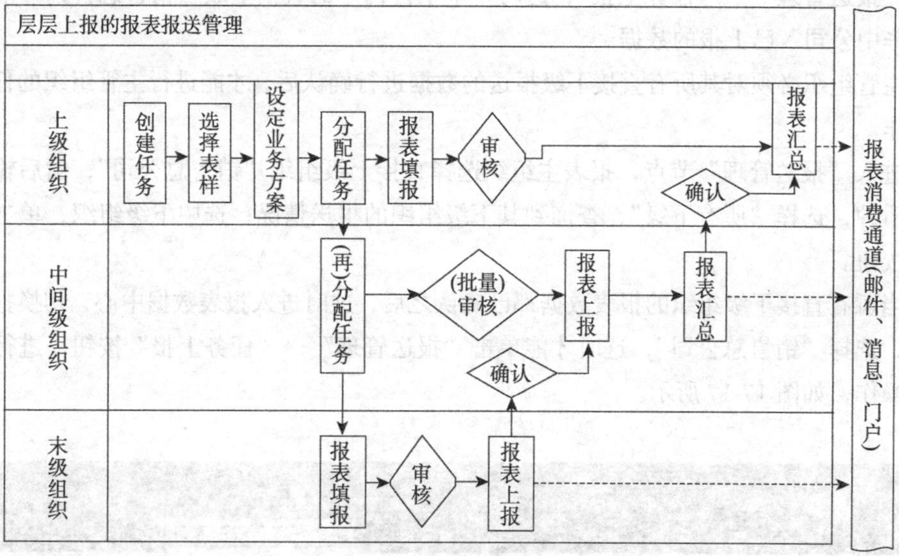

图 17-15　层层上报业务流程

3. 会计信息系统解决方案

层层上报模式的业务处理与直报模式类似，区别如下：

上级组织新建任务时，上报模式需要设置为“层层上报”，“上报流程包含确认”会自动选择“包含”并置灰使其不可修改，如图 17-16 所示。

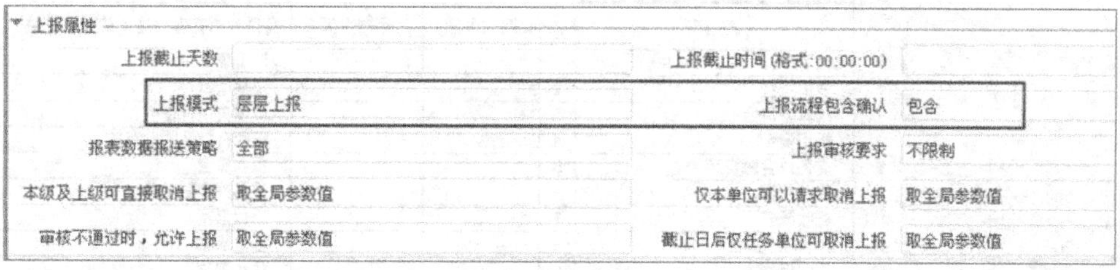

图 17-16　层层上报

直报不含确认/直报含确认模式下，主管组织可以随时查看下级组织直报任务中报表的数据，无论当前任务处于已保存、已上报、已退回的状态都可以查看；而层层上报模式下，如果下级组织的报表未上报之前，上级组织进入报表数据中心查看其下级组织的报表时，系统提示“层层上报模式不能查询下级组织未上报的报表”。

主管组织如果想查看其直接下级组织中的报表数据，必须在该直接下级组织的任务上报后才能查看。

进入报表数据中心，单击“文件”→“切换组织报表管理结构”，选择“华东公司”，单击“报送管理”→“任务上报”，这时“华东公司”的直接上级“销售总公司”能够查看“华东公司”已上报的数据。

进入报表数据中心，单击“文件”→“切换组织报表管理结构”，选择“华中公司”，单击“报送管理”→“任务上报”，这时“华中公司”的直接上级“销售总公司”能够查看“华中公司”已上报的数据。

主管组织必须对其所有直接下级报送的数据进行确认后，才能进行主管组织的任务上报工作。

进入“报送管理”节点，报表主组织选择直接上级组织“销售总公司”，然后输入时间、币种，选择“所有下级”，查询到其下级组织的报送情况；选中下级组织，单击“确认”按钮。

当所有直接下级组织的报表数据都已确认之后，这时进入报表数据中心，切换报表主组织，选择“销售总公司”，这时才能单击“报送管理”→“任务上报”按钮，进行任务上报操作，如图 17-17 所示。

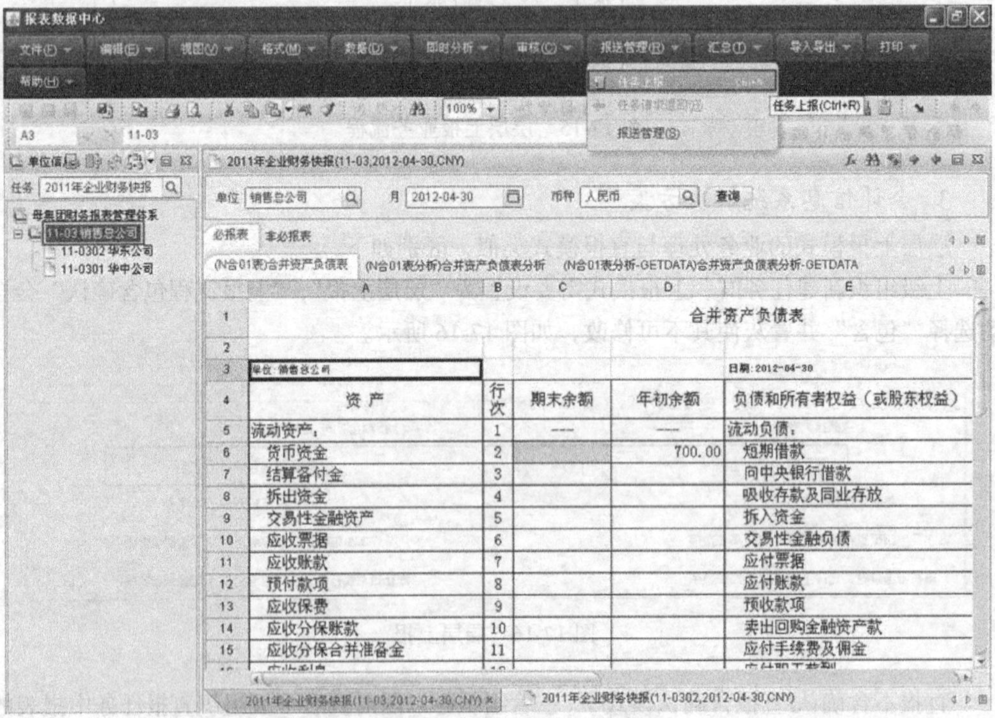

图 17-17 上级组织任务上报流程

17.2.4 任务个性化、催报、审批、数据批量操作

1. 任务个性化

（1）业务描述。任务个性化：无论直报含确认、直报不含确认还是层层上报任务，在任务分配时都可以选择是否允许再次分配该任务、允许下级组织个性化公式、允许设置个性化打印方案。

（2）会计信息系统解决方案。上级组织在“任务分配”节点将任务分配给下级组织时，可以将个性化规则中的“再分配”“个性化公式设置”“个性化打印设置”的复选框勾选上，如图 17-18 所示。

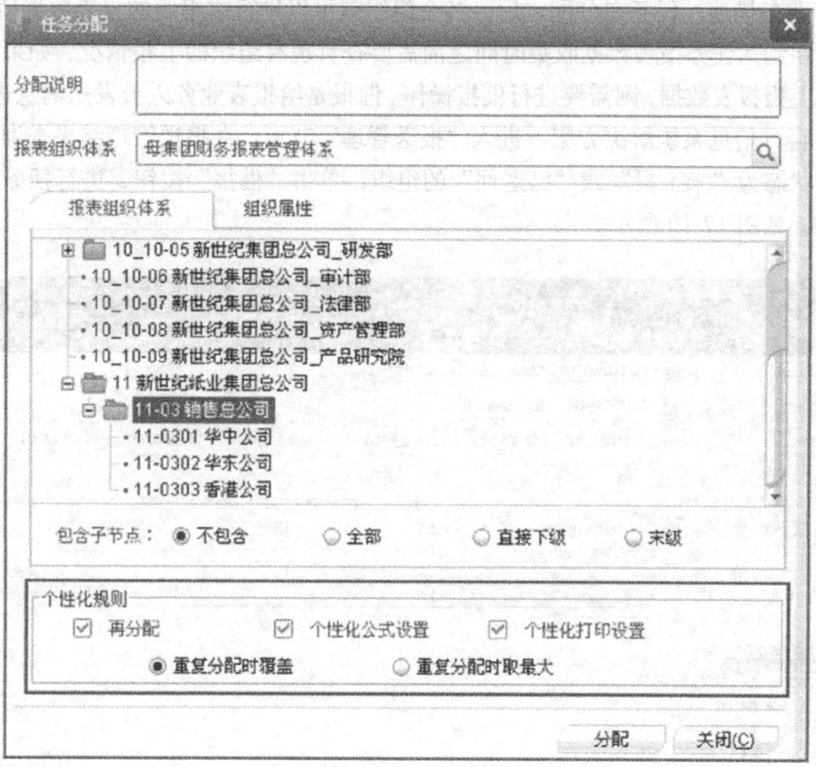

图 17-18 任务分配

再分配：指接收组织接收到任务后，可以将任务再次分配给下级组织，扩展原任务的分配范围。

个性化公式设置：指接收组织可以在原有任务报表公式基础上设置自己的个性化公式，新增符合自己业务场景的报表取数公式，从而简化本组织数据录入的工作。

个性化打印设置：指接收组织可以在原有任务打印方案基础上添加本组织自己对应的打印方案，从而解决任务原有打印方案无法打印的问题。例如，原任务要求报表数据需要 A3 打印，但由于没有 A3 打印机，于是设置 A4 打印方案将报表数据以 A4 纸打印输出。

重复分配时覆盖：如果同一个任务被重复分配，最新分配的任务将覆盖前一次分配的任务。

重复分配时取最大：如果同一个任务被重复分配，按照分配组织的级别（全局、集团、报表组织），取级别最大的组织分配的任务。

下级组织进入“接收到的任务”节点，选择被分配的任务，可以看到“再分配”“个性化公式”“个性化打印”按钮都是可以使用的。

单击“再分配”按钮，可以将任务分配给下级组织，具体操作参见 17.2.1 章节。

单击“个性化公式”按钮，进入报表表样设计器，选中某一个单元格，右键选择“单元公式”，可以定义私有公式。

2. 催报

（1）业务描述。任务在分配之后，各个组织就可以进行本组织的报表数据填报工作，主管组织在到达任务报表数据收集时间之前需要查看现有组织的上报情况，如果应该上报却还没有上报报表数据，则需要进行催报操作。催报是给报表业务人员发送消息进行催报。

（2）会计信息系统解决方案。进入“报送管理”节点，在报送管理结果查询界面，可以对报送状态为“未上报”或“已退回”的组织，单击“催报”按钮，进行任务报表数据催报操作，如图 17-19 所示。

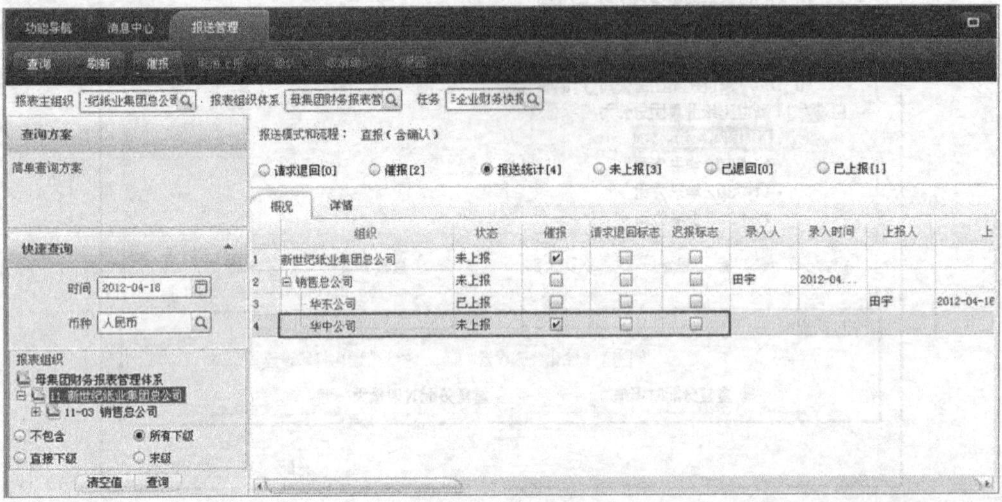

图 17-19　任务催报

被催报组织的报表人员登录系统时，可以在消息中心看到催报消息。

还可以设置自动催报，在“企业建模平台”→“系统平台”→“预警条目配置”中配置任务自动催报的预警条目常规属性、预警条件、预警方式，如图 17-20 所示。

3. 审批流设置

（1）业务描述。公司可以将报表组织与报表任务通过审批流进行关联，从而支持针对报表上报时的审批流程控制。当任务参数中设置了审批不通过不允许上报时，报表数据在上报之前必须审批通过，否则不能完成上报操作。从而在更大可能上保障上报数据的准确性。

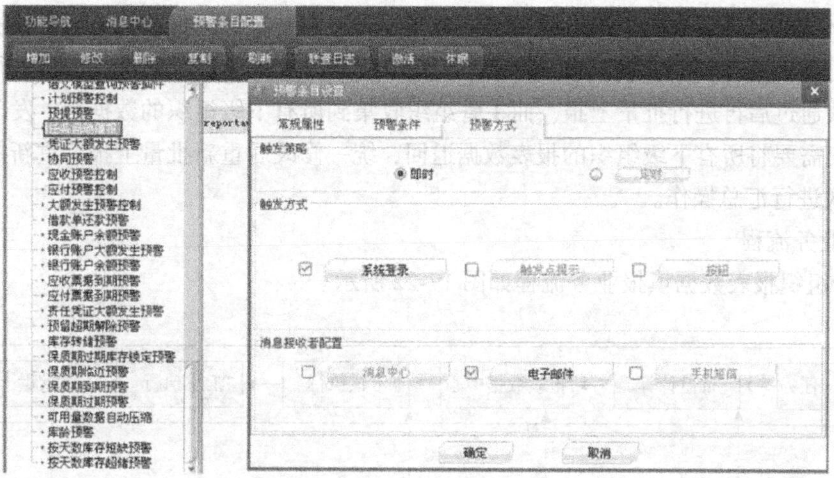

图 17-20　自动催报

（2）会计信息系统解决方案。报表审批流设置需要引用已经定义好的审批流，因此在启用审批流设置之前应该完成审批流的定义。进入“企业建模平台”→“流程管理”→“审批流定义”节点，找到企业报表项目，展开单击“任务审批”，选择“新增”即可根据实际需求进行审批流的定义。如图 17-21 所示。

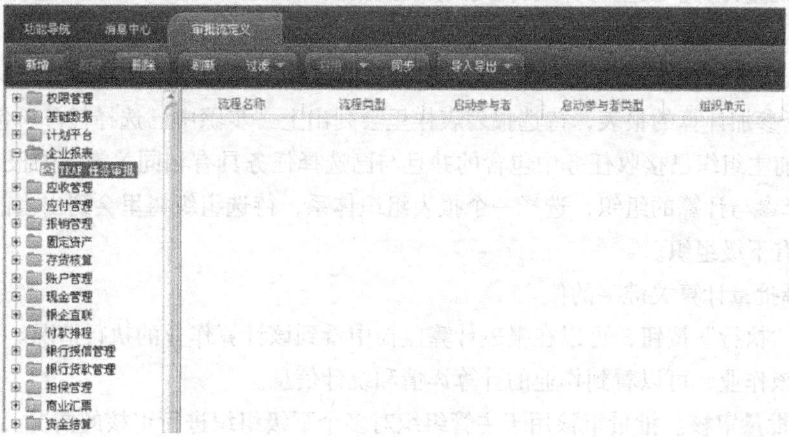

图 17-21　审批流定义

完成审批流定义后，即可在报表审批流设置中进行引用。进入“企业报表”→“业务管理”→“审批流设置”节点，选择对应的报表主组织和报表组织体系后，单击“新增”。

4. 批量计算、审核、上报

1）业务描述

基层组织接受到上级组织分配的任务后，可以进行报表数据的录入、编制工作。报表数据编制时可以在报表数据中心进行逐个录入组织、逐张报表的数据录入，也可以进行报表数据计算、审核、审批、上报等操作。除了录入、审批工作外，计算、审核、上报操作都有对应的功能点进行批量操作。具体应用场景是企业出现“一套人马，两套班子”的情况，一个用户需要录入两个组织的情况，需要同时将两个组织的报表批量计算，提取业务数据后再逐一进行数据填报工作。数据填报完成后需要将两个组织的报表数据进行批量审核，审核通过后再进行批量上报。而主管组织收集到所有下级组织的数据后，发现数据填报有误，需要将所有下级组织的报表数据退回，统一修改后重新批量上报，重新批量审核后，再次进行汇总操作。

2）业务流程

多个组织报表数据填报业务流程如图 17-22 所示。

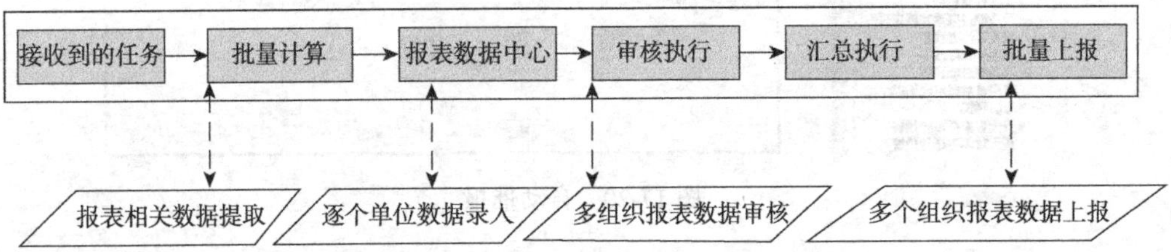

图 17-22　多个组织报表数据填报业务流程

3）会计信息系统解决方案

（1）批量计算。批量计算是将多张报表数据按照设置的批量计算规则进行统一计算，报表可以属于不同的任务。

①进入“批量计算”节点，新增一个批量计算规则，填写基本信息。

②选择参加计算的报表，待选报表表样里会列出上一步骤中已选择任务所包含的报表表样和当前主组织已接收任务中包含的并且与已选择任务具有相同关键字的报表表样。

③选择参与计算的组织，选择一个报表组织体系，待选组织树里会列出当前报表主组织和其所有下级组织。

④选择批量计算关键字的值。

单击“执行”按钮，可以在报表计算监控中看到该计算作业的执行情况。

双击该作业，可以看到作业的计算详情和统计信息。

（2）批量审核。批量审核用于主管组织对多个下级组织进行审核的情况。

进入“审核执行”节点，选择报表主组织、报表组织体系、任务，选择审核类型，可以选择按任务审核、按报表和审核方案、按公式三种审核类型来审核，如图 17-23 所示。

按任务审核：包含表内审核和任务中所含所有方案的审核。

按报表和审核方案：选择需要审核的报表或审核方案进行审核。

按公式：选择审核方案或报表中的审核公式进行审核。

单击“查询”按钮，列出查询结果，可以对结果选择审核方式。

首先进行“任务审核”，如果审核通过则表示报表数据全部审核通过；如果任务审核没有通过，则需要进行“表内审核”或“方案审核”，检查出到底是由于报表审核没通过还是方案审核没有通过导致任务审核没有最终通过；根据需要主管组织可以通过详细式审核检查出问题数据的出错具体公式。

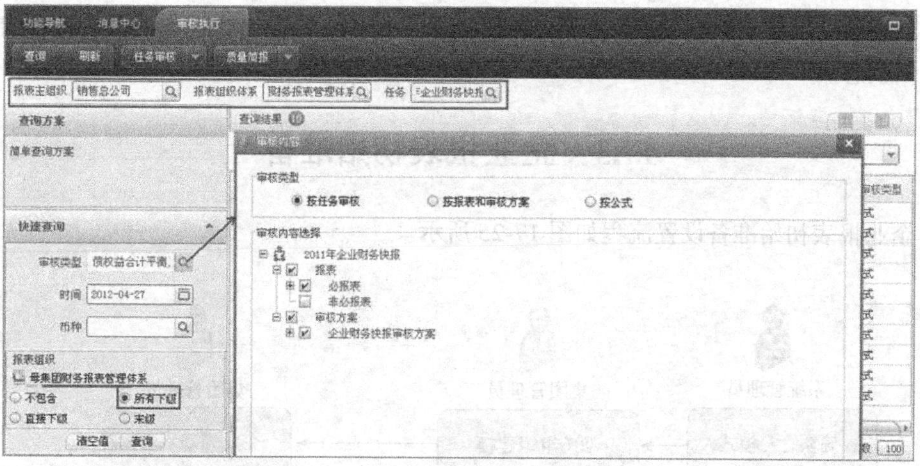

图 17-23　审核执行

（3）**批量上报**。进入“批量上报”节点，选择报表主组织、报表组织体系、任务，单击左下角“查询”按钮，列出查询结果，如图 17-24 所示。

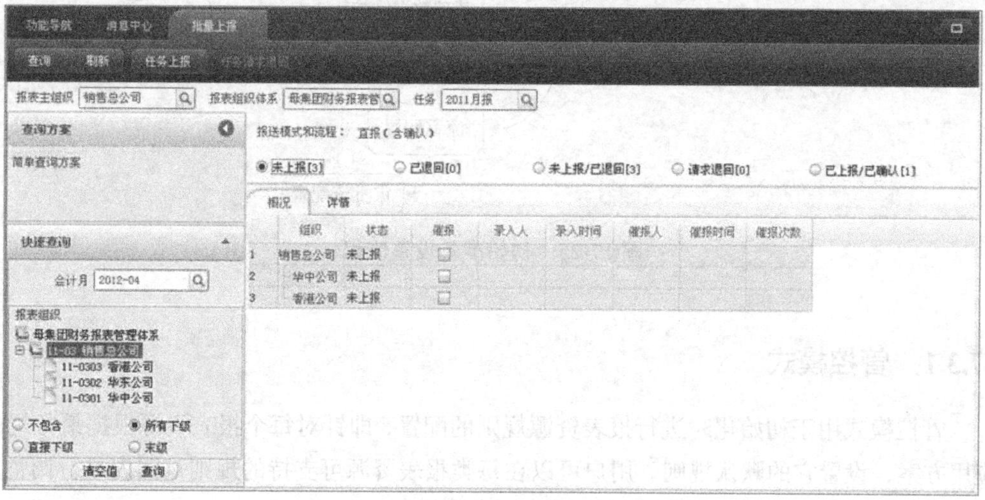

图 17-24　批量上报

在批量上报结果查询界面，选中多个报送状态为“未上报”或“已退回”的报表组织，单击“任务上报”按钮，进行多个报表组织的批量任务上报操作，使这些任务的状态变为“已上报”。

在批量上报结果查询界面，选中多个报送状态为“已上报/已确认”的报表组织，单击“任务请求退回”按钮，对多个报表组织的任务进行批量请求退回。

在“请求退回”状态的列表里可以查看到这些任务，但在主管组织进行“取消上报”之前，该任务仍处于已上报状态。因为选中已经上报的组织，单击“任务请求退回”按钮，只是向主管组织发起申请，此时不会改变任务的上报状态。当主管组织同意请求后，即主管组织进入“批量上报”节点，进行“取消上报”操作后，该组织任务上报状态才能变为已退回状态。

17.3 企业报表初始准备

企业报表初始准备设置流程如图 17-25 所示。

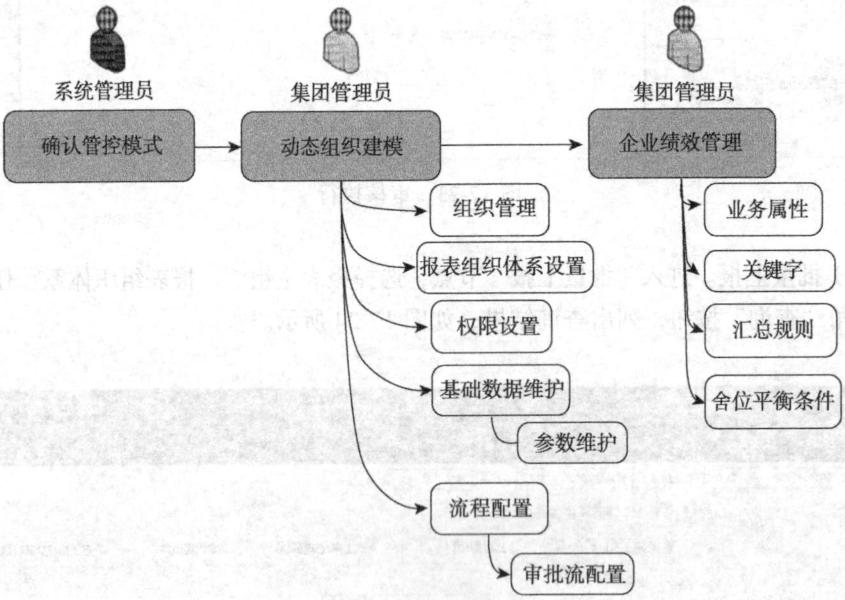

图 17-25 初始准备设置流程

17.3.1 管控模式

管控模式用于初始化时进行报表资源规则的配置，即针对每个报表资源根据最常规的应用方案，设置它的默认规则。用户可以在每类报表资源可支持的规则范围内进行调整。

简单罗列各报表资源支持的管控模式，强调两点。

（1）跨集团应用的报表，一定注意要实施为全局级资源，而不是实施在母集团。

（2）一旦启用更低级别则无法修改。

17.3.2 企业建模平台

1. 多组织管理

通过设置财务组织、库存组织、销售组织、采购组织等相关业务组织，支持多组织架构，同时还可以通过多级、跨组织的业务委托关系，实现集团销售业务的多组织业务协同。

组织系统中包括业务单元、信用控制域、销售业务委托关系、物流委托关系和分销补货体系。

（1）业务单元对企业中的业务职能进行了划分，是企业中特定业务职能（业务及政策）的载体，是为了完成特定业务职能而划分的具有相应功能权限的单位。例如，财务业务单元完成财务核算的功能；销售业务单元完成销售业务的功能；库存业务单元完成库存管理、内部交易调拨业务的功能等。

（2）任务分配时必须按报表组织体系分配，无体系则不能分配体系。“企业建模平台”→“组织管理”→“报表组织体系-全局”“企业建模平台”→“组织管理”→“报表组织体系—集团”分别用于建立全局、集团的报表组织体系；全局的报表组织体系用于在“任务分配”节点进行全局任务分配时参照使用，在“任务再分配”节点可以参照全局和集团的报表组织体系；集团的报表组织体系用于在“任务分配”节点进行集团和组织级任务分配时参照使用，在“任务再分配”节点进行全局任务再分配时参照使用。

报表组织体系是按照业务属性分类的，例如可以建立财务管理组织体系或者人力资源管理组织体系，如图 17-26 所示。

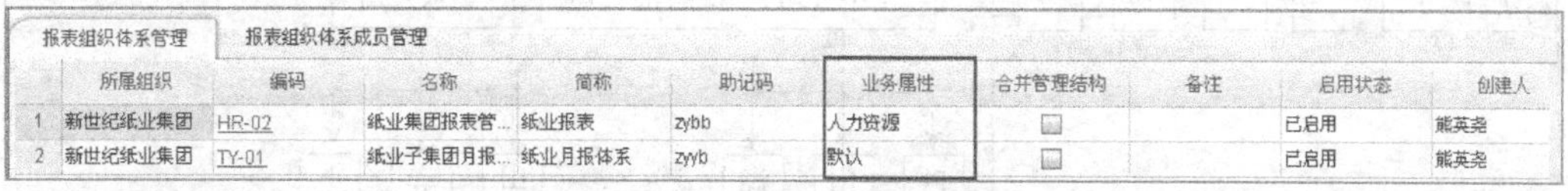
报表组织体系管理　报表组织体系成员管理

	所属组织	编码	名称	简称	助记码	业务属性	合并管理结构	备注	启用状态	创建人
1	新世纪纸业集团	HR-02	纸业集团报表管...	纸业报表	zybb	人力资源			已启用	能英尧
2	新世纪纸业集团	TY-01	纸业子集团月报...	纸业月报体系	zyyb	默认			已启用	能英尧

图 17-26　报表组织体系管理

可以建立多个相互间具有交集的报表组织体系，来完成全局级、集团级、组织级报表任务的多级管理。最典型的是全局报表组织体系与集团报表组织体系有集团总公司的交集，而集团内的报表组织体系，也可按实际业务需要，根据其管控范围建立多个报表组织体系。

例如，可以为财务板块建立全局级的报表组织体系 FI-01 和集团级的报表组织体系 FI-02，如图 17-27 所示，在全局级的报表组织体系 FI-01 中，母集团为新世纪集团，母集团直接管理两个子集团：钢铁集团和香港控股集团；只对纸业集团的控股公司进行管控。而纸业集团又建立了自己的集团级的报表组织体系 FI-02。

2. 基础数据维护

供应商档案、客户档案等基础档案管理通过“管控模式”设置，支持集团统管、集团管控部分信息、下属组织自行管理部分信息等多种方式，实现统分结合、统而不僵、管放适当的集团管控目的。

17.3.3　企业绩效管理

1. 基础设置

（1）业务属性。通过业务属性可以对报表资源（包括报表表样、审核方案、任务）按照业务线（如 HR、财务等）管理报表，各个业务的报表资源相互之间完全隔离；报表组织体系也支持按业务属性隔离。

进入企业报表中的具有业务属性的功能点，例如，查看报表表样、审核方案、任务时，就可以选择业务属性。

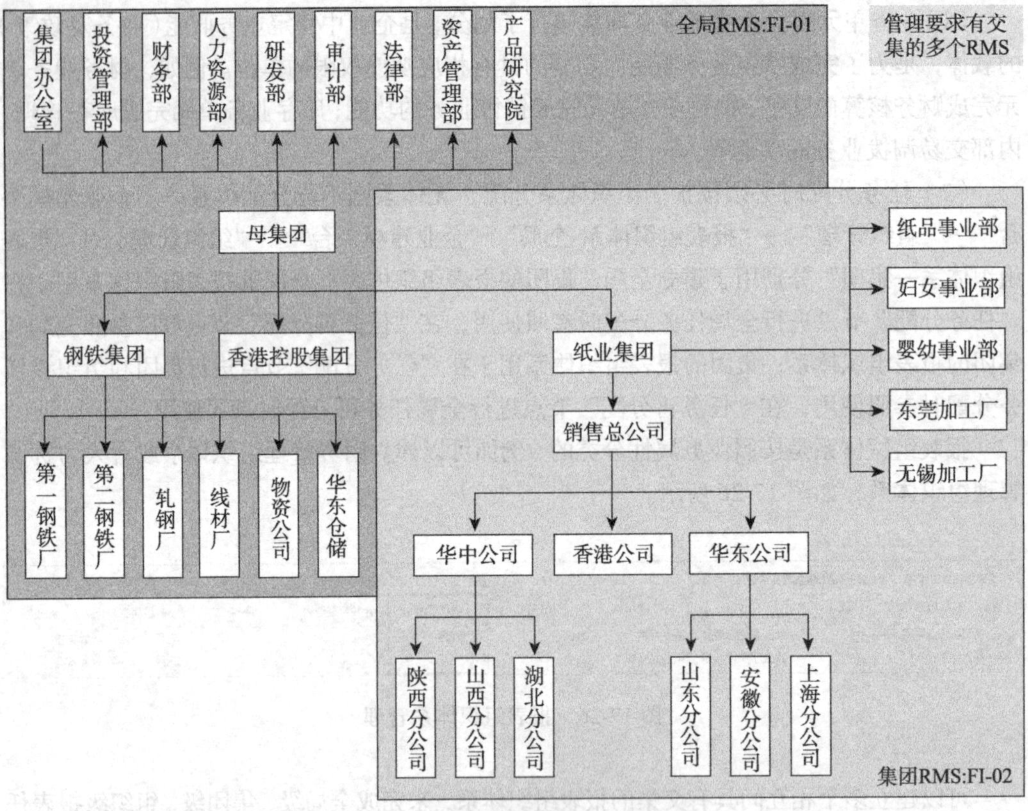

图 17-27　报表组织体系

可以通过设置业务属性的使用权限，来分配用户可以管理哪个或哪几个业务属性的报表资源。进入“企业建模平台”→“权限管理”→“数据权限”节点，设置一个能管理的角色，其业务属性为“default”，并将权限分配给某个角色。

当用户以该角色身份登录 NC，查看报表表样、审核方案、任务时，仅能参照到业务属性为“default”类型的报表资源。

注意：当参数“IUF0101-启用业务属性”的值从“是”改为“否”时，报表资源的业务属性分类对应的资源数据将丢失。

（2）关键字。报表关键字实质上是用来区分报表数据存储的一种取值函数。它在报表系统中的主要作用是在编制报表时由系统自动在报表相应位置显示报表数据所编制的年、季、月、日等自然日期，会计期间，币种，单位或对方单位编码等内容。

一张报表表样可以设置多个关键字，通常一张报表表样内的多个主表关键字的组合，或多个主表关键字+动态区的关键字，组合起来叫关键字组合。一组关键字组合值，可唯一确定主表或动态区的报表指标数据。

系统预置关键字包含了常用的关键字，可以减少系统初始配置的工作量，由于是预置的所以不允许修改、删除，其中，会计年、会计季度、会计月，这三个关键字是具有会计时间含义的，统称会计期间类型关键字；还可以根据需要增加关键字，关键字支持手工输入和引入自定义档案参照两种模式。

系统预置了所有时间关键字，对于半年、季度、月起止日期固定的项目，按照自然日期划分；对于旬、周起止日期不固定的项目，可以自己定义起止区间。

2. 报表数据权限

报表数据权限是赋予角色对任务中的报表数据有无查看和修改的权限，以此保障数据安全性。

任务属性默认为不进行控制，表示所有角色对任务中所有的报表数据都具有修改权限。

任务属性若设置为进行控制，则需要在报表数据权限中授权哪些角色对哪些报表表样具有查看/修改的权限；没有授权的角色对这些报表表样无查看和修改权限。

3. 汇总规则

报表汇总是最常用的数据整合、分析的方法，报表的汇总是将下级组织的报表数据通过累加的方式对应累加至主管组织报表中，汇总规则用于主管组织对参与下级组织进行汇总范围设置。

汇总规则基于报表组织体系进行设置，同一个报表组织体系只能有一套汇总规则，如果要在同一个报表组织体系下对同一汇总组织设置不同的汇总规则，则需要重新建立新的报表组织体系。

支持直接下级汇总、末级汇总、自定义汇总和不汇总。

直接下级汇总和末级汇总，可同时补充组织过滤规则。

自定义汇总，需要再进一步选择参与汇总的组织，否则不允许保存。

可以选择某个汇总组织，预览其汇总组织范围。

4. 舍位平衡条件

舍位平衡条件用于设置报表数据金额单位转换的条件，实现以元为单位录入报表数据，以万元表或千元表的形式展示报表数据，例如百元表舍位位数为两位：千元表舍位位数为三位；万元表舍位位数为四位，如图 17-28 所示。

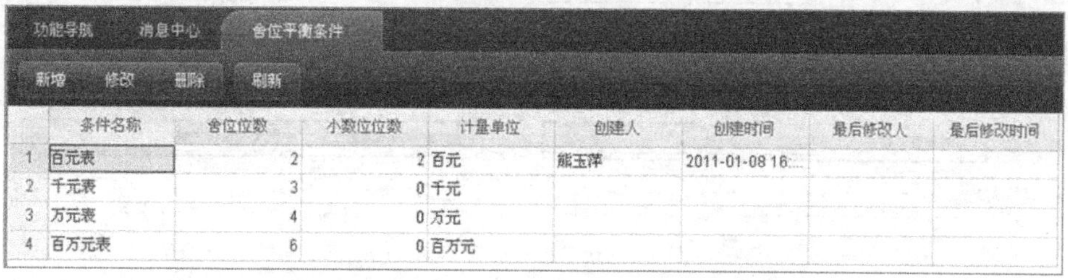

	条件名称	舍位位数	小数位位数	计量单位	创建人	创建时间	最后修改人	最后修改时间
1	百元表	2	2	百元	熊玉萍	2011-01-08 16:...		
2	千元表	3	0	千元				
3	万元表	4	0	万元				
4	百万元表	6	0	百万元				

图 17-28 舍位平衡条件

舍位平衡条件的设置应用于报表数据中心，如图 17-29 所示。

5. 账表一致性设置

所谓账表一致性，是指报表数据与总账科目数据保持一致，即报表从总账取数时必须要求总账完成结账，以避免两者出现差异，同时在报表编制过程中如要调整的相关数据涉及总账科目则需要进行反结账，从而确保账表数据同步。

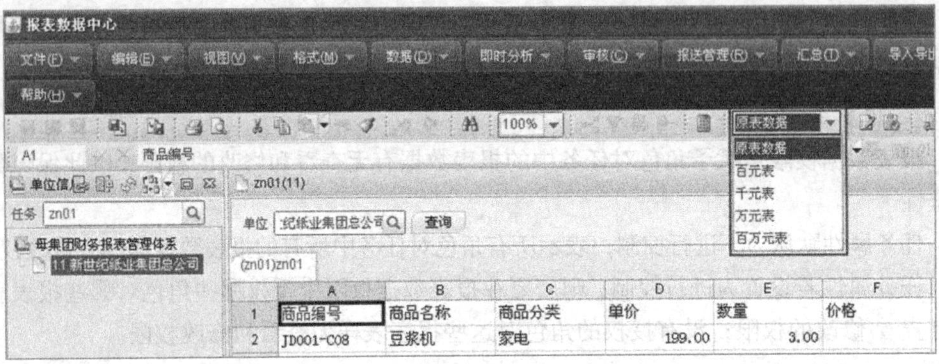

图 17-29　舍位平衡条件的使用

具体在操作上，账表一致性设置功能点可以将一个报表组织与一个任务关联为一个财务核算账簿。当任务参数中“上报时检查账表一致性”选择“是”时，则该任务的报表数据在上报之前必须通过账表一致性校验，否则不能进行上报操作。从而尽最大可能保障报表数据与财务总账数据的一致性，最终实现“账”“表”一体化。

要启用账表一致性设置，首先需要在新建任务时在上报属性的“上报时检查账表一致性”勾选为“是”，然后在“检查账表一致性账簿类型”选择对应的账簿类型，如图 17-30 所示。

在账表一致性设置主界面，单击“新增”按钮，通过参照选择任务，根据需要选择需要关联的报表组织，单击“确定”按钮即可。

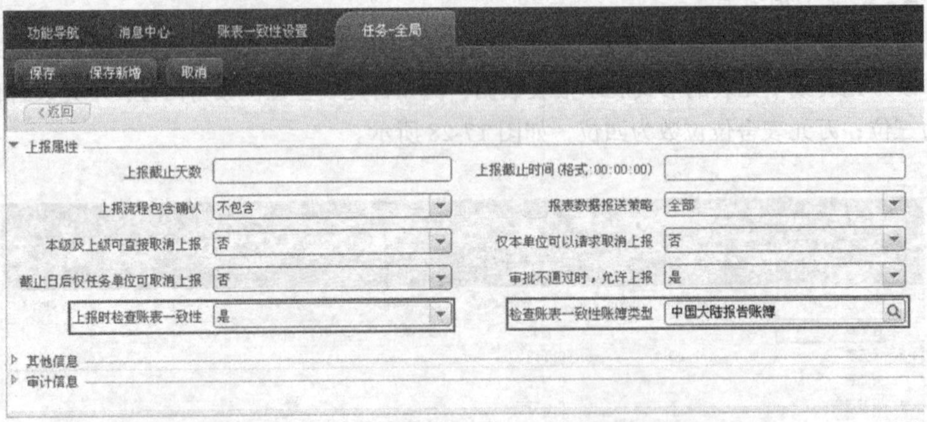

图 17-30　新建任务包含账表一致性检查

6. 语义模型设置

语义模型是一种数据容器和数据接口，可以承载报表系统和其他业务系统的数据集合，是数据提供和数据交换的服务。

“语义模型-全局”“语义模型-集团”“语义模型-报表组织”分别用于建立全局、集团、报表组织的语义模型。

全局的报表表样可以插入全局设置的语义模型；集团的报表表样可以插入全局和集团

设置的语义模型；组织级的报表表样可以插入全局、集团和报表组织设置的语义模型。

以全局级语义模型设置为例说明全局、集团、报表组织语义模型的设置过程。

（1）进入“战略管理”→“企业报表”→“资源管理”→“语义模型-全局”节点，新增一个报表分类，然后新增一个该分类下的语义模型，保存。

（2）单击“语义模型”→“设计”按钮，进入语义模型设计器。

（3）选择该语义模型所设计的数据表。

（4）设置数据表之间的连接条件和连接表达式。

（5）选择要获取的字段。

（6）设置筛选条件和按照哪些字段排序，保存，一个语义模型就设计完成了。

语义模型设计完之后，可以在“语义模型-全局”节点中选择“语义模型”→“数据预览”按钮，预览该语义模型获取的数据。

7. 报表数据订阅

报表数据订阅是当满足订阅条件时将部分报表数据通过邮件的形式通知订阅人。

（1）输入发布规则名称、分类，选择任务名称。

（2）选择发布方式，输入邮件主题、正文，附件是否压缩成 ZIP 文件。

（3）选择参加发布的报表。

（4）选择报表主组织，设置报表关键字。

（5）选择要发布给哪些用户。

当该订阅规则执行后，在“消息中心”→“通知消息”中可以看到订阅的报表。

8. 报表数据分析

报表数据分析是通过排列、组合、统计、查询、分组等数据分析方法对现有报表数据进行深度分析，从深层次上挖掘报表数据的使用价值，为后续业务提供可靠的数据保障功能。在引入报表数据分析的同时，保留了原有自由报表模块强大的数据分析功能。

进入“战略管理”→“企业报表”→“数据分析”→“报表数据分析”节点，选择报表主组织，新增一个自由报表分类，然后新增一个该分类下的自由报表。

完成新增分析报表后，单击“格式设计”，进入报表数据分析格式设计页面，在当前页面可以完成针对分析内容的定义和格式设计。

报表数据分析还支持自定义格式和分析内容设计。

第一步：选择分析指标，首先选择数据来源报表，并标记待分析指标。

第二步：确认所选指标，可以根据需要进行指标显示名称修改或显示顺序调整。

第三步：选择参与分析的报表组织，并确定当前选择的报表组织是否需要包含下级节点。

第四步：选择关键字的值，这里主要是指定会计期间的方案和参与分析的会计期间，并增加到分析期间中确认。

第五步：设置分析报表的展现模式（如筛选、排序等）以及报表样式，并根据需要设置统计信息展现等。

完成分析报表设计后，可以在当前页面通过“预览”查看分析结果，或在“报表数据分析”

节点下选择对应自由报表，单击“查询”来获取分析的结果。

本章小结

本章包括四大部分，第一部分是对会计信息系统及其价值的概要介绍；第二部分是对有关本模块的主要业务场景、流程以及对应的业务功能的介绍；第三部分是对初始准备设置的介绍；第四部分是关于本模块功能点的重要操作，此部分未就详细条目展开，详情可查阅会计信息系统相关模块的在线帮助说明。

本章节面向实施顾问以及企业关键用户，旨在为实施规划、解决方案制订和落实提供指导。本章围绕会计信息系统能够解决的主要业务场景展开，并以此为依托展现会计信息系统的关键应用功能，提供业务需求与会计信息系统功能相匹配的思路。

关键词汇

资产负债表（balance sheet/statement of financial position）

利润表（或称损益表）（income statement/profit and loss account）

现金流量表（cash flow statement）

所有者权益变动表（statement of change in equity）

财务报表附注（notes to financial statements）

小组讨论

通过本章的学习，会计报表系统与会计信息系统其他子系统相比有何特点？在计算机信息系统中，会计报表有哪些数据来源？如何定义？

本章推荐阅读资料

扫描此码　深度阅读

教师服务

感谢您选用清华大学出版社的教材！为了更好地服务教学，我们为授课教师提供本书的教学辅助资源，以及本学科重点教材信息。请您扫码获取。

教辅获取

本书教辅资源，授课教师扫码获取

样书赠送

会计学类重点教材，教师扫码获取样书

清华大学出版社

E-mail: tupfuwu@163.com
电话：010-83470332 / 83470142
地址：北京市海淀区双清路学研大厦 B 座 509

网址：https://www.tup.com.cn/
传真：8610-83470107
邮编：100084